U0216131

吉林人民出版社

简体字本二十六史

新唐书

卷一八三——卷二二五下

（七）

〔宋〕 欧阳修 宋 祁 撰

王小甫等 标点

唐书卷一八三
列传第一○八

毕诚　崔彦昭　刘邺 豆卢瑑
陆扆　郑綮　朱朴 孙偓
韩偓 仪

毕诚，字存之，黄门监构从孙。构弟栩生凌，凌生匀，世失官为盐估。匀生诚，蚤孤。夜然薪读书，母恤其疲，夺火使寐，不肯息，遂通经史，工辞章。性端悫，不妄与人交。

大和中，举进士、书判拔萃，连中。辟忠武杜悰幕府。悰领度支，表为巡官，又从辟淮南，入拜侍御史。李德裕始与悰同辅政，不协，故出悰剑南东川节度使。故吏惟诚饯讯如平日，德裕忘之，出为慈州刺史。累官驾部员外部、仓部郎中。故事，要家势人，以仓、驾二曹为辱，诚沛然如处美官，无异言。宰相知之，以职方郎中兼侍御史知杂事，召入翰林为学士。

党项扰河西，宣宗尝召访边事，诚援质古今，条破羌状甚悉，帝悦曰："吾将择能帅者，孰谓颇、牧在吾禁署，卿为朕行乎？"诚唯唯，即拜刑部侍郎，出为邠宁节度、河西供军安抚使。诚到军，遣吏怀谕，羌人皆顺向。时戍兵常苦调饷乏，诚募士置屯田，岁收谷三十万斛，以省度支经费，诏书嘉美。俄徙昭义，又迁河东。河东尤近胡，复修杷头七十烽，谨候房，寇不敢入。

懿宗立，迁宣武节度使，召为户部尚书，判度支。未几，以礼部尚书同中书门下平章事。再期，固称疾，改兵部尚书，罢，旋兼平章事节度河中。卒，年六十二。

诚于史术尤所长，既贵，所得禄奉，养护宗属之乏，无间然。始，诚被知于宣宗，尝许以相。令狐绹忌之，自邠宁凡三徙，不得还。诚思有以结绹，至太原，求丽姝盛饰使献。绹曰："太原于我无分，今以是饵，将破吾族矣。"不受。使者留于邸，诚亦放之。

太医李玄伯者，帝所喜，以钱七十万聘之，夫妇日自进食，得其欢心，乃进之帝，嬖幸冠后宫。玄伯又治丹剂以进，帝饵之，疽生于背。懿宗立，收玄伯及方士王岳、虞紫芝等，俱诛死。

崔彦昭，字思文，其先清河人。淹贯儒术，擢进士第。数应帅镇辟奏，于吏治精明，所至课最。累进户部侍郎。繇河阳节度使徙河东。先是，沙陀诸部多犯法，彦昭抚循有威惠，三年，境内大治，耆老叩阙愿留，诏可。

僖宗立，授兵部侍郎、诸道盐铁转运使。俄同中书门下平章事，仍判度支。初，杨收、路岩、韦保衡皆坐朋比贿赂得罪死，萧仿秉政，矫革之，而彦昭协力，故百职修举，察不至苛。不六月，迁门下侍郎。帝因下诏暴收等过恶，申励丁宁，以成其美。

彦昭虽宰相，退朝侍母膳，与家人齿，顺色柔声，在左右无违，士人多其孝。与王凝外昆弟也。凝大中初先显，而彦昭未仕，尝见凝，凝倨不冠带，谩言曰："不若从明经举。"彦昭为憾。至是，凝为兵部侍郎。母闻彦昭相，敕婢多制履袜，曰："王氏妹必与子皆逐，吾将共行。"彦昭闻之，泣且拜，不敢为怨。而凝竟免。

伶人李可及为懿宗所宠，横甚，彦昭奏逐，死岭南。累拜兼尚书右仆射，以疾去位，授太子太傅，卒。

刘邺，字汉藩，润州句容人。父三复，以善文章知名。少孤，母病废，三复丐粟以养。李德裕为浙西观察使，奇其文，表为掌书记。德裕三领浙西及剑南、淮南，未尝不从，会昌时，位宰相，擢三复刑部侍郎、弘文馆学士。

邺六七岁能属辞,德裕怜之,使与其子共师学。德裕既斥,邺无所依,去客江湖间。陕虢高元裕表署推官,高少逸又辟镇国幕府。咸通初,擢左拾遗,召为翰林学士,赐进士第。历中书舍人,迁承旨。邺伤德裕以朋党抱诬死海上,令狐绹久当国,更数赦,不为还官爵,至懿宗立,绹去位,邺乃申直其冤,复官爵,世高其义。进户部侍郎、诸道盐铁转运使。以礼部尚书同中书门下平章事,判度支。僖宗嗣位,再迁尚书左仆射。

初,韦保衡、路岩与邺同秉政,为迹亲,俄而萧仿、崔彦昭得相,罢邺为淮南节度使、同平章事。黄巢方炽,诏高骈代之,徙节度凤翔,固辞,还左仆射。帝西狩,追乘舆不及,与崔沆、豆卢瑑匿将军张直方家,贼捕急,三人不肯臣,俱见杀。

豆卢瑑者,字希真,河南人。仕历翰林学士、户部侍郎,与崔沆皆拜同中书门下平章事。是日,宣告于廷,大风雷雨拔树。未几,及祸。初,咸通中,有治历者工言祸福,或问:"比宰相多不至四五,谓何?"答曰:"紫微方灾,然其人又将不免。"后杨收、韦保衡、路岩、卢携、刘邺、于琮、瑑与沆,皆不得终云。

陆扆,字祥文,宰相贽族孙。客于陕,遂为陕人。光启二年,从僖宗幸山南,擢进士第,累进翰林学士、中书舍人。扆工属辞,敏速若注射然,一时书命,同僚自以为不及,昭宗优遇之。帝尝作赋,诏学士皆和,独扆最先就,帝览之,叹曰:"贞元时,陆贽、吴通玄兄弟善内廷文书,后无继者,今朕得之。"始,其举进士时,方迁幸,而六月榜出。至是,每甚暑,它学士辄戏曰:"造榜天也。"以讥扆进非其时。累为尚书左丞,封嘉兴县男。徙户部侍郎、同中书门下平章事。故事,自三省得宰相,有光署钱,留为宴资,学士院未始有。至扆,送光院钱五十万,以荣近司。进中书侍郎,判户部。

嗣覃王以兵伐凤翔,扆谏曰:"国步方安,不宜加兵近辅,必为它盗所乘,无益也。且亲王而属军事,必有后害。"帝顾军兴,责扆沮挠,贬峡州刺史。师果败。久之,授工部尚书。从天子自华州还,以兵部尚书复当国,封吴郡公。

天复初,帝密语韩偓曰:"陆扆、裴贽孰忠于我?"偓曰:"扆等皆宰相,安有它肠?"帝曰:"外言扆不喜我复位,元日易服奔启夏门,信不?"偓曰:"孰为陛下言此?"曰:"崔胤、令狐涣。"偓曰:"设扆如是,亦不足责。且陛下反正,扆素不知谋,忽闻兵起,欲出奔耳。陛下责其不死难则可,以为不喜,乃谗言也。"帝遂悟。累兼户部尚书。

帝至自凤翔,大赦天下,诸道皆赐诏,独不及李茂贞。扆曰:"国西,凤翔为最近,迹其罪固不可赦。然尚修职贡,朝廷未之绝,无宜于诏书有以异也。"始,崔胤罢相,扆代之。胤内怨望,及是议以为阴有党附,贬沂王傅,分司东都。胤死,复授吏部尚书,从迁洛。柳璨始附朱全忠,谋去朝廷衣冠有望者,贬扆濮州司户参军,杀之白马驿,年五十九。扆初名允迪,后改云。

郑綮,字蕴武。及进士第,历监察御史,擢累左司郎中。困婪甚,丐补庐州刺史。黄巢掠淮南,綮移檄请无犯州境,巢笑为敛兵,州独完。僖宗嘉之,赐绯鱼。岁满去,赢钱千缗藏州库。后它盗至,终不犯郑使君钱;及杨行密为刺史,送都还綮。王徽为御史大夫,以兵部郎中表知杂事,迁给事中。杜弘徽任中书舍人,綮以其兄让能辅政,不宜处禁要,上还制书,不报,辄移病去。召为右散骑常侍,往往条摘失政,众欢传之,宰相怒,改国子祭酒,议者不直,复还常侍。

大顺后,王政微,綮每以诗谣托讽,中人有诵之天子前者。昭宗意其有所蕴未尽,因有司上班簿,遂署其侧曰:"可礼部侍郎、同中书门下平章事。"綮本善诗,其语多俳谐,故使落调,世共号"郑五歇后体"。至是,省史走其家上谒,綮笑曰:"诸君误矣,人皆不识字,宰相亦不及我。"史言不妄。俄闻制诏下,叹曰:"万一然,笑杀天下人!"既视事,宗戚诣庆,搔首曰:"歇后郑五作宰相,事可知矣。"固让,不听。立朝侃然,无复故态。自以不为人所瞻望,才三月,以疾乞骸，拜太子少保致仕，卒。

朱朴，襄州襄阳人。以三史举，繇荆门令进京兆府司录参军，改著作郎。乾宁初，太府少卿李元实欲取中外九品以上官两月俸助军兴，朴上疏执不可而止。

擢国子《毛诗》博士。上书言当世事，议迁都曰："古王者不常厥居，皆观天地兴衰，随时制事。关中，隋家所都，我实因之，凡三百岁，文物资货，奢侈僭伪，皆极焉。广明巨盗陷覆宫阙，局署帑藏，里闾井肆，所存十二，比幸石门、华阴，十二之中又亡八九，高祖、太宗之制荡然矣。夫襄、邓之西，夷漫数百里；其东，汉舆、凤林为之关；南，菊潭环屈而流属于汉；西有上洛重山之险，北有白崖联络，乃形胜之地，沃衍之墟。若广浚渍渠，运天下之财，可使大集。自古中兴之君，去已衰之衰，就未王而王。今南阳，汉光武虽起而未王也。臣视山河壮丽处多，故都已盛而衰，难可兴已；江南土薄水浅，人心嚣浮轻巧，不可以都；河北土厚水深，入心强愎狠戾，不可以都。惟襄、邓实惟中原，人心质良，去秦咫尺，而有上洛为之限，永无夷狄侵轶之虞，此建都之极选也。"不报。

朴为人木强，无它能。方是时，天子失政，思用特起士，任之以中兴，而朴所善方士许岩士得幸，出入禁中，言朴有经济才，又水部郎中何迎亦表其贤，帝召与语，擢左谏议大夫、同中书门下平章事。以素无闻，人人大惊。俄判户部，进中书侍郎。帝益治兵，所处可一委朴。朴移檄四方，令近者出甲士，资馈饷；远者以羡余上。后数月，岩士为韩建所杀，朴罢为秘书监，三贬郴州司户参军，卒。

与朴皆相者孙偓，字龙光。父景商，为天平军节度使。偓第进士，历显官，以户部侍郎同中书门下平章事，迁门下，为凤翔四面行营都统。俄兼礼部尚书、行营节度诸军都统招讨处置等使。始，家第堂柱生槐枝，期而茂，既而偓秉政，封乐安县侯。与朴皆贬衡州司马，卒。

偓性通简，不矫饬，尝曰："士苟有行，不必以己长形彼短、己清彰彼浊。"每对客，奴童相诟曳仆诸前，不之责，曰："若持怒心，即自挠矣。"

兄储，历天雄节度使，终兵部尚书。

韩偓，字致光，京兆万年人。擢进士第，佐河中幕府。召拜左拾遗，以疾解。后迁累左谏议大夫。宰相崔胤判度支，表以自副。王溥荐为翰林学士，迁中书舍人。偓尝与胤定策诛刘季述，昭宗反正，为功臣。帝疾宦人骄横，欲尽去之。偓曰："陛下诛季述时，余皆赦不问，今又诛之，谁不惧死？含垢隐忍，须后可也。天子威柄，今散在方面，若上下同心，摄领权纲，犹冀天下可治。宦人忠厚可任者，假以恩幸，使自剪其党，蔑有不济。今食度支者乃八千人，公私牵属不减二万，虽诛六七巨魁，未见有益，适固其逆心耳。"帝前膝曰："此一事终始属卿。"

中书舍人令狐涣任机巧，帝尝欲以当国，俄又悔曰："涣作宰相或误国，朕当先用卿。"辞曰："涣再世宰相，练故事，陛下业已许之。若许涣可改，许臣独不可移乎？"帝曰："我未尝面命，亦何惮？"偓因荐御史大夫赵崇劲正雅重，可以准绳中外。帝知偓，崇门生也，叹其能让。

初，李继昭等以功皆进同中书门下平章事，时谓"三使相"，后稍稍更附韩全海、周敬容，皆忌胤。胤闻，召凤翔李茂贞入朝，使留族子继筠宿卫。偓闻，以为不可，胤不纳。偓又语令狐涣，涣曰："吾属不惜宰相邪？无卫军则为阉竖所图矣。"偓曰："不然。无兵则家与国安，有兵则家与国不可保。"胤闻，忧，未知所出。李彦弼见帝倨甚，帝不平，偓请逐之，赦其党许自新，则狂谋自破，帝不用。彦弼谮偓及涣漏禁省语，不可与图政，帝怒曰："卿有官属，日夕议事，奈何不欲我见学士邪？"继昭等饮殿中自如，帝怒，偓曰："三使相有功，不如厚与金帛官爵，毋使豫政事。今宰相不得颛决事，继昭辈所奏必听。它日遽改，则人人生怨。初以卫兵检中人，今敕使、卫兵为一，臣窃寒心,愿诏茂贞还其卫军。不然,两镇兵斗阙下,朝廷危矣。"及胤召朱全忠讨全海,汴兵将至,偓劝胤督茂真还卫卒。又劝表暴内臣罪,因诛全海等;若茂贞不如诏,即许全忠入朝。未及用,而全海等已劫帝西幸。偓夜追及鄠,见帝恸哭。至凤翔,迁兵部侍郎,进承旨。

宰相韦贻范母丧,诏还位,偓当草制,上言:"贻范处丧未数月,遽使视事,伤孝子心。今中书事,一相可办。陛下诚惜贻范才,俟变缞而召可也,何必使出峨冠庙堂,入泣血枢侧,毁瘠则废务,勤恪则忘哀,此非人情可处也。"学士使马从皓逼偓求草,偓曰:"腕可断,麻不可草!"从皓曰:"君求死邪?"偓曰:"吾职内署,可默默乎?"明日,百官至,而麻不出,宦侍合噪。茂贞入见帝曰:"命宰相而学士不草麻,非反邪?"艴然出。姚洎闻曰:"使我当直,亦继以死。"既而帝畏茂贞,卒诏贻范还相,洎代草麻。自是宦党怒偓甚。从皓让偓曰:"南司轻北司甚,君乃崔胤、王溥所荐,今日北司虽杀之可也。两军枢密,以君周岁无奉入,吾等议救接,君知之乎?"偓不敢对。

茂贞疑帝间出依全忠,以兵卫行在。帝行武德殿前。因至尚食局,会学士独在,宫人招偓,偓至,再拜哭曰:"崔胤甚健,全忠军必济。"帝喜,偓曰:"愿陛下还宫,无为人知。"帝赐以面豆而去。全海诛,宫人多坐死。帝欲尽去余党,偓曰:"礼,人臣无将,将必诛。宫婢负恩不可赦,然不三十年不能成人,尽诛则伤仁,愿去尤者,自内安外,以静群心。"帝曰:"善。"崔胤请以辉王为元帅,帝问偓:"它日累吾儿否?"偓曰:"陛下在东内时,天阴雾,王闻乌声曰:'上与后幽困,乌雀声亦悲。'陛下闻之恻然,有是否?"帝曰:"然。是儿天生忠孝,与人异。"意遂决。偓议附胤类如此。

帝反正,励精政事,偓处可机密,率与帝意合,欲相者三四,让不敢当。苏检复引同辅政,遂固辞。初,侍宴,与京兆郑元规、威远使陈班并席,辞曰:"学士不与外班接。"主席者固请,乃坐。既元规、班至,终绝席。全忠、胤监陛宣事,坐者皆去席,偓不动,曰:"侍宴无辄立,二公将以我为知礼。"全忠怒偓薄己,忄幸然出。有谮偓喜侵侮有位，胤亦与偓贰。会逐王溥、陆扆，帝以王赞、赵崇为相，胤执赞、崇非宰相器，帝不得已而罢。赞、崇皆偓所荐为宰相者。全忠见帝，斥偓罪，帝数顾胤，胤不为解。全忠至中书，欲召偓杀之。郑元规曰："偓位侍郎、学士承旨，公无遽。"全忠乃止，贬濮州司马。帝执其手流涕曰："我左右无人矣。"再贬荣懿尉，徙邓州司马。天祐二年，复召为学士，还故官。偓不敢入朝，挈其族南依王审知而卒。

兄仪，字羽光，亦以翰林学士为御史中丞。偓贬之明年，帝宴文思球场，全忠入，百官坐庑下，全忠怒，贬仪棣州司马，侍御史归蔼登州司户参军。

赞曰：懿、僖以来，王道日失厥序，腐尹塞朝，贤人遁逃，四方豪英，各附所合而奋。天子块然，所与者惟佞愎庸奴，乃欲郤横流、支已颠，宁不殆哉！观綮、朴辈不次而用，捽豚臑拒虎牙，趣亡而已。一韩偓不能容，况贤者乎？

唐书卷一八四
列传第一〇九

马植　杨收 _{发 严 涉}　路岩
韦保衡　卢携

　　马植，字存之，凤州刺史勋子也。第进士，又擢制策科，补校书郎。繇寿州团练副使三迁饶州刺史。开成初，为安南都护。精吏事，以文雅绚饰其政，清净不烦，洞夷便安。羁縻诸首领皆来纳款，遣子弟诣府，请赋租约束。植奏以武陆县为陆州，即束首领为刺史。既而州部废池珠复生。以政最，检校左散骑常侍，徙黔中观察使。

　　会昌中，召拜光禄卿，迁大理。植自以誉望在当时诸公右，久补外，还朝不得要官，为宰相李德裕所抑，内怨望。宣宗嗣位，白敏中当国，凡德裕所不善，悉不次用之，故植以刑部侍郎领诸道盐铁转运使，迁户部，俄同中书门下平章事，进中书侍郎。

　　初，左军中尉马元贽最为帝宠信，赐通天犀带。而植素与元贽善，至通昭穆，元贽以赐带遗之。它日对便殿，帝识其带，以诘植，植震恐，具言状，于是罢为天平军节度使。既行，诏捕亲吏下御史狱，尽得交私状，贬常州刺史，以太子宾客分司东都。起为忠武、宣武节度使，卒。

　　初，植兼集贤殿大学士，校理杨收道与三院御史遇，不肯避，朝长冯缄录其驺仆辱之。植怒，奏言："开元中，丽正殿赐酒，大学士张说以下十八人不知先举者，说以学士德行相先，遂同举酒。今缄辱收与大学士等，请斥之。"中丞令狐绹援故事论救，宣宗释不问。因著令“三馆学士不避行台”，自植始。台制：三院还台，以一人为朝长云。

杨收，字藏之，自言隋越国公素之裔，世居冯翊。父遗直，德宗时，以上书阙下，仕为濠州录事参军，客死姑苏。

收七岁而孤，处丧若成人。母长孙亲授经，十三通大义。善属文，所赋辄就，吴人号神童。里人多造门观赋诗，至压败其藩，收嘲之曰：“尔非蠃角者，奚用触吾藩？”切当率类此。及壮，长六尺二寸，广颡深颐，疏眉目，寡言笑，博学强记，至它艺无不解。贫甚，以母奉浮屠法，自幼不食肉，约曰：“尔得进士第，乃可食。”

浐阳耕得古钟，高尺余，收扣之，曰：“此姑洗角也。”既刓拭，有刻在两栾，果然。尝言：“琴通黄钟、姑洗、无射三均，侧出诸调，由罗苎附灌木然。”时有安涚者，世称善琴，且知音。收问：“五弦外，其二云何？”涚曰：“世谓周文、武二王所加者。”收曰：“能为《文王操》乎？”涚即以黄钟为宫而奏之，以少商应大弦，收曰：“止！如子之言，少商，武弦也。且文世安得武声乎？”涚大惊，因问乐意，收曰：“乐亡久矣。上古祀天地宗庙，皆不用商。周人歌大吕、舞《云门》以俟天神，歌太蔟、舞《咸池》以俟地祇。大吕、黄钟之合，阳声之首。而《云门》，黄帝乐也；《咸池》，尧乐也。不敢用黄钟，而以太蔟次之。然则祭天者，圜钟为宫，黄钟为角，太蔟为徵，姑洗为羽；祭地者，函钟为宫，太蔟为角，姑洗为徵，南吕为羽。讫不用商及二少。盖商声刚而二少声下，所以取其正、裁其繁也。汉祭天则用商，而宗庙不用，谓鬼神畏商之刚。西京诸儒惑圜钟、函钟之说，故其自受命，郊祀、宗庙乐，唯用黄钟一均。章帝时，太常丞鲍业始旋十二宫。夫旋宫以七声为均，均言韵也，古无韵字，犹言一韵声也。始以某律为宫，某律为商，某律为角，某律为徵，某律为羽，某律少宫，某律少徵，亦曰‘变’，曰‘比’。一均成则五声为之节族，此旋宫也。”乃取律次之以示涚。涚时七十余，以为未始闻，而收未冠也。

以兄假未仕，不肯举进士。既假褫褐，乃入京师。明年，擢进士，杜悰表署淮南推官。悰领度支，又节度剑南东西川，辄随府三迁。宰相马植表为渭南尉、集贤校理，议补监察御史。收又以假方外迁，谊不可先，固辞。植嗟美为止。复为悰节度府判官。蜀有可县，直嶲州西南，地宽平多水泉，可灌粳稻。或谓悰计兴屯田，省转馈以饱边士，悰将从之，收曰：“田可致，兵不可得。且地当蛮冲，本非中国。今辍西南屯士往耕，则姚、嶲兵少，贼得乘间。若调兵捍贼，则民疲士怨。假令大穰，蛮得长驱，是资贼粮，岂国计耶？”乃止。

始，周墀罢宰相，节度东川，表其弟严掌书记，俄而墀卒，悰辟为观察使判官，兄弟并在幕府。未几，假自浙西判官擢监察御史，而收亦自西川迁。兄弟同台，世荣其友。以详礼学改太常博士，而严亦自扬州召为监察御史。收因建言：“汉制，总群官而听曰省，分务而专治曰寺。太常，分务专治者也，所以藏天子之旂常。今旂常因车饰隶太仆，非是。”未及行，以母丧免。服除，从淮南崔铉府为支使。还，拜侍御史。夏侯孜以宰相领度支，引判度支按。迁长安令。

懿宗时，擢累中书舍人、翰林学士承旨，以中书侍郎同中书门下平章事。始，南蛮自大中以来，火邕州，掠交趾，调华人往屯，涉氛瘴死者十七，战无功，蛮势益张。收议豫章募士三万，置镇南军以拒蛮。悉教蹋张，战必注满，蛮不能支。又峙食泛舟饷南海。天子嘉其功，进尚书右仆射，封晋阳县男。

既益贵，稍自盛满，为夸侈，门吏童客倚为奸。中尉杨玄价得君，而收与之厚。收之相，玄价实左右之，乃招四方赇饷数千逦，收不能从，玄价以负己，大恚，阴加毁短。知政凡五年，罢为宣歙观察使，不敢当两使禀料，但受刺史俸，留公藏钱七百万。韦保衡又劾收前用严撰为江西节度使，受谢百万，及它隐盗。明年，贬端州司马。吏具大舟以须，收不从，曰：“方谪去，可乎？”以二小舸趋官。又明年，流欢州，俄诏内养追赐死。收得诏谢曰：“辅政无状，固宜死。今独一弟严以奉先人之祀，使者能假须臾使秉笔乎？”使者从之。收自作书谢天子，丐弟严死，奉先臣后。以书授使者，即仰鸩死。帝见书恻然，乃宥严，坐收流死者十一人。后三年，诏追雪其辜，复官爵。子钜、鳞。

钜,乾宁初为翰林学士,从入洛,终散骑常侍。鳞至户部尚书。

收兄发,字至之,登进士,又中拔萃,累官左司郎中。宣宗追加顺、宪二宗尊号,有司议改造庙主,署新谥,诏百官议。发与都官郎中卢搏以为改作主,求古无文,执不可。知礼者韪之。改太常少卿,为苏州刺史,治以恭长慈幼为先。徙福建观察使,又以能政闻。朝廷意有治剧才,拜岭南节度使。承前宽弛,发操下刚严,军遂怨,起为乱,囚传舍,贬婺州刺史。

假字仁之,仕终常州刺史。收与昆弟护丧葬偃师,会者千人。

严字凛之,举进士。时王起选士三十人,而杨知至、窦缄、源重、郑朴及严五人皆世胄,起以闻,诏独收严。累迁至工部侍郎、翰林学士。收知政,请补外,拜浙东观察使。收贬,严亦斥为邵州刺史,徙吉王傅。乾符中,以兵部侍郎判度支,卒。子涉、注。

涉,昭宗时仕至吏部侍郎,哀帝时进同中书门下平章事。为人端重有礼法。方贼臣陵慢,王室残荡,贤人多罹患。涉受命,与家人泣,语其子凝式曰:“世道方极,吾婴纲罗不能去,将重不幸,祸且累汝。”然以谦靖,终免于祸。

注为翰林学士。涉已相,辞内职,为户部侍郎。

路岩,字鲁瞻,魏州冠氏人。父群,字正夫,通经术,善属文,性志纯洁,亲殁,终身不肉食。累官中书舍人、翰林学士承旨,文宗优遇之。居循循谦饬,若不在势位者。所与交,虽褐衣之贱,待以礼,始终一节。

岩幼惠敏过人,及时士第,父时故人在方镇者交辟之,久乃答。懿宗咸通初,自屯田员外郎入翰林为学士,以兵部侍郎同中书门下政章事,年三十六。居位八岁,进至尚书左仆射。

于是王政秕僻,宰相得用事。岩顾天子荒暗,且以政委己,乃通赂遗,奢肆不法。俄与韦保衡同当国,二人势动天下,时目其党为

"牛头阿旁",言如鬼阴恶可畏也。既权侔则争,故与保衡还相恶。俄罢岩为剑南西川节度使,承蛮盗边后,岩力拊循,置定边军于邛州,扼大度,治故关,取坛丁子弟教击刺,使补屯籍,由是西山八国来朝。以劳迁兼中书令,封魏国公。

始,为相时,委事亲吏边咸。会至德令陈蟠叟奏书愿间言财利,帝召见,则曰:"臣愿破边咸家,可佐军兴。"帝问:"咸何人?"对曰:"宰相岩亲吏也。"帝怒,斥蟠叟,自是人无敢言。咸乃与郭筹者相依倚为奸,岩不甚制,军中惟边将军、郭司马尔,妄给与以结士心。尝阅武都场,咸、筹莅之,其议事以书相示则焚之,军中惊,以有冀图,恟恟,遂闻京师。岩坐是徙荆南节度使,道贬新州刺史,至江陵,免官,流儋州,籍入其家。岩体貌伟丽,美须髯,至江陵两昔皆白。捕诛咸、筹等。岩至新州,诏赐死,剔取喉,上有司。或言岩尝密请"三品以上得罪诛殛,剔取喉验其已死"。俄而自及。

保衡者,京兆人,字蕴用。父悫,宣宗时终武昌军节度使。保衡,咸通中以右拾遗尚同昌公主,迁起居郎、驸马都尉。主,郭淑妃所生,懿宗所爱,而妃有宠,故恩礼最异,悉宫中珍玩资予之。俄历翰林学士承旨,以兵部侍郎同中书门下平章事,自尚主至是裁再期。又进门下侍郎、尚书右仆射。

性浮浅,既恃恩据权,以嫌爱自肆,所悦即擢,不悦挤之。保衡举进士王铎第,于籍、萧遘与同升,以尝薄于己,皆见斥。逐杨收,倾路岩,人益畏之。主薨,而宠遇不衰。僖宗立,进司徒。俄为怨家白发阴罪,贬贺州刺史,再贬澄迈令,遂赐死。

弟保义,自兵部侍郎贬宾州司户参军。而刘瞻等坐主薨见贬者,偕复起。

卢携,字子升,其先本范阳,世居郑。擢进士第,被辟浙东府。入朝为右拾遗,历台省,累进户部侍郎、翰林学士承旨。乾符五年,进同中书门下平章事。俄拜中书侍郎、刑部尚书、弘文馆大学士。携姿陋而语不正,与郑畋俱李翱甥,同位宰相,然所处议多驳。

初,王仙芝起河南,携表宋威、齐克让、曾衮皆善将,为招讨使。及威杀尚君长,贼炽结,益不制,乃以王铎荆南为诸道都统。携不悦。是时,黄巢已破广州,势张甚,表求天平节度使,诏宰相百官议。携素厚高骈,属令立功,乃固不可巢请,又欲激巢使战而败铎,因授率府率。又徇骈与南诏和亲,与畋争,相恨詈,繇是罢为太子宾客,分司东都。俄为兵部尚书。会骈将张璘破贼,帝复召携,以门下侍郎同平章事。及铎失守,以骈代之,即按关东诸将为铎、畋所任者,悉易置。内倚田令孜,而外寄戎政于骈,与夺惟所爱恶。

后病风足蹇,神智瞑塞,事多决于亲吏杨温、李修,贿赂显行。及巢破淮南,璘战死,忠武兵乱,天下危惧,人皆咎携,始下诏以巢为天平节度使。诏下,贼已破潼关。明日,以太子宾客罢,分司东都,是夜仰药死。巢入京师,斫棺磔尸于长安市。

子晏,天祐初为河南尉,柳璨杀之。

赞曰:卢携之败王铎,私高骈,贼遂卷咸、镐而西,易若举毛,可谓朝无人焉。唐将亡,携为之鸱枭,宜天之假手于贼而磔其枯胔也。

唐书卷一八五
列传第一一○

郑畋　　王铎 镣　　王徽
韦昭度　　张浚

郑畋,字台文,系出荥阳。父亚,字子佐。爽迈有文,举进士、贤良方正、书判拔萃,三中其科。李德裕为翰林学士,高其才,及守浙西,辟署幕府。擢监察御史,李回任中丞,荐为刑部郎中知杂事,拜给事中。德裕罢宰相,出为桂管观察使,坐吴湘狱不能直冤,贬循州刺史,死于官。

畋举进士,时年甚少,有司上第籍,武宗疑,索所试自省,乃可奏。为宣武推官,以书判拔萃擢渭南尉。父丧免。宣宗时,白敏中、令狐绹继当国,皆怨德裕,其宾客并废斥,故畋不调几十年,外更帅镇幕府。绹去位,始为虞部员外郎。右丞郑熏诬畋罪,不可任郎官,出之。久乃入为刑部员外郎。刘瞻为宰相,荐授户部郎中,入翰林为学士,俄知制诰。会讨徐州贼庞勋,书诏纷委,畋思不淹晷,成文粲然,无不切机要,当时推之。勋平,以户部侍郎进学士承旨。瞻以谏迕懿宗,赐罢,畋草制书多褒言,韦保衡等怨之,以为附下罔上,贬梧州刺史。

僖宗立,内徙郴、绛二州,以右散骑常侍召还。故事,两省转对延英,独常侍不与。畋建言宜备顾问,诏可,遂著于令。以兵部侍郎进同中书门下平章事。故时,宰相驺哄联数坊,呵止行人。畋敕导者止百步,禁百官仆史不得擅至宰相府。交、广、邕南兵,旧取岭北五道米饷之,船多败没。畋请以岭南盐铁委广州节度使韦荷,岁煮海取盐直四十万缗,市虔、吉米以赡安南,罢荆、洪等漕役,军食遂饶。后以王师甫为岭南供军副使,师甫请兼总兵,而岁加献钱二十万缗。畋曰:"荷且有功,而师甫以利啖朝廷,谋夺其兵,不可。"罢之。再迁门下侍郎,封荥阳郡侯。以星变求去位,不许。

乾符六年,黄巢势寖盛,据安南,腾书求天平节度使。帝令群臣议,咸请假节以纾难。畋欲因授岭南节度使,而卢携方倚高骈,使立功,乃曰:"骈才略无双,淮南天下劲兵,又诸道之师方至,蕞尔贼,奈何舍之,令四方解体邪?"畋曰:"不然。巢之乱本于饥,其众以利合,故能兴江、淮,根蔓天下。国家久平,士忘战,所在闭垒不敢出。如以恩释罪,使及岁丰,其下思归,众一离,即巢机上肉耳,法谓不战而屈人兵也。今不伐以谋,而怖以兵,恐天下忧未艾也。"仆射于琮言:"南海以宝产富天下,如与贼,国藏竭矣。"天子内亦属骈,乃然携议。畋曰:"安危属吾等,而公倚淮南用兵,吾不知所税驾。"会骈奏:"南蛮方强,请如西戎,以公主下嫁。"携又议从之。畋以为损国威灵,不可,即抗论,至相诟谩。携怒,拂衣去,裾蔑于砚,因抵之。帝以大臣争口语,无以示百官,乃俱罢,以畋为太子宾客,分司东都。俄召拜吏部尚书。

明年,为凤翔陇西节度使,募锐兵五百,号"疾雷将",境中盗不敢发,发辄得。会巢陷东都,遣兵戍京师,以家财劳行,妻自纫戎衣给战士。帝出梁、洋,畋上谒斜谷,泣曰:"将相误国,臣请死以惩无状。"帝劳遣之,且曰:"公谨扼贼冲,无令得西向。"畋曰:"方艰虞时,事有机急,不可中覆,请便宜从事,臣当以死报国。"帝曰:"利社稷,无不可。"畋还,搜士卒,缮器械,浚城隍,使于梁者道相属。俄而贼使至,诸将皆欲附贼,畋开谕不可,即悉出金帛,请得脱身去,复不听。而使以伪赦令示军中乃去。明日,诏使至,畋召监军袁敬柔以逆顺晓诸将,乃听命,刺血以盟。畋遣子凝绩从帝,有诏进同中书门下平章事。贼将又至,畋斩于军,余党数百人皆捕诛之。迁检校尚书右仆射、西面行营都统。军中承制除拜,乃以前灵武节度使唐弘夫为行军司马。

中和元年，贼将王璠率众三万来攻，畋使弘夫设伏以待。璠内轻畋儒柔，纵步骑鼓而前，畋以锐卒数千当贼，疏阵而多旗帜，乘高伐鼓，贼不测众寡，阵未整，伏发，众皆嚣。日暮，军四合，鏖战龙尾坡，杀贼二万级，积尸数十里，多获铠仗，璠遁去，禽璠子斩之，威动京师。时诸镇兵在寰内尚数万，无所归，畋招来之，厚加慰结。乃与泾原程宗楚、秦州仇公遇、鄜延李孝恭、夏州拓拔思恭约盟，传檄天下。时王命不出剑门，四方谓王室微，不能复兴，及畋檄至，远近咸耸，各治兵思立功，奔问行在。巢大惧，不敢西谋。当此时，微畋，天子几殆，帝闻捷曰："朕知畋不尽，儒者之勇乃尔！"

弘夫取咸阳，以桴济兵渭水。贼伏甲伪走，弘夫与宗楚乘胜入都门，为贼所覆。畋数敕无轻进，二人不听，果败。以鄜、夏兵屯东渭桥。再进司空、兼门下侍郎、京城四面行营都统，赐御袍犀带，拜而不贺。

行军司马李昌言者，屯兴平，遣麾下求为南面都统，辄引兵趋府。畋不意见袭，登城好语曰："吾方入朝，公能戢兵爱人，为国灭贼乎？能，则守此矣。"遂委军去。昌言自为留后，卫畋出境。既半道，内惭负，即辞疾。诏授太子少傅，分司东都，便医于兴元。

明年，召至行在，以王铎将兵，复拜畋司空、门下侍郎、平章事，军务一以咨决。兴州戍将孙郎坐赃抵死，畋奏言："方关辅失守，郎护褒斜有功，请免死。陈秋儿保嵯峨山拒贼，农不废耕，请以检校散骑常侍隶奉天军。"制皆可。旧制，使府校书郎以上，满三岁迁；监察御史里行至大夫、常侍，满三十月迁。虽节度兼宰相，亦不敢越。自军兴，有岁内数迁者，畋以为不可，请："行营节度，隶里行至大夫，许满二十月迁；校书郎以上，满二岁乃奏。非军兴者如故事。"从之。

时田令孜恃权，有所干请，畋不应。陈敬瑄欲以官品居宰相上，畋曰："外宰相安得论品乎？"卒不肯处其下。令孜、敬瑄内衔之。贼平，帝将还，而李昌言自以袭畋而夺之镇，今畋当国，内不喜。故三人相结，而遣客上畋过咎。帝得其情，不许。畋乃引疾去位，入见帝曰:"乘舆东还,繇大散关幸凤翔,供张顿峙,一委昌言,乃可安。臣若以宰相从,彼且猜阻,非所以靖反侧也。请以散官养疾。或群臣有疑,愿出臣章示之,使知天子于臣无纤芥者。"帝以其诚,乃授检校司徒、太子太保,罢政事。以凝绩为壁州刺史,留养。徙龙州,卒,年六十三,赠太尉。后帝思畋忠力,又赠太傅。凝绩数岁亦卒。始,李茂贞以博野裨将戍奉天,畋召隶麾下,委以游逻,厚礼之。茂贞感其饰擢,及畋还葬郑,表为请谥曰文昭。天复初,与李思恭配飨僖宗庙廷,又赠宗楚、弘夫官。

畋为人仁恕,姿采如峙玉。凡与布衣交,至贵无少易。郑谷者,薰子也。方畋秉政,擢为给事中,至侍郎。其损怨类如此。巢之难,先诸军破贼,虽功不终,而还相天子,坐筹帷幄,终能复国云。

王铎,字昭范,宰相播昆弟子也。会昌初,擢进士第,累迁右补阙、集贤殿直学士,白敏中辟署西川幕府。咸通后,仕寖显,历中书舍人、礼部侍郎。所取多才实士,为世称挹。拜御史中丞,以户部侍郎判度支。十二年,繇礼部尚书进同中书门下平章事,加门下侍郎、尚书左仆射,超拜司徒。韦保衡缘恩幸辅政,始由铎得进士,故谨事之。虽窃政权,将大斥不附者,病铎持其事,不得肆,缙绅赖焉。铎亦上疏祈解,乃以检校左仆射,出为宣武节度使。

僖宗初,以左仆射召。始,铎当国,练制度,智虑周密,时论推允。会河南盗起,天下跂铎入辅,又郑畋数言其贤,复拜门下侍郎、平章事。乾符六年,贼破江陵,宋威无功,诸将观望不进,天下大震。朝廷议置统帅,铎因请自率诸将督群盗,帝即以铎为侍中、荆南节度使、诸道行营都统,封晋国公。绥纳流冗,益募军,完器铠,武备张设。李系者,西平王晟诸孙。敏辨善言兵,然中无有。铎信之,举为将,分精兵使守湖南。俄而贼舍广州,鼓而北,系望风未战辄溃,铎退营襄阳。于是以高骈代之,贬太子宾客,分司东都。

未几,召拜太子少师,从天子入蜀,拜司徒、门下侍郎、平章事,加侍中。复以太子太保平章事。是时,诛讨大计悉属骈,骈内幸多难，数偃蹇，而外逗挠。铎感慨王室，每入对，必噫呜流涕，固请行。时中和二年也。乃以检校司徒、中书令为义成节度使，诸道行营都统，判延资、户部、租庸等使。于是表崔安潜自副，郑昌图、裴枢、王抟等在幕府，以周岌、王重荣、诸葛爽、康实、安师儒、时溥六节度为将佐，而中尉西门思恭为监国，率卫兵洎梁、蜀师三万壁盨屋，移檄天下。先是，诸将虽环贼，莫肯先。及铎檄至，号令殷然，士气皆起，争欲破贼，故巢战数蹙。宦人田令孜策贼必破，欲使功出于己，乃构铎于帝，罢为检校司徒，以义成节度还屯。铎功危就，而谗见夺，然卒因其势困贼。后数月，复京师，策勋导关东诸镇第一。四年，徙义昌节度使。

铎世贵，出入裘马鲜明，妾侍且众。过魏，乐彦祯子从训心利之。李山甫者，数举进士被黜，依魏幕府，内乐祸，且怨中朝大臣，导从训以诡谋，使伏兵高鸡泊劫之，铎及家属吏佐三百余人皆遇害。朝廷微弱，不能治其冤，天下痛之。

弟镣，累官汝州刺史。乾符中，王仙芝来攻，镣拒之，自督勇士与别将董汉勋守南、北门。城陷，汉勋力战死，镣贬韶州司马。终太子宾客。

王徽，字昭文，京兆人。第进士，授校书郎。沈询判度支，徐商领盐铁，皆辟署使府。始，宣宗诏宰相选可尚主者，或以徽闻。徽本澹声利，闻不喜，往见宰相刘瑑曰："徽年过四十又多病，不应在选。"瑑为言乃罢。从令狐绚署宣武、淮南掌书记，召授右拾遗。书二十余上，言无回忌，公议浩然归重。徐商罢政事，守江陵，心欲表徽在幕府，恐其不乐外，忍不言。徽自往曰："公知徽，安得不从？"商大喜，表为殿中侍御史，署节度府判官。御史中丞高湜荐知杂事，进考功员外郎。故事，考簿以朱注上下为殿最，岁久易漫，吏辄窜易为奸。徽始用墨，遂绝妄欺。擢翰林学士。

广明元年，卢携罢宰相，以徽为户部侍郎、同中书门下平章事。是日，黄巢入关，僖宗西狩，冒夜出。徽与崔沆、豆卢瑑、仆射于琮诘朝乃知，追帝不及，堕崖樾间，为贼所执，迫还，将污以官。徽阳喑不答，以刃环胁，卒不动。贼令归第，使医护视。久之，守者懈，乃奔河中，裂缣书章，遣人间走蜀。诏拜兵部尚书、京城四面宣慰催阵使。

昭义高浔与贼战石桥，败绩。其将刘广擅还，据潞州。别将孟方立杀广，因取邢、洺、磁三州贰于己。昭义所隶唯泽一州。帝以兵部侍郎郑昌图权守潞，士心多附方立，昌图不能制。朝议以大臣镇抚，即授徽检校尚书左仆射、同中书门下平章事，领昭义节度使。是时，李克用亦争泽、潞，徽商朝廷力未能以兵抗之，奉表固辞，诏可。更为诸道租庸供军使。因说行营都监杨复光，请赦沙陀罪，令赴难。其夏，沙陀会诸军，遂平京师，徽助为多，迁右仆射。

大乱之后，宫观焚残，园陵皆发掘，鞠为丘莽。乘舆未有东意，诏徽充大明宫留守，京畿安抚制置修奉使。徽外调兵食，内抚绥流亡，逾年，稍稍完聚，兴复殿寝，裁制有宜，即奉表请帝东还。又进检校司空、御史大夫，仍权京兆尹。宦要家争遣人治第，侵冒齐民，讼诉满前，徽不屈势幸，一平以法，繇是为帝左右所憎，以其党薛杞为少尹，轻其权。杞方居丧，徽奏止不使到府。众忿，共谮罢徽，令赴行在。俄授太子少师。徽遂移疾河中，满百日免。帝还京师，复申前授，称疾不任奉谒。宰相疾其怨望，贬集州刺史。会帝避沙陀，出次宝鸡。帝念徽无罪，拜吏部尚书，封琅邪郡侯。未行而嗣襄王煴作乱，帝进次汉中。煴逼召徽，以尪废自言。及煴僭号，迫群臣作誓牒，徽托手弱，卒不肯署。煴平，帝至凤翔，召徽为御史大夫。固辞足痹，复拜太子少师。

昭宗立，见便殿，进对详洽，帝顾宰相曰："徽神气尚强，可用。"乃复授吏部尚书。是时，铨选失序，吏肆为奸，补调重复不可检。徽为手藉，一验实之，遂无奸滞。进右仆射。大顺元年卒，赠司空，谥曰贞。

谱言其先本魏诸公子，秦灭魏，至汉徙关中霸陵，以其故王家，为王氏。十世祖罴，仕周为同州刺史，死葬咸阳凤政原，子孙因家杜陵。曾祖择从，昆弟四人，曰易从、朋从、言从，皆擢进士第。至凤阁舍人者三人,故号"凤阁王氏"。自是讫大中时,登进士者十八人,位台省牧守者三十余人。徽有雅望,拜宰相一日而京师乱,故其设施无可道者。

韦昭度,字正纪,京兆人。擢进士第,践历华近,累迁中书舍人。僖宗西狩,以兵部侍郎、翰林学士承旨从。未几,同中书门下平章事。还京,授司空。再狩山南,还次凤翔,李昌符乱兴苍卒,昭度质家族于禁军,誓共讨贼,士感动,乃平昌符。迁太保,兼侍中。昭宗即位,守中书令,封岐国公。

阆州刺史王建攻陈敬瑄于成都,以昭度为西川节度使。敬瑄不内,诏东川顾彦朗与建合兵以讨,拜昭度兼行营招抚使。乃建幢节行城下,谕其众曰:"毋久闭垒。"敬瑄遣人詈曰:"铁券,先帝所命,若何违之?"淹半岁,始拔汉州。建绐昭度曰:"公暴师远出,事蛮夷地,方山东兵连祸结,朝廷不能治,腹心疾也,宜亟还定之。敬瑄小丑,当责建等可办。"昭度信之,请还。未半道,建以重兵守剑门,急攻成都,囚敬瑄,自称留后。罢昭度为东都留守。

杜让能既被害,以司徒、门下侍郎复为平章事,进太傅。王行瑜求为尚书令,昭度建言:"太宗由是即位,后人臣无复拜者。郭子仪有大功,尝授之,固辞免,况行瑜乎?"乃更号尚父。行瑜怨。会用李溪辅政,而崔昭纬密语行瑜曰:"前公已为尚书令,昭度持不可。今又引溪叶力,此奸人务立党与,惑上听,恐事复有如杜太尉时。"行瑜乃与李茂贞数上书讥诋朝政。昭度惧,称疾,罢为太傅,致仕。行瑜、茂贞、韩建联兵至阙下,言昭度伐蜀失谋,请贬之。未及报,而行瑜收昭度于都亭驿杀之。天子不得已,下诏暴其罪。行瑜诛,乃追复官爵,许其家收葬,赠太尉。

张浚,字禹川,本河间人。性通脱无检,泛知书史,喜高论,士友掊薄之。不得志,乃赢服屏居金凤山,学从横术,以捭阖干时。枢密使杨复恭遇之,以处士荐为太常博士,进度支员外郎。黄巢之乱,称

疾,挟其母走商山。僖宗西出,卫士食不给,汉阴令李康献糗饵数百
驮,士皆厌给。帝异之,曰:"尔乃及是乎?"对曰:"臣安知为此,张浚
教臣也。"乃急召浚至行在,再进谏议大夫。宰相王铎任行营都统,
奏署都统判官。

　时王敬武在平卢,军最强,累召不肯应。浚往说之,而敬武已臣
贼,不迎使者。浚责之曰:"公为天子守藩,会使者赍诏至,不北向俯
伏而敢侮慢,公乃未识君臣大分,何以长吏民哉?"敬武愕眙愧谢。
浚宣诏已,士按兵默默。浚召将佐至鞠场,倡言:"忠义之士当审利
害。黄巢,贩盐虏耳,舍天子而臣之,何利邪?今诸侯勤王者踵相接,
公等据一州以观成败,后贼平,将安往? 诚能此时共诛大盗,迎天
子,功名富贵可反手而取。吾怜公等舍安而陷危也。"诸将杂然曰:
"谏议语是!"敬武即引军从浚西。擢浚为会军使。贼平,以户部侍
郎判度支。后再狩山南,拜同中书门下平章事,仍判度支。

　浚始繇复恭进,复恭中失权,更依田令孜,故复恭衔之。及为中
尉,数被离间。昭宗即位,复恭恃援立功,专任事,帝稍不平。当时
多言浚有方略,善处大计,乃复见委信,尝问致治之要,对曰:"在强
兵。兵强,天下服矣。"天子繇是甘心于武功。后与论古今事,浚辄
曰:"汉、晋之远无可道,陛下春秋鼎富,天资英特,内逼宦臣,外迫
强臣,故不能安。此臣所以痛心而泣血也。"

　是时,朱全忠威振关东,而安居受杀李克恭,以潞州归全忠。全
忠乃与幽州李匡威、云州赫连铎上言:"先帝幸梁,繇李克用与朱玫
连和,请举兵诛之,愿帅兵为掎角。"帝诏文武四品以上议,皆言:
"王室未宁,虽得太原,犹非所有。"浚固争:"先帝时,身播屯乱,盖
克用、全忠不相下也。请因其弱讨之,断两雄势。"帝曰:"平巢,克用
功第一。今乘危伐之,天下其谓我何?"久不决。孔纬曰:"浚言万世
之利,陛下所顾一时事尔。臣见师度河,贼必破。今军中费尚足支
数年,幸听勿疑。"既浚、纬相倡和,帝乃决出师,诏浚为河东行营兵
马招讨制置使,京兆尹孙揆为昭义节度使副之,韩建为供军使;以
全忠、匡威、铎并为招讨使,枢密使骆全谲为行营都监;以汴甲三千

为帐下；发五十二军、邠、宁、鄜、夏杂虏合五万。帝置酒安喜楼临饯，浚饮酬泣下曰："陛下逼于贼，臣愿以死除之。"复恭闻不怿，率中尉等饯长乐坂，以酒属浚，浚不肯举。是役也，浚外幸成功，而内制复恭，故衔之。

先是，汴、华、邠、岐兵绝河会平阳。汴将朱崇节已戍潞，浚虑汴人遂据有之，乃令揆分兵趋潞，以中人韩归范持节护送至军。会太原将李存孝方攻潞，揆至长子，为存孝所禽，汴人亦弃城去。浚次阴地关，诸军壁平阳。存孝击之，皆大北，委仗械去。浚敛众夜遁，比明，军失太半。存孝进掠晋、绛、慈、隰，其锋甚盛。浚间道出王屋，奔河清，桴而济，麾下略尽。全谞饮药死，建遁去。克用上书请罪，其辞悖慢，因韩归范以闻。朝廷震动，即日下诏罢浚为武昌军节度使，三贬绣州司户参军。全忠为申请，诏听使便。浚乃至蓝田依韩建。及韦昭度死，复用纬为宰相，故浚亦拜兵部尚书，领天下租庸使。将复用，克用上言："若朝以浚为相，暮请以兵见。"乃止。

乾宁中，罢使，拜尚书右仆射。上疏乞骸骨，迁左仆射致仕，居洛长水墅。虽自屏处，然朝廷得失，时时言之。刘季述乱，浚徒步入洛，泣谕张全义，并致书诸藩，请谋王室之难。王师范起兵青州，欲取浚为谋主，不克。全忠胁帝东迁，浚闻曰："乘舆卜洛，则大事去矣。"盖知其将篡也。全忠畏浚构它镇兵，使全义遣牙将如盗者夜围墅杀之，屠其家百余人，实天复二年十二月。

始，浚素厚永宁史叶彦，彦知其谋，以告浚子格。浚度不免，父子相持泣曰："留则俱死，不如去以存吾嗣。"格拜而辞，彦率士三十人送之，溯汉入蜀，后事王建。少子播，间道走淮南，依杨行密。时行密得承制除拜，播请每除吏，必紫极宫玄宗像前致制诰于桉，乃出之，示不忘朝廷，且欲雪家冤而不克。终广陵。

赞曰：唐之季，嗣君暗庸，天秢其德久矣。纤人柄朝，靡谋不乖。如畋、铎皆社稷之才，当大过之世，为天下唱。扶支王室，几致中兴。俄而为孽竖乱宦所乘，功业无所成就。浚以乱止乱，悖缪厥心，悲夫!

唐书卷一八六
列传第一一一

周宝 王处存 邵 邓处讷
雷满 陈儒 刘巨容 冯行袭
赵德谞 匡凝 杨守亮 杨晟
顾彦朗 彦晖

　　周宝,字上珪,平州卢龙人。曾祖待选,为鲁城令,安禄山反,率县人拒战,死之。祖光济,事平卢节度希逸为牙将,每战,得攻鲁城者,必手屠之。历左赞善大夫。从李洧以徐州归天子。父怀义,通书记,擢累检校工部尚书、天德西城防御使,以徙城事不为宰相李吉甫所助,以忧死。

　　宝藉荫为千牛备身。天平节度使殷侑尝为怀义参军,宝从之,为部将。会昌时,选方镇才校入宿卫,与高骈皆隶右神策军,历良原镇使,以善击球,俱补军将,骈以兄事宝。宝强毅,未尝诎意于人。官不进,自请以球见,武宗称其能,擢金吾将军。以球丧一目。进检校工部尚书、泾原节度使。务耕力,聚粮二十万斛,号良将。

　　黄巢据宣、歙,徙宝镇海军节度兼南面招讨使。巢闻,出采石,略扬州。僖宗入蜀,加检校司空。时群盗所在槃结,柳超据常熟,王敷据昆山,王腾据华亭,宋可复据无锡。宝练卒自守,发杭州兵戍县镇,判八都:石镜都,董昌主之;清平都,陈晟主之;于潜都,吴文举主之；盐官都，徐及主之；新登都，杜棱主之；唐山都，饶京主之；富春都，文禹主之；龙泉都，凌文举主之。

中和二年，进同中书门下平章事，兼天下租庸副使，封汝南郡王。宝和裕，喜接士，以京师陷贼，将赴难，益募兵，号"后楼都"。明年，董昌据杭州，柳超自常熟入睦州，刺史韦诸杀之。四年，余杭镇使陈晟攻诸，诸以州授晟。宝子玗统后楼都，屡不能驭军，部伍横肆。宝亦稍惑色，不恤事，以婿杨茂实为苏州刺史，重敛，人不聊。田令孜以赵载代之，茂实不受命。宝表留，不听。乃残郛署、污垣牖去。诏以王蕴代载，载留润州。

初，镇海将张郁以击球事宝。光启初，剧贼剽昆山，宝遣郁领兵三百戍海上，郁醉而叛。王蕴谓州兵还休，不设备，郁遂大掠，蕴婴城守。宝遣将拓拔从讨定之。郁保常熟，因攻常州，刺史刘革迎降，众稍集。宝遣将丁从实督兵攻之，郁走海陵，依镇遏使高霸，从实遂据常州。及董昌徙义胜军节度使，宝承制擢杭州都将钱镠领州事。宣州贼李君旺陷义兴守之。是时，右散骑常侍沈诰使至江南，负田令孜势，震暴州县。嗣襄王下令搜令孜党，宝收诰及赵载杀之。

高骈领盐铁，辟宝子佶为支使，宝亦表骈从子在幕府。骈为都统，寖不礼宝，宝衔之。帝在蜀，淮南绝贡赋，谩言道浙西为宝剽阻。帝知其诬，不直骈，自是显隙。骈出屯东塘，约西定京师，宝喜，将赴之，或曰："高氏欲图公也。"宝未信。骈遣人请会金山，谋执宝，宝答曰："平时且不闻境上会，况上蒙尘，宗庙焚辱，宁高会时耶？我非李康，不能为人作功勋、欺朝廷也。"骈遣人切让，宝亦诟绝之。

会部将刘浩、刁颙与度支催勘使、太子左庶子薛朗叛，宝方寝，外兵格斗，火照城中，宝惊出，谕曰："为吾用则吾兵，否则寇也。六州皆我镇，何往不适？"乃自青阳门出奔，士大掠，官属崔绾、陆锷、田倍皆死。浩奉朗领府事。宝至奔牛埭，骈馈以薧葛，讽其且亡也。宝抵于地曰："公有吕用之，难方作，无诮我！"即奔常州依丁从实，召后楼都，无一士至者。

钱镠遣杜棱、成及攻薛朗，棱子建徽攻从实，声言迎宝，击破贼君旺,取船八百艘,遂围常州,从实奔海陵。镠具橐鞬迎宝,舍樟亭。未几,杀之。不淹月,而骈为毕师铎所囚。宝死,年七十四,赠太保。镠以杜棱守常州,文德元年拔润州,刘浩亡,不知所在,执朗,剖其心祭宝,使阮结守润州。杨行密杀高霸,而张郁、丁从实皆死。

初,黄巢平,时溥遣小史李师悦上符玺,拜湖州刺史。昭宗时,迁忠国军节度使。董昌反,师悦连和,与镠有隙,而结好于行密,安仁义次润州,复助之。乾宁三年卒,子继徽代,以地附行密,其将沈攸谓不可,继徽乃奔扬州。

陈晟据睦州十八年死,弟询代立,畏颛忌己,因徐绾乱,与田颜通。镠割桐庐隶杭州,询遂绝镠,攻成溪,镠使方永珍击询。天祐元年,行密遣将阚旺、陶雅救之,执镠弟镒、大将王求、顾全武等。未几镠将杨习攻婺州,询乃奔杨渥,渥以金师会守之。及镠破衢州,师会走,镠取其地。

王处存,京兆万年人。世籍神策军,家胜业里,为天下高赀。父宗,巧射利,侈靡自奉,僮千人,以此奋,累除检校司空、金吾大将军,遥领兴元节度使。

处存自右军镇使历检校刑部尚书、定州制置使,累迁义武节度使。黄巢陷京师,处存号哭,不俟诏,分麾下兵二千间道至山南卫乘舆。外约王重荣连盟,进屯渭桥,而泾州行军司马唐弘夫亦屯渭北。诏处存检校尚书右仆射督战,俄拜东南面行营招讨使。中和二年,授京城东面都统。每痛国难未夷,语辄流涕,军中多处存义,愈为之用。素善李克用,又故婚好,遣使十辈晓譬迎劝,卒共平京师。王铎差兴复功,以勤王举义处存为第一,收城破贼克用为第一。迁检校司空。复出兵三千属大张公庆会诸军捕巢泰山,灭之。进检校司徒、同中书门下平章事。

田令孜讨王重荣,徙处存节度河中,上书言:"重荣有大功,不可改易,摇诸侯之心。"不纳,趣上道。军次晋州,刺史冀君武闭门不内,而重荣拒诏。

处存临事通便宜,有大将风。幽、镇兵悍马强,其地势也,而易、定介于其间,侵轶岁至。及李匡威得志,谋并取之。处存善修邻欢,内抚民有恩,痛折节下贤,协穆太原以自助,远近同心。岁时讲兵,与诸镇抗,无能侵轧者。累加侍中、检校太尉。卒,年六十五,赠太子太师,谥曰忠肃。

三军迹河朔旧事,推子郜由副使为留后,昭宗从之。累拜节度使,加检校司空、同中书门下平章事,又进太保。

光化三年,朱全忠使张存敬攻幽州,以瓦桥泞潦,道祁沟关。郜方与刘守光厚,乃畀叔处直兵扰其尾,令骑将甄琼章次义丰,而存敬游弈骑已至,且战且引十余里,执琼章。而氏叔琼下深泽,执大将马少安,围祁州,屠之,斩刺史杨约,休兵十日。处直壁沙河,存敬军河北,挑战,处直不出,涉河乃战,处直大败,亡大将十五,士死者数万。存敬收械甲以赋战士,而焚其余,遂围定州。郜斩亲吏梁汶,移书存敬,且请盟。俄而外郛陷,郜以其族奔太原,使处直主留后。全忠亦至,处直辞曰:"弊邑事上未尝不忠,事邻未尝不礼,弗虞君之见攻也。"全忠责何故事克用,答曰:"太原藉兄弟之旧,修好往来,常道也。君苟为罪,请改图。"全忠许之。处直以从孙为质,上所持节,即献绢三十万具牛酒犒师。存敬取成而还。全忠表处直为节度留后、检校尚书左仆射。

郜至太原,克用表为检校太尉,卒。

处直字允明,天复初为太原郡王。

邓处讷,字冲韫,邵州龙潭人。少从江西人闵顼防秋安南,中和元年还,道潭州,逐观察使李裕,召诸州戍校徇曰:"天下未定,今与君等安护州邑,以待天子命,若何?"众称善,乃推顼为留后,请诸朝。僖宗方在蜀,遣使者抚慰。当是时,抚州刺史钟传据洪州,议者欲二盗相噬,即复置镇南军,擢顼节度使。顼悟,不受命。更为检校尚书右仆射、钦化军节度使,以处讷为邵州刺史。

朗州武陵人雷满者,本渔师,有勇力。时武陵诸蛮数叛,荆南节度使高骈擢满为裨将,将镇蛮军从骈淮南。逃归,与里人区景思猎大泽中,啸亡命少千人,署伍长,自号"朗团军"。推满为帅,景思为司马,袭州,杀刺史崔翥。诏授朗州兵马留后。岁略江陵,焚庐落,劫居人。俄进武贞军节度使。先是,陬溪人周岳与满狎,因猎,宰肉不平而斗,欲杀满,不克。见满已据州,悉众趋衡州,逐刺史徐颢,诏授衡州刺史。石门峒酋向瓖闻满得志,亦集夷獠数千屠牛劳众,操长刀柘弩寇州县,自称"朗北团",陷澧州,杀刺史吕自牧,自称刺史。

项既强大,且治人有恩,哀徐颢穷,率兵纳之。向瓖召梅山十峒獠断邵州道,项掩其营。周岳赢军诱战,项蹹伏中,故大败。淮西将黄皓杀项。岳闻乱,以轻兵入潭州,自称钦化军节度使。处讷闻之哭,诸将入吊。处讷曰:"与君等荷仆射恩,若合一州之兵问周岳罪,奈何?"众曰:"善。"于是砺甲训兵,积八年,结雷满为援,攻岳斩之,自称留后。昭宗诏拜武安军节度使。

不三日,会刘建锋、马殷兵至,攻澧陵,处讷遣邵州豪桀蒋勋、邓继崇率兵三千断龙回关。勋以牛酒犒师,殷说勋曰:"刘公勇智绝人,术家言当兴翼、轸间。今精兵十万,攻必下,战必克,收败众以饷军,公衰乡兵捍关,殆矣。不如下之,富贵可得也。"勋谓然。又其下畏建锋虐,夜弃甲走。建锋至关曰:"此天意也!"尽用邵旗铠趋潭州。守者以为勋军,纳之。既入,处讷方宴,执而杀之。建锋许勋赏,未及行,遣请,弗许,勋怒,率邓继崇攻湘乡,取邵州,进壁定胜、武安。建锋使殷督诸将击之,殷大败,走江浒。乡人夏侯陟教殷以奇兵出迪田,逾涧山,据江为壁,伏兵于莽,诱勋度江。勋见士未阵,争出斗,殷分兵袭其壁,麾濒江军夹击,勋大败,拔定胜一壁,进围邵州。未下而建锋死,殷代为节度使。勋请和,不许,卒禽勋斩之。

是时,道州蛮酋蔡结、何庾,衡人杨师远各据州叛。宿人鲁景仁从黄巢为盗,至广州病,不能去,以千骑留连州,众饥,从蔡结求粮,乃相倚杖,与州戍将黄行存诱工商四五千人据连州。郴人陈彦谦杀刺史董岳,发官帑募士,自称都统,胜兵四千。零陵人唐行旻乘巢乱,胁众自防,盗永州,杀刺史郑蔚,与景仁合从,数遣谍殷虚实,完垒自守。

殷遣将李琼攻永州,杀行旻。李瑭攻道州,蔡结约峒獠为援,久不胜,谋曰:"蛮所恃,林薮耳。"乃屯大川,伐山焚林,獠惊走。城陷,执蔡结、何庚,殷斩之。李琼出耒阳、常宁,攻郴州,陈彦谦出战,军乱不能阵,斩彦谦。进围连州,鲁景仁乘城守,三日不下,夜焚其门入之,景仁自刺死。

顼字公谨,满字秉仁,岳字峻昭,行旻字昌图。

满不修饬,每宴使客,抵宝器潭中,曰:"此水府也,蛟龙所凭,吾能没焉。"乃裸入水,俄取器以出。累迁检校太尉、同中书门下平章事,天复元年卒。子彦威自立。间荆南节度使成汭兵出,袭江陵,入之,焚楼船,残墟落,数千里无人迹。弟彦恭,结忠义节度赵匡凝以逐彦威,据江陵。匡凝弟匡明击之,还走朗州。

陈儒,江陵人。世为牙右职。广明元年,以郑绍业为荆南节度使,时朗州刺史段彦谟方据荆南,绍业惮之,逾半岁乃至。僖宗入蜀,召绍业还行在,以彦谟代节度。彦谟与监军朱敬玫不平,谋杀之。敬玫觉,先率兵入其府,彦谟方寝,拔剑缒城奔亲军垒,不得入,彦谟曰:"而等负我!"俄见害,亲属僚佐皆死。敬玫以少尹李燧为留后,且诬彦谟以罪。帝遣中人似先元锡、王鲁琪慰抚,密戒曰:"若敬玫可诛,诛之,以尔代而鲁琪为副。"敬玫盛兵出迎,元锡等不敢发而还。复诏郑绍业为节度使,逗留不进。

敬玫署儒领府事。明年,迁检校工部尚书,为节度使,进检校右仆射。敬玫有悍卒三千,号"忠勇军",暴甚,儒不能制。初,绍业将申屠琮率兵五千援京师,既归,儒告以忠勇桡治,琮请除之。大将程君从闻之,率众奔澧州,琮追斩百余人,军乃溃。已而琮复颛军。雷满三以兵薄城,儒厚赇以利,乃去。

淮南将张瑰、韩师德据复、岳二州,自署刺史。儒请瑰摄行军司马,师德摄节度副使,共击满。师德兵上峡,大略去。瑰引兵逐儒,儒将奔行在，既又劫还，囚之。瓛，滑州人，暴勇而残，荆故将夷戮几尽。时以杨玄晦代敬玫监军，召敬玫还成都，惧帝治前罪，称疾自解。前此数杀大将富商，故积贿，每曝衣，纨绣不可计。瓛见心动，遣卒贼之。敬玫衣黄衣，盗刺其腹死。

秦宗言来寇，马步使赵匡欲奉儒出，瓛觉之，杀匡而绝儒食，七日死。瓛固垒二岁，樵苏皆尽，米斗钱四十千，计抔而食，号为“通肠”。疫死者，争啖其尸，县首于户以备馔。军中甲鼓无遗，夜击阘为警。宗言不能下，乃解去。二年，宗权遣赵德諲攻瓛，瓛求救于归州刺史郭禹，禹率峡州刺史潘章解围。明年，德諲又至，诸将困于战，城遂陷，瓛死，人无识者，并尸于井。复州长史陈璠从瓛至江陵，密断瓛首置囊中，走京师献之，授安州刺史。

刘巨容，徐州人。为州大将。庞勋之反，自拔归，授埇桥镇遏使。浙西突阵将王郢反，攻明州，巨容以筒箭射郢死，拜明州刺史，徙楚州团练使。

黄巢乱江淮，授蕲黄招讨副使，徙襄州行军司马、检校右散骑常侍。巢据荆南，俄迁山南东道节度使以捍巢，屯团林。江西招讨使曹全晸与巨容守荆门关，与贼战，巨容伪北，巢追之，伏兴林樾间，贼大败，执贼将十三人，转斗一舍，虏获不可计。巢浮江东奔，巨容追之，率十啻八，以功迁检校礼部尚书。诸将欲乘胜追斩巢，巨容止曰：“朝家多负人，有危难，不爱惜官赏，事平即忘之，不如留贼，为富贵作地。”诸将谓然，故巢复炽。及陷两京，巨容合诸道兵讨之，授南面行营招讨使，累兼天下兵马先锋开道供军粮料使、检校司空，封彭城县侯。

巨容明吏治。时僖宗在蜀，公卿多因巨容护赴行在。山南西道节度使鹿晏弘为禁军所逐，引麾下东出襄、邓。秦宗权遣赵德諲合晏弘兵攻襄州，巨容不能守，奔成都。

始，扬州人申屠生能化黄金，高骈客之，为吕用之所谮，亡奔襄、汉，骈遣吏捕得，生见巨容自言其术，巨容留不遣。田令孜之弟遁襄州,巨容出金夸之。及在蜀,匿生,使术不得传,令孜恨之。龙纪元年,杀巨容,夷其宗,生并死。

巨容部将冯行袭者,均州武当人,以谋勇称里中。中和初,乡豪孙喜聚众数千人,谋攻城,行袭伏士江隩,以单舟迎喜曰:“州人思得将军久矣。顾将军兵多必剽掠,若留众江北,以轻骑进,我为乡导,城可下。”喜信之。既度江,吏出迎,伏甲兴,行袭击喜,斩之,众皆溃。行袭乘胜逐刺史吕烨,据均州,巨容因表为刺史。

帝在蜀,均之右有长山,当襄、汉贡道,有剧贼据险劫献物,行袭平之。武定节度使杨守忠表为行军司马,使领兵扼谷口以通秦、蜀。凤翔李茂贞养子继臻据金州,行袭攻拔之,昭宗即授金州防御使。时山南西道节度使杨守亮将袭京师,通金、商,行袭逆战破之,就擢戎昭军节度使。朱全忠围凤翔,神策中尉韩全诲遣中人二十辈督江、淮兵过其州,行袭方附全忠,尽杀之,收诏书送全忠。

天祐二年,王建遣将王思绾攻行袭,败其兵,州大将金行全出降,行袭奔均州。建以行全为子,更名宗朗,授观察使,以渠、巴、开三州隶之。宗朗不能守,焚郭邑去。全忠以行袭不足御建,遣别将屯金州。行袭议徙戎昭军于均州,以金、房为隶。全忠以金人不乐行袭,以冯恭领州,罢防御使而废戎昭军。

赵德𬤇,蔡州人。从秦宗权为右将,以讨黄巢功授申州刺史。光启初,与秦诰、鹿晏弘合兵攻襄州,节度使刘巨容奔成都。宗权假德𬤇山南东道节度留后,进攻荆南,悉收宝赀,留裨将王建肇守之,遗人才数百室。明年,归州刺史郭禹来讨,建肇纳之,奔黔州。德𬤇失荆南,又度宗权必败,举地附朱全忠。全忠方为蔡州四面行营都统,即表以自副,加忠义军节度使。宗权平,加中书令,封淮安郡王,卒。

子匡凝嗣。字光仪,由唐州刺史自为山南东道节度留后,昭宗即授节度使,不三年,以威惠闻。累迁检校太尉兼中书令。匡凝矜严盛饰,前后持鉴自照。

全忠之败清口，匡凝与奉国节度使崔洪、河东李克用、淮南杨行密约合兵攻全忠。会方城镇遏使度矜奔全忠，发其谋。全忠移书切责，使氏叔琮攻唐州，刺史赵匡璠降。进围随州，执刺史赵匡璘，斩首五千级；拔邓州，执刺史国湘。匡凝惧，乞盟。

全忠使亲将陈俊、王绅入叔琮军，崔洪留之，绅亡归。洪与行密欲邀友恭军，不克。会河东客伊超使淮南还，过蔡，洪亦留之，因是并俊送全忠，以部将苛拘为解，遣兄贤入质，全忠还之，质洪子于汴。全忠使贤调蔡卒二千出戍。将行，大将崔景思不悦，杀贤，洪惧，驱民趋申州，遂奔行密，麾鼓亘百余里。武昌杜洪邀之，弗及，蔡士多亡去，从者才二千人。

天祐元年，封匡凝为楚王。时诸道不上供，唯匡凝岁贡赋天子。全忠方图天下，遣人谕止之，匡凝流涕曰：“吾为国屏翰，渠敢有他志！”副使王筠劝绝全忠，全忠怒，出兵攻之。弟匡明大破汴军于邓州，因劝匡凝与王建连和。及荆南成汭败，匡凝取江陵，表匡明为荆南节度留后，有诏拜检校司徒、荆南节度行军司马。

全忠以其兵分可图也，乃使杨师厚攻匡凝，自将中军继之，屯临汉。匡凝遣客谢，囚不遣，败荆南救兵，俘其将。全忠循江而南，师厚綵阴谷伐木为梁。匡凝以兵二万濒江战，大败，乃燔州，单舸夜奔扬州。行密见之曰：“君在镇，轻车重马输于贼，今败乃归我邪？”筠自杀。全忠以师厚为山南东道节度留后，遂趋江陵。匡明亦谋奔淮南，子承规谏曰：“昔诸葛兄弟分仕二国，若适扬州，是自取疑也。”匡明谓然，乃趋成都，王建待以宾礼，授武信军节度使，分其众为崇义、勇义、顺义、广义四都，全忠遂有荆南。

杨守亮，曹州人，本姓訾，名亮。与弟信俱从王仙芝为盗。亮身长七尺余，色如铁。仙芝死，又事徐唐莒，劫剽洪、饶二州。杨复光平江西，得其兄弟，养为假子，以信养于复恭家，曰守亮、守信。复恭收京师，守亮以战多，拜山南西道节度使、检校太保，守信兴平军节度使，并同中书门下平章事。复恭又以假子守贞为龙剑节度使，守忠为武定军节度使，守厚为绵州刺史。

初，朱玫取兴、凤州，虢州刺史满存以兵赴行在，复收二州，昭宗擢为感义军节度使，累检校司徒、同中书门下平章事，与复恭四假子及利阆观察使席俦等共攻王建。建军已围杨晟，分军逼守厚，军未成列而败。先是，守贞、守忠闻建兵出，拔众奔绵州，并力共攻东川，弗胜。建将华洪以兵万人壁绵州之郊，败守忠、守厚，二人分道行，收兵趋阆州。

始，复恭败，依守亮。而凤翔李茂贞、邠宁王行瑜、镇国韩建等共劾守亮纳叛人，请以镇兵讨之。茂贞自为兴元节度使，以书诮责宰相。帝为削守亮官爵，因诏茂贞问罪。满存来救不克，以众入兴元。茂贞拔兴、凤、洋三州，破守亮于西，乘胜入兴元。复恭挟诸假子及存奔阆州。洪进围之。帝以徐彦若帅凤翔，以兴元授茂贞。茂贞不肯拜，帝乃以其子继密为兴元节度使。

俄而洪拔阆州，守亮等皆挺身走，将北奔太原，趋商山，饥甚，丐食于野，为逻戍所缚，见韩建。守亮视建左右八百人皆常隶己，语建曰："此属吾养之素厚，无一为我死。公无费衣食，不如杀之。"建许诺。复曰："公幸贷我，俾生见天子，陈先人功，万有一不死。"建槛车送京师，吏缚以帛，内球于口。帝御延喜楼问反状，守亮不得语，颔而已。左右白服罪，即执献太庙，斩独柳下，枭于市。守厚死巴州，麾下兵多归王建。存奔京师，为左武卫大将军。

杨晟，不详宗系。隶凤翔军，节度使李昌符畏其勇，欲杀之，妾周擿使亡去，隶神策军为都校。僖宗在陈仓，邠宁朱玫遣万骑合昌符追行在，乃擢晟感义军节度使、检校司空，守大散关。玫兵攻关，晟数却，战潘氏，遂大败，内外无固志。帝更徙兴元，晟西奔，攻取兴、凤二州。晟袭文州，逐刺史，据成、龙、茂等州。

王建攻成都，田令孜以晟故将，与连和，假威戎军节度使，守彭州。晟击建，无功引还。且畏建图己，乃约山南西道节度使杨守亮兄弟合谋拒建，掠新繁，焚汉州，又攻东川顾彦晖，为建兵所逐。建使王宗裕率骑五万围晟,食四郊麦,掠民资产。晟假子实以骑八千降于建,建以奇兵袭杨守厚等,皆亡去。晟开门决战,大败,遂约降。建馈十羊,晟曰:“以我为机上肉乎?”不出。建筑甬道属阵以入,斩晟首。

晟有仁心,下怀其恩,虽城中食尽,无叛者。初,昌符死,晟得其妾周,母事之。周请为妻,晟固辞,且夕问省,乃视事。爱将安师建者,勇而有礼,既就执,建顾曰:“尔报杨司徒足矣,能从我乎?”谢曰:“司徒誓同死生,不忍复戴日月。”三谓不回,乃戮之。

顾彦朗、彦晖者,丰州人,并为天德军小校。其使蔡京以兄弟有封侯相,每厚礼之,使子赠赍,稍稍进秩。黄巢乱长安,率军同复京师。

彦朗迁累右卫大将军。光启中,擢拜东川节度使、检校太保、同中书门下平章事。至剑门,陈敬瑄使吏夺其节,彦朗不得入,保利州。敬瑄诬劾彦朗擅兴兵掠西境。僖宗下诏申晓讲和,乃得到军。署彦晖汉州刺史。

初,杨守亮忌壁州刺史王建凶暴,欲逐之。建闻,合溪洞豪酋取阆州,击利州,刺史走,即据二州,守亮不能制。彦朗与建雅旧,阴助赀饷。建攻成都,彦郎挟故憾,与并力,道路鄡梗。敬瑄告难于朝,帝诏和解,又敕李茂贞镌谕。

会彦朗卒,彦晖自知留后。明年为节度使。中人送节,为绵州刺史杨守厚所留。守厚发兵攻梓州,彦晖告急于建,建使李简救之,戒曰:“贼破,并取彦晖,无须再往也。”简破守厚军,彦晖辞疾,不克取。建素有吞噬心,以彦朗与婚娅,久未忍。及彦晖,则交好愈疏,而境上关赋相稽诟,建怒。景福元年,遂攻彦晖。彦晖请救于杨守亮,遣杨子彦戍梓,执建大将王宗弼,彦晖责曰:“王公何以见讨?君为大将,不谏云何?”宗弼谢罪,即解缚,使就馆,帝幕衾服皆具,更养为子,改名琛。明年,建将华洪破绵州,守厚走,得彦晖节。时诏已进彦晖检校司空、东川节度使矣。

　　乾宁二年，昭宗在石门，督彦晖、建赴行在。建率兵二十万次绵州，即劾彦晖劫辎运，回袭之。彦晖不敢出，但遣人塞建舟路，建遂击取巴、阆、蓬、渠、通、果、龙、利八州。帝遣中人为两川宣谕协和使。建奉诏还，而兵不解。彦晖谋窜，因大略汉、眉、资、简等州。李茂贞亦欲争其地，使子兴元节度使继密引军救彦晖，以窥东川。四年，华洪率众五万攻彦晖，取渝、昌、普三州，壁梓州南，败彦晖兵，夺铠马八百，凡五十战，围遂固。帝仍遣左谏议大夫李洵谕止，建拒命。帝以嗣郏王戒丕镇凤翔，徙茂贞代建，皆不奉诏。

　　梓有镜堂，世称其丽，彦晖尝会诸将堂上，养子瑶尤亲信，彦晖以所佩剑号"疥瘠宾"佩之，使侍左右。尝语诸将曰："与公等生死同之，违者先齿疥瘠宾。"众曰："诺。"及围急，瑶请聚亲信饮，得同死。彦晖顾王琛曰："尔非我旧，可自求生。"指颓垣令逸。彦晖手杀妻子，乃自刭，宗族诸将皆死，麾下兵犹七万。

　　初，韦昭度为招讨使，彦晖、建皆为大校。彦晖详缓有儒者风。建左右髡发黥面若鬼，见者皆笑。至是录笑者皆杀之。私署洪为东川节度留后。

　　赞曰：《诗》云"戎狄是膺，荆舒是惩"，嫉其为中国之害也。春秋之世，楚灭陈、郑，而卒复其祀，圣人善之。处存平黄巢，定京师，功冠诸将。昭宗尝有意都襄阳，依赵凝以自全。大抵唐室屏翰，皆为朱温所翦覆，过于夷狄、荆舒之为害也甚矣。

唐书卷一八七
列传第一一二

王重荣 琪 珂　诸葛爽
李罕之　王敬武 师范
孟方立 迁

　　王重荣,太原祁人。父纵,大和末为河中骑将,从石雄破回鹘,终盐州刺史。重荣以父任为列校,与兄重盈皆以毅武冠军擢河中牙将,主何察。时两军士干夜禁,捕而鞭之。士还,诉于中尉杨玄实,玄实怒,执重荣让曰:“天子爪士,而藩校辱之!”答曰:“夜半执者奸盗,孰知天子爪士?”具言其状。玄实叹曰:“非尔明辨,孰由知之?”更诿于府,擢右署。重荣多权诡,众所严惮,虽主帅莫不下之。稍迁行军司马。

　　黄巢陷长安,分兵略蒲,节度使李都不能支,乃臣贼,然内惮重荣,表以自副。地迩京师,贼调取横数,使者至百辈,坐传舍,益发兵,吏不堪命。重荣胁说都曰:“我所诡谋纾难,以外援未至。今贼衰责日急,又收吾兵以困我,则亡无日矣。请绝桥,婴城自守,不然,变生何以制之?”都曰:“吾兵寡,谋不足,绝之,祸且至,愿以节假公。”遂奔行在。重荣乃悉驱出贼使斩之,因大掠居人以悦其下。天子使前京兆尹窦潘间道慰其军,因诏代都。重荣率官属奉迎。潘至,大犒士,倡言曰:“天子以臣守土,谁得逐之?为我疏首恶者。”众无敢对。重荣佩刀历阶曰:“首谋者,我也,尚谁索?”目潘吏,趣具骑,潏即奔还。重荣遂主留后。

贼使健将朱温以舟师下冯翊,黄邺率众自华阴合攻重荣。重荣感励士众,大战,败之,贼弃粮仗四十余艘。即拜检校工部尚书,为节度使。会忠武监军杨复光率陈、蔡兵万人屯武功,重荣与连和,击贼将李详于华州,执以徇。贼使尚让来攻,而朱温将劲兵居前,败重荣兵于西关门,于是出兵夏阳,掠河中漕米数十艘。重荣选兵三万攻温,温惧,悉凿舟沈于河,遂举同州降。复光欲斩之,重荣曰:"今招贼,一切释罪。且温武锐可用,杀之不祥。"表为同华节度使。有诏即副河中行营招讨,赐名全忠。

巢丧二州,怒甚,自将精兵数万壁梁田。重荣军华阴,复光军渭北,掎角攻之,贼大败,执其将赵璋,巢中流矢走。重荣兵亦死耗相当。惧巢复振,忧之,与复光计,复光曰:"我世与李克用共忧患,其人忠不顾难,死义如己。若乞师焉,事蔑不济。"乃遣使者约连和。克用使陈景斯总兵自岚、石赴河中,亲率师从之,遂平巢,复京师。以功检校太尉、同中书门下平章事,封琅邪郡王。累加检校太傅。

中人田令孜怒重荣据盐池之饶。于时巨盗甫定,国用大蹙,诸军无所仰,而令孜为神策军使,建请二池领属盐铁,佐军食。重荣不许,奏言:"故事,岁输盐三千乘于有司,则斥所余以澹军。"天子遣使者谕旨,不听。令孜徙重荣兖海节度使,以王处存代之,诏克用将兵援河中。重荣上书劾令孜离间方镇。令孜遣邠宁朱玫进讨,壁沙苑。重荣诒克用书,且言:"奉密诏,须公到,使我图公。此令孜、朱全忠、朱玫之惑上也。"因示伪诏。克用方与全忠有隙,信之,请讨全忠及玫。帝数诏和解。克用合河中兵战沙苑,玫大败,奔邠州。神策军溃还京师,遂大掠。克用乘胜西,天子走凤翔。

俄嗣襄王煴僭位,重荣不受命,与克用谋定王室。杨复恭代令孜领神策,故与克用善,遣谏议大夫刘崇望赍诏谕天子意,两人听命,即献缣十万,愿讨玫自赎。崇望还,群臣皆贺。重荣遂斩煴,长安复平。然性悍酷,多杀戮,少纵舍。尝植大木河上,内设机轴,有忤意者,辄置其上,机发皆溺。尝辱部将常行儒,行儒怨之,光启三年,引兵夜攻府,重荣亡出外,诘旦杀之,推立重盈。

重盈前此已历汾州刺史。黄巢度淮,擢陕虢观察使,重荣据河中,三迁检校尚书右仆射,即拜节度使。未几,同中书门下平章事。及代重荣,留长子珙领节度事,入杀行儒,军复安。昭宗立,进太傅、兼中书令,封琅邪郡王。父子兄弟相继帅守,而从子蕴亦为忠武节度使。

乾宁二年,重盈死,军中以其兄重简子珂出继重荣,故推为留后。珙与弟绛州刺史瑶争河中,上言:"珂本家苍头,请选大臣镇河中。"又与朱全忠书言之。珂急,乃遣使请婚于李克用。克用荐之天子,许嗣镇,然犹以崔胤为河中节度使。珙复构珂于王行瑜、李茂贞曰:"珂不受代,且晋亲也,将不利于公。"行瑜等约韩建共荐珙。诏曰:"吾重已授珂矣。重荣有大功,不可废。"行瑜怒,使其弟行约攻珂,克用遣李嗣昭援之,败珙于猗氏,获其将李璠。

三镇衔帝之却其请也,连兵犯京师,谋废帝、诛执政而立吉王,固请授珙河中。克用闻之怒,以师讨三镇,瑶、珙兵引去。克用拔绛州,斩瑶而屯渭北,败行约于朝邑。

行约走京师。弟行实在左军,共说枢密使骆全瓘,谋挟帝幸邠。右军李继鹏以告中尉刘景宣,二人,茂贞党也,欲以兵劫全瓘等,请帝幸凤翔。两军合噪承天门街,帝登楼喻和之,继鹏怒,辄射帝,纵火焚门,帝率诸王及卫兵战,继鹏矢及帝胄,军乃退。帝出幸定州将李筠军,嗣延王戒丕、嗣丹王允以盐州六都兵从帝出启夏门,次于郊。两军惮盐州兵锐,各走其军。帝次莎城,百官继至,士民从者亦数万。帝欲入谷中自固,以谷有"没唐石",恶之,徙石门。民匿保山谷间,帝每出,或献饣甘浆,帝驻马为尝,民皆流涕。既而遣嗣薛王知柔及刘光裕还京师。

克用遣使者奔问行在,帝因诏克在用、珂以兵趋新平,又诏泾州张镭会克用军以扼岐阳。克用在河中未出也,帝惧茂贞之逼,复使嗣延王戒丕以御服玉器赐之,督其西,乃壁渭北,进营渭桥。于是行瑜壁兴平,茂贞壁鄠。行瑜兵数却,茂贞惧,斩继鹏,传首以谢。继鹏姓阎名珪,左神策军拍张人,为茂贞养子云。诏削行瑜官爵,以克用为邠宁四面行营都招讨使,珂为粮料使。克用遣子存贞请天子还宫。诏以骑三千戍三桥。

帝既还,加珂检校司空,为节度使。克用以女妻之,珂亲迎太原,以李嗣昭助守河中,因攻珙,珙战数北。珙任威虐,杀人断首置前,而颜色泰定,下恐,不敢叛,然稍弱,无斗志。光化二年,为部将李璠所杀,自为留后,诏代珙节度。又失众,凡五月,为牙将朱简所杀,挈其地入朱全忠,表授节度使、同中书门下平章事,更名友谦。

珙杀给事中王枢等十余人,幕府遭戮辱甚众,人有罪辄剀斫以逞。枢者,故为常州刺史,避难江湖,帝闻刚鲠,以给事中召,道出陕,珙谓且柄任,厚礼之。枢鄙其武暴,不降意。既宴,盛列珍器音乐,珙请于枢曰:"仆今日得在子弟列,大赐也。"三请,枢不答。珙勃然曰:"天子召公,公不可留此。"遂罢,遣吏就道杀之,族其家,投诸河,以溺死闻。帝不能诘。珙死,赠太师。诏陕州冤死者,有司吊祭,存问其家。

始,全忠击杨行密不能克,讽荆、襄、青、徐等道请己为都统以讨行密,帝猗违未报;而珂与太原、镇定等道亦请加行密都统,以讨全忠。繇是两罢之,全忠怨珂不忘也。帝为刘季述所废,珂愤见言色,屡陈讨贼谋。既反正,首献方物,帝甚倚之。而全忠以克用方强,不敢加兵。及王镕诎服,拔定州,而克用兵折,谓其将张存敬曰:"珂恃太原侮慢我,尔持一绳缚之。"存敬以兵数万度河,由含山袭绛州,刺史陶建钊、晋州刺史张汉瑜皆降,以何绚戍之。进攻珂,全忠率师继进,即劾珂交构克用,为方镇生事,不可赦。珂乞师太原,为绚所迮,不能进。珂急使妻遗克用书曰:"贼攻我,朝夕见俘,乞食大梁矣。"克用答曰:"道且断,往救必俱亡,不如归朝廷。"珂穷,遣使告李茂贞曰:"上初反正,诏藩镇无相疑。而朱公不顾约,以攻弊邑。弊邑亡,则邠、岐非君所保,天子神器敛手付人矣。宜与华州韩公出精锐固潼关,以张兵势。仆不武,公其惠我西偏地,以为捍守。蒲,请公自有之。关西安危,国祚长短,系公此举也。"茂贞不答。

珂益蹙，会桥毁，潜具舟将遁，夜谕守兵，无肯为用者。牙将刘训叩寝门，珂疑有变，叱之，训自祖其衣曰："苟有它，请断臂自明。"珂出，问计所宜，答曰："若夜出，人将争舟，一夫鸥张，祸系其手。如旦日，以情谕军中，宜有乐从者，可则济，否则召诸将行成以缓敌，徐图所向，上策也。"珂然之。明日，登城语存敬曰："吾于朱公有父子欢，君姑退舍，须公至，吾自听命。"乃执太原诸将并奉节印内存敬军，竖大幡城上，遣兄璘与诸将樊洪等见存敬。存敬解围而戍以兵。

全忠自洛至。全忠，王出也，始背贼事重荣，约为甥舅，德其全己，指日月曰："我得志，凡氏王者皆事之。"至是，忘誓言，过重荣墓，伪哭而祭。次虞卿，珂欲面缚牵羊以见，全忠报曰："舅之恩，无日可忘。君若以亡国礼见，黄泉其谓我何？"珂出迎，握手泣下，骈辔以入。居旬日，以存敬守河中，举珂室徙于汴。后令入觐，遣人贼之于华州。

自重荣传珂，凡二十年。

诸葛爽，青州博昌人。为县伍伯，令笞苦之，乃亡命，沈浮里中。庞勋反，入盗中为小校。勋势蹙，率百余人与泗州守将汤群自归，累迁汝州防御使。李琢讨沙陀于云州，表为北面招讨副使。徙夏绥银节度使，检校尚书右仆射。

黄巢犯京师，诏率代北行营兵入卫，次同州，降贼，伪署河阳节度使，代罗元杲。元杲者，本神策将，状短陋，倚中官势，剽财输京师，凡巨万，人怨之，爽至，募州人战，众不从，相率迎爽，元杲奔行在。爽间道奉表僖宗以自明，诏拜节度使。李克用援陈许，道天井关。爽惧，不肯假道，出屯万善，克用自河中趋汝、洛。

爽累授京师东南面招讨诸行营副都统、左先锋使，兼中书门下平章事。朱温为贼守同州，爽率轻兵入之，温偃旗设伏以待，爽谓贼遁，士解甲就舍，伏发，爽悉弃铠马奔还。至修武，为魏博韩简击败之，不敢入。简留将赵文玠戍河阳，自攻郓，时中和二年也。河阳人诱爽，自金、商驰，复入之，厚礼文琲及戍人，还之魏。于是爽攻新乡，简自郓来，战获嘉西。简阴窥关中，其下不悦，裨将乐彦祯间众之隙，引其军先还，故简兵八万自溃，相藉溺清水至不流。明年，诏爽为东南面招讨使，伐秦宗权，表李罕之自副。

爽虽兴庸厮，善吏治，法令澄壹，人无愁咨。擢累检校司空。光启二年卒。其将刘经与泽州刺史张言共立爽子仲方为留后，为蔡贼孙儒所攻，奔于汴，儒取孟州。

李罕之，陈州项城人。少拳捷。初为浮屠，行丐市，穷日无得者，抵钵褫祇袄去，聚众攻剽五台下。先是，蒲、绛民壁摩云山避乱，群贼往攻不克，罕之以百人径拔之，众号"李摩云"。随黄巢度江，降于高骈，骈表知光州事。为秦宗权所迫，奔项城，收余众依诸葛爽，署怀州刺史。爽伐宗权，即表以自副。屯睢阳，无功。又表为河南尹、东都留守，使捍蔡。

河东李克用脱上源之难，丧气还，罕之迎谒谨甚，劳饩加等，厚相结。罕之因府为屯，会孙儒来攻，罕之不出。数月，走保黾池。东都陷，儒焚宫阙，剽居民去。爽遣将收东都，罕之逐出之，爽不能制。俄而爽死，其将刘经、张言共立爽子仲方，欲去罕之。而罕之故与郭璆有隙，擅杀璆，军中不悦。经间众怒，袭其壁，罕之退保乾壕，经追击，反为所败，乘胜入屯洛阳苑中。经战不胜，还河阳。罕之屯巩，将度汜，经遣张言拒河上，反与罕之合，攻经不克，屯怀州。

孙儒逐仲方，取河阳，自称节度使。俄而宗权败，弃河阳走，罕之、言进收其众，丐援河东，克用遣安金俊率兵助之，得河阳。克用表罕之为节度使、同中书门下平章事。有诏与属籍。又表言为河南尹、东都留守。

罕之与言甚笃，然性猜暴。是时大乱后，野无遗秆，部卒日剽人以食。又攻绛州，下之，复击晋州，王重盈欲出汴兵救，罕之解围还。而言善积聚，劝民力耕，储庾稍集。罕之食，乏士仰以给，求之无厌，言不能厌，罕之拘河南官吏笞督之；又东方贡输行在者多为罕之邀颉。重盈反间于言,文德元年,罕之悉兵攻晋州,言夜袭河阳,俘罕之家。罕之穷,奔河东,克用复表为泽州刺史,领河阳节度使,遣李存孝、薛阿檀、安休休率师三万攻言。城中食尽,言纳挈于汴求救,全忠遣丁会、葛从周、牛存节来援,战沇河聚。休休不利,降全忠,存孝还。全忠更以丁会为河阳节度使,言归洛阳。

罕之保泽州,数出钞怀、孟、晋、绛,无休岁,人匿保山谷。出为樵汲者,罕之俘斩略尽,数百里无舍烟。克用遣罕之、存孝攻孟方立,拔磁州。方立戍将马溉兵数万战琉璃陂,罕之禽溉,败其众。大顺初,汴将李谠、邓季筠攻罕之,罕之告急于克用,遣存孝以骑五千救之。汴士呼罕之曰:“公倚沙陀,绝大国。今太原被围,葛司空入上党,不旬日,沙陀无穴处矣!”存孝怒,引兵五百薄谠营呼曰:“我,沙陀求穴者,须尔肉以饱吾军,请肥者出斗!”季筠引兵决战,存孝奋矛驰,直取季筠。谠夜走,追至马牢川,败之。克用讨王行瑜,表罕之副都统,检校侍中。行瑜诛,封陇西郡王,检校太尉、兼侍中。

罕之恃功多,尝私克用爱将盖寓求一镇,寓为请,克用不许,曰:“鹰鹯饱则去矣,我惧其翻覆也。”光化初,昭义节度使薛志勤卒,罕之夜袭潞,入之,自称留后,报克用曰:“志勤死,惧它盗至,不俟命辄屯于潞。”克用遣李嗣昭先击泽州,拘罕之家属送太原。罕之攻沁州,执刺史、守将,遂款于汴。全忠表罕之昭义节度使,命丁会援之,与嗣昭战含口,嗣昭不利,葛从周取泽州。嗣昭又攻罕之,罕之暴得病,不能事。会代戍,全忠更以罕之节度河阳三城,卒于行,年五十八。未几,嗣昭复取泽州,以李存璋为刺史,进收怀州,攻河阳。汴将阎宝引兵至,嗣昭还。

始,儒去东都也,井闾不满百室。言治数年,人安赖之,占籍至五六万,缮池垒,作第署,城阙复完。全忠惧言异己,乃徙节天平,以韦震为河南尹。爽诸将无传地者,言后赐名全义。

王敬武,青州人。隶平卢军为偏校,事节度使安师儒。中和中,盗发齐、棣间,遣敬武击定。已还,即逐师儒,自为留后。时王铎方督诸道行营军复京师,因承制授敬武平卢节度使,趣其兵使西。及京师平,进检太尉、同中书门下平章事。龙纪元年卒。

子师范,年十六,自称留后,嗣领军。昭宗自以太子少师崔安潜领节度,师范拒命。时棣州刺史张蟾迎安潜,师范遣部将卢弘攻之,弘与蟾连和。师范以金啖之,曰:"君若顾先人,使不绝其祀,君之惠也。不然,愿死坟墓。"弘少之,不为备,师范伏兵迎于路,部将刘郙斩弘,遂攻棣州。蟾请救于朱全忠,全忠驰使谕解,师范拔其城,斩蟾,而安潜不敢入。

师范喜儒学,谨孝,于法无所私。舅醉杀人,其家诉之,师范厚赂谢,诉者不置,师范曰:"法非我敢乱。"乃抵舅罪。母恚之,师范立堂下,日三四至,不得见三年,拜省户外不敢懈。以青州父母所籍,每县令至,具威仪入谒,令固辞,师范遣吏挟坐,拜廷中乃出。或谏不可,答曰:"吾恭先世,且示子孙不忘本也。"

全忠已并郓州,遣兵攻师范,师范下之。会全忠围凤翔,昭宗诏方镇赴难,以师范附全忠,命杨行密部将朱瑾攻青州,且欲代为平卢节度。师范闻之,哭曰:"吾为国守藩,君危不持,可乎?"乃与行密连盟。遣将张居厚、李彦威以甲槊二百舆给为献者,及华州,先内十舆,阍人觉,众攘甲噪,杀全忠守将娄敬思。是时崔胤方在华,闭门拒战,执居厚还全忠。

刘郙袭兖州,入之;师范亦潜兵入河南,徐、沂、郓等十余州同日并发。全忠使从子友宁率军东讨。是时帝还长安,故全忠并魏博军屯齐州。王茂章方以兵二万合师范弟师诲攻密州,破之,以张训为刺史。进攻沂州,败其兵,还青州,半舍而屯。友宁方攻博昌,未下,全忠督战急,友宁驱民十万,负木石,筑山临城中,城陷,屠老少投尸清水,遂围登州。茂章欲啖友宁,不肯救。未几,城破,友宁负胜攻别屯。茂章度汴军怠,与师范合击友宁于石楼,斩其首,传于行密。

全忠怒,悉军二十万倍道至。茂章闭营,伺军懈,毁壁出斗,还与诸将饮,讫,复战。全忠望见,叹曰:"吾有将如是,天下不足平!"

于是退屯临淄。茂章畏全忠,乃敛军而南,使李虔裕以五百人后拒。茂章解衣寐,虔裕谭曰:"追至,将军速去!"茂章曰:"吾共决死。"虔裕固请,茂章乃去。已而追至,虔裕一军覆,茂章免。全忠见虔裕,欲释之,瞋目大骂而死。张训召诸将谋曰:"汴人至,师少,何以待之?"众请焚城而亡,训曰:"不然。"即封府藏,下县门,密引兵去。汴军见府库完,德之,不追。

全忠留杨师厚围青州,败师范兵于临朐,执诸将,又获其弟师克。是时,师范众尚十余万,诸将请决战,而师范以弟故,乃请降。全忠归其弟,假师范知节度留后事,师范献钱二十万缗以谢军。汴将刘重霸执棣州刺史邵播,得其书八百纸,皆教师范战守,全忠惮而杀之。

葛从周围兖州,刘郭不肯下,从周以师范命招之,乃尽出将士,开门降。从周为辨装,使诣汴,郭但素服乘驴而往。全忠赐冠带,辞曰:"囚请就执。"不许。既见,慰之,饮以酒,固辞,全忠笑曰:"取兖州,量何大邪?"擢署都押衙,在诸旧将上。诸将趋入,郭一无让,全忠奇之。

岁余,徙师范于汴,亦缟素请罪。全忠见以礼,表为河阳节度使。既受唐禅,友宁妻诉仇人于朝,乃族师范于洛阳。先是,有司坎第左,告之故。师范乃与家人宴,少长列坐,语使者曰:"死固不免,予惧坑之则昭穆失序,不可见先人地下"。酒行,以次受戮者二百人。

孟方立,邢州人。始为泽州天井戍将,稍迁游弈使。中和元年,昭义节度使高浔击黄巢,战石桥,不胜,保华州,为裨将成邻所杀,还据潞州。众怒,方立率兵攻邻,斩之,自称留后,擅裂邢、洺,磁为镇,治邢为府,号昭义军。潞人请监军使吴全勖知兵马留后,时王铎领诸道行营都统,以潞未定,墨制假方立检校左散骑常侍、兼御史大夫,知邢州事,方立不受,囚全勖,以书请铎,愿得儒臣守潞。铎使参谋中书舍人郑昌图知昭义留事,欲遂为帅。僖宗自用旧宰相王徽领节度。时天子在西,河、关云扰,方立擅地而李克用窥潞州,徽度朝廷未能制,乃固让昌图。昌图治不三月,辄去。方立更表李殷锐为刺史。谓潞险而人悍,数贼大帅为乱,欲销懦之,乃徙治龙冈。州豪杰重迁,有怼言,会克用为河东节度使,昭义监军祁审诲乞师,求复昭义军。克用遣贺公雅、李筠、安金俊三部将击潞州,为方立所破。又使李克修攻取之,杀殷锐,遂并潞州,表克修为节度留后。初,昭义有潞、邢、洺、磁四州,至是,方立自以山东三州为昭义,而朝廷亦命克修,以潞州旧军畀之,昭义有两节,自此始。

克修,字崇远,克用从父弟。精驰射,常从征伐,自左营军使擢留后,进检校司空。

方立倚朱全忠为助,故克用击邢、洺、磁无虚岁,地为斗场,人不能稼。光启二年,克修击邢州取故镇,进攻武安。方立将吕臻、马爽战焦冈,为克修所破,斩首万级,执臻等,拔武安、临洺、邯郸、沙河。克用以安金俊为邢州刺史,招抚之。方立丏兵于王镕,镕以兵三万赴之,克修还。后二年,方立督部将奚忠信兵三万攻辽州,以金啖赫连铎与连和。会契丹攻铎,师失期,忠信三分其兵鼓而行,克用伏兵于险,忠信前军没。既战,大败,执忠信,余众走,脱归者才十二。龙纪元年,克用使李罕之、李存孝击邢,攻磁、洺,方立战琉璃陂,大败,禽其二将,被斧锧,徇邢垒呼曰:“孟公速降,有能斩其首者,假州节度使!”方立力屈,又属州残堕,人心恐。性刚急,持下少恩,夜自行阵,兵皆倨,告劳。自顾不可复振,乃还,引鸩自杀。

从弟迁,素得士心,众推为节度留后,请援于全忠。全忠方攻时溥,不即至,命王虔裕以精甲数百赴之,假道罗弘信,不许,乃趋间入邢州。大顺元年,存孝复攻邢,迁掣邢、洺、磁三州降,执王虔裕三百人献之,遂迁太原。表安金俊为邢、洺、磁团练使,以迁为汾州刺史。

赞曰:以乱救乱,跋扈者能之;以乱不能救乱,险贼者能之。盖救乱似霸,然而似之耳,故不足与共功。观王重荣宁不信哉!破黄巢，佐李克用平京师，若有为当世者。俄而奋私隙，逼天子出奔，虽馘朱玫，仆伪襄王，谓曰定王室，实卑之也。身死部将手，救乱而卒于乱，重荣两得之。不杀朱全忠，而为全忠诛，绝其嗣，宜矣。余皆庸奴下材，无所訾责云。

唐书卷一八八
列传第一一三

杨行密　时溥　朱宣　孙儒

　　杨行密,字化源,庐州合淝人。少孤,与群儿戏,常为旗帜战阵状。年二十,亡入盗中,刺史郑棨捕得,异其貌,曰:"而且富贵,何为作贼?"纵之。与里人田頵、陶雅、刘威善。僖宗在蜀,刺史遣通章行在,日走三百里,如约而还。秦宗权寇庐、寿间,刺史募杀贼,差首级为赏,行密以功补队长。都将忌之,俾出戍。将行,都将问所乏,对曰:"我须公头!"即斩之,自为八营都知兵马使。刺史走,淮南节度使高骈因表为庐州刺史。乃以田頵为八营都将,陶雅为左冲山将,讨定乡盗。

　　骈将吕用之恐行密不可制,遣俞公楚以兵五千屯合淝,名讨黄巢而阴图之。行密击杀公楚。秦宗权遣弟度淮取舒城,行密破走之。时张敩据寿州,许勍据滁州,与行密挐战。又舒人陈儒攻刺史高澞,澞来告难,行密未能定。贼吴回、李本逐澞,据其城,行密虏之,取舒州,为勍所夺。光启二年,张敩遣将魏虔攻庐州,大将李神福、田頵破之楮城。

　　毕师铎、秦彦攻高骈,吕用之以骈命署行密行军司马,督其兵进援。客袁袭说行密曰:"高公耄昏,妖人用权,彦乃以逆除暴,炽其乱。公亟应,必得其地。"行密乃檄部州,哀兵而东,次天长,而扬州陷。行密薄城而屯,用之以兵属之。彦以骑兵背城战,行密卧帐中,令曰:"贼近,报我。"俄而陷一屯,别将李宗礼入曰:"兵相百,战且不利，请坚壁，徐引归可也。"李涛怒曰："以顺去逆，何众寡为！今尚何归，愿以所部前死。"行密喜，益甲出战，俘杀如藉，彦军不出。会骈死，袭劝行密举军缟素，大临三日。进攻城，未能下。用之将张审晟诡伏西壕，杀阉者，启外兵，彦军疲，守逻皆溃去，行密入据扬州。未况月，孙儒奄至，兵锐甚。袭见行密曰："公之入，以少击众，室家未完。若外被重围，情见势殆，不如避之。"行密执海陵镇遏使高霸杀之，并其众，辇所收财归于庐。于是，朱全忠自为淮南节度使，遣将张廷范致命，而授行密副使，以行军司马李璠知留后。行密大怒，廷范、璠不敢入。全忠更请以行密知观察留后。

当此时，孙儒强，赫然有吞吴、越意。行密欲遁保海陵，袭劝还庐州，治兵为后计，行密乃还。既又谋趋洪州，袭不可，曰："钟传新兴，兵附食多，未易图也。孙端据和州，赵晖屯上元，结此二人以图宣州，我绰绰有余力矣。"行密从之。端、晖次采石，行密自糁潭济，端等战不胜。袭劝行密"速趋曷山，坚壁以须。宣人求战，示以弱，待其息，一举可禽"。宣将苏瑭兵二万对屯，行密不战，分奇兵伐木开道四出，瑭惊北，遂围宣州。刺史赵锽粮尽，亲将多出降。

初，行密有锐士五千，衣以黑缯黑甲，号"黑云都"。又并盱眙、曲溪二屯，籍其士为"黄头军"，以李神福为左右黄头都尉，兵锐甚。曲溪将刘金策锽必遁，绐曰："将军若出，愿自吾垒而借。"锽喜，多遗之金，许妻以女。明日，噪城上曰："刘郎不为尔婿！"锽宵遁，获之。锽，全忠故人也，发使求之。袭曰："斩首送之，无后虑。"乃归锽首于汴。昭宗诏行密检校司徒、宣歙池观察使。

时韩守威以功拜池州刺史，行密表徙湖州，以兵护送。而李师悦在湖州，与杭州刺史钱镠战不解。苏、湖、常、润乱甚。行密虽得宣州，而蔡俦为孙儒所破，以庐州降。儒进攻行密，行密复入扬州，北结时溥捍儒。全忠遣庞师古将兵十万，自颍度淮助行密，败于高邮。行密惧，退还宣州，遣安仁义袭成及，取润州，自将三万屯丹杨。仁义又取常州，杀钱镠将杜棱。儒亦使刘建锋夺润、常。帝以杭州为防御使，授镠；以宣州号宁国军，授行密节度使。

大顺二年，儒屯溧水，循山构壁。行密遣李神福屯广德，计曰："兵倍不战，当避其锐，骄之。"乃退舍。儒众以为怯，守者懈，神福夜袭走之。儒将康旺取和州，安景思取滁州。神福击降旺，逐景思，攻腰山屯，破之，禽儒将李弘章。俄而田頵、刘威为儒所败。行密欲守铜官，神福曰："儒扫境以来，利速战，宜坚壁老其师，则我无敌矣。又出轻骑绝贼粮道，使前不得战，退无仰储，不亡何待？"于是，行密以神福为宣池都游弈使。儒始乏食。

常熟名贼陈可儿间儒、行密之斗，窃入常州，自称制置使。行密遣陶雅守润州，张训入扬州，因执楚州刺史，以轻兵袭常州，斩可儿。

孙儒围行密宣州，凡五月不解。台濛作鲁阳五堰，拖轻舸馈粮，故行密军不困，卒破儒。即表田頵守宣城，长驱入扬州。战凡七年，定八州，生人将尽，行密劳隐休息，其下遂安。议出盐茗畀民输帛，幕府高勖曰："疮破之余，不可以加敛。且帑赏何患不足，若悉我所有易四邻所无，不积日，财有余矣。"行密纳之，始选吏绥劝所部。

蔡俦以庐州叛附朱全忠，纳孙儒将张颢，而倪章据舒州，与俦连和。行密遣李神福攻俦，破其将。俦坚壁不出。颢超堞降，行密以隶袁积军，积请戮之，行密爱其勇，更置于亲军。未几，俦自杀。行密先冢皆为俦发掘，吏请夷发俦世墓，不许。表刘威为刺史。遣田頵攻歙州。于是，刺史裴枢有美政，民爱之，为拒战，頵兵数却。枢，朝廷所命者，食尽欲降，遗行密书，请还京师。行密以鲁郃代枢，州人不肯下，请陶雅代。雅于诸将最宽厚，以礼归枢于朝。是岁，李神福拔舒州，倪章亡，以神福为舒州刺史。

乾宁二年，行密袭濠州，李简重甲绝水绳而入，执刺史张璲，以刘金守之，进取寿州。汴将刘知俊储谷石砀，将南袭。张训屯涟水，遣兵浮海掩得其厹。知俊战不胜，因攻涟水，大败，身仅免。诏拜行密淮南节度副大使知节度事，检校太傅、同中书门下平章事，封弘农郡王。

董昌为钱镠所攻，来告穷。行密遣台濛攻苏州，安仁义、田頵攻杭州，身督战。别将张崇为镠执，行密欲嫁其妻，答曰："崇不负公，愿少待。"俄而还，自是行密终身倚爱。明年五月，破苏州，执镠将成及，以朱党守之。

朱延寿拔蕲、光二州，行密以霍丘当南北走集，以邑豪朱景为镇将。景骁毅绝人，诸盗莫敢犯。汴将寇彦卿以骑三千袭之，致全忠厚意，景不许，苦战，彦卿败而去。田頵、魏约、张宣共围嘉兴，镠大将顾全武救之，执宣、约，逐頵于驿亭埭。未几，泰宁节度使朱瑾率部将侯瓒来归，太原将李承嗣、史俨、史建章亦来奔。行密推赤心不疑，皆以为将。于是，兵锐甚，强天下。

帝恶武昌节度使杜洪与全忠合，手诏授行密江南诸道行营都统，讨洪。汴将朱友恭、聂金率骑兵万人与张崇战泗州，金败。瞿章守黄州，闻友恭至，南走武昌栅，行密遣将马珣以楼船精兵助章守。友恭次樊港，章据险，不得前，友恭凿崖开道，以强弩丛射，杀章别将，遂围武昌。章率军薄战，不胜。友恭斩章，拔其壁。

全忠率葛从周万骑攻光州，柴再用遣小校王稔以轻骑觇贼，汴兵围之。候者请救，再用曰："稔必杀贼，弟无往。"稔解鞍自如，暮依橄步战，杀伤多，汴兵乃解。时亡马法峻，稔追汴军，得马乃还。从周涉淮围寿州，而庞师古、聂金以众七万壁清口。朱延寿击从周军，败之。行密欲汴围解，乃击师古。李承嗣曰："公能潜师趋清口，破其众，则从周不击而溃。"行密出车西门，绵北门去，以锐士万二千龁雪驰，迫清口，不进，壅淮上流灌师古军。张训自涟水来，行密使将羸兵千人为前锋。师古易之，方围棋军中，不顾。朱瑾、侯瓒以百骑持汴旌帜，直入师古垒，舞槊而驰。训亦登岸，超其栅。汴军大嚣，即斩师古，士死十八。全忠闻之，与从周皆遁走，追及寿阳，大破之。叩淠水，方涉，为瑾所乘，溺死万余。瑾徙屯安丰，汴将牛全节苦斗，后军乃得度。会大雪，士多冻死。颍州刺史王敬荛燎薪属道，汴军免者数千人。未几，复围寿州，七日走。

马珣收散卒三百，自黄州间道趋分宁，绝山谷，袭抚州。镠将危全讽列四壁，皆万人。珣谓诸将曰："为诸君击中壁，食其谷以归。"

乃夜击之，全讽走。明日，珣高会，广旗帜，伐鼓循山而下，连营溃。既还，行密骂曰："竖子，不遂据其城邪！"

光化元年，秦裴取镠昆山镇，顾全武伐之。行密诸将数败，全武遂围苏州，台濛固守，镠自以舟师至。濛食尽，行密遣李简、蒋勋迎之，败全武兵，濛得还。后军溃，裴援绝，全武劝其降，决水灌城，城坏，裴乃降。镠喜，具千人食以待。既至，士不及百。镠曰："军寡，何拒之久？"裴曰："粮尽归死，非仆素也。"初，成及之执，行密阅其室，唯图书药剂，将辟为行军司马，固辞，引刀欲自刺，行密乃止，厚礼而归之。镠亦遣魏约等还。

全忠攻蔡州，奉国节度使崔洪来丐师，明年，遣朱瑾率兵万人攻徐州，屯吕梁，洪遂来奔。会雨霖，瑾引还。行密攻徐州，汴将李礼壁宿州以援，全忠自将次辉州。行密战不胜，乃解。青州将陈汉宾拥兵送款行密，王绾、张训、周本率兵迎之，汉宾中悔，绾、训入见汉宾，约麾下："饟我不过日中，若不至，可攻城。"汉宾释甲听命。光州叛，行密自攻之，汴将朱友裕来救，撤围还。全忠谕马殷、成汭、雷满合兵攻行密，汭、满犹豫，汭恶殷事全忠，掠其境，满来结好。行密壁黄、鄂间，杜洪置鸩于酒、于井，弃城去，行密知，不入。全忠又遣使者督殷、汭、满连兵解围，行密还。诏加检校太尉、兼侍中。

天复元年，传言盗杀钱镠，李神福急攻临安，顾全武列八壁相望，神福伏军青山，伪若引去，谍奔告，全武悉众蹑之。神福返斗，与夹攻，斩首五千级，执全武。明日，遂围临安，镠将秦昶以步兵三千降。神福乃令军中护镠先墓，禁樵采，镠遣使者厚谢。神福以镠不死，临安未可下，纳犒而还。

明年，大将刘存率兵二万、战舻七百伐湖南。殷伏军长碛洲，以楼艓据上流，乘风扬沙，强弩射之，存军歼。行密归顾全武于镠，镠亦释秦裴以报。

帝在凤翔，以左金吾大将军李俨为江淮宣谕使，授行密东面诸道行营都统、检校太师、守中书令，封吴王，承制封拜，且告难。时已削夺全忠封爵，诏西川、河东、忠义、幽州、保大、横海、义武、大同八道攻之。诏朱瑾为平卢节度使，繇海州取青、齐；冯弘铎为感化节度使，出涟水，攻徐、宿；使朱延寿围蔡州；田頵捍钱镠；行密讨杜洪、马殷，以分全忠势。

行密乃以李神福为鄂岳招讨使，刘存副之，遣冷业攻马殷。杜洪战屡败，婴城，请救于全忠。全忠使韩勍率步兵万人屯滠口，荆南节度使成汭亦悉众救洪。神福逆战，败之，汭溺死，勍引众走。冷业屯平江，为三壁。殷将许德勋以锐卒号"定南刀"夜袭业，击三壁皆破，禽业，掠上高、唐年而去。是时，杜洪困甚，且禽。会田頵、安仁义绝行密，行密召神福、存还计事，洪复振。頵之败，更以台濛为宣州观察使，复遣神福、存攻鄂州。顺义军使汪武与頵连和，歙州刺史陶雅攻钟传，兵过武所，迎谒，缚武于军。

无锡当浙冲，行密使票将张可惊守之。镠劲兵三千夜袭城，可惊以百骑击走之，吏皆贺。答曰："未也，方劳诸军一战。"乃蔽火敛旗以须。觇者以告，镠兵复至，可惊大破之。

台濛卒，行密以子渥为宣州观察使。天祐二年，王彦章、李德诚拔润州，杀安仁义。以王茂章为润州团练使。聂彦章等率舟师复伐殷，攻岳州。许德勋、詹佶以舟千二百柉入蛤子湖琏山之南，为木龙锁舟，夜徙三百舸断杨林岸。彦章入荆江，将趋江陵。佶蹑之，德勋以梅花海鹘迅舸进，断木龙，舟蔽江，车弩乱发，执彦章，溺死万人。殷释彦章还，德勋谓曰："为我谢吴王，仆等数人在，湖、湘不可冀也。"

行密宽易，善遇下，能得士死力。每宴，使人负剑侍。陈人张洪因以剑击行密，不中，近将李友禽斩之。他日，侍剑如故。行密蚤出，有盗断马鞅，不之问，以故人人怀恩。始，乘孙儒乱，府库殚空，能约己省费，不三年而军富雄。尝过楚州，台濛盛供帐待之，行密一夕去，遗衣卧内，皆经补浣。濛还之，行密曰："吾兴细微，不敢忘本，君笑我邪？"濛大惭。登城，见王茂章营第，曰："天下未定，而茂章居寝郁然，渠肯为我忘身乎？"茂章遽毁损。

方帝困凤翔，再遣使督兵，以为行密可亢全忠者，然兵至宿州，

绐言粮尽,乃还。全忠胁帝东迁,行密耻愤被病。全忠亦知天子倚
行密为重,乃弑帝以绝人望。行密闻之,发丧,不视事三日,因是病
笃,召将吏付家事,问嗣于其佐。周隐对曰:"宣州司徒易而信谗,唯
淫酗是好,不可以嗣,不如择贤者。"时刘威以宿将有威名,隐意属
威。行密不答。因以王茂章代渥,使亟还。行密召所亲严求曰:"我
使周隐召吾儿而不至,奈何?"求往见隐,召檄仍在几。始,渥守宣
州,押牙徐温、王令谋约渥曰:"王且疾,而君出外,此殆奸人计。它
曰有召,非我二人勿应也。"及是,二人以符召渥。渥至,行密承制授
检校太尉、同中书门下平章事、淮南节度留后。行密谂渥曰:"左衙
都将张灏、王茂章、李遇皆怙乱,不得为儿除之。"卒,年五十四。遗
令谷葛为衣,桐瓦为棺。夜葬山谷,人不知所在。诸将谥曰武忠。

张灏议归都统印于宣谕使李俨,行节度事。诸将畏灏,无敢对。
渥流涕。骑军都尉李涛曰:"都统印,先帝所以赐王父子,安得授
人?"诸将唯唯。灏投袂去,乃共请于俨,承制授渥兼侍中、淮南节度
副大使、东面诸道行营都统,封弘农郡王。

渥好骑射。初与许玄膺为刎颈交,及嗣位,事皆决之,诸将莫敢
忤。渥求王茂章亲兵不得,及去宣,辇帷帝以行,茂章嫚骂不与。逾
年,遣兵五千袭之,茂章奔杭州。秦裴执钟匡时,渥授以江西制置
使。朱思勍、范师从、陈镭以兵戍洪州,渥为张灏所制,三人者,渥腹
心也。灏胁以为有异谋,遣陈祐疾驰,怀短兵,微服入秦裴帐中,裴
大惊,命饮,召三将入,皆色动,酒行,祐数其罪,皆斩之。渥召周隐
曰:"君尝以孤为不可嗣,何也?"隐不对,遂杀之。

赞曰:行密兴贱微,及得志,仁恕善御众,治身节俭,无大过失,
可谓贤矣。然所据淮、楚,土气剽而不刚。行密无霸材,不能提兵为
四方倡以兴王室,熟视朱温劫天子而东,谋穷意沮,偾死牖下,可为
长太息矣!

时溥,徐州彭城人。为州牙将。黄巢乱京师,节度使支详遣溥
与陈璠率兵五千西讨。次河阴,军乱,剽居人。溥招戢其众,引还屯

境上，疑不敢归。详以牛酒犒士，约悉贳其罪，军乃入，共推溥为留后，逐详客馆。溥厚具赍装，遣璠护还京师，夜驻七里亭，璠擅杀详，屠其家。溥怒，署璠宿州刺史，俄杀之。别遣将引锐兵三千入关，僖宗因以武宁节度命之。

巢败东走，围陈州，营溵水。秦宗权方据淮西，相联结。溥地介于贼，乃悉师讨之，军锋甚盛，连战辄克，授东面兵马都统。遂合许、兖、郓兵，逐尚让于太康，斩首数万级，让以所部万人降。溥遣将李师悦等追尾巢至莱芜，大破之。诸将争得巢首，而林言斩之，持归溥，以献天子，故破贼溥功第一。加检校司徒、同中书门下平章事，进检校太尉、兼中书令、巨鹿郡王。宗权阻兵，拜溥蔡州行营兵马都统。

贼平，与朱全忠争功，嫌衅日构。孙儒方与杨行密争扬州，诏全忠为淮南节度使平其乱。溥自以先起，功名显朝廷，位都统，顾不得而全忠得之，颇怅恨。全忠使司马李璠、郭言等东，兵道宿州，遗溥书请假道。溥辞不可，间其堕，以兵袭之。言战甚力，解而还。全忠怨，自是连岁略徐、泗，师不弛甲。全忠自将及其郊，未得志，引去。溥穷，乞师于李克用。克用为攻砀山，朱友裕救之，各亡其大将。友裕进攻宿州，不能拔。进大顺元年也。

明年，丁会筑堤阏汴水，灌宿郓，三月拔之，使刘瓒守。而溥将刘知俊引兵二千降全忠，军益不振。民失田作，又大水荐饥，死丧十七以上。乃请和于全忠，全忠约徙地而罢兵。昭宗以宰相刘崇望代之，授溥太子太师。溥虑去徐且见杀，惶惑不受命，谕军中固留，有诏听可。泗州刺史张谏闻溥已代，即上书请隶全忠，纳质子焉。溥既复留，谏大惧，全忠为表徙郑州刺史。谏畏两怨集己，乃奔杨行密。行密以谏为楚州刺史，并其民徙之，以兵屯泗。

朱友裕率军攻溥，婴城不出。有语全忠曰："军行非吉日，故师无功。"全忠遣参谋徐璠至军责谕，友裕答曰："溥困且破，乃徇妖辞，士心堕矣。"焚其书，督饷馈，急攻之，溥将徐汶出降。溥求救于朱瑾。全忠自以兵屯曹，将去，留精骑数千授霍存曰："事急，可倍道趋之。"瑾兵二万与溥合攻友裕,存引兵疾战,瑾、溥还壁。明日复战,霍存败,死之。进逼友裕,友裕坚营不出,瑾食尽,还兖州。全忠使庞师古代友裕,溥分兵固保石佛山,师古攻拔之。自是完垒不战。王重师、牛存节等梯其堞以入,溥徙金玉与妻子登燕子楼,自焚死,实景福二年。全忠遂有其地,私置守焉。

　　朱宣,宋州下邑人。父以豪猾闻里中,坐鬻盐抵死。宣亡命去青州,为王敬武牙军。黄巢之乱,敬武遣将曹存实率兵西入关,而宣为军候,道郓州。是时,节度使薛崇拒王仙芝战死,其将崔君裕摄州事。存实揣知兵寡,袭杀之,据其地,遂称留后。以宣功多,署濮州刺史,留总帐下兵。

　　中和初,魏博韩简东窥曹、郓,引兵济河。存实迎战,死于阵,宣收残卒婴城。简围之六月,不能拔,引兵去。僖宗嘉其守,拜宣天平节度使,累加同中书门下平章事。宣有众三万,弟瑾勇冠三军,阴有争天下心。瑾嗜残杀,光启中,求婚于兖州节度使齐克让,托亲迎,载兵窃发,逐克让,据府自称留后,天子即授以帅节,兄弟雄张山东。时秦宗权悉兵攻朱全忠,使秦贤列三十六壁,自将督战。全忠大恐,求救于宣。宣与瑾身率师往击宗权,宗权败走。

　　全忠厚德宣,兄事之,情好笃密,而内忌其雄,且所据皆劲兵地,欲造怨乃图之,即声言宣纳汴亡命,移书诋让。宣以新有恩于全忠,故答檄恚望。全忠由是显结其隙,使朱珍先攻瑾,取曹州,壁乘氏。宣救曹不克,奔还范。珍围濮州,宣使弟罕救濮。全忠自将击罕,斩之,拔濮州,朱裕奔归郓,使珍薄郓挑战,宣不出。裕为书绐降,导珍入,信之,夜以兵数千傅城。裕开门,军入,县门发,死者数千,纵礧石击未入者,杀裨将百余人。复取曹,以郭词为刺史,大将郭铢斩词奔全忠。瑾谋悉兵袭汴,全忠乃自攻瑾。瑾以兵掠单父,与全忠将丁会转战,不胜,去。

　　景福初,复伐宣,令从子友裕先驱,自继之。次卫南,宣以轻兵夜掩友裕军,走之,据其营。全忠未知,运粮以入,乃觉,走瓠河,与

友裕相失，距濮十五里舍，明日，友裕乃至。宣留濮州。全忠令友裕
驰壮骑谍郓虚实，身将而北。会宣引还，纵兵战，全忠南走，绝堑去，
几不脱，大将多死。乃谋持久微极取宣，岁一再暴其鄙，夺之食，俘
其工织，廪有存者。宣令贺瓌守濮州，为友裕所攻，委城走。友裕进
击徐州，时溥求援于宣，战不胜而还，溥遂亡。全忠即遣庞师古攻齐
州，宣、瑾皆戍以兵，久不下。乾宁元年，全忠身往，薄清河结垒。宣、
瑾三分其兵出击之，全忠迎战东阿，南风急，汴军居下，甚惧。俄而
风返，全忠得纵火焚其旁，燀薰涨天，宣等大北。是夏，全忠壁曹州
南，宣薄战，禽其将三人，全忠还。

　　明年，使朱友恭击兖州，瑾坚壁，乃堑而守。宣饷瑾，友恭夺其
粮。全忠自军单父。会宣求救于李克用，友恭退壁曹南。数月，全
忠自伐宣，刈其麦，败克用将李承嗣等，乃还。宣追之，大钞曹州。其
秋，全忠复攻郓，壁梁山。宣、克用挑战，全忠设伏破之，斩首数千
级，引而南。克用蹑全忠后，至柏和，大寒，全忠军多死。不阅月，复
围兖州，因略地龚丘。贺瓌以奇兵击全忠辎重，不及，战巨野东，瓌
大败，见禽，师无孑余。军道大陂，风暴起，全忠曰："岂杀人有遗
邪？"乃搜军中，复斩数千人，风亦止，执瓌示城下。

　　瑾之兄琼守齐州，见势屈，以州归全忠，结同姓欢。全忠许之，
轻骑至军，全忠劳苦加礼，因使招瑾。瑾领精骑鬲池笑语如平生欢，
乃使将胡规，伪送款，欲得琼躬上符节。全忠不之虞，瑾伏壮士桥
下，琼单骑至，方交语，士突起，掖琼以入，斩其首弃城下，汴军大
震，全忠恚，数日乃去。

　　三年，克用使其将李瑭以兵屯莘援宣，为罗弘信所破。全忠大
喜，度宣可困，遣庞师古伐宣，宣逆战，败于马颊河。师古迫其西门，
兵不出。

　　全忠之攻宣，凡十兴师，四败绩。宣才将皆尽，益内沮，度不能
与全忠确，则固守，增堞深沟为不可逼。明年，葛从周密造舟于堑，
师人逾而升。宣出奔，为民所缚，追至，执以献，全忠斩之而纳其妻。
使师古攻兖州。二月，食尽，瑾自出督刍粟，转掠丰、沛间，而子用贞

及大将康怀英等举城降。瑾引麾下走沂州,刺史尹怀宾不纳。乃趋海州,刺史朱用芝以其众与瑾奔杨行密。行密迎之高邮,解玉带以赐,表领徐州节度使,畀以兵。师古、从周以兵七万讨行密,瑾败之清口,击杀师古,而从周还,师至淠水,方涉,瑾追及,杀伤溺死几尽。瑾事行密尤尽力。

孙儒,河南河南人。以趫卞横里中,隶忠武军为裨校,与刘建锋善。黄巢乱,以兵属秦宗权为都将。光启初,宗权遣儒攻东都,留守李罕之出奔,儒焚宫阙,屠居人。河阳节度使诸葛爽与儒战洛水,爽败,儒亦东围郑州。朱全忠屯中牟救之,不敢前。儒众夜登城,刺史李璠走,儒进拔河桥,遂取河阳,留后诸葛仲方出奔。全忠壁河阴,儒掠汴鄙,全忠兵却,屯胙城东南,列伪旗鼓疑之,儒乃还。

会全忠与宗权战,宗权败走。儒闻,杀孟人,流尸于河,焚井邑乃去。宗权又遣儒钞淮南,乘高骈之乱,儒留濠州。会杨行密得扬州,宗权使弟宗衡争淮南,以儒为副,建锋为前锋。儒常曰:"丈夫不能苦战万里,赏罚繇己,奈何居人下,生不能富贵,死得庙食乎?"未几,汴兵攻蔡,宗权召之,儒称疾不往,宗衡督之。即大会帐下,酒酣,斩宗衡,并其众。与建锋、许德勋等盟。有骑七千,因略定傍州,不淹旬,兵数万,号"土团白条军"。

文德元年,破扬州,自为淮南节度使,与时溥连和。初,全忠尝以书招儒,故又纳款于汴,且送宗衡、秦彦、毕师铎首,全忠藉以闻。昭宗授儒检校司空,全忠署为招讨副使。

龙纪初,悉兵攻宣州,行密取淮南,儒还,行密走,始得润、常、苏三州,兵益强,使建锋守润、常。全忠约行密图之。儒谋定江南,乃北争天下,畏全忠捣虚,乃遣人卑辞厚贿,全忠荐于朝,诏授淮南节度使。

大顺元年,行密取润州,以安仁义守之;常州,以李友守之。儒怒,三分其军度江,建锋复拔常、润,仁义走。全忠遣将庞从等军十万掩至高邮,儒悉师御之,故仁义间取润州,刘威、田頵等败建锋于武进,取常州。杭州钱镠将沈粲自苏州奔儒,行密诸将在润、常者,皆为建锋所逐,仁义、颢弃润州走。

明年,儒引兵自京口转战,召建锋皆行。行密诸将屯险者,闻儒至,皆走,颢、威等合兵三万,邀儒黄池。儒遣马殷击走之。儒营广德,乘胜至东溪,淮人大恐。行密遣台濛屯西溪,自引军逆战。儒军围之数重,黑云将李简以骑驰之,行密乃免。儒遂围宣州,行密乞师于钱镠。会溪潦暴涌,广德、黄池诸壁皆没,儒分兵取和、滁二州。

其秋,儒焚扬州,引而西,传檄远近,号五十万,旌旗相属数百里,所过烧庐舍,杀老弱以给军。行密惧,将遁去。戴规曰:“儒军数败,今扫地而至,决死于我,若吾遣降者间至扬州,抚尉衣食,使儒军闻其家尚完,人人思归,不战可禽也。”行密乃遣亲将入扬州,取儒营粮数十万斛以禀饥民。儒屯广德,陶雅以骑军破儒前锋,屯严公台。十二月,颢、威与儒决战,皆大败。儒连屯稍西,行密使陶雅屯润州,扼其归路。

景福元年,儒复围宣州,屯陵阳。行密战不利,谋出奔,时刘威方系狱,且死,行密穷,更召问计,对曰:“儒焚仓隤垒以来,粮尽将为我禽。若劲兵背城,坐制其困。”李神福亦请据险邀儒粮,行密乃分兵攻广德壁而绝饷道。军适大疫,儒病痁,遣建锋、殷钞诸县。行密知城下兵寡,乃晨出,率仁义、颢背城决战,破五十壁。会暴澍且冥,儒军大败。儒病甚,股弁不能兴。颢执儒献行密,诸将皆降。儒就刑于市,见刘威曰:“中君之谋。”儒尝引鉴搔首曰:“此头不久当入京师。”至是,传首阙下。建锋、殷哭之,相语曰:“公常有志庙食,吾等有土,当庙以报德。”及殷据湖南,表儒赠司徒、乐安郡王,立庙以祀。

唐书卷一八九
列传第一一四

高仁厚　赵犨 昶 珝　田頵
朱延寿

高仁厚，亡其系出。初事剑南西川节度使陈敬瑄为营使。黄巢陷京师，天子出居成都，敬瑄遣黄头军部将李铤、巩咸以兵万五千戍兴平，数败巢军。贼号蜀兵为"鸦儿"，每战，辄戒曰："毋与鸦儿斗。"敬瑄喜其兵可用，益选卒二千，使仁厚将而东。

先是，京师有不肖子，皆著叠带冒，持梃剽闾里，号"闲子"。京兆尹始视事，辄杀尤者以怖其余。窦滂治京兆，至杀数十百人，稍稍惮戢。巢入京师，人多避难宝鸡，闲子掠之，吏不能制。仁厚素知状，下约入邑闾纵击。军入，闲子聚观嗤侮，于是杀数千人，坊门反闭，欲亡不得，故皆死，自是闾里乃安。

会邛州贼阡能众数万略诸县，列壁数十，涪州刺史韩秀升等乱峡中，韩求反蜀州，诸将不能定。敬瑄召仁厚还，使督兵四讨，屯永安。阡能遣谍者入军中，吏执以献，谍自言父母妻子囚于贼，约不得军虚实且死。仁厚哀之，曰："为我报贼，明日我且战，有能释甲迎我者，署背曰'归顺'，皆得复农矣。"纵谍去，命诸将毁栅鼓而前。贼渠罗浑擎设伏诈降，仁厚遣将不持兵入谕其众，皆真降。浑擎诈穷而逸，吏执之，仁厚曰："愚人不足语。"降众署皆得免，则告诸壁："大军至。"贼帅句胡僧大惊，斩之，莫能禁，众执胡僧以降。韩求知大贼已禽，徇诸壁曰："敢出者斩！"众骂之，求赴水死，众钩出，斩以徇，余栅皆下。仁厚按辔裴回视贼垒，吏请焚之，仁厚命取财粮，乃纵火，尸贼成都。仁厚还，天子御楼劳军，授仁厚检校尚书左仆射、眉州刺史。

敬瑄与仁厚谋曰："秀升未禽，贡输梗夺，百官乏奉，民不盐食。公能破贼，当以东川待公。"仁厚许之。诏拜行军司马。仁厚闻贼储械、子女皆在屯，乃以锐兵濒江，伐木颓水碍舟道，负岸而阵。使游军逼贼，久不战，则夜以千卒持短刀、强弩直薄营，火而噪之。秀升率舟兵救火，仁厚遣人鹜没凿舟，皆沉，众惧，多溃。秀升斩溃兵，欲胁止之，众怒，执秀升以降。仁厚问状，对曰："天子蒙尘，反者何独我？"仁厚槛军送行在，斩于市。

东川节度使杨师立初隶神策军，累迁检校司空、同中书门下平章事。闻敬瑄以仁厚代己，有望言。敬瑄讽帝召师立以本官兼尚书右仆射，师立益怒，移檄言敬瑄十罪，杀监军田绘，屯涪城，遣兵攻绵州，不克。又檄剑州刺史姚卓文共攻成都，假卓文为指挥应接使，卓文不应。帝乃下诏削官爵。敬瑄即表仁厚为东川节度留后，杨茂言为行军副使，杨棠为诸军都虞候，率兵二万讨之。师立遣大将张士安、郑君雄守鹿头关。仁厚次汉州，前军战德阳，师立婴城，阅四旬，夜出兵扰北栅，仁厚设两翼而伏，披栅门列炬，贼不敢进，伏发击走之。杨茂言谓仁厚且败，引兵走，久乃还。明日，会诸将，仁厚曰："副使当以死报天子。"斩而徇。于是士安不敢出，师立自督士，十战皆北。仁厚约城中斩首恶者赏，君雄呼于军曰："天子所讨，反者耳，吾等何与？"乃与士安哗而进，以仁厚书示师立曰："请以死谢众。"自沉于池死。君雄悉诛其家，献首天子。仁厚入府，纵系囚，赈贫绝。诏拜剑南东川节度使。

光启二年，遂据梓州，绝敬瑄。君雄时为遂州刺史，亦陷汉州，攻成都。敬瑄使部将李顺之逆战，君雄死。又发维、茂州羌军击仁厚，斩之。乾宁中，皆追赠司徒。

赵犨，陈州宛丘人，世为忠武军牙将。犨资謷健，儿弄时好为营阵行列，自号令指顾，群儿无敢乱。父叔文见之曰："是当大吾门。"
稍长，喜书，学击剑，善射。会昌中，从伐潞州，收天井关，又从征蛮，
忠武军功多，迁大校。

黄巢入长安，所在盗兴，陈人诣节度府，请琢为刺史，表于朝，
授之。既视事，会官属计曰："巢若不死长安，必东出关，陈其冲也。"
乃培城疏堑，实仓库，峙藁薪为守计。民有赀者悉内之，缮甲兵，募
悍勇，悉补子弟领兵。巢败，果东奔。贼将孟楷以万人寇项，琢击禽
之。僖宗嘉其功，迁累检校司空。巢闻楷死，惊且怒，悉军据溵水，
与秦宗权合兵数十万，缭长壕五周，百道攻之。州人大恐，琢令曰：
"士贵建功立名节，今虽众寡不敌。男子当死地求生，徒惧无益也。
且死国，不愈生为贼乎？吾家食陈禄，誓破贼以保陈，异议者斩！"众
听命。引锐士出战，屡破贼。巢益怒，将必屠之，乃起八仙营于州左，
僭象宫阙，列百官曹署，储粮为持久计。宗权输铠杖军须，贼益张。
琢小大数百战，胜负相当，故人心固，乃间道乞师于朱全忠。未几，
汴军至，壁西北，陈人思奋，琢引兵急击贼，破之。围凡三百日而解。

中和五年，擢彰义军节度使。巢虽败，宗权始炽，略地数千里，
屠二十余州，唯陈赖琢独完，以功检校司徒，加泰宁、浙西两节度，
皆在陈并领之。龙纪初，进同中书门下平章事、忠武军节度，仍治陈
州，流亡蹻还。与弟昶至友爱，后将老，悉以军事付之，乃卒，赠太
尉。

琢悉忠力以孤城抗贼，巢卒败亡。然附全忠，亦赖其力复振，故
委输调发助全忠，常先它镇云。

昶字大东，神采轩异，而内沈厚，有法度。破孟楷功多。巢之围，
昶夜掫师，疲而寝，如有神相之者。犁曙决战，士争奋死斗，禽贼酋
数人，斩级千余。琢领泰宁，以昶为州刺史、检校尚书右仆射。当时，
方镇言忠壮吏治，举言琢、昶。琢之老，乃授留后，迁忠武节度使，亦
留陈。进检校司徒。劭劝农桑，于人有恩惠。加同中书门下平章事。
乾宁二年卒，年五十三，赠太尉。

琢子玼，字有节。雄毅喜书，善骑射。巢之难，激励麾下，约皆

死。以先茔迩贼，畏见残毁，即夜缒死士取枢以入。库有巨弩，机牙坏，不能张，玥以意调治，激矢至五百步，人马皆洞，贼畏不敢逼。以劳检校尚书右仆射，遥领处州刺史。

昶帅忠武，玥迁行军司马。昶之丧，知忠武留后，政简济，上下安之。全忠表为忠武军节度使。陈土恶，善圮，玥叠甓表埔，遂无患。三加检校太保。光化二年，同中书门下平章事，进兼侍中，封天水郡公。按邓艾故迹，决翟王渠溉稻以利农。一家三节度，相继二十余年，陈人宜之。

天复初，韩建帅忠武，以玥知同州节度留后。昭宗还长安，诏入朝，赐号"迎銮功臣"。以检校太傅为右金吾卫上将军，从东迁。岁余，以疾免。卒，年五十五，赠侍中，陈人为罢市。

田頵，字德臣，庐州合肥人。略通书传，沈果有大志。与杨行密同里，约为兄弟。应州募屯边，迁主将。行密据庐州，頵谋为多。攻赵锽于宣州，锽出东溪，乘暴流以逸，阻水解甲，谓追骑不能及。頵乘轻舠追之，锽惊，遂见禽。行密表頵为马步军都虞候。

沙陀叛将安仁义奔淮南，行密大喜，属以骑兵，使在頵右，两人名冠军中，共攻常州，杀刺史杜棱。钱镠方屯润州，一夕溃。会孙儒南略，頵等屯丹阳，儒火扬州，壁广德，頵破其屯。与战，頵走，行密怒，夺其兵。或谏行密曰："强敌傅垒，不用頵，非计也。"行密复将頵。儒诒书仁义通好，以疑行密，行密待益厚，署行军副使，卒用此二人功禽儒，乃表仁义为润州刺史，頵宁国军节度使。累迁检校太保、同中书门下平章事。仁义至检校太保。

頵已平冯弘铎，至扬州谢行密。左右求赏不已，狱吏亦有请，頵怒曰："吏觊吾入狱邪！"又求池、歙为属州，行密不许，頵始怨。将还，指府门曰："吾不复入此。"

是时，钱镠部将徐绾叛，镠入杭州逐绾，绾屯灵隐山迎頵。頵遣客何晓见镠曰："王宜东保会稽，无为虚屠士众也。"镠曰："军中小叛常然，公为人长，何助逆耶？"頵攻北门，镠登城与语，射中麾下。

頵筑垒绝往来道，镠患之，出金币币十舆，募能夺地者。陈璋以死士三百，免胄驰击，夺其地，镠授璋衢州刺史。頵攻城未能克，将济江绝西陵，为镠将所却，围益急。

先是，行密欲女镠子，镠急，乃遣元璟迎女，且告行密曰："頵得志，为患必大，请以子为质，愿召还頵。"行密使人谓頵曰："不还，我遣人代守宣州。"頵不从。镠输钱二百万缯犒军，頵又请镠子元瓘出质，乃与缩引兵还。然内怨行密与镠，因移书曰："侯王守方以奉天子，譬百川不朝于海，虽狂奔澶漫，终为涸土，不若顺流无穷也。东南扬为大，刀布金玉积如阜，愿公上天子常赋，頵请悉储峙，单车以从。"行密答曰："贡赋繇汴而达，适足资敌尔。"于是頵绝行密，大募兵。李神福白行密："頵必叛，宜先图之。"行密曰："頵有大功，而反状未明，杀之，诸将不为用。"頵遣其佐杜荀鹤至汴通好，全忠喜，屯宿州须变，行密以康儒在頵所，故授庐州刺史以间之。頵怒，族其家，儒曰："公不用吾谋，死无地矣。"

頵与安仁义连和攻升州，劫刺史李神福妻息厚养之。神福方与刘存攻鄂州，行密召之。神福谓诸将曰："頵反，此心腹疾，宜速攻之。"頵遣李皋诒书神福曰："公家在此，苟从我，当分地以王。"答曰："吾以一卒从吴王，任上将，终不以妻易意。"乃斩皋，破頵兵于葛山。始，頵将王坛等以舟师蹑神福后，至吉阳矶，不战。会日暮，坛掩神福军半济，神福反舟顺流急击，大破之，因纵火，士多死。明日，坛复战，败于皖口，頵乃自将来战。神福曰："贼弃城而来，此天亡也。"乃濒水坚壁不出，请行密以兵塞頵走道。

仁义焚东塘战舰，夜攻常州，不克，转战至夹冈，立二帜，解甲而息，追兵莫敢向。頵陈舟芜湖。行密遣将王茂章攻润州。仁义以善射冠军中，当时称朱瑾槊，米志诚弩，皆为第一，仁义常曰："志诚弩十，不当瑾槊之一；瑾槊十，不发吾弓之一。"人以为然。又其治军严，善得士心。战卒数百，濠梁不毁，开门斗，先告所当中，然后射之。茂章等不敢与确。行密遣使谓曰："吾不忘公功，能自归，当复为行军副使，但不可处兵。"仁义欲降，其子固谏，乃止。

行密召其将台濛泣语曰："人尝告颢必反,我不忍负人,颢果负我。吾思为将者非公莫可。"濛顿首谢,率骑度江,为阵以行。士笑其法,濛曰:"颢宿将多谋,备之何害?"与王坛等占广德,濛以行密书遗坛诸将,皆再拜气夺,濛麾兵击之,坛走。神福既以不战以困颢,颢绐言母病,还至芜湖。闻坛败,留精兵二万属郭行琮,身走城。濛之行,为狭营小舍,觇者以为才容二千人,颢轻之,不复召兵。与战黄池。矢石始交而濛遁,兵争逐北,遇伏,颢大败,召芜湖兵,不得入。行琮及坛皆归行密,颢患,自料死士数百,号"爪牙都",身薄战。濛退军示弱,士超隍,濛殊死战,军溃。颢奔城,桥陷,为乱兵所杀,年四十六。其下犹斗,示颢首,乃溃。

颢始以元璙归,战不胜,辄欲杀之,颢母护免。及镠与行密合,颢曰:"今日不胜,必杀元璙。"已而颢死,传首至淮南,行密泣下,葬以庶人礼,亦葬康儒,还元璙于杭。

颢善为治,资宽厚,通利商贾,民爱之。善遇士,若杨夔、康辂、夏侯淑、殷文圭、王希羽等皆为上客。文圭有美名,全忠、颢交辟不应。颢置田宅,迎其母,以甥事之,故文圭为尽力。夔知颢不足亢行密,著《溺赋》以戒,颢不用。

行密使王茂章穴地取润州,安仁义家属保城楼,兵不敢登。召李德诚曰:"汝可以委命。"乃抵弓矢就缚,父子斩扬州市。

濛字顶云,亦合肥人。颢破,行密表为检校太保、宣州观察使。天祐初卒。

朱延寿者,庐州舒城人。事行密,破秦彦、毕师铎、赵锽、孙儒,功居多。行密欲以宽恕结人心,而延寿敢杀。时扬州多盗,捕得者,行密辄赐所盗遣之,戒曰:"勿使延寿知。"已而阴许延寿杀之。

初,寿州刺史高彦温举州入朱全忠,行密袭之,诸将惮城坚不可拔,延寿鼓之,拔其城,即表为淮南节度副使。全忠犹屯寿春,延寿以新军出,每旗五伍为列,遣李厚以十旗击西偏,不胜,将斩之,厚请益五旗,殊死战,全忠引去。于是取黄、蕲、光三州,以功迁寿州团练使。

昭宗在凤翔,诏延寿围蔡以披全忠势,擢奉国军节度使。全忠兵每至,延寿开门不设备,而不敢逼也。延寿用军常以寡斗众,败还者尽斩之。

田頵之附全忠,延寿阴约曰:"公有所为,我愿执鞭。"頵喜,二人谋绝行密。行密忧甚,绐病目,行触柱僵。妻,延寿姊也,掖之。行密泣曰:"吾丧明,诸子幼,得舅代我,无忧矣。"遣辩士召之,延寿疑,不肯赴。姊遣婢报故,延寿疾赴扬州,拜未讫,士禽杀之,而废其妻。

赞曰:全忠,唐之盗也,行密志枭其元而后已。田頵使出军赋而助之,此其谋责难而绝之,非忠于唐也。弃所附而觊尊大,亦已妄矣。孔子称孟公绰为赵、魏老则优,不可以为滕、薛大夫。如仁厚、田、朱材不足为吴、蜀之老,可与事天子哉!

唐书卷一九〇
列传第一一五

刘建锋　成汭　杜洪　钟传
刘汉宏　张雄　王潮 审邦
刘知谦 卢光稠

　　刘建锋，字锐端，蔡州朗山人。为忠武军部将，与孙儒、马殷同事秦宗权。儒之败，建锋、殷收散卒，转寇江西，有众七千，推建锋为主，殷为前锋，张佶为谋主。略洪、虔数州，众遂十余万。乾宁元年，取潭州，杀武安节度使邓处讷，自称节度留后，奉表京师，诏即拜检校尚书左仆射、武安军节度使。

　　建锋已得志，即嗜酒不事事。新息小史陈赡为建锋御者，妻美且艳，乃私之。赡怒，袖铁树击建锋死，断其喉。众推张佶为帅，佶固辞，马踢伤佶左髀，下令曰："吾非而主。"时马殷攻邵州未克，于是遣人迎殷。磔赡于市。

　　殷至，佶坐受其谒。既而率将吏推殷为留后。诏即除检校太傅、潭州刺史。殷以成汭、杨行密、刘隐皆养士以图王霸，谓其属高郁曰："吾欲重币以奉四邻而固吾境，计安出？"郁曰："荆南暗弱，焉能患我？淮南，我仇也，固不吾援。公若置邸京师，归天子职贡，王人来锡命，四方畏服，然后按兵讨不廷，霸业成矣。"殷悟，厚结宣武朱全忠以请于朝，乃拜湖南节度兵马留后。郁又教殷铸铅铁钱，十当铜钱一；民得自摘山，收茗算，募高户置邸阁居茗者，号"八床主人"。

岁入算数十万,用度遂饶。

于是收邵、衡、永、道、郴、连六州,进攻桂州,执留后刘士政。诸城望风奔溃,尽得昭、贺、梧、象、柳、宜、蒙等州。又攻容管,执宁远节度使庞巨曦,虏其众及赀。昭宗在凤翔,难方亟,遣中人间道赐朱书,密诏使殷与杨行密攻汴州,殷兵讫不出。

殷弟赟,沈勇知书史,从孙儒为盗,晚事杨行密为黑云军使。与钱镠战,数有功,夜卧,常有光怪。行密知之,曰:"吾今归汝于兄。"辞曰:"馘一败卒,公待以不死。湖南在宇下,朝亡夕至,但谊不忍舍公。"行密具赟以遣曰:"尔还,与兄共食湘、楚,然何以报我?"答曰:"愿通二国好,使商贾相资。"行密喜。既至,殷表以自副。每劝殷与行密连和,殷畏全忠,卒不克。

殷与建锋同里人,凡宗权党散为盗者,皆以酷烈相矜,时通名"蔡贼"云。

成汭,青州人。少无行,使酒杀人,亡为浮屠。后入蔡贼中,为贼帅假子,更姓名为郭禹。当戍江陵,亡为盗,保火门山。后诣荆南节度使陈儒降,署裨校。久之,张瓌囚儒,以禹凶慓,欲杀之。禹结千人奔入峡,夜有蛇环其所,祝曰:"有所负者,死生唯命。"既而蛇亡。禹乃袭归州,入之,自称刺史。招还流亡,训士伍,得胜兵三千,秦宗权故将许存奔禹,禹以青州剽卒三百畀之,使讨荆南部将牟权于清江,禽权,取其众。禹又破其将王建肇,建肇奔黔州。昭宗拜禹荆南节度留后,始改名汭,复故姓。

宗权余党常厚攻夔州。是时,西川节度使王建遣将屯忠州,与夔州刺史毛湘相唇齿,厚屯白帝。汭率存乘二军之间攻之,二军使人诟辱汭,韩楚言尤剧,汭耻之曰:"有如禽贼,当支解以逞。"会存夜斩营袭厚,破之,厚奔万州,为刺史张造所拒,走绵州。存入夔州。楚言妻李语夫曰:"君常辱军,且支解,不如前死。"楚言不决。李砺刀席下,方共食,复语之,夫曰:"未可知。"李取刀断首,并杀三子,乃自刭。汭畏其烈,礼葬之,刻石表曰"烈女"。即使司马刘昌美守夔，率存溯江略云安，建将皆奔。存按兵渝州，尽下濒江州县。

时王建肇据黔州自守，帝以建肇为武泰军节度使。汭遣将赵武率存攻之，建肇走，汭乃以武为留后，存为万州刺史。存不得志，汭遣客伺之，方蹴球，汭曰："存必叛，自试其力矣。"遣将袭之。存夜率左右超堞走，与王建肇皆降于王建。

汭颇知吏治，尝录囚，尽其情。垫江贼阴杀令，其主簿疑小史导之，讯不承，临刑曰："我且讼地下。"逾月，吏暴死。汭闻，益详于狱。始治州，民版无几，未再期，自占者万余。帝数诏刻石颂功，辄固辞。时镇国节度使韩建亦以治显，号"北韩南郭"。汭进累检校太尉、中书令、上谷郡王。云安榷盐，本隶盐铁，汭擅取之，故能畜兵五万。初任贺隐，隐，贤者也，故汭所举少过。晚得妻父任之，潛害诸子，汭皆手杀之，至绝嗣。澧、朗本荆南隶州，为雷满所据，别为节度，汭数请之，宰相徐彦若不许。及彦若罢，道江陵，汭出怨言，彦若曰："公专一面，自视桓、文，一贼不能取，而怨朝廷乎？"汭大惭。晚喜术士，饵药滨死而苏。

天复三年，帝诏淮南节度使杨行密围鄂州，朱全忠使韩勍救之，讽汭与马殷、雷彦威掎角。汭身自将而行，下知汭不足亢行密，无敢谏，唯亲吏杨师厚劝之。汭为巨舰，堂皇悉备，行至公安，卜不吉，欲还，师厚曰："公举全军，中道还，何以见百姓？"汭乃行。彦威潛师略江陵，汭诸将念私，无斗志。淮南将李神福壁沙桥，望汭军曰："战舰虽盛，首尾断绝，可取也。"击汭君山，败之，火其船，众大溃。汭投江死，士民皆为彦威所劫。韩勍走还。王建遂取夔、施、忠、万四州。天祐中，全忠表汭死国事，请与杜洪皆立庙云。

杜洪，鄂州人。为里俳儿。乾符末，黄巢乱江南，永兴民皆亡为盗，刺史崔绍募民强雄者为土团军，贼不敢侵，于是人人知兵。杭州刺史路审中为董昌所拒，走客黄州。中和末，闻绍卒，募士三千入鄂州以守。洪为州将，有功，遂逐岳州刺史居之。光启二年，安陆贼周通率兵攻审中，审中亡去，洪乘虚入鄂，自为节度留后，僖宗即拜本军节度使。

是时，永兴民吴讨据黄州，骆殷据永兴，二人皆隶土团者也，故军剽甚。洪虽得节制，而附朱全忠，绝东南贡路。乾宁初，身自将击讨，乞师淮南，杨行密遣朱延寿助之。洪引还，延寿拔黄州，俘讨献京师。骆殷弃永兴走，行密取其地。洪得骆殷，倚为腹心，间取永兴守之。

全忠方围凤翔，昭宗遣使者东出，道武昌，洪皆杀之。时行密略光州，诏洪出兵，与忠义赵匡凝、武安马殷袭安州。行密使李神福、刘存率舟师万人讨洪，骆殷弃永兴走，县民方诏守以待命。神福已得诏，大喜，以永兴壮县，馈饷所仰，既得鄂半矣，遂进围鄂州。

洪婴城请救于汴，全忠率兵五万营霍丘。行密御之，汴兵不利，引还，使别将吴章以三千兵解围，神福迎破之。时全忠方与河东军薄战，故不能救洪。洪乃求助于马殷，殷不答。洪计穷，复走全忠，全忠遣曹延祚合吴章兵万三千救洪，淮南将刘存浚坎傅城。殷为洪谋曰：“淮兵深入，仰永兴以济，若奇兵取之，贼不战而溃。”洪以精兵合汴人间道掩永兴，三十里而舍。存以方诏、苗璘当之。汴亡卒走淮壁，言军虚实曰：“郓军懦，可取，开道军不可当也。”璘曰：“杀强则弱者桡矣。”乃自击开道军，败之，禽汴士三百人，徇城下。洪军气沮，存使辩士临说，洪恃汴方强，无降意。或劝存急击援兵，则城自下，存曰：“击之，贼入，则城固矣；若纵其遁，城可取也。”俄而汴军走，是日城陷，执洪及曹延祚，穷斩其余。行密见洪，责曰：“尔同逆贼弑主，与孤为仇，吾军还，而复为贼后拒，今定何如？”洪谢曰：“不忍负朱公。”与延祚皆斩扬州市。以刘存守鄂州。行密死，马殷遂取其地。

钟传，洪州高安人。以负贩自业，或劝其为盗必大显。时王仙芝猖狂，江南大乱，众推传为长，乃鸠夷獠，依山为壁，至万人，自称高安镇抚使。仙芝遣柳彦璋掠抚州，不能守，传入据之，言诸朝，诏即拜刺史。中和二年，逐江西观察使高茂卿，遂有洪州。抚民危全讽间传之去，窃州以叛，使弟仔昌据信州。僖宗擢传江西团练使，俄拜镇南节度使、检校太保、中书令，爵颍川郡王，又徙南平。

传率兵围抚州，天火其城，士民欢惊，诸将请急攻之，传曰："乘人之险，不可。"乃祝曰："全讽罪，无害民者。"火即止。全讽闻，谢罪听命，以女女传子匡时。传以匡时为袁州刺史，击马殷。又以彭玕为吉州刺史。玕，健将也，传倚以为重。

广明后，州县不乡贡，惟传岁荐士，行乡饮酒礼，率官司临观，资以装赍，故士不远千里走传府。传少射猎，醉遇虎，与斗，虎搏其肩，而传亦持虎不置，会人斩虎，然后免。既贵，悔之，戒诸子曰："士处世尚智与谋，勿效吾暴虎也。"乃画搏虎状以示子孙。凡出军攻战，必祷佛祠，积饵饼为犀象，高数寻。晚节重敛，商人至弃其货去。天祐三年卒。

匡时自立为节度观察留后。次子匡范为江州刺史，怨兄立，挈州附淮南，因言兄结汴人图扬州。杨渥使秦裴攻匡时，围洪州。匡时城守不出，凡三月，城陷，淮军大掠三日止，执匡时及司马陈象归扬州。渥切责，匡时顿首请死，渥哀赦之，斩象于市。

彭玕既失援，厚结马殷，且观虚实，使者还曰："殷将校辑睦，未可图也。"遂归款。玕通《左氏春秋》，尝募求西京《石经》，厚赐以金，扬州人至相语曰："十金易一笔，百金偿一篇，况得士乎？"故士人多往依之。

始，危全讽闻匡时立，喜曰："听钟郎为节度三年，我自取之。"及渥兵盛，不敢救，潜谋攻渥。会淮南亡将王茂章过州，请曰："闻公欲大举，愿见诸将才否。"全讽搜众十万邀茂章观之，对曰："扬有士三等，公众正当其下，盍更益之？"全讽不能答。后为杨氏所并。

刘汉宏，本兖州小史，从大将击王仙芝，劫辐重叛去。乾符末，略江陵，焚民室庐，廛无完家。于是都统王铎遣将崔镣降之，表为宿州刺史，汉宏恨赏薄，有望言。会浙东观察使柳瑶得罪，乃授汉宏观察使，代之。僖宗在蜀，贡输踵驿而西，帝悦，宠其军为义胜军，即授节度使。

汉宏既有七州,志侈大,辄曰:"天下方乱,卯金刀非吾尚谁哉?"鸦噪诸廷,命斫树,或曰:"巨木不可伐。"怒曰:"吾能斩白蛇,何畏一木!"

中和二年,遣弟汉宥率诸将攻杭州,壁西陵,为董昌所败。复遣兵七万濒江而屯,昌使钱镠宵济袭破之。明年,汉宏屯黄岭,发洞獠同攻昌,镠出富阳击诸营,多溃去。汉宏大沮,悉军十万列舰西陵,谋宵济袭昌。祷于江,有一矢坠前,恶之。俄与镠遇,镠俘馘五千,汉宏赢服走,或执之,绐而免。明日复战,镠斩其弟汉容、将辛约。时钟季文守明州,卢约处州,蒋瓌婺州,杜雄台州,朱褒温州。褒兵最强,故汉宏使褒治大舰习战,以史惠、施坚实、韩公汶将其军。帝闻杭、越挐战,遣中人焦居璠持节诏通好,皆不奉诏。

光启二年,镠率诸将攻越,自趋导山,破公汶于曹娥埭,与褒战,烧其舰,进屯丰山。坚实诣镠降,汉宏率麾下六百人走台州,镠斩其母妻于屯。杜雄饷其军,皆醉,执汉宏以见董昌。汉宏曰:"自古岂有不亡国邪?"昌使斩于市,叱刑者曰:"吾节度使,非庸人可杀,我尝梦持金杀我者,必钱镠也。"昌命镠斩之。

张雄,泗州涟水人。与里人冯弘铎皆为武宁军偏将。弘铎为吏辱,雄为辩数,并见疑于节度使时溥。二人惧祸,乃合兵三百度江,壁白下,取苏州据之。稍稍啸会,战舰千余,兵五万,乃自号"天成军"。

镇海节度使周宝之败,奔常州,闻高骈将徐约兵锐甚,诱之使击雄,与之苏州。雄匿众海中,使别将赵晖据上元,资以舟械。宝兵散,多降晖,众数万。雄即以上元为西州。负其才,欲治台城为府,旌旗衣服僭王者。

杨行密围扬州,毕师铎厚赍宝币,哚雄连和,雄率军浮海屯东塘。是时扬州围久,皮囊革带食无余,军中杀人代粮,才千钱。闻雄至,间道挟珍走军,以银二斤易斗米,逮糠粃以差为直。雄军富过所欲,即不战去。晖数剽江道,雄击杀之,坑其众,自屯上元。大顺初,以上元为升州,诏授雄刺史。未几卒。雄善驭众,人思之,为立庙。弘铎代为刺史。

弘铎善骑射,侃侃若儒者。行密已得淮南,弘铎纳好。然倚兵舰完利,谋取润州,遣客尚公迺进说行密,行密不从。客曰:"公不见听,未知胜几楼船?"时行密大将田頵在宣州,阴图弘铎,募工治舰。工曰:"上元为舟,市木远方,坚致可胜数十岁。"頵曰:"我为舟于一用,不计其久,取木于境可也。"弘铎介宣、扬间,不自安,而州数有怪。天复二年,大风发屋,巨木飞舞,州人骇曰:"州且易主。"大将冯晖等劝弘铎悉军南向,声言讨钟传,实袭頵。行密知之,遣客说止,不听。頵逆击于曷山,弘铎大败,收残士欲入海。行密惧复振,遣人迎犒东塘,好谓曰:"兵有胜负,今众尚强,乃自弃于海,奈何?吾府虽隘,尚可以居。若欲扬州,我且让公。"弘铎举军尽哭。行密挐飞舻,不持兵入其军,执弘铎手尉勉,遂以归,表为淮南节度副使。见尚公迺曰:"颇忆为冯公求润州否?何多尚邪?"谢曰:"臣为君,恨其未遂。"行密笑曰:"吾得君,尚何忧?"

徐约者,曹州人。已得苏州,有诏授刺史。钱镠遣弟铢攻之,约驱民墨镵其彭曰:"愿战南都。"从事或曰:"都者,国称,杭终有国乎?"约后寝窘,与其下哭而别,入海死。镠使沈粲守苏州。约众降润州阮结,结不能定。镠以成及讨之,尽歼其众。

王潮,字信臣,光州固始人。五代祖晔为固始令,民爱其仁,留之,因家焉。世以赀显。

僖宗入蜀,盗兴江、淮,寿春亡命王绪、刘行全合群盗据寿州。未几,众万余,自称将军,复取光州,劫豪桀置军中,潮自县史署军正,主禀庾,士推其信。绪提二州籍附秦宗权。它日,赋不如期,宗权切责,绪惧,与行全拔众南走,略浔阳、赣水,取汀州,自称刺史,入漳州,皆不能有也。初以粮少,故兼道驰,约军中曰:"以老孺从者斩。"潮与弟审邦、审知奉母以行,绪切责潮曰:"吾闻军行有法,无不法之军。"对曰:"人皆有母,不闻有无母之人。"绪怒,欲斩其母,三子同辞曰:"事母犹事将军也,杀其母焉用其子?"绪赦之。会母死,不敢哭,夜殡道左。

时望气者言军中当有暴兴者,绪潜视魁梧雄才,皆以事诛之,众惧。次南安,潮语行全曰:"子美须眉,才绝众,吾不知子死所。"而行全怪瘗,亦不自安,与左右数十人伏丛箐,狙缚绪以徇,众呼万岁,推行全为将军,辞曰:"我不及潮,请以为主。"潮苦让不克,乃除地刬剑祝曰:"拜而剑三动者,我以为主。"至审知,剑跃于地,众以为神,皆拜之。审知让潮,自为副。绪叹曰:"我不能杀是子,非天乎!"潮令于军曰:"天子蒙难,今当出交、广,入巴、蜀,以干王室。"于是悉师将行,会泉州刺史廖彦若贪暴,闻潮治军有法,故州人奉牛酒迎潮。乃围城,岁余克之,杀彦若,遂有其地。

初,黄巢将窃有福州,王师不能下,建人陈岩率众拔之,又逐观察使郑镒,自领州,诏即授刺史。久之,岩卒,其婿范晖拥兵自称留后。岩旧将多归潮,言晖可取,潮乃遣从弟彦复将兵,审知监之,攻福州。审知乘白马履行阵,望者披靡,号"白马将军"。晖守弥年不下,潮令曰:"兵尽益兵,将尽益将,兵将尽,则吾至矣。"于是彦复急攻,晖亡入海,追斩之。建、汀二州皆举籍听命,潮乃尽有五州地。

昭宗假潮福、建等州团练使,俄迁观察使。乃作四门义学,还流亡,定赋使用,遣吏劝农,人皆安之。乾宁中,宠福州为威武军,即拜潮节度使、检校尚书左仆射。卒,赠司空。

潮病,以审知权节度,让审邽,不许。诏审知检校刑部尚书、节度观察留后。厚事朱全忠,全忠荐为节度使、同中书门下平章事。帝在凤翔,赐审知朱诏,自三品皆得承制除授。天祐初,进琅邪郡王。

审邽字次都。为泉州刺史,检校司徒。喜儒术,通《书》、《春秋》。善吏治,流民还者假牛犁,兴完庐舍。中原乱,公卿多来依之,振赋以财,如杨承休、郑玲、韩偓、归传懿、杨赞图、郑戬等赖以免祸,审邽遣子延彬作招贤院以礼之。

　　刘知谦,寿州上蔡人。避乱客封州,为清海牙将,节度使韦宙以兄女妻之,众谓不可,宙曰:"若人状非常,吾以子孙托之。"

　　黄巢自岭表北还,湖湘间群盗蚁结,知谦因据封州,有诏即授刺史兼贺水镇使,以遏梧、桂。知谦抚纳流亡,爱啬用度,养士卒。未几,得精兵万人,多具战舰,境内肃然。久之,疾病,召诸子曰:"今五岭盗贼方兴,吾有精甲犀械,尔勉建功,时哉不可失也!"

　　知谦卒,共推其子隐为嗣,清海军节度使刘崇龟表为封州刺史。嗣薛王知柔代领节度,未至,而牙将卢琚叛。隐率兵奉迎知柔,直趋广州,禽琚献之。于是知柔以闻,昭宗拜隐本军行军司马,俄迁副使。天复初,节度徐彦若死,隐自称留后。

　　虔人卢光稠者,有众数万,据州自为留后,又取韶州。隐与争之,战不胜,悉师攻虔州。光稠伏军桌战,隐纵驱,伏发,挺身免。天祐初,始诏隐权节度留后,乃遣使者入朝,重赂朱全忠以自固。是岁,光稠死,子延昌自称刺史,为其下所杀。更推李图领州事。图死,钟传尽劫其众,欲遣子匡时守之。不克,州人自立谭全播为刺史,附全忠云。

唐书卷一九一
列传第一一六

忠义上

夏侯端　刘感　常达　敬君弘

谢叔方　吕子臧　马元规　王行敏

卢士睿　李玄通　罗士信　张道源

楚金　李育德　李公逸　张善相　高睿

仲舒　安金藏　王同皎　潜　周憬

吴保安　李憕　源　彭　卢弈　元辅

张介然　崔无诐

夫有生所甚重者，身也；得轻用者，忠与义也。后身先义，仁也；身可杀，名不可死，志也。大凡捐生以趣义者，宁豫期垂名不朽而为之？虽一世成败，亦未必济也，要为重所与，终始一操，虽颓嵩、岱，不吾压也。夷、齐排周存商，商不害亡，而周以兴。两人至饿死不肯屈，卒之武王蒙惭德，而夷、齐为得仁，仲尼变色言之，不敢少损焉。故忠义者，真天下之大闲欤！奸铁逆鼎，搏人而肆其毒，然杀一义士，则四方解情，故乱臣贼子艳然疑沮而不得逞。何哉？欲所以为彼者，而为我也。义在与在，义亡与亡，故王者常推而褒之，所以砥砺生民而窒不轨也。虽然，非烈丈夫，曷克为之？彼委靡软熟，偷生自私者，真畏人也哉！故次叙夏侯端以来凡三十三人于左方。

夏侯端，寿州寿春人，梁尚书左仆射详孙也。仕隋为大理司直。高祖微时与相友，大业中讨贼河东，表端为副。端邃数术，密语高祖曰："玉床摇，帝坐不安。晋得岁，真人将兴。安天下之乱者，其在公乎！但上性沈忌，内恶诸李，今金才已诛，次且取公，宜蚤为计。"帝感其言。义师兴，端在河东，吏捕送长安。帝入京师，释囚，引入卧内，擢秘书监。

李密之降，关东地未有所属，端请假节招谕，乃拜大将军，为河南道招慰使。即传檄州县，东薄海，南捷淮，二十余州遣使顺附。次谯州，会亳、汴二州刺史已降王世充，道塞，无所归，计穷彷徨。麾下二千人粮尽不忍委端去，端乃杀马宴大泽中，谓众曰："我奉王命，义无屈。公等有妻子，徒死无益。吾丐若首，持与贼以取富贵。"众号泣不忍视，端亦泣，欲自刎，争持之，乃止。行五日，饿死十四三。遇贼，众溃，从者才三十余人，遂东走，撷荳豆以食。端持节卧起，叹曰："平生不知死地乃在此！"纵其下令去，毋俱没。会李公逸守杞州，勒兵迎端。时河南地悉入世充，公逸感端之节，亦固守。世充遣人以淮南郡公、尚书少吏部印绶召端，解所服衣以赠。端曰："吾，天子使，宁污贼官邪！非持首去不可见。"即焚书及衣，因解节毛怀之，间道走宜阳，历崖峭榛莽。比到，其下仅有在者，皆体发癯焦，人不堪视。端入谒，自谢无功，不及危困状。帝闵之，复拜秘书监。出为梓州刺史。散禄禀周孤穷，不为子孙计。贞观元年卒。

刘感，岐州凤泉人，后魏司徒丰生孙也。武德初，以骠骑将军戍泾州，为薛仁杲所围，粮尽，杀所乘马啖士，而煮骨自饮，至和木屑以食。城垂陷，长平王叔良救之，贼乃解。与叔良出战，为贼执，还围泾州，令感约城中降。感绐诺，至城下大呼曰："贼大饥，亡在朝暮，秦王数十万众且至，勉之无苦。"仁杲怒，执感，埋其半土中，驰射之。至死，骂益甚。

贼平，高祖购得其尸，祭以少牢，赠瀛州刺史，爵平原郡公，封户二千，谥忠壮。诏其子嗣封爵，赐田宅焉。

常达，陕州陕人。仕隋为鹰击郎将。尝从高祖征伐，与宋老生战霍邑，军败自匿，帝意已死，久乃自归。帝大悦，命为统军，拜陇州刺史。

时薛举方强，达败其子仁杲，斩首千级。举遣将仵士政绐降，达不疑，厚加抚接。士政伺隙劫之，并其众二千归贼。举指其妻谓达曰：“识皇后乎？”答曰：“彼瘿老妪，何所道？”举奴张贵又曰：“亦识我否？”达瞋目曰：“若乃奴耳。”贵忿，举笏击其面，达不为慑，亦拔刀逐之，赵弘安为蔽捍，乃免。仁杲平，帝见达，劳曰：“君忠节，正可求之古人。”为执士政杀之，赐达布帛三百段，以达并刘感事授史臣令狐德棻云。终陇西刺史。

敬君弘，绛州绛人，北齐尚书右仆射显俊曾孙也。累功历骠骑将军，封黔昌侯。以屯营兵守玄武门。隐太子之死，左右解散。其车骑将军冯立者，有材武，叹曰：“生赖其宠，死不共难，我无以见士大夫！”乃与巢王亲将谢叔方率兵攻玄武门，殊死斗。君弘挺身出，或曰：“事未可判，当按兵待变，成列而斗可也。”不从。与中郎将吕世衡呼而进，皆战殁。立顾其下曰：“足以报太子矣。”遂解兵走。君弘等败，秦府兵不振。尉迟敬德掷巢王首示叔方，叔方下马恸，亦出奔。明日自归，太宗曰：“义士也。”置之。俄而立又至，帝让曰：“汝离我兄弟，罪一也；杀我将士，罪二也。何所逃死？”答曰：“出身事主，当战之日，不知其它。”因伏地悲不自胜，帝亦劳遣之。诏赠君弘左屯卫大将军，世衡右骁卫将军。

立已蒙贷，归语人曰：“上赦吾罪，吾当以死报。”未几，突厥犯便桥，立引数百骑与虏薄，败之咸阳。帝喜，受广州都督。前日牧守苟肆为蛮夷患，故数叛。立至，不事家产，衣食弗求赢。尝见贪泉，曰：“此岂隐之所酌邪？吾虽日汲，庸易吾性哉？”遂极饮去。在职不三年,有惠爱,卒于官。

叔方历伊州刺史,善治军,戎、华爱之。累加银青光禄大夫,徙洪、广二州都督。卒,谥曰勤。本万年人,从巢王征讨有功,王表为屈哑真府左军骑云。

吕子臧,蒲州河东人。刚直,健于吏。隋大业末为南阳郡丞,捕击盗贼有功。高祖入京师,遣马元规慰辑山南,独子臧坚守。元规遣士讽晓,子臧杀之。及炀帝已弑,帝更使其婿薛君倩赍诏,言隋所以亡,谕子臧。子臧为故君发丧讫,即送款,就拜邓州刺史,封南阳郡公。

武德初,朱粲新创,子臧率兵与元规并力。元规军不进,子臧曰:“乘贼新败,上下惶沮,一战可禽;若迁延,其众稍集,吾食尽,致死于我,不可当也。”不纳。子臧请以所部兵独进,又不许。俄而粲得众,复张,元规婴城,子臧扼腕曰:“谋不见用,坐公死矣。”贼围固。会霖雨,雉堞崩剥,或劝其降,子臧曰:“我,天子方伯,且降贼乎?”乃率麾下数百人赴敌死,城亦陷,元规死之。

元规,安陆人。初以队正从帝征伐,持节下南阳,得兵万余,然无谋,至于败。

王行敏,并州乐平人。隋末为盗长,高祖兴,来降,拜潞州刺史,迁屯卫将军。刘武周入并州,寇上党,取长子、壶关。或言刺史郭子武懦不支,且失潞,帝遣行敏驰往。既至,与子武不叶,贼围急,储偫空乏,众恫惧,行敏患之。会有告子武谋反,遂斩之。州民陈正谦者,以信义称乡里,出粟千石济军,由是人自奋,贼乃去。行敏又败窦建德兵于武陟。武德四年,督兵徇燕、赵,与刘黑闼战历亭,破之。既而释甲不设备,为黑闼所掩,缚致麾下。终不屈,贼遂斩之。且死,西向跪曰:“臣之忠,惟陛下知之。”帝闻而悼惜。

黑闼之乱,死事者又有卢士睿、李玄通。

士睿客韩城。隋乱,结纳英豪。高祖与之旧,及兵兴,率数百人上谒汾阴，又使兄子谕降剧贼孙华，与刘弘基败隋将桑显和于饮马泉。擢累右光禄大夫，为瀛州刺史。黑闼遣轻骑破其郛，拒战半日，士见亲属系虏，乃溃。士睿为贼擒，欲使说下城堡，不从，见杀。

玄通，蓝田人。为隋鹰扬郎将，高祖入关，率所部自归，拜定州总管。为黑闼所破，爱其才，欲以为将。玄通曰："吾当守节以报，乌能降志贼邪？"不听，囚之。故吏有饷饮馈者，玄通曰："诸君见哀，吾能一醉。"遂纵饮，谓守者曰："吾能剑舞，可借刀。"守士与之。曲终，仰天太息曰："大丈夫抚方面，不能保所守，尚何视息邪？"乃溃腹死。帝为流涕，擢其子伏护大将军。

罗士信，齐州历城人。隋大业时，长白山贼王薄、左才相、孟让攻齐郡，通守张须陀率兵击贼。士信以执衣，年十四，短而悍，请自效。须陀疑其不胜甲，少之。士信怒，被重甲，左右鞬，上马顾眄。须陀许之。击贼潍水上，阵才列，执长矛驰入贼营，刺杀数人，取一级掷之，承以矛，戴而行，贼皆眙惧无敢亢。须陀乘之，大破贼。士信遂北，每杀一贼，辄劓鼻纳诸怀，暨还，验以代级。须陀叹伏，遗以所乘马。凡战，须陀先登，士信副，以为常。炀帝遣使图须陀、士信阵法上内史。

后须陀为李密所杀，士信与裴仁基归密，署总管，俾统所部讨王世充。身被重创，见获于世充。世充爱其才，厚遇之，与同寝食。后得密将邴元真等，故士信稍稍疏斥。士信耻与伍，率所部千余人来降高祖，拜陕州道行军总管，因谋世充。

士信行则先锋，反则殿，有所获，悉散戏下有功者，或脱衣解马赐之，士以故用命。然持法严，至亲旧无少贷，其下亦不甚附。师次洛阳，攻千金堡，有恶言诟军，士信怒，夜遣百人载婴儿啼噪堡下，若自东都出奔者，既而阳悟曰："非也，此千金堡耳。"因散去。堡兵开门追掠，士信伏入，屠之无类。贼平，授绛州总管，封郯国公。

从秦王击刘黑闼洛水上，得一城，王君廓戍之，贼急攻，溃而出。王语诸将："孰能守此？"士信曰："愿以守。"乃命之。士信已入，贼悉众攻，方雨雪，救军不得进。城陷，黑闼欲用之，不屈而死，年二十八。王隐悼，购其尸以葬，谥曰勇。初，士信为仁基所礼，及东都平，出家财敛葬北邙以报德，且曰："我死当墓其侧。"至是，如所志。

张道源，并州祁人，名河，以字显。年十四，居父丧，士人贤其孝，县令郭湛署所居乡曰复礼乡至孝里。道源尝与客夜宿，客暴死，道源恐主人忽怖，卧尸侧，至曙乃告，又徒步护送还其家。隋末政乱，辞监察御史，归闾里。

高祖兴，署大将军府户曹参军。至贾胡堡，复使守并州。京师平，遣抚慰山东，下燕、赵。有诏褒美，封累范阳郡公。淮安王神通略定山东，令守赵州，为窦建德所执。会建德寇河南，间遣人诣朝，乘虚捣贼心胁。即诏诸将率兵影接。俄而贼平，还，拜大理卿。时何稠得罪，籍其家属赐群臣。道源曰："祸福何常，安可利人之亡，取其子女自奉？仁者不为也。"更资以衣食遣之。天子见其年耆，拜绵州刺史。卒，赠工部尚书，谥曰节。道源虽官九卿，无产赀，比亡，余粟二斛。诏赐帛三百段。

族孙楚金有至行，与兄越石皆举进士。州欲独荐楚金，固辞，请俱罢。都督李勣叹曰："士求才行者也。既能让，何嫌皆取乎？"乃并荐之。累进刑部侍郎。仪凤初，彗见东井，上疏陈得失。高宗钦纳，赐物二百段。武后时，历秋官尚书，爵南阳侯。有清概，然尚文刻，当时亦少之。为酷吏所构，流死岭表。

李育德，赵州人。祖谓，仕隋通州刺史，为名臣。世富千财，家僮百人。天下乱，乃私完械甲，婴武陟城自保，人多从之，遂为长。剧贼来掠，不能克。隋亡，与柳燮等归李密，私署总管。密为王世充所破，以郡来降，即拜陟州刺史。

兄厚德，自贼所逃归，度河复被执。贼使招育德，阳许之，故兄不死。贼帅段大师令裨校以兵守厚德，阴得其欢，乃与州人贾慈行谋逐贼。慈行夜登城呼曰："唐兵登矣！"厚德自狱拥群囚噪而出，斩长史,众不敢动,大师缒城走。即拜殷州刺史。厚德省亲,留育德以守,引兵拔贼河内堡三十一所。世充怒,悉锐士攻之,城陷,犹力战,与三弟皆殁。

时死节者又有李公逸、张善相,凡三人。

公逸者,与族弟善行居雍丘,以材雄为众所归。始附王世充,策其必败,乃献款高祖,因其地置杞州,即拜总管,封阳夏郡公。以善行为刺史。世充遣其弟将徐、亳兵攻之,公逸请援,未报,因使善行守,身入朝言状。至襄城,为贼逻送洛阳。世充曰:"君越郑臣唐,何哉?"答曰:"我于天下唯闻有唐。"贼怒斩之。善行亦死。帝悼惜,封其子襄邑县公。

善相,襄城人。大业末为里长,督兵迹盗,为众附赖,乃据许州奉李密。密败,挈州以来,诏即授伊州总管。王世充攻之,屡困贼,遣使三辈请救,朝廷未暇也。会粮尽,众饿死,善相谓僚属曰:"吾为唐臣,当效命。君等均无庸死,斩吾首以下贼可也。"众泣不肯,曰:"与公同死,愈于独生。"城陷被执,骂贼见杀。高祖叹曰:"吾负善相,善相不负我!"乃封其子襄城郡公。

高睿,京兆万年人,隋尚书左仆射颎孙也。举明经,稍迁通义令,有治劳,人刻石载德。历赵州刺史,平昌县子。圣历初,突厥默啜入寇,睿婴城拒,虏攻益急。长史唐波若度且陷,即与虏通。睿觉之,力不能制,即自经。不得死,为虏执,使降谕诸县,不肯应,见杀。初,虏至,有为睿计者:"突厥蜂锐,所向无完,公不能亢,且当下之。"答曰:"我,刺史,不战而降,罪大矣。"武后叹惜,赠冬官尚书,谥曰节。诏诛波若,籍其家。下制暴睿忠节、波若臣贼,使天下知之。

子仲舒,通故训学,擢明经,为相王府文学,王所钦器。开元初,宋璟、苏颋当秉,多咨访焉。时舍人崔琳练达政宜,璟等礼异之。常语人曰:"古事问高仲舒,时事问崔琳,何复疑?"终太子右庶子。

安金藏,京兆长安人。在太常工籍。睿宗为皇嗣,少府监裴匪躬、中官范云仙坐私谒皇嗣,皆殊死,自是公卿不复见,唯工优给使得进。俄有诬皇嗣异谋者,武后诏来俊臣问状,左右畏惨楚,欲引服。金藏大呼曰:"公不信我言,请剖心以明皇嗣不反也。"引佩刀自刺腹中,肠出被地,眩而仆。后闻大惊,舆致禁中,命高医内肠,褫桑堵续之,阅夕而苏。后临视,叹曰:"吾有子不能自明,不如尔之忠也。"即诏停狱,睿宗乃安。当是时,朝廷士大夫翕然称其谊,自以为弗及也。

神龙初,母丧,葬南阙口,营石坟,昼夜不息。地本卬燥,泉忽涌流庐之侧,李冬有华,犬鹿相扰。本道使卢怀慎上其事,诏表阙于闾。景云时,迁右武卫中郎将。玄宗属其事于史官,擢右骁卫将军,爵代国公,诏镵其名于泰、华二山碑以为荣。卒,配飨睿宗庙廷。大历中,赠兵部尚书,谥曰忠。以子承恩为庐州长史。中和中,又擢其远孙敬则为太子右谕德。

王同皎,相州安阳人,陈驸马都尉宽曾孙也。陈亡,徙河北。长安中,尚太子女安定郡主,拜典膳郎。太子,中宗也。桓彦范等诛二张,遣同皎与李湛、李多祚即东宫迎太子,请至玄武门指授诸将。太子拒不许,同皎进曰:"逆竖反道,显肆不轨,诸将与南衙执事刻期诛之,须殿下到以系众望。"太子曰:"上方不豫,得无不可乎?"同皎曰:"将相毁家族以安社稷,奈何欲内之鼎镬乎?太子能自出谕之,众乃止。"太子犹豫,同皎即扶上马,从至玄武门,斩关入。兵趋长生殿太后所,环侍严定,因奏诛易之等状。帝复位,擢右千牛将军,封琅邪公,食实户五百。主进封公主,拜同皎驸马都尉,迁光禄卿。

神龙后,武三思烝浊王室,同皎恶之,与张仲之、祖延庆,周憬、李悛、冉祖雍谋,须武后灵驾发,伏弩射杀三思。会播州司兵参军宋之愻以外妹妻延庆,延庆辞之,愻固请,乃成昏。延庆心厚之,不复疑。故之愻子昙得其实。之愻兄之问尝舍仲之家,亦得其谋,令昙密语三思。三思遣悛上急变,且言同皎欲拥兵阙下废皇后。帝殊不晓,大怒,斩同皎于都亭驿,籍其家。同皎且死,神色自如。仲之、延庆皆死。憬遁入比干庙自刭,将死,谓人曰:"比干,古忠臣,神而聪明,其知我乎!后、三思乱朝,虐害忠良,灭亡不久,可干吾头国门,见其败也。"憬,寿春人。后太子重俊诛三思,天下共伤同皎之不及见也。睿宗立,诏复官爵,谥曰忠壮。诛祖雍、悛等。

先是,许州司户参军燕钦融再上书斥韦后擅政,且逆节已萌。后怒,劝中宗召至廷,扑杀之。宗楚客复私令卫士极力,故死。又博陵人郎岌亦表后及楚客乱,被诛。至是,俱赠谏议大夫,备礼改葬,赐钦融一子官。

同皎子繇尚永穆公主,生子潜,字弘志。生三日,赐绯衣、银鱼。幼庄重,不喜儿弄。以帝外孙,补千牛,复选尚公主,固辞。元和中擢累将作监。吏或籍名北军,辄骄堕不事,潜悉奏罢之,故不戒而辨。监无公食,而息钱旧皆私有,至潜,取以具食,遂为故事。

迁左散骑常侍,拜泾原节度使。宪宗与对,大悦,曰:"吾知而善职,我自用之。"潜至镇,缮壁垒,积粟,构高屋俯兵,利而严。遂引师自原州逾硖石,取房将一人,斥烽候,筑归化、潘原二垒。请复城原州,度支沮议,故原州复陷。穆宗即位,封琅邪郡公,更节度荆南。疏吏恶,榜之里间,杀尤纵者。分射三等,课士习之,不能者罢,故无冗军。大和初,检校尚书左仆射。卒于官,赠司空。

吴保安,字永固,魏州人氏。气挺特不俗。睿宗时,姚㒞蛮叛,拜李蒙为姚州都督,宰相郭元振以弟之子仲翔托蒙,蒙表为判官。时保安罢义安尉,未得调,以仲翔里人也,不介而见曰:"愿因子得事李将军可乎?"仲翔虽无雅故,哀其穷,力荐之。蒙表掌书记。保安后往,蒙已深入,与蛮战没,仲翔被执。蛮之俘华人,必厚责财,乃肯赎,闻仲翔贵胄也,求千缣。会元振物故,保安留巂州,营赎仲翔,苦无赀。乃力居货十年,得缣七百。妻子客遂州,间关求保安所在,困姚州不能进。都督杨安居知状,异其故,资以行,求保安得之。引与语曰:"子弃家急朋友之患至是乎!吾请贷官赀助子之乏。"保安大喜,即委缣于蛮,得仲翔以归。始,仲翔为蛮所奴,三逃三获,乃转齌远酋,酋严遇之。昼役夜囚,没凡十五年乃还。

安居亦丞相故吏,嘉保安之谊,厚礼仲翔,遗衣服储用,檄领近县尉。久乃调蔚州录事参军,以优迁代州户曹。母丧,服除,喟曰:"吾赖吴公生吾死,今亲殁,可行其志。"乃求保安。于时,保安以彭山丞客死,其妻亦没,丧不克归。仲翔为服缞绖,襄其骨,徒跣负之,归葬魏州,庐墓三年乃去。后为岚州长史,迎保安子,为娶而让以官。

李憕,并州文水人。或言其先出兴圣皇帝,谱系疏晦,不复传。父希倩,神龙初右台监察御史。憕少秀敏,举明经高第,授成安尉。张说罢宰相,为相州刺史,坐有善相者,说遍问官属后孰当贵,工指憕及临河尉郑岩。说以女妻岩,而归其甥阴于憕。会母丧免。自武功尉以政尤异迁主簿。说在并州,引憕置幕府。及执政,为长安尉。宇文融括天下田,高选官属,多致贤以重其柄。表假憕监察御史,分道检核。以课真拜御史。坐小累,下除晋阳令。三迁给事中。力于治,有任事称,明簿最,下无敢给。失李林甫意,出为河南少尹。尹萧炅内倚权,斛法殖私,憕裁抑其谬,吏下赖之。道士孙甑生以左道幸,托祠事往来嵩、少间,干请乱吏治,憕不为应,故挟炅谮诸朝。天宝初,除清河太守。举美政,迁广陵长史,民为立祠赛祝,岁时不绝。以捕贼负,徙彭城太守。封酒泉县侯。连徙襄阳、河东,并兼采访处置使。入为京兆尹。杨国忠恶之。改光禄卿、东京留守。

安禄山反,玄宗遣封常清募兵东京,憕与留台御史中丞卢奕、河南尹达奚珣缮城垒,绥励士卒,将遏贼西锋。帝闻,擢礼部尚书。禄山度河,号令严密,候逻不能知。已陷陈留、荥阳,杀张介然、崔无诐,不数日,薄城下。常清兵皆白徒,战不胜,辄北。憕收残士数百,哀断弦折矢坚守,人不堪斗。憕约奕:"吾曹荷国重寄,虽力不敌,当死官。"部校皆夜缒去,憕坐留守府,奕守台。城陷,禄山鼓而入,杀数千人,矢著阙门,执憕、奕及官属蒋清,害之。有诏赠司徒,谥曰忠懿。河、洛平,再赠太尉,拜一子五品官。

憕通《左氏春秋》，颇殖产伊川，占膏腴，自都至阙口，畴墅弥望，时谓“地癖”。岩仕终少府监，产利埒憕云。

憕十余子，江、涵、沨、瀛等同遇害，唯源、彭脱。

源八岁家覆，俘为奴，转侧民间。及史朝义败，故吏识源于洛阳者赎出之，归其宗属。代宗闻，授河南府参军，迁司农主簿。以父死贼手，常悲愤，不仕不娶，绝酒荤。惠林佛祠者，憕旧墅也，源依祠居，阖户日一食。祠殿，其先寝也，每过必趋，未始践阶。自营墓为终制，时时偃卧埏中。

长庆初，年八十矣，御史中丞李德裕表荐源，曰：“贾谊称：守圉捍敌之臣，死城郭封疆。天宝时，士罕伏节，逆羯始兴，委符组、弃城郭者不为耻，而憕约义同列，守位自如，抵刃就终，臣节之光由憕始。而源天与至孝，绝心禄仕五十余年，常守沈默，理契深要，一辞开析，百虑洗然。抱此真节，弃于清世，臣窃为陛下惜之。”穆宗下诏曰：“昔盗起幽陵，振荡河、洛，赠太尉憕处难居首，正色就死，两河闻风，再固危壁，殊节卓焉，到今称之。源有曾参之行、巢父之操，泊然无营，汔此高年。夫褒忠，所以劝臣节也；旌孝所以激人伦也；镇浇浮，莫如尚义；厚风俗，莫如尊老。举是四者，大儆于时。其以源守谏议大夫，赐绯鱼袋。”河南尹遣官敦谕上道，帝自遣使者持诏书袍笏即赐，又赐绢二百匹。源顿首受诏，谓使者：“伏疾年耄，不堪趋拜。”即附表谢，辞吐哀恳，一无受。寻卒。敬宗时，擢憕孙为河南兵曹参军。

彭擢明经第。天宝中，选名臣子可用者，自咸宁丞迁右补阙。从天子入蜀。后憕数年卒。有孙景让、景庄、景温，别传。

武德功臣十六人，贞观功臣五十三人，至德功臣二百六十五人。德宗即位，录武德以来宰相及实封功臣子孙，赐一子正员官。史馆考勋名特高者九十二人，以三等条奏。第一等，以其岁授官。第二等,以次年。第三等,子孙数讼于朝,有诏差为二等,增至百八十七人。每等,武德以来宰相为首,功臣次之,至德以来将相次之。大中初,又诏求李岘、王珪、戴胄、马周、褚遂良、韩瑗、郝处俊、娄师德、王及善、朱敬则、魏知古、陆象先、张九龄、裴寂、刘文静、张柬之、袁恕己、崔玄暐、桓彦范、刘幽求、郭元振、房琯、袁履谦、李嗣业、张巡、许远、卢弈、南霁云、萧华、张镐、李勉、张缢、萧复、柳浑、贾耽、马燧、李憕三十七人画像,续图凌烟阁云。

　　司空、太子太傅、知门下省事、梁国公房玄龄

　　尚书右仆射、检校侍中、莱国公杜如晦

　　太子太保、同中书门下三品、宋国公萧瑀

　　开府仪同三司、同中书门下三品、知政事、上柱国、申国公高士廉

　　太子太师、知政事、特进、郑国公魏徵

　　侍中、永宁郡公王珪

　　吏部尚书、参豫朝政、道国公戴胄

　　中书令、江陵县子岑文本

　　中书令、兼太子左庶子、检校吏部尚书、高唐县公马周

　　侍中、兼太子左庶子、检校吏部礼部民部尚书事、清苑县男刘洎

　　尚书右仆射、同中书门下三品、河南郡公褚遂良

　　太子太师、同中书门下三品、燕国公于志宁

　　尚书右仆射、同中书门下三品、兼太子少傅、北平县公张行成

　　中书令、行侍中、兼太子少保、蓚县公高季辅

　　侍中、兼太子宾客、袭颍川县公韩瑗

　　中书令、兼太子詹事、南阳县侯来济

　　侍中、兼太子宾客张文瓘

　　侍中、甀山县公郝处俊

　　中书侍郎、同中书门下三品、兼太子右庶子、酒泉县公李义琰

　　内史、河东县侯裴炎

文昌左相、同凤阁鸾台三品、温国公苏良嗣

内史、梁国公狄仁杰

纳言、检校并州大都督府长史、天兵军大总管、陇右诸军大使、谯县子娄师德

凤阁侍郎、同凤阁鸾台平章事、石泉县公王方庆

文昌左相、同凤阁鸾台三品、袭邢国公王及善

尚书右仆射、兼中书令、知兵部尚书事、齐国公魏元忠

紫微令、梁国公姚崇

正谏大夫、同凤阁鸾台平章事朱敬则

尚书左仆射、同中书门下平章事、许国公苏瓌

吏部尚书、兼侍中、广平郡公宋璟

黄门监、梁国公魏知古

中书侍郎、同中书门下平章事、兖国公陆象先

紫微侍郎、同中书门下平章事、许国公苏颋

中书令、河东县侯张嘉贞

中书侍郎、同中书门下平章事、清水县公李元纮

黄门侍郎、同中书门下平章事、宜阳县子韩休

中书令始兴县伯张九龄

司空、河东郡公裴寂

纳言、上柱国、鲁国公刘文静

太尉、检校中书令、同中书门下三品、扬州大都督、赵国公长孙无忌

礼部尚书、河间郡王孝恭

尚书右仆射、检校中书令、行太子左卫率、上柱国、卫国公李靖

司空、兼太子太师、英国公李勣

开府仪同三司、鄜州都督、鄂国公尉迟敬德

左光禄大夫、洛州都督、蒋国公屈突通

陕东道大行台、吏部尚书、郧国公殷开山

卫尉卿、夔国公刘弘基

泽州刺史、邳国公长孙顺德

民部尚书、上柱国、莒国公唐俭

右骁卫大将军、驸马都尉、谯国公柴绍

右骁卫大将军、褒国公段志玄

洪州都督、渝国公刘政会

左武候将军、相州都督、郯国公张公谨

右武卫大将军、卢国公程知节

左武卫大将军、上柱国、胡国公秦叔宝

弘文馆学士、秘书监、永兴县公虞世南

右卫大将军、兼太子右卫率、工部尚书、武阳县公李大亮

左武卫大将军、邢国公苏定方

夏官尚书、同中书门下三品、清边道行军总管、耿国公王孝杰

中书令、汉阳郡公张柬之

中书令、博陵郡公崔玄晔

侍中、平阳郡公敬晖

侍中、谯国公桓彦范

中书令、南阳郡公袁恕己

右武卫大将军、同中书门下三品、韩国公张仁愿

尚书左丞相、兼黄门监、徐国公刘幽求

黄门侍郎、参知机务、修文馆学士、齐国公崔日用

兵部尚书、同中书门下三品、代国公郭元振

尚书左承相、兼中书令、集贤院学士、燕国公张说

紫微侍郎、上柱国、赵国公王琚

兵部尚书、同中书门下三品、持节朔方军节度大使、中山郡公王晙

　尚书左仆射、同中书门下平章事、兼河南江淮副元帅、东都留守、冀国公裴冕

　文部尚书、同中书门下平章事、清河县公房琯

　门下侍郎、同中书门下平章事、卫国公杜鸿渐

镇西北庭行营节度使、开府仪同三司、卫尉卿、兼怀州刺史、虢国公李嗣业

平卢军节度使、柳城郡太守刘正臣

桓州刺史、卫尉少卿、兼御史中丞颜杲卿

常山郡太守袁履谦

河南节度副使、左金吾卫将军、检校主客郎中、兼御史中丞张巡

睢阳郡太守、兼御史中丞许远

御史中丞、留台东都、知武部选卢弈

睢阳郡太守、特进、左金吾卫将军南霁云

右第一

内史令、延安郡公窦威

将作大匠、判纳言、陈国公窦抗

侍中、兼太子左庶子、江国公陈叔达

纳言、观国公杨恭仁

判吏部尚书、参议朝政、安吉郡公杜淹

中书令、虞国公温彦博

中书侍郎、检校刑部尚书、参知机务崔仁师

中书令、兼检校太子詹事、上柱国、安国公崔敦礼

户部尚书、平恩县公许圉师

兵部尚书、同中书门下三品、浿江道行军总管任雅相

度支尚书、同中书门下三品、范阳郡公卢承庆

西台侍郎、同东西台三品、兼弘文馆学士、楚国公上官仪

右相、广平郡公刘祥道

左侍极、兼检校左相、嘉兴县子陆敦信

文昌左相、同凤阁鸾台三品、乐城县公刘仁轨

荆州大都督府长史、安平郡公李安期

尚书右仆射、同中书门下三品、兼太子宾客、袭道国公戴至德

司列少常伯、太子右中护、兼正谏大夫、同东西台三品赵仁本

中书令、赵国公李敬玄

中书令、兼太子左庶子薛元超

中书令，同中书门下三品崔知温

侍中、同中书门下三品、袭广平郡公刘齐贤

纳言、乐平县男王德真

地官尚书、检校纳言、巨鹿县男魏玄同

文昌左相、同凤阁鸾台三品、特进、辅国大将军、邓国公岑长倩

凤阁侍郎、同凤阁鸾台三品、临淮县男刘祎之

纳言、博昌县男韦思谦

地官尚书、同凤阁鸾台平章事格辅元

司礼卿、判纳言事、渤海县子欧阳通

内史李昭德

鸾台侍郎、同凤阁鸾台平章事陆元方

凤阁侍郎、同凤阁鸾台三品杜景佺

尚书右仆射、兼太子宾客、同中书门下三品、郧国公韦安石

左散骑常侍、同中书门下三品、知东都留守、赵郡公李怀远

中书令、逍遥公韦嗣立

守侍中、同中书门下三品、兼太子右庶子、常山县男李日知

检校黄门监、渔阳县伯卢怀慎

中书令、左丞相、兼侍中、安阳郡公源乾曜

黄门侍郎、同紫微黄门平章事、魏县侯杜暹

侍中、赵城侯裴耀卿

左武卫大将军、开府仪同三司、淮安王神通

特进、太常卿、江夏王道宗

荆州都督、周国公武士彟

右屯卫大将军、检校晋州都督总管、谯国公窦琮

少府监、葛国公刘义节

右光禄大夫、罗国公张平高

洛州都督、右卫大将军、酂国公窦轨

夔州都督、息国公张长逊

金紫光禄大夫、夷国公李子和

左监门卫大将军、检校右武侯将军、荣国公樊兴

左监门卫大将军、巢国公钱九陇

右骁卫大将军、归国公安兴贵

右武卫大将军、申国公安修仁

殿中监、郢国公宇文士及

右武卫大将军、沔阳郡公公孙武达

荆州都督、怀宁郡公杜君绰

右骁卫将军、濮国公庞卿恽

代州都督、同安郡公郑仁泰

右翊卫将军、遂安郡公李安远

幽州都督、历阳郡公独孤彦云

始州刺史、左屯卫大将军、襄武郡公刘师立

右威卫大将军、济东郡公李孟尝

右监门卫大将军、河南县公元仲文

右监门卫将军、庐陵郡公秦师行

左领军大将军、新兴公马三宝

右卫大将军、驸马都尉、毕国公阿史那社尔

镇军大将军、虢国公张士贵

左卫大将军、琅邪郡公牛进达

镇军大将军、嘉川郡公周护

陕州刺史、天水郡公丘行恭

潭州都督、吴兴郡公沈叔安

散骑常侍、丰城县男姚思廉

太子少师、同中书门下三品、特进、朔方道行军大总管，宋国公唐休璟

左羽林军大将军、辽阳郡王李多祚

左领军大将军、赵国公李湛

刑部尚书、太子宾客、魏国公杨元琰

殿中监、兼知总监、汝南郡公翟无言

冠军大将军、左羽林军大将军、光禄卿、天水县公赵承恩

将作大匠裴思谅

右羽林军将军、弘农郡公杨执一

左卫将军、河东郡公薛思行

光禄卿、驸马都尉、琅邪郡公王同皎

中书令、越国公钟绍京

太仆卿、立节郡王薛崇简

右金吾卫大将军、凉国公李延昌

太子中允同正、冀国公冯道力

少府监、赵国公崔谔之

左监门卫中候、光禄卿、申国公许辅乾

左金吾大将军、邓国公张昕

朔方道行军大总管、左羽林军大将军、平阳郡公薛讷

河南副元帅、太尉兼侍中、临淮郡王李光弼

河东节度副大使、守司空、兼兵部尚书、霍国公王思礼

左相、幽国公韦见素

太保、韩国公苗晋卿

中书令、赵国公崔圆

太原节度使、检校尚书左仆射、同中书门下平章事、金城郡王辛云京

河西陇右副元帅、兵部尚书、同中书门下平章事、凉国公李抱玉

太子太师、检校尚书右仆射、知省事、信都郡王田神功

四镇北庭泾原节度使、检校尚书左仆射、知省事、扶风郡王马璘

左羽林军大将军、检校户部尚书、兼御史大夫薛景仙

右散骑常侍、检校礼部尚书、兼御史大夫尚衡

太原尹、兼御史大夫、北都留守、河东节度副大使、南阳郡公邓景山

河东节度副使、兼雁门郡太守、光禄卿贾循

礼部尚书、东京留守、酒泉县侯李憕

东平郡太守姚闿

右第二

卢弈，黄门监怀慎少子也。疏眉目，丰下，谨重寡欲，斤斤自修。与兄奂名相上下，而刚毅过之。天宝初为鄠令，所治辄最，积功擢给事中，拜御史中丞。自怀慎、奂及弈，三居其官，清节似之，时传其美。俄留台东都，兼知武部选。

安禄山陷东都，吏亡散。弈前遣妻子怀印间道走京师，自朝服坐台。被执，将杀之，即数禄山罪，徐顾贼徒曰："为人臣者当识逆顺，我不蹈失节，死何恨？"观者恐惧。弈临刑，西向再拜而辞，骂贼不空口，逆党为变色。肃宗诏赠礼部尚书，下有司谥。时以为洛阳亡，操兵者任其咎，执法吏去之可也。委身寇仇，以死谁怼？博士独孤及曰："荀息杀身于晋，不食其言也；玄冥勤其官水死，守位忘躬也；伯姬待姆而火死，先礼后身也。彼死之日，皆于事无补。然则禄山乱大于里、丕，弈廉察之任，切于玄冥之官。分命所系，不啻保姆；逆党兵威，烈于水火。于斯时也，能与执干戈者同其戮力，挽之不来，推之不去，全操白刃之下，孰与夫怀安偷生者同其风？请谥曰贞烈。"诏可。

子杞，别有传。杞子元辅。

元辅字子望，少以清行闻。擢进士，补崇文校书郎。杞死，德宗念之不忘，拜元辅左拾遗。历杭、常、绛三州刺史，课当最，召授吏部郎中，进累兵部侍郎，为华州刺史，卒。

元辅端静介正，能绍其祖，故历显剧，而人不以杞之恶为累云。

张介然者，猗氏人，本名六朗。性慎愿，长计画。始为河、陇支郡太守。王忠嗣、皇甫惟明、哥舒翰踵领节度，并署营田、支度等使。入奏称旨，赐与良渥。介然启曰："臣位三品，当给棨戟。若列于京师，虽富贵，不为乡人知，愿得列戟故里。"玄宗许之，别赐戟京师第门，仍赐绢五百匹，宴闾里长老。本乡得列戟，自介然始。翰荐为少府监，历卫尉卿。

禄山反，授河南节度采访使，守陈留。陈留据水陆剧，居民孳夥，而太平久，不知战。介然到屯不三日，贼已度河。车骑蹂腾，烟尘漫数十里，日为夺色。士闻钲鼓声，皆褫气不能授甲。凡旬六日，城陷。初，有诏购贼首而暴诛庆宗状。禄山入陈留，见诏书，拊膺大哭曰："我何罪！吾子亦何罪，乃杀之！"即大恚愤，杀陈留降者万人以逞，血流成川；斩介然于军门。以伪将李廷望为节度使，守陈留。

禄山已拔陈留，则鼓而前，无敢亢。中宿攻荥阳，太守崔无诐率众乘城，闻师噪，自坠如雨，无诐与官属皆死贼手。以伪将武令珣戍焉。

无诐者，本韦后外家，博陵旧望也。始，无诐娶萧至忠女，至忠败，被贬。久乃为益州司马。素善杨国忠，既用事，引为少府监，守荥阳。有诏赠礼部尚书，谥曰毅勇。

唐书卷一九二
列传第一一七

忠义中

颜杲卿 春卿　贾循 隐林　张巡

许远 南霁云　雷万春　姚訚

颜杲卿,字昕,与真卿同五世祖,以文儒世家。父元孙,有名垂
拱间,为濠州刺史。杲卿以荫调遂州司法参军。性刚正,莅事明济。
尝为刺史诘让,正色别白,不为屈。开元中,与兄春卿、弟曜卿并以
书判超等,吏部侍郎席豫咨嗟推伏。再以最迁范阳户曹参军。安禄
山闻其名,表为营田判官,假常山太守。

禄山反,杲卿及长史袁履谦谒于道,赐杲卿紫袍,履谦绯袍,令
与假子李钦凑以兵七千屯土门。杲卿指所赐衣谓履谦曰:“与公何
为著此?”履谦悟,乃与真定令贾深、内丘令张通幽定谋图贼。杲卿
称疾不视事,使子泉明往返计议,阴结太原尹王承业为应,使平卢
节度副使贾循取幽州。谋泄,禄山杀循,以向润客、牛廷玠守。杲卿
阳不事事,委政履谦,潜召处士权涣、郭仲邕定策。时真卿在平原,
素闻贼逆谋,阴养死士为拒守计。李憕等死,贼使段子光传首徇诸
郡,真卿斩子光,遣甥卢逖至常山约起兵,断贼北道。杲卿大喜,以
为兵掎角可挫贼西锋。乃矫贼命召钦凑计事,钦凑夜还,杲卿辞城
门不可夜开,舍之外邮;使履谦及参军冯虔、郡豪翟万德等数人饮
劳,既醉,斩之,并杀其将潘惟慎,贼党歼,投尸滹沱水。履谦以首示

杲卿,则喜且泣。

先是,禄山遣将高邈召兵范阳未还,杲卿使槀城尉崔安石图之。邈至满城,虔、万德皆会传舍,安石给以置酒,邈舍马,虔叱吏缚之。而贼将何千年自赵来,虔亦执之。日未中,送二贼。杲卿乃遣万德、深、通幽传钦凑首,械两贼送京师,与泉明偕。至太原,王承业欲自以为功,厚遣泉明还,阴令壮士翟乔贼于路。乔不平,告之故,乃免。玄宗擢承业大将军,送吏皆被赏。已而事显,乃拜杲卿卫尉卿兼御史中丞,履谦常山太守,深司马。即传檄河北,言王师二十万入土门,郭仲邕领百骑为先锋,驰而南,曳柴扬尘,望者谓大军至。日中,传数百里。贼张献诚方围饶阳,弃甲走。于是赵、巨鹿、广平、河间并斩伪刺史,传首常山。而乐安、博陵、上谷、文安、信都、魏、邺诸郡皆自固。杲卿兄弟兵大振。

禄山至陕,闻兵兴,大惧。使史思明等率平卢兵度河攻常山,蔡希德自怀会师。不涉旬,贼急攻城。兵少,未及为守计,求救于河东,承业前已攘杀贼功,兵不出。杲卿昼夜战,井竭,粮、矢尽,六日而陷,与履谦同执。贼胁使降,不应。取少子季明加刃颈上曰:“降我,当活而子。”杲卿不答。遂并卢逖杀之。杲卿至洛阳,禄山怒曰:“吾擢尔太守,何负而反?”杲卿瞋目骂曰:“汝营州牧羊羯奴耳,窃荷恩宠,天子负汝何事,而乃反乎?我世唐臣,守忠义,恨不斩汝以谢上,乃从尔反耶?”禄山不胜忿,缚之天津桥柱,节解以肉啖之,詈不绝,贼钩断其舌,曰:“复能骂否?”杲卿含胡而绝,年六十五。履谦既断手足,何千年弟适在傍,咀血喷其面,贼脔之,见者垂泣。杲卿宗子近属皆被害。杲卿已虏,诸郡复为贼守。

张通幽以兄相贼,谮杲卿于杨国忠,故不加赠。肃宗在凤翔,真卿表其枉,会通幽为普安太守,上皇杖杀之。李光弼、郭子仪收常山,出杲卿、履谦二家亲属数百人于狱,厚给遗,令行丧。乾元初,赠杲卿太子太保,谥曰忠节,封其妻崔清河郡夫人。初,博士裴郁以杲卿不执政,但谥曰忠,议者不平,故以二惠谥焉。逖、季明及宗子等皆赠五品官。建中中,又赠杲卿司徒。初,杲卿被杀,徇首于衢,莫

敢收。有张凑者,得其发,持谒上皇。是昔见梦,帝寤,为祭。后凑
归发于其妻,妻疑之,发若动云。后泉明购尸将葬,得刑者言,死时
一足先断,与履谦同坎瘗。指其域得之,乃葬长安凤栖原。季明、逊
同茔。

　　泉明有孝节,喜振人之急。既为承业所遣,未至而常山陷,故客
寿阳。史思明围李光弼,获泉明,裹以革,送幽州,间关得免。思明
归国,而真卿方为蒲州刺史,令泉明到河北求宗属。始,一女及姑女
并流离贼中,及是并得之,悉钱三万赎姑女还,取赏复往,则已女复
失之。履谦及父故将妻子奴隶尚三百余人,转徙不自存,泉明悉力
赡给,分多匀薄,相扶挟度河托真卿。真卿随所归资送之。泉明之
殡父,与履谦分枢,护还长安。履谦妻疑敛具俭狭,发视之,与杲卿
等乃号踊,待泉明如父。肃宗拜泉明郫令,政化清明,诛宿盗,人情
翕然。成都尹举其课第一,迁彭州司马。家贫,居官廉,而孤藐相从
百口,饦鬻不给,无愠叹。居母丧,毁骨立。其行义,当世以为难。

　　春卿倜傥美姿仪,通当世务。十六举明经、拔萃高第,调犀浦主
簿。尝送徒于州,亡其籍,至廷,口记物色,凡千人,无所差。长史陆
象先异之,转蜀尉。苏颋代为长史,被谮系狱,为《棕榈赋》自托,颋
遽出之。魏徵远孙瞻罪抵死,春卿为请玉真公主,得不死,时人高其
节。终偃师丞。临终,捉真卿臂曰:"尔当大吾族,顾我不得见,以诸
子诿汝。"后真卿主其昏嫁。

　　沈盈者,亦杲卿甥,有行义,明黄老学。解褐博野尉,与杲卿同
死难,赠大理正,官其二子遥、达。

　　贾循者,京兆华原人,其先家常山。父会,有高节,尝称疾不答
辟署,里中号"一龙"。亲亡,负土成墓,庐其左,手莳松柏,时号"关
中曾子"。卒,县人私谥曰广孝征君。

　　循有大略,礼部尚书苏颋尝谓今颇、牧,及为益州,表署列将。
败吐蕃于西山,三迁静塞军营田使。张守珪北伐,次滦河,属冻泮,

欲济无梁。循揣广狭为桥以济，破虏而还，以功擢游击将军、榆关守捉使。地南负海，北属长城，林琅岑翳，寇所蔽伏。循调士斩木开道，贼遁去。范阳节度使李适之荐为安东副大都护。安禄山兼平卢节度，表为副，迁博陵太守。禄山欲击奚、契丹，复奏循光禄卿自副，使知留后。九姓叛，禄山兼节度河东，而循亦兼雁门副之。母亡将葬，宅有枯桑，一夕再生，芝出北墉，人以为瑞。玄宗以循有功，诏赠其父常山太守。

禄山反，使循守幽州，故杲卿招之，以倾巢穴，循许可。为向润客等发其谋，贼缢之。建中二年，赠太尉，谥曰忠。

从子隐林，为永平兵马使。当入卫，属朱泚难，率众扈行在。德宗见隐林，伟其貌，问家世，答曰："故范阳节度副使循，臣从父也。"帝异之，引至卧内，以手板画地陈攻守计，即奏曰："臣尝梦日坠，以首承之。"帝曰："非朕邪？"因令纠察行在，迁检校右散骑常侍，封武威郡王。

贼围急，隐林与侯仲庄冒矢石死战。已而解，从臣称庆，隐林流涕前曰："泚已奔，群臣大庆宗社无疆之休，然陛下资性急，不能容掩。若不悛，虽今贼亡，忧未艾也。"帝不以为忤，拜神策统军。卒，帝思其质直，赠尚书左仆射，以实户三百封其家。

张巡，字巡，邓州南阳人。博通群书，晓战阵法。气志高迈，略细节，所交必大人长者，不与庸俗合，时人亘知也。开元末，擢进士第。时兄晓已位监察御史，皆以名称重一时。巡繇太子通事舍人出为清河令，治绩最，而负节义，或以困阨归者，倾赀振护无吝。秩满还都。于是杨国忠方专国，权势可炙。或劝一见，且显用，答曰："是方为国怪祥，朝官不可为也。"更调真源令。土多豪猾，大吏华南金树威恣肆，邑中语曰："南金口，明府手。"巡下车，以法诛之，赦余党，莫不改行迁善。政简，民甚宜之。

安禄山反，天宝十五载正月，贼酋张通晤陷宋、曹等州，谯郡太守杨万石降贼，逼巡为长史，使西迎贼军。巡率吏哭玄元皇帝祠，遂起兵讨贼,从者千余。初,灵昌太守嗣吴王祗受诏合河南兵拒禄山,有单父尉贾贲者,阆州刺史睿之子,率吏称吴王兵,击宋州。通晤走襄邑,为顿丘令卢韺所杀。贲引军进至雍丘,巡与之合,有众二千。是时雍丘令令狐潮举县附贼,遂自将东败淮阳兵,虏其众,反接在廷,将杀之,暂出行部。淮阳囚更解缚,起杀守者,迎贲等入。潮不得归,巡乃屠其妻子,磔城上。祗闻,承制拜贲监察御史。潮怨贲,还攻雍丘,贲趋门,为众躏死。巡驰骑决战,身被创不顾,士乃奉巡主军。间道表诸朝,腾笺祗府,祗乃举兖以东委巡经略。

潮以贼众四万薄城,人大恐。巡谕诸将曰:"贼知城中虚实,有轻我心。今出不意,可惊而溃也,乘之,势必折。"诸将曰:"善。"巡乃分千人乘城,以数队出,身前驱,直薄潮军,军却。明日贼攻城,设百楼,巡栅城上,束刍灌膏以焚焉,贼不敢向,巡伺隙击之。积六旬,大小数百战,士带甲食,裹疮斗,潮遂败走,追之,几获。潮怒,复率众来。然素善巡,至城下,情语巡曰:"本朝危蹙,兵不能出关,天下事去矣。足下以羸兵守危堞,忠无所立,盍相从以苟富贵乎?"巡曰:"古者父死于君,义不报。子乃衔妻孥怨,假力于贼以相图,吾见君头干通衢,为百世笑,奈何?"潮赧然去。

当此时,王命不复通,大将六人白巡以势不敌,且上存亡莫知,不如降。六人者,皆官开府、特进。巡阳许诺,明日堂上设天子画像,率军士朝,人人尽泣。巡引六将至,责以大谊,斩之。士心益劝。

会粮乏,潮饷贼盐米数百艘且至,巡夜壁城南,潮悉军来拒,巡遣勇士衔枚滨河,取盐米千斛,焚其余而还。城中矢尽,巡缚藁为人千余,被黑衣,夜缒城下,潮兵争射之,久,乃藁人;还,得箭数十万。其后复夜缒人,贼笑,不设备,乃以死士五百斫潮营,军大乱,焚垒幕,追奔十余里。贼惭,益兵围之。薪、水竭,巡绐潮,欲引众走,请退军二舍,使我逸。潮不知其谋,许之。遂空城四出三十里,撤屋发木而还为备。潮怒,围复合。巡徐谓潮曰:"君须此城,归马三十匹,我得马且出奔,请君取城以藉口。"潮归马,巡悉以给骁将,约曰:"贼至,人取一将。"明日,潮责巡,答曰:"吾欲去,将士不从,奈何?"

潮怒欲战，阵未成，三十骑突出，禽将十四，斩百余级，收器械牛马。潮遁还陈留，不复出。七月，潮率贼将瞿伯玉攻城，遣伪使者四人传贼命招巡，巡斩以徇，余系送祇所。围凡四月，贼常数万，而巡众才千余，每战辄克。于是河南节度使嗣虢王巨屯彭城，假巡先锋。

俄而鲁、东平陷贼，济阴太守高承义举郡叛，巨引兵东走临淮。贼将杨朝宗谋趋宁陵，绝巡饷路。巡外失巨依，拔众保宁陵，马裁三百，兵三千。至睢阳，与太守许远、城父令姚訚等合。乃遣将雷万春、南霁云等领兵战宁陵北，斩贼将二十，杀万余人，投尸于汴，水为不流。朝宗夜去。有诏拜巡主客郎中，副河南节度使。巡籍将士有功者请于巨，巨才授折冲、果毅。巡谏曰："宗社尚危，园陵孤外，渠可吝赏与赀？"巨不听。

至德二载，禄山死，庆绪遣其下尹子琦将同罗、突厥、奚劲兵与朝宗合，凡十余万，攻睢阳。巡励士固守，日中二十战，气不衰。远自以材不及巡，请禀军事而居其下，巡受不辞，远专治军粮战具。前此，远将李滔救东平，遂叛入贼，大将田秀荣潜与通。或以告远曰："晨出战，以碧帽为识。"视之如言，尽覆其众。还辄曰："我诱之也。"请以精骑往，易锦帽。远以告巡，巡召登城，让之，斩首示贼。因出薄战，子琦败，获车马牛羊，悉分士，秋豪无入其家。有诏拜巡御史中丞，远侍御史，訚吏部郎中。

巡欲乘胜击陈留，子琦闻，复围城。巡语其下曰："吾蒙上恩，贼若复来，正有死耳。诸君虽捐躯，而赏不直勋，以此痛恨！"闻者感概。乃椎牛大飨，悉军战。贼望兵少，大笑。巡、远亲鼓之，贼溃，追北数十里。其五月，贼刈麦，乃济师。巡夜鸣鼓严队，若将出。贼申警。俄息鼓，贼觇城上兵休，乃弛备。巡使南霁云等开门径抵子琦所，斩将拔旗。有大酋被甲，引拓羯千骑麾帜乘城招巡。巡阴缒勇士数十人隍中，持钩、陌刀、强弩，约曰："闻鼓声而奋。"酋恃众不为备，城上噪，伏发禽之，弩注矢外向，救兵不能前。俄而缒士复登陴，贼皆愕眙，乃按甲不出。巡欲射子琦，莫能辨，因剡蒿为矢，中者喜，谓巡矢尽，走白子琦，乃得其状。使霁云射，一发中左目，贼还。七月,复围城。

初,睢阳谷六万斛,可支一岁,而巨发其半饷濮阳、济阴,远固争,不听。济阴得粮即叛。至是食尽,士日赋米一勺,龁木皮、煮纸而食,才千余人,皆癯劣不能毂,救兵不至。贼知之,以云冲傅堞,巡出钩干挂之,使不得进,籧火焚梯。贼以钩车、木马进,巡辄破碎之。贼服其机,不复攻,穿壕立栅以守。巡士多饿死,存者皆癯伤气乏。巡出爱妾曰:“诸君经年乏食,而忠义不少衰,吾恨不割肌以啖众,宁惜一妾而坐视士饥?”乃杀以大飨,坐者皆泣。巡强令食之,远亦杀奴僮以哺卒,至罗雀掘鼠,煮铠弩以食。

贼将李怀忠过城下,巡问:“君事胡几何?”曰:“二期。”巡曰:“君祖、父官乎?”曰:“然。”“君世受官,食天子粟,奈何纵贼,关弓与我确?”怀忠曰:“不然,我昔为将,数死战,竟殁贼,此殆天也。”巡曰:“自古悖逆终夷灭,一日事平,君父母妻子并诛,何忍为此?”怀忠掩涕去,俄率其党数十人降。巡前后说降贼将甚多,皆得其死力。

御史大夫贺兰进明代巨节度,屯临淮,许叔冀、尚衡次彭城,皆观望莫肯救。巡使霁云如叔冀请师,不应,遗布数千端。霁云谩骂马上,请决死斗,叔冀不敢应。巡复遣如临淮告急,引精骑三十冒围出,贼万众遮之。霁云左右射,皆披靡。既见进明,进明曰:“睢阳存亡已决,兵出何益?”霁云曰:“城或未下。如已亡,请以死谢大夫。”叔冀者,进明麾下也,房琯本以牵制进明,亦兼御史大夫,势相埒而兵精。进明惧师出且见袭,又忌巡声威,恐成功,初无出师意。又爱霁云壮士,欲留之。为大飨,乐作,霁云泣曰:“昨出睢阳时,将士不粒食已弥月。今大夫兵不出,而广设声乐,义不忍独享,虽食,弗下咽。今主将之命不达,霁云请置一指以示信,归报中丞也。”因拔佩刀断指,一座大惊,为出涕。卒不食去。抽矢回射佛寺浮图,矢著砖,曰:“吾破贼还,必灭贺兰,此矢所以志也!”至真源,李贲遗马百匹;次宁陵,得城使廉坦兵三千,夜冒围入。贼觉,拒之,且战且引,兵多死,所至才千人。方大雾,巡闻战声,曰:“此霁云等声也。”乃启门,驱贼牛数百入,将士相持泣。

　　贼知外援绝,围益急。众议东奔,巡、远议以睢阳江、保障也,若弃之,贼乘胜鼓而南,江、淮必亡。且帅饥众行,必不达。十月癸丑,贼攻城,士病不能战。巡西向拜曰:"孤城备竭,弗能全。臣生不报陛下,死为鬼以疠贼。"城遂陷,与远俱执。巡众见之,起且哭,巡曰:"安之,勿怖,死乃命也。"众不能仰视。子琦谓巡曰:"闻公督战,大呼辄眥裂血面,嚼齿皆碎,何至是?"答曰:"吾欲气吞逆贼,顾力屈耳。"子琦怒,以刀抉其口,齿存者三四。巡骂曰:"我为君父死,尔附贼,乃犬彘也,安得久!"子琦服其节,将释之。或曰:"彼守义者,乌肯为我用?且得众心,不可留。"乃以刃胁降,巡不屈。又降霁云,未应。巡呼曰:"南八!男儿死尔,不可为不义屈!"霁云笑曰:"欲将有为也,公知我者,敢不死!"亦不肯降。乃与姚訚、雷万春等三十六人遇害。巡年四十九。初,子琦议生致一人庆绪所,或曰:"用兵拒守者,巡也。"乃送远洛阳,至偃师,亦以不屈死。巨之走临淮,巡有姊嫁陆氏,遮王劝勿行,不纳,赐百缣,弗受,为巡补缝行间,军中号"陆家姑",先巡被害。

　　巡长七尺,须髯每怒尽张。读书不过三复,终身不忘。为文章不立稿。守睢阳,士卒居人,一见问姓名,其后无不识。更潮及子琦,大小四百战,斩将三百、卒十余万。其用兵未尝依古法,勒大将教战,各出其意。或问之,答曰:"古者人情敦朴,故军有左右前后,大将居中,三军望之以齐进退。今胡人务驰突,云合鸟散,变态百出,故吾止使兵识将意,将识士情,上下相习,人自为战尔。"其械甲取之于敌,未尝自修。每战,不亲临行阵,有退者,巡已立其所,谓曰:"我不去此,为我决战。"士感其诚,皆一当百。待人无所疑,赏罚信,与众共甘苦寒暑,虽厮养,必整衣见之,下争致死力,故能以少击众,未尝败。被围久,初杀马食,既尽,而及妇人老弱,凡食三万口。人知将死,而莫有畔者。城破,遗民止四百而已。

　　始,肃宗诏中书侍郎张镐代进明节度河南,率浙东李希言、浙西司空袭礼、淮南高适、青州邓景山四节度掎角救睢阳,巡亡三日而镐至,十日而广平王收东京。镐命中书舍人萧昕谏其行。时议者或谓:"巡始守睢阳,众六万,既粮尽,不持满按队出再生之路,与夫食人,宁若全人?"于是张澹、李纾、董南史、张建封、樊晃、朱巨川、李翰咸谓巡蔽遮江、淮,沮贼势,天下不亡,其功也。翰等皆有名士,由是天下无异言。天子下诏,赠巡扬州大都督,远荆州大都督,霁云开府仪同三司、再赠扬州大都督,并宠其子孙。睢阳、雍丘赐徭税三年。巡子亚夫拜金吾大将军,远子玫婺州司马。皆立庙睢阳,岁时致祭。德宗差次至德以来将相功效尤著者,以颜杲卿、袁履谦、卢弈及巡、远、霁云为上。又赠姚訚潞州大都督,官一子。贞元中,复官巡它子去疾、远子岘。赠巡妻申国夫人,赐帛百。自是讫僖宗,求忠臣后,无不及三人者。大中时,图巡、远、霁云像于凌烟阁。睢阳至今,号"双庙"云。

许远者,右相敬宗曾孙。宽厚长者,明吏治。初客河西,章仇兼琼辟署剑南府,欲以子妻之,固辞。兼琼怒,以事劾贬高要尉。更赦还。会禄山反,或荐远于玄宗,召拜睢阳太守。远与巡同年生而长,故巡呼为兄。

大历中,巡子去疾上书曰:"孽胡南侵,父巡与睢阳太守远各一面。城陷,贼所入自远分。尹子琦分郡部曲各一方,巡及将校三十余皆割心剖肌,惨毒备尽,而远与麾下无伤。巡临命叹曰:'嗟乎,人有可恨者!'贼曰:'公恨我乎?'答曰:'恨远心不可得,误国家事,若死有知,当不赦于地下。'故远心向背,梁、宋人皆知之。使去国威丧衄,巡功业堕败,则远于臣不共戴天,请追夺官爵以刷冤耻。"诏下尚书省,使去疾与许岘及百官议。皆以去疾证状最明者,城陷而远独生也。且远本守睢阳,凡屠城以生致主将为功,则远后巡死不足惑。若曰后死者与贼,其先巡死谓巡当叛,可乎?当此时去疾尚幼,事未详知。且艰难以来,忠烈未有先二人者,事载简书,若日星不可妄轻重。议乃罢。然议者纷纭不齐。

元和时,韩愈读李翰所为巡传,以为阙远事非是。其言曰:"二人者,守死成名,先后异耳。二家子弟材下,不能通知其父志,使世疑远畏死而服贼。远诚畏死,何苦守尺寸地,食其所爱之肉,抗不降乎?且见援不至,人相食而犹守,虽其愚亦知必死矣,然之不畏死甚明。"又言:"城陷自所守,此与儿童之见无异。且人之将死,其脏腑必有先受病者;引绳而绝之,其绝必有处。今从而尤之,亦不达于理矣。"愈于褒贬尤慎,故著之。

南霁云者,魏州顿丘人。少微贱,为人操舟。禄山反,巨野尉张沼起兵讨贼,拔以为将。尚衡击汴州贼李廷望,以为先锋。遣至睢阳,与张巡计事。退谓人曰:"张公开心待人,真吾所事也。"遂留巡所。巡固劝归,不去。衡赏金帛迎,霁云谢不受,乃事巡,巡厚加礼。始被围,筑台募万死一生者,数日无敢应。俄有喑呜而来者,乃霁云也。巡对泣下。霁云善骑射,见贼百步内乃发,无不应弦毙。

子承嗣,历涪州刺史。刘辟叛,以无备谪永州。

雷万春者,不详所来,事巡为偏将。令狐潮围雍丘,万春立城上与潮语,伏弩发六矢著面,万春不动。潮疑刻木人,谍得其实,乃大惊。遥谓巡曰:"向见雷将军,知君之令严矣。"潮壁雍丘北,谋袭襄邑、宁陵。巡使万春引骑四百压潮,先为贼所包。巡突其围,大破贼,潮遁去。

万春将兵,方略不及霁云,而强毅用命。每战,巡任之与霁云钧。

姚訚者,开元宰相崇从孙。父弈,楚州刺史。訚性豪荡,好饮谑,善丝竹。历寿安尉。素善巡,及为城父令,遂同守睢阳。累加东平太守。

巡之遣霁云、万春败贼于宁陵也,别将二十有五:石承平、李辞、陆元锽、朱珪、宋若虚、杨振威、耿庆礼、马日升、张惟清、廉坦、张重、孙景趋、赵连城、王森、乔绍俊、张恭默、祝忠、李嘉隐、翟良辅、孙廷皎、冯颜,其后皆死巡难,四人逸其姓名。

　　赞曰：张巡、许远，可谓烈丈夫矣。以疲卒数万，婴孤墉，抗方张不制之虏，鲠其喉牙，使不得搏食东南，牵掣首尾，豗遁溃梁、宋间。大小数百战，虽力尽乃死，而唐全得江、淮财用，以济中兴，引利偿害，以百易万可矣。巡先死不为遽，远后死不为屈。巡死三日而救至，十日而贼亡，天以完节付二人，畀名无穷，不待留生而后显也。惟宋三叶，章圣皇帝东巡，过其庙，留驾裴回，咨巡等雄挺，尽节异代，著金石刻，赞明厥忠。与夷、齐饿踣西山，孔子称仁，何以异云。

唐书卷一九三
列传第一一八

忠义下

程千里 袁光廷　庞坚 薛愿　张兴
蔡廷玉　符令奇 璘　刘迺　孟华
张伾　周曾　张名振　石演芬
吴溆　高沐　贾直言　辛谠
黄碣 孙揆

　　程千里,京兆万年人。长七尺,魁岸有力。应募碛西,累官安西副都护。天宝末,兼北廷都护、安西北廷节度使。突厥首领阿布思内附,本隶朔方,赐氏李,名献忠,度属幽州,素与安禄山有怨,内惧,故叛还碛外,数盗边。玄宗患之,诏千里将兵讨捕。千里谕葛逻禄,阴令掎角。献忠果以穷归葛逻禄,缚之,并妻子帐下数千人送千里所,乃献俘勤政楼,诏斩以徇。擢千里右金吾卫大将军,留宿卫。
　　禄山反,诏募兵河东,即拜节度副使、云中太守,迁上党长史。贼来攻,鏖赪多,累加开府仪同三司、礼部尚书。至德二载,贼将蔡希德围上党,轻骑挑战。千里恃勇开县门,率百骑欲直禽希德,几得而救至,乃退。会桥坏,马颠,为贼执,仰首敕诸骑使还,曰:“为我报诸将,可失帅,不可失城。”军中皆为泣下,增备固守。贼不能下,乃还。囚千里至东都,安庆绪伪署特进,囚客省。庆绪败,为严庄所害。

后赦令数下,追褒死难者,惟千里生见执,不及云。

初,禄山构难,西北戍兵悉入援,故河、陇郡县皆陷吐蕃,惟河西戍将袁光廷为伊州刺史,固守历年,虽游说百绪,终不降,诸下同心无携畔者。及粮竭,手杀妻子,自焚死。建中初,赠工部尚书。

庞坚,京兆泾阳人。四世祖玉,事隋为监门直阁。李密据洛口,玉以关中锐兵属王世充击之,百战不衄。世充归东都,秦王东徇洛,玉率万骑降,高祖以隋旧臣,礼之。玉魁梧有力,明军法,久宿卫,习知朝廷制度。帝顾诸将多不闲仪检,故授玉领军、武卫二大将军,使众观以为模橅。出为梁州总管。巴山獠叛,玉枭其首,余党四奔,属县獠与反者州里亲戚为贼游说,言不可穷蹑。玉不听,下令军中曰:"谷熟,吾尽收以馈军。非尽贼,吾不反。"闻者惧,相谓曰:"军不止,吾谷尽,且饿死。"乃共入贼营,与所亲相结,斩渠长以降,众遂溃。徙越州都督。召为监门大将军。太宗以耆厚,令主东宫兵。虽老不息,小大之务无不亲。卒,帝为废朝,赠幽州都督、工部尚书。

坚历颍川太守。安禄山反,南阳节度使鲁炅表坚为长史兼防御副使,以薛愿为颍川太守,共守颍川。时陈留、荥阳已陷贼,南阳被围,而颍川当往来剧。贼将阿史那承庆悉锐攻之,傅城百里,树木皆刊。城中士单寡,粮少,而愿、坚昼夜战,诸郡兵无援者,自正月尽十一月。贼设木鹅、冲车、飞梯薄城,矢如雨,士皆雷噪,夜半逾城入,二人不肯降。贼缚致东京,将磔解之,有说禄山曰:"义士也,彼为其主,杀之不祥。"乃缚于树。比且死,见者哭之。

愿,汾阴人。父滔,太常卿。兄崇一,娶惠太子女,其女弟为太子瑛妃。瑛废,贬愿岭外,久乃得还。

张兴者,束鹿人。长七尺,一饭至斗米,肉十斤。悍趫而辩,为饶阳裨将。禄山反,攻饶阳。兴开张祸福,譬晓敌人,而婴城弥年,众心遂固。沧、赵已陷,史思明引众傅城,兴摄甲持陌刀重十五斤乘城。贼将入,兴一举刀,辄数人死,贼皆气慑。城破,思明缚之马前,好谓曰:"将军壮士,能屈节,当受高爵。"对曰:"昔严颜一巴郡将,犹不降张飞。我大郡将,安能委身逆虏?今日幸得死,然愿以一言为诚。"思明曰:"云何?"兴曰:"天子遇禄山如父子,今乃反。大丈夫不能为国扫除,反为其下,何哉?"思明曰:"将军不观天道邪?吾上起兵二十万,直趣洛阳,天下大定。以偏师叩函谷,守将面缚,唐亡固矣。"兴曰:"桀、纣、秦、隋穷人力,举四海与为怨,故商、周、汉、唐因得代之而有神器。皇帝无违德,禄山非数帝贤,是苟延岁月,终即禽耳。"思明怒,锯解之。且死,骂曰:"吾能衰强死兵败贼众!"军中凛然为改容。

蔡廷玉,幽州昌平人。事安禄山,未有闻。与朱泚同里闬,少相狎近。泚为幽州节度使,奏署幕府。

廷玉有沈略,善与人交,内外爱附。泚多所叩咨,数遣至京师。当是时,幽州兵最强,财雄,士骄悍,日思吞并,不知有上下礼法。廷玉间语泚曰:"古未有不臣而能推福及子孙者。公南联赵、魏,北奥房,兵多地险,然非永安计,一日赵、魏反噬,公乃沸鼎鱼耳。不如奉天子,划多难,可勒勋鼎彝,若何?"泚善之。廷玉阴欲耗其力,则讽泚出金币礼士,又劝归贡赋助天子经费,献牛马系道,储峙为单。因劝泚入朝,泚将听,诸校怒,缚廷玉辱之,廷玉无桡辞,泚不忍杀,囚岁余出之,谓曰:"而亦悔乎?"廷玉曰:"导公为逆即悔,勉公以义何悔为?"复絷满岁,问曰:"能省过否?不尔,且死。"对曰:"不杀我,公得名。杀我,吾得名。"泚不能屈,待如初。

又有朱体微者,亦泚腹心。廷玉有建白,体微辄左右之,故泚愈信,桀傲稍革。廷玉遂藏朝事。泚乃奏涿州为永泰军,蓟州静塞军,瀛州清夷军,莫州唐兴军,置团练使,以支郡隶属,卢龙军稍削。而泚内畏弟滔逼己,滔亦劝泚入朝,乃以军属滔。廷玉、体微共白泚:"公入朝为功臣首,后务至重,须诚信者乃可付。滔虽大弟,多变不情,如假以兵,是嫁之祸也。"泚不听。二人随泚到朝。德宗为太子时,知廷玉名,及见,礼眷殊渥。泚统幽州行营为泾原凤翔节度使,诏廷玉以大理少卿为司马,体微为要籍。

滔有请于泚,或不顺,廷玉必折之,俾循故法。滔已破田悦,寖傲肆自用。左右有恶廷玉者,妄云:"素毁滔,欲四分燕,廷玉倡之,体微和之。"滔表言二人离间骨肉,请杀于有司。亦遗泚书云云。泚恚滔夺其军,不从。会滔以幽州叛,帝示滔表,而泚亦自发其书,乃归罪于二人,贬廷玉柳州司户参军、体微南浦尉以慰滔。滔使谍伺诸朝,曰:"上若不杀廷玉,当谪去,得东出洛,我且缚致麾下支解之。"将行,帝劳廷玉曰:"尔姑行,为国受屈,岁中当还。"廷玉至蓝田驿,人白左巡使郑詹:"商于道险,不可往。"詹追使趋潼关。廷玉告子少诚、少良曰:"我为天子不血刃下幽十一城,欲裂其壤,使不得桀,而败于将成,天助逆邪?今吏使我出东都,此殆滔计,吾不可以辱国。"比至灵宝,自投于河。

宰相卢杞方疾御史大夫严郢,欲逐之,得廷玉死状,即抵詹死,而斥出郢。帝闵廷玉忠,归其柩,厚赗之。李晟平朱泚,少诚等适终丧,晟表丐追赠廷玉,并官二子。而帝方招来滔,寝其奏,遂已。

符令奇,沂州临沂人。初为卢龙军裨将。会幽州乱,挈子璘奔昭义,节度使薛嵩署为军副。嵩卒,田承嗣盗其地,引令奇为右职。

田悦拒命,马燧败之洹水。令奇密语璘曰:"吾阅世事多矣。自安、史干纪,无噍类。吾观田氏覆亡无时,安用苟且夕,系缧京师,宗族屠地?汝能委质朝廷,为唐忠臣,吾亦名扬后世矣。"璘泣曰:"悦,忍人也,近祸可畏。"答曰:"今王师四合,吾属俎中醢。儿行,吾死不朽;不行,吾亦死。尸叠逆地云何?"璘俯泣不能对。初,悦与李纳会濮阳,因乞师,纳分麾下随之。至是,纳兵归齐,使璘以三百骑护送。璘与父啮臂别,乃以众降燧。璘之出,与三子同降。悦怒,引令奇切让。令奇骂曰:"尔忘义背主,且夕死。吾教子以顺,杀身庸何悔?钧死,愈尔远矣!"悦怒,奋而起。令奇临刑,色不变,年七十九,夷其家。

燧署璘为军副,诏拜特进,封义阳郡王。既闻父见害,号绝泣血,燧表其冤,加检校左散骑常侍,赐晋阳第一区、祁田五十顷,赠令奇户部尚书。

璘字元亮。李怀光反,诏燧讨之。璘介五千兵先济河,与西师合。从燧入朝,为辅国大将军,赐靖恭里第一区、蓝田田四十顷。璘之降,母匿里中独免,及悦死,诏迎于魏,赐宴别殿。璘居环卫十三年,卒,年六十五,赠越州都督。

刘迺,字永夷,河南伊阙人。少警颖,暗诵《六经》,日数千言。善文词,为时推目。天宝中擢进士第。丧父,以孝闻。服终,中书舍人宋昱知铨事,迺方调,因进书曰:"《书》称:'知人则哲,能官人则惠。'此唐虞以为难。今文部始抡材,终授位,是知人、官人,两任其责。昔禹、稷、皋陶之圣,犹曰载采有九德,考绩以九载。今有司独委一二小宰,察言于一幅之判,观行于一揖之内,何其易哉?夫判者,以狭词短韵为体,是以小冶鼓众金,虽欲为鼎镛,不可得已。故虽有周公、尼父图书《易象》之训,以判责之,曾不及徐、庾;虽有至德,以喋喋取之,曾不若啬夫。故干霄蔽日,巨树也,求尺寸之材,必后于椓杙;龙吟虎啸,希声也,尚颊舌之感,必下于蛙黾。岂不悲乎!执事诚能先政事,次文学,退观其治家,进察其临节,则庞鸿深沈之事,亦可窥其门阈矣。"昱嘉之,补剡尉。刘晏在江西,奏使巡覆,充留后。

大历中,召拜司门员外郎。德宗初,进郭子仪为尚父。时册礼废,视诏文者不适所宜,宰相崔祐甫召迺至阁草之,少选成文,词义典裁。俄擢给事中,权知兵部侍郎。杨炎、卢杞当国,五岁不迁。建中四年,真拜兵部侍郎。

帝狩奉天,迺卧疾私第,朱泚遣人召之,固称笃。复遣伪相蒋镇慰诱,迺佯喑不答,灸无完肤。镇再至,知不可胁,乃太息曰:"我尝忝曹郎,不能死,宁以自辱羶腥,复欲污贤哲乎?"遂止。迺闻车驾如梁州,自投于床,搏膺呼天,不食卒,年六十。帝闻其忠,赠礼部尚书,谥曰贞惠。子伯刍,别传。

孟华，史失其何所人。初事李宝臣为府官属，论议婞婞不回，同舍疾之。王武俊斩李惟岳，遣华至京师陈事，德宗问河朔利害，华对称旨，擢检校兵部郎中兼侍御史。

朱滔与武俊谋解田悦之围，帝诏华还谕，欲乱其谋。华至，让武俊曰：“安、史未覆灭时，大夫观其兵，自谓天下可取，今日何汩汩？且上于大夫恩甚厚，将还康中丞他州，而归我深、赵。自古忠臣，未有不先大功而后得高官者。大夫何望于失地邪？夫药苦口者利病，大夫后日思愚言，悔无逮！”或曰：“华入朝私奏便宜，欲倾我，故得显职。”武俊惑之，然以华旧人，未忍夺其职，卒进援悦。华从至临清，称病还恒州。武俊令子察所为，乃阖门谢宾客。武俊知不足忌，无杀华意。既僭称王，授礼部侍郎，不肯起，呕血死。

张伾者，本为泽潞将，守临洺，田悦攻之。乘城固守累月，士死，粮且尽，救不至。伾悉召部将立军门，命女出遍拜，因曰：“诸君战良苦，吾无赀为赏，愿以是女卖直，为众士一日费。”士皆哭曰：“请死战！”会马燧自河东将兵击悦城下，败之，伾乘胜出战，无不一当百。以功迁泗州刺史。居州十年，擢右金吾卫大将军。未拜卒，赠尚书右仆射。

军中议立其子重政，母徐及兄号诉不肯从，奔告淮南节度使王锷，乃免。诏嘉其忠，起为金吾卫大将军，委锷处以剧职，封徐鲁国夫人。

周曾者，本李希烈部将，与王玢、姚憺、韦清志相善，号四公子。希烈反，曾密得其计，一二以告李勉。玢为许州镇遏使。曾哥舒曜拔汝州，希烈遣曾往拒。曾欲引军据蔡，使玢为应，憺、清居中谋取希烈。密求药毒希烈，不死。曾之行，希烈使假子十人从。次襄城，知其谋，以告。希烈使李克诚率骡军千人劫曾杀之，而收其兵，并杀玢、憺。始，约事觉毋相引。清惧，阳说希烈曰：“今兵寡，恐不能就事,请乞师朱滔。"希烈然之。至襄邑,奔刘洽。德宗赠曾太尉,玢司徒,憺工部尚书,擢清安定郡王,实封户二百。

又有吕贲、康秀琳、梁兴朝、贾乐卿、侯仙钦皆死希烈之难,赠贲、秀琳尚书左、右仆射,兴朝等皆秩尚书,遣萧昕致祭境上。命李勉、哥舒曜访其家子孙,诏:虽三世有罪,常降一等。

曾无后,贞元中,女及曾兄子丰争袭封,有司奏曾首谋归顺,身死贼手,陛下锡真食,不幸绝嗣,宜令丰以五十户奉祀,女亦封五十户。

张名振,本事李怀光为都将。始,怀光已立功,德宗赐铁券,奉诏倨甚。名振到军门大言曰:"太尉见贼不击,使到不迎,将反邪?且安、史、仆固等今皆族灭,公欲何为?是资忠义士立功耳。"怀光召见,谕以贼强,须蓄锐俟时,诱为不反。及引军入咸阳,又曰:"公不反,来此何邪?不急攻泚收京城,欲以贼谁遗?"怀光怒曰:"病狂人也。"使左右拉杀之。

石演芬者,本西域胡人,事怀光至都将,尤亲信,畜为假子。怀光军三桥,将与朱泚连和。演芬使客部成义到行在,言怀光无破贼意,请罢其总统。成义走告怀光子璀,怀光召演芬骂曰:"尔为我子,奈何欲破吾家?今日负我,宜即死。"对曰:"天子以公为股肱,公以我为腹心,公乃负天子,我何负公?且我胡人,无异心,惟知事一人,不呼我为贼,死固吾分。"怀光使士脔食之,皆曰:"烈士也,可令快死。"以刀断其颈。德宗闻,赠演芬兵部尚书,赐其家钱三百万,斩成义于朔方。

吴溆者,章敬皇后之弟。代宗立,诏赠后祖神泉为司徒,父令珪太尉,擢叔父令瑶太子家令、濮阳郡公,令瑜太子谕德、济阳郡公,溆太子詹事、濮阳郡公,并开府仪同三司。令瑶兄弟故为县令、郎将矣,而溆用盛王府参军进,俄迁鸿胪少卿、金吾将军。建中初,迁大将军。溆循循有礼让，无倨气矜色，见重朝廷，时以为材当所位，不自戚属者。

朱泚反，卢杞、白志贞皆谓泚有功，不宜首难，得大臣一人持节尉晓，恶且悛。德宗顾左右，无敢行，溆曰："陛下不以臣亡能，愿至贼中谕天子至意。"帝大悦。溆退谓人曰："吾知死无益而决见贼者，人臣食禄死其难，所也。方危时，安得自计？且不使陛下恨下无犯难者。"即日赍诏见泚，具道帝待以不疑者。而泚业僭逆，故留溆客省不遣，卒被害。帝悲梗甚。赠太子太保，谥曰忠，赐其家实户二百，一子五品正员官。京师平，官庀其葬。子士矩，别传。

高沐者，渤海人。父冯，事宣武李灵耀，假守曹州。灵耀反，冯密遣人奏贼纤悉，有诏即拜曹州刺史。会李正己盗有曹、濮，冯不能自通朝廷，死官下。

沐，贞元中擢进士第，以家托郓，故李师古辟署判官。师道叛，沐率其僚郭昈、郭航、李公度引古今成败，前后镌说，不能入。师道所厚吏李文会、林英等乘间诉曰："比悉心忧公家事，而为沐等所疾，公奈何举十二州地成沐辈千载名乎？"由是疏斥沐，令守濮州。沐上书盛夸山东煮海之饶，得其地可以富国。师道谋皆露。后英奏事京师，胁邸史言沐以诚款结天子。师道怒，诛沐，而囚昈濮州，守卫苛严，凡十年。

吴元济拒命，师道引兵攻彭城，败萧、沛数县而还，以缓王师。昈为缯书藏衣絮间，使郭航间道走武宁军见李愿，请奇兵三千浮海捣莱、淄，贼恃海不为备，且居皆罪人，无与守。始，昈畏事泄，署师道所信吏刘谅名以遣，愿白诸朝，议者疑师道使为之，不得报。航不敢循故道，间关回远还昈所。未几，师道召航，昈疑事露，欲引决，航曰："事觉，吾独死，君无患。"航卒自杀，遂绝。及王师讨师道，诸节度兵四入，而彭城兵下鱼台金乡、李听军取海州若拾遗，颇用昈策。

初，淮西平，师道势蹙，内甚惧。李公度与大将李英昙教献三州，使长子入侍。师道然可，俄中悔，欲杀英昙，贾直言讽师道嬖奴曰："高沐冤气在天，祸且至。英县复死，是益其祟也。"乃止。逐于莱州，俄杀之。

又有崔承宠、杨偕、陈佑、崔清皆抗节忤贼，李文会指为沐党，沐之死，皆被囚。刘悟既平师道，捉旷臂歔欷流涕，辟置义成节度府，亦请公度为僚属。元和十四年，赠沐吏部尚书，委马总备礼收葬，恤其家。

航，莱州人，以气闻，师道署右职，与旷世居齐。初，旷举进士，权德舆将取之，闻其家贼中，乃罢，遂为贼聘。二人卒能以忠显。

贾直言，河朔旧族也，史失其地。父道冲，以艺待诏。代宗时，坐事赐鸩，将死，直言绐其父曰："当谢四方神祇。"使者少偍，辄取鸩代饮，迷而踣。明日，毒溃足而出，久乃苏。帝怜之，减父死，俱流岭南。直言由是躄。

后署师道府属。及师道不轨，提刀负棺入谏曰："愿前死，不见城之破。"又画缚载槛车状而妻子系累者以献，师道怒，囚之。刘悟既入，释其禁，辟署义成府。后徙潞，亦随府迁。

监军刘承偕与悟不平，阴与慈州刺史张汶谋缚悟送阙下，以汶代节度。事泄，悟以兵围承偕，杀小使，直言遽入责曰："司空纵兵胁天子使者，是欲效李司空邪？它日复为军中所指笑。"悟闻，感悔，匿承偕于第以免。悟每有过，必争，故悟能以臣节光明于朝。穆宗召为谏议大夫，群情洒然称允。而悟固留，得听。

始，悟子从谏贵甚，见直言辄衣紫拥笏，以兵自卫。直言谏悟曰："郎少年，毋使袭山东态，朝服可擅著邪？"悟死，从谏不发丧，召大将刘武德等矫悟遗言，与邻道使共表求袭位，直言入让曰："父死不哭，何颜面见山东义士乎？"从谏曰："欲反耳。"直言仰天哭曰："尔父提十二州地归朝廷为功臣。然以张汶故，自谓不洁淋头，卒羞死。郎今日乃欲反邪？"从谏起，抱直言项哭曰："计穷而然。"直言曰："君何忧无土地，今胁朝廷，正速死耳。若从武德谋，吾见刘氏为元济矣。"从谏拜曰："唯大夫救之。"直言乃自摄留后，使从谏居丧。

初，从谏惟郓兵二千同谋。直言既折之，军中遂安。

大和九年卒，赠工部尚书。

辛谠者，太原尹云京孙也。学《诗》、《书》，能击剑，重然诺，走人所急。初事李峄，主钱谷。性廉劲，遇事不处文法，皆与之合。罢居扬州，年五十，不肯仕，而慨然常有济时意。

庞勋反，攻杜慆于泗州。谠闻之，挐舟趋泗口，贯贼栅以入。慆素闻其名，握手曰："吾僚李延枢尝为吾道夫子为人，何意临教？吾无忧矣！"谠亦谓慆可用事，请还与妻子决，同慆生死。时贼张甚，众皆南走，独谠北行。谠未至，慆忧之，延枢知必来，曰："谠至，可表为判官。"慆许诺。俄而至，慆喜曰："围急，飞鸟不敢过，君乃冒白刃入危城，古人所不能。"乃劝解白衣被甲。

贼将李圆焚淮口，谠曰："事棘矣，独出可以求援。"乃与杨文播、李行实戊夜逾淮，扳岸登，驰三十里至洪泽，见戍将郭厚本告急。厚本许出兵，大将袁公异等曰："贼众我寡，不可往。"谠拔剑瞋目呼曰："泗州陷在旦夕，公等被诏来，乃逗留不进，欲何为？大丈夫孤国恩，虽生可羞。且失泗，则南为寇场，君尚能独存？吾今断左臂杀君去。"推剑直前，厚本持之，公异等仅免。谠望泗恸哭，帐下皆流涕。厚本决许付兵五百，谠曰："足矣！"偏问士曰："能行乎？"皆曰："诺。"谠仆面于地，泣以谢。众既叩淮，有人语曰："贼破城矣！"谠将斩之，众为请。谠曰："公等登舟，吾赦其死。"士遽登。已济，慆亦出兵，表里击，贼大败。谠入，人心遂固。浙西杜审权遣将翟行约赴援，壁莲塘，慆欲遣人廷劳，诸吏惮不敢出，谠独往犒而还。

围三月，救兵外败，城益危。谠复请乞兵淮南，与壮士徐珍十人持斧夜斩贼栅出，见节度使令狐绹，复诣浙西见审权。时皆传泗州已陷，疑谠为贼计，囚之。谠引李峄自明。峄时为大同防御使，称其忠可信。审权乃许救，合淮南兵五千，盐粟具。方淮路梗，不得进。谠引兵决战，斩贼六百级，乃克入，城上欢叫，慆与下迎泣，表其功于朝，授监察御史。围凡十月乃解，卒完一州。

初，说求救也，过家十余，未尝见妻子，得粮累二十万。说子及兄子客广陵，托惛曰："使先人不乏祀，公之惠也。"后以功第一，拜亳州刺史，徙曹、泗二州。乾符末，终岭南节度使。

方说之少，耕于野，有牛斗，众畏奔践，说直前，两持其角，牛不能动，久而引触，竟折其角。里人骇异，屠牛以饭说。然说癯短，才及中人。后贵，力亦少衰云。

黄碣，闽人也。初为闽小将，喜学问，轩然有志向。同列有假其笔者，碣怒曰："是笔它日断大事，不可假。"后战安南有功，高骈表其能，为漳州刺史，徙婺州，治有绩。刘汉宏兵攻之，兵寡不可守，弃州去，客苏州。

董昌为威胜军节度使，表碣自副，久乃应。及昌反，碣谏曰："大王拔田亩，席贡输之勤，位将相，非有勋业可纪。今不能尽忠王朝，乃自尊大，一日诛灭无种矣。桓、文不侮周室，曹操弗敢危汉。今王僻婴一城，乃为大逆，何邪？碣请举族先死，不能见王之灭。"昌怒曰："碣不顺我邪？"斥出之。碣移书幕府李滔曰："'顺天'建元，以愚策之，针可为稍邪？"或窃其书示昌，昌令使者斩之。使以首至，昌诟曰："贼负我，三公不肯为，而求死邪？"抵溷中，夷其家百口，坎镜湖之南同瘗焉。昌败，有诏赠司徒，求其后不能得。

昌已杀碣，滔亦遇害，乃召会稽令吴镣问策，镣曰："王为真诸侯，遗荣子孙而不为，乃作伪天子，自取灭亡。"昌叱斩之，族其家。又召山阴令张逊知御史台，固辞曰："王自弃，为天下笑。且六州势不助逆，王据孤州以速死，谓何？逊不敢以身许王也。"昌恶之曰："逊不知天意，以邪说拒我。"囚之。它日谓人曰："我无碣、镣、逊，何乏事？"即害之。

孙揆字圣圭，刑部侍郎逖五世从孙也。第进士，辟户部巡官。历中书舍人、刑部侍郎、京兆尹。

昭宗讨李克用，以揆为兵马招讨制置宣慰副使，既而更授昭义军节度使,以本道兵会战。克用伏兵刀黄岭,执揆,厚礼而将用之,曰:"公辈当从容庙堂,何为自履行阵也?"揆大骂不诎,克用怒,使以锯解之,锯齿不行,揆谓曰:"死狗奴,解人当束之以板,汝辈安知?"行刑者如其所言,詈声不辍至死。昭宗怜之,赠左仆射。

唐书卷一九四
列传第一一九

卓　行

元德秀 李愕　权皋　甄济　阳城
何蕃　司空图

　　元德秀，字紫芝，河南河南人。质厚少缘饰。少孤，事母孝，举进士，不忍去左右，自负母入京师。既擢第，母亡，庐墓侧，食不盐酪，藉无茵席。服除，以窭困调南和尉，有惠政。黜陟使以闻，擢补龙武军录事参军。

　　德秀不及亲在而娶，不肯婚，人以为不可绝嗣，答曰："兄有子，先人得祀，吾何娶为？"初，兄子襁褓丧亲，无资得乳媪，德秀自乳之，数日湩流，能食乃止。既长，将为娶，家苦贫，乃求为鲁山令。前此堕车足伤，不能趋拜，太守待以客礼。有盗系狱，会虎为暴，盗请格虎自赎，许之。吏白："彼诡计，且亡去，无乃为累乎？"德秀曰："许之矣，不可负约。即有累，吾当坐，不及余人。"明日盗尸虎还，举县嗟叹。

　　玄宗在东都，酺五凤楼下，命三百里县令、刺史各以声乐集。是时颇言帝且第胜负，加赏黜。河内太守辇优伎数百，被锦绣，或作犀象，瓌谲光丽。德秀惟乐工数十人，联袂歌《于蒍于》。《于蒍于》者，德秀所为歌也。帝闻，异之，叹曰："贤人之言哉！"谓宰相曰："河内人其涂炭乎？"乃黜太守，德秀益知名。

　　所得奉禄,悉衣食人之孤遗者。岁满,箧余一缣,驾柴车去。爱陆浑佳山水,乃定居。不为墙垣扃钥,家无仆妾。岁饥,日或不爨。嗜酒,陶然弹琴以自娱。人以酒肴从之,不问贤鄙为酣饮。是时程休、邢宇、宇弟宙、张茂之、李岿、岿族子丹叔、惟岳、乔潭、杨拯、房垂、柳识皆号门弟子。德秀善文辞,作《蹇士赋》以自况。房琯每见德秀,叹息曰:"见紫芝眉宇,使人名利之心都尽。"苏源明常语人曰:"吾不幸生衰俗,所不耻者,识元紫芝也。"

　　天宝十三载卒,家惟枕履箪瓢而已。潭时为陆浑尉,庀其葬。族弟结哭之恸。或曰:"子哭过哀,礼欤?"结曰:"若知礼之过,而不知情之至。大夫弱无固,性无专,老无在,死无余,人情所耽溺、喜爱、可恶者,大夫无之。生六十年未尝识女色、视锦绣,未尝求足、苟辞、佚色,未尝有十亩之地、十尺之舍、十岁之僮,未尝完布帛而衣,具五味而餐。吾哀之,以戒荒淫贪佞、绮纨粱肉之徒耳。"

　　李华兄事德秀,而友萧颖士、刘迅。及卒,华谥曰文行先生。天下高其行,不名,谓之元鲁山。华于是作《三贤论》。或问所长,华曰:"德秀志当以道纪天下,迅当以《六经》谐人心,颖士当以中古易今世。德秀欲齐愚智,迅感一物不得其正,颖士呼吸折节而获重禄,不易一刻之安易,于孔子之门,皆达者与!使德秀据师保之位,瞻形容,乃见其仁。迅被卿佐服,居宾友,谋治乱根原,参乎元精,乃见其妙。颖士若百炼之刚,不可屈,使当废兴去就、一生一死间,而后见其节。德秀以为王者作乐崇德,天人之极致,而辞章不称,是无乐也,于是作《破阵乐辞》以订商、周。迅世史官,述《礼》、《易》、《书》、《春秋》、《诗》为《古五说》,条贯源流,备古今之变。颖士尤罪子长不编年而为列传,后世因之,非典训也。自《春秋》三家后,非训齐生人不录。然各有病,元病酒,刘病赏物,萧病贬恶太亟、奖能太重。若取其节,皆可为人师也。"世谓笃论。

　　休字士美,广平人。宇字绍宗,宙字次宗,河间人。茂之字季丰,南阳人。岿字伯高,丹叔字南诚,惟岳字谟道,赵人。潭字源,梁人。垂字翼明,清河人。拯字齐物,隋观王雄后,举进士,终右骁卫骑曹参军。粤擢制科,迁南华令。大水,它县饥,人至相属,粤为具餐鬻,及去,糗粮送之,吏为立碑。安禄山乱,粤客清河,为乞师平原太守颜真卿,一郡获全。历庐州刺史。拯与粤名最著。潭、识以文传后。

权皋,字士繇,秦州略阳人,徙润州丹徒,晋安丘公翼十二世孙。父倕与席豫、苏源明以艺文相友,终羽林军参军。

皋擢进士第,为临清尉,安禄山藉其名,表为蓟尉,署幕府。皋度禄山且叛,以其猜虐不可谏,欲行,虑祸及亲。天宝十四载,使献俘京师,还过福昌尉仲谟。谟妻,皋妹也。密约以疾召之,谟来,皋阳喑,直视谟而瞑。谟为尽哀,自含敛之。皋逸去,人无知者。吏以诏书还皋母,母谓实死,恸哭感行路,故禄山不之虞,归其母。皋潜候于淇门,奉侍昼夜南奔,客临淮,为驿亭保以诇北方。既度江而禄山反,天下闻其名,争取以为属。高适表试大理评事、淮南采访判官。

永王举兵胁士大夫,皋诡姓名以免。玄宗在蜀闻之,拜监察御史,会母丧,得风痹疾,客洪州,南北梗否,逾年诏命不至。有中人过州,颇求取无厌,南昌令王遘欲按之,谋于皋。皋良久不答,泣曰:"今何由致天子使,而遽欲治之!"掩面去。遘悟,厚谢。浙西节度使颜真卿表为行军司马,召拜起居舍人,固辞。尝曰:"吾洁身乱世,以全吾志,欲持是受名邪?"李季卿为江淮黜陟使,列其高行,以著作郎召,不就。

自中原乱,士人率度江,李华、柳识、韩洄、王定皆仰皋节,与友善。洄、定常评皋可为宰辅、师保;华亦以为分天下善恶,一人而已。卒,年四十六,洄等制服行哭,诏赠秘书少监。元和中,谥为贞孝。子德舆至宰相,别传。

甄济字孟成,定州无极人。叔父为幽、凉二州都督,家卫州,宗属以伉侠相矜。济少孤,独好学,以文雅称。居青岩山十余年,远近伏其仁,环山不敢畋渔。采访使苗晋卿表之,诸府五辟,诏十至,坚卧不起。

天宝十载以左拾遗召，未至而安禄山入朝，求济于玄宗，授范阳掌书记。禄山至卫，使太守郑遵意致谒山中，济不得已为起，禄山下拜钧礼。居府中，论议正直。久之，察禄山有反谋，不可谏。济素善卫令齐玘，因谒归，具告以诚。密置羊血左右，至夜，若呕血状，阳不支，舁归旧庐。禄山反，使蔡希德封刀召之，曰："即不起，断其头见我。"济色不动，左手书曰："不可以行。"使者持刀趋前，济引颈待之，希德歔欷嗟叹，止刀，以实病告。后庆绪复使强舆至东都安国观。会广平王平东都，济诣军门上谒泣涕，王为感动。肃宗诏馆之三司署，使污贼官罗拜，以愧其心。授秘书郎，或言太薄，更拜太子舍人。

来瑱辟为陕西襄阳参谋，拜礼部员外郎。宜城楚昭王庙垠地广九十亩，济立墅其左。瑱死，屏居七年。大历初，江西节度使魏少游表为著作郎，兼侍御史，卒。

济生子，因其官字曰礼闻、曰宪台。而礼闻死，宪台更名逢，幼而孤，及长，耕宜城野，自力读书，不谒州县。岁饥，节用给亲里；大穰，则振其余于乡党贫狭者。朋友有缓急，辄出家赀周赡，以义闻。逢常以父名不得在国史，欲诣京师自言。元和中，袁滋表济节行与权皋同科，宜载国史。有诏赠济秘书少监。而逢与元积善，积移书于史馆修撰韩愈曰："济弃去禄山，及其反，有名号，又逼致之，执不起，卒不污其名。夫辨所从于居易之时，坚直操于利仁之世，而犹选懦者之所不为，盖悑人之心难，而害己之避深也。至天下大乱，死忠者不必显，从乱者不必诛，而眷眷本朝，甘心白刃，难矣哉！若甄生，弁冕不加其身，禄食不进其口，直布衣一男子耳。及乱，则延颈受刃，分死不回，不以不必显而废忠，不以不必诛而从乱。在古与今，盖百一焉。"愈答曰："逢能行身，幸于方州大臣，以标目其先人事，载之天下耳目，彻之天子，追爵其父第四品，赫然惊人，逢与其父俱当得书矣。"由是父子俱显名。

　　阳城，字亢宗，定州北平人，徙陕州夏县，世为官族。资好学，贫不能得书，求为吏隶集贤院，窃院书读之，昼夜不出户，六年，无所不通。及进士第，乃去隐中条山，与弟阶、域常易衣出。年长，不肯娶，谓弟曰："吾与若孤荥相育，既娶则间外姓，虽共处而益疏，我不忍。"弟义之，亦不娶，遂终身。

　　城谦恭简素，遇人长幼如一。远近慕其行，来学者迹接于道。闾里有争讼，不诣官而诣城决之。有盗其树者，城遇之，虑其耻，退自匿。尝绝粮，遣奴求米，奴以米易酒，醉卧于路。城怪其故，与弟迎之，奴未醒，乃负以归。及觉，痛咎谢，城曰："寒而饮，何责焉？"寡妹依城居，其子四十余，痴不知人，城常负以出入。始，妹之夫客死远方，城与弟行千里，负其柩归葬。岁饥，屏迹不过邻里，屑榆为粥，讲论不辍。有奴都儿化其德，亦方介自约。或哀其喂，与之食，不纳。后致糠核数杯，乃受。山东节度府闻城义者，发使遗五百缣，戒使者不令返。城固辞，使者委而去，城置之未尝发。会里人郑俶欲葬亲，贷于人无得，城知其然，举缣与之。俶既葬，还曰："蒙君子之施，愿为奴以偿德。"城曰："吾子非也，能同我为学乎？"俶泣谢，即教以书，俶不能业，城更徙远阜，使颛其习。学如初，惭，缢而死。城惊且哭，厚自咎，为服缌麻瘗之。

　　陕虢观察使李泌数礼饷，城受之。泌欲辟致之府，不起，乃荐诸朝，诏以著作佐郎召，并赐绯鱼。泌使参军事韩杰奉诏至其家，城封还诏，自称"多病老惫，不堪奔奉，惟哀怜"。泌不敢强。及为宰相，又言之德宗，于是召拜右谏议大夫，遣长安尉杨宁赍束帛诣其家。城褐衣到阙下辞让，帝遣中人持绯衣衣之，召见，赐帛五十匹。

　　初，城未起，缙绅想见风采。既兴草茅，处谏诤官，士以为且死职，天下益惮之。及受命，它谏官论事苛细纷纷，帝厌苦，而城寖闻得失且孰，犹未肯言。韩愈作《争臣论》讥切之，城不屑。方与二弟延宾客，日夜剧饮。客欲谏止者，城揣知其情，强饮客，客辞，即自引满，客不得已，与酬酢，或醉仆席上，城或先醉卧客怀中，不能听客语，无得关言。常以木枕布衾质钱，人重其贤，争售之。每约二弟：

"吾所俸入,而可度月食米几何,薪菜盐几钱,先具之,余送酒家,无留也。"服用无赢副,客或称其佳可爱,辄喜,举授之。有陈苌者,候其得俸,常往称钱之美,月有获焉。居位八年,人不能窥其际。

及裴延龄诬逐陆贽、张滂、李充等,帝怒甚,无敢言,城闻,曰:"吾谏官,不可令天子杀无罪大臣。"乃约拾遗王仲舒守延英阁上疏极论延龄罪。慷慨引谊,申直贽等,累日不止,闻者寒惧,城愈励。帝大怒,召宰相抵城罪。顺宗方为皇太子,为开救,良久得免,敕宰相谕遣。然帝意不已,欲遂相延龄。城显语曰:"延龄为相,吾当取白麻坏之,哭于廷。"帝不相延龄,城力也。坐是下迁国子司业。引诸生告之曰:"凡学者,所以学为忠与孝也。诸生有久不省亲者乎?"明日谒城还养者二十辈,有三年不归侍者斥之。简孝秀德行升堂上,沈酗不率教者皆罢。躬讲经籍,生徒斤斤皆有法度。

薛约者,狂而直,言事得罪,谪连州。吏捕迹,得之城家。城坐吏于门,引约饮食讫,步至都外与别。帝恶城党有罪,出为道州刺史,太学诸生何蕃、季偿、王鲁卿、李谠等二百人顿首阙下,请留城。柳宗元闻之,遗蕃等书曰:"诏出阳公道州,仆闻悒然。幸生不讳之代,不能论列大体,闻下执事,还阳公之南也。今诸生爱慕阳公德,恳悃乞留,辄用抚手喜甚。昔李膺、嵇康时,太学生徒仰阙执诉,仆谓讫千百年不可复见,乃在今日,诚诸生见赐甚厚,将亦阳公渐渍导训所致乎!噫!公有博厚恢大之德,并容善伪,来者不拒。有狂惑小生,依托门下,飞文陈愚。论者以为阳公过于纳污,无人师道。仲尼吾党狂狷,南郭献讥;曾参徒七十二人,致祸负刍;孟轲馆齐,从者窃屦。彼圣贤犹不免,如之何其拒人也?俞、扁之门,不拒病夫;绳墨之侧,不拒枉材;师儒之席,不拒曲士。且阳公在朝,四方闻风,贪冒苟进邪薄之夫沮其志,虽微师尹之位,而人实瞻望焉。与其化一州,其功远近可量哉!诸生之言,非独为己也,于国甚宜。"蕃等守阙下数日,为吏遮抑不得上。既行,皆泣涕,立石纪德。

至道州,治民如治家,宜罚罚之,宜赏赏之,不以簿书介意。月俸取足则已,官收其余。日炊米二斛,鱼一大鬵,置瓯杓道上,人共食之。州产侏儒，岁贡诸朝，城哀其生离，无所进。帝使求之，城奏曰："州民尽短，若以贡，不知何者可供。"自是罢。州人感之，以"阳"名子。前刺史坐罪下狱，吏有幸于刺史者，拾不法事告城，欲自脱，城辄榜杀之。赋税不时，观察使数诮责。州当上考功第，城自署曰："抚字心劳，追科政拙，考下下。"观察府遣判官督赋，至州，怪城不迎，以问吏，吏曰："刺史以为有罪，自囚于狱。"判官惊，驰入，谒城曰："使君何罪？我奉命来候安否耳。"留数日，城不敢归，仆门阖，寝馆外以待命。判官遽辞去。府复遣官来按举，义不欲行，乃载妻子中道逃去。顺宗立，召还城，而城已卒，年七十，赠左散骑常侍，赐其家钱二十万，官护丧归葬。

蕃，和州人。事父母孝。学太学，岁一归，父母不许。间二岁乃归，复不许。凡五岁，慨然以亲且老，不自安，揖诸生去，乃共闭蕃空舍中，众共状蕃义行，白城请留。会城罢，亦止。初，朱泚反，诸生将从乱，蕃正色叱不听，故六馆士无受污者。蕃居太学二十年，有死丧无归者，皆身为治丧。偿，鲁人。鲁卿，第进士，有名。

司空图字表圣，河中虞乡人。父舆，有风干。当大中时，卢弘止管盐铁，表为安邑两池榷盐使。先是，法疏阔，吏轻触禁，舆为立约数十条，莫不以为宜。以劳再迁户部郎中。

图，咸通末擢进士，礼部侍郎王凝特所奖待，俄而凝坐法贬商州，图感知己，往从之。凝起拜宣歙观察使，乃辟置幕府。召为殿中侍御史，不忍去凝府，台劾，左迁光禄寺主簿，分司东都。卢携以故宰相居洛，嘉图节，常与游。携还朝，过陕虢，属于观察使卢渥曰："司空御史，高士也。"渥即表为僚佐。会携复执政，召拜礼部员外郎，寻迁郎中。

黄巢陷长安，将奔，不得前。图弟有奴段章者，陷贼，执图手曰："我所主张将军喜下士，可往见之，无虚死沟中。"图不肯往，章泣下。遂奔咸阳，间关至河中。僖宗次凤翔，即行在拜知制诰，迁中书舍人。后狩宝鸡，不获从，又还河中。龙纪初，复拜旧官，以疾解。景福中,拜谏议大夫,不赴。后再以户部侍郎召,身谢阙下,数日即引去。昭宗在华,召拜兵部侍郎,以足疾固自乞。会迁洛阳,柳璨希贼臣意,诛天下才望,助丧王室,诏图入朝,图阳堕笏,趣意野耄。璨知无意于世,乃听还。

图本居中条山王官谷,有先人田,遂隐不出。作亭观素室,悉图唐兴节士文人,名亭曰休休,作文以见志曰:“休,美也,既休而美具。故量才,一宜休;揣分,二宜休;耄而聩,三宜休;又少也惰,长也率,老也迂,三者非济时用,则又宜休。”因自目为耐辱居士。其言诡激不常,以免当时祸灾云。豫为冢棺,遇胜日,引客坐圹中赋诗,酌酒裴回。客或难之,图曰:“君何不广邪? 生死一致,吾宁暂游此中哉!”每岁时,祠祷鼓舞,图与闾里耆老相乐。王重荣父子雅重之。数馈遗,弗受。尝为作碑,赠绢数千,图置虞乡市,人得取之,一日尽。时寇盗所过残暴,独不入王官谷,士人依以避难。

朱全忠已篡,召为礼部尚书,不起。哀帝弑,图闻,不食而卒,年七十二。图无子,以甥为嗣,尝为御史所劾,昭宗不责也。

赞曰:节谊为天下大闲,士不可不勉。观皋、济不污贼,据忠自完,而乱臣为沮计。天下士知大分所在,故倾朝复支。不有君子,果能国乎? 德秀以德,城以鲠峭,图知命,其志凛凛与秋霜争严,真丈夫哉!

唐书卷一九五
列传第一二〇

孝　友

李知本	张志宽	刘君良	王少玄
任敬臣	支叔才	程袁师	武弘度
宋思礼	郑潜曜	元让	裴敬彝
梁文贞	沈季诠	许伯会	陈集原
陆南金	张琇	侯知道 程俱罗	
许法慎	林攒	陈饶奴	王博武
万敬儒	章全益		

　　唐受命二百八十八年,以孝悌名通朝廷者,多闾巷刺草之民,皆得书于史官。

　　万年王世贵,长安严待封,泾阳田伯明,华原韩难陀,华州王瞿昙,郑县辛法汪、郭士举、张长、郭士度、郑迪、柳仁忠、能君德、刘崇、甘元爽、韩子尚、韩思约,下邽张万彻,朝邑申屠思恭、吕昂,鹑觚张元亮,灵台孙智和,新平冯猛将,宜川司马芬,洛交周崇俊,洛川何善宜,博陵崔定仁,冀州燕遗倩,贝州马衡,沧州郑士才,清池孙楚信、刘贤,渤海边凤举,瀛州朱宝积,乐陵苏伏念,邯郸章征,鸡泽冯仁海、郭守素,文安董相,武邑王达多、张丘感、张艺朗暨孙师才、张义节,沙河赵君惠,南乐谷感德,魏县毛仁,武城茹智达,历亭王师威、李肆仁,临河李文绸,汤阴后斥奴,鼓城彭思义、陈屺、田堤岳,太原卢遗仁、王知道,薄州贾孝才,解县卫玄表,南岳张利见,安邑曹文行、孙怀应、相里志降、杨王操、邵玄同、张衡、曹存勋、李文褒、董文海、李文秀、张仙儿、张公宪,虞乡董敬直,河东张金城、吕神通、吕云、吕志挺、吕元光、赵举、张祐、姚炽、张师德、冯巨源、杜山藏,河西郭文政,伊阙任仲济、源荣璧,汴州张士岩,陈留家师谅、董允恭,尉氏杨思贞,中牟潘良瑗暨子季通,阳武时惠珣,封丘杨嵩圭,许田李颐道,胙城蔡洪、石善雄暨孙彦威,朗山胡君才,徐州皇甫恒,彭城尹务荣,荆州刘宝,长寿史抟,益州焦怀肃、郭景华,郪县曹少微,涪城赵烟,资阳赵光寓、黄升,梓潼马冬王、秦举、王兴嗣,依政樊漪,巴西韦士宗,文博荣暨子诠,南郑李贞古,巢县张进昭,万载廖洪,南陵苏仲方,鄱阳张赞,乐平谢勤、沈普、姜崌,上饶鲍嘉福、虞镕真,句容张常洧,弋阳张球、李营暨子凝孙楚,贵溪黄舟,建昌熊士赡,临江袁鸣,赣县谢俊,余杭何公弁、章成缅、方宗,建德何起门,桐庐祝希进,诸暨张万和,萧山李渭、许伯会、戴恭、俞仅,信安徐知新、徐惠谭,东阳应先、唐君祐,睦州许利川,建阳刘常,邵武黄亘、张巨簚、吴海,泉山黄嘉猷,永泰王㸸,皆事亲居丧著至行者。万年宋兴贵,奉先张郔,沣阳张仁兴,栎阳董思宠,湖城阎旻,高平雍仙高,湖城阎丰,正平周思艺、张子英,曲沃张君密、秦德方、马玄操、李君则,太平赵德俨,陇西陈嗣,北海吕元简,经城宋洸之,单父刘九江,无棣徐文亮,乐陵吴正表,河间刘宣、董永,安邑任君义、卫开,龙门梁神义、贺见涉、张奇异,郑县王元绪、寇元童,舒城徐行周,睦州方良琨,桐庐戴元益,高安宋练,泾县万晏,弋阳李植,繁昌王丕,皆数世同居者。天子皆旌表门闾,赐粟帛,州县存问,复赋税;有授以官者。

唐时陈藏器著《本草拾遗》,谓人肉治羸疾,自是民间以父母疾,多刲股肉而进。又有京兆张阿九、赵言,奉天赵正言,滑清泌,羽林飞骑啖荣禄,郑县吴孝友,华阴尹义华,潞州张光玼,解县南锻,河东李忠孝、韩放,鄢陵任客奴,绛县张子英,平原杨仙朝,乐工段日升,河东将陈涉,襄阳冯子,城固雍孙八,虞乡张抱玉、骨英秀,榆次冯秀诚,封丘杨嵩圭、刘皓,清池朱庭玉、弟庭金,繁昌朱悙,歙县黄芮,左千牛薛锋及河阳刘士约,或给帛,或旌表门闾,皆名在国史。善乎韩愈之论也,曰:"父母疾,亨药饵,以是为孝,未闻毁支体者也。苟不伤义,则圣贤先众而为之。是不幸因而且死,则毁伤灭绝之罪有归矣,安可旌其门以表异之?"虽然,委巷之陋,非有学术礼义之资,能忘身以及其亲,出于诚心,亦足称者。故列十七八焉。广明后,方镇凌法,夸地千里,事不上闻,孝悌笃行之士,旌命所不及。载小说者,名字不参见它书,不可录。若李知本、张志宽之属,承上顺下,有礼让君子之风,故辑而序之。张士岩父病,药须鲤鱼,冬月冰合,有獭衔鱼至前,得以供父,父遂愈。母病痈,士岩吮血。父亡,庐墓,有虎狼依之。焦怀肃母病,每尝其唾,若味异辄悲号几绝。母终,水浆不入口五日,负土成坟,庐守,日一食,杖然后起。继母没,亦如之。张进昭,母患狐刺,左手堕而终。及殡,进昭截左腕庐于墓。张公艺九世同居,北齐东安王永乐、隋大使梁子恭躬慰抚,表其门。高宗有事太山,临幸其居,问本末,书"忍"字以对,天子为流涕,赐缣帛而去。四人名颇著,详见于篇。

李知本,赵州元氏人,元魏洛州刺史灵六世孙。父孝端,仕隋为获嘉丞。与族弟太冲俱有世阀,而太冲官婚最高,乡人语曰:"太冲无兄,孝端无弟。"

知本涉经术,事亲笃至,与弟知隐雍顺,子孙百余,至赀用僮仆无间也。大业末,盗贼过闾不入,相戒曰:"无犯义门。"往依者五百余室,皆以免。贞观初,知隐为伊阙丞,知本夏津令。开元中,孙瑱为给事中、扬州长史。知隐孙颙有文辞,至太常少卿。从祖兄弟位给事中凡四人。

张志宽,蒲州安邑人。居父丧而毁,州里称之。王君廓兵略地,不暴其间,倚全者百许姓。后为里正,忽诣县称母疾求急,令问状,对曰:"母有疾,志宽辄病,是以知之。"令谓其妄,系于狱,驰验如言,乃慰遣之。母终,负土成坟,手莳松柏。高祖遣使者就吊,拜员外散骑常侍,赐物四十段,表其闾。

刘君良,瀛州饶阳人。四世同居,族兄弟犹同产也,门内斗粟尺帛无所私。隋大业末,荒馑,妻劝其异居,因易置庭树鸟雏,令斗且鸣,家人怪之,妻曰:"天下乱,禽鸟不相容,况人邪!"君良即与兄弟别处。月余,密知其计,因斥去妻,曰:"尔破吾家!"召兄弟流涕以告,更复同居。天下乱,乡人共依之,众筑为堡,因号义成堡。武德中,深州别驾杨弘业至其居,凡六院共一庖,子弟皆有礼节,欢捔而去。贞观六年,表异门闾。

王少玄,博州聊城人。父隋末死乱兵,遗腹生少玄。甫十岁,问父所在,母以告,即哀泣求尸。时野中白骨覆压,或曰:"以子血渍而渗者,父胔也。"少玄镵肤,阅旬乃获,遂以葬。创甚,弥年乃兴。贞观中州言状,拜徐王府参军。

任敬臣字希古,棣州人。五岁丧母,哀毁天至。七岁,问父英曰:"若何可以报母?"英曰:"扬名显亲可也。"乃刻志从学。汝南任处权见其文,惊曰:"孔子称彦回之贤,以为弗如也。吾非古人,然见此儿,信不可及。"十六,刺史崔枢欲举秀才,自以学未广,遁去。又三年卒业,举孝廉,授著作局正字。父亡,数殒绝,继母曰:"而不胜丧,谓孝可乎?"敬臣更进饘粥。服除,迁秘书郎。休沐,阖门诵书。监虞世南器其人,岁终,书上考,固辞。召为弘文馆学士,俄授越王府西阁祭酒。当代,王再表留,进朝请郎。举制科,擢许王文学。复为弘文馆学士,终太子舍人。

支叔才,定州人。隋末荒馑,夜丐食野中,还进母,为贼执,欲杀之，告以惰，贼闵其孝，为解缚。母病痈，叔才吮疮注药。及亡，庐墓，有白鹊止庐傍。高宗时，表异其家。

至德间，有常州人王遇、弟退俱为贼执，将释一人，兄弟相让死，贼感其意，尽纵之。

程袁师，宋州人。母病十旬，不褫带，药不尝不进。代弟戍洛州，母终，闻讣，日走二百里，因负土筑坟，号癯，人不复识。改葬曾门以来，阅二十年乃毕。常有白狼、黄蛇驯墓左，每哭，群鸟鸣翔，永微中，刺史状诸朝，诏吏敦驾。既至，不愿仕，授儒林郎，还之。

武弘度，士彠兄之子，补相州司兵参军。永徽中，父卒，自徐州被发徒跣趋丧所，负土筑茔，晨夕号，日一溢米。素芝产庐前，狸扰其旁。高宗下诏褒美，旌其门。

宋思礼字过庭，事继母徐为闻孝。补萧县主簿。会大旱，井池涸，母羸疾，非泉水不适口，思礼忧惧且祷，忽有泉出诸廷，味甘寒，日不乏汲。县人异之，尉柳晃为刻石颂其感。

郑潜曜者，父万钧，驸马都尉、荥阳郡公。母，代国长公主。开元中，主寝疾，潜曜侍左右，造次不去，累三月不釂面。主疾侵，刺血为书请诸神，丐以身代。火书，而“神许”二字独不化。翌日主愈，戒左右无敢言。后尚临晋长公主，历太仆、光禄卿。

元让，雍州武功人。擢明经，以母病不肯调，侍膳不出闲数十年。母终，庐墓次，废栉沐，饭菜饮水。咸亨中，太子监国，下令表阙于门。永淳初，巡察使表让孝悌卓越，擢太子右内率府长史。岁满，还乡里，人有所讼，皆诣让判。中宗在东宫，召拜司议郎，入谒，武后望谓曰：“卿孝于家，必能忠于国，宜以治道辅吾子。”寻卒。

裴敬彝，绛州闻喜人。曾祖子通，隋开皇中以太中大夫居母丧，哭丧明，有白乌巢冢槚。兄弟八人皆为名孝，诏表门阙，世谓"义门裴氏"。

敬彝七岁能文章，性谨敏，宗族重之，号"甘露顶"。父智周，补临黄令，为下所讼。敬彝年十四，诣巡察使唐临直枉，临奇之，试命作赋，赋工。父罪已释，表敬彝于朝，补陈王府典签。一日，忽泣涕左右曰："大人病痛，吾辄然，今心悸而痛，事叵测。"乃请急，倍道归，而父已卒，羸毁逾礼。乾封初，迁累监察御史。母病，医许仁则者躄不能乘，敬彝自为舆往迎。既居丧，诏赠缣帛，官为作灵舆。终服，以著作郎兼修国史。历中书舍人、太子左庶子。武后时，为酷吏所陷，死岭南。

梁文贞，虢州阌乡人。少从军守边，逮还，亲已亡。自伤不得养，即穿圹为门，晨夕汎扫，庐墓左，暗默三十年，家人有所问，画文以对。会官改新道，出文贞庐前，行旅见之，皆为流涕。有甘露降茔木，白兔训扰，县令刊石纪之。开元中，刺史许景先表文贞孝绝伦类，诏付史官。

沈季诠字子平，洪州豫章人。少孤，事母孝，未尝与人争，皆以为怯，季诠曰："吾怯乎？为人子者，可遗忧于亲乎！"贞观中，侍母度江，遇暴风，母溺死，季诠号呼投江中，少选，持母臂浮出水上。都督谢叔方具礼祭而葬之。

许伯会，越州萧山人。或曰玄度十二世孙。举孝廉。上元中，为衡阳博士。母丧，负土成坟，不御絮帛、尝滋味。野火将逮茔树，悲号于天，俄而雨，火灭。岁旱，泉涌庐前，灵芝生。

陈集原，泷州开阳人。世为酋长。父龙树，为钦州刺史，有疾，即集原辄不食。及亡，呕血数升，即茔作庐，尽以田赀让兄弟，里人高之。武后时，历右豹韬卫大将军。

陆南金，苏州吴人。祖士季，从同郡顾野王学《左氏春秋》、《司马史》、《班氏汉书》。仕隋为越王侗记室兼侍读。侗称制，擢著作郎。时王世充将篡逆，侗谓士季曰："隋有天下三十年，朝果无忠臣乎？"士季对曰："见危授命，臣宿志也。请因启事为陛下杀之。"谋泄，停侍读，乃不克。贞观初，终太学博士兼弘文馆学士。

南金仕为太常奉礼郎。开元初，少卿卢崇道抵罪徙岭南，逃还东都。南金居母丧，崇道伪称吊客，入而道其情，南金匿之。俄为仇人迹告，诏侍御史王旭捕按，南金当重法，弟赵璧诣旭自言："匿崇道者我也，请死。"南金固言弟自诬不情，旭怪之，赵璧曰："母未葬，妹未归，兄能办之，我生无益，不如死。"旭惊，上状。玄宗皆宥之。

南金知书史，履操谨完。张说、陆象先以贤谓之，由库部员外以痼疾改太子洗马，卒。

张琇，河中解人。父审素，为巂州都督。有陈纂仁者，诬其冒战级、私庸兵，玄宗疑之，诏监察御史杨汪即按。纂仁复告审素与总管董堂礼谋反。于是汪收审素系雅州狱，驰至巂州按反状。堂礼不胜忿，杀纂仁，以兵七百围汪，胁使露章雪审素罪。既而吏共斩堂礼，汪得出，遂当审素实反，斩之，没其家。琇与兄瑝尚幼，徙岭南。久之，逃还。汪更名万顷。瑝时年十三，琇少二岁。夜狙万顷于魏王池，瑝斫其马，万顷惊不及斗，为琇所杀。条所以杀万顷状系于斧，奔江南，将杀构父罪者，然后诣有司。道氾水，吏捕以闻。中书令张九龄等皆称其孝烈，宜贷死，侍中裴耀卿等陈不可，帝亦谓然，谓九龄曰："孝子者，议不顾命。杀之可成其志，赦之则亏律。凡为子，孰不愿孝？转相仇杀，遂无已时。"卒用耀卿议，议者以为冤。帝下诏申谕，乃杀之。临刑赐食，瑝不能进，琇色自如，曰："下见先人，复何恨！"人莫不闵之，为谣揭于道，敛钱为葬北邙，尚恐仇人发之，作疑冢，使不知其处。

　　太宗时,有即墨人王君操,父隋末为乡人李君则所杀,亡命去,时君操尚幼。至贞观时,朝世更易,而君操娶孤,仇家无所惮,诣州自言。君操密挟刃杀之,剔其心肝唛立尽,趋告刺史曰:"父死凶手,历二十年不克报,乃今刷愤,愿归死有司。"州上状,帝为贷死。

　　高宗时,绛州人赵师举父为人杀,师举幼,母改嫁,仇家不疑。师举长,为人庸,夜读书。久之,手杀仇人,诣官自陈,帝原之。

　　永徽初,同官人同蹄智寿父为族人所害,智寿与弟智爽候诸涂,击杀之,相率归有司争为首,有司不能决者三年。或言弟始谋,乃论死,临刑曰:"仇已报,死不恨。"智寿自投地委顿,身无完肤,舐智爽血尽乃已,见者伤之。

　　武后时,下邽人徐元庆父爽为县尉赵师韫所杀,元庆变姓名为驿家保。久之,师韫以御史舍亭下,元庆手杀之,自囚诣官。后欲赦死,左拾遗陈子昂议曰:

　　　　先王立礼以进人,明罚以齐政。枕干仇敌,人子义也;诛罪禁乱,王政纲也。然无义不可训人,乱纲不可明法。圣人修礼治内,饬法防外,使守法者不以礼废刑,居礼者不以法伤义,然后暴乱销,廉耻兴,天下所以直道而行也。

　　　　元庆报父仇,束身归罪,虽古烈士何以加?然杀人者死,画一之制也。法不可二,元庆宜伏辜。传曰:"父仇不同天。"劝人之教也。教之不苟,元庆宜赦。

　　　　臣闻刑所以生,遏乱也;仁所以利,崇德也。今报父之仇,非乱也;行子之道,仁也。仁而无利,与同乱诛,是曰能刑,未可以训。然则邪由正生,治必乱作,故礼防不胜,先王以制刑也。今义元庆之节,则废刑也。迹元庆所以能义动天下,以其忘生而及于德也。若释罪以利其生,是夺其德,亏其义,非所谓杀身成仁、全死忘生之节。臣谓宜正国之典,置之以刑,然后旌闾墓可也。

时韪其言。后礼部员外郎柳宗元驳曰:

　　　　礼之大本,以防乱也。若曰:无为贼虐,凡为子者杀无赦。

刑之大本,亦以防乱也。若曰:无为贼虐,凡为治者杀无赦。其本则合,其用则异。旌与诛,不得并也。诛其可旌,兹谓滥,黩刑甚矣;旌其可诛,兹谓僭,坏礼甚矣。

若师韫独以私怨,奋吏气,虐非辜,州牧不知罪,刑官不问,上下蒙冒,吁号不闻。而元庆能处心积虑以冲仇人之胸,介然自克,即死无憾,是守礼而行义也。执事者宜有惭色,将谢之不暇,而又何诛焉?

其或父不免于罪,师韫之诛,不愆于法,是非死于吏也,是死于法也。法其可仇乎?仇天子之法,而戕奉法之吏,是悖骜而凌上也。执而诛之,所以正邦典,而又何旌焉?

礼之所谓仇者,冤抑沈痛而号无告也,非谓抵罪触法,陷于大戮,而曰彼杀之我乃杀之,不议曲直,暴寡胁弱而已。《春秋传》曰:"父不受诛,子复仇可也;父受诛,子复仇,此推刃之道。复仇不除害。"今若取此以断两下相杀,则合于礼矣。

且夫不忘仇,孝也;不爱死,义也。元庆能不越于礼,服孝死义,是必达理而闻道者也。夫达理闻道之人,岂其以王法为敌仇者哉!议者反以为戮,黩刑坏礼,其不可以为典明矣。请下臣议附于令,有断斯狱者,不宜以前议从事。

宪宗时,衢州人余常安父、叔皆为里人谢全所杀。常安八岁,已能谋复仇。十有七年,卒杀全。刺史元锡奏轻比,刑部尚书李鄘执不可,卒抵死。

又富平人梁悦父为秦果所杀,悦杀仇,诣县请罪。诏曰:"在礼父仇不同天,而法杀人必死。礼、法,王教大端也。二说异焉。下尚书省议。"职方员外郎韩愈曰:

子复父仇,见于《春秋》、于《礼记》、《周官》、子若史,不胜数,未有非而罪者。最宜详于律,而律无条,非阙文也。盖以为不许复仇,则伤孝子之心;许复仇,则人将倚法颛杀,无以禁止。夫律虽本于圣人,然执而行之者,有司也。经之所明者,制有司者也。丁宁其义于经而深没其文于律者,将使法吏一断于法,而经术之士得引经以议也。

《周官》曰:"凡杀人而义者,令勿仇,仇之则死。"义者,宜也。明杀人而不得其宜者,子得复仇也。此百姓之相仇者也。公羊子曰:"父不受诛,子复仇可也。"不受诛者,罪不当诛也。诛者,上施下之辞,非百姓相杀也。《周官》曰:"凡报仇雠者,书于士,杀之无罪。"言将复仇,必先言于官,则无罪也。

复仇之名虽同,而其事各异。或百姓相仇,如《周官》所称,可议于今者;或为官吏所诛,如《公羊》所称,不可行于今者。《周官》所称将复仇先告于士,若孤稚羸弱,抱微志而伺敌人之便,恐不能自言,未可以为断于今也。然则杀之与赦不可一,宜定其制曰:"有复父仇者,事发,具其事下尚书省集议以闻,酌处之。"则经无失指矣。

有诏以悦申冤,请罪诣公门,流循州。

穆宗世,京兆人康买得,年十四,父宪责钱于云阳张莅,莅醉,拉宪危死。买得以莅趄悍,度救不足解,则举锸击其首,三日莅死。刑部侍郎孙革建言:"买得救父难不为暴,度不解而击不为凶。先王制刑,必先父子之亲。《春秋》原心定罪,《周书》诸罚有权。买得孝性天至,宜赐矜宥。"有诏减死。

侯知道、程俱罗者,灵州灵武人。居亲丧,穿圹作冢,皆身执其劳,乡人助者,即哭而却之。庐坟次,哭泣无节,知道七年、俱罗三年不止。知道垢尘积首,率夜半傅坟,踊而哭,鸟兽为悲号。李华作《二孝赞》表其行曰:"厥初生人,有君有亲。孝亲为子,忠君为臣。兆自天命,降及人伦。背死不义,忘生不仁。过及智就,为之礼文。至哉侯氏,创巨病殷。手足胼胝,以成高坟。夜黑飚动,如临鬼神。哭无常声,迥彻苍旻。且斩三年,尔独终身。嗟嗟程生,其哀也均。顾后绝配,瞻前无邻。"

又有何澄粹者,池州人。亲病日锢,俗尚鬼,病者不进药。澄粹剔股肉进,亲疾为瘳。后亲没,伏于墓,哭踊无数,以毁卒,当时号

"青阳孝子",士为作诔甚众。

寿州安丰李兴亦有至行,柳宗元为作《孝门铭》曰:"寿州刺史臣承思言:'九月丁亥,安丰令上所部编户氓兴,父被恶疾,岁月就亟,兴自刃股肉,假托馈献,父老病已不能啖,宿而死。兴与呼抚膺,口鼻垂血,捧土就坟,沾渍涕洟。坟左作小庐,蒙以苦茨,伏匿其中,扶服顿踊,昼夜哭诉。孝诚幽达,神为见异,庐上产紫芝、白芝,庐中醴泉涌。此皆陛下孝治神化,阴中其心,百克致斯事。谨按兴匹庶贱陋,循习浅下,性非文字所导,生与耦末为业,而能钟彼醇孝,超出古烈,天意神道,犹锡瑞物以表殊异。伏惟陛下有唐尧如神之德,宜加旌褒,合于上下。请表其里闾,刻石明白,宣延风美,观示后祀,永永无极。臣昧死请。'制曰可。铭曰:'懿厥孝思,兹惟淑灵。禀承粹和,笃守天经。泣侍羸疾,默祷隐冥。引刃自向,残肌败形。羞膳奉进,忧劳孝诚。惟时高高,曾不视听。创巨痛仍,号于穹旻。捧土濡洟,顿首成坟。掏膺腐眦,寒暑在庐。草木悴死,鸟兽踟蹰。殊类异族,亦相其哀。肇有二位,孝道爰兴。克修厥猷,载籍是登。在帝有虞,以孝烝烝。仲尼述经,以教于曾。惟昔鲁侯,见命夷宫。亦有考叔,寤庄称纯。显显李氏,实与之伦。哀嗟道路,涕慕里邻。神锡秘祉,三秀灵泉。帝命荐加,亦表其门。统合上下,交赞天人。建此碑号,亿龄扬芬。'"

许法慎,沧州清池人。甫三岁,已有知,时母病,不饮乳,惨惨有忧色。或以珍饵诡悦之,辄不食,还以进母。后亲丧,常庐于茔,有甘露、嘉禾、灵芝、木连理、白兔之祥。天宝中,表异其闾。

林攒,泉州莆田人。贞元初,仕为福唐尉。母羸老,未及迎而病。攒闻,弃官还。及母亡,水浆不入口五日。自埏甓作冢,庐其右,有白乌来,甘露降。观察使李若初遣官属验实,会露晞,里人失色,攒哭曰:"天所降露,祸我邪?"俄而露复集,乌亦回翔。诏作二阙于母墓前,又表其闾,蠲徭役,时号"阙下林家"。

陈饶奴，饶州人。年十二，亲并亡，婺弱居丧，又岁饥，或教其分弟妹可全性命。饶奴流涕，身丐诉相全养。刺史李复异之，给资储，署其门曰"孝友童子"。

王博武，许州人。会昌中，侍母至广州，及沙涌口，暴风，母溺死，博武自投于水。岭南节度使卢贞俾吏沈罟，获二尸焉，乃葬之，表其墓曰"孝子墓"。诏为刻石。

万敬儒，庐州人。三世同居，丧亲庐墓，刺血写浮屠书。断手二指，辄复生。州改所居曰成孝乡广孝聚。大中时表其家。

章全益，梓州涪城人。少孤，为兄全启所鞠。母病，全启刲股膳母而愈。及全启亡，全益服斩衰，断手一指以报。不畜妻、僮仆，处一室，卖药自业，世传能作黄金。居成都四十年，号章孝子，卒，年九十八。

赞曰：圣人治天下有道，曰"要在孝弟而已"。父父也，子子也，兄兄也，弟弟也，推而之国，国而之天下，建一善而百行从，其失则以法绳之。故曰"孝者天下大本，法其末也"。至匹夫单人，行孝一概，而凶盗不敢凌，天子喟而旌之者，以其教孝而求忠也。故哀而著于篇。

唐书卷一九六

列传第一二一

隐　逸

王绩　朱桃椎　孙思邈　田游岩

史德义　孟诜　王友贞　王希夷

李元恺　卫大经　武攸绪　白履忠

卢鸿　吴筠　潘师正　刘道合　司马承祯

贺知章　秦系　张志和　孔述睿

敏行　陆羽　崔觐　陆龟蒙

古之隐者，大抵有三概：上焉者，身藏而德不晦，故自放草野，
而名往从之，虽万乘之贵，犹寻轨而委聘也；其次，挈治世具弗得
伸，或持峭行不可屈于俗，虽有所应，其于爵禄也，泛然受，悠然辞，
使人君常有所慕企，怊然如不足，其可贵也；末焉者，资槁薄，乐山
林，内审其才，终不可当世取舍，故逃丘园而不返，使人常高其风而
不敢加訾焉。且世未尝无隐，有之未尝不旌贲而先焉者，以孔子所
谓"举逸民，天下之人归焉"。

唐兴，贤人在位众多，其遁戢不出者，才班班可述，然皆下概者
也。虽然，各保其素，非托默于语，足崖壑而志城阙也。然放利之徒，
假隐自名，以诡禄仕，肩相摩于道，至号终南、嵩少为仕途捷径，高

尚之节丧焉。故衰可喜慕者类于篇。

王绩，字无功，绛州龙门人。性简放，不喜拜揖。兄通，隋末大儒也，聚徒河、汾间，仿古作《六经》，又为《中说》以拟《论语》。不为诸儒称道，故书不显，惟《中说》独传。通知绩诞纵，不婴以家事，乡族庆吊冠昏，不与也。与李播、吕才善。

大业中，举孝悌廉洁，授秘书省正字。不乐在朝，求为六合丞，以嗜酒不任事，时天下亦乱，因劾，遂解去。叹曰：“网罗在天，吾且安之！”乃还乡里。有田十六顷在河渚间。仲长子光者，亦隐者也，无妻子，结庐北渚，凡三十年，非其力不食。绩爱其真，徙与相近。子光喑，未尝交语，与对酌酒欢甚。绩有奴婢数人，种黍，春秋酿酒，养凫雁，莳药草自供。以《周易》、《老子》、《庄子》置床头，佗书罕读也。欲见兄弟，辄度河还家。游北山东皋，著书自号东皋子。乘牛经酒肆，留或数日。

高祖武德初，以前官待诏门下省。故事，官给酒日三升，或问：“待诏何乐邪？”答曰：“良酝可恋耳！”侍中陈叔达闻之，日给一斗，时称“斗酒学士”。贞观初，以疾罢。复调有司，时太乐署史焦革家善酿，绩求为丞，吏部以非流不许，绩固请曰：“有深意。”竟除之。革死，妻送酒不绝，岁余，又死。绩曰：“天不使我酣美酒邪？”弃官去。自是太乐丞为清职。追述革酒法为经，又采杜康、仪狄以来善酒者为谱。李淳风曰：“君，酒家南、董也。”所居东南有盘石，立杜康祠祭之，尊为师，以革配。著《醉乡记》以次刘伶《酒德颂》。其饮至五斗不乱，人有以酒邀者，无贵贱辄往，著《五斗先生传》。刺史崔喜悦之，请相见，答曰：“奈何坐召严君平邪？”卒不诣。杜之松，故人也，为刺史，请绩讲礼，答曰：“吾不能揖让邦君门，谈糟粕，弃醇醪也。”之松岁时赠以酒脯。初，兄凝为隋著作郎，撰《隋书》未成死，绩续余功，亦不能成。豫知终日，命薄葬，自志其墓。

绩之仕，以醉失职，乡人靳之，托无心子以见趣曰：“无心子居越，越王不知其大人也，拘之仕，无喜色。越国法曰：‘秽行者不齿。’

俄而无心子以秽行闻，王黜之，无愠色。退而适茫荡之野，过动之邑而见机士，机士抚髀曰：'嘻！子贤者而以罪废邪？'无心子不应。机士曰：'愿见教。'曰：'子闻蜚廉氏马乎？一者朱鬣白毳，龙骼凤臆，骤驰如舞，终日不释辔而以热死；一者重头昂尾，驼颈貉膝，蹄啮善蹶，弃诸野，终年而肥。夫凤不憎山栖，龙不羞泥蟠，君子不苟洁以罹患，详避秽而养精也。'"其自处如此。

朱桃椎，益州成都人。澹泊绝俗，被裘曳索，人莫能测其为。长史窦轨见之，遗以衣服、鹿帻、鹿靴，逼置乡正。委之地，不肯服。更结庐山中，夏则裸，冬缉木皮叶自蔽，赠遗无所受。尝织十芒屦置道上，见者曰："居士履也。"为斸米茗易之，置其处，辄取去，终不与人接。其为屦，草柔细，环结促密，人争蹑之。高士廉为长史，备礼以请，降阶与之语，不答，瞪视而出。士廉拜曰："祭酒其使我以无事治蜀邪？"乃简条目，薄赋敛，州大治。屡遣人存问，见辄走林草自匿云。

孙思邈，京兆华原人。通百家说，善言老子、庄周。周洛州总管独孤信见其少，异之，曰："圣童也，顾器大难为用尔！"及长，居太白山。隋文帝辅政，以国子博士召，不拜。密语人曰："后五十年有圣人出，吾且助之。"太宗初，召诣京师，年已老，而听视聪瞭。帝叹曰："有道者！"欲官之，不受。显庆中，复召见，拜谏议大夫，固辞。上元元年，称疾还山，高宗赐良马，假鄱阳公主邑司以居之。

思邈于阴阳、推步、医药无不善，孟诜、卢照邻等师事之。照邻有恶疾，不可为，感而问曰："高医愈疾，奈何？"答曰："天有四时五行，寒暑迭居，和为雨，怒为风，凝为雪霜，张为虹霓，天常数也。人之四支五藏，一觉一寐，吐纳往来，流为荣卫，章为气色，发为音声，人常数也。阳用其形，阴用其精，天人所同也。失则蒸生热，否生寒，结为瘤赘，陷为痈疽，奔则喘乏，竭则燋槁，发乎面，动乎形。天地亦然：五纬缩赢，孛彗飞流，其危诊也；寒暑不时，其蒸否也；石立土踊,是其瘤赘;山崩土陷,是其痈疽;奔风暴雨其喘乏,川渎竭涸其燋槁。高医导以药石,救以铵剂;圣人和以至德,辅以人事。故体有可愈之疾,天有可振之灾。"

照邻曰:"人事奈何?"曰:"心为之君,君尚恭,故欲小。《诗》曰'如临深渊,如履薄冰',小之谓也。胆为之将,以果决为务,故欲大。《诗曰》'赳赳武夫,公侯干城',大之谓也。仁者静,地之象,故欲方。《传》曰'不为利回,不为义疚',方之谓也。智者动,天之象,故欲圆。《易》曰'见机而作,不俟终日',圆之谓也。"

复问养性之要,答曰:"天有盈虚,人有屯危,不自慎,不能济也。故养性必先知自慎也。慎以畏为本,故士无畏则简仁义,农无畏则堕稼穑,工无畏则慢规矩,商无畏则货不殖,子无畏则忘孝,父无畏则废慈,臣无畏则勋不立,君无畏则乱不治。是以太上畏道,其次畏天,其次畏物,其次畏人,其次畏身。忧于身者不拘于人,畏于己者不制于彼,慎于小者不惧于大,戒于近者不侮于远。知此则人事毕矣。"

初,魏徵等修齐、梁、周、隋等五家史,屡咨所遗,其传最详。永淳初,卒,年百余岁,遗令薄葬,不藏明器,祭去牲牢。

孙处约尝以诸子见,思邈曰:"俊先显,侑晚贵,佺祸在执兵。"后皆验。太子詹事卢齐卿之少也,思邈曰:"后五十年位方伯,吾孙为属吏,愿自爱。"时思邈之孙溥尚未生,及溥为萧丞,而齐卿徐州刺史。

田游岩,京兆三原人。永微时,补太学生。罢归,入太白山。母及妻皆有方外志,与共栖迟山水间。自蜀历荆、楚,爱夷陵青溪,止庐其侧。长史李安期表其才,召赴京师,行及汝,辞疾入箕山,居许由祠旁,自号"由东邻",频召不出。

高宗幸嵩山,遣中书侍郎薛元超就问其母,赐药物絮帛。帝亲至其门,游岩野服出拜,仪止谨朴,帝令左右扶止。谓曰:"先生比佳否?"答曰:"臣所谓泉石膏肓,烟霞痼疾者。"帝曰:"朕得君,何异汉

获四皓乎?"薛元超赞帝曰:"汉欲废嫡立庶,故四人者为出,岂如陛
下亲降岩穴邪?"帝悦,因敕游岩将家属乘传赴都,拜崇文馆学士。
帝营奉天宫,游岩旧宅直宫左,诏不听毁。天子自书榜其门,曰"隐
士田游岩宅"。进太子洗马。裴炎死,坐素厚善,放还山。蚕衣耕食,
不交当世,惟与韩法昭、宋之问为方外友云。

时又有史德义者,昆山人,居虎丘山。骑牛带瓢,出入廛野。高
宗闻其名,召至洛阳,俄称疾归。天授初,江南宣使周兴荐之,复召
赴都,擢朝散大夫。兴死,免官归,素誉顿衰。

孟诜,汝州梁人。擢进士第,累迁凤阁舍人。它日至刘祎之家,
见赐金曰:"此药金也,烧之,火有五色气。"试之,验。武后闻,不悦,
出为台州司马,频迁春官侍郎。相王召为侍读。拜同州刺史。神龙
初,致仕,居伊阳山,治方药。睿宗召,将用之,以老固辞,赐物百段,
诏河南春秋给羊酒糜粥。尹毕构以诜有古人风,名所居为子平里。
开元初,卒,年九十三。

诜居官颇刻敛,然以治称。其闲居尝语人曰:"养性者善言不可
离口,善药不可离手。"当时传其当。

王友贞,怀州河内人。父知敬,善书隶。武后时,仕为麟台少监。
友贞少为司经局正字。母病,医言得人肉啖良已,友贞剔股以进,母
疾愈。诏旌表其门。素好学,训诲子弟如严君。口不语人过,重然
诺,时以为君子。历长水令,罢归。中宗在东宫,召为司议郎,不就。
神龙初,以太子中舍人征,固辞疾。诏致珍馔,给全禄终身,四时送
其所,州县存问。玄宗在东宫,表以蒲车召,不至。卒,年九十九,赠
银青光禄大夫,敕县令吊祭。

王希夷,徐州滕人。家贫,父母丧,为人牧羊,取佣以葬。隐嵩
山,师黄颐学养生四十年。颐卒,更居兖州徂徕,与刘玄博友善。喜
读《周易》、《老子》,饵松柏叶、杂华,年七十余,筋力柔强。刺史卢齐

卿就谒问政,答曰:"'已所不欲,勿施于人',此言足矣。"

　　玄宗东巡狩,诏州县敦劝见行在,时九十余,帝令张说访以政事,宦官扶入宫中,与语甚说,拜国子博士,听还山。敕州县春秋致束帛酒肉,乃赐绢百、衣一称。

　　李元恺,邢州人。博学,善天步律历,性恭慎,未尝敢语人。宋璟尝师之,既当国,厚遗以束帛,将荐之朝,拒不答。洺州刺史元行冲邀致之,问经义毕,赠衣服,辞曰:"吾躯不可服新丽,惧不称以速咎也。"行冲垢蔑复与之,不获已而受。俄报身所蚕素丝曰:"义不受无妄财也。"先是,定州崔元鉴善《礼》学,用张易之力,授朝散大夫,家居给半禄。元恺诮曰:"无功而禄,灾也。"卒,年八十余。

　　卫大经,蒲州解人。卓然高行,口无二言。武后时,召之,固辞疾。素善魏夏侯乾童,闻其母卒,盛暑步往吊,或止之曰:"方夏,涉远不如致书。"答曰:"书能尽意邪?"比至,乾童以事行,乃设席行吊礼,不讯其家而还。开元初,毕构为刺史,使县令孔慎言就谒,辞不见。

　　大经邃于《易》,人谓之"《易》圣"。豫筮死日,凿墓自为志,如言终。

　　武攸绪,则天皇后兄惟良子也。恬淡寡欲,好《易》、庄周书。少变姓名,卖卜长安市,得钱辄委去。后更授太子通事舍人,累迁扬州大都督府长史、鸿胪少卿。后革命,封安平郡王,从封中岳,固辞官,愿隐居。后疑其诈,许之,以观所为。攸绪庐岩下如素遁者,后遣其兄攸宜敦谕,卒不起,后乃异之。盘桓龙门、少室间,冬蔽茅椒,夏居石室,所赐金银铛鬲、野服,王公所遗鹿裘、素障、瘿杯,尘皆流积,不御也。市田颍阳,使家奴杂作,自混于民。晚年肌肉销眚,瞳有紫光,昼能见星。

　　中宗初,降封巢国公,遣国子司业杜慎盈赍书以安车召,拜太子宾客。苦祈还山，诏可。安乐公主出降，又遣通事舍人李邈以玺书迎之。将至，帝敕有司即两仪殿设位，行问道礼，诏见日山帔葛巾，不名不拜。攸绪至，更冠带。仗入，通事舍人赞就位，攸绪趋就常班再拜，帝愕然，礼不及行，朝廷叹息。赐予无所受，亲贵来谒，道寒温外，默无所言。及还，中书、门下、学士、朝官五品以上，并祖城东。

俄而诸韦诛，武氏连祸，唯攸绪不及。睿宗恐其不自安，下诏慰谕，复召拜太子宾客，不就。谯王重福之乱，攸绪以诬被系，张说表置庐山，中书令姚元崇奏：“攸绪在武后时未尝辄出，今州县逼遣，士为惊嗟。愿诏赐嵩山旧居，令州县存问。”诏可。开元十一年卒。

白履忠，汴州浚仪人。贯知文史，居古大梁城，时号梁丘子。景云中，召为校书郎，弃官去。开元十年，刑部尚书王志愔荐履忠博学守操，可代褚无量、马怀素入阁侍读，国子祭酒杨玚又表其贤，召赴京师。辞病老不任职，诏拜朝散大夫。乞还，手诏许游京师，徐返里闾。履忠留数月乃去。

吴兢，其里人也。谓曰：“子素贫，不沾斗米匹帛，虽得五品亦何益？”履忠曰：“往契丹入寇，家取排门夫，吾以读书，县为免。今终身高卧，宽徭役，岂易得哉！”

卢鸿，字颢然，其先幽范阳人，徙洛阳。博学，善书籀。庐嵩山。玄宗开元初，备礼征再，不至。五年，诏曰：“鸿有泰一之道，中庸之德，钩深诣微，确乎自高。诏书屡下，每辄辞托，使朕虚心引领，于今数年。虽得素履幽人之介，而失考父滋恭之谊，岂朝廷之故与生殊趣邪？将纵欲山林，往而不能反乎？礼有大伦，君臣之义不可废也。今城阙密迩，不足为劳，有司其赍束帛之具，重宣兹旨，想有以翻然易节，副朕意焉。”

鸿至东都，谒见不拜，宰相遣通事舍人问状，答曰：“礼者，忠信所薄，臣敢以忠信见。”帝召升内殿，置酒。拜谏议大夫，固辞。复下制,许还山,岁给米百斛、绢五十,府县为致其家,朝廷得失,其以状闻。将行,赐隐居服,官营草堂,恩礼殊渥。鸿到山中,广学庐,聚徒至五百人。及卒,帝赐万钱。鸿所居室,自号宁极云。

吴筠字贞节,华州华阴人。通经谊,美文辞,举进士不中。性高鲠,不耐沈浮于时,去居南阳倚帝山。

天宝初,召至京师,请隶道士籍,乃入嵩山依潘师正,究其术。南游天台,观沧海,与有名士相娱乐,文辞传京师。玄宗遣使召见大同殿,与语甚悦,敕待诏翰林,献《玄纲》三篇。帝尝问道,对曰:“深于道者,无如《老子》五千文,其余徒丧纸札耳。”复问神仙治炼法,对曰:“此野人事,积岁月求之,非人主宜留意。”筠每开陈,皆名教世务,以微言讽天子,天子重之。群沙门嫉其见遇,而高力士素事浮屠,共短筠于帝,筠亦知天下将乱,恳求还嵩山。诏为立道馆。安禄山欲称兵,乃还茅山。而两京陷,江、淮盗贼起,因东入会稽剡中。大历十三年卒,弟子私谥为宗元先生。

始,筠见恶于力士而斥,故文章深诋释氏。筠所善孔巢父、李白,歌诗略相甲乙云。

潘师正者,贝州宗城人。少丧母,庐墓,以孝闻。事王远知为道士,得其术,居逍遥谷。高宗幸东都,召见,问所须,对曰:“茂松清泉,臣所须也,既不乏矣。”帝尊异之,诏即其庐作崇唐观。及营奉天宫,又敕直逍遥谷作门曰仙游,北曰寻真。时太常献新乐,帝更名《祈仙》、《望仙》、《翘仙》曲。卒,年九十八,赠太中大夫,谥体玄先生。

又有刘道合者与师正同居嵩山,帝即所隐立太一观使居之。时将封太山,雨不止,帝令道合禳祝,俄而霁,乃令驰传先行太山祈祓。得赏赐辄散贫乏,无所蓄。

咸亨中,为帝作丹,剂成而卒。帝后营宫,迁道合墓,开其棺,见骸坼若蝉蜕者。帝闻恨曰:“为我合丹,而自服去。”然所余丹无它异。

司马承祯，字子微，洛州温人。事潘师正，传辟谷道引术，无不通。师正异之，曰："我得陶隐居正一法，逮而四世矣。"因辞去，遍游名山，庐天台不出。武后尝召之，未几，去。睿宗复命其兄承祎就起之，既至，引入中掖廷问其术，对曰："为道日损，损之又损，以至于无为。夫心目所知见，每损之尚不能已，况攻异端而增智虑哉？"帝曰："治身则尔，治国若何？"对曰："国犹身也，故游心于淡，合气于漠，与物自然而无私焉，而天下治。"帝嗟味曰："广成之言也！"锡宝琴、霞纹帔，还之。

开元中，再被召至都，玄宗诏于王屋山置坛室以居。善篆、隶，帝命以三体写《老子》，刊正文句。又命玉真公主及光禄卿韦绍至所居，按金箓设祠，厚赐焉。卒，年八十九，赠银青光禄大夫，谥贞一先生，亲文其碑。

自师正、道合与承祯等，语言诙诡似方士，掇之不录，直取其隐概云。

贺知章，字季真，越州永兴人。性旷夷，善谭说，与族姑子陆象先善。象先尝谓曰："季真清谭风流，吾一日不见则鄙吝生矣。"

证圣初，擢进士、超拔群类科，累迁太常博士。张说为丽正殿修书使，表知章及徐坚、赵冬曦入院，撰《六典》等书，累年无功。开元十三年，迁礼部侍郎，兼集贤院学士，一日并谢。宰相源乾曜语说曰："贺公两命之荣，足为光宠，然学士、侍郎孰为美？"说曰："侍郎衣冠之选，然要为具员吏；学士怀先王之道，经纬之文，然后处之。此其为间也。"玄宗自为赞赐之。迁太子右庶子，充侍读。

申王薨，诏选挽郎，而知章取舍不平，荫子喧诉不能止，知章梯墙出首以决事，人皆靳之，坐徙工部。肃宗为太子，知章迁宾客，授秘书监，而左补阙薛令之兼侍读。时东宫官积年不迁，令之书壁，望礼之薄，帝见，复题"听自安者"。令之即弃官，徒步归乡里。知章晚节尤诞放，遨嬉里巷，自号"四明狂客"及"秘书外监"。每醉，辄属辞，笔不停书，咸有可观，未始刊饬。善草隶，好事者具笔研从之，意有所惬，不复拒，然纸才十数字，世传以为宝。

天宝初，病，梦游帝居，数日寤，乃请为道士，还乡里，诏许之，以宅为千秋观而居。又求周宫湖数顷为放生池，有诏赐镜湖剡川一曲。既行，帝赐诗，皇太子百官饯送。擢其子曾子为会稽郡司马，赐绯鱼，使侍养，幼子亦听为道士。卒，年八十六。肃宗乾元初，以雅旧，赠礼部尚书。

令之，长溪人。肃宗亦以旧恩召，而令之已前卒。

秦系，字公绪，越州会稽人。天宝末，避乱剡溪，北都留守薛兼训奏为右卫率府仓曹参军，不就。客泉州，南安有九日山，大松百余章，俗传东晋时所植，系结庐其上，穴石为研，注《老子》，弥年不出。刺史薛播数往见之，岁时致羊酒，而系未尝至城门。姜公辅之谪，见系辄穷日不能去，筑室与相近，忘流落之苦。公辅卒，妻子在远，系为葬山下。张建封闻系之不可致，请就加校书郎。

与刘长卿善，以诗相赠答。权德舆曰："长卿自以为五言长城，系用偏师攻之，虽老益壮。"其后东度秣陵，年八十余卒。南安人思之，为立子亭，号其山为高士峰云。

张志和，字子同，婺州金华人。始名龟龄。父游朝，通庄、列二子书，为《象罔》、《白马证》诸篇佐其说。母梦枫生腹上而产志和。十六擢明经，以策干肃宗，特见赏重，命待诏翰林，授左金吾卫录事参军，因赐名。后从事贬南浦尉，会赦还，以亲既丧，不复仕，居江湖，自称烟波钓徒。著《玄真子》，亦以自号。有韦诣者，为撰《内解》。志和又著《太易》十五篇，其卦三百六十五。

兄鹤龄恐其遁世不还，为筑室越州东郭，茨以生草，椽栋不施斤斧。豹席棕屏，每垂钓不设饵，志不在鱼也。县令使浚渠，执畚无忤色。尝欲以大布制裘，嫂为躬绩织，及成，衣之，虽暑不解。

观察使陈少游往见，为终日留，表其居曰玄真坊。以门隘，为买地大其闳，号回轩巷。先是门阻流水，无梁，少游为构之，人号大夫桥。帝尝赐奴、婢各一，志和配为夫妇，号渔童、樵青。

陆羽常问："孰为往来者？"对曰："太虚为室，明月为烛，与四海诸公共处，未尝少别也，何有往来？"颜真卿为湖州刺史，志和来谒，真卿以舟敝漏，请更之，志和曰："原为浮家泛宅，往来苕、霅间。"辩捷类如此。

善图山水，酒酣，或击鼓吹笛，舐笔辄成。尝撰《渔歌》，宪宗图真求其歌，不能致。李德裕称志和"隐而有名，显而无事，不穷不达，严光之比"云。

孔述睿，越州山阴人。梁侍中休源八世孙。高祖德绍，事窦建德为中书侍郎，尝草檄毁薄太宗，贼平，执登汜水楼，责曰："尔以檄谤我云何？"对曰："犬吠非其主。"帝怒曰："贼乃主邪？"命壮士捽殒楼下。曾祖昌寓，字广成，贞观中对策高第，历魏州司马，有治状，帝为不置刺史。为政三年，玺书褒美，进膳部郎中。祖祖舜，字奉先，为监察御史，以累下除成武令，雉驯于廷。

述睿少与兄充符、弟克让笃孝，已孤，偕隐嵩山。而述睿资嗜学，大历中，刘晏荐于代宗，以太常寺协律郎召，擢累司勋员外郎、史馆修撰。述睿每一迁，即至朝谢，俄而辞疾归，以为常。

德宗立，拜谏议大夫，命河南尹赵惠伯赍诏书束帛，备礼敦遣。既至，对别殿，赐第宅，给厩马，兼皇太子侍读。固辞，弗许。久乃改秘书少监，兼右庶子，复为史馆修撰。述睿重次《地理志》，本末最详。性退让，未始忤物，虽亲朋燕集，至严默终日，人皆畏之。与令狐峘同职，峘数抵侮，然卒不校也，时称长者。

贞元四年，帝念平凉之难尤恻怛，以述睿精悫而诚，故遣持祠具称诏临祭。又以疾乞解，久乃许，以太子宾客还乡，赐帛五十匹、衣一袭。故事，致仕不给公驴，帝特命给焉。卒，年七十一，赠工部尚书。

子敏行，字至之，元和初，擢进士第。岳鄂吕元膺表在节度府。元膺徙东都、河中，辄随府迁。入拜右拾遗，四迁司勋郎中、集贤殿学士、谏议大夫。李绛遇害，事本监军杨叔元，时无敢言，敏行上书极论之，叔元乃得罪。以名臣子，少修洁，及仕宦，能交当时豪俊，有名一时，而雅操不逮父矣。卒，年三十九，赠工部侍郎。

陆羽，字鸿渐，一名疾，字季疵，复州竟陵人。不知所生，或言有僧得诸水滨，畜之。既长，以《易》自筮，得蹇之渐，曰："鸿渐于陆，其羽可用为仪。"乃以陆为氏，名而字之。

幼时，其师教以旁行书，答曰："终鲜兄弟，而绝后嗣，得为孝乎？"师怒，使执粪除圬墁以苦之，又使牧牛三十，羽潜以竹画牛背为字。得张衡《南都赋》，不能读，危坐效群儿嗫嚅若成诵状，师拘之，令薙草莽。当其记文字，懵懵若有遗，过日不作，主者鞭苦，因叹曰："岁月往矣，奈何不知书！"呜咽不自胜，因亡去，匿为优人，作诙谐数千言。

天宝中，州人酺，吏署羽伶师，太守李齐物见，异之，授以书，遂庐火门山。貌脱陋，口吃而辩。闻人善，若在己，见有过者，规切至忤人。朋友燕处，意有所行辄去，人疑其多嗔。与人期，雨雪虎狼不避也。上元初，更隐苕溪，自称桑苎翁，阖门著书。或独行野中，诵诗击木，裴回不得意，或恸哭而归，故时谓今接舆也。久之，诏拜羽太子文学，徙太常寺太祝，不就职。贞元末，卒。

羽嗜茶，著经三篇，言茶之原、之法、之具尤备，天下益知饮茶矣。时鬻茶者，至陶羽形置炀突间，祀为茶神。有常伯熊者，因羽论复广著茶之功。御史大夫李季卿宣慰江南，次临淮，知伯熊善煮茶，召之，伯熊执器前，季卿为再举杯。至江南，又有荐羽者，召之，羽衣野服，挈具而入，季卿不为礼，羽愧之，更著《毁茶论》。其后尚茶成风，时回纥入朝，始驱马市茶。

崔觐，梁州城固人。以儒自业，身耕耨取给。老无子，以田宅财赀分给奴婢各为业，而身与妻隐南山，约奴婢过其舍则给酒食，夫妇啸咏相视为娱。山南西道节度使郑余庆辟为参谋，敦趣就职，不晓吏事，余庆称长者。文宗时，左补阙王直方，其里中人也，上书论事，见便殿，访遗逸，直方荐觊高行，诏以起居郎召，辞疾不至。

　　陆龟蒙，字鲁望，元方七世孙也。父宾虞，以文历侍御史。龟蒙少高放，通《六经》大义，尤明《春秋》。举进士，一不中，往从湖州刺史张抟游，抟历湖、苏二州，辟以自佐。尝至饶州，三日无所诣。刺史蔡京率官属就见之，龟蒙不乐，拂衣去。

　　居松江甫里，多所论撰，虽幽忧疾痛，赀无十日计，不少辍也。文成，窜稿箧中，或历年不省，为好事者盗去。得书熟诵乃录，雠比勤勤，朱黄不去手，所藏虽少，其精皆可传。借人书，篇秩坏舛，必为辑褫刊正。乐闻人学，讲论不倦。

　　有田数百亩，屋三十楹。田苦下，雨潦则与江通，故常苦饥。身畚锸，茠刺无休时，或讥其劳，答曰："尧、舜霉瘠，禹胝胼。彼圣人也，吾一褐衣，敢不勤乎？"嗜茶，置园顾渚山下，岁取租茶，自判品第。张又新为《水说》七种，其二慧山泉，三虎丘井，六松江。人助其好者，虽百里为致之。初，病酒，再期乃已，其后客至，洁壶置杯不复饮。不喜与流俗交，虽造门不肯见。不乘马，升舟设蓬席，赍束书、茶灶、笔床、钓具往来。时谓江湖散人，或号天随子、甫里先生，自比涪翁、渔父、江上丈人。后以高士召，不至。李蔚、卢携素与善，及当国，召拜左拾遗。诏方下，龟蒙卒。光化中，韦庄表龟蒙及孟郊等十人，皆赠右补阙。

　　陆氏在姑苏，其门有巨石，远祖绩尝事吴为郁林太守，罢归无装，舟轻不可越海，取石为重，人称其廉，号"郁林石"，世保其居云。

唐书卷一九七
列传第一二二

循　吏

韦仁寿　　陈君宾　　张允济　李桐客

李素立　至远　畲　岩　　薛大鼎　克构

贾敦颐　敦实　杨德干　　田仁会　归道

裴怀古　韦景骏　李惠登　罗珦

让　韦丹　宙　岫　　卢弘宣　薛元赏

何易于

治者，君也；求所以治者，民也；推君之治而济之民，吏也。故吏良，则法平政成；不良，则王道驰而败矣。在尧、舜时，曰"九德咸事"也，"百工惟时"也；在周文、武时，曰"《棫朴》，能官人也"，"《南山有台》，乐得贤也"。是循吏之效也。尧、舜，五帝之盛帝，文、武，三王之显王，不能去是而治，后世可乎哉？

唐兴，承隋乱离，划袯荒荼，始择用州刺史、县令。太宗尝曰："朕思天下事，丙夜不安枕，永惟治人之本，莫重刺史，故录姓名于屏风，卧兴对之，得才否状，辄疏之下方，以拟废置。"又诏内外官五品以上举任县令者。于是官得其人，民去叹愁、就妥安。都督、刺史，其职察州县。间遣使者循行天下，劾举不职。始，都督、刺史皆天子临轩册授。后不复册，然犹受命日对便殿，赐衣物，乃遣。玄宗开元时，已辞，仍诣侧门候进止，所以光宠守臣，以责其功。初，刺史准京官得佩鱼，品卑者假绯鱼。开元中，又锢废酷吏，惩无良，群臣化之，革苛娆之风，争以惠利显。复诏：三省侍郎缺，择尝任刺史者；郎官缺，择尝任县令者。至宰相名臣，莫不孜孜言长人不可轻授呕易。是以授受之间，虽不能皆善，而所得十五。故叶气嘉生，薰为太平，垂祀三百，与汉相垺。致之之术，非循吏谓何？故条次治宜，以著厥庸。若将相大臣兼以勋阀著者，各见本篇，不列于兹。

韦仁寿，京兆万年人。隋大业末，为蜀郡司法书佐，断狱平，得罪者皆自以韦君所论，死无恨。高祖入关，遣使者徇定蜀，承制擢仁寿巂州都督府长史。南宁州纳款，朝廷岁遣使抚接，至率贪沓，边人苦之，多畔去。帝素闻仁寿治理，诏检校南宁州都督，寄治越巂，诏岁一按行尉劳。仁寿将兵五百人循西洱河，开地数千里，称诏置七州十五县，酋豪皆来宾见，即授以牧宰，威令简严，人人安悦。将还，酋长泣曰："天子藉公镇抚，奈何欲去我？"仁寿以池壁未立为解，诸酋即相率筑城起廨，甫旬略具。仁寿乃告以实曰："吾奉诏弟扶循，庸敢擅留？"夷夏父老乃悲啼祖行，遣子弟随贡方物，天子大悦。仁寿请徙治南宁州，假兵遂抚定，诏可，敕益州给兵护送。刺史窦轨疾其功，诉言山獠方叛，未可以远略，不时遣。岁余卒。

陈君宾，陈郡阳王伯山子也。仕隋为襄国通守。武德初，挈郡听命，封东阳郡公，迁邢州刺史。贞观初，徙邓州，州承丧乱后，百姓流冗，君宾加意劳徕，不期月，皆还自业。明年，四方霜潦，独君宾所治有年，储仓充羡，蒲、虞二州民就食其境。太宗下诏劳之曰："去年关内六州谷不登，糇粮少，令析民房逐食。闻刺史与百姓识朕此怀，务相安养，还有赢粮，出布帛赠遗行者。此知水旱常数，更相拯赡，礼让兴行，海内之人皆为兄弟，变浇薄之风，朕顾何忧？已命有司录刺史以下功最；百姓养户，免今年调物。"是岁，入为太府少卿，转少府少监。坐事免。起为虔州刺史,卒。

张允济,青州北海人。仕隋为武阳令,以爱利为行。元武民以
牸牛依妇家者,久之,孳十余犊,将归,而妇家不与牛。民诉县,县不
能决,乃诣允济,允济曰:"若自有令,吾何与为?"民泣诉其抑,允济
因令左右缚民,蒙其首,过妇家,云捕盗牛者,命尽出民家牛,质所
来,妇家不知,遽曰:"此婿家牛,我无豫。"即遣左右撤蒙,曰:"可以
此牛还婿。"妇家叩头服罪,元武吏大惭。允济过道旁,有姥庐守所
莳葱,因教曰:"弟还舍,脱有盗,当告令。"姥谢归。俄大亡葱,允济
召十里内男女尽至,物色验之,果得盗者。有行人夜发,遗袍道中,
行十余里乃寤,人曰:"吾境未尝拾遗,可还取之。"既而得袍。举政
尤异,迁高阳郡丞,郡缺太守,独统郡事,吏下畏悦。贼帅王须拔攻
郡,于是粮屈,吏食槐叶藁节,无叛者。贞观初,累迁刑部侍郎,封武
城县男,擢幽州刺史,卒。

时又有李桐客者,亦以治称。初仕隋,为门下录事。炀帝在江
都,以四方日乱,谋徙都丹杨,召群臣议。左右希意,以为江左且望
幸,若巡狩勒石纪功,复禹旧迹,顾不其然。桐客独曰:"吴会卑湿而
狭,不足奉万乘,给三军,吴人力屈,无以堪命,且逾越险阻,非社稷
福。"御史劾以讪毁,几得罪而免。为宇文化及胁,将至黎阳,又陷窦
建德。贼平,授秦王府法曹参军。贞观初,累为通、巴二州刺史。治
尚清平,民呼为慈父。桐客,冀州衡水人。

李素立,赵州高邑人。曾祖义深,仕北齐为梁州刺史。父政藻,
为隋水部郎,使淮南,死于盗。素立仕武德初,擢监察御史。民犯法
不及死,高祖欲杀之,素立谏曰:"三尺法,天下所共,有一动摇,则
人无以措手足。方大业经始,奈何辇毂下先弃刑书乎?"帝嘉纳,由
是恩顾特异。以亲丧解官,起授七品清要,有司拟雍州司户参军,帝
曰:"要而不清。"复拟秘书郎,帝曰:"清而不要。"乃授侍御史。贞观
中,转扬州大都督府司马。

初，突厥铁勒部内附，即其地为瀚海都护府，诏素立领之。于是，阙泥熟别部数梗边，素立以不足用兵，遣使谕降，夷人感其惠，率马牛以献，素立止受酒一杯，归其余。乃开屯田，立署次，虏益畏威。历太仆、鸿胪卿，累封高邑县侯。出为绵州刺史。永徽初，徙蒲州，将行，还所余储粮并什器于州，赍家书就道。会卒，高宗特废朝一日，谥曰平。

孙至远，始名鹏。而素立方奉使，谓家人曰："古有待事名子，吾此役可命子孙矣。"遂以名之。少秀晤，能治《尚书》、《左氏春秋》，未见杜预《释例》而作《编记》，大趣略同。复撰《周书》，起后稷至敝，为传纪，令狐德棻许其良史。始调蒲州参军，累补乾封尉。上元时，制策高第，授明堂主簿。以丧解，既除，调鸿胪主簿。奏戎狄簿领，高宗悦，擢监察御史里行。忤贵幸，外迁，久乃历司勋、吏部员外郎中。迁天官侍郎，知选事，疾令史受贿谢，多所钩易，吏肃然敛手。有王忠者，被放，吏谬书其姓为"士"，欲拟讫增成之，至远曰："调者三万，无士姓，此必王忠。"吏叩头服罪。至远之知选，以内史李昭德进，人或劝其往谢，答曰："公以公用我，奈何欲谢以私？"卒不诣，故昭德衔之，出为壁州刺史，卒，年四十八。

至远父休烈。亦有文，终郫令，年四十九。世叹其父子材不尽云。至远见桓彦范，力言其贤。卢从愿尚少，高以评目。许弟从远且贵，豫言其位，以验所至。苏颋其出也，少失母，至远爱视甚谨，以女妻之。友兄弟，事寡姊有礼，世称其德。

从远清密有学，神龙初，历中书令、太府卿，累封赵郡公，谥曰懿。兄弟皆德望相埒。又从父游道，武后时冬官尚书、同凤阁鸾台三品。

至远子畲，字玉田，少聪警。初历汜水主簿，遇事蜂锐，虽厮竖，一阅辄记姓名、居业。黜陟使路敬潜荐其清白，擢右台监察御史里行。台废，授监察御史，累转国子司业。事母谨，累世同居，长幼有礼。畲妻物故，时母病，恐悲伤，约家人无以哭闻母所，朝夕省侍无忧色。母终，毁而卒。

从远子严,年十余岁,会中宗祀明堂,以近臣子弟执笾豆,岩进止中礼,授右宗卫兵曹参军,历洛阳尉,累迁兵部郎中。发扶风兵应姚、巂,称旨,迁谏议大夫,封赞皇县伯。终兵部侍郎。岩善草隶。为参军时制一裘,服终身。

薛大鼎字重臣,蒲州汾阴人。父粹,为隋介州长史,与汉王谅同反,诛。大鼎贯为官奴,流辰州,用战功得还。高祖兵兴,谒见龙门,因说帝绝龙门,军永丰仓就食,传檄远近,据天府,示豪桀,为扺背扼喉计,帝奇之。时诸将已决策先攻河东,故议置。授大将军府察非掾。出为山南道副大使,开屯田以实仓廪。赵郡王孝恭讨辅公祏,以大鼎为饶州道军师,引兵度彭蠡湖,以功迁浩州刺史。累徙沧州。无棣港久庡塞,大鼎浚治属之海,商贾流行,里民歌曰:“新沟通,舟楫利。属沧海,鱼盐至。昔徒行,今骋驷。美哉薛公德滂被!”又疏长芦、漳、衡三渠,泄污潦,水不为害。是时,郑德本在瀛州,贾敦颐为冀州,皆有治名,故河北称:“铛脚刺史”。永徽中,迁银青光禄大夫,行荆州大都督长史。卒,谥曰恭。

子克构,有器识,永隆初,历户部郎中。族人黄门侍郎颛,以弟绍尚太平公主,问于克构,答曰:“室有傲妇,善士所恶。夫惟淑德,以配君子,无患可矣。”颛不敢沮,而绍卒诛。陈思忠居父丧,诏夺服,客往吊,思忠辞以辰日不见。克构曰:“事亲者,避嫌可也;既孤矣,则无不哭。”世服其言。天授中,迁麟台监。坐弟为酷吏所陷,流死岭南。

贾敦颐,曹州冤句人。贞观时,数历州刺史,资廉洁。入朝,常尽室行,车一乘,弊甚,羸马绳羁,道上不知其刺史也。久之,为洛州司马,以公累下狱,太宗贳之,有司执不贳,帝曰:“人孰无过,吾去太甚者。若悉绳以法,虽子不得于父,况臣得事其君乎?”遂获原。徙瀛州刺史,州濒滹沱、滱二水,岁溢溢,坏室庐,寖洳数百里。敦颐为立堰庸,水不能暴,百姓利之。时弟敦实为饶阳令,政清静,吏民嘉美。旧制,大功之嫌不连官,朝廷以其兄弟治行相高,故不徙以示宠。永徽中,迁洛州。洛多豪右,占田类逾制,敦颐举没者三千余顷,以赋贫民,发奸擿伏,下无能欺。卒于官。

咸亨初,敦实为洛州长史,亦宽惠,人心怀向。洛阳令杨德干矜酷烈,杖杀人以立威,敦实喻止,曰:"政在养人,伤生过多,虽能,不足贵也。"德干为衰减。始,洛人为敦颐刻碑大市旁,及敦实入为太子右庶子,人复为立碑其侧,故号"常棣碑"。历怀州刺史,有美迹。永淳初致仕,病笃,子孙迎医,敦实不肯见,曰:"未闻良医能治老也。"卒,年九十余。子膺福,左散骑常侍、昭文馆学士,以窦怀贞党诛。

德干历泽、齐、汴、相四州刺史,有威严,时语曰:"宁食三斗炭,不逢杨德干。"天授初,子神让与徐敬业起兵,皆及诛。

田仁会,雍州长安人。祖轨,隋幽州刺史,封信都郡公。父弘袭封,至陵州刺史。仁会擢制举,仕累左武候中郎将。太宗征辽东,而薛延陀以数万骑掩河内,诏仁会与执失思力率兵击败之,尾逐数百里,延陀几生得,玺书嘉尉。永徽中,为平州刺史,岁旱,自暴以祈,而雨大至,谷遂登。人歌曰:"父母育我兮田使君,挺精诚兮上天闻,中田致雨兮山出云,仓禀实兮礼义申,愿君常在兮不患贫。"五迁胜州都督,境有凤贼,依山剽行人,仁会发骑捕格,夷之。城门夜开,道无寇迹。入为太府少卿,迁右金吾将军。所得禄俸有赢,辄入之官,人以为尚名。然资强挚疾恶。昼夜循行,有丝毫奸必发,廷中谪罚日数百,京师无贵贱举惮之。巫传鬼道惑众,自言能活死人,市里尊神,仁会劾徙于边。转右卫将军,以年老乞骸骨,卒,年七十八,谥曰威。

子归道,明经及第,累擢通事舍人内供奉、左卫郎将。突厥默啜请和,武后诏将军阎知微册可汗号,持节往。默啜又遣使谢,知微遇诸道,即与绯袍银带,因表使者即到,请备礼廷赐。归道谏曰:"虏背惠且积年,今悔过入朝,解辫削衽,宜待天旨。而知微擅赐使,朝廷何以加之？宜敕初服，须天子命。小国使者，不足备礼迓之。"后从焉。默啜将至单于都护府，诏归道摄司宾卿往劳。默啜请六胡州及都护府地不得，大怨望，执归道将害之。归道色不桡，罾且让，为陈祸福，默啜亦悔。会有诏赐默啜粟三万石，彩五万段，农器三千，且许结婚，于是更以礼遣。归道既还，具陈默啜不臣状，请备边。已而果反，乃擢归道夏官侍郎，益亲信。

迁左金吾将军、司膳卿，押千骑宿卫玄武门。桓彦范等诛二张，而归道不豫闻，及索骑士，拒不应。事平，彦范欲诛之，以辞直，免还私第。然中宗壮其守，召拜太仆少卿，迁殿中少监、右金吾将军。卒，赠辅国大将军，追封原国公，谥曰烈，帝自为文以祭。

子宾庭，开元时至光禄卿。

裴怀古，寿州寿春人。仪凤中，上书阙下，补下邽主簿，频迁监察御史。姚、巂道蛮反，命怀古驰驿往怀辑之，申明诛赏，归者日千计。俄缚首恶，遂定南方，蛮夏立石著功。恒州浮屠为其徒诬告祝诅不道，武后怒，命按诛之。怀古得其枉，为后申析，不听，因曰："陛下法与天下画一，岂使臣杀无辜以希盛旨哉？即其人有不臣状，臣何情宽之？"后意解，得不诛。

阎知微之使突厥，怀古监其军。默啜胁知微称可汗，又欲官怀古，不肯拜，将杀之。辞曰："守忠而死与毁节以生孰与？请就斩，不避也。"遂囚军中，因得亡，而素尪弱，不能骑，宛转山谷间，仅达并州。时长史武重规纵暴，左右妄杀人取赏，见怀古至，急执之。有果毅尝识怀古，疾呼曰："裴御史也。"遂免。迁祠部员外郎。

姚、巂酋等叩阙下，愿得怀古镇安远夷，拜姚州都督，以疾辞。始安贼欧阳倩众数万，剽没州县，以怀古为桂州都督招尉讨击使，未逾岭，逆以书谕祸福，贼迎降，自陈为吏侵而反。怀古知其诚，以为示不疑，可破其谋，乃轻骑赴之。或曰："獠夷难亲，备之且不信，况易之哉！"答曰："忠信可通神明，况裔人邪！"身至壁抚谕，倩等大喜，悉归所掠出降，虽诸洞素翻覆者，亦牵连根附，岭外平。

徙相州刺史、并州大都督长史,所至吏民怀爱。神龙中,召为左羽林大将军,未至官,还为并州。人知其还,携扶老稚出迎。崔宣道始代为长史,亦野次。怀古不欲厚愧宣道,使人驱迎者还,而来者愈众,得人心类如此。俄转幽州都督,绥怀两蕃,将举落内属,会以左威卫大将军召,而孙佺代之,佺不知兵,遂败其师。卒于官。

怀古清介审慎,在幽州时,韩琬以监察御史监军,称其"驭士信,临财廉,国名将"云。

韦景骏,司农少卿弘机孙。中明经。神龙中,历肥乡令。县北濒漳,连年泛溢,人苦之。旧防迫漕渠,虽峭岸,随即坏决。景骏相地势,益南千步,因高筑鄣,水至堤趾辄去,其北燥为腴田。又维艦以梁其上,而废长桥,功少费约,后遂为法。方河北饥,身巡闾里,劝人通有无,教导抚循,县民独免流散。及去,人立石著其功。后为贵乡令,有母子相讼者,景骏曰:"令少不天,常自痛。尔幸有亲,而忘孝邪? 教之不孚,令之罪也。"因呜咽流涕,付授《孝经》,使习大义。于是母子感悟,请自新,遂为孝子。当时治有名者:景骏与清漳令冯元淑、临洺令杨茂谦三人。

景骏后数年为赵州长史,道出肥乡,民喜,争奏酒食迎犒,有小儿亦在中。景骏曰:"方儿曹未生,而吾去邑,非有旧恩,何故来?"对曰:"耆老为我言,学庐、馆舍、桥鄣皆公所治,意公为古人,今幸亲见,所以来。"景骏为留终日。后迁房州刺史。州穷险,有蛮夷风,无学校,好祀淫鬼。景骏为诸生贡举,通隘道,作传舍,罢祠房无名者。景骏之治民,求所以便之,类如此。转奉天令,未行,卒。

茂谦擢制举,授左拾遗内供奉,为吏介而勤,历秘书郎。始窦怀贞雅重其材,及执政,荐为大理正、左台御史中丞。开元初,出为魏州刺史、河北道按察使。与司马张怀玉同乡,长相善,洎晚有隙,掉评短长,左迁桂州都督。徙广州,卒。

景骏子述,自有传。

李惠登,营州柳城人,为平卢军裨将。安禄山乱,从董秦泛海,略定沧、棣等州。轻兵远斗,贼不支,战辄北。史思明反,惠登陷贼,以计挺身走山南,依来瑱,表试金吾卫将军。李希烈反,属以兵二千,使屯隋州,惠登挈州以归,即拜刺史。州数被乱,野如艺,人无处业。惠登虽朴素无学术,而视人所谓利者行之,所谓害者去之,率心所安,暗与古合。政清静,居二十年,田亩辟,户口日增,人歌舞之。于是节度使于顿状其绩,诏加御史大夫,升隋为上州。俄检校国子祭酒,卒,赠洪州都督。

罗珦,越州会稽人。宝应初,诣阙上书,授太常寺太祝。曹王皋领江西、荆襄节度使,常署幕府,迁累副使。皋卒,军乱,劫府库,珦取首恶十余人斩以徇,环棘廷中,俾投所劫库物,一日皆满,乃贳余党。召为奉天令。中官出入系道,吏缘以犯禁,珦榜笞之,虽死不置,自是屏息。擢庐州刺史。民间病者,舍医药,祷淫祀,珦下令止之。修学官,政教简易,有芝草、白雀。淮南节度使杜佑上治状,赐金紫服。再迁京兆尹,请减平籴半,以常赋充之,人赖其利。以老病求解,徙太子宾客,累封襄阳县男。卒,谥曰夷。

子让,字景宣,以文学蚤有誉,举进士、宏辞、贤良方正,皆高第,为咸阳尉。父丧,几毁灭。服除,布衣粝饭,不应辟署十余年。淮南节度使李鄘即所居敦请置幕府,除监察御史,位给事中,累迁福建观察使,兼御史中丞。有仁惠名。或以婢遗让者,问所从,答曰:"女兄九人皆为官所卖,留者独老母耳。"让惨然为爇券,召母归之。入为散骑常侍,拜江西观察使,卒,年七十一,赠礼部尚书。

韦丹,字文明,京兆万年人,周大司空孝宽六世孙。高祖琨,以洗马事太子承乾,谏不听。太宗才之,擢给事中。高宗在东宫,为中舍人,封武阳县侯。孝敬为太子,琨以右中护为詹事。卒,赠秦州都督,谥曰贞。

丹蚤孤,从外祖颜真卿学,擢明经,调安远令,以让庶兄,入紫阁山事从父能。复举《五经》高第，历咸阳尉，张献甫表佐邠宁幕府。顺宗为太子，以殿中侍御史召为舍人。新罗国君死，诏拜司封郎中往吊。故事，使外国，赐州县十官，卖以取赀，号"私觌官"。丹曰："使外国，不足于资，宜上请，安有贸官受钱？"即具疏所宜费，帝命有司与之，因著令。未行，而新罗立君死，还为容州刺史。教民耕织，止惰游，兴学校，民贫自鬻者，赎归之，禁吏不得掠为隶。始城州，周十三里，屯田二十四所，教种茶、麦，仁化大行。迁河南少尹，未至，徙义成军司马。以谏议大夫召，有直名。

刘辟反，议者欲释不诛，丹上疏，以为"孝文世，法废人慢，当济以威，今不诛辟，则可使者唯两京耳"。宪宗褒美。会辟围梓州，乃授丹剑南东川节度使，代李康。至汉中，上言康守方尽力，不可易。召还议蜀事。辟去梓，因以让高崇文，乃拜晋慈隰州观察使，封武阳郡公。阅岁，自陈所治三州，非要害地，不足张职，为国家费，不如属之河东，帝从之。

徙为江南西道观察使。丹计口受俸，委余于官，罢八州冗食者，收其财。始，民不知为瓦屋，草茨竹椽，久燥则戛而焚。丹召工教为陶，聚材于场，度其费为估，不取赢利。人能为屋者，受材瓦于官，免半赋，徐取其偿；逃未复者，官为为之；贫不能者，畀以财。身往劝督。置南北市，为营以舍军，岁中旱，募人就功，厚与直，给其食。为衢南北夹两营，东西七里。以废仓为新厩，马息不死。筑堤捍江，长十二里，窦以疏涨。凡为陂塘五百九十八所，灌田万二千顷。有吏主仓十年，丹覆其粮，亡三千斛，丹曰："吏岂自费邪？"籍其家，尽得文记，乃权吏所夺，召诸吏曰："若恃权取于仓，罪也，与若期一月还之。"皆顿首谢，及期无敢违。有卒违令当死，释不诛，去，上书告丹不法，诏丹解官待辨。会卒，年五十八。验卒所告，皆不实，丹治状愈明。

大和中，裴谊观察江西，上言为丹立祠堂，刻石纪功，不报。宣宗读《元和实录》，见丹政事卓然，它日与宰相语："元和时治民孰第一？"周墀对："臣尝守江西，韦丹有大功，德被八州，殁四十年，老幼思之不忘。"乃诏观察使纪干隽上丹功状,命刻功于碑。

子宙,推荫累调河南府司录参军,李珏表河阳幕府。宣宗谓宰相墀曰:"丹有子否?"以宙对。帝曰:"与好官。"乃拜侍御史,三迁度支郎中。

卢钧节度太原,表宙为副。是时,回鹘已破诸部,入塞下,剽杀吏民。钧欲得信重吏视边,宙请往。自定襄、雁门、五原,绝武州塞,略云中,逾句注,偏见酋豪,镌谕之。视亭障守卒,增其禀。约吏不得擅以兵侵诸戎,犯者死,于是三部六蕃诸种皆信悦。召拜吏部郎中。出为永州刺史。州方灾歉,乃斥官下什用所以供刺史者,得九十余万钱,为市粮饷。俗不知法,多触罪,宙为书制律并种植为生之宜,户给之。州负岭,转饷艰险,每饥,人辄莩死,宙始筑常平仓,收谷羡余以待乏。罢冗役九百四十四员。县旧置吏督赋,宙俾民自输,家十相保,常先期。湘源生零陵香,岁市上供,人苦之,宙为奏罢。民贫无牛,以力耕,宙为置社,二十家月会钱若干,探名得者先市牛,以是为准,久之,牛不乏。立学官,取仕家子弟十五人充之。初,俚民婚,出财会宾客,号"破酒",昼夜集,多至数百人,贫者犹数十;力不足,则不迎,至淫奔者。宙条约,使略如礼,俗遂改。邑中少年,常以七月击鼓,群入民家,号"行盗",皆迎为辨具,谓之"起盆",后为解素,喧呼疢斗,宙至,一切禁之。

还为大理少卿。久之,拜江西观察使,政简易,南方以为世官。迁岭南节度使。南诏陷交趾,抚兵积备,以干闻。加检校尚书左仆射、同中书门下平章事。咸通中卒。

宙弟岫,字伯起,亦有名。宙在岭南,以从女妻小校刘谦,或谏止之,岫曰:"吾子孙或当依之。"谦后以功为封州刺史,生二子,即隐、龚。卢携举进士,陋甚,岫独谓携必大用。携执政,岫自泗州刺史擢福建观察使云。

卢弘宣,字子章,元和中,擢进士第。郑权帅襄阳,辟署幕府。李愬代权,又二人交憾。弘宣始谒愬,愬敕左右谨卫,既与语,见其冲远，不觉洗然。裴度留守东都，表为判官，迁累给事中。驸马都尉韦处仁拜虢州刺史，弘宣谓非所任，还诏不下。

开成中，山南、江西大水，诏弘宣与吏部郎中崔璵分道赈恤，使有指。还，迁京兆尹、刑部侍郎。拜剑南东川节度使。时岁饥，盗贽结，酋豪自王，伪署官吏，发敷□庱，招亡命，联蓬、泸、嘉、荣诸州，诖蛮落摇乱，根株磐炽。弘宣下檄胁谕，贼党稍降，其黠强者署军中，屠无能还之农。魁长逃入峡中，吏捕诛之。徙义武节度使。弘宣性宽厚，政目简省，人便安之，然犯者不甚贷。河朔故法，偶语军中则死，弘宣始除之。初，诏赐其军粟三十万斛，贮飞狐，弘宣计辇费不能满直，敕吏守之。明年春，大旱，教民随力往取，时幽、魏饥甚，独易、定自如。至秋，悉收所贷，军食以饶。历工部尚书、秘书监，以太子少傅致仕。卒，年七十七，赠尚书右仆射。弘宣患士庶人家祭无定仪，乃合十二家法，损益其当，次以为书。

子告，字子有，及进士第，终给事中。

薛元赏，亡里系所来。大和初，自司农少卿，出为汉州刺史。时李德裕为剑南西川节度使，会维州降，德裕受之以闻，牛僧孺沮其议，执还之。元赏上书极言可因抚之，溃虏膺服，不可失。不省。段文昌代德裕，状元赏治当最。迁累司农卿、京兆尹。出为武宁节度使，罢泗口猥税，人以为便。俄徙邠宁。

会昌中，德裕当国，复拜京兆尹。都市多侠少年，以黛墨镵肤，夸诡力，剽夺坊间。元赏到府三日，收恶少，杖死三十余辈，陈诸市，余党惧，争以火灭其文。元赏长吏事，能推言时弊，件白之。禁屯怙势扰府县，元赏数与争，不少纵，由是军暴折戢，百姓赖安。就加检校吏部尚书。阅岁，进工部尚书，领诸道盐铁转运使。德裕用元赏弟元龟为京兆少尹，知府事。宣宗立，罢德裕，而元龟坐贬崖州司户参军，元赏下除袁王傅。久之，复拜昭义节度使，卒。

何易于，不详何所人及所以进。为益昌令。县距州四十里，刺

史崔朴常乘春与宾属泛舟出益昌旁，索民挽纤，易于身引舟，朴惊
问状，易于曰："方春，百姓耕且蚕，惟令不事，可任其劳。"朴愧，与
宾客疾驱去。盐铁官榷取茶利，诏下，所在毋敢隐。易于视诏书曰：
"益昌人不征茶且不可活，矧厚赋毒之乎？"命吏阁诏，吏曰："天子
诏何敢拒？吏坐死，公得免窜邪？"对曰："吾敢爱一身，移暴于民乎？
亦不使罪尔曹。"即自焚之。观察使素贤之，不劾也。民有死丧不能
具葬者，以俸敕吏为办。召高年坐，以问政得失。凡斗民在廷，易于
丁宁指晓枉直，杖楚遣之，不以付吏。狱三年无囚。督赋役不忍迫下
户，或以俸代输。馈给往来，传符外一无所进，故无异称。以中上考，
迁罗江令。刺史裴休尝至其邑，导侍不过三人，廉约盖资性云。

唐书卷一九八
列传第一二三

儒学上

徐文远　　陆德明　　曹宪　　颜师古

相时　游秦　**孔颖达**　王恭　马嘉运

欧阳询　通　朱子奢　张士衡

贾大隐　**张后胤**　盖文达　文懿

谷那律　从政　萧德言　许叔牙　子儒

敬播　刘伯庄　秦景通　刘讷言　**罗道琮**

　　高祖始受命，锄頛类夷荒，天下略定，即诏有司立周公、孔子庙于国学，四时祠。求其后，议加爵土。国学始置生七十二员，取三品以上子、弟若孙为之；太学百四十员，取五品以上；四门学百三十员，取七品以上。郡县三等，上郡学置生六十员，中、下以十为差；上县学置生四十员，中、下亦以十为差。又诏宗室、功臣子孙就秘书外省，别为小学。

　　太宗身櫜鞬，风缅露沐，然锐情经术，即王府开文学馆，召名儒十八人为学士，与议天下事。既即位，殿左置弘文馆，悉引内学士番宿更休，听朝之间，则与讨古今，道前王所以成败，或日昃夜艾，未尝少息。贞观六年，诏罢周公祠，更以孔子为先圣，颜氏为先师，尽召天下惇师老德以为学官。数临幸观释菜,命祭酒博士讲论经义,赐以束帛。生能通一经者,得署吏。广学舍千二百区,三学益生员,并置书、算二学,皆有博士。大抵诸生员至三千二百。自玄武屯营飞骑,皆给博士受经,能通一经者,听入贡限。四方秀艾,挟策负素,坌集京师,文治熠然勃兴。于是新罗、高昌、百济、吐蕃、高丽等群酋长并遣子弟入学,鼓箧踵堂者,凡八千余人。纡侈袂,曳方履,闿闿秩秩,虽三代之盛,所未闻也。帝又雠正《五经》缪缺,颁天下示学者,与诸儒稡章句为义疏,俾久其传。因诏前代通儒梁皇侃褚仲都、周熊安生沈重、陈沈文阿周弘正张讥、隋何妥刘炫等子孙,并加引擢。二十一年,诏“左丘明、卜子夏、公羊高、谷梁赤、伏胜、高堂生、戴圣、毛苌、孔安国、刘向、郑众、杜子春、马融、卢植、郑玄、服虔、何休、王肃、王弼、杜预、范宁二十一人,用其书,行其道,宜有以褒大之,自今并配享孔子庙廷。”于是唐三百年之盛,称贞观,宁不其然。

高宗尚吏事,武后矜权变,至诸王驸马皆得领祭酒。初,孔颖达等始署官,发《五经》题与诸生酬问,及是,惟判祥瑞案三牒即罢。

玄宗诏群臣及府郡举通经士,而褚无量、马怀素等劝讲禁中,天子尊礼,不敢尽臣之。置集贤院部分典籍、乾元殿博汇群书至六万卷,经籍大备,又称开元焉。禄山之祸,两京所藏,一为炎埃,官膡私褚,丧脱几尽,章甫之徒,劫为缦胡。于是嗣帝区区救乱未之得,安暇语贞观、开元事哉?自杨绾、郑余庆、郑覃等以大儒辅政,议优学科,先经谊,黜进士,后文辞,亦弗能克也。文宗定《五经》,镵之石,张参等是正讹文,寥寥一二可纪。由是观之,始未尝不成于艰难,而后败于易也。

尝论之,武为救世砭剂,文其膏粱欤!乱已定,必以文治之。否者,是病损而进砭剂,其伤多矣!然则武得之,武治之,不免霸且盗,圣人反是而王。故曰武创业,文守成,百世不易之道也。若乃举天下一之于仁义,莫若儒。儒待其人,乃能光明厥功,宰相大臣是已。至专诵习传授、无它大事业者,则次为《儒学篇》。

　　徐旷,字文远,以字行。南齐司空孝嗣五世孙。父彻,梁秘书郎,尚元帝女安昌公主。江陵陷,俘以西,客偃师,贫不能自给。兄文林鬻书于肆,文远日阅之,因博通《五经》,明《左氏春秋》。时耆儒沈重讲太学,授业常千人,文远从之质问,不数日辞去。或问其故,答曰:"先生所说,纸上语耳。若奥境,彼有所未见者,尚何观?"重知其语,召与反复研辩,嗟叹其能。性方正,举动纯重,窦威、杨玄感、李密、王世充皆从受学。

　　隋开皇中,累迁太学博士,诏与汉王谅授经。会谅反,除名为民。大业初,礼部侍郎许善心荐文远及包恺、褚徽、陆德明,鲁达为学官,擢国子博士,恺等为太学博士,世称《左氏》有文远,礼有褚徽,《诗》有鲁达,《易》有陆德明,皆一时冠云。文远说经,偏举先儒异论,分明是非,乃出新意以折衷,听者忘劳。越王侗署国子祭酒。

　　时洛阳饥,文远自出城樵拾,为李密所得。密使文远南向坐,备弟子礼拜之,文远谢曰:"前日先王之道授将军,今将军拥兵百万,威振四海,犹能屈体老夫,此盛德也,安敢不尽?将军若欲为伊、霍,继绝扶倾,吾虽老,犹愿尽力;如为莽、卓,乘危迫险,则仆耄矣,无能为也!"密顿首曰:"幸得位上公,思所以竭力,先征化及刷国耻,然后入见天子,请罪于有司,惟先生教之。"答曰:"将军,名臣子,累世尽节,前陷玄感党,迷未远而复,今若终之以忠,天下之人所望于将军者。"密顿首曰:"恭闻命。"俄而世充专制,密又问焉,对曰:"彼残忍而意褊促,必速于乱,将军非破之不可以朝。"曰:"常谓先生儒者,不学军旅,至筹大计,乃明略过人。"

　　密败,复入东都。世充给稍异等,而文远见辄先拜。或问:"君踞见李密而下王公,何邪?"答曰:"密,君子,能受郦生之揖;世充,小人,无容故人义。相时而动可也。"世充僭号,以为国子博士。子士会奔长安,世充怒绝其禀,文远饿几死数矣。身出樵,为罗士信所获,送京师,仍为国子博士。

　　高祖幸国学观释奠,文远发《春秋》题,论难锋生,随方占对,莫能屈。帝异之,封东莞县男。卒,年七十四。

孙有功,自有传。

陆元朗,字德明,以字行,苏州吴人。善名理言,受学于周弘正。陈太建中,后主为太子,集名儒入讲承光殿,德明始冠,与下坐。国子祭酒徐孝克敷经,倚贵纵辩,众多下之,独德明申答,屡夺其说,举坐咨赏。解褐始兴国左常侍。陈亡,归乡闾。

隋炀帝擢秘书学士。大业间,广召经明士,四方踵至。于是德明与鲁达、孔褒共会门下省相酬难,莫能诎。迁国子助教。越王侗署为司业,入殿中授经。王世充僭号,封子玄恕为汉王,以德明为师,即其庐行束修礼。德明耻之,服巴豆剂,僵偃东壁下。玄恕入拜床垂,德明对之遗利,不复开口,遂移病成皋。

世充平,秦王辟为文学馆学士,以经授中山王承乾,补太学博士。高祖已释奠,召博士徐文远、浮屠慧乘、道士刘进喜各讲经,德明随方立义,遍析其要。帝大喜曰:"三人者诚辩,然德明一举辄蔽,可谓贤矣!"赐帛五十匹,迁国子博士,封吴县男。卒。

论撰甚多,传于世。后太宗阅其书,嘉德明博辩,以布帛二百段赐其家。子敦信,麟德中,繇左侍极检校右相,累封嘉兴县子,以老疾致仕,终大司成。

曹宪,扬州江都人。仕隋为秘书学士,聚徒教授凡数百人,公卿多从之游。于小学家尤邃,自汉杜林、卫宏以后,古文亡绝,至宪复兴。炀帝令与诸儒撰《桂苑珠丛》,规正文字。又注《广雅》,学者推其该,藏于秘书。

贞观中,扬州长史李袭誉荐之,以弘文馆学士召,不至,即家拜朝散大夫,当世荣之。太宗尝读书,有奇难字,辄遣使者问宪,宪具为音注,援验详复,帝咨尚之。卒,年百余岁。

宪始以梁昭明太子《文选》授诸生,而同郡魏模、公孙罗、江夏李善相继传授,于是其学大兴。句容许淹者,自浮屠还为儒,多识广闻,精故训,与罗等并名家。罗,官沛王府参军事、无锡丞。模,武后时为左拾遗，子景倩亦世其学，以拾遗召，后历度支员外郎。善，见子邕传。

颜师古，字籀，其先琅邪临沂人。祖之推，自高齐入周，终隋黄门郎，遂居关中，为京兆万年人。父思鲁，以儒学显。武德初，为秦王府记室参军事。

师古少博览，精故训学，善属文。仁寿中，李纲荐之，授安养尉。尚书左仆射杨素见其年弱，谓曰："安养，剧县，子何以治之？"师古曰："割鸡未用牛刀。"素惊其言大，后果以干治闻。时薛道衡为襄州总管，与之推旧，佳其才，每作文章，令指摘疵短。俄失职，归长安，不得调，窭甚，资教授为生。

高祖入关，谒见长春宫，授朝散大夫，拜敦煌公府文学，累迁中书舍人，专典机密。师古性敏给，明练治体。方军国务多，诏令一出其手，册奏之工，当时未有及者。太宗即位，拜中书侍郎，封琅邪县男，以母丧解。服除，还官。岁余，坐公事免。

帝尝叹《五经》去圣远，传习寖讹，诏师古于秘书省考定，多所厘正。既成，悉诏诸儒议，于是各执所习，共非诘师古。师古辄引晋、宋旧文，随方晓答，谊据该明，出其悟表，人人叹服。寻加通直郎、散骑常侍。帝因颁所定书于天下，学者赖之。

俄拜秘书少监，专刊正事，古篇奇字世所惑者，讨析申执，必畅本源。然多引后生与雠校，抑素流，先贵势，虽商贾富室子，亦窜选中，由是素议薄之，斥为郴州刺史。未行，帝惜其才，让曰："卿之学，信可称者，而事亲居官，朕无闻焉。今日之行，自谁取之？念卿曩经任使，朕不忍弃，后宜自戒。"师古谢罪，复留为故官。

师古性简峭，视辈行傲然，罕所推接。既负其才，早见驱策，意望甚高。及是频被遣，仕益不进，闷然丧沮，乃阖门谢宾客，巾褐裙帔，放情萧散，为林墅之适。多藏古图画、器物、书帖，亦性所笃爱。与撰《五礼》成，进爵为子。又为太子承乾注班固《汉书》上之，赐物二百段、良马一，时人谓杜征南、颜秘书为左丘明、班孟坚忠臣。

帝将有事泰山，诏公卿博士杂定其仪，而论者争为异端，师古奏："臣撰定《封禅仪注书》在十一年，于时诸儒谓为适中。"于是以付有司，多从其说。迁秘书监、弘文馆学士。十九年，从征辽，道病卒，年六十五，谥曰戴。

其所注《汉书》、《急就章》大显于时。永徽三年，子扬廷为符玺郎，表上师古所撰《匡谬正俗》八篇。

初，思鲁与妻不相宜，师古苦谏，父不听，情有所隔，故帝及之。

师古弟相时，字睿，亦以学闻。为天策府参军事。贞观中，累迁谏议大夫，有争臣风。转礼部侍郎。嬴瘠多病，师古死，不胜哀而卒。

师古叔游秦，武德初，累迁廉州刺史，封临沂县男。时刘黑闼初平，人多强暴，比游秦至，礼让大行，邑里歌之，高祖下玺书奖劳。终郓州刺史。撰《汉书决疑》，师古多资取其义。

孔颖达，字仲达，冀州衡水人。八岁就学，诵记日千余言，暗记《三礼义宗》。及长，明服氏《春秋传》、郑氏《尚书诗礼记》、王氏《易》，善属文，通步历。尝造同郡刘焯，焯名重海内，初不之礼。及请质所疑，遂大畏服。

隋大业初，举明经高第，授河内郡博士。炀帝召天下儒官集东都，诏国子秘书学士与论议，颖达为冠，又年最少，老师宿儒耻出其下，阴遣客刺之，匿杨玄感家得免。补太学助教。隋乱，避地虎牢。

太宗平洛，授文学馆学士，迁国子博士。贞观初，封曲阜县男，转给事中。时帝新即位，颖达数以忠言进。帝问："孔子称'以能问于不能，以多问于寡，有若无，实若虚'。何谓也？"对曰："此圣人教人谦耳。已虽能，仍就不能之人以咨所未能；已虽多，仍就寡少之人更资其多。内有道，外若无；中虽实，容若虚。非特匹夫，君德亦然。故《易》称'蒙以养正'，'明夷以莅众'。若其据尊极之位，炫聪耀明，恃才以肆，则上下不通。君臣道乖。自古灭亡，莫不由此。"帝称善。除国子司业，岁余，以太子右庶子兼司业。与诸儒议历及明堂事，多从其说。以论撰劳，加散骑常侍，爵为子。

皇太子令颖达撰《孝经章句》，因文以尽箴讽。帝知数争太子失，赐黄金一斤、绢百匹。久之拜祭酒，侍讲东宫，帝幸太学观释菜，命颖达讲经，毕，上《释奠颂》，有诏褒美。后太子稍不法，颖达争不已，乳夫人曰："太子既长，不宜数面折之。"对曰："蒙国厚恩，虽死不恨。"剀切愈至。后致仕，卒，陪葬昭陵，赠太常卿，谥曰宪。

初，颖达与颜师古、司马才章、王恭、王琰受诏撰《五经》义训凡百余篇，号《义赞》，诏改为《正义》云。虽包贯恂家为详博，然其中不能无谬冗，博士马嘉运驳正其失，至相讥诋。有诏更令裁定，功未就。永徽二年，诏中书门下与国子三馆博士、弘文馆学士考正之，于是尚书左仆射于志宁、右仆射张行成、侍中高季辅就加增损，书始布下。

颖达子志，终司业。志子惠元，力学寡言，又为司业，擢累太子谕德。三世司业，时人美之。

王恭者，滑州白马人。少笃学，教授乡间，弟子数百人。贞观初，召拜太学博士，讲《三礼》，别为《义证》，甚精博。盖文懿、文达皆当时大儒，每讲遍举先儒义，而必畅恭所说。

马嘉运，魏州繁水人。少为沙门，还治儒学，长论议。贞观初，累除越王东阁祭酒。退隐白鹿山，诸方来授业至千人。十一年，召拜太学博士、弘文馆学士，以孔颖达《正义》繁酿，故掎摭其疵，当世诸儒服其精。高宗为太子，引为崇贤馆学士，数与洗马秦昖侍讲宫中，终国子博士。

欧阳询，字信本，潭州临湘人。父纥，陈广州刺史，以谋反诛。询当从坐，匿而免。江总以故人子，私养之。貌寝侻，敏悟绝人。总教以书记，每读辄数行同尽，遂博贯经史。仕隋，为太常博士。高祖微时，数与游，既即位，累擢给事中。

询初仿王羲之书，后险劲过之，因自名其体。尺牍所传，人以为法。高丽尝遣使求之，帝叹曰："彼观其书，固谓形貌魁梧邪？"尝行见索靖所书碑，观之，去数步复返，及疲，乃布坐，至宿其傍，三日乃得去。其所嗜类此。

贞观初，历太子率更令、弘文馆学士，封渤海男。卒，年八十五。

子通，仪凤中累迁中书舍人。居母丧，诏夺哀。每入朝，徒跣及门。夜直，藉藁以寝。非公事不语，还家辄号恸。年饥，未克葬，居庐四年，不释服。冬月，家人以毡絮潜置席下，通觉，即彻去。迁累殿中监，封渤海子。天授初，转司礼卿，判纳言事。辅政月余，会凤阁舍人张嘉福请以武承嗣为太子，通与岑长倩等固执，忤诸武意。及长倩下狱，坐大逆死，来俊臣并引通同谋，通虽被惨毒无异词，俊臣代占，诛之。神龙初，追复官爵。

通蚤孤，母徐教以父书，惧其堕，尝遗钱使市父遗迹，通乃刻意临仿以求售，数年，书亚于询，父子齐名，号"大小欧阳体"。褚遂良亦以书自名，尝问虞世南曰："吾书何如智永？"答曰："吾闻彼一字直五万，君岂得此？"曰："孰与询？"曰："吾闻询不择纸笔，皆得如志，君岂得此？"遂良曰："然则何如？"世南曰："君若手和笔调，固可贵尚。"遂良大喜。通晚自矜重，以狸毛为笔，覆以兔毫，管皆象犀，非是未尝书。

朱子奢，苏州吴人，从乡人顾彪授《左氏春秋》，善文辞。隋大业中，为直秘书学士。天下乱，辞疾还乡里。后从杜伏威入朝，授国子助教。

太宗贞观初，高丽、百济同伐新罗，连年兵不解。新罗告急，帝假子奢员外散骑侍郎，持节谕旨，平三国之憾。子奢有仪观，夷人尊畏之。二国上书谢罪，赠遗甚厚。初，子奢行，帝戒曰："海夷重学，卿为讲大谊，然勿入其币，还当以中书舍人处卿。"子奢唯唯。至其国，为发《春秋》题，纳其美女。帝责违旨，而犹爱其才，以散官直国子学，累转谏议大夫、弘文馆学士。

始，武德时，太庙享止四室，高祖崩，将祔主于庙，帝诏有司详议。子奢建言:"汉丞相韦玄成奏立五庙,刘歆议当七,郑玄本玄成,王肃宗歆,于是历代庙议不能一。且天子七庙,诸侯五,降杀以两礼之正也。若天子与子、男同,则间无容等,非德厚游广、德薄游狭之义。臣请依古为七庙。若亲尽,则以王业所基为太祖,虚太祖室以俟无疆,迭迁乃处之。"于是尚书共奏:"自《春秋》以来,言天子七庙,诸侯五,大夫三,士二。推亲亲,显尊尊,为不可易之法,请建亲庙六。"诏可。乃祔弘农府君、高祖神主为六室。及帝崩,礼部尚书许敬宗议:"弘农府君庙应毁。按玄成说,毁庙主当瘗,且四海常所宗享矣,举而瘗之,非神理所惬。晋范宣议别庙以奉毁庙之主,或言当藏天府。天府,瑞异所舍也。《礼》去祧有坛有墠,臣皆所未安。唐家宗庙,共殿异室,以右为首。若奉迁主纳右夹室,而得尊处,祈之祷之未绝也。"有诏如敬宗议。然言七庙者,本之子奢。

帝尝诏:"起居纪录臧否,朕欲见之以知得失,若何?"子奢曰:"陛下所举无过事,虽见无嫌,然以此开后世史官之祸,可惧也。史官全身畏死,则悠悠千载,尚有闻乎?"

池阳令崔文康坐事,栎阳尉魏礼臣劾治,狱成,御史言其枉。礼臣诉御史阿党,乞下有司杂讯,不如所言请死。鞫报礼臣不实,诏如请。子奢曰:"在律,上书不实有定罪,今抵以死,死者不可复生,虽欲自新弗可得。且天下惟知上书获罪,欲自言者,皆惧而不敢申矣。"诏可。

子奢为人乐易,能剧谈,以经谊缘饰。每侍宴,帝令论难群臣,恩礼甚笃。卒于官。

张士衡,瀛州乐寿人。父文庆,北齐国子助教。士衡九岁居母丧,哀慕过礼,博士刘轨思见之,为泣下,奇其操,谓文庆曰:"古不亲教子,吾为君成就之。"乃授以《诗》、《礼》。又从熊安生、刘焯等受经,贯知大义。仕隋为余杭令,以老还家。

大业兵起,诸儒废学。唐兴,士衡复讲教乡里。幽州都督燕王灵夔以礼邀聘,北面事之。太子承乾慕风迎致,谒太宗洛阳宫,帝赐食，擢朝散大夫、崇贤馆学士。

太子以士衡齐人也，问高氏何以亡？士衡曰："高阿那瑰之凶险，骆提婆之佞，韩长鸾之虐，皆奴隶才，是信是使，忠良外诛，骨肉内离，剥丧黎元，故周师临郊，人莫为之用，此所以亡。"复问："事佛营福，其应奈何？"对曰："事佛在清静仁恕尔，如贪惏骄虐，虽倾财事之，无损于祸。且善恶必报，若影赴形，圣人言之备矣。为君仁，为臣忠，为子孝，则福祚永；反是而殃祸至矣！"时太子以过失闻，士衡因是规之，然不能用也。太子废，给传罢归乡里，卒。

士衡以《礼》教诸生。

当时显者永平贾公彦、赵李玄植。公彦终太学博士，撰次章句甚多。

子大隐，仪凤中，为太常博士。会太常仲春告瑞太庙，高宗问礼官："何世而然？"大隐对曰："古者祭以首时，荐以仲月。近世元日奏瑞，则二月告庙。告者必有荐，本于始，不得其时焉。"迁累中书舍人。垂拱中，博士周悰请武氏庙为七室，唐庙为五，下比诸侯。大隐奏言："秦、汉母后称制，未有戾古越礼者。悰损国庙数，勃大义，不可以训。"武后不获已，伪听之。时皆服大隐沈正不诡从，有大臣体。终礼部侍郎。

公彦传业玄植，玄植又受《左氏春秋》于王德韶，受《诗》于齐威，该览百家记书。贞观间，为弘文馆直学士。高宗时，数召见，与方士、浮屠讲说。玄植以帝暗弱，颇箴切其短，帝礼之，不寤。坐事迁巴令，卒。

张后胤，字嗣宗，苏州昆山人。祖僧绍，梁零陵太守。父冲，陈国子博士，入隋为汉王谅并州博士。后胤甫冠，以学行禅其家。高祖镇太原，引为客，以经受秦王。义宁初，为齐王文学，封新野县公。武德中，擢员外散骑侍郎，赐宅一区。

太宗即位，进燕王咨议，从王入朝，召见。初，帝在太原，尝问：

"隋运将终,得天下者何姓?"答曰:"公家德业,天下系心,若顺天而动,自河以北,指挥可定。然后长驱关右,帝业可成。"至是自陈所言,帝曰:"是事未始忘之。"乃赐燕月池。帝从容曰:"今日弟子何如?"后胤曰:"昔孔子门人三千,达者无子男之位。臣翼赞一人,乃王天下,计臣之功,过于先圣。"帝为之笑,令群臣以《春秋》酬难。帝曰:"朕昔受大谊于君,今尚记之。"后胤顿首谢曰:"陛下乃生知,臣叨天功为己力,罪也。"帝大悦,迁燕王府司马。出为睦州刺史,乞骸骨,帝见其强力,问欲何官,因陈谢不敢。帝曰:"朕从卿受经,卿从朕求官,何所疑?"后胤顿首,愿得国子祭酒,授之。迁散骑常侍。永徽中致仕,加金紫光禄大夫,朝朔望,禄赐防阁如旧。卒,年八十三,赠礼部尚书,谥曰康,陪葬昭陵。

孙齐丘,历监察御史、朔方节度使,终东都留守,谥曰贞献。子镒,别有传。

盖文达,冀州信都人。博涉前载,尤明《春秋》三家。刺史窦抗集诸生讲论,于是,刘焯、刘轨思、孔颖达并以耆儒开门授业,是日悉至,而文达依经辩举,皆诸儒意所未叩,一坐厌叹。抗奇之,问:"安所从学?"焯曰:"若人歧嶷,出自天然,以多问寡,则焯为之师。"抗曰:"冰生于水而寒于水,其谓此邪?"

武德中,授国子助教,为秦王文学馆直学士。贞观初,擢谏议大夫、兼弘文馆学士,为蜀王师。王有罪,文达免官。拜崇贤馆学士,卒。

宗人文懿,亦以儒学称,当时号"二盖"。高祖于秘书省置学以教王公子,文懿为国子助教。既升席,公卿更相质问,文懿譬晓密微,远近宗仰。终国子博士。

谷那律,魏州昌乐人。贞观中,累迁国子博士。淹识群书,褚遂良尝称为"《九经》库"。迁谏议大夫,兼弘文馆学士。从太宗出猎,遇雨沾渍,因问曰:"油衣若为而无漏邪?"那律曰:"以瓦为之,当不漏。"帝悦其直,赐帛二百段,卒。

孙倚相,仕为秘书省正字,雠覆图书,多所刊定。

子崇义,天宝末为幽州大将,以雄敢闻。历左金吾卫大将军,遂客蓟门。生子从政,略涉儒学,有风操。事李宝臣,历定州刺史,封清江郡王。宝臣及张孝忠妻,其女兄弟也。宝臣初倚任,晚稍疏忌;从政乃阖门谢交游不事。及惟岳知节度,与田悦谋拒天子命,从政谏曰:"上神断,绌诸侯,欲致太平。尔考与燕有切骨恨。天子致讨,命帅莫先于燕。诛怨复仇,必尽力后已。前日而考诛大将百余,子弟存者常不平,乘危相覆,谁不能尔?昔魏有洺、相之围,王师四集,身投零陵,仰天垂泣,不知所出。赖尔考保佑,顿兵不进,而先帝宽厚,廑获赦贷。不然,田氏尚有种乎?今悦凶狡孰与承嗣?尔又幼富贵,不出户廷,便欲旅拒?且人心难知,天道难欺,军中诸将乘危投隙,自古岂少哉!今图久安计,莫若令而兄惟诚摄留后,尔速入宿卫,则福禄可保矣。"不纳。从政塞门移疾不出,惟岳所信王他奴等疑其怨望,日伺之。从政惧,乃吐血,即仰药,五日死,曰:"吾不恨死,而痛渠覆宗矣!"后惟岳被杀于王武俊,如其揣云。

萧德言,字文行,陈吏部郎引子也,系出兰陵。明《左氏春秋》。甫冠,以国子生为岳阳王宾客。陈亡,徙关中。诡浮屠服亡归江南,州县部送京师。仁寿中,授校书郎。贞观时,历著作郎、弘文馆学士。

太宗欲知前世得失,诏魏徵、虞世南、褚亮及德言裒次经史百氏帝王所以兴衰者上之,帝爱其书博而要,曰:"使我稽古临事不惑者,公等力也!"赉赐尤渥。

德言晚节学愈苦,每开经,辄被濯束带危坐,妻子谏曰:"老人何终日自苦?"答曰:"对先圣之言,何复惮劳?"诏以经授晋王。时许叔牙为侍读,同劝讲。王为太子,德言又兼侍读,而叔牙亦兼弘文馆学士。德言请致仕,太宗不许,下诏敦勉。封武阳县侯,进秘书少监,久乃得谢。

高宗立,拜银青光禄大夫,全给其禄,遣通事舍人即家致问。乘舆至肃章门引见,礼遇隆重。由是晋府及东宫旧臣子孙,并增秩赐金。卒,年九十七,赠太常卿,谥曰博。

叔牙字延基,句容人。贞观时,迁晋王府参军事、弘文馆直学士。于《诗》、《礼》尤邃,献《诗纂义》十篇,太子写付司经。御史大夫高智周见之曰:"欲明《诗》者,宜先读此。"

子子儒,字文举,高宗时为奉常博士。初,太尉长孙无忌等议:"祠令及礼用郑玄六天说,圆丘祀昊天上帝,南郊太微感帝,明堂太微五帝。直据纬为说,不指苍旻为天,而以昊天帝当北辰耀魄宝,郊、明堂当太微五帝。唐家祀圆丘,太史所上图,昊天上帝外自有北辰。令李淳风曰'昊天上帝位于坛,北辰、斗列第二垓'。与纬书驳异。司马迁《天官书》,太微宫五精之神,五星所奉,有人主象,故名曰帝,犹房、心有天王象,安得尽为天乎?日月丽于天,草木丽于地,以日月为天,草木为地,昧者不信也。《周官》'兆五帝四郊',又有'祀五帝',皆不言天。知太微之神,非天也。《经》称'郊祀后稷',王肃以郊、圆丘为一,玄析而二之,曰圆丘,曰郊,非圣人意。今祠令固守玄说,与著式相违,宜有刊正。且《经》'严父莫大于配天','宗祀文王于明堂,以配上帝'。明堂之祀,天也,星不足配之矣。《月令》'孟春祈谷上帝',《春秋》'启蛰而郊,郊而后耕',故郊后稷以祈农,《诗》'春夏祈谷于上帝',皆祭天也。著之感帝,尤为不稽。请四郊迎气祀太微五帝,郊、明堂罢六天说,止祀昊天。方丘既祭地,又祭神州北郊,皆不载经,请止一祠。"诏曰:"可。"

乾封初,帝已封禅,复诏祀感帝、神州,以正月祭北郊。司礼少常伯郝处俊等奏言:"显庆定礼,废感帝祀而祈谷昊天,以高祖配。旧祀感帝、神州,以元皇帝配。今改祈谷为祀感帝,又祀神州,还以高祖配,何升降纷纷焉?虞氏禘黄帝,郊喾;夏禘黄帝,郊鲧;殷禘喾,郊冥;周禘喾,郊稷。玄谓禘者,祭天圆丘;郊者,祭上帝南郊。崔灵恩说夏正郊天,王者各祭所出帝,所谓'王者禘祖之所自出,以其祖配之'。则禘远祖,郊始祖也。今禘、郊同祖,礼无所归。神州本祭十月，以方阴用事也。玄说三王之郊，一用夏正。灵恩谓祭神州北郊，以正月。诸儒所言，猥互不明。臣愿会奉常、司成、博士普议。"于是，子儒与博士陆遵楷、张统师、权无二等共白："北郊月不经见，汉光武正月建北郊，咸和中议北郊以正月，武德以来用十月，请循武德诏书。"明年，诏圆方二丘、明堂、感帝、神州宜奉高祖、太宗配，仍祭昊天上帝及五天帝于明堂。

子儒，长寿中，历天官侍郎、弘文馆学士，封颍川县男。以选事委令史句直，日偃卧不下笔，时人语曰"句直平配"。既而补授失序，传为口实。

德言曾孙至忠，自有传。

敬播，蒲州河东人。贞观初，擢进士第。时颜师古、孔颖达撰次隋史，诏播诣秘书内省参纂。再迁行著作佐郎，兼修国史。从太宗伐高丽，而帝名所战山为驻跸，播谓人曰："銮舆不复东矣，山所以名，盖天意也！"其后果然。迁太子司议郎。时初置是官，尤清近，中书令马周叹曰："恨资品妄高，不得历此职！"又与令狐德棻等撰《晋书》，大抵凡例皆播所发也。

有司建言："谋反大逆，惟父子坐死，不及兄弟，请更议。"诏群臣大议，播曰："兄弟虽孔怀之重，然比于父子则轻，故生有异室，死有别宗。今高官重爵，本荫唯逮子孙，而不及昆季，乌得荣隔其荫，而罪均其罚？"诏从播议。

永徽后，仕益贵，历谏议大夫、给事中。始，播与许敬宗撰《高祖实录》，兴创业，尽贞观十四年。至是，又撰《太宗实录》，讫二十三年。坐事出为越州长史，徙安州，卒。

房玄龄尝称播"陈寿之流乎！"玄龄患颜师古注《汉书》文繁，令掇其要为四十篇。是时《汉书》学大兴，其章章者若刘伯庄、秦景通兄弟、刘讷言，皆名家。

伯庄者，彭城人，为弘文馆学士，迁国子博士，与许敬宗等论撰甚多,终崇贤馆学士。自所著书亦百余篇。

子之宏,世其学。武后时,以著作郎兼修国史,终相王府司马。睿宗立,赠秘书监。

景通者,晋陵人。与弟昕俱有名,皆精《汉书》,号"大秦君"、"小秦君"。当时治《汉书》,非其授者,以为无法云。景通仕至太子洗马兼崇贤馆学士。昕后复践其官及职。

讷言,乾封中历都水监主簿,以《汉书》授沛王。王为太子,擢讷言洗马兼侍读。尝集俳谐十五篇,为太子欢。太子废,高宗见怒,除名为民。复坐事流死振州。

罗道琮,蒲州虞乡人。慷慨尚节义。贞观末,上书忤旨,徙岭表。有同斥者死荆、襄间,临终泣曰:"人生有死,独委骨异乡邪?"道琮曰:"吾若还,终不使君独留此。"瘗路左去。岁余,遇赦归,方霖潦积水,失其殡处,道琮恸诸野,波中忽若溢沸者,道琮曰:"若尸在,可再沸。"祝已,水复涌,乃得尸,负之还乡。寻擢明经,仕至太学博士,为时名儒。

唐书卷一九九
列传第一二四

儒学中

郎余令 <small>余庆</small>　徐齐聃 <small>坚 峤</small>

沈伯仪　路敬淳 <small>敬潜</small>　王元感

王绍宗　彭景直　卢粲　尹知章

张齐贤　柳冲　马怀素 <small>殷践猷</small>

孔若思 <small>季诩 至</small>

郎余令，定州新乐人。祖颖，字楚之，与兄蔚之俱有名。隋大业中，为尚书民曹郎，蔚之位左丞。炀帝语称"二郎"。武德时，楚之以大理卿封常山郡公，与李纲、陈叔达定律令。持节谕山东，为窦建德所获，胁以白刃，终不屈。贼平，以老乞身，谥曰平。

余令博于学，擢进士第，授霍王元轨府参军事。从父知年，亦为王友。元轨每曰："郎家二贤皆入府，不意培塿而松柏为林也。"徙幽州录事参军。有为浮屠者，积薪自焚，长史裴㼐率官属将观焉，余令曰："人好生恶死，情也。彼违蔑教义，反其所欲，公当察之，毋轻往。"㼐试谦按，果得其奸。

孝敬在东宫，余令以梁元帝有《孝德传》，更撰《后传》数十篇献太子，太子嗟重。改著作佐郎，卒。

兄余庆，为吏清而刻于法。高宗时，为万年令，道无掇遗。累迁御史中丞，务廉谨下人，引御史坐与论议。吏部侍郎杨思玄倨贵，视选者不以礼，余庆劾免其官。久之，出为苏州刺史。坐累下迁交州都督。

欢州司马裴敬敷与余庆雅故，以事答余庆婢父，婢方嬖，谮敬敷死狱中。又裒货无艺，民诣阙诉之，使者十辈临按，余庆谩澜，不能得其情。最后，广州都督陈善弘按之，余庆自恃在朝廷久，明法令，轻善弘，不置对。善弘怒曰："舞文弄法，吾不及君；今日以天子命治君，吾力有余矣。"欲榜械之，余庆惧，服罪。高宗诏放琼州。会赦当还，朝廷恶其暴，徙春州。

始，余庆治万年，父知运嫌其酷，将杖之，余庆避免。父叹曰："国家用之矣，吾尚奈何！"及为御史中丞，复叹曰："郎氏危矣！"以忧死。余庆卒以贪残废。

徐齐聃，字将道，湖州长城人，世客冯翊。梁慈源侯整四世孙。八岁能文，太宗召试，赐所佩金削刀。举弘文生，调曹王府参军。高宗时，为潞王府文学、崇文馆学士，侍皇太子讲，修书于芳林门。时姑为帝婕妤，嫌以恩进，故求出为桃林令。召为沛王侍读，再迁司议郎，皆不就。累进西台舍人。

咸亨初，诏突厥酋长子弟得事东宫，齐聃上书谏，以为："毡裘冒顿之裔，解辫削衽，使在左右，非所谓'恭慎威仪，以近有德'，'任官惟贤才，左右惟其人'之义。"又长孙无忌以谗死，家庙毁顿，齐聃言于帝曰："齐献公，陛下外祖，虽后嗣有罪，不宜毁及先庙。今周忠孝公庙反崇饰逾制，恐非所以示海内。"帝瘝，有诏复献公官，以无忌孙延主其祀。

齐聃善文诰，帝爱之，令侍皇太子及诸王属文，以职枢剧，许间日一至。坐漏禁中事，贬蕲州司马。又流钦州。卒，年四十四。睿宗时，赠礼部尚书。子坚。

坚字元固，幼有敏性，沛王闻其名，召见，授纸为赋，异之。十四而孤，及壮，宽厚长者。举秀才及第，为汾州参军事，迁万年主簿。

天授三年,上言:"书有五听,令有三覆,虑失情也。比犯大逆,诏使者勘当,得实辄决。人命至重,万有一不实,欲诉无由,以就赤族,岂不痛哉!此不足检下之奸乱,适长使人威福耳。臣请如令覆奏,则死者无恨。又古者罚不逮嗣,故郤芮乱国而缺升诸朝,稽康蒙戮而绍死于难,则于它亲不复致疑。今选部广责逆人亲属,至无服者尚数十条。且诏书'与逆同堂亲不任京畿,缌麻亲不得侍卫',臣请如诏书外,一切不禁,以申旷荡。"

圣历中,东都留守杨再思、王方庆共引为判官。方庆善《礼》学,尝就质疑晦,坚为申释,常得所未闻。属文典厚,再思每目为凤阁舍人样。与徐彦伯、刘知几、张说与修《三教珠英》,时张昌宗、李峤总领,弥年不下笔,坚与说专意撰综,条汇粗立,诸儒因之乃成书。累迁给事中,封慈源县子。

中宗怒韦月将,欲即斩之,坚奏盛夏生长,请须秋乃决,时申救者亦众,得以挢死。俄以礼部侍郎为修文馆学士。

睿宗即位,授太子左庶子兼崇文馆学士,修史,进东海郡公,迁黄门侍郎。时监察御史李知古兵击姚州泗河蛮,降之,又请筑城,使输赋徭。坚议:"蛮夷羁縻以属,不宜与中国同法,恐劳师远伐,益不偿损。"不听,诏知古发剑南兵筑城堡,列州县。知古因是欲诛其豪酋,入子女为奴婢,蛮惧,杀知古,相率溃叛,姚、嶲路闭不通者数年。

初,太平公主用事,武攸暨屡邀请坚,坚不许;又以妻岑羲女弟,固辞机密,转太子詹事,曰:"吾非求高,逃祸耳。"羲败,不染于恶,出为绛州刺史。数外徙,久乃迁秘书监、左散骑常侍。

玄宗改丽正书院为集贤院,以坚充学士,副张说知院事。帝大酺集贤,幔舍在百司上,说令揭大榜以侈其宠,坚见,遽命撤之,曰:"君子乌取多尚人!"从上泰山,以参定仪典,加光禄大夫。坚于典故多所谙识,凡七当撰次高选。卒,年七十余,帝悼惜,遣使就吊,赠太子少保,谥曰文。

齐聃姑为太宗充容,仲为高宗婕好,皆明图史,议者以坚父子如汉班氏。

子峤，字巨山。开元中为驾部员外郎、集贤院直学士，迁中书舍人、内供奉、河南尹，封慈源县公。父子相次为学士，自祖及孙，三世为中书舍人。

沈伯仪，湖州吴兴人。武后时，为太子右谕德。

初，太常少卿韦万石议明堂大享事，上言：“郑玄说祀五天帝，王肃谓祀五行帝。《贞观礼》从玄，至《显庆礼》祀昊天上帝，乾封诏书祀五天帝兼祀昊天，上元诏书从《贞观礼》，仪凤初诏祀事一用周制。今应何乐？”高宗乃诏尚书省集诸儒议，未能定。于是大享参用《贞观》、《显庆》二礼。垂拱元年，成均助教孔玄义奏：“严父莫大配天，天于万物为最大，推父偶天，孝之大，尊之极也。《易》称‘先王作乐崇德，殷荐之上帝，以配祖、考’。上帝，天也。昊天之祭，宜祖、考并配，请以太宗、高宗配上帝于圆丘，神尧皇帝配感帝南郊。《祭法》：‘祖文王，宗武王。’祖，始也；宗，尊也。一名而有二义。《经》称‘宗祀文王’，文王当祖而云宗，包武王以言也。知明堂以祖、考配，与二经合。”伯仪曰：“有虞氏禘黄帝而郊喾，祖颛顼而宗尧；夏后氏禘黄帝而郊鲧，祖颛顼而宗禹；殷人禘喾而郊冥，祖契而宗汤；周人禘喾而郊稷，祖文王而宗武王。郑玄曰：‘禘、郊、祖、宗，皆配食也。祭昊天圆丘曰禘，祭上帝南郊曰郊，祭五帝、五神明堂曰祖、宗。’此为最详。虞夏退颛顼郊喾，殷舍契郊冥，去取违舛，惟周得礼之序，至明堂始两配焉。文王上配五帝，武王下配五神，别父子也。《经》曰：‘严父莫大于配天。’又曰：‘宗祀文王于明堂，以配上帝。’不言严武王以配天，则武王虽在明堂，未齐于配，虽同祭而终为一主也。纬曰：‘后稷为天地主，文王为五帝宗。’若一神而两祭之，则荐献数渎，此神无二主也。贞观、永徽礼实专配，由显庆后始兼尊焉。今请以高祖配圆丘、方泽，太宗配南北郊，高宗配五天帝。”凤阁舍人元万顷、范履冰等议：“今礼昊天上帝等五祀，咸奉高祖、太宗兼配，以申孝也。《诗·昊天》章‘二后受之’，《易》‘荐上帝，配祖、考’，有兼配义。高祖、太宗既先配五祀，当如旧。请奉高宗历配焉。"自是郊、丘，三帝并配云。

伯仪历国子祭酒、修文馆学士，卒。

路敬淳，贝州临清人。父文逸，遇隋季大乱，阖门死于盗。文逸遁免，流离辛苦，自伤家多难，闭口不食，行者哀其穷，强饮食之，更负以行，乃得脱。贞观末，官申州司马。

敬淳少志学，足不履门。居亲丧，倚庐不出者三年。服除，号恸入门，形容癯毁，妻不之识。后擢进士第。天授中，再迁太子司议郎兼修国史、崇贤馆学士。数受诏纂辑庆恤仪典，武后称之。尤明姓系，自魏、晋以降，推本其来，皆有条序，著《姓略》、《衣冠系录》等百余篇。后坐綦连耀交通，下狱死。神龙初，赠秘书少监。

弟敬潜，少与敬淳齐名，历怀州录事参军，亦坐耀事系狱，免死。后为遂安令。先是，令多死，敬潜欲辞，妻曰："君不死狱而得全，非生死有命邪？"从之。到官，有枭啸其屏，鼠数十走于前，左右驱之，拥杖而号，敬潜不为惧。久之，迁卫令，位中书舍人。

唐初，姓谱学唯敬淳名家。其后柳冲、韦述、萧颖士、孔至各有撰次，然皆本之路氏。

王元感，濮州鄄城人。擢明经高第，调博城丞。纪王慎为兖州都督，厚加礼，敕其子东平王续往受业。天授中，稍迁左卫率府录事，兼直弘文馆。武后时，已郊，遂享明堂，封嵩山，诏与韦叔夏等草仪具，众推其练洽。转四门博士，仍直弘文馆。

年虽老，读书不废夜。所撰《书纠谬》、《春秋振滞》、《礼绳愆》等凡数十百篇，长安时上之，丐官笔楮写藏秘书。有诏两馆学士、成均博士议可否。祝钦明、郭山𢣌、李宪等本章句家，见元感诋先儒同异，不怿，数沮诘其言，元感缘罅申释，竟不诎。魏知古见其书，叹曰："《五经》指南也。"而徐坚、刘知几、张思敬等惜其异闻，每为助理，联疏荐之，遂下诏褒美，以为儒宗。拜太子司议郎兼崇贤馆学士。中宗以东宫官属，加朝散大夫，卒。

元感初著论三年之丧以三十有六月，讥诋诸儒。凤阁舍人张柬之破其说曰："三年文丧，二十五月，由古则然。《春秋》僖公三十三年十二月'乙巳，公薨'。文公二年冬'公子遂如齐纳币'。左氏曰：'礼也。'杜预谓：'僖丧终是年十一月，纳币在十二月。'故谓之礼。《公羊传》：'纳币不书，此何以书？讥。何以讥？三年之内不图婚。'何休曰：'僖以十二月薨，未终二十五月，故讥云。'杜预推历乙巳乃在十一月，《经》书十二月为误。文公元年四月，葬僖公。《传》曰：'缓。'夫诸侯之葬五月，若十二月薨，五月不得云缓，则十一月明甚。然二家所竞，乃一月，非一岁，则二十五月，其一验也。《书》称成汤既没，太甲元年曰：'惟元祀，十有二月，伊尹祀于先王，奉嗣王祗见厥祖。'孔安国曰：'汤以元年十一月崩。'此则明年祥，又明年大祥，故下言'惟三祀，十有二月朔，尹以冕服，奉嗣王归于亳'。是十一月服除而冕。《顾命》：'四月哉生魄，王不怿。翌日乙丑，王崩。丁卯，命作册度。越七日癸酉，伯相命士须材。'则成王崩至康王麻冕黼裳凡十日，康王始见庙。明汤崩在十一月。比殡讫，以十二月祗见其祖。《顾命》见庙讫'诸侯出庙门俟'，《伊训》言'祗见厥祖，侯甸群后咸在'，则崩及见庙，周因于殷也，非元年前复有一岁，此二十五月之二验。《礼》：'三年之丧，二十五月而毕，哀痛未尽，然而以是为断者，送死有已，服生有节。'又曰：'期而小祥，食菜果；又期而大祥，有醯酱；中月而禫，食酒肉。'又曰：'再期之丧，三年；期之丧，二年；九月、七月之丧，三时；五月之丧，二时；三月之丧，一时。'此二十五月之三验。《仪礼》：'期而小祥，又期而大祥，中月而禫，是月也，吉祭。'此二十五月之四验。《书》、《春秋》、《礼》皆周公、尼父所定，敢问此可为法否？昔郑玄以中月而禫者，内容一月，自丧至禫，凡二十七月。今既用之，而二十五月初无疑论。大抵子于亲丧，有终身之痛，创巨者日久，痛深者愈迟，何岁月而止乎？故练而慨然，悲慕未尽，而踊擗之情差末；祥而廓然，哀伤已除，而孤藐之怀更剧。此情之所致，宁外饰哉？故先王立其中制，使情文两称，是以祥

则缟带素纰,襌则无不佩。夫去衰麻,袭锦縠,行道之人皆不忍,直
为节之以礼,叵如之何。故仲由不能过制为姊服,孔鲤不能过期哭
母,彼讵不怀？畏名教之严也。"当世谓柬之言不诡圣人,而元感论
遂废。

王绍宗,字承烈,梁左民尚书铨曾孙。系本琅邪,徙江都云。少
贫狭,嗜学,工草隶,客居僧坊,写书取庸自给,凡三十年。庸足给一
月即止,不取赢,人虽厚偿,辄拒不受。

徐敬业起兵,闻其行,以币劫之,称疾笃。复令唐之奇强遣,不
肯赴,敬业怒,将杀之,之奇曰:"彼人望也,杀之沮士心,不可。"由
是免。事平,大总管李孝逸表其节,武后召赴东都,谒殿中,褒尉良
厚,擢太子文学。累进秘书少监,使侍皇太子。绍宗雅修饬,当时公
卿莫不慕悦其风,张易之兄弟亦颇结纳。易之诛,坐废,卒于家。

尝与人书曰:"鄙夫书无工者,特由水墨之积习耳。常精心率
意、虚神静思以取之。吴中陆大夫常以余比虞君,以不临写故也。闻
虞被中画腹,与余正同。"虞,即世南也。

绍宗兄玄宗隐嵩山,号太和先生,传黄老术。

彭景直,瀛州河间人。中宗景龙末,为太常博士。时献、昭、乾
三陵皆日祭,景直上言:

> 在礼,陵不日祭,宗庙有月祭,故王者设庙、祧、坛、墠,为
> 亲疏多少之杀。立七庙、一坛、一墠。曰考庙,曰王考庙,曰皇
> 考庙,曰显考庙,皆月祭。远庙为祧,享尝乃止。去祧为坛,去
> 坛为墠,有祷祭之,无祷乃止。谯周曰:"天子始祖、高祖、曾祖、
> 祖、考之庙,皆朔加荐,以象生时朔食,号日祭,二祧庙不月
> 祭。"则古无日祭者。今诸陵朔望进食,近古之殷事;诸节进食,
> 近古之荐新。郑玄曰:'殷事,月之朔、半;荐新,奠也。'于《仪
> 礼》,朔、半日,犹常日朝夕也,既大祥,即四时焉,此其祭皆在
> 庙云。近世始以朔、望诸节祭陵寝,唯四时及腊,五享于庙。寻

经质礼，无日祭于陵之文。汉时，京师自高祖下至宣帝，与太上皇、悼皇考陵旁立庙。园各有寝、便殿，故日祭诸寝，月祭诸便殿。贡禹以礼节烦数，白元帝愿罢郡国庙。丞相韦玄成等后因议七庙外寝园皆无复修。议者亦以祭不欲数，宜复古四时祭于庙。刘歆引《春秋外传》曰：'祖、祢日祭，曾、高月祀，二祧时享，坛、墠岁贡。'魏、晋以降，不祭墓。唐家择古作法，臣谓宜罢诸陵日祭，如礼便。

帝不从，因下诏：“有司言诸陵不当日进食。夫礼以人情为之沿革，何专古而泥所闻？乾陵宜朝晡进奠，昭、献陵日一进，或所司乏于费，可减朕常膳为之。”

帝崩，葬定陵，有司议以和思皇后祔葬，后为武后所杀，不得其丧所，将以招魂合诸梓宫，景直曰：“招魂古无传，不可。请如桥山藏衣冠故事，纳后祎衣，复寝宫，举衣魂辂，告以太牢，内之方中，奉帝梓棺右，覆以夷衾。”众当其言，制曰：“可。”景直后历礼部郎中卒。

卢粲，幽州范阳人，后魏侍中阳乌五世孙。祖彦卿，亦善著书。粲始冠，擢进士第。神龙中，累迁给事中。时节愍太子立，韦后疾之，讽中宗以卫府封物给东宫，粲驳奏：“太子匕鬯主，岁时服用，宜取于百司。《周礼》，诸用财器，'岁终则会，唯王及太子不会'。今乃与诸王等夷，非所谓宪章古昔者。”诏可。

武崇训死，诏墓视陵制，粲曰：“凡王、公主墓，无称陵者，唯永泰公主事出特制，非后人所援比。崇训茔兆，请视诸王。”诏曰：“安乐公主与永泰不异，崇训于主当同穴，为陵不疑。”粲固执，以“陵之称，本施尊极，虽崇训之亲，不及雍王，雍墓不称陵，崇训缘主而得假是名哉？”诏可。主大怒，出粲陈州刺史。粲曰：“苟所论得行，虽远何惮！”开元初，为秘书少监。

其从父行嘉，仕为雍王记室，亦以学闻。

粲累封固安县侯，终邠王傅，谥曰景。

尹知章,绛州翼城人。少虽学,未甚通解,忽梦人持巨凿破其心,内若剂焉,惊悟,志思开沏,遂遍明《六经》。诸生尝讲授者,更北面受大义。

长安中,擢定王府文学。迁太常博士。中宗时,或建言以凉武昭王为七庙始祖,知章议:"武昭远世,非王业所因。"乃止。出为陆浑令,坐事,辄弃官去。时散骑常侍解琬亦罢归,与知章潭思经术,举欣欣然。张说表诸朝,擢礼部员外郎,转国子博士。马怀素绪定秘书,奏知章是正文字。

每休沐,讲授未始辍。于《易》、《老》、《庄》书尤县解。弟子贫者,赒给之。性和厚,人不见有喜愠。未尝问产业,其子欲广市檇米为岁中计,知章曰:"如而计,则贫人何以取资?且吾尚应夺民利邪?"卒官。所注传颇多行于时。门人孙季良等颂其德,刻著东都国子监门外。

季良,偃师人,一名翌,仕历左拾遗、集贤院直学士。

张齐贤,陕州陕人。圣历初,为太常奉礼郎。

武后诏百官议告朔于明堂,读时令,布政事,京官九品以上、四方朝集使皆列于廷。太常博士辟闾仁谞曰:"经无天子月告朔。唯《玉藻》:'天子听朔南门之外。'《周》《太宰》:'正月之吉,布政于邦国都鄙。'干宝曰:'建子月告朔日也。'此《玉藻》听朔同谊。今元日读时令,合古听朔事。独郑玄以秦制《月令》有五帝五官,因言'听朔必以特牲告时帝及神,以文王、武王配'。其言非是。《月令》曰'其帝太昊,其神句芒',谓宣令告人,使奉时务业,月皆有令,故云,非天子月朔以配帝祭也。告朔者,诸侯礼也,《春秋》:'既视朔,遂登台。'玄又说人君月告朔于庙,其祭为朝享。鲁自文公始不视朔,明非天子所行。玄谓告帝即人帝,神即重黎、五官,不言天子拜祭。臣请罢告朔、月祭,以应古礼。"齐贤不惬其说,质曰:"谷梁氏称'闰月,天子不告朔',它月故告朔矣。左氏言鲁'不告闰朔,为弃时政',则诸侯虽闰告朔。《周》《太史》'颁朔于邦国',《玉藻》'闰月,王居门'，是天子虽闰亦告朔。二家去圣不远，载天子、诸侯告朔事，显显弗缪。今议者乃以《太宰》正月之吉，布治邦国，而言天子元日一告朔，殊失其旨。一岁之元，六官自布所职之典。干宝谓吉为朔，故世人缪吉为告，据缪失经，不得为法。议者又引左氏说，专在诸侯，不知《玉藻》与左说正同，而独于天子言岁首一告，何去取之恣也！又谓时帝，五人帝也。玄于时帝包天人，故以文、武作配，是并告两五帝为不疑。诸侯受朔天子，藏于庙。天子受朔于天，宜在明堂，故告时帝，配祖考。议者曰：'天子月告祭颁朔，则诸侯安得藏之？故太宰岁首布一岁事，太史颁之也。'是不然，《周》《太史》'颁朔邦国'，是总颁十二朔于诸侯；天子犹月告者，颁官府都鄙也。内外异言之也。礼不可罢。"凤阁侍郎王方庆又推言："明堂，布政之宫，所以明天气，统万物也。汉儒以明堂、太庙为一，宗祀其祖，而配上帝。取宗祀曰清庙，正室为太室，向阳为明堂，建学为太学，圜水为辟雍，异名同事，古之制也。天子以正月上辛总受十二月政于南郊，还藏于祖庙，月取一政，班之明堂。诸侯则受于天子，藏之祖庙，月取一政，行之于国。王者以其礼告庙，谓之告朔；视月之政，谓之视朔。《玉藻》：'玄冕而朝日东门之外，听朔南门之外。'郑玄说：'明堂在国阳，就其时之堂而听朔焉。卒事，宿路寝。'今元日通天宫受朝，有司遂读时令、布政，古之礼也。旧说天子岁入明堂者十八：大享，一；月告朔，十二；四时迎气，四；巡狩之岁，一。今议者唯许岁首一入，不以隘乎？陛下幸建明堂，遵用告朔事，若月一听，则近于烦，每孟月视朔，惟制定其礼，臣下不敢专。"成均博士吴杨吾等共言："秦灭学，告朔礼废。今用四孟月、季夏，至明堂告五时帝堂上，请兼如齐贤、方庆议。"不数岁，礼亦废。

久之，齐贤迁博士。时东都置太社，礼部尚书祝钦明问礼官博士："周家田主用所宜木，今社主石，奈何？"齐贤与太常少卿韦叔夏、国子司业郭山恽、尹知章等议："《春秋》：'君以军行，祓社衅鼓，祝奉以从。'故曰：'不用命，戮于社。'社稷主用石，以可奉而行也。崔灵思曰：'社主用石，以地产最实欤！'《吕氏春秋》言'殷人社用石。"后魏天平中，迁太社石主，其来尚矣。周之田主用所宜木，其民间之社欤！非太社也。"于是旧主长尺有六寸，方尺七寸，问博士云何，齐贤等议："社主之制，礼无传。天子亲征，载以行，则非过重。《礼》'社祭土，主阴气'。《韩诗外传》：'天子太社方五丈，诸侯半之。'五，土数。社主宜长五尺，以准数五；方二尺，以准阴偶；剡其上，以象物生；方其下，以象地体；埋半土中，本末均也。请度以古尺"云。又问："社稷坛随四方用色，而中不数尺，冒黄土，谓何？"齐贤等曰："天子太社，度广五丈，分四方，上冒黄土，象王者覆被四方，然则当以黄土覆坛上。旧坛上不数尺，覆被之狭，乖于古。"于是以方色饰坛四面及陛，而黄土全覆上焉。祭牲皆太牢。其后改先农曰"帝社"，又立"帝稷"，皆齐贤等参定。

中宗即位，因武后东都庙改为唐庙，议满七室，以凉武昭王为始祖。齐贤上议："《礼》，天子七庙，尊始封君曰太祖，百代不迁，始祖无闻焉。殷自玄王至汤，周后稷至武王，皆出太祖后，合食有序。景皇帝始封唐，实为太祖，以世数近，故尚在昭穆。今乃上引武昭王为始祖，异乎殷、周之本禼、稷也。禼、稷兴祚，景皇帝是也。昭王国不世传，后嗣失守。景帝实始封唐，子孙是承。若近舍唐，远引凉，不见其可。且魏不祖曹参，晋不祖司马卬，宋不祖楚元王，齐、梁不祖萧何，陈、隋不祖胡公、杨震，今谓昭王为祖，可乎？汉以周郊后稷，议欲郊尧，杜林以为周兴自后稷，汉业特起，功不缘尧，卒不果郊。武德初定，去昭王尤近，不托祖者，不可故也。今而立之，非祖宗意。景皇失位，神弗临享，殆非诒厥孙谋者。"博士刘承庆、尹知章又言："受命之君，王迹有浅深，代系有远迩。祖以功，昭穆以亲。有功者不迁，亲尽者毁。今不宜以庙数未备，引当迁之主于昭穆上，苟充七室也。景皇帝既号太祖，以世浅犹在六室位，则室未当有七，非天子庙不当七也。大帝神主既祔，宣皇帝当迁。宣非始祖，又无宗号，亲尽而迁，不可复立。请仍为六室。"诏宰相详裁。于是祝钦明等上言："博士等三百人为两说：齐贤等不祖武昭王，刘承庆等请迁宣皇帝。臣等欲皆可其奏。"诏可。俄以孝敬皇帝为义宗，列于庙为七室。西京太庙亦如之。

齐贤迁累谏议大夫，卒。

柳冲，蒲州虞乡人，隋饶州刺史庄曾孙。父楚贤，大业中为河北县长。高祖兵兴，尧君素据郡固守，楚贤说曰："隋之亡，天下共知。唐公名在图箓，动以诚信，豪英景赴，天所赞也。君子见几而作，俟终日邪？"君素不从，楚贤潜行自归，授侍御史。贞观中，持节册拜突厥，辞其遗不受。历交、桂二州都督、杭州刺史，皆有名。

冲好学，多所研总。天授初，为司府寺主簿，诏遣安抚淮南，使有指，封河东县男。中宗景龙中，迁左散骑常侍，修国史。

初，太宗命诸儒撰《氏族志》，甄差群姓，其后门胄兴替不常，冲请改修其书，帝诏魏元忠、张锡、萧至忠、岑羲、崔湜、徐坚、刘宪、吴兢及冲共取德、功、时望、国籍之家，等而次之。夷蕃酋长袭冠带者，析著别品。会元忠等继物故，至先天时，复诏冲及坚、兢与魏知古、陆象先、刘子玄等讨缀，书乃成，号《姓系录》。历太子宾客、宋王师、昭文馆学士，以老致仕。开元初，诏冲与薛南金复加刊窜，乃定。

后柳芳著论甚详，今删其要，著之左方。芳之言曰：

　　氏族者，古史官所记也。昔周小史定系世，辩昭穆，故古有《世本》，录黄帝以来至春秋时诸侯、卿、大夫名号继统。左丘明传《春秋》，亦言："天子建德，因生以赐姓，胙之土，命之氏；诸侯以字为氏，以谥为族。"昔尧赐伯禹姓曰姒，氏曰有夏；伯夷姓曰姜，氏曰有吕。下及三代，官有世功，则有官族，邑亦如之。后世或氏于国，则齐、鲁、秦、吴；氏于谥，则文、武、成、宣；氏于官，则司马、司徒；氏于爵，则王孙、公孙；氏于字，则孟孙、叔孙；氏于居，则东门、北郭；氏于志，则三乌、五鹿；氏于事，则巫、乙、匠、陶。于是受姓命氏，粲然众矣。

　　秦既灭学，公侯子孙失其本系。汉兴，司马迁父子乃约《世本》修《史记》，因周谱明世家，乃知姓氏之所由出，虞、夏、商、周、昆吾、大彭、豕韦、齐桓、晋文皆同祖也。更王迭霸，多者千祀，少者数十代。先王之封既绝，后嗣蒙其福，犹为强家。

汉高帝兴徒步，有天下，命官以贤，诏爵以功，誓曰："非刘氏王、无功侯者，天下共诛之。"先王公卿之胄，才则用，不才弃之，不辨士与庶族，然则始尚官矣。然犹徙山东豪杰以实京师，齐诸田，楚屈、景，皆右姓也。其后进拔豪英，论而录之，盖七相、五公之所由兴也。

魏氏立九品，置中正，尊世胄，卑寒士，权归右姓已。其州大中正、主簿，郡中正、功曹，皆取著姓士族为之，以定门胄，品藻人物。晋、宋因之，始尚姓已。然其别贵贱，分士庶，不可易也。于时有司选举，必稽谱籍，而考其真伪。故官有世胄，谱有世官，贾氏、王氏谱学出焉。由是有谱局，令史职皆具。过江则为"侨姓"，王、谢、袁、萧为大；东南则为"吴姓"，朱、张、顾、陆为大；山东则为"郡姓"，王、崔、卢、李、郑为大；关中亦号"郡姓"，韦、裴、柳、薛、杨、杜首之；代北则为"虏姓"，元、长孙、宇文、于、陆、源、窦首之。"虏姓"者，魏孝文帝迁洛，有八氏十姓，三十六族九十二姓。八氏十姓，出于帝宗属，或诸国从魏者；三十六族九十二姓，世为部落大人。并号河南洛阳人。"郡姓"者，以中国士人差第阀阅为之制，凡三世有三公者曰"膏粱"，有令、仆者曰"华腴"，尚书、领、护而上者为"甲姓"，九卿若方伯者为"乙姓"，散骑常侍、太中大夫者为"丙姓"，吏部正员郎为"丁姓"。凡得入者，谓之"四姓"。又诏代人诸胄，初无族姓，其穆、陆、奚、于，下吏部勿充猥官，得视"四姓"。北齐因仍，举秀才，州主簿、郡功曹非"四姓"不在选。故江左定氏族，凡郡上姓第一，则为右姓；太和以郡四姓为右姓；齐浮屠昙刚《类例》凡甲门为右姓；周建德氏族以四海通望为右姓；隋开皇氏族以上品、茂姓则为右姓；唐《贞观氏族志》凡第一等则为右姓；路氏《姓略》，以盛门为右姓；柳冲《姓族系录》凡四海望族则为右姓。不通历代之说，不可与言谱也。今流俗独以崔、卢、李、郑为四姓，加太原王氏号五姓，盖不经也。

　　夫文之弊,至于尚官;官之弊,至于尚姓;姓之弊,至于尚诈。隋承其弊,不知其所以弊,乃反古道,罢乡举,离地著,尊执事之吏。于是乎士无乡里,里无衣冠,人无廉耻,士族乱而庶人僭矣。故善言谱者,系之地望而不惑,质之姓氏而无疑,缀之婚姻而有别。山东之人质,故尚婚娅,其信可与也;江左之人文,故尚人物,其智可与也;关中之人雄,故尚冠冕,其达可与也;代北之人武,故尚贵戚,其泰可与也。及其弊,则尚婚娅者先外族、后本宗,尚人物者进庶孽、退嫡长,尚冠冕者略伉俪、慕荣华,尚贵戚者徇势利、亡礼教。四者俱弊,则失其所尚矣。

　　人无所守,则士族削;士族削,则国从而衰。管仲曰:"为国之道,利出一孔者王,二孔者强,三孔者弱,四孔者亡。"故冠婚者,人道大伦。周、汉之官人,齐其政,一其门,使下知禁,此出一孔也,故王;魏、晋官人,尊中正,立九品,乡有异政,家有竞心,此出二孔也,故强;江左、代北诸姓,纷乱不一,其要无归,此出三孔也,故弱;隋氏官人,以吏道治天下,人之行,不本乡党,政烦于上,人乱于下,此出四孔也,故亡。唐承隋乱,宜救之以忠,忠厚则乡党之行修;乡党之行修,则人物之道长;人物之道长,则冠冕之绪崇;冠冕之绪崇,则教化之风美,乃可与古参矣。

　　晋太元中,散骑常侍河东贾弼撰《姓氏簿状》,十八州百十六郡,合七百一十二篇,甄析士庶无所遗。宋王弘、刘湛好其书。弘每日对千客,可不犯一人讳。湛为选曹,撰《百家谱》以助铨序,文伤寡省,王俭又广之,王僧孺演益为十八篇,东南诸族自为一篇,不入百家数。弼传子匪之,匪之传子希镜,希镜撰《姓氏要状》十五篇,尤所谙究。希镜传子执,执更作《姓氏英贤》一百篇,又著《百家谱》,广两王所记。执传其孙冠,冠撰《梁国亲皇太子序亲簿》四篇。王氏之学,本于贾氏。

　　唐兴,言谱者以路敬淳为宗,柳冲、韦述次之。李守素亦明姓氏,时谓"肉谱"者。后有李公淹、萧颖士、殷寅、孔至,为世所称。

初，汉有邓氏《官谱》，应劭有《氏族》一篇，王符《潜夫论》亦有《姓氏》一篇。宋何承天有《姓苑》二篇。谱学大抵具此。魏太和时，诏诸郡中正，各列本土姓族次第为举选格，名曰"方司格"，人到于今称之。

马怀素，字惟白，润州丹徒人。客江都，师事李善，贫无资，书樵，夜辄然以读书，遂博通经史。擢进士第，又中文学优赡科，补郿尉。积劳，迁左台监察御史。长安中，大夫魏元忠为张易之构谪岭表，太仆崔贞慎、东宫率独孤祎之祖道，易之怒，使人上急变，告贞慎等与元忠谋反。武后诏怀素按之，使者促迫，怀素执不从，曰："贞慎饯流人当得罪，以为谋反，则非。昔彭越以逆诛，栾布奏事尸下，汉不坐罪。今元忠罪非越比，不宜坐饯阔之人。且陛下操生杀柄，欲加之罪，自当处决圣心，既付臣按状，惟知守陛下法尔。"后意解，贞慎等乃免。宰相李迥秀藉易之势，敛赇诿法，怀素劾罢之。转礼部员外郎。以十道使黜陟江西，处决平恕。迁考功，核取实才，权贵谒请不能阿桡。擢中书舍人内供奉，为修文馆直学士。

开元初，为户部侍郎，封常山县公，进兼昭文馆学士。笃学，手未尝废卷。谦恭慎畏，推为长者。玄宗诏与褚无量同为侍读，更日番入。既叩阁，肩舆以进，或行在远，听乘马。宫中每宴见，帝自送迎以师臣礼。有诏句校秘书。是时，文籍盈漫，皆岌朽蟫断，签縢纷舛，怀素建白："愿下紫微、黄门，召宿学巨儒就校缪缺。"又言："自齐以前旧籍，王俭《七志》已详。请采近书篇目及前志遗者，续俭《志》以藏秘府。"诏可。即拜怀素秘书监。乃召国子博士尹知章、四门助教王直、直国子监赵玄默、陆浑丞吴绰、桑泉尉韦述、扶风丞马利征、湖州司功参军刘彦直、临汝丞宋辞玉、恭陵令陆绍伯、新郑尉李子钊、杭州参军殷践猷、梓潼尉解崇质、四门直讲余钦、进士王惬刘仲丘、右威卫参军侯行果、邢州司户参军袁晖、海州录事参军晁良、右率府胄曹参军毋煚、荥阳主簿王湾、太常寺太祝郑良金等分部撰次;践猷从弟秘书丞承业、武陟尉徐楚璧是正文字。怀素奏秘书少监卢侑、崔沔为修图书副使,秘书郎田可封、康子元为判官。然怀素不善著述,未能有所绪别。会卒,帝举哀洛阳南城门,赠润州刺史,谥曰文,给舆还乡里,丧事官办。

怀素卒后,诏秘书官并号修书学士,草定四部,人人意自出,无所统一,逾年不成。有司疲于供拟,太仆卿王毛仲奏罢内料。又诏右常侍褚无量、大理卿元行冲考绌不应选者,无量等奏:“修撰有条,宜得大儒综治。”诏委行冲。乃令暆、述、钦总缉部分,践猷、悙治经、述,钦治史,暆、彦直治子,湾、仲丘治集。八年,《四录》成,上之。学士无赏擢者。

行冲知丽正院,又奏绍伯、利征、彦直、践猷、行果、子钊、直、暆、述、湾、玄默、钦、良金与朝邑丞冯朝隐、冠氏尉权寅献、秘书省校书郎孟晓、扬州兵曹参军韩覃王嗣琳、福昌令张悱、进士崔藏之入校丽正书。由是秘书省罢撰缉,而学士皆在丽正矣。

悙、仲丘老病还乡里。绍伯卒于官。直终岐王府记室参军事。玄默,集贤直学士。利征,出为山茌令,儒缓无治术,免官,终于家。子钊坐保任非人,终德州长史。钦至太学博士、集贤院学士。湾,洛阳尉。良金,右补阙、京兆府仓曹参军事。寅献,临淮太守。晓,左补阙。覃,莱州别驾,坐诬告刺史,流远方。藏之,膳部员外郎。明年,以将仕郎梁令瓒文学直书院,后以右率府兵曹参军而罢,终恒王府司马。秘书省校书郎源幼良代利征,后以协律郎罢。

殷践猷,字伯起,陈给事中不害五世从孙。博学,尤通氏族、历数、医方。与贺知章、陆象先、韦述最善,知章尝号为“五总龟”,谓龟千年五聚,问无不知也。初为杭州参军,举文儒异等科,授秘书省学士,用曹州司法参军,兼丽正殿学士。以叔父丧,哀恸呕血而卒,年四十八。

少子寅,举宏辞,为太子校书,出为永宁尉。吏侮谩甚,寅怒杀之,贬澄城丞。病且死,以母萧老,不忍决。及敛,其子亮断指剪发置棺中,自誓事祖母如寅在。其后侍萧疾,不脱衣者数年,有白燕巢其楣。后终给事中、杭州刺史。

践猷弟季友,历秘书郎,善画。

从父仲容,终冬官郎中,有重名。子承业,以谨朴称,历太子左谕德、右威卫将军。

族子成己,晋州长史。初,母颜叔父吏部郎中敬仲为酷吏所陷,率二妹割耳诉冤,敬仲得减死。及成己生,而左耳缺云。

孔若思,越州山阴人,陈吏部尚书奂四世孙。祖绍安,与兄绍新早知名。陈亡,客居鄠,励志于学。外兄虞世南曰:"本朝沦覆,吾分湮灭,有弟若此,知不亡矣。"绍安与孙万寿皆以文辞称,时谓"孙孔"。隋大业末,为监察御史。高祖讨贼河东,绍安与夏侯端同监军,礼遇尤密。帝受禅,端先归,拜秘书监。已而绍安间道走长安,帝悦,擢内史舍人,赐宅一区、良马二匹。

若思早孤,其母躬训教,长以博学闻。有遗以褚遂良书者,纳一卷焉,其人曰:"是书贵千金,何取之廉?"答曰:"审尔,此为多矣。"更还其半。擢明经,历库部郎中,常曰:"仕宦至郎中足矣。"座右置止水一石,明自足意。

中宗初,敬晖、桓彦范当国,以若思多识古今,凡大政事,必咨质后行。三迁礼部侍郎,出为卫州刺史。故事,以宗室为州别驾,见刺史,骜放不肯致恭。若思劾奏别驾李道钦,请讯状。有诏别驾见刺史致恭,自若思始。以清白擢银青光禄大夫,赐绢百匹,累封梁郡公。开元七年卒,谥曰惠。

从父桢,第进士,历监察御史,门无宾谒,时讥其介。高宗时再迁绛州刺史,封武昌县子,谥曰温。

子季诩,字季和。永昌初,擢制科,授校书郎。陈子昂常称其神清韵远,可比卫玠。终左补阙。

若思子至,字惟微。历著作郎,明氏族学,与韦述、萧颖士、柳冲齐名。撰《百家类例》,以张说等为近世新族,掇去之。说子垍方有宠,怒曰:"天下族姓,何豫若事,而妄纷纷邪?"埚弟素善至,以实告。初,书成,示韦述,述谓可传,及闻埚语,惧,欲更增损,述曰:"止! 丈夫奋笔成一家书,奈何因人动摇? 有死不可改。"遂罢。时述及颖士、冲皆撰《类例》,而至书称工。

唐书卷二〇〇
列传第一二五

儒学下

褚无量 徐安贞　元行冲　陈贞节
施敬本　卢履冰　王仲丘
康子元 侯行果　赵冬曦 尹愔 陆坚
郑钦说 卢僎　啖助　韦彤　陈京
畅当　林蕴　韦公肃　许康佐

褚无量,字弘度,杭州盐官人。幼授经于沈子正、曹福,刻意坟典。家滨临平湖,有龙出,人皆走观,无量尚幼,读书若不闻,众异之。尤精《礼》、司马《史记》。擢明经第,累除国子博士,迁司业兼修文馆学士。

中宗将南郊。诏定仪典。时祝钦明、郭山恽建言皇后为亚献,无量与太常博士唐绍、蒋钦绪固争,以为:"郊祀,国大事,其折衷莫如《周礼》。《周礼》冬至祭天圆丘,不以地配,唯始祖为主;亦不以妣配,故后不得与。又《大宗伯》:'凡大祭祀,王后不与,则摄而荐豆笾,彻。'是后不应助祭。又内宰职'大祭祀,后裸献则赞瑶爵'。祭天无裸,知此乃宗庙祭耳。巾车、内司服,掌后六服与五路,无后祭天之服与路,是后不助祭天也。惟汉有天地合祭,皇后参享事。末代黩神,事不经见,不可为法。"时左仆射韦巨源佐钦明,故无量议格。以母老解官。

玄宗为太子，复拜国子司业兼侍读，撰《翼善记》以进，厚被礼答。太子释奠国学，令讲经，建端树义，博敏而辩，进银青光禄大夫，锡予蕃渥。及即位，迁左散骑常侍兼国子祭酒，封舒国公。母丧解，诏州刺史薛莹吊祭，赐物加等。庐墓左，鹿犯所植松柏，无量号诉曰："山林不乏，忍犯吾茔树邪？"自是群鹿驯扰，不复枨触，无量为终身不御其肉。丧除，召复故官。以耆老，随仗听徐行，又为设腰舆，许乘入殿中。频上书陈得失。

开元五年，帝将幸东都而太庙坏，姚崇建言庙本苻坚故殿，不宜罢行。无量鄙其言，以为不足听，乃上疏曰："王者阴盛阳微，则先祖见变。今后宫非御幸者，宜悉出之，以应变异。举畯良，搏奢靡，轻赋，慎刑，纳谏争，察谄谀，继绝世，则天人和会，灾异讫息。"帝是崇语，车驾遂东。无量又上言："昔虞舜之狩，秩山川，遍群神。汉孝景祠黄帝桥山，孝武祠舜九疑，高祖过魏祭信陵君墓，过赵封乐毅后，孝章祠桓谭冢。愿陛下所过名山、大川、丘陵、坟衍，古帝王、贤臣在祀典者，并诏致祭。自古受命之君，必兴灭继绝，崇德报功。故存人之国，大于救人之灾；立人之后，重于封人之墓。愿到东都，收叙唐初迄今功臣世绝者，虽在支庶，咸得承袭。"帝纳其言，即诏无量祠尧平阳，宋璟祠舜蒲坂，苏颋祠禹安邑，在所刺史参献。又求武德以来勋臣苗裔，绍续其封。

初，内府旧书，自高宗时藏宫中，甲乙丛倒，无量建请缮录补第，以广秘籍。天子诏于东都乾元殿东厢部汇整比，无量为之使。因表闻喜尉卢僎、江阳尉陆去泰、左监门率府胄曹参军王择从、武陟尉徐楚璧分部雠定。卫尉设次，光禄给食。又诏秘书省、司经局、昭文崇文二馆更相检雠，采天下遗书以益阙文。不数年，四库完治。帝诏群臣观书，赐无量等帛有差。无量又言："贞观御书皆宰相署尾，臣位卑不足以辱，请与宰相朕名跋尾。"不从。帝西还，徙书丽正殿，更以修书学士为丽正殿直学士，比京官预朝会。复诏无量就丽正纂续前功。皇太子及四王未就学，无量以《孝经》、《论语》五通献帝。帝曰:"朕知之矣。"乃选郗常亨、郭谦光、潘元祚等为太子、诸王侍读。七年,太子齿胄于学,诏无量升坐讲劝,百官观礼,厚赉赐。卒,年七十五。病困,语人以丽正书未毕为恨。帝闻悼痛,诏宰相曰:"无量,朕师,今其永逝,宜用优典。"于是赠礼部尚书,谥曰文,葬事官给。所撰述百余篇。殁后,有于书殿得讲《史记》、《至言》十二篇上之,帝叹息,以绢五百匹赐其家。

始,无量与马怀素为侍读,后秘书少监康子元、国子博士侯行果亦践其选,虽赏赉亟加,而礼遇衰矣。

陆去泰,历左右补阙内供奉。

王择从,京兆人,终汜水令。

徐楚璧,初应制举,三登甲科,开元时为中书舍人、集贤院学士,帝属文多令视草。终中书侍郎,东海县子。在中书省久,是时李林甫用事,或言计议多所参劭。后更名安贞。

元澹,字行冲,以字显,后魏常山王素连之后。少孤,养于外祖司农卿韦机。及长,博学,尤通故训。及进士第,累迁通事舍人。狄仁杰器之。尝谓仁杰曰:"下之事上,譬富家储积以自资也。脯腊膎胰以供滋膳,参术芝桂以防疾疢。门下充旨味者多矣,愿以小人备一药石,可乎?"仁杰笑曰:"君正吾药笼中物,不可一日无也。"

景云中,授太常少卿。行冲以系出拓拔,恨史无编年,乃撰《魏典》三十篇,事详文约,学者尚之。初,魏明帝时河西柳谷出石,有牛继马之象。魏收以晋元帝乃牛氏子冒司马姓,以著石符。行冲谓昭成皇帝名犍,继晋受命,独此可以当之。有人破古冢得铜器似琵琶,身正圆,人莫能辨。行冲曰:"此阮咸所作器也。"命易以木,弦之,其声亮雅,乐家遂谓之"阮咸"。

开元初,罢太子詹事,出为岐州刺史,兼关内按察使。自以书生,非弹治才,固辞。入为右散骑常侍、东都副留守。嗣彭王子志谦坐仇人告变,考讯自诬,株蔓数十人,行冲察其枉,列奏见原。四迁大理卿,不乐法家,固谢所居官,改左散骑常侍,封常山县公。充使检校集贤，再迁太子宾客、弘文馆学士。先是，马怀素撰书志，褚无量校丽正四部书，业未卒，相次物故。诏行冲并代之。玄宗自注《孝经》，诏行冲为疏，立于学官。以老罢丽正校书事。

初，魏光乘请用魏徵《类礼》列于经，帝命行冲与诸儒集义作疏，将立之学，乃引国子博士范行恭、四门助教施敬本采获刊缀为五十篇，上于官。于是右丞相张说建言："戴圣所录，向已千载，与经并立，不可罢。魏孙炎始因旧书摘类相比，有如钞掇，诸儒共非之。至徵更加整次，乃为训注，恐不可用。"帝然之，书留中不出。行冲意诸儒间己，因著论自辩，名曰《释疑》，曰：

客问言人："小戴之学，康成之注，魏氏乃有刊易，二经孰优？"主人曰："《小戴礼》行于汉末，马融为传，卢植合二十九篇而为之解，世所不传。钩党狱起，康成于窜伏之中，理纷挈之典，虽存探究，咨谋靡所。具《郑志》者百有余科，章句之徒，曾不是省。王肃因之，或多攻诋。而郑学有孙炎，虽扶郑义，条例支分，箴石间起，增革百篇。魏氏病群言之冗脞，采众说之精简，刊正芜舛，书毕以闻，太宗嘉赏，录赐储贰。陛下纂业，宜所循袭，乃制诸儒，甄分旧义。岂悟章句之士，坚持昔言，摈压不申，疑于知新，果于仍故？"

客曰："当局称迷，停观必审，何所为疑而不申列？"答曰："改易章句，是有五难：汉孔安国注《古文尚书》，族兄臧与书曰：'相如常忿俗儒淫词冒义，欲拨乱反正而未能也。浮学守株，众非非正，自古而然，恐此道未信，而独智为谴。'一也。昔孔季产专古学，有孔扶者与俗浮沈，每诫产曰：'今朝廷率章句内学，君独修古义。古义非章句内学，危自身之道也，独善不容于世，君其殆哉！'二也。刘歆好《左氏》，欲建学官，哀帝纳之，诸儒迁延不肯置对。歆移书诮让，诸博士皆忿恨。龚胜时为光禄大夫，见歆议，乃乞骸骨。司空师丹因大发怒，诋歆改乱前志，非毁先帝所立。歆惧，出为五原太守。以君宾之学，公仲之博，犹迫同门朋党之议，卒令子骏负谤。三也。王肃规郑玄数

千百条,郑学马昭诋劾肃短。诏遣博士张融按经问诘,融推处
是非,而肃酬对疲于岁时。四也。王粲曰:'世称伊、雒以东,淮、
汉以北,康成一人而已。咸言先儒多阙,郑氏道备。'粲窃嗟怪,
因求所学,得《尚书注》,退思其意,意皆尽矣,所疑犹未谕焉,
凡有二篇。王邵曰:'魏、晋浮华,古道湮替,历载三百,士大夫
耻为章句。唯草野生专经自许,不能博究,择从其善,徒欲父康
成,兄子慎,宁道孔圣误,讳言郑、服非。'然则郑、服之外,皆雠
矣。五也。夫物极则变,比及百年,当有明哲君子,恨不与吾同
世者。道之行废,必有其时者欤?何遽速近名之嫌邪?"
俄丐致仕。十七年卒,年七十七,赠礼部尚书,谥曰献。

　　陈贞节,颍川人。开元初,为右拾遗。初,隐、章怀、懿德、节愍
四太子并建陵庙,分八署,置官列吏卒,四时祠官进飨。贞节以为非
是,上言:"王者制祀,以功德者犹亲尽而毁,四太子庙皆别祖,无功
于人,而园祠时荐,有司守卫,与列帝侔。金奏登歌,所以颂功德,
《诗》曰:'钟鼓既设,一朝飨之。'使无功而颂,不曰舞咏非度邪?周
制:始祖乃称小庙。未知四庙欲何名乎?请罢卒吏,诏祠官无领属,
以应礼典。古者别子为祖,故有大、小宗。若谓祀未可绝,宜许所后
子孙奉之。"诏有司博议。驾部员外郎裴子余曰:"四太子皆先帝冢
嗣,列圣念懿属而为之享。《春秋》书晋世子曰:'将以晋畀秦,秦将
祀予。'此不祀也。又言:'神不歆非类,君祀无乃戾乎!'此有庙也。
鲁定公元年,立炀宫。炀,伯禽子,季氏远祖,尚不为限,况天子笃亲
亲以及旁期,谁不曰然?"太常博士段同曰:"四陵庙皆天子睦亲继
绝也。逝者锡蘋蘩,犹生者之开茅土。古封建子弟,讵皆有功?生
无所议,死乃援礼停祠,人其谓何?隐于上,伯祖也,服缌;章怀,伯
父也,服期;懿德、节愍,堂昆弟也,服大功。亲未尽,庙不可废。"礼
部尚书郑惟忠等二十七人亦附其言。于是四陵庙惟减吏卒半,它如
旧。迁太常博士,高宗奉昭成皇后祔睿宗室,又欲肃明皇后并升焉。
贞节奏言:"庙必有配,一帝一后,礼之正也。昭成皇后有大姒之德,

宜升配睿宗;肃明皇后既非子贵,宜在别庙。周人'奏夷则,歌小吕,以享先妣'。先妣,姜嫄也,以生后稷,故特立庙曰閟宫。晋简文帝郑宣皇后不配食,筑宫于外,以岁时致享。肃明请准周姜嫄、晋宣后,纳主别庙,时享如仪。"于是,留主仪坤庙,诏隶太庙,毋置官属。贞节又与博士苏献上言:"睿宗于孝和,弟也。按贺循说,兄弟不相为后。故殷盘庚不序阳甲,而上继先君;汉光武不嗣孝成,而上承元帝;晋怀帝继世祖,不继惠帝。故阳甲、孝成出为别庙。"又言:"兄弟共世,昭穆位同,则毁二庙。有天下者,从祢而上事七庙,尊者所统广,故及远祖。若容兄弟,则上毁祖考,天子不得全事七世矣。请以中宗为别庙,大祫则合食太祖。奉睿宗继高宗,则祼献永序。"诏可。乃奉中宗别庙,升睿宗为第七室。

五年,太庙坏,天子舍神主太极殿,营新庙,素服避正寝,三日不朝,犹幸东都。伊阙男子孙平子上书曰:"乃正月太庙毁,此跻二帝之验也。《春秋》:'君薨,卒哭而祔,祔而作主,特祀于主,烝尝禘于庙。'今皆违之。鲁文公之二年,跻僖于闵上。后太室坏,《春秋》书其灾,说曰:'僖虽闵兄,尝为之臣,臣居君上,是谓失礼,故太室坏。'且兄臣于弟,犹不可跻;弟尝臣兄,乃可跻乎?庄公薨,闵公二年而禘,《春秋》非之。况大行夏崩,而太庙冬禘,不亦亟乎?太室尊所,若曰鲁自是陵夷,堕周公之祀。太庙今坏,意者其将陵夷,堕先帝之祀乎?陛下未祭孝和,先祭太上皇,先臣后君。昔跻兄弟上,今弟先兄祭。昔太室坏,今太庙毁,与《春秋》正同,不可不察。武后篡国,孝和中兴有功,今内主别祠,不得列于世,亦已薄矣。夫功不可弃,君不可下,长不可轻。且臣继君,犹子继父。故禹不先鲧,周不先不窋,宋、郑不以帝乙、厉王不肖,犹尊之也,况中兴邪?晋太康时,宣帝庙地陷梁折,又三年,太庙殿陷而及泉,更营之,梁又折。天之所谴,非必朽而坏也。晋不承天,故及于乱。臣谓宜迁孝和还庙,何必违礼,下同鲁、晋哉?"帝异其言,诏有司复议。贞节、献与博士冯宗质之曰:"天子七庙,三昭三穆,与太祖而七。父昭子穆,兄弟不与焉。殷自成汤至帝乙十二君,其父子世六。《易》《乾凿度》曰:'殷之帝乙六世王。'则兄弟不为世矣。殷人六庙：亲庙四，并汤而六。殷兄弟四君，若以为世，方上毁四室，乃无祖祢，是必不然。古者繇祢极祖，虽迭毁迭迁，而三昭穆未尝阙也。礼，大宗无子，则立支子。又曰：'为人后者'为之子。无兄弟相为后者，故舍至亲，取远属。父子曰继，兄弟曰及，兄弟不相入庙，尚矣。借有兄弟代立承统，告享不得称嗣子、嗣孙，乃言伯考、伯祖，何统序乎？殷十二君，惟三祖、三宗，明兄弟自为别庙。汉世祖列七庙，而惠帝不与。文、武子孙昌衍，文为汉太宗。晋景帝亦文帝兄，景绝世，不列于庙。及告谥世祖，称景为从祖。今谓晋武帝越崇其父，而庙毁及亡，何汉出惠帝而享世长久乎？七庙、五庙，明天子、诸侯也；父子相继，一统也；昭穆列序，重继也。礼，兄弟相继，不得称嗣子，明睿宗不父孝和，必上继高宗者。偶室于庙，则为二穆，于礼可乎？礼所不可，而使天子旁绍伯考，弃己亲正统哉？孝和中兴，别建园寝，百世不毁，尚可议哉？平子猥引僖公逆祀为比，殊不知孝和升新寝，圣真方祔庙，则未尝一日居上也。"帝语宰相，召平子与博士详论。博士护前言，合轧平子。平子援经辩数分明，献等不能屈。苏颋右博士，故平子坐贬都城尉。然诸儒以平子孤挺，见迕于礼官，不平。帝亦知其直，久不决，然卒不复中宗于庙。

明年，帝将大享明堂，贞节恶武后所营，非古所谓"木不镂、土不文"之制，乃与冯宗上言："明堂必直丙巳，以宪房、心布政，太微上帝之所。武后始以乾元正寝占阳午地，先帝所以听政，故毁殿作堂。撤之日，有音如雷，庶民哗讪，以为神灵不悦。堂成，灾火从之。后不修德，俄复营构，殚用极侈，诡襱厥变，又俗严配上帝，神安肯临？且密迩掖廷，人神杂扰，是谓不可放物者也。二京上都，四方是则。天子听政，乃居便坐，无以尊示群臣。愿以明堂复为乾元殿，使人识其旧，不亦愈乎？"诏司详议。刑部尚书王志愔等佥谓："明堂瓌怪不法，天烬之余，不容大享。请因旧循制，还署乾元正寝。正、至，天子御以朝会。若大享，复寓圆丘。"制曰可。贞节以寿卒。

施敬本，润州丹阳人。开元中，为四门助教。玄宗将封禅，诏有司讲求典仪。旧制，盥手、洗爵，皆侍中主之；诏祀天神，太祝主之。敬本上言曰："周制，大宗伯郁人，下士二，掌裸事。汉无郁人，用近臣。汉世侍中微甚，籍孺、闳孺等幸臣为之。后汉邵阖自侍中迁步兵校尉，秩千石，其职省起居，执虎子，盖亵臣也。今侍中位宰相，非郁人比。祝者荐主人意于神，非贱职也。古二君相见，卿为上傧，况天人际哉！周太祝，下大夫二，上士四。下大夫，今郎中、太常丞之比；上士，员外郎、博士之比。汉太祝令秩六百石，今太祝乃下士。以下士接天，以大臣奉天子，轻重不伦，非礼也。旧制，谒者引太尉升坛。谒者位下，升坛礼重。汉尚书御史属，有谒者仆射一，秩六百石，铜印青绶；谒者三十五，以郎中满岁称给事中，未满岁称谒者。光禄勋属，有谒者，掌宾赞，员七十，秩比六百石。则古谒者名秩差异等，今谒者班微，循空名，忘实事，非所以事天也。"帝诏中书令张说引敬本熟悉其议，故侍中、祝、谒者，视礼轻重，以它官摄领。

敬本以太常博士为集贤院修撰。逾年，迁右补阙、秘书郎，卒。

卢履冰，幽州范阳人，元魏都官尚书义僖五世孙。开元五年，仕历右补阙。建言："古者父在为母期，彻灵而心丧。武后始请同父三年，非是，请如礼便。"玄宗疑之，又以舅、嫂、叔服未安，并下百官议。刑部郎中田再思曰："会礼之家比聚讼。循古不必是，而行今未必非。父在为母三年，高宗实行之，著令已久。何必乖先帝之旨，阂人子之情，爱一期服于其亲，使与伯叔母、姑姊妹同？嫂叔、舅甥服，太宗实制之，阅百年无异论，不可改。"履冰因言："上元中，父在为母三年，后虽请，未用也，逮垂拱始行之。至有祖父母在而子孙妇没，行服再期，不可谓宜。礼，女子无专道，故曰'家无二尊'。父在为母服期，统一尊也。今不正其失，恐后世复有妇夺夫之败，不可不察。"书留未下。履冰即极陈："父在为母立几筵者一期，心丧者再期，父必三年而后娶，以达子之志。夫圣人岂蔑情于所生？固有意于天下。昔武后阴储篡谋，豫自光崇，升期齐，抗斩衰，俄而乘陵唐家,以启衅阶。孝和仅得反正,韦氏复出,鸩杀天子,几亡宗社。故臣将以正夫妇之纲,非特母子间也。议者或言:'降母服,非《诗》所谓罔极者,而又与伯叔母、姑姊妹等。且齐、斩已有升降,则岁月不容异也。'此迂生鄙儒,未习先王之旨,安足议夫礼哉?罔极者,春秋祭祀,以时思之,君子有终身之忧之谓,何限一期,二期服哉?圣人之于礼,必建中制,使贤不肖共成文理而后释,彼伯叔姑姊,乌有筵杖之制、三年心丧乎?母齐父斩,不易之道也。"左散骑常侍元行冲议曰:"古缘情制服:女天父,妻天夫,斩衰三年,情礼俱尽者,因心立极也。妻丧杖期,情礼俱杀者,远嫌疑,尊乾道也。为嫡子三年斩衰而不去官,尊祖重嫡,崇其礼,杀其情也。孝莫大于严父,故父在为母免官,齐而期,心丧三年,情已申而礼杀也,自尧、舜、周公,孔子所同。而令舍尊厌之重,亏严父之义,谓之礼,可乎?姨兼从母之名,以母之女党,加于舅服,不为无理。嫂叔不服,则远嫌也。请据古为适。"帝弗报。是时言丧服,各以所见奋,交口纷腾。七年,乃下诏:"服纪一用古制。"自是人间父在为母服,或期而禫,禫而释,心丧三年。或期而禫,终三年。或齐衰三年。

后履冰以官卒。

王仲丘,沂州琅邪人。祖师顺,仕高宗,议漕输事有名当时,终司门郎中。仲丘开元中历左补阙内供奉、集贤修撰、起居舍人。

时典章差驳,仲丘欲合《贞观》、《显庆》二礼,据"有其举之,莫可废之"之谊,即上言:"《贞观礼》,正月上辛,祀感帝于南郊。《显庆礼》,祀昊天上帝于圆丘以祈谷。臣谓《诗》'春夏祈谷于上帝'。《礼》,上辛祈谷于上帝。则上帝当昊天矣。郑玄曰:'天之五帝递王,王者必感一以兴。故夏正月祭所生于郊,以其祖配之,因以祈谷。'感帝之祀,《贞观》用之矣。请因祈谷之坛,遍祭五方帝。五帝者,五行之精,九谷之宗也。请二礼皆用《贞观礼》,雩祀五方上帝、五人帝、五官于南郊。《显庆礼》祀昊天上帝于圆丘。臣谓雩上帝,为百谷祈甘雨,故《月令》:'大雩帝,用盛乐。'郑玄说:'帝,上帝也,乃天别号。祀于圆丘,尊天位也。'显庆祀昊天,与《月令》合,而贞观常祀五帝矣,请二礼皆用。《贞观礼》季秋祀五方帝,五官于明堂。《显庆礼》,祀昊天上帝于明堂。臣谓周郊祀后稷以配天,宗祀文王于明堂以配上帝。先儒以天为感帝,引太微五帝,著之上帝,则属之昊天。郑玄称《周官》旅上帝,祀五帝,各文而异礼,不容并而为一。故于《孝经》天、上帝,申之曰:'上帝亦天也。'神无二主,但异其处,以避后稷。今显庆享上帝,合于《经》。然贞观尝祀五方帝矣。请二礼皆用。"诏可。

迁礼部员外郎。卒,赠秘书少监。

康子元,越州会稽人。仕历献陵令。开元初,诏中书令张说举能治《易》、《老》、《庄》者,集贤直学士侯行果荐子元及平阳敬会真于说,说藉以闻,并赐衣币,得侍读。子元擢累秘书少监,会真四门博士,俄皆兼集贤侍讲学士。

玄宗将东之太山,说引子元、行果、徐坚、韦坚、韦绍商裁封禅仪。初,高宗之封,中书令许敬宗议:"周人尚臭,故前祭而燔柴。"说、坚、子元白奏:"《周官》:乐六变,天神降。是降神以乐,非缘燔也。宋、齐以来,皆先哜福酒,乃燎。请先祭后燔,如《贞观礼》便。"行果与赵冬曦议,以为:"先燎降神,尚矣。若祭已而燔,神无由降。"子元议挺不徙。说曰:"康子独出蒙轮,以当一队邪?"议未判,说请决于帝,帝诏后燔。

乘舆自岱还,减从官,先次东都,唯子元、毌煚、韦述以学士从。久乃徙宗正少卿,以疾授秘书监,致仕。卒,赠汴州刺史。帝尝制赞赐说、子元,命工图其象,诏冬曦、述、煚分为传。

行果者,上谷人,历国子司业,侍皇太子读。卒,赠庆王傅。

始,行果、会真及长乐冯朝隐同进讲,朝隐能推索《老》、《庄》秘义,会真亦善《老子》,每启篇,先薰盥乃读。帝曰:"我欲更求善《易》者,然无贤行果"云。朝隐终太子右谕德,会真太学博士。

赵冬曦，定州鼓城人。进士擢第，历左拾遗。神龙初，上书曰："古律条目千余。隋时奸臣侮法，著律曰：'律无正条者，出罪举重以明轻，入罪举轻以明重。'一辞而废条目数百，自是轻重沿爱憎，被罚者不知其然，使贾谊见之，恸哭必矣。夫法易知，则下不敢犯而远机阱；文义深，则吏乘便而朋附盛。律、令、格、式，谓宜刊定科条，直书其事。其以准加减比附、量情及举轻以明重、不应为之类皆勿用。使愚夫愚妇相率而远罪，犯者虽贵必坐。律明则人信，法一则主尊。"当时称是。

开元初，迁监察御史，坐事流岳州。召还复官，与秘书少监贺知章、校书郎孙季良、大理评事咸廙业入集贤院修撰。是时，将仕郎王嗣琳、四门助教范仙厦为校勘，翰林供奉吕向、东方颢为校理。未几，冬曦知史官事，迁考功员外郎。逾年，与季良、廙业、知章、吕向皆为直学士。冬曦俄迁中书舍人内供奉，以国子祭酒卒。

冬曦性放达，不屑世事。兄夏日、弟和璧、安贞、居贞、颐贞、汇贞，皆擢进士第。安贞给事中，居贞吴郡采访使，颐贞安西都护。居贞子昌，别传。

王嗣琳以太子校书郎罢。东方颢上书忤旨，左迁高安丞。廙业亦坐事左迁余杭令。仙厦善讲论，后为道士。

开元集贤学士，又有尹愔、陆坚、郑钦说、卢僎名稍著。

尹愔，秦州天水人。父思贞，字季弱。明《春秋》，擢高第。尝受学于国子博士王道珪，称之曰："吾门人多矣，尹子亘测也。"以亲丧哀毁。除丧，不仕。左右史张说、尹元凯荐为国子大成，每释奠，讲辨三教，听者皆得所未闻。迁四门助教。撰《诸经义枢》、《续史记》皆未就。梦天官、麟台交辟，寤而会亲族叙诀，二日卒，年四十。

愔博学，尤通老子书。初为道士，玄宗尚玄言，有荐愔者，召对，喜甚，厚礼之，拜谏议大夫、集贤院学士，兼修国史，固辞不起。有诏以道士服视事，乃就职，颛领集贤、史馆图书。开元末，卒，赠左散骑常侍。

陆坚，河南洛阳人。初为汝州参军，以友婿李慈伏诛，贬涪州参军，再迁通事舍人。有诏起复，遣中官敦谕，不就。以给事中兼学士。善书。初名友悌，玄宗嘉其刚正，更赐名。从封泰山，封建安男。帝待之甚厚，图形禁中，亲制赞。以秘书监卒，年七十一，赠吏部尚书，谥曰懿。

郑钦说，后魏濮阳太守敬叔八世孙。开元初，繇新津丞请试五经擢第，授巩县尉、集贤院校理。历右补阙内供奉。通历术，博物。初，梁太常任昉大同四年七月于钟山圹中得铭曰："龟言土，蓍言水，甸服黄钟启灵址。瘗在三上庚，堕遇七中巳。六千三百浃辰交，二九重三四百圮。"当时莫能辨者，因藏之，戒诸子曰："世世以访通人，有知之者，吾死无恨。"昉五世孙升之，隐居商洛，写以授钦说。钦说出使，得之于长乐驿，至敷水三十里而悟曰："卜宅者廑葬之岁月，而先识墓圮日辰。甸服，五百也；黄钟，十一也。繇大同四年，却求汉建武四年，凡五百一十一年。葬以三月十日庚寅，三上庚也。圮以七月十二日己巳，七中巳也。浃辰，十二也，建武四年三月至大同四年七月，六千三百一十二月，月一交，故曰六千三百浃辰交。二九，十八也。重三，六也。建武四年三月十日，距大同四年七月十二日，十八万六千四百日，故曰二九重三四百圮。"升之大惊，服其智。

钦说雅为李林甫所恶，韦坚死，钦说时位殿中侍御史，常为坚判官，贬夜郎尉，卒。

子克钧，为都官郎中。吐蕃围灵州，军饷匮竭，德宗以克钧为灵、夏二州运粮使，转米峙塞下，守者遂安。

卢僎，吏部尚书从愿三从父也。自闻喜尉为学士，终吏部员外郎。

兄俌，中宗时历右补阙。默啜入寇，败沙吒忠义，诏百官陈破贼胜策，独俌上疏以为："治内可以及外，赏罚明则士尽节。鸣沙之役，主将先遁，中军犹能死战。正法纪功，则戎行可劝。若忠义，骑将材，不可当大任。宜因古法，募人徙边，免行役，次庐伍，明教令，赏虏获，近战则守家，远战则利货。购辩勇，结诸蕃，以图攻取。择边州刺史，搜乘积粟，谨烽燧以备守。"中宗善其言，然无施行者。俌终秘书少监。

　　啖助，字叔佐，赵州人，后徙关中。淹该经术。天宝末，调临海尉、丹杨主簿。秩满屏居，甘足疏粝。

　　善为《春秋》，考三家短长，缝绽漏阙，号《集传》，凡十年乃成，复摄其纲条，为例统。其言孔子修《春秋》意，以为："夏政忠，忠之敝野；商人承之以敬，敬之敝鬼；周人承之以文，文之敝僿。救僿莫若忠。夫文者，忠之末也。设教于本，其敝且末；设教于末，敝将奈何？武王、周公承商之敝，不得已用之。周公没，莫知所以改，故其敝甚于二代。孔子伤之曰：'虞、夏之道，寡怨于民；商、周之道，不胜其敝！'故曰：'后代虽有作者，虞帝不可及已。'盖言唐、虞之化，难行于季世，而夏之忠，当变而致焉。故《春秋》以权辅用，以诚断礼，而以忠道原情云。不拘空名，不尚狷介，从宜救乱，因时黜陟。古语曰：'商变夏，周变商，春秋变周。'而公羊子亦言：'乐道尧、舜之道，以拟后圣。'是知《春秋》用二帝、三王法，以夏为本，不壹守周典明矣。"又言："幽、厉虽衰，《雅》未为《风》。逮平王之东，人习余化，苟有善恶，当以周法正之。故断自平王之季，以隐公为始，所以拯薄勉善，救周之弊，革礼之失也。"助爱公、谷二家，以左氏解义多谬，其书乃出于孔氏门人。且《论语》孔子所引，率前世人老彭、伯夷等，类非同时；而言"左丘明耻之，丘亦耻之"。丘明者，盖如史佚、迟任者。又《左氏传》、《国语》，属缀不伦，序事乖剌，非一人所为。盖左氏集诸国史以释《春秋》，后人谓左氏，便传著丘明，非也。助之凿意多此类。

　　助门人赵匡、陆质，其高第也。助卒，年四十七。质与其子异哀录助所为《春秋集注总例》，请匡损益，质纂会之，号《纂例》。匡者，字伯循，河东人，历洋州刺史，质所称为赵夫子者。

大历时，助、匡、质以《春秋》，施士丐以《诗》，仲子陵、袁彝、韦
彤、韦茝以《礼》，蔡广成以《易》，强蒙以《论语》，皆自名其学，而士
丐、子陵最卓异。

士丐，吴人，兼善《左氏春秋》，以二经教授。縣四门助教为博
士，秩满当去，诸生封疏乞留，凡十九年，卒于官。弟子共葬之。士
丐撰《春秋传》，未甚传。后文宗喜经术，宰相李石因言士丐《春秋》
可读。帝曰："朕见之矣，穿凿之学，徒为异同，但学者如浚井，得美
水而已，何必劳苦旁求，然后为得邪？"

子陵，蜀人，好古学，舍峨眉山。举贤良方正，擢太常博士，通后
苍、大小戴《礼》。有司请正太祖东向位，而迁献、懿二主。子陵议藏
主德明、兴圣庙，其言典正。后异论纷洄，复为《通难》示诸儒，诸儒
不能诎。久之，典黔中选补，乘传过家，西人以为荣。终司门员外郎。
子陵以文义自怡，及亡，其家所存，惟图书及酒数斛而已。

赞曰：《春秋》、《诗》、《易》、《书》，由孔子时师弟子相传，历暴
秦，不断如系。至汉兴，划挟书令，则儒者肆然讲授，经典寖兴。左
氏与孔子同时，以《鲁史》附《春秋》作《传》，而公羊高、谷梁赤皆出
子夏门人。三家言经，各有回舛，然犹悉本之圣人，其得与失盖十
五，义或缪误，先儒畏圣人，不敢辄改也。啖助在唐，名治《春秋》，摭
诎三家，不本所承，自用名学，凭私臆决，尊之曰"孔子意也"，赵、陆
从而唱之，遂显于时。鸣呼！孔子没乃数千年，助所推著果其意乎？
其未可必也。以未可必而必之，则固；持一己之固而倡兹世，则诬。
诬与固，君子所不取。助果谓可乎？徒令后生穿凿诡辨，诟前人，舍
成说，而自为纷纷，助所阶已。

韦彤，京兆人。四世从祖方质为武后时宰相。彤名治《礼》，德
宗时为太常博士。

先此，天宝中，诏尚食朔望进食太庙，天子使中人侍祠，有司不
与也。贞元十二年，帝始诏朔望食，畀宗正、太常合供。于是彤与博

士裴堪议曰："礼，宗庙朔望不祭，园寝则有之。贞观、开元间，在礼若令，不敢变古。天宝中，始有进食事，殆王玙缘生事亡，用燕具亵馔，参渎礼荐，不可示远。传曰：'祭非外至，生于心者也。'是故圣人等牲牢，布笾豆，昆虫、草木可荐者，莫不咸在，所以享宗庙，交神明，全孝敬也。洁膳羞，八珍百品，可嗜之馔，美腬甘旨，谓之亵味，所以燕宾客，接人情，示慈惠也。是则荐与宴，圣人判为二物，不可乱也。今若熟饔而享，非以异为敬之意。且祭不欲数，亦不欲疏，感时致享，以制中也。今园寝月二祭，不为疏，庙岁五享，不为数，有司奉承，得尽其恭。若又加盛馔于朔望，是失礼之中，有司不得尽其恭也。故王者稽古，弗敢以孝思之极而溢礼，弗敢以肴品之多而剩味。愿罢天宝所增，奉园寝以珍，奉宗庙以礼，两得所宜。"帝曰："是礼先帝裁定，遽更之，其谓朕何？徐议其可。"而朔望食卒不废。

　　会昭陵寝宫为原火延燔，而客祭瑶台佛寺。又故宫在山上，乏水泉，作者惮劳，欲即行宫作寝，诏宰相百官议。吏部员外郎杨于陵议曰："园寝非三代制，自秦、汉以来，附陵置寝，或远若迩，则无闻焉。韦玄成等议园陵，于兴废初无适语。且寝宫所占，在柏城中，距陵不远，使诸陵之寝，皆有区限，故不可徙；若止柏城，则故寝已燔，行宫已久，因以治饰，亦复何嫌？或曰：'太宗创业，寝宫不辄易。'是不然。夫陵城宅神，神本静，今大兴荒废，嚣役密迩，非幽冥所安，改之便。"肜曰："先王建都立邑，不利则为之迁，况有故邪？今文寝灾，徙而宫之，非无故也。神安于徙，因而建寝，于礼至顺。又它陵皆在柏城，随便营作，不越封兆，力省易从。"帝重改先帝制，还宫山颠。

　　肜卒后，武宗会昌五年，诏京城不许群臣作私庙。宰相李德裕等引肜所议："古制：庙必中门之外，吉凶皆告，以亲而尊之，不自专也。今俾立庙京外，不能得其意于礼。宫之南九坊，三坊曰围外，地荒左，立庙无嫌；余六坊可禁。"诏不许，听准古即居所立庙。

　　陈京，字庆复，陈宜都王叔明五世孙。父兼，为右补阙、翰林学士。京善文辞，常衮称之，妻以兄子。擢进士第，迁累太常博士。

德宗在奉天，闻段秀实为贼所害，七日不朝。宰相以为"方多难时，不宜壅万机，天下其谓何"。京曰："丞相之言非也。夫褒大节，恤贤臣，天下所以安，况卓卓特异者乎？"帝曰："善。"还京师，擢左补阙。帝以卢杞为饶州刺史，京与赵需、裴佶、宇文炫、卢景亮、张荐共劾："杞辅政要位，大臣逾时月不得对，百官懔懔常若兵在颈。陛下复用之，奸贼唾掌复兴。"帝不听。京等争尤确，帝大怒，左右辟易，谏者稍引郤。京正色曰："需等毋遽退！"极道不可，以死请，杞遂废。帝之立，迎访太后，久不得，意且息。京密白："弟遣使物色以求。"帝大悟，终代不敢置。

初，玄宗、肃宗既祔室，迁献、懿二祖于西夹室，引太祖位东向。礼仪使于休烈议："献、懿属尊于太祖，若合食，则太祖位不得正，请藏二祖神主，以太宗、中宗、睿宗、肃宗从世祖南向，高宗、玄宗从高祖北向。"禘祫不及二祖，凡十八年。建中初，代宗丧毕，当大祫。京以太常博士上言："《春秋》之义，毁庙之主陈于太祖，未毁庙之主合食于祖，无毁庙迁主不享之言。唐家祀制与周异，周以后稷为始封祖，而毁主皆在后稷下，故太祖东向，常统其尊。司马晋以高皇、太皇、征西四府君为别庙，大禘祫则正太祖位，无所屈。别庙祭高、太以降，所以叙亲也。唐家宜别为献、懿二祖立庙，禘祫则祭，太祖遂正东向位。德明、兴圣二帝，向已有庙，则藏祔二祖为宜。"

诏百官普议。礼仪使、太子少师颜真卿曰："今议者有三：一谓献、懿亲远而迁，不当祫，宜藏主西室；二谓二祖宜祫食，与太祖并昭穆，缺东向位；三谓引二祖祫禘，即太祖永不得全其始，宜以二主祔德明庙。虽然，于人神未厌也。景帝既受命始封矣，百代不迁矣，而又配天，尊无与上，至禘祫时，暂屈昭穆以申孝尊先，实明神之意，所以教天下之孝也。况晋蔡谟等有成议，不为无据。请大祫享奉献主东向，懿主居昭，景主居穆，重本尚顺，为万代法。夫祫，合也。有如别享德明，是乃分食，非合食也。"时议者举然，于是还献、懿主祫于庙，如真卿议。

贞元七年，太常卿裴郁上言："商、周以卨、稷为祖，上无余尊，故合食有序。汉受命,祖高皇帝,故太上皇不以昭穆合食。魏祖武帝,晋祖宣帝,故高皇、处士、征西等君,亦不以昭穆合食。景皇帝始封唐,唐推祖焉,而献、懿亲尽庙迁,犹居东向,非礼之祀,神所不享。下群臣议。”于是太子左庶子李嵘等上言:“谨按晋孙钦议:‘太祖以前,虽有主,禘祫所不及;其所及者,太祖后未毁已升藏于二祧者,故虽百代及之。’献、懿在始封前,亲尽主迁,上拟三代,则禘祫所不及。太祖而下,若世祖,则《春秋》所谓‘陈于太祖’者。汉议罢郡国庙,丞相韦玄成议:‘太上皇、孝惠亲尽宜毁。太上主宜瘗于园,惠主迁高庙。’太上皇在太祖前,主瘗于园,不及禘祫,献、懿比也。惠迁高庙,在太祖后,而及禘祫,世祖比也。魏明帝迁处士主,置园邑,岁时以令丞奉荐;东晋以征西等祖迁入西除,同谓之祧,皆不及祀。故唐初下讫开元,禘祫犹虚东向位。洎立九庙,追祖献、懿,然祝于三祖不称臣。至德时,复作九庙,遂不为弘农府君主,以祀不及也。广德中,始以景皇帝当东向位,以献、懿两主亲尽,罢祫而藏。颜真卿引蔡谟议,复奉献主东向,懿昭景穆。不记谟义晋未尝用,而唐一王法容可准乎?臣等谓尝、禘、郊、社无二尊,瘗、毁、迁、藏,各以义断。景皇帝已东向,一日改易,不可谓礼,宜复藏献、懿二主于西室,以本《祭法》‘远庙为祧,去祧而坛,去坛而墠,坛、墠,有祷祭,无祷止’之义。太祖得正,无所屈。”

　　吏部郎中柳冕等十二人议曰:“天子以受命之君为太祖,诸侯以始封之主为祖,故自太祖、祖以下,亲尽迭毁。洎秦灭学,汉不暇礼,晋失宋因,故有连王庙之制,有虚太祖之位。且不列昭穆,非所谓有序;不建迭毁,非所谓有杀;连王庙,非所谓有别;虚太祖位,非所谓一尊。此礼所由废也。传曰:‘父为士,子为天子,祭以天子,葬以士。’今献、懿二祖,在唐未受命时,犹士也。故高祖、太宗以天子之礼祭之,而不敢奉以东向位。今而易之,无乃乱先帝序乎?周有天下,追王太王、王季以天子礼;及其祭,则亲尽而毁。汉有天下,尊太上皇以天子之礼;唐家追王献、懿二祖以天子礼,及其祭也,亲尽而毁,复何所疑?《周官》有先公之祧、先王之祧。先公迁主,藏后稷之庙,其周未受命之祧乎?先王迁主,藏文、武之庙,其周已受命之祧乎?故有二祧,所以异庙也。今自献而下,犹先公也;自景而下,犹先王也。请别庙以居二祖,则行周道,复古制,便。"

工部郎中张荐等请自献而降,悉入昭穆,虚东向位。司勋员外郎裴枢曰:"《礼》:'亲亲故尊祖,尊祖故敬宗,敬宗故收族,收族故宗庙严,宗庙严故社稷重。'太祖之上,复追尊焉,则尊祖之义乖。太庙之外,别祭庙焉,则社稷不重。汉韦玄成请瘗主于园,晋虞喜请瘗庙两阶间。喜据左氏自证曰:'先王日祭祖、考,月祀曾、高,时享及二祧,岁祫及坛墠,终禘及郊宗石室,是谓郊宗之祖。'喜请夹室中为石室以处之,是不然。何者?夹室所以居太祖下,非太祖上藏主所居。未有卑处正、尊居傍也。若建石室于园寝,安迁主,采汉、晋旧章,祫禘率一祭,庶乎《春秋》得变之正。"

是时,京以考功员外郎又言:"兴圣皇帝则献之曾祖,懿之高祖。以曾孙祔曾高之庙,人情大顺也。"京兆少尹韦武曰:"祫则大合,禘则序祧。当祫之岁,常以献东向,率懿而后以昭穆极亲亲。及禘,则太祖筵于西,列众主左右,是于太祖不为降,献无所厌。"时诸儒以左氏"子虽圣,不先父食',请迎献主权东向,太祖暂还穆位。同官尉仲子陵曰:"所谓不先食者,丘明正文公逆祀。儒者安知夏后世数未足时,言禹不先鲧乎?魏、晋始祖率近,始祖上皆有迁主。引《閟宫》诗,则永閟可也。因虞主,则瘗园可也。缘远祧,则筑宫可也。以太祖实卑,则虚位可也。然永閟与瘗园,臣子所不安。若虚正位,则太祖之尊无时而申。请奉献、懿二祖迁于德明、兴圣庙为顺。或曰二祖别庙,非合食。且德明、兴圣二庙禘祫之年,皆有荐飨,是已分食,奚独疑二祖乎?"

国子四门博士韩愈质众议,自申其说曰:"一谓献、懿二主宜永藏夹室,臣不谓可。且礼,祫祭,毁主皆合食。今藏夹室,至祫得不食太庙乎?若二祖不豫,不谓之合矣。二谓两主宜毁而瘗之,臣不谓可。礼,天子七庙、一坛、一墠,迁主皆藏于祧,虽百代不毁。祫则太庙享焉。魏、晋以来,始有毁瘗之议,不见于经。唐家立九庙,以周制推之，献、懿犹在坛墠，可毁瘗而不禘祫乎?三谓二祖之主宜各迁诸陵，臣不谓可。二祖享太庙二百年，一日迁之，恐眷顾依违，不即享于下国。四谓宜奉主祔兴圣庙而不禘祫，臣不谓可。礼，'祭如在'。景皇帝虽太祖，于献、懿，子孙也。今引子东向，废父之祭，不可为典。五谓献、懿宜别立庙京师，臣不谓可。凡礼有降有杀，故去庙为祧，去祧为坛，去坛为墠，去墠为鬼，渐而远者，祭益希。昔鲁立炀宫，《春秋》非之，谓不当取已毁之庙，既藏之主，复筑宫以祭。今议正同，故臣皆不谓可。古者殷祖玄王，周祖后稷，太祖之上，皆自为帝。又世数已远，不复祭之，故始祖得东向也。景皇帝虽太祖，于献、懿，子孙也。当禘祫，献祖居东向位，景从昭若穆，是祖以孙尊，孙以祖屈，神道人情，其不相远。又常祭众，合祭寡，则太祖所屈少，而所伸多。与其伸孙尊，废祖祭，不以顺乎?"

冕又上《禘祫义证》十四篇，帝诏尚书省会百官、国子儒官明定可否。左司郎中陆淳奏："按礼及诸儒议，复太祖之位，正也。太祖位正，则献、懿二主宜有所安。今议者有四，曰藏夹室，曰置别庙，曰各迁于园，曰祔兴圣庙。臣谓藏夹室，则享献无期，非周人藏二祧之义；置别庙，论始曹魏，《礼》无传焉，司马晋议而不用；迁诸园，乱宗庙之制。唯祔兴圣庙，禘若祫一祭，庶乎得礼。"帝依违未决也。

十九年，将禘祭，京复奏禘祭大合祖宗，必尊太祖位，正昭穆。请诏百官议。尚书左仆射姚南仲等请奉献、懿主祔德明、兴圣庙。鸿胪卿王权申衍之曰："周人祖文王，宗武王，故《诗》《清庙》章曰：'祀文王也。'胡不言太王、王季? 则太王、王季而上，皆祔后稷，故清庙得祀文王也。太王、王季之尊，私礼也；祔后稷庙，不敢以私夺公也。古者先王迁庙主，以昭穆合藏于祖庙。献、懿主宜祔兴圣庙，则太祖东向得其尊，献、懿主归得其所。"是时，言祔兴圣庙什七八，天子尚尤豫未刚定。至是，群臣稍显言：二祖本追崇，非有受命开国之鸿构；又权根援《诗》、《礼》明白。帝泮然，于是定迁二祖于兴圣庙，凡禘祫一享。诏增广兴圣二室。会祀日薄，庙未成，张缯为室，内神主庙垣间，奉兴圣、德明主居之。庙成而祔。自是景皇帝遂东向。

京自博士献议,弥二十年乃决,诸儒无后言。帝赐京绯衣、银鱼。昭陵寝占山上,宦侍惮婉汲乏,请更其所,宰相未能抗。京曰:"此太宗之庙,其俭足以为后世法,不可改。"议者多附宦人,帝曰:"京议善。"卒不从。帝器京,谓有宰相才,欲用之。会病狂易,自刺弗殊,又言中书舍人崔邠、御史中丞李汶讪己,帝使诘辨无状,然犹自考功员外再迁给事中,皆兼集贤殿学士。帝疑京为忌者中伤,中人问赉相继。后对延英,帝谕遣,京沮骇走出,罢为秘书少监,卒。

初,帝讨李希烈,财用屈,京与户部侍郎赵赞请税民屋架,籍贾人赀力,以率贷之。宪宗尝问宰相李吉甫:"我在藩邸,闻德宗播迁梁、汉,久乃复,谁实召乱,为我言之。"对曰:"德宗始即位,躬行慈俭,引崔祐甫辅政,四方企望至治。祐甫殁,宰相非其人,奸佞营蠹,谓河北叛臣可以力服,甘语先入,主听惑焉。而陈京、赵赞为帝税屋架,贰贾缙,内怨外忿,身及大乱。咎兴信宵人,剥下佐上,赖天之灵,败不抵亡。"帝恨惋曰:"京与赞,真贼臣。"

京无子,以从子褒嗣。褒孙伯宣,辞著作佐郎不拜。

赞曰:德宗敝政,税间架、借商钱、宫市为最甚。顺宗为太子,欲极陈之,惩王叔文之谏而止,其畏如此。区区之臣,冒颜而关说,难哉!其殄国日浅,志不在民矣。宪宗闻暴敛之令首于贼臣,感愤太息,爱人之至也。及任程异、皇甫镈,谏者不听。兴利之臣败君之德,甚矣!

畅当,河东人。父璀,左散骑常侍,代宗时,与裴冕、贾至、王延昌待制集贤院,终户部尚书。

当进士擢第,贞元初,为太常博士。昭德皇后崩,中外服除,皇太子、诸王将服三年,诏太常议太子服。当与博士张荐、柳冕、李吉甫曰:"子为母齐衰三年,盖通丧也;太子为皇后服,古无文。晋元皇后崩,亦疑太子服。杜预议:'古天子三年丧,既葬除服,魏亦以既葬为节。皇太子与国为体,若不变除,则东宫臣仆亦以衰麻出入殿省。'太子遂以卒哭除服。贞观十年六月,文德皇后崩,十一月而葬,太子丧服之节，国史不书。至明年正月，以晋王为并州都督。既命官，当已除矣。今皇太子宜如魏、晋制：既葬而虞，虞而卒哭，卒哭而除，心丧三年。"宰相刘滋、齐映召问当等："'子食于有丧者之侧，未尝饱也。'今太子以衰服侍膳至葬，可乎？令：群臣齐衰三十日公除。宜约以为服限。"乃请如宋、齐皇后为其父母服三十日除，入谒则服墨惨，还宫衰麻。右补阙穆质上疏曰："'三年之丧，自天子达于庶人。'汉文帝以宗庙社稷之重自贬，乃以日易月，后世所不能革。太子，人臣也，不得如人君之制，母丧宜无厌降。惟晋既葬公除，议者诡辞以甘时主，不足师法。今有司之议，亏化败俗，常情所郁。夫政以德为本，德以孝为大。后世记礼之失，自今而始，顾不重哉！父在为母期，古礼也。国朝服之三年，臣谓三年则太重，唯行古为得礼。"德宗遣内常侍马钦叙谓质曰："太子有抚军、监国、问安、侍膳之事，有司以三十日除，既葬释服，以墨衰终丧，何疑邪？"质又奏疏曰："太子于陛下，子道也，臣道也。君臣以义，则抚军监国，有权夺。父子问安侍膳，固无服衰之嫌，古未有服衰而废者。舒王以下服三年，将不得问安侍膳邪？太子、舒王，皆臣子也，不宜甚异。且皇后，天下之母，其父母，士庶也。以天下之母，为士庶降服，可也。太子，臣子也，以臣子为母降，可乎？公除，非古也。入公门变服，今期丧以下惨制是也。太子晨昏侍，非公除比。墨衰夺情，事缘金革。今不监国抚军，何抑夺邪？子之于父母，礼异而情均。太子奉君父之日远，报母之日少，忍使失令名哉？"乃诏宰臣与有司更议，当等曰："《礼》有公门脱齐衰，《开元礼》，皇后父母服十三月，从朝旨则十三日而除；皇太子外祖父母服五月，从朝旨则五日而除。恐丧服入侍，伤至尊之意，非特以金革夺也。太子公除，以墨惨奉朝，归宫衰麻，酌变为制可也。"宰相乃令太常卿郑叔则草奏："既葬卒哭，十一月小祥，十三月大祥，十五月禫，内谒即墨服。"复诏问质，质以为虽不能循古礼，犹愈于魏、晋之文远甚。宰相乃言："太子居皇后丧，至朝则抑哀承慈，实臣子至行。唯心与服，内外宜称。今质请降诏于外，无害墨衰于内。臣谓言行于外，而服异于内，事非至诚，乖于德教。

请下明诏如叔则议。"天子从之。及董晋代叔则为太常卿，帝曰："皇太子服期，繇谏官，初非朕意。畅当等请循魏、晋故事，至论也。"

当以果州刺史卒。

林蕴，字复梦，泉州莆田人。父披，字茂彦，以临汀多山鬼淫祠，民厌苦之，撰《无鬼论》。刺史樊晃奏署临汀令，以治行迁别驾。

蕴世通经，西川节度使韦皋辟推官。刘辟反，蕴晓以逆顺，不听。复遗书切谏，辟怒，械于狱，且杀之，将就刑，大呼曰："'危邦不入，乱邦不居'，得死为幸矣!"辟惜其直，阴戒刑人抽剑磨其颈，以胁服之。蕴叱曰："死即死，我项岂顽奴砥石邪?"辟知不可服，舍之，斥为唐昌尉。及辟败，蕴名重京师。

李吉甫、李绛、武元衡为相，蕴贻书讽以"国家有西土，犹右臂也。今臂不附体，北弥豳郊，西极汧、陇，不数百里为外域。泾原、凤翔、邠宁三镇皆右臂，大藩拥旄钺，数十百人，唯李抱玉请复河、湟，命将不得其人，宜拔行伍之长，使守秦、陇。王者功成作乐，治定制礼。有权臣制乐曲，自立丧纪。舜命契：'百姓弗亲，五品不逊，汝作司徒。'唐以皋、佑、锷、季安为司徒，官不择人。卢从史、于皋谋罪大而刑轻。农桑无百分之一，农夫一人给百口，蚕妇一人供百身，竭力于下者，饥不得食，寒不得衣。边兵菜色，而将帅纵侈自养。中人十户不足以给一无功之卒，百卒不足奉一骄将"。六事皆当时极敝。蕴亦韦皋所引重，嫉其专制，感愤关说。然嗜酒多忤物，宰相置不用也。

沧景程权辟掌书记。既而权上四州版籍请吏，而军中习熟擅地，畏内属，挟权拒命，不得出。蕴陈君臣大谊，谕首将，人人释然，于是权得去。蕴迁礼部员外郎。刑部侍郎刘伯刍荐之于朝，出为邵州刺史。尝杖杀客陶玄之，投尸江中，藉其妻为倡，复坐赃，杖流儋州而卒。

蕴辩给，尝有姓崔者矜氏族，蕴折之曰："崔杼弑齐君，林放问礼之本，优劣何如邪?"其人俯首不能对。

　　韦公肃,隋仪同观城公约七孙。元和初为太常博士兼修撰。宪宗将耕藉,诏公肃草具仪典,容家善之。太子少傅判太常卿事郑余庆庙有二祖妣,疑于祔祭,请诸有司。公肃议:"古诸侯一娶九女,故庙无二嫡。自秦以来有再娶,前娶后继,皆嫡也,两祔无嫌。晋骠骑大将军温峤继室三,疑并为夫人,以问太学博士陈舒,舒曰:'妻虽先没,荣辱并从夫。礼于祖姑,祖姑有三,则各祔舅之所生。是皆夫人也。生以正礼,没不可贬。'于是遂用舒议。且嫡继于古有殊制,于今无异等,祔配之典,安得不同?卿士之寝祭二妻,庙享可异乎?古继以滕妾,今以嫡妻,不宜援一娶为比,使子孙荣享不逮也。或曰:'《春秋》,鲁惠公元妃孟子卒,继室以声子,声子,孟侄娣也,不入惠庙。宋武公生仲子,归于鲁,生桓公而惠薨,立宫而奉之,不合于惠公,而别宫者何? 追父志也。然其比奈何?'曰:晋南昌府君庙有荀、薛两氏,景帝庙有夏侯、羊两氏,唐家睿宗室则昭成、肃明二后,故太师颜真卿祖室有殷、柳两氏。二夫人并祔,故事则然。"诸儒不能异。

　　初,睿宗祥月,太常奏朔望弛朝,尚食进蔬具,止乐。余日御便殿,具供奉仗。中书、门下官得侍,它非奏事毋谒。前忌与晦三日、后三日,皆不听事。忌、晦之明日,百官叩侧门通慰。后遂为常。及是,公肃上言:"《礼》,忌日不乐,而无忌月。唯晋穆帝将纳后,疑康帝忌月,下其议有司,于是荀纳、王洽等引忌时、忌岁讥破其言。今有司承前所禁,在二十五月限,有弛朝彻乐事。丧除则礼革,王者不以私怀逾礼节,故禫礼徙月乐,渐去其情也,不容追远,而立礼反重。今兹太常,虽郊庙,乐且停习,是谓反重以慢神也。有司悉禁中外作乐,是谓无故而彻也。愿依经谊,裁正其违。"有诏中书门下召礼官、学官议,咸曰宜如公肃所请。制可。以官寿卒。

　　许康佐,贞元中举进士、宏辞,连中之。家苦贫,母老,求为知院官,人讥其不择禄。及母丧已除,凡辟命皆不答,人乃知其为亲屈,由是有名。

　　迁侍御史。以中书舍人为翰林侍讲学士,与王起皆为文宗宠礼。帝读《春秋》至"阍弑吴子余祭',问:"阍何人邪?"康佐以中官方强,不敢对,帝嘻笑罢。后观书蓬莱殿,召李训问之,对曰:"古阍寺,今宦人也。君不近刑臣,以为轻死之道,孔子书之以为戒。"帝曰:"朕迩刑臣多矣,得不虑哉!"训曰:"列圣知而不能远,恶而不能去,陛下念之,宗庙福也。"于是内谋翦除矣。康佐知帝指,因辞疾,罢为兵部侍郎。迁礼部尚书。卒,赠吏部,谥曰懿。

　　诸弟皆擢进士第,而尧佐最先进,又举宏辞,为太子校书郎。八年,康佐继之。尧佐位谏议大夫。

唐书卷二〇一
列传第一二六

文艺上

袁朗 谊 承序 利贞　　贺德仁 庾抱

蔡允恭　谢偃　崔信明 郑世翼

刘延祐 藏器 知柔　　张昌龄

崔行功 铣　杜审言 易简 甫　王勃

勮 助 杨炯 卢照邻 骆宾王　元万顷 正
义方 季方 范履冰 周思茂 胡楚宾

　　唐有天下三百年,文章无虑三变。高祖、太宗,大难始夷,沿江左余风,缀句绘章,揣合低卬,故王、杨为之伯。玄宗好经术,群臣稍厌雕琢,索理致,崇雅黜浮,气益雄浑,则燕、许擅其宗。是时,唐兴已百年,诸儒争自名家。大历、正元间,美才辈出,擩哜道真,涵泳圣涯,于是韩愈倡之,柳宗元、李翱、皇甫湜等和之,排逐百家,法度森严,抵轹晋、魏,上轧汉、周,唐之文完然为一王法,此其极也。若侍从酬奉则李峤、宋之问、沈佺期、王维,制册则常衮、杨炎、陆贽、权德舆、王仲舒、李德裕,言诗则杜甫、李白、元稹、白居易、刘禹锡,谲怪则李贺、杜牧、李商隐,皆卓然以所长为一世冠,其可尚已。
　　然尝言之,天子之门以文学为下科,何哉?盖天之付与,于君子小人无常分,惟能者得之,故号一艺。自中智以还,恃以取败者有之,朋奸饰伪者有之,怨望讪国者有之。若君子则不然,自能以功业行实光明于时,亦不一于立言而垂不腐,有如不得试,固且阐绎优游,异不及排,怨不及诽,而不忘纳君于善,故可贵也。今但取以文自名者为《文艺篇》,若韦应物、沈亚之、阎防、祖咏、薛能、郑谷等,其类尚多,皆班班有文在人间,史家逸其行事,故弗得而述云。

袁朗,其先雍州长安人。父枢,仕陈为尚书左仆射。朗在陈为秘书郎,江总尤器之。后主闻其才,诏为《月赋》一篇,洒然无留思,后主曰:"谢庄不得独美于前矣。"复诏为《芝草》、《嘉莲》二颂,叹赏尤厚。累迁太子洗马、德教殿学士。陈亡入隋,历尚书仪曹郎。

武德初,隐太子与秦王、齐王相倾,争致名臣以自助。太子有詹事李纲窦轨、庶子裴矩郑善果、友贺德仁、洗马魏徵、中舍人王珪、舍人徐师谟、率更令欧阳询、典膳监任璨、直典书坊唐临、陇西公府祭酒韦挺、记室参军事庾抱、左领大都督府长史唐宪;秦王有友于志宁、记室参军事房玄龄虞世南颜思鲁、谘议参军事窦纥萧景、兵曹杜如晦、铠曹褚遂良、士曹戴胄阎立德、参军事薛元敬蔡允恭、主簿薛收李道玄、典签苏干,文学姚思廉褚亮、敦煌公府文学颜师古、右元帅府司马萧瑀、行军元帅府长史屈突通、司马窦诞、天策府长史唐俭、司马封伦、军咨祭酒苏世长、兵曹参军事杜淹、仓曹李守素、参军事颜相时;齐王有记室参军事荣九思、户曹武士逸、典签裴宣俨,朗为文学。从父弟承序亦有名,王召为文学馆学士。朗累封汝南县男,再转给事中。卒,太宗为废朝一日,谓高士廉曰:"朗任浅而性谨厚,使人悼惜。"诏给丧费,存问其家。

朗远祖滂,为汉司徒。自滂至朗凡十二世,其间位司徒、司空者四世,淑、颙、察皆死宋难,昂著节齐、梁时。朗自以中外人物为海内冠,虽琅邪王氏踵为公卿,特以累朝佐命有功,鄙不为伍。

朗孙谊,神功中为苏州刺史。司马张沛者,侍中文瓘子,尝白谊曰:"州得一长史,陇西李宣,天下甲门也。"谊曰:"夫门户者,历世名节为天下所高,老夫是也。山东人尚婚媾,求禄利耳,至见危受命,则无人焉,何足尚邪?"沛大惭。

承序为齐王元吉府学士,府废,补建昌令。治尚慈简,吏民怀德。高宗之为晋王也,太宗崇选僚属,问梁、陈名臣子弟谁可者。岑文本曰:"昔陈亡,百司奔散,有袁宪者,朝服立后主傍,白刃不避也。王世充篡隋,群臣表劝进,而宪子给事中承家称疾不肯署。今其少子承序,风操清亮,无愧先烈。"帝乃召拜晋王友、兼侍读,加弘文馆学士,卒。

朗从祖弟利贞,陈中书令敬孙,高宗时为太常博士、周王侍读。及王立为太子,百官上礼,帝欲大会群臣、命妇合宴宣政殿,设九部伎、散乐。利贞上疏谏,以为:"前殿路门,非命妇宴会、倡优进御之所,请徙命妇别殿,九部伎从左右门入,罢散乐不进。"帝纳之。既会,帝传诏利贞曰:"卿弈叶忠鲠,能抗疏规朕之失,不厚赐无以劝能者。"乃赐物百段。擢祠部员外郎,卒。中宗立,以旧恩追赠秘书少监。

贺德仁,越州山阴人。父朗,终陈散骑常侍。德仁与从兄德基师事周弘正,以文辞称,人为语曰:"学行可师贺德基,文质彬彬贺德仁。"兄弟八人,时比汉荀氏,太守鄱阳王伯山改所居甘滂里为高阳云。

始,德仁在陈,为吴兴王友。入隋,杨素荐其材,授豫章王记室,王遇之厚;徙封齐,复为府属。王废,官吏抵罪,而德仁以忠谨获赏,补河东司法参军。

素与隐太子善,高祖起兵,太子封陇西公,以德仁为友,庾抱为记室。俄并迁中舍人。以年耆不更吏职,徙洗马,与萧德言、陈子良皆为东宫学士。贞观初,迁赵王友,卒。

从子纪、敳亦博学。高宗时,纪为太子洗马,豫修五礼;敳率更令、兼太子侍读:皆为崇贤馆学士。

抱者,陈御史中丞众孙。开皇中,为延州参军。入调吏部,尚书牛弘给笔札,令自序,援笔而成。为元德太子学士,会嫡皇孙生,大宴,坐中献颂,太子嗟赏。及在陇西府,文檄皆出其手。

蔡允恭,荆州江陵人,后梁左民尚书大业子。美姿容,工为诗。仕隋,历起居舍人。炀帝有所赋,必令讽诵,遣教宫人。允恭耻之,数称疾。授内史舍人,俾入宫,固辞,繇是疏斥。帝遇弑,经事宇文化及、窦建德,归国为秦王府参军、文学馆学士。贞观初,除太子洗马,卒。著《后梁春秋》。

谢偃,卫州卫人。本姓直勒氏。祖孝政,仕北齐为散骑常侍,改姓谢。在隋为散从正员郎。

贞观初,应诏对策高第,历高陵主簿。太宗幸东都,方谷、洛坏洛阳宫,诏求直言。偃上书陈得失,帝称善,引为弘文馆直学士,迁魏王府功曹。尝为《尘》、《影赋》二篇,帝美其文,召见,欲偃作赋。先为序一篇,颇言天下刘安、功德茂盛意,授偃使赋。偃缘帝指,名篇曰《述圣》,帝悦,赐帛数十。

初,帝即位,直中书省张蕴古上《大宝箴》,讽帝以民畏而未怀,其辞挺切,擢大理丞。偃又献《惟皇诫德赋》,其序大略言:“治忘乱,安忘危,逸忘劳,得忘失,四者人主莫不然。桀以瑶台为丽,而不悟南巢之祸;殷辛以象箸为华,而不知牧野之败。是以圣人处宫室则思前王所以亡,朝万国则思己所以尊,巡府库则思今所以得,视功臣则思其辅佐之始,见名将则思用力之初,如此则人无易心,天下何患乎不化哉?且行之尧、舜,暮失之桀、纣,岂异人哉?”其赋盖规帝成功而自处至难云。又撰《玉谍真纪》以劝封禅。时李百药工诗,而偃善赋,时人称“李诗谢赋”。府废,终湘潭令。

蕴古,洹水人。敏书传,晓世务,文擅当时。后坐事诛。

崔信明,青州益都人。高祖光伯,仕后魏为七兵尚书。信明之生,五月五日日方中,有异雀鸣集庭树,太史令史良为占曰:“五月为火,火主《离》,《离》为文;日中,文之盛也;雀五色而鸣,此儿将以

文显。然雀类微,位殆不高邪。”及长,强记,美文章。乡人高孝基尝
语人曰:“崔生才富,为一时冠,但恨位不到耳。”隋大业中,为尧城
令。窦建德僭号,而信明族弟敬素者,为贼鸿胪卿,自谓得意,语信
明曰:“夏王英武,有举天下心,士女襁负而至不可数。兄不以此时
立功立事,岂所谓见机不俟终日乎?”答曰:“昔申胥海隅钓师,能固
其节。尔欲吾屈身贼中求斗筲邪?”遂逾城去,隐太行山。贞观六年,
有诏即家拜兴势丞。迁秦川令,卒。

信明蹇亢,以门自负,尝矜其文,谓过李百药,议者不许。扬州
录事参军郑世翼者,亦骜倨,数桃轻忤物,遇信明江中,谓曰:“闻公
有‘枫落吴江冷’,愿见其余。”信明欣然多出众篇,世翼览未终,曰:
“所见不逮所闻!”投诸水,引舟去。

世翼,郑州荥阳人,周仪同大将军敬德孙。贞观时,坐怨谤流死
巂州。撰《交游传》,行于世。

信明子冬日,武后时位黄门侍郎,为酷吏诬死。

刘延祐,徐州彭城人。伯父胤之,少志学,与孙万寿、李百药相
友善。武德中,杜淹荐为信都令,有惠政。永徽初,以著作郎、弘文
馆学士与令狐德棻、阳仁卿等撰次国史并实录,以劳封阳城县男。
终楚州刺史。

延祐擢进士,补渭南尉,有吏能,治第一。李勣戒之曰:“子春秋
少而有美名,宜稍自抑,无为出人上。”延祐钦纳。后检校司宾少卿,
封薛县男。

徐敬业败,诏延祐持节到军。时吏议敬业所署五品官殊死,六
品流。延祐谓诖胁可察以情,乃论授五品官当流,六品以下除名,全
宥甚众。拜箕州刺史,转安南都护。旧俚户岁半租,延祐责全入,众
始怨,谋乱。延祐诛其渠李嗣仙,而余党丁建等遂叛,合众围安南
府。城中兵少不支,婴垒待援。广州大族冯子猷幸立功,按兵不出,
延祐遇害。桂州司马曹玄静进兵讨建,斩之。

延祐从弟藏器,高宗时为侍御史。卫尉卿尉迟宝琳胁人为妾,

藏器劾还之，宝琳私请帝止其还，凡再劾再止。藏器曰："法为天下县衡，万民所共，陛下用舍縣情，法何所施？今宝琳私请，陛下从之；臣公劾，陛下亦从之。今日从，明日改，下何所遵？彼匹夫匹妇犹惮失信，况天子乎。"帝乃诏可，然内衔之，不悦也。稍迁比部员外郎。监察御史魏元忠称其贤，帝欲擢任为吏部侍郎，魏玄同沮曰："彼守道不笃者，安用之？"遂出为宋州司马，卒。

子知柔，性俭静，美风仪。居亲丧，庐墓侧，诏筑阙表之。历国子司业，累迁工部尚书。开元六年，河南大水，诏知柔驰驿察民疾苦及吏善恶，所表陈州刺史韦嗣立、汝州刺史崔日用、衮州刺史韦元珪、符离令綦母顼等，止二十七人有治状。久之，迁太子宾客，封彭城县侯。致仕，给全禄终身。遗令薄葬，祖载服用皆自处其费。赠太子少保，谥曰文。弟知几，别有传。

张昌龄，冀州南宫人。与兄昌宗皆以文自名，州欲举秀才，昌龄以科废久，固让。更举进士，与王公治齐名，皆为考功员外郎王师旦所绌。太宗问其故，答曰："昌龄等华而少实，其文浮靡，非令器也。取之则后生劝慕，乱陛下风雅。"帝然之。

贞观末，翠微宫成，献颂阙下，召见，试《息兵诏》，少选成文。帝大悦，戒之曰："昔祢衡、潘岳矜己傲物，不得死，卿才不减二人，宜鉴于前，副朕所求。"乃敕于通事舍人里供奉。俄为昆山道记室，《平龟兹露布》为士所称。贺兰敏之奏豫北门修撰，卒。

昌宗官至太子舍人、修文馆学士。撰《古文纪年新传》数十篇。

崔行功，恒州井陉人。祖谦之，仕北齐，终巨鹿太守，徙占鹿泉。少好学，唐俭爱其才，妻以女，因倩作文奏。高宗时，累转吏部郎中，以善占奏，常兼通事舍人内供奉。坐事贬游安令，又召为司文郎中，与兰台侍郎李怀俨并主朝廷大典册。

初，太宗命秘书监魏徵四部群书，将藏内府，置雠正二十员、书工百员。徵徙职，又诏虞世南、颜师古踵领，功不就。显庆中，罢雠正员，听书工写于家，送官取直，使散官随番刊正。至是诏东台侍郎赵仁本、舍人张文瓘及行功、怀俨相次充使检校，置详正学士代散官。以劳迁兰台侍郎，卒。

孙铣，尚定安公主，为太府卿。初，主降王同皎，后降铣，主卒，皎子繇请与父合葬。给事中夏侯铦驳奏"主与王氏绝，丧当还崔"，诏可。铦犹出为泸州都督。

行功兄子玄玮别有传。

杜审言，字必简，襄州襄阳人，晋征南将军预远裔。擢进士，为隰城尉，恃才高，以傲世见疾。苏味道为天官侍郎，审言集判，出谓人曰："味道必死。"人惊问故，答曰："彼见吾判，且羞死。"又尝语人曰："吾文章当得屈、宋作衙官，吾笔当得王羲之北面。"其矜诞类此。

累迁洛阳丞，坐事贬吉州司户参军。司马周季重、司户郭若讷构其罪，系狱，将杀之。季重等酒酣，审言子并年十三，袖刃刺季重于坐，左右杀并。季重将死，曰："审言有孝子，吾不知，若讷故误我。"审言免官，还东都。苏颋伤并孝烈，志其墓，刘允济祭以文。

后武后召审言，将用之，问曰："卿喜否？"审言蹈舞谢，后令赋《欢喜诗》，叹重其文，授著作佐郎，迁膳部员外郎。神龙初，坐交通张易之，流峰州。入为国子监主簿、修文馆直学士，卒。大学士李峤等奏请加赠，诏赠著作郎。

初，审言病甚，宋之问、武平一等省候何如，答曰"甚为造化小儿相苦，尚何言？然吾在，久压公等，今且死，固大慰，但恨不见替人"云。少与李峤、崔融、苏味道为文章四友，世号"崔、李、苏、杜"。融之亡，审言为服缌云。

从祖兄易简，九岁能属文，长博学，为岑文本所器。擢进士，补渭南尉。咸亨初，历殿中侍御史。尝道遇吏部尚书李敬玄，不避，敬玄恨，召为考功员外郎屈之。而侍郎裴行俭与敬玄不平，故易简上书言敬玄罪，敬玄曰："襄阳儿轻薄乃尔。"因奏易简险躁，高宗怒，贬开州司马。

审言生子闲，闲生甫。

甫字子美，少贫不自振，客吴越、齐赵间。李邕奇其材，先往见之。举进士不中第，困长安。

天宝十三载，玄宗朝献太清宫，飨庙及郊，甫奏赋三篇。帝奇之，使待制集贤院，命宰相试文章，擢河西尉，不拜，改右卫率府胄曹参军。数上赋颂，因高自称道，且言："先臣恕、预以来，承儒守官十一世，迨审言，以文章显中宗时。臣赖绪业，自七岁属辞，且四十年，然衣不盖体，常寄食于人，窃恐转死沟壑，伏惟天子哀怜之。若令执先臣故事，拔泥涂之久辱，则臣之述作虽不足鼓吹《六经》，至沈郁顿挫，随时敏给，扬雄、枚皋可企及也。有臣如此，陛下其忍弃之？"

会禄山乱，天子入蜀，甫避走三川。肃宗立，自鄜州羸服欲奔行在，为贼所得。至德三年，亡走凤翔上谒，拜右拾遗。与房琯为布衣交，琯时败陈涛斜，又以客董廷兰，罢宰相。甫上疏言："罪细，不宜免大臣。"帝怒，诏三司杂问。宰相张镐曰："甫若抵罪，绝言者路。"帝乃解。甫谢，且称："琯宰相子，少自树立为醇儒，有大臣体，时论许琯才堪公辅，陛下果委而相之。观其深念主忧，义形于色。然性失于简，酷嗜鼓琴，廷兰托琯门下，贫疾昏老，依倚为非，琯爱惜人情，一至玷污。臣叹其功名未就，志气挫衄，觊陛下弃细录大，所以冒死称述，涉近讦激，违忤圣心。陛下赦臣百死，再赐骸骨，天下之幸，非臣独蒙。"然帝自是不甚省录。

时所在寇夺，甫家寓鄜，弥年艰窭，孺弱至饿死，因许甫自往省视。从还京师，出为华州司功参军。关辅饥，辄弃官去，客秦州，负薪采橡栗自给。流落剑南，结庐成都西郭。召补京兆功曹参军，不至。会严武节度剑南东、西川，往依焉。武再帅剑南，表为参谋，检校工部员外郎。武以世旧，待甫甚善，亲入其家。甫见之，或时不巾，而性褊躁傲诞，尝醉登武床，瞪视曰："严挺之乃有此儿！"武亦暴猛，外若不为忤，中衔之。一日欲杀甫及梓州刺史章彝，集吏于门。武将出，冠钩于帘三，左右白其母，奔救得止，独杀彝。武卒，崔旰等乱，甫往来梓、夔间。大历中，出瞿唐，下江陵，溯沅、湘以登衡山，因客耒阳。游岳祠，大水遽至，涉旬不得食，县令具舟迎之，乃得还。令尝馈牛炙白酒，大醉，一昔卒，年五十九。

甫旷放不自检，好论天下大事，高而不切。少与李白齐名，时号"李杜"。尝从白及高适过汴州，酒酣登吹台，慷慨怀古，人莫测也。数尝寇乱，挺节无所污，为歌诗，伤时桡弱，情不忘君，人怜其忠云。

赞曰：唐兴，诗人承陈、隋风流，浮靡相矜。至宋之问、沈佺期等，研揣声音，浮切不差，而号"律诗"，竞相袭沿。逮开元间，稍裁以雅正，然恃华者质反，好丽者壮违，人得一概，皆自名所长。至甫，浑涵汪茫，千汇万状，兼古今而有之，它人不足，甫乃厌余，残膏剩馥，沾丐后人多矣。故元稹谓："诗人以来，未有如子美者。"甫又善陈时事，律切精深，至千言不少衰，世号"诗史"。昌黎韩愈于文章慎许可，至歌诗，独推曰："李、杜文章在，光焰万丈长。"诚可信云。

王勃，字子安，绛州龙门人。六岁善文辞，九岁得颜师古注《汉书》读之，作《指瑕》以擿其失。麟德初，刘祥道巡行关内，勃上书自陈，祥道表于朝，对策高第。年未及冠，授朝散郎，数献颂阙下。沛王闻其名，召署府修撰，论次《平台秘略》。书成，王爱重之。是时，诸王斗鸡，勃戏为文檄英王鸡，高宗怒曰："是且交构。"斥出府。

勃既废，客剑南。尝登葛愦山旷望，慨然思诸葛亮之功，赋诗见情。闻虢州多药草，求补参军。倚才陵藉，为僚吏共嫉。官奴曹达抵罪，匿勃所，惧事泄，辄杀之。事觉当诛，会赦除名。父福畤，繇雍州司功参军坐勃故左迁交阯令。勃往省，度海溺水，痵而卒，年二十九。

初，道出钟陵，九月九日都督大宴滕王阁，宿命其婿作序以夸客，因出纸笔遍请客，莫敢当，至勃，泛然不辞。都督怒，起更衣，遣吏伺其文辄报。一再报，语益奇，乃矍然曰："天才也！"请遂成文，极欢罢。勃属文，初不精思，先磨墨数升，则酣饮，引被覆面卧，及寤，援笔成篇，不易一字，时人谓勃为腹稿。尤喜著书。

初，祖通，隋末居白牛溪，教授门人甚众。尝起汉、魏尽晋作书百二十篇，以续古《尚书》，后亡其序，有录无书者十篇，勃补完缺逸，定著二十五篇。尝谓人子不可不知医，时长安曹元有秘术，勃从之游，尽得其要。尝读《易》，夜梦若有告者曰："《易》有太极，子勉思之。"寤而作《易发挥》数篇，至《晋卦》，会病止。又谓："王者乘土王，世五十，数尽千年；乘金王，世四十九，数九百年；乘水王，世二十，数六百年；乘木王，世三十，数八百年；乘火王，世二十，数七百年。天地之常也。自黄帝至汉，五运适周，土复归唐，唐应继周、汉，不可承周、隋短祚。"乃斥魏、晋以降非真主正统，皆五行沴气。遂作《唐家千岁历》。

武后时，李嗣真请以周、汉为二王后，而废周、隋。中宗复用周、隋。天宝中，太平久，上言者多以诡异进，有崔昌者采勃旧说，上《五行应运历》，请承周、汉，废周、隋为闰，右相李林甫亦赞佑之。集公卿议可否，集贤学士卫包、起居舍人阎伯玙上表曰："都堂集议之夕，四星聚于尾，天意昭然矣。"于是玄宗下诏以唐承汉，黜隋以前帝王，废介、酅公，尊周、汉为二王后，以商为三恪，京城起周武王、汉高祖庙。授崔昌太子赞善大夫，卫包司虞员外郎。杨国忠为右相，自称隋宗，建议复用魏为三恪，周、隋为二王后，酅、介二公复旧封，贬崔昌乌雷尉，卫包夜郎尉，阎伯玙涪川尉。

勃兄勔，弟助，皆第进士。

勔，长寿中为凤阁舍人，寿春等五王出阁，有司具仪，忘载册文，群臣已在，乃悟其阙，宰相失色。勔召五吏执笔，分占其辞，粲然皆毕，人人嗟服。寻加弘文馆学士，兼知天官侍郎。始，裴行俭典选，见勔与苏味道，曰："二子者，皆铨衡才。"至是语验。勔素善刘思礼，用为箕州刺史，与綦连耀谋反，勔兄泾州刺史勱及助皆坐诛。神龙初，诏复官。

助字子功，七岁丧母，哀号，邻里为泣。居父忧，毁骨立。服除，为监察御史里行。

初,勔、勮、勃皆著才名,故杜易简称"三珠树",其后助、劼又以文显。劼蚤卒。福畤少子劝亦有文。福畤尝诧韩思彦,思彦戏曰:"武子有马癖,君有誉儿癖,王家癖何多邪?"使助出其文,思彦曰:"生子若是,可夸也。"

勃与杨炯、卢照邻、骆宾王皆以文章齐名,天下称"王、杨、卢、骆",号"四杰"。炯尝曰:"吾愧在卢前,耻居王后。"议者谓然。

炯,华阴人。举神童,授校书郎。永隆二年,皇太子已释奠,表豪俊充崇文馆学士,中书侍郎薛元超荐炯及郑祖玄、邓玄挺、崔融等,诏可。迁詹事司直。俄坐从父弟神让与徐敬业乱,出为梓州司法参军。迁盈川令,张说以箴赠行,戒其苛。至官,果以严酷称,吏稍忤意,榜杀之,不为人所多。卒官下,中宗时赠著作郎。

照邻字升之,范阳人。十岁从曹宪、王义方授《苍》、《雅》。调邓王府典签,王爱重,谓人曰:"此吾之相如。"调新都尉,病,去官,居太白山,得方士玄明膏饵之,会父丧,号呕,丹辄出,由是疾益甚。客东龙门山,布衣藜羹,裴瑾之、韦方质、范履冰等时时供衣药。疾甚,足挛,一手又废,乃去具茨山下,买园数十亩,疏颍水周舍,复豫为墓,偃卧其中。照邻自以当高宗时尚吏,已独儒;武后尚法,已独黄老;后封嵩山,屡聘贤士,已已废。著《五悲文》自明。病既久,与亲属诀,自沈颍水。

宾王,义乌人。七岁能赋诗。初为道王府属,尝使自言所能,宾王不答。历武功主簿。裴行俭为洮州总管,表掌书奏,不应,调长安主簿。武后时,数上疏言事。下除临海丞,鞅鞅不得志,弃官去。徐敬业乱,署宾王为府属,为敬业传檄天下,斥武后罪。后读,但嘻笑,至"一抔之土未干,六尺之孤安在",矍然曰:"谁为之?"或以宾王对,后曰:"宰相安得失此人!"敬业败,宾王亡命,不知所之。中宗时,诏求其文,得数百篇。

它日,崔融与张说评勃等曰:"勃文章宏放,非常人所及,炯、照邻可以企之。"说曰:"不然。盈川文如县河,酌之不竭,优于卢而不减王。耻居后,信然;愧在前,谦也。"

开元中,说与徐坚论近世文章,说曰:"李峤、崔融、薛稷、宋之问之文如良金美玉,无施不可。富嘉谟如孤峰绝岸,壁立万仞,浓云郁兴,震雷俱发,诚可畏也,若施于廊庙,骇矣。阎朝隐如丽服靓妆,燕歌赵舞,观者忘疲,若类之《风》、《雅》,则罪人矣。"坚问:"今世奈何?"说曰:"韩休之文如大羹玄酒,有典则,薄滋味。许景先如丰肌腻理,虽秾华可爱,而乏风骨。张九龄如轻缣素练,实济时用,而窘边幅。王翰如琼杯玉斝,虽烂然可珍,而多玷缺。"坚谓笃论云。

元万顷,后魏京兆王子推裔。祖白泽,武德中,仕至梁、利十一州都督,封新安公。万顷起家为通事舍人。

从李勣征高丽,管书记。勣命别将郭待封以舟师赴平壤,冯师本载粮继之,不及期。欲报勣,而恐为谍所得,万顷为作离合诗遗勣。勣怒曰:"军机切遽,何用诗为?"欲斩待封,万顷言状,乃免。又使万顷草檄让高丽,而讥其不知守鸭渌之险,莫离支报曰:"谨闻命。"徙兵固守,军不得入。高宗闻之,投万顷岭外。

会赦还,为著作郎。武后讽帝召诸儒论撰禁中,万顷与周王府户曹参军范履冰、苗神客、太子舍人周思茂、右史胡楚宾与选,凡撰《列女传》、《臣轨》、《百寮新戒》、《乐书》等九千余篇。至朝廷疑议表疏皆密使参处,以分宰相权,故时谓"北门学士"。思茂、履冰、神客供奉左右,或二十余年。

万顷敏文辞,然放达不治细检,无儒者风。武后时,累迁凤阁侍郎,坐诛。

履冰者,河内人。垂拱中,历鸾台天官二侍郎、春官尚书、同凤阁鸾台平章事,兼修国史。载初初,坐举逆人被杀。

神客,东光人,终著作郎。

思茂,漳南人,与弟思钧早知名。累迁麟台少监、崇文馆学士。垂拱中,下狱死。

楚宾,秋浦人。属文敏甚,必酒中,然后下笔。高宗命作文,常以金银杯斟斗酒饮之,文成辄赐焉。家居率沈饮,无留贿,费尽复入,得赐而出,类为常。性重慎,未尝语禁中事,人及其醉问之,亦熟视不答。寻兼崇贤直学士,卒。

万顷孙正,修名节,擢明经高第,授监门卫兵曹参军。舅孙逖与谭物理,叹己不逮。肃宗初,吏部尚书崔寓典选,正以书判第一召诣京师,以父询情老,辞疾免。河南节度使崔光远表置其府。史思明陷河、洛,辇父匿山中,贼以名购,正度事急,谓弟曰:"贼禄不可养亲,彼利吾名,难免矣,然不污身而死,吾犹生也。"贼既得,诱以高位,瞋目固拒,兄弟皆遇害,父闻,仰药死,路人为哭。事平,诏录伏节十一姓,而正为冠。赠秘书少监,以其子义方为华州参军。

义方,历京兆府司录,韦夏卿、李实继为尹,事必咨之。历虢、商二州刺史、福建观察使。中官吐突承璀,闽人也,义方用其亲属为右职。李吉甫再当国,阴欲承璀奥助,即召义方为京兆尹。李绛恶其党,出为鄜坊观察使,一切办治,然苛刻,人多怨之。卒,赠左散骑常侍。

弟季方,举明经,调楚丘尉,历殿中侍御史。兵部尚书王绍表为度支员外郎,迁金、膳二部郎中,号能职。王叔文用事,惮季方不为用,以兵部郎中使新罗。新罗闻中国丧,不时遣,供馈乏,季方正色责之,闭户绝食待死,夷人悔谢,结欢乃还。卒,年五十一,赠同州刺史。

唐书卷二〇二
列传第一二七

文艺中

李适 韦元旦 刘允济 沈佺期 宋之问
阎朝隐 尹元凯 富嘉谟 刘宪 李邕
吕向 王翰 孙逖 成 简 李白
张旭 王维 郑虔 萧颖士 存 陆据
柳并 皇甫冉 苏源明 梁肃

李适,字子至,京兆万年人。举进士,再调猗氏尉。武后修《三教珠英》书,以李峤、张昌宗为使,取文学士缀集,于是适与王无竞、尹元凯、富嘉谟、宋之问、沈佺期、阎朝隐、刘允济在选。书成,迁户部员外郎,俄兼修书学士。景龙初,又擢修文馆学士。睿宗时,待诏宣光阁,再迁工部侍郎。卒,年四十九,赠贝州刺史。

尝梦与人论大衍数,寤而曰:"吾寿尽此乎!"敕其子曰:"霸陵原西视京师,吾乐之,可营墓,树十松焉。"及未病时,衣冠往寝石榻上,置所撰《九经要句》及素琴于前,士贵其达。

子季卿,亦能文,举明经、博学宏辞,调鄂尉。肃宗时,为中书舍人,以累贬通州别驾。代宗立,还为京兆少尹,复授舍人,进吏部侍郎、河南江淮宣慰使。振拔幽滞,号振职。大历中,终右散骑常侍,遗命以布车一乘葬,赠礼部尚书。季卿在朝,荐进才髦,与人交,有终始,恢博君子也。

初,中宗景龙二年,始于修文馆置大学士四员、学士八员、直学士十二员,象四时、八节、十二月。于是李峤、宗楚客、赵彦昭、韦嗣立为大学士,适、刘宪、崔湜、郑愔、卢藏用、李乂、岑羲、刘子玄为学士,薛稷、马怀素、宋之问、武平一、杜审言、沈佺期、阎朝隐为直学士,又召徐坚、韦元旦、徐彦伯、刘允济等满员。其后被选者不一。凡天子飨会游豫,唯宰相及学士得从。春幸梨园,并渭水祓除,则赐细柳圈辟疬;夏宴蒲萄园,赐朱樱;秋登慈恩浮图,献菊花酒称寿;冬幸新丰,历白鹿观,上骊山,赐浴汤池,给香粉兰泽,从行给翔麟马,品官黄衣各一。帝有所感即赋诗,学士皆属和。当时人所歆慕,然皆狎猥佻佞,忘君臣礼法,惟以文华取幸。若韦元旦、刘允济、沈佺期、宋之问、阎朝隐等无它称,附篇左方。

韦元旦,京兆万年人。祖澄,越王府记室,撰《女诫》传于时。

元旦擢进士第,补东阿尉,迁左台监察御史。与张易之有姻属,易之败,贬感义尉。俄召为主客员外郎,迁中书舍人。舅陆颂妻,韦后弟也,故元旦凭以复进云。

刘允济,字允济,河南巩人,其先出沛国,齐彭城郡丞瓛六世孙。少孤,事母尤孝。工文辞,与王勃齐名。举进士,补下邽尉,迁累著作佐郎。采鲁哀公后十二世接战国为《鲁后春秋》献之,迁左史,兼直弘文馆。

武后明堂成,奏赋述功德,手诏褒咨,除著作郎。为来俊臣飞构当死,以母老丐余年,系狱,会赦免,贬大庾尉。复为著作佐郎,修国史。常曰:“史官善恶必书,使骄主贼臣惧,此权顾轻哉?而班生受金,陈寿求米,仆乃视如浮云耳。”迁凤阁舍人,坐二张昵狎,除青州长史,有清白称,巡察使路敬潜言状。以内忧去官。服除,召为修文馆学士,既久斥,喜甚,与家人乐饮数日,卒。

　　沈佺期，字云卿，相州内黄人。及进士第，由协律郎累除给事中，考功受赇，劾未究，会张易之败，遂长流欢州。稍迁台州录事参军事。入计，得召见，拜起居郎兼修文馆直学士。既侍宴，帝诏学士等舞《回波》，佺期弄辞悦帝，还赐牙、绯。寻历中书舍人、太子少詹事。开元初卒。

　　弟全交、全宇，皆有才章而不逮佺期。

　　宋之问，字延清，一名少连，汾州人。父令文，高宗时为东台详正学士。之问伟仪貌，雄于辩。甫冠，武后召与杨炯分直习艺馆。累转尚方监丞、左奉宸内供奉。武后游洛南龙门，诏从臣赋诗，左史东方虬诗先成，后赐锦袍，之问俄顷献，后览之嗟赏，更夺袍以赐。

　　于时张易之等烝昵宠甚，之问与阎朝隐、沈佺期、刘允济倾心媚附，易之所赋诸篇，尽之问、朝隐所为，至为易之奉溺器。及败，贬泷州，朝隐崖州，并参军事。之问逃归洛阳，匿张仲之家。会武三思复用事，仲之与王同皎谋杀三思安王室，之问得其实，令兄子昙与冉祖雍上急变，因丐赎罪，由是擢鸿胪主簿，天下丑其行。

　　景龙中，迁考功员外郎，谄事太平公主，故见用。及安乐公主权盛，复往谐结，故太平深疾之。中宗将用为中书舍人，太平发其知贡举时赇饷狼藉，下迁汴州长史，未行，改越州长史。颇自力为政。穷历剡溪山，置酒赋诗，流布京师，人人传讽。

　　睿宗立，以猾险盈恶，诏流钦州。祖雍历中书舍人、刑部侍郎。倡饮省中，为御史劾奏，贬蕲州刺史。至是，亦流岭南，并赐死桂州。之问得诏震汗，东西步，不引决。祖雍请使者曰："之问有妻子，幸听诀。"使者许之，而之问荒悸不能处家事。祖雍怒曰："与公俱负国家，当死，奈何迟回邪？"乃饮食洗沐就死。祖雍，江夏王道宗甥，及进士第，有名于时。

　　魏建安后讫江左，诗律屡变，至沈约、庾信，以音韵相婉附，属对精密。及之问、沈佺期，又加靡丽，回忌声病，约句准篇，如锦绣成文。学者宗之，号为"沈、宋"，语曰"苏、李居前，沈、宋比肩"，谓苏武、李陵也。

初，之问父令文，富文辞，且工书，有力绝人，世称“三绝”。都下有牛善触，人莫敢婴，令文直往拔取角，折其颈杀之。既之问以文章起，其弟之悌以矫勇闻，之愻精业草隶，世谓皆得父一绝。

之悌，长八尺，开元中，历剑南节度使、太原尹。尝坐事流朱鸢，会蛮陷欢州，授总管击之。募壮士八人，被重甲，大呼薄贼曰：“獠动即死！”贼七百人皆伏不能兴，遂平贼。

之愻为连州参军，刺史闻其善歌，使教婢，日执笏立帘外，唱吟自如。

阎朝隐，字友倩，赵州栾城人，少与兄镜几、弟仙舟皆中。连中进士、孝悌廉让科，补阳武尉。中宗为太子，朝隐以舍人幸。性滑稽，属辞奇诡，为武后所赏。累迁给事中、仗内供奉。后有疾，令往祷少室山，乃沐浴，伏身俎盘为牺，请代后疾。还奏，会后亦愈，大见褒赐。其资佞诡如此。景龙初，自崖州遇赦还，累迁著作郎。先天中，为秘书少监，坐事贬通州别驾，卒。

尹元凯，瀛州乐寿人。由慈州司仓参军坐事免，栖迟不出者三十年。与张说、卢藏用厚，诏起为右补阙。

时又有富嘉谟、吴少微，皆知名。

嘉谟，武功人，举进士，长安中，累转晋阳尉；少微，新安人，亦尉晋阳，尤相友善；有魏谷倚者，为太原主簿，并负文辞，时称“北京三杰”。天下文章尚徐、庾，浮俚不竞，独嘉谟、少微本经术，雅厚雄迈，人急慕之，号“吴富体”。豫修《三教珠英》。韦嗣立荐嘉谟、少微并为左台监察御史。已而嘉谟死，少微方病，闻之为恸，亦卒。

刘宪，字元度，宋州宁陵人。父思立，在高宗时为名御史，于时河南、北大旱，诏遣御史中丞崔谧等分道赈赡，思立建言：“蚕务未毕而遣使抚巡，所至不能无劳饩。又赈给须立簿最，稽出入，往返停滞,妨废且广。若无驿处,马须豫集,以一马劳数家,今农事待雨兴作,辍日役,破岁计,本欲安存,更烦扰之。望且责州县给贷,须秋遣使便。"诏听,罢谥等行。迁考功员外郎。始议加明经帖、进士杂文。卒官下。

宪擢进士,调河南尉,累进左台监察御史。天授中,奉诏按来俊臣罪,宪疾其酷,欲痛绳之,反为所构,贬潾水令。俊臣死,召为给事中,转中书舍人。坐善张易之,出为渝州刺史。除太仆少卿,修国史,兼修文馆学士,迁太子詹事。时玄宗在东宫,雅意坟史,宪启曰:"殿下位副君,有绝人之才,非以寻撦章句,要通大意而已。侍读褚无量经明行修,耆年宿望,宜数召问以察其言。"太子顺纳。会卒,赠兖州都督。

武后时,敕吏部糊名考判,求高才,惟宪与王适、司马锽、梁载言入第二等。适,幽州人,终雍州司功参军。锽,河南人,神龙初,以中书侍郎卒。事继母孝,奉禄不入私舍。与弟铨、伯父希象皆历殿中侍御史。希象,刚直不谄,终主爵员外郎。载言,聊城人,历凤阁舍人,专知制诰,终怀州刺史。

李邕字泰和,扬州江都人。父善,有雅行,淹贯古今,不能属辞,故人号"书簏"。显庆中,累擢崇贤馆直学士兼沛王侍读。为《文选注》,敷析渊洽,表上之,赐赉颇渥。除潞王府记室参军,为泾城令,坐与贺兰敏之善,流姚州,遇赦还。居汴、郑间讲授,诸生四远至,传其业,号《文选》学。

邕少知名。始,善注《文选》,释事而忘意。书成以问邕,邕不敢对,善诘之,邕意欲有所更,善曰:"试为我补益之。"邕附事见义,善以其不可夺,故两书并行。既冠,见特进李峤,自言"读书未遍,愿一见秘书"。峤曰:"秘阁万卷,岂时日能习邪?"邕固请,乃假直秘书。未几辞去,峤惊,试问奥篇隐帙,了辩如响,峤叹曰:"子且名家!"

峤为内史,与监察御史张廷珪荐邕文高气方直,才任谏净,乃召拜左拾遗。御史中丞宋璟劾张昌宗等反状,武后不应,邕立阶下大言曰："璟所陈社稷大计，陛下当听。"后色解，即可璟奏。邕出，或让曰："子位卑，一忤旨，祸不测。"邕曰："不如是，名亦不传。"

中宗立，郑普思以方伎幸，擢秘书监。邕谏曰："陛下躬政日浅，有九重之严，未闻道路横义。今藉藉皆言普思冯诡惑，说妖祥，陛下不知，猥见驱使。孔子曰：'《诗》三百，一言以蔽之，曰：思无邪。'陛下诚以普思术可致长生，则爽鸠氏且因之永有天下，非陛下乃今可得；能致神人邪，秦、汉且因之永有天下，非陛下乃今可得；能致佛法邪，梁武帝且因之永有天下，非陛下乃今可得；能鬼道邪，墨翟、干宝且各献其主永有天下，非陛下乃今可得。自古尧、舜称圣者，臣观所以行，皆在人事，敦睦九族，平章百姓，不闻以鬼神道治天下，惟陛下省察。"不纳。

五王诛，坐善张柬之，出为南和令，贬富州司户参军事。韦氏平，召拜左台殿中侍御史，弹劾任职，人颇惮之。谯王重福谋反，邕与洛州司马崔日知捕支党，迁户部员外郎。岑羲、崔湜恶日用，而邕与之交，玄宗在东宫，邕及崔隐甫、倪若水同被礼遇，羲等忌之，贬邕舍城丞。玄宗即位，召为户部郎中。张廷珪为黄门侍郎，而姜蛟方幸，共援邕为御史中丞。姚崇疾邕险躁，左迁括州司马，起为陈州刺史。

帝封太山还，邕见帝汴州，诏献辞赋，帝悦。然矜肆自谓且宰相。邕素轻张说，与相恶。会仇人告邕赃贰枉法，下狱当死。许昌男子孔璋上书天子曰：

> 明主举能而舍过，取才而弃行，烈士抗节，勇者不避死，故晋用林父不以过，汉任陈平不以行，禽息殒身不祈生，北郭碎首不爱死。向若林父诛，陈平死，百里不用，晏婴见逐，是晋无赤狄之土，汉无天子之尊，秦不强，齐不霸矣。伏见陈州刺史邕，刚毅忠烈，难不苟免。往者折二张之角，挫韦氏之锋，虽身受谪屈，而奸谋沮解，即邕有功于国。且邕所能者，拯孤恤穷，救乏赒惠，家无私聚。今闻坐赃下吏，死在旦夕。臣闻生无益于国者，不若杀身以明贤。臣愿以六尺之躯膏铁钺，以代邕死。

臣与邕生平不款曲,臣知有邕,邕不知有臣,臣不逮邕明矣。夫知贤而举,仁也;任人之患,义也。获二善以死,臣又何求?伏惟陛下宽邕之死,使率德改行。兴林父、曲逆之功,臣得瞑目;附禽息、北郭之迹,大愿毕矣。若以阳和方始,重行大戮,则臣请伏剑,不敢烦有司,皇天后土,实闻臣言。昔吴、楚反,汉得剧孟则不忧,夫以一贤而敌七国之众,伏惟敷含垢之道,弃瑕之义,远思剧孟,近取于邕。况告成岱宗,天地更新,赦而复论,人谁无罪,惟明主图之。臣闻士为知己者死,臣不为死者所知,而甘之死者,非特惜邕贤,亦以成陛下矜能之慈。

疏奏,邕得减死,贬遵化尉,流瑞岭南。邕妻温,复为邕请戍边自赎,曰:

邕少习文章,疾恶如仇,不容于众,邪佞切齿,诸儒侧目。频谪远郡,削迹朝端,不啻十载。岁时叹恋,闻者伤怀。属国家有事泰山,法驾旋路,邕献牛酒,例蒙恩私。妾闻正人用则佞人忧,邕之祸端,故自此始。且邕比任外官,卒无一毁,天意暂顾,罪过旋生。谚曰:"士无贤不肖,入朝见疾。"惟陛下明察。邕初蒙讯责,便系牢户,水不入口者逾五日,气息奄奄,惟吏是听。事生吏口,迫邕手书。贷人蚕种,以为枉法;市罗贡奉,指为奸赃。于是瓯使朝堂,守捉严固,号天诉地,谁肯为闻?泣血去国,投骨荒裔,永无还期。妾愿使邕得充一卒,效力王事,膏涂朔边,骨粪沙壤,成邕夙心。

表入不省。

邕后从中人杨思勖讨岭南贼有功,徙澧州司马。开元二十三年,起为括州刺史,喜兴利除害。复坐诬枉,且得罪,天子识其名,诏勿劾。后历淄、滑二州刺史,上计京师。始,邕蚤有名,重义爱士,久斥外,不与士大夫接。既入朝,人间传其眉目瓌异,至阡陌聚观,后生望风内谒,门巷填隘。中人临问,索所为文章,且进上。以谗媢不得留,出为汲郡、北海太守。

天宝中,左骁卫兵曹参军柳勣有罪下狱,邕尝遗勣马,故吉温

使引邕尝以休咎相语,阴赂遗。宰相李林甫素忌邕,因傅以罪。诏
刑部员外郎祁顺之、监察御史罗希奭就郡杖杀之,时年七十。代宗
时,赠秘书监。

邕之文,于碑颂是所长,人奉金帛请其文,前后所受巨万计。邕
虽讪不进,而文名天下,时称李北海。卢藏用尝谓:“邕如干将、莫
邪,难与争锋,但虞伤缺耳。”后卒如言。杜甫知邕负谤死,作《八哀
诗》,读者伤之。邕资豪放,不能治细行,所在贿谢,畋游自肆,终以
败云。

吕向,字子回,亡其世贯,或曰泾州人。少孤,托外祖母隐陆浑
山。工草隶,能一笔环写百字,若萦发然,世号“连锦书”。强志于学,
每卖药,即市阅书,遂通古今。

玄宗开元十年,召入翰林,兼集贤院校理,侍太子及诸王为文
章。时帝岁遣使采择天下姝好,内之后宫,号“花鸟使”,向因奏《美
人赋》以讽,帝善之,擢左拾遗。天子数校猎渭川,向又献诗规讽,进
左补阙。帝自为文,勒石西岳,诏向为镌勒使。

以起居舍人从帝东巡,帝引颉利发及蕃夷酋长入仗内,赐弓矢
射禽。向上言:“鸱枭不鸣,未为瑞鸟;豺虎虽伏,弗曰仁兽。况突厥
安忍残贼,莫顾君父,陛下震以武义,来以文德,势不得不廷,故稽
颡称臣,奔命遣使。陛下引内从官,陪封禅盛礼,使飞镞于前,同获
兽之乐,是狎昵太过。或荆卿诡动,何罗窃发,逼严跸,冒清尘,纵醯
单于,污穹庐,何以塞责?”帝顺纳,诏蕃夷出仗。久之,迁主客郎中,
专侍皇太子,眷赉良异。

始,向之生,父岌客远方不还。少丧母,失墓所在,将葬,巫者求
得之。不知父在亡,招魂合诸墓。后有传父犹在者,访索累年不获。
它日自朝还,道见一老人,物色问之,果父也。下马抱父足号恸,行
人为流涕。帝闻,咨叹,官岌朝散大夫,赐锦彩,给内教坊乐工,娱怿
其心。卒,赠东平太守。

向终丧,再迁中书舍人,改工部侍郎,卒,赠华阴太守。尝以李

善释《文选》为繁酿，与吕延济、刘良、张铣、李周翰等更为诂解，时号《五臣注》。

王翰，字子羽，并州晋阳人。少豪健恃才，及进士第，然喜蒲酒。张嘉贞为本州长史，伟其人，厚遇之。翰自歌以舞属嘉贞，神气轩举自如。张说至，礼益加。复举直言极谏，调昌乐尉，又举超拔群类。方说辅政，故召为秘书正字，擢通事舍人、驾部员外郎。家畜声伎，目使颐令，自视王侯，人莫不恶之。说罢宰相，翰出为汝州长史，徙仙州别驾。日与才士豪侠饮乐游畋，伐鼓穷欢，坐贬道州司马，卒。

孙逖，博州武水人，后魏光禄大夫惠蔚，其先也。祖希庄，为韩王府典签，四世传一子，故无近属。父嘉之，少孤依外家，客涉、巩间。垂拱初，诣洛阳献书，不报。第进士，终襄邑令。

逖幼有文，属思警敏。年十五，见雍州长史崔日用，令赋土火炉，援笔成篇，理趣不凡，日用骇叹，遂与定交。举手笔俊拔、哲人奇士、隐沦屠钓及文藻宏丽等科。开元十年，又举贤良方正。玄宗御洛城门引见，命户部郎中苏晋等第其文异等，擢左拾遗。张说命子均、垍往拜之；李邕负才，自陈州入计，哀其文示逖。

李暠镇太原，表置幕府。以起居舍人入为集贤院修撰。时海内少事，帝赐群臣十日一燕，宰相萧嵩会百官赋《天成》、《玄泽》、《终南有山》、《杨之华》、《三月》、《英英有兰》、《和风》、《嘉木》等诗八篇，继《雅》、《颂》体，使逖序所以然。改考功员外郎，取颜真卿、李华、萧颖士、赵骅等，皆海内有名士。俄迁中书舍人。是时，嘉之且八十，犹为令，逖求降外官，增父秩。帝嘉纳，拜嘉之宋州司马，听致仕。父丧缺，复拜舍人。开元间，苏颋、齐浣、苏晋、贾曾、韩休、许景先及逖典诏诰，为代言最，而逖尤精密，张九龄视其草，欲易一字，卒不能也。居职八年，判刑部侍郎，以病风乞解，徙太子左庶子，遂绵废累年，徙少詹事。上元中卒，赠尚书右仆射，谥曰文。

诸子，成最知名。

成字思退，推荫仕累洛阳、长安令。兄宿为华州刺史，因悸病暗，成请告往视，不待报辄行，代宗嘉其悌，不责也。稍迁仓部郎中、京兆少尹。为信州刺史，岁大旱，发仓以贱直售民，故饥而不亡。再期增户五千，诏书褒美。徙苏州，改桂管观察使，卒。

成通经术，奏议据正。尝有期丧，吊者至，成不易缞而见。客疑之，请故，答曰："缞者，古居丧常服，去之则废丧也。今而巾幞，失矣。"子公器，亦至邕管经略使。

公器子简，字枢中，元和初，登进士第，辟镇国、荆南幕府。累迁左司、吏部二郎中，繇谏议大夫知制诰，进中书舍人。初，逖掌诰，至代宗时，宿又居职，逮简凡三世。

会昌初，迁尚书左丞，建言：

> 班位以品秩为等差，今官兼台省，位置迁误，不可为法。元和元年，御史台白奏，常参官兼大夫、中丞者，视检校官，居本品同类官上。其后侍郎兼大夫者皆在左、右丞上。当时侍郎兼大夫少，唯京兆兼之。京兆尹从三品，今位乃在本品同类官从三品卿、监上，太常、宗正卿正三品下。左丞乃正四品上，户部侍郎正四品下，今户部侍郎兼大夫当在本品同类正四品下，诸曹侍郎上，不宜居正四品丞、郎上。又右丞正四品下，吏部侍郎正四品上，今吏部侍郎位在丞之下。盖以丞有绳辖之重，虽吏部品高，犹居其下，然则户部侍郎虽兼大夫，安得居其上哉？今散官自将仕郎至开府、特进，每品正、从有上有下，名级各异，则正从上下不得谓之同品。京兆、河南司录及诸府州录事参军事皆操纪律、正诸曹，与尚书省左、右丞纪纲六曹略等。假使诸曹掾因功劳加台省官，安得位在司录、录事参军上？且左丞纠射八坐，主省内禁令、宗庙祠祭事，御史不当，得弹奏之，良以台官所奏拘牵成例，不揣事之轻重。使理可循，虽无往比，自宜行之。否者，虽曰旧章，正可改也。

武宗诏两省官详议，皆从简请。

历河中、兴元、宣武节度使，检校尚书右仆射、东都留守。而弟范亦为淄青节度使,世推显家。

李白,字太白,兴圣皇帝九世孙。其先隋末以罪徙西域,神龙初,遁还,客巴西。白之生,母梦长庚星,因以命之。十岁通诗书,既长,隐岷山。州举有道,不应,苏颋为益州长史,见白异之,曰:“是子天才英特,少益以学,可比相如。”然喜纵横术,击剑为任侠,轻财重施。更客任城,与孔巢父、韩准、裴政、张叔明、陶沔居徂徕山,日沈饮,号“竹溪六逸”。

天宝初,南入会稽,与吴筠善,筠初召,故白亦至长安。往见贺知章,知章见其文,叹曰:“子,谪仙人也!”言于玄宗,召见金銮殿,论当世事,奏颂一篇,帝赐食,亲为调羹,有诏供奉翰林。白犹与饮徒醉于市。帝坐沈香子亭,意有所感,欲得白为乐章,召入,而白已醉,左右以水颒面,稍解,授笔成文,婉丽精切,无留思。帝爱其才,数宴见。白尝侍帝,醉,使高力士脱靴。力士素贵,耻之,擿其诗以激杨贵妃,帝欲官白,妃辄沮止。白自知不为亲近所容,益骜放不自修,与知章、李适之、汝阳王琎、崔宗之、苏晋、张旭、焦遂为“酒八仙人”。恳求还山,帝赐金放还。白浮游四方,尝乘月与崔宗之自采石至金陵,著宫锦袍坐舟中,旁若无人。

安禄山反,转侧宿松、匡庐间,永王璘辟为府僚佐。璘起兵,逃还彭泽;璘败,当诛。初,白游并州,见郭子仪,奇之。子仪尝犯法,白为救免。至是子仪请解官以赎,有诏长流夜郎。会赦,还寻阳,坐事下狱。时宋若思将吴兵三千赴河南,道寻阳,释囚辟为参谋,未几辞职。李阳冰为当涂令,白依之。代宗立,以左拾遗召,而白已卒,年六十余。

白晚好黄老,度牛渚矶至姑孰,悦谢家青山,欲终焉。及卒,葬东麓。元和末,宣歙观察使范传正祭其冢,禁樵采。访后裔,惟二孙女嫁为民妻,进止仍有风范,因泣曰:“先祖志在青山,顷葬东麓,非本意。”传正为改葬,立二碑焉。告二女,将改妻士族,辞以孤穷失身,命也,不愿更嫁。传正嘉叹,复其夫徭役。

　　文宗时,诏以白歌诗、裴旻剑舞、张旭草书为"三绝"。

　　旭,苏州吴人。嗜酒,每大醉,呼叫狂走,乃下笔,或以头濡墨而书,既醒自视,以为神,不可复得也,世呼张颠。

　　初,仕为常熟尉,有老人陈牒求判,宿昔又来,旭怒其烦,责之。老人曰:"观公笔奇妙,欲以藏家尔。"旭因问所藏,尽出其父书,旭视之,天下奇笔也,自是尽其法。旭自言,始见公主檐夫争道,又闻鼓吹,而得笔法意,观倡公孙舞剑器,得其神。后人论书,欧、虞、褚、陆皆有异论,至旭,无非短者。传其法,惟崔邈、颜真卿云。

　　旻尝与幽州都督孙佺北伐,为奚所围,旻舞刀立马上,矢四集,皆迎刀而断,奚大惊引去。后以龙华军使守北平。北平多虎,旻善射,一日得虎三十一,休山下,有老父曰:"此彪也。稍北,有真虎,使将军遇之,且败。"旻不信,怒马趋之。有虎出丛薄中,小而猛,据地大吼,旻马辟易,弓矢皆堕,自是不复射。

　　王维,字摩诘,九岁知属辞,与弟缙齐名,资孝友。开元初,擢进士,调太乐丞,坐累为济州司仓参军。张九龄执政,擢右拾遗。历监察御史。母丧,毁几不生。服除,累迁给事中。

　　安禄山反,玄宗西狩,维为贼得,以药下利,阳喑。禄山素知其才,迎置洛阳迫为给事中。禄山大宴凝碧池,悉召梨园诸工合乐,诸工皆泣,维闻悲甚,赋诗悼痛。贼平,皆下狱。或以诗闻行在,时缙位已显,请削官赎维罪,肃宗亦自怜之,下迁太子中允。久之,迁中庶子,三迁尚书右丞。

　　缙为蜀州刺史未还,维自表"己有五短,缙五长,臣在省户,缙远方,愿归所任官,放田里,使缙得还京师"。议者不之罪,久乃召缙为左散骑常侍。上元初卒,年六十一。疾甚,缙在凤翔,作书与别,又遗亲故书数幅,停笔而化。赠秘书监。

　　维工草隶,善画,名盛于开元、天宝间,豪英贵人虚左以迎,宁、薛诸王待若师友。画思入神,至山水平远,云势石色,绘工以为天机所到,学者不及也。客有以按乐图示者,无题识,维徐曰:"此《霓裳》第三叠最初拍也。"客未然,引工按曲,乃信。

兄弟皆笃志奉佛,食不荤,衣不文采。别墅在辋川,地奇胜,有华子冈、欹湖、竹里馆、柳浪、茱萸沜、辛夷坞,与裴迪游其中,赋诗相酬为乐。丧妻不娶,孤居三十年。母亡,表辋川第为寺,终葬其西。

宝应中,代宗语缙曰:"朕尝于诸王座闻维乐章,今传几何?"遣中人王承华往取,缙裒集数十百篇上之。

郑虔,郑州荥阳人。天宝初,为协律郎,集缀当世事,著书八十余篇。有窥其稿者,上书告虔私撰国史,虔苍黄焚之,坐谪十年。还京师,玄宗爱其才,欲置左右,以不事事,更为置广文馆,以虔为博士。虔闻命,不知广文曹司何在,诉宰相,宰相曰:"上增国学,置广文馆,以居贤者,令后世言广文博士自君始,不亦美乎?"虔乃就职。久之,雨坏庑舍,有司不复修完,寓治国子馆,自是遂废。

初,虔追纴故书可志者得四十余篇,国子司业苏源明名其书为《会粹》。虔善图山水,好书,常苦无纸,于是慈恩寺贮柿叶数屋,遂往日取叶肆书,岁久殆遍。尝自写其诗并画以献,帝大署其尾曰"郑虔三绝"。迁著作郎。

安禄山反,遣张通儒劫百官置东都,伪授虔水部郎中,因称风缓,求摄市令,潜以密章达灵武。贼平,与张通、王维并囚宣阳里。三人者皆善画,崔圆使绘斋壁,虔等方悸死,即极思祈解于圆,卒免死,贬台州司户参军事,维止下迁。后数年卒。

虔学长于地里,山川险易、方隅物产、兵戍众寡无不详。尝为《天宝军防录》,言典事该。诸儒服其善著书,时号郑广文。在官贫约甚,澹如也。杜甫尝赠以诗曰"才名四十年,坐客寒无毡"云。

有郑相如者,自沧州来,师事虔,虔未之礼,间问何所业,相如曰:"闻孔子称'继周者百世可知',仆亦能知之。"虔骇然,即曰:"开元尽三十年当改元,尽十五年天下乱,贼臣僭位,公当污伪官,愿守节,可以免。"虔又问:"自谓云何?"答曰:"相如有官三年,死衢州。"是年及进士第,调信安尉。既三年,虔询吏部,则相如果死,故虔念其言,终不附贼。

萧颖士,字茂挺,梁鄱阳王恢七世孙。祖晶,贤而有谋,任雅相伐高丽,表为记室。越王贞举兵,杖策诣之,陈三策,王不用,晶度必败,乃亡去,客死广陵。

颖士四岁属文,十岁补太学生。观书一览即诵,通百家谱系、书籀学。开元二十三年,举进士,对策第一。父旻,以莒丞抵罪,颖士往诉于府佐张惟一,惟一曰:“旻有佳儿,吾以旻获谴不憾。”乃平宥之。

天宝初,颖士补秘书正字。于时裴耀卿、席豫、张均、宋遥、韦述皆先进,器其材,与钧礼,由是名播天下。奉使括遗书赵、卫间,淹久不报,为有司劾免,留客濮阳。于是尹徵、王恒、卢异、卢士式、贾邕、赵匡、阎士和、柳并等皆执弟子礼,以次授业,号萧夫子。召为集贤校理。宰相李林甫欲见之,颖士方父丧,不诣。林甫尝至故人舍邀颖士,颖士前往,哭门内以待,林甫不得已,前吊乃去。怒其不下己,调广陵参军事,颖士急中不能堪,作《伐樱桃树赋》曰:“擢无庸之琐质,蒙本枝以自庇。虽先寝而或荐,非和羹之正味。”以讥林甫云。君子恨其褊。会母丧免,流播吴、越。

尝谓:“仲尼作《春秋》,为百王不易法,而司马迁作本纪、书、表、世家、列传,叙事依违,失褒贬体,不足以训。”乃起汉元年讫隋义宁编年,依《春秋》义类为传百篇。在魏书高贵崩,曰:“司马昭弑帝于南阙。”在梁书陈受禅,曰:“陈霸先反。”又自以梁枝孙,而宣帝逆取顺守,故武帝得血食三纪;昔曲沃篡晋,而文公为五伯,仲尼弗贬也。乃黜陈闰隋,以唐土德承梁火德,皆自断,诸儒不与论也。有太原王绪者,僧辩裔孙,撰《永宁公辅梁书》,黜陈不帝,颖士佐之,亦著《梁萧史谱》及作《梁不禅陈论》以发绪义例,使光明云。

史官韦述荐颖士自代,召诣史馆待制,颖士传诣京师。而林甫方威福自擅,颖士遂不屈,愈见疾,俄免官,往来鄂、杜间。林甫死,更调河南府参军事。倭国遣使入朝,自陈国人愿得萧夫子为师者,中书舍人张渐等谏不可而止。

安禄山宠恣，颖士阴语柳并曰："胡人负宠而骄，乱不久矣。东京其先陷乎！"即托疾游太室山。已而禄山反，颖士往见河南采访使郭纳，言御守计，纳忽不用，叹曰："肉食者以儿戏御剧贼，难矣哉！"闻封常清陈兵东京，往观之，不宿而还。因藏家书于箕、颖间，身走山南，节度使源洧辟掌书记。贼别校攻南阳，洧惧，欲退保江陵，颖士说曰："官兵守潼关，财用急，必待江、淮转饷乃足，饷道由汉、沔，则襄阳乃今天下喉襟，一日不守，则大事去矣。且列郡数十，人百万，训兵攘寇，社稷之功也。贼方专崤、陕，公何遽轻土地，欲取笑天下乎？"洧乃按甲不出。亦会禄山死，贼解去。洧卒，往客金陵，永王璘召之，不见。

时盛王为淮南节度大使，留蜀不遣，副大使李承式玩兵不振。颖士与宰相崔圆书，以为："今兵食所资在东南，但楚、越重山复江。自古中原扰，则盗先起，宜时遣王以捍镇江淮。"俄而刘展果反。贼围雍丘，胁泗上军，承式遣兵往救，大宴宾客，陈女乐。颖士曰："天子暴露，岂臣下尽欢时邪？夫投兵不测，乃使观听华丽，一旦思归，谁致其死哉？"弗纳。崔圆闻之，即授扬州功曹参军。至官，信宿去。后客死汝南逆旅，年五十二，门人共谥曰文元先生。

颖士乐闻人善，以推引后进为己任，如李阳、李幼卿、皇甫冉、陆渭等数十人，由奖目，皆为名士。天下推知人，称萧功曹。尝兄事元德秀，而友殷寅、颜真卿、柳芳、陆据、李华、邵轸、赵骅。时人语曰"殷、颜、柳、陆、李、萧、邵、赵"，以能全其交也。所与游者，孔至、贾至、源行恭、张有略、族弟季遐、刘颖、韩拯、陈晋、孙益、韦建、韦收。独华与齐名，世号"萧、李"。尝与华，据游洛龙门，读路旁碑，颖士即诵，华再阅，据三乃能尽记。闻者谓三人才高下，此其分也。有奴事颖士十年，笞楚严惨，或劝其去，答曰："非不能，爱其才耳。"颖士数称班彪、皇甫谧、张华、刘琨、潘尼能尚古，而混流俗不自振，曹植、陆机所不逮也。又言裴子野善著书。所许可当世者，陈子昂、富嘉谟、卢藏用之文辞，董南事、孙述睿之博学而已。

　　子存,字伯诚,亮直有父风。能文辞,与韩会、沈既济、梁肃、徐岱等善。浙西观察使李栖筠表常熟主簿。颜真卿在湖州,与存及陆鸿渐等讨撰古今韵字所原,作书数百篇。建中初,由殿中侍御史四迁比部郎中。张滂主财赋,辟存留务京师。裴延龄与滂不叶,存疾其奸,去官,风痹卒。

　　韩愈少为存所知,自袁州还,过存庐山故居,而诸子前死,唯一女在,为经赡其家。

　　殷寅者,陈郡人。邵轸者,汝南人。

　　陆据,河南人,字德邻,后周上庸公腾六世孙。神寓警迈,善物理。年三十始到京师,公卿爱其文,交誉之。天宝十三载,终司勋员外郎。

　　柳并者,字伯存。大历中,辟河东府掌书记,迁殿中侍御史。丧明,终于家。初,并与刘太真、尹徵、阎士和受业于颍士,而并好黄、老。颍士常曰:“太真,吾入室者也,斯之不坠,寄是子云。徵博闻强识,士和钩深致远,吾弗逮已。并不受命而尚黄、老,予亦何诛?”

　　并弟谈,字中庸,颍士爱其才,以女妻之。

　　士和字伯均,著《兰陵先生诔》《萧夫子集论》,因榷历世文章,而盛推颍士所长,以为“闻萧氏风者,五尺童子羞称曹、陆”。

　　皇甫冉,字茂政,十岁便能属文,张九龄叹异之。与弟曾皆善诗。天宝中,踵登进士,授无锡尉。王缙为河南元帅,表掌书记。迁累右补阙,卒。

　　曾字孝常,历监察御史。其名与冉相上下,当时比张氏景阳、孟阳云。

　　苏源明,京兆武功人,初名预,字弱夫。少孤,寓居徐、兖。工文辞,有名天宝间。及进士第,更试集贤院。累迁太子谕德。出为东平太守。是时,济阳郡太守李俊以郡濒河,请增领宿城、中都二县以纾民力。二县,隶东平、鲁郡者也。于是源明议废济阳,析五县分隶济南、东平、濮阳。诏河南采访使会濮阳太守崔季重、鲁郡太守李兰、济南太守田琦及源明、偯五太守议于东平,不能决。既而卒废济阳,以县皆隶东平。召源明为国子司业。

安禄山陷京师,源明以病不受伪署。肃宗复两京,擢考功郎中知制诰。是时,承大盗之余,国用甃屈,宰相王玙以祈祫进,禁中祷祀穷日夜,中官用事,给养繁靡,群臣莫敢切诤。昭应令梁镇上书劝帝罢淫祀,其它不暇及也。源明数陈政治得失。及史思明陷洛阳,有诏幸东京,将亲征。源明因上疏极谏曰:

淫雨积时,道路方梗,甚不可一也。自春大旱,秋苗耗半,敛获未毕,先之以清道之役,申之以供顿之苦,甚不可二也。每立殿廊,见旌旗之下,饿夫执殳,仆于行间,日见二三;市井馁莩求食,死于路旁,日见四五。甚不可三也。奸夫盗儿,连墙接栋,磨砺以须陛下之出,御史大夫必不能澄清禁止。甚不可四也。圣皇巡蜀之初,都内财货、吏民资产,糜散于道路之手,至有乘马驮驴入宣政、紫宸者。况陛下初有四海,威制不及曩时远矣。今兹东行,殆贼臣诱掖陛下而已。《诗》曰“三星在溜”,谓危亡在于须臾,臣不胜呜咽,为陛下痛之。愿速罢幸,不然,穷氓乐祸,已扼腕于下。甚不可五也。方今河、洛驿骚,江湖叛换,《诗》曰:“中原有菽,庶民采之。”彼思明、楚元,皆采菽之人也。陛下何遽轻万乘而速成之邪?甚不可六也。大河南北,举为寇盗。王公以下,廪稍匮绝,将士粮赐,仅支日月,而中官冗食,不减往年,梨园杂伎,愈盛今日,陛下未得穆然高枕,殆繇此也。自非中书指使,太常正乐外,原一切放归,给长牒勿事。须五六年后,随事蠲省。今聚而仰给,甚不可七也。李光弼拔河阳,王思礼下晋原,卫伯玉拂焉者,过析支,不日可至。御史大夫王玄压巫间,临幽都;汝州刺史田南金逾阙口,遏二室;邓景山凌淮、泗,忾然而西。狂贼失势,蹙于缑山之下,北不敢逾孟津,东不过罴子,计日反接而至矣。陛下不坐而受之,乃欲亲征,徇一朝之怒,甚不可八也。王者之于天地神祇,享之以牲币而已。《记》曰:"不祈方士。"彼淫巫愚祝,妄有关说,甚不可九也。天子顺动,人皆幸之之谓幸,人皆病之之谓不幸。臣等屡怫视听,联伏赤堰之下,顿颡流涕而出,虽陛下优容贷罪,凡百之臣必昌言于朝,万口谤于外,甚不可十也。臣闻子不诤于父,不孝也;臣不诤于君,不忠也。不孝不忠,为苟荣冒禄,圈牢之物不若也。臣虽至贱,不能委身圈牢之中,将使樵夫指而笑之。帝嘉其切直,遂罢东幸。后以秘书少监卒。

源明雅善杜甫、郑虔,其最称者元结、梁肃。

肃字敬之,一字宽中,隋刑部尚书毗五世孙,世居陆浑。建中初,中文辞清丽科,擢太子校书郎。萧复荐其材,授右拾遗,修史,以母羸老不赴。杜佑辟淮南掌书记,召为监察御史,转右补阙、翰林学士、皇太子诸王侍读。卒,年四十一,赠礼部郎中。

唐书卷二○三
列传第一二八

文艺下

李华 翰 观　孟浩然 王昌龄 崔颢
刘太真　邵说　于邵　崔元翰
于公异　李益　卢纶　欧阳詹 秬
李贺　吴武陵　李商隐　薛逢
李频　吴融

　　李华,字遐叔,赵州赞皇人。曾祖太冲,名冠宗族间,乡人语曰:
"太冲无兄。"太宗时,擢祠部郎中。

　　华少旷达,外若坦荡,内谨重,尚然许,每慕汲黯为人。累中进
士、宏辞科。天宝十一载,迁监察御史。宰相杨国忠支娅所在横猾,
华出使,劾按不桡,州县肃然。为权幸见疾,徙右补阙。安禄山反,
上诛守之策,皆留不报。

　　玄宗入蜀,百官解窜,华母在邺,欲间行辇母以逃,为盗所得,
伪署凤阁舍人。贼平,贬杭州司户参军。华自伤践危乱,不能完节,
又不能安亲,欲终养而母亡,遂屏居江南。

　　上元中,以左补阙、司封员外郎召之。华喟然曰:"乌有隳节危
亲,欲荷天子宠乎?"称疾不拜。李岘领选江南,表置幕府,擢检校吏
部员外郎。苦风痹,去官,客隐山阳,勒子弟力农,安于穷槁。晚事

浮图法,不甚著书,惟天下士大夫家传、墓版及州县碑颂,时时赍金帛往请,乃强为应。大历初,卒。

初,华作《含元殿赋》成,以示萧颖士,颖士曰:"《景福》之上,《灵光》之下。"华文辞绵丽,少宏杰气,颖士健爽自肆,时谓不及颖士,而华自疑过之。因著《吊古战场文》,极思研榷,已成,污为故书,杂置梵书之庋。它日,与颖士读之,称工,华问:"今谁可及?"颖士曰:"君加精思,便能至矣。"华愕然而服。

华爱奖士类,名随以重,若独孤及、韩云卿、韩会、李纾、柳识、崔祐甫、皇甫冉、谢良弼、朱巨川,后至执政显官。华触祸衔悔,及为元德秀权皋铭、《四皓赞》,称道深婉,读者怜其志。

宗子翰,从子观,皆有名。

翰擢进士第,调卫尉。天宝末,房琯、韦陟俱荐为史官,宰相不肯拟。翰所善张巡死节睢阳,人媢其功,以为降贼,肃宗未及知,翰传巡功状,表上之,曰:

> 臣闻圣主褒死难之士,养死事之孤,或亲推辒车,或追建邑封,厚死以慰生,抚存以答亡,君不遗于臣,臣亦不背其君也。自逆胡构乱,据雒阳,引幽、朔以吞河南。故御史中丞、赠扬州大都督张巡,忠谊奋发,率乌合,守雍丘,溃贼心腹。及鲁炅弃甲宛、叶,哥舒翰败绩潼关,贼遂盗神器,鸱峙二京,南临汉、江,西逼岐、雍,群帅列城,望风出奔,巡守孤城不为却。贼欲绕出巡后以扰江淮,巡退军睢阳,扼东南咽领。自春讫冬,大战数十,小战数百,以弱制强,出奇无穷,杀馘凶丑凡十余万,贼不敢越睢阳取江淮,江淮以完,巡之力也。城孤粮尽,外救不至,犹奋羸起病,摧锋陷坚,三军唊肤而食,知死不叛。城限见执,卒无桡词,慢叱凶徒,精贯白日,虽古忠烈无以加焉。

> 议者罪巡以食人,愚巡以守死,臣窃痛之。夫忠者,臣之教;恕者,法之情。巡握节而死,非亏教也;析骸以爨,非本情也。《春秋》以功覆过,《书》赦过宥刑,在《易》遏恶扬善,为国者录用弃瑕。今者乃欲议巡之罪,是废教细节,不以功掩过,不以

刑恕情,善可遏,恶可扬,瑕录而用弃,非所以奖人伦,明劝戒也。且禄山背德,大臣将相比肩从贼,巡官不朝,宴不坐,无一伍之士,一节之权,徒奋身死节,以动义旅,不谓忠乎?以数千卒横挫贼锋,若无巡则无睢阳,无睢阳则无江淮。有如贼因江淮之资,兵广而财积,根结盘据,西向以拒,虽终歼灭,其旷日持久必矣。今陕、郏一战,犬羊骇北,王师震其西,巡扼其东,此天使巡举江淮以待陛下,师至而巡死,不谓功乎?古者列国侵伐,犹分灾救患,诸将同受国恩,奉辞伐罪,巡固守亦待外援,援不至而食尽,食尽而及人,则巡之情可求矣。假巡守城之初,已计食人,损数百众以全天下,臣尚谓功过相掩,况非素志乎?夫子制《春秋》,明褒贬。齐桓公将封禅,略不书;晋文公召王河阳,书而讳之。巡苍黄之罪,轻于僭禅;兴复之功,重于纠合。

今巡子亚夫虽得官,不免饥寒,江淮既巡所保,户口允完,宜割百户俾食其子。且强死为厉,有所归则不为灾。巡身首分裂,将士骸骼不掩,宜于睢阳相择高原,起大冢,招魂而葬,旌善之义也。臣少与巡游,哀巡死难,不睹休明,唯令名其荣禄也。若不时纪录,日月寖悠,或掩而不传,或传而不实,巡生死不遇,诚可悲悼。谨撰传一篇,昧死上,傥得列于史官,死骨不朽。

帝繇是感悟,而巡大节白于世,义士多之。

翰累迁左补阙、翰林学士。大历中,病免,客阳翟,卒。

翰为文精密而思迟,常从令皇甫曾求音乐,思涸则奏之,神逸乃属文。族弟纾,自有传。

观字元宾,贞元中,举进士、宏辞,连中,授太子校书郎。卒,年二十九。

观属文,不旁沿前人,时谓与韩愈相上下。及观少夭,而愈后文益工,议者以观文未极,愈老不休,故卒擅名。陆希声以为“观尚辞,故辞胜理;愈尚质,故理胜辞。虽愈穷老,终不能加观之辞;观后愈死,亦不能逮愈之质”云。

孟浩然，字浩然，襄州襄阳人。少好节义，喜振人患难，隐鹿门山。年四十，乃游京师。尝于太学赋诗，一座嗟伏，无敢抗。张九龄、王维雅称道之。维私邀入内署，俄而玄宗至，浩然匿床下，维以实对，帝喜曰："朕闻其人而未见也，何惧而匿？"诏浩然出。帝问其诗，浩然再拜，自诵所为，至"不才明主弃"之句，帝曰："卿不求仕，而朕未尝弃卿，奈何诬我？"因放还。采访使韩朝宗约浩然偕至京师，欲荐诸朝。会故人至，剧饮欢甚，或曰："君与韩公有期。"浩然叱曰："业已饮，遑恤佗！"卒不赴。朝宗怒，辞行，浩然不悔也。张九龄为荆州，辟置于府。府罢，开元末，病疽背卒。

后樊泽为节度使时，浩然墓庳坏，符载以笺叩泽曰："故处士孟浩然，文质杰美，殒落岁久，门裔陵迟，丘陇颓没，永怀若人，行路慨然。前公欲更筑大墓，阖州缙绅，闻风竦动。而今外迫军旅，内劳宾客，牵耗岁时，或有未遑。诚令好事者乘而有之，负公凤志矣。"泽乃更为刻碑凤林山南，封宠其墓。

初，王维过郢州，画浩然像于刺史亭，因曰浩然亭。咸通中，刺史郑诚谓贤者名不可斥，更署曰孟亭。

开元、天宝间，同知名者王昌龄、崔颢，皆位不显。

昌龄字少伯，江宁人。第进士，补秘书郎。又中宏辞，迁汜水尉。不护细行，贬龙标尉。以世乱还乡里，为刺史闾丘晓所杀。张镐按军河南，兵大集，晓最后期，将戮之，辞曰："有亲，乞贷余命。"镐曰："王昌龄之亲欲与谁养？"晓默然。

昌龄工诗，绪密而思清，时谓王江宁云。

崔颢者，亦擢进士第，有文无行。好蒱博，嗜酒。娶妻惟择美者，俄又弃之，凡四五娶。终司勋员外郎。

初，李邕闻其名，虚舍邀之，颢至献诗，首章曰："十五嫁王昌。"邕叱曰："小儿无礼！"不与接而去。

刘太真，宣州人。善属文，师兰陵萧颖士。举高第进士。淮南陈少游表为掌书记,尝以少游拟桓、文,为义士所訾。兴元初,为河东宣慰赈给使。累迁刑部侍郎。德宗以天下平,贞元四年九月,诏君臣宴曲江,自为诗,敕宰相择文人赓和。李泌等请群臣皆和,帝自第之,以太真、李纾等为上,鲍防、于邵等次之,张濛等为下。与择者四十一人,惟泌、李晟、马燧三宰相无所差次。迁礼部,掌贡士,多取大臣贵近子弟,坐贬信州刺史,卒。

邵说,相州安阳人。已擢进士第,未调,陷史思明。逮朝义败,归郭子仪,子仪爱其才,留幕府。迁累长安令、秘书少监。大历末,上言:"天道三十年一小变,六十年一大变。禄山、思明之难,出入二纪,多难渐平,向之乱,今将变而之治。宜建徽号,承天意。而方谒郊庙、大赦各一,诚恐云雨之施未普,郁结之气未除。愿因此时修享献、款郊庙、褒有德、录贤人,与天下更始,振灾益寿之术也。"不听。

德宗立,擢吏部侍郎。说因自陈:"家本儒,先祖长白山人贞一,以武后革命,终身不肯仕。先臣殿中侍御史琼之,逮事玄宗。臣十六即孤,长育母手,天宝中始仕。会丧,客河、洛,禄山乱,丧纪当终,臣不襫衰绖又再期,惧终不免,阴走洛、魏。庆绪遁保西城,搜胁儒者为己用,以兵迫臣,遂陷丑逆。俄而史思明顺附,欲间道归北阙下,肃宗拜臣左金吾卫骑曹参军。许留思明所。会乌承恩事,路绝,不得归。朝义之败,欲固守河阳,臣知回纥利野战,阴劝其行,以破贼计。朝义已走,臣西归献状,先帝诏翰林索臣所上言,与王伷偕召。先帝谓诚节白著,故擢伷侍御史,臣为殿中侍御史,使者宣旨制诏尽言其状,则畴昔本末,先帝知之。今又擢以不次,虽自天断,尚恐受谤舆人,伤陛下之明。今吏员未乏而调者多,益以功优,准平格以判留人,去者十七,彼且鼓谗说以投疑于上,此臣所大惧也。"因荐户部郎中萧定、司农卿庾准自代,不许。

说在职以才显,或言且执政,金吾将军裴儆谓柳载曰:"说事贼为剧官,掌其兵,大小百战,掠名家子为奴婢不可计,得宥死而无厚颜,乃崇第产,附贵幸。欲以相邦,其能久乎!"建中三年逐严郢,说与郢善，微讽朱泚讼其冤，为草奏，贬归州刺史，卒。

于邵，字相门，其先自代来，为京兆万年人。天宝末，第进士，以书判超绝，补崇文校书郎。繇比部郎中为道州刺史，未行，徙巴州。会岁饥，部獠乱，薄城下。邵励兵拒战，且遣使谕晓，獠丐降，邵儒服出，贼见皆拜，即引去。节度使李抱玉以闻，迁梓州，辞疾不拜，授兵部郎中。崔宁帅蜀，表为度支副使。俄以谏议大夫知制诰，进礼部侍郎。朝有大典册，必出其手。为三司使，治薛邕狱失德宗旨，贬桂州长史。复为太子宾客，与宰相陆贽不平，出杭州刺史。久疾求告，贬衢州别驾，徙江州。卒，年八十一。

邵孝悌有行，晚途益修洁。樊泽始举贤良，邵望见，曰："将相材也。"崔元翰举进士，年五十矣，邵以其文擢异等，曰："后当司诏令。"已而皆然。独孤授举博学宏辞，吏部考当乙，邵覆之，置甲科，人咨其公。

崔元翰，名鹏，以字行。父良佐，与齐国公日用从昆弟也。擢明经甲科，补湖城主簿，以母丧，遂不仕。治《诗》、《易》、《书》、《春秋》，撰《演范》、《忘象》、《浑天》等论数十篇。隐共北白鹿山之阳。卒，门人共谥曰贞文孝父。

元翰举进士、博学宏辞、贤良方正，皆异等。义成李勉表在幕府，马燧更表为太原掌书记。召拜礼部员外郎。窦参秉政，引知制诰。其训辞温厚，有典诰风。然性刚褊，不能取容于时，孤特自恃。掌诰凡再期，不迁，罢为比部郎中，时已七十余，卒。

其好学老不倦，用思精致，驰骋班固、蔡邕间以自名家。怨陆贽、李充，乃附裴延龄，延龄表钩校京兆妄费，持吏甚急，而充等自无过，讫不能傅致以罪云。

于公异，苏州吴人。进士擢第，李晟表为招讨府掌书记。朱泚平，露布于德宗曰："臣既肃清宫禁，祗奉寝园，钟簴不移，庙貌如

故。"帝览泣下,曰:"谁为之辞?"或以公异对,帝咨叹一再。始,公异
与陆贽故有隙,时贽在翰林,闻不喜。世多言公异不能事后母,既仕
不归省。及贽当政,乃奏其状,诏赐《孝经》,罢归田里。卢迈坐举非
其人,夺俸两月。时中书舍人高郢,尝荐御史元敦义,及公异被谴,
郢亦劾敦义无美行,诏免敦义官。公异繇是不自振而卒。

李益,故宰相揆族子,于诗尤所长。贞元末,名与宗人贺相埒。
每一篇成,乐工争以赂求取之,被声歌,供奉天子。至《征人》、《早
行》等篇,天下皆施之图绘。

少痴而忌克,防闲妻妾苛严,世谓妒为"李益疾"。同辈行稍稍
进显,益独不调,郁郁去。游燕,刘济辟置幕府,进为营田副使。尝
与济诗,语怨望。宪宗雅知名,召为秘书少监、集贤殿学士。自负才,
凌藉士,众不能堪,谏官因暴幽州时怨望语,诏降秩。俄复旧官,累
迁右散骑常侍。大和初,以礼部尚书致仕,卒。

时又有太子庶子李益同在朝,故世言"文章李益"以辨云。

卢纶,字允言,河中蒲人。避天宝乱,客鄱阳。大历初,数举进
士不入第。元载取纶文以进,补阌乡尉。累迁监察御史,辄称疾去。
坐与王缙善,久不调,浑瑊镇河中,辟元帅判官,累迁检校户部郎
中。尝朝京师,是时,舅韦渠牟得幸德宗,表其才,召见禁中,帝有所
作,辄使赓和。异日问渠牟:"卢纶、李益何在?"答曰:"纶从浑瑊在
河中。"驿召之,会卒。

纶与吉中孚、韩翃、钱起、司空曙、苗发、崔峒、耿沣、夏侯审、李
端皆能诗齐名,号"大历十才子。"宪宗诏中书舍人张仲素访集遗
文。文宗尤爱其诗,问宰相:"纶文章几何? 亦有子否?"李德裕对:
"纶四子:简能、简辞、弘止、简求,皆擢进士第,在台阁。"帝遣中人
悉索家笥,得诗五百篇以闻。

中孚,鄱阳人。官户部侍郎。

翃字君平,南阳人。侯希逸表佐淄青幕府,府罢,十年不出。李

勉在宣武,复辟之。俄以驾部郎中知制诰。时有两韩翃,其一为刺史,宰相请孰与,德宗曰:"与诗人韩翃。"终中书舍人。

起,吴兴人。天宝中举进士,与郎士元齐名,时语曰:"前有沈、宋,后有钱、郎。"终考功郎中。

曙字文初,广平人。从韦皋于剑南,终虞部郎中。

发,晋卿子,终都官员外郎。

峒终右补阙,沨右拾遗,审侍御史。

端,赵州人。始,郭暧尚升平公主,主贤明有才思,尤招纳士,故端等多从暧游。暧尝进官,大集客,端赋诗最工,钱起曰:"素为之,请赋起姓。"端立献一章,又工于前,客乃服,主赐帛百。后移疾江南,终杭州司马。

欧阳詹,字行周,泉州晋江人。其先皆为本州州佐、县令。闽、越地肥衍,有山泉禽鱼,虽能通文书吏事,不肯北宦。及常衮罢宰相为观察使,始择县乡秀民能文辞者,与为宾主钧礼,观游飨集必与,里人矜耀,故其俗稍相劝仕。初,詹与罗山甫同隐潘湖,往见衮,衮奇之。辞归,泛舟饮饯。举进士,与韩愈、李观、李绛、崔群、王涯、冯宿、庾承宣联第,皆天下选,时称"龙虎榜"。闽人第进士,自詹始。

詹事父母孝,与朋友信义。其文章切深,回复明辩,与愈友善。詹先为国子监四门助教,率其徒伏阙下,举愈博士。卒,年四十余。崔群哭之甚,愈为詹哀辞,自书以遗群。初,徐晦举进士不中,詹数称之,明年高第,仕为福建观察使。语及詹,必流涕。

从子秬,字绛之,亦工为文。陆洿自右拾遗除司勋郎中,弃官隐吴中,诏召之,既在道,秬遗书让出处之遽,洿不至还,秬名益闻。

开成中,擢进士第,而里人萧本妄言与贞献太后近属,恩宠赫然,秬耻之。会泽潞刘从谏表秬在幕府,秬为辩质本之伪,本终得罪。其子稹拒命,秬方休假还家,稹表斥损时政,或言秬为之,诏流崖州,赐死。临刑,色不桡,为书遍谢故人,自志墓,人皆怜之。

李贺,字长吉,系出郑王后。七岁能辞章,韩愈、皇甫湜始闻未信,过其家,使贺赋诗,援笔辄就如素构,自目曰《高轩过》,二人大惊,自是有名。为人纤瘦,通眉,长指爪,能疾书。每旦日出,骑弱马,从小奚奴,背古锦囊,遇所得,书投囊中。未始先立题然后为诗,如它人牵合程课者。及暮归,足成之。非大醉、吊丧日率如此。过亦不甚省。母使婢探囊中,见所书多,即怒曰:"是儿要呕出心乃已耳。"以父名晋肃,不肯举进士,愈为作《讳辨》,然卒亦不就举。辞尚奇诡,所得皆惊迈,绝去翰墨畦迳,当时无能效者。乐府数十篇,云韶诸工皆合之弦管。为协律郎,卒,年二十七。与游者权璩、杨敬之、王恭元,每撰著,时为所取去。贺亦早世,故其诗歌世传者鲜焉。

吴武陵,信州人。元和初,擢进士第。淮西吴少阳闻其才,遣客郑平邀之,将待以宾友,武陵不答。俄而少阳子元济叛,武陵遗以书,自称东吴王孙,曰:

夫势有不必得,事有不必疑。徒取暴逆之名,而殄物败俗,不可谓智;一日亡破,平生亲爱连头就戮,不可谓仁;支属繁衍,因缘磨灭,先魂伤馁,不可谓孝;数百里之内,拘若槛阱,常疑死于左右手,低回姑息,不可谓明。且三皇以来,数千万载,何有勃理乱常而能自毕者哉?贞元时,德宗以函容御天下,河北诸镇专地不臣,朝廷资以爵号,桀黠者自谓得计,以反为利,于是杨惠琳、刘辟、李锜、卢从史等又乱。皇帝即位,赫然命偏师讨之,尽伏其辜,所谓时也。

日者,张太尉厌垣捍之勤,谢易、定为国老;田尚书知虑绝俗,又以魏博来归。幽、檀、沧、景皆为信臣,然而与足下者,独齐、赵耳。夫齐安可为恃哉?徐压其首,梁薄其翼,魏斫其胫,滑针其腹,淮南承其冲,分兵不足相救,全举则曹、鲁、东平非其有也。彼何苦而自弃哉?若赵则固竖子耳。前日,主以上泽潞为之导,既斥从史,姑赦罪,复爵禄之,天下之人欲讨者十八,无何,残丞相御史,朝廷以足下故,未加斧钺也。然则中山搏藁城之险,太原乘井陉之隘,燕徇乐寿,邢扼临城,清河绝其南,弓高断其北,孤雏腐鼠,求责不暇,又曷以救人哉?二镇不敢动亦明矣,足下何待而穷处邪?

昔仆之师裴道明尝言:"唐家二百载有中兴主,当其时,很傲者尽灭,河、湟之地复矣。"今天子英武任贤,同符太宗,完仁厚物,有玄宗之度,罚无贷罪,赏无遗功。诸侯豢齐,赵以稔其衅,群帅筑室砺兵,进窥房、蔡,屯田继漕,前锋扼喉,后阵抚背,左排右掖,其几何而不蹈邪?

足下勿谓部曲勿我欺,人心与足下一也。足下反天子,人亦欲反足下。易地而论,则婴凶横之命,不若奉大君官守矣。枕戈持矛,死不得地,不若坐兼爵命而保胤嗣矣。足下苟能挺知几之烈,莫若发一介,籍士马土疆,归之有司。上以覆载之仁,必保纳足下,涤垢洗瑕,以倡四海,将校官属不失宠且贵。何哉?为国者不以纤恶盖大善也。且贰而伐,服而舍,宠荣可厚,骨肉可保,何独不为哉?

三州至狭也,万国至广也,力不相侔,判然可知。假使官军百败,而行阵未尝乏,足下一败则成禽矣。夫一壮士不能当十夫者,以其左右前后咸敌也,矧以一卒欲当百人哉!昏迷不返,诸侯之师集城下,环垒刳堑,灌以流潦,主将怨携,士卒崩离,田儋、吕兴发于肘腋。尸不得裹,宗不得祀,臣仆以为诚,子孙所不祖,生为暗惾之人,没为幽忧之鬼,何其痛哉!

元济得书不悟。

会裴度东讨,而韩愈为司马,武陵劝愈为度谋:"取中官常所不快者为监军,归素所快者于内,为吾地以倾诸侯,出帛百万以给士大夫,则孰不为丞相之人?然后分三大将环贼而屯,明斥候,牛酒高会,潜以实期授濒蔡诸将,而以三期给贼,令辩士持尺书劫元济及将士约降,彼无所窜谋矣。"时度部分已定,故不见用。元济未破数月,武陵自硖石望东南,气如旗鼓矛盾,皆颠倒横斜。少选,黄白气出西北,盘蜿相交。武陵告愈曰:"今西北王师所在,气黄白,喜象也。败气为贼,日直木,大举其盈数,不阅六十日,贼必亡。夫天见其祥,宜修事应之。且洄曲守将急缓不可使,吴城贼将赵晔诈而轻,若以兵诱之,伏以待,一举可夺其城,则右臂断矣。”武陵之奇谲类如此。

长庆初,窦易直以户部侍判度支,表武陵主盐北边。易直以不职,薄其遇。会表置和籴贮备使,择郎中为之。武陵谏曰:“今缘边膏壤,鞠为榛杞,父母妻子不相活。前在朔方,度支米价四十,而无逾月积,皆先取商人,而后求牒还都受钱。脱有寇薄城,不三旬便当饿死,何所取财而云和籴哉?天下不治,病权不归有司也。盐铁、度支一户部郎事,今三分其务,吏万员,财赋日蹙。西北边院官,皆御史、员外郎为之。始命若责可信,今又加使权其务,是御史、员外久于事,返不可信也。今更旬月,又将以郎中之为不可信。即更时岁,明公之为,亦又不可信。上下相阻,一国交疑,谁为可信者?况一使之建,胥徒走卒殆百辈,督责腾呼,数千里为不宁。诚欲边隅完实,独募浮民,徙罪人,发沃土,何必加使而增吏也?”易直不纳。

久之,入为太学博士。大和初,礼部侍郎崔郾试进士东都,公卿咸祖道长乐,武陵最后至,谓郾曰:“君方为天子求奇材,敢献所益。”因出袖中书缙笏,郾读之,杜牧所赋《阿房宫》,辞既警拔,而武陵音吐鸿畅,坐客大惊。武陵请曰:“牧方试有司,请以第一人处之。”郾谢已得其人。至第五,郾未对,武陵勃然曰:“不尔,宜以赋见还。”郾曰:“如教。”牧果异等。后出为韶州刺史,以赃贬潘州司户参军。卒。

初,柳宗元谪永州,而武陵亦坐事流永州,宗元贤其人。及为柳州刺史,武陵北还,大为裴度器遇。每言宗元无子,说度曰:“西原蛮未平,柳州与贼犬牙,宜用武人以代宗元,使得优游江湖。”又遗工部侍郎孟简书曰:“古称一世三十年,子厚之斥十二年,殆半世矣。霆砰电射,天怒也,不能终朝。圣人在上,安有毕世而怒人臣邪?且程、刘、二韩皆已拔拭,或处大州剧职,独子厚与猿鸟为伍,诚恐雾露所婴,则柳氏无后矣。”度未及用,而宗元死。始,李愬节度唐、邓,武陵荐李景俭、王湘健智沈敏,可表以自副,时号知人。

李商隐,字义山,怀州河内人。或言英国公世勣之裔孙。令狐楚帅河阳,奇其文,使与诸子游。楚徙天平、宣武,皆表署巡官,岁具资装使随计。开成二年,高锴知贡举,令狐绹雅善锴,奖誉甚力,故擢进士第。调弘农尉,以活狱忤观察使孙简,将罢去,会姚合代简,谕使还官。又试拔萃,中选。

王茂元镇河阳,爱其才,表掌书记,以子妻之,得侍御史。茂元善李德裕,而牛、李党人蚩谪商隐,以为诡薄无行,共排笮之。茂元死,来游京师,久不调,更依桂管观察使郑亚府为判官。亚谪循州,商隐从之,凡三年乃归。亚亦德裕所善,绹以为忘家恩,放利偷合,谢不通。京兆尹卢弘止表为府参军,典笺奏。绹当国,商隐归穷自解,绹憾不置。弘止镇徐州,表为掌书记。久之,还朝,复干绹,乃补太学博士。柳仲郢节度剑南东川,辟判官,检校工部员外郎。府罢,客荥阳,卒。

商隐初为文瑰迈奇古,及在令狐楚府,楚本工章奏,因授其学。商隐俪偶长短,而繁缛过之。时温庭筠、段成式俱用是相夸,号“三十六体”。

薛逢字陶臣,蒲州河东人。会昌初,擢进士第。崔铉镇河中,表在幕府。铉复宰相,引为万年尉。直弘文馆。历侍御史、尚书郎。持论鲠切,以谋略高自标显。

初,与彭城刘瑑交,瑑文辞出逢数人下,常易之。瑑稍亲近,逢不得意,遂相忿恨。会瑑当国,有荐逢知制诰者,瑑狠言:“先朝以两省官给事、舍人先治州县,乃得除,逢未试州。”执不可。乃出为巴州刺史。而杨收、王铎同牒署第,收辅政,逢有诗微辞讥讪,收衔之,复斥蓬、绵二州刺史。收罢,以太常少卿召还,历给事中。铎为宰相,逢又以诗訾铎,铎怒,中外亦鄙逢褊傲,故不见齿。迁秘书监,卒。

子廷珪,进士及第。大顺初,以司勋员外郎知制诰,迁中书舍人。从昭宗次华州,引拜左散骑常侍,称疾免,客成都。光化中,复为舍人,累尚书左丞。朱全忠兼四镇,廷珪以官告使至汴,客将先见,讽其拜,廷珪佯不晓,曰:"吾何德,敢受令公拜乎?"及见,卒不肯加礼。

李频,字德新,睦州寿昌人。少秀悟,逮长,庐西山,多所记览。其属辞,于诗尤长。与里人方干善。给事中姚合名为诗,士多归重,频走千里丐其品,合大加奖挹,以女妻之。

大中八年,擢进士第,调秘书郎,为南陵主簿。判入等,再迁武功令。于是畿民多籍神策军,吏以其横,类假借,不敢绳以法。频至,有神策士尚君庆,逋赋六年不送,睥然出入闾里。频密擿比伍与竞,君庆叩县廷质,频即械送狱,尽条宿恶,请于尹杀之,督所负无少贷。豪猾大惊,屏息奉法,县大治。有六门堰者,废百五十年,方岁饥,频发官廥庸民浚渠,按故道厮水溉田,谷以大稔。懿宗嘉之,赐绯衣、银鱼。俄擢侍御史,守法不阿徇,迁累都官员外郎。表丐建州刺史。既至,以礼法治下,更布条教。时朝政乱,盗兴,相椎夺,而建赖频以安。卒官下,丧归,父老相与扶柩,葬永乐州,为立庙梨山,岁祠之。天下乱,盗发其冢,寿昌人随加封掩云。

吴融,字子华,越州山阴人。祖翥,有名大中时,观察府召以署吏,不应,帅高其概,言诸朝,赐号文简先生。

融学自力,富辞调。龙纪初,及进士第。韦昭度讨蜀,表掌书记,迁累侍御史。坐累去官,流浪荆南,依成汭。久之,召为左补阙,以礼部郎中为翰林学士,拜中书舍人。昭宗反正,御南阙,群臣称贺,融最先至。于时左右欢骇,帝有反指授,叠十许稿,融跪作诏,少选成,语当意详,帝咨赏良厚。进户部侍郎。凤翔劫迁,融不克从,去客阌乡。俄召还翰林,迁承旨,卒官。

唐书卷二〇四
列传第一二九

方　技

李淳风　甄权　许胤宗　张文仲

袁天纲　客师　张憬藏　乙弗弘礼　金梁凤

王远知　薛颐　叶法善　明崇俨

尚献甫　严善思　杜生　张果

邢和璞　师夜光　罗思远　姜抚　桑道茂

　　凡推步、卜、相、医、巧，皆技也。能以技自显于一世，亦悟之天，非积习致然。然士君子能之，则不迁，不泥，不矜，不神；小人能之，则迁而入诸拘碍，泥而弗通大方，矜以夸众，神以诬人，故前圣不以为教，盖吝之也。若李淳风谏太宗不滥诛，许胤宗不著方剂书，严撰谏不合乾陵，乃卓然有益于时者，兹可珍也。至远知、果、抚等诡行幻怪，又技之下者焉。

　　李淳风，岐州雍人。父播，仕隋高唐尉，弃官为道士，号黄冠子，以论撰自见。淳风幼爽秀，通群书，明步天历算。贞观初，与傅仁均争历法，议者多附淳风，故以将仕郎直太史局。制浑天仪，底撅前世得失，著《法象书》七篇上之。擢承务郎，迁太常博士，改太史丞，与诸儒修书，迁为令。太宗得秘谶，言"唐中弱，有女武代王"，以问淳风，对曰："其兆既成，已在宫中。又四十年而王，王而夷唐子孙且尽。"帝曰："我求而杀之，奈何？"对曰："天之所命，不可去也。而王者果不死，徒使疑似之戮淫及无辜。且陛下所亲爱，四十年而老，老则仁，虽受终易姓，而不能绝唐。若杀之，复生壮者，多杀而逞，则陛下子孙无遗种矣！"帝采其言，止。

淳风于占候吉凶，若节契然，当世术家意有鬼神相之，非学习可致，终不能测也。以劳封昌乐县男。奉诏与算博士梁述、助教王真儒等是正《五曹》、《孙子》等书，刊定注解，立于学官。撰《麟德历》代《戊寅历》，候者推最密。自秘阁郎中复为太史令，卒。所撰《典章文物志》、《乙巳占》等书传于世。子该，孙仙宗，并擢太史令。

唐初言历者惟傅仁均。仁均，滑州人，终太史令。

甄权，许州扶沟人。以母病，与弟立言究习方书，遂为高医。仕隋为秘书省正字，称疾免。鲁州刺史库狄嶔风痹不得挽弓，权使彀矢向垛立，针其肩隅，一进，曰："可以射矣。"果如言。贞观中，权已百岁，太宗幸其舍，视饮食，访逮其术，擢朝散大夫，赐几杖衣服。寻卒，年一百三岁。所撰《脉经》、《针方》、《明堂》等图传于时。

立言仕为太常丞。杜淹苦流肿，帝遣视，曰："去此十日，午漏上，且死。"如之。有道人心腹懑烦弥二岁，诊曰："腹有蛊，误食发而然。"令饵雄黄一剂，少选，吐一蛇如拇，无目，烧之有发气，乃愈。

后以医显者，清漳宋侠、义兴许胤宗、洛阳张文仲李虔纵、京兆韦慈藏。

侠官朝散大夫、药藏监。

胤宗仕陈为新蔡王外兵参军。王太后病风不能言，脉沈难对，医家告术穷。胤宗曰："饵液不可进。"即以黄耆、防风煮汤数十斛置床下，气如雾，熏薄之，是夕语。擢义兴太守。武德初，累进散骑侍郎。关中多骨蒸疾，转相染，得者皆死，胤宗疗视必愈。或劝其著书贻后世者，答曰："医特意耳，思虑精则得之。脉之候幽而难明，吾意所解，口莫能宣也。古之上医，要在视脉，病乃可识。病与药值，唯用一物攻之，气纯而愈速。今之人不善为脉，以情度病，多其物以幸有功，譬猎不知兔，广络原野，冀一人获之，术亦疏矣。一药偶得，它味相制，弗能专力，此难愈之验也。脉之妙处不可传，虚著方剂，终无益于世，此吾所以不著书也。"卒年七十余。

文仲仕武后时，至尚药奉御。特进苏良嗣方朝，疾作，仆廷中。文仲诊曰："忧愤而成，若胁痛者，殆未可救。"顷告胁痛，又曰："及心则殆。"俄心痛而死。文仲论风与气尤精。后集诸言方者与共著书，诏王方庆监之。文仲曰："风状百二十四，气状八十，治不以时，则死及之。惟头风与上气、足气，药可常御。病风之人，春秋末月，可使洞利，乃不困剧，自余须发则治，以时消息。"乃著《四时轻重术》凡十八种上之。

虔纵，官侍御医；慈藏，光禄卿。

袁天纲，益州成都人。仁隋为盐官令。在洛阳，与杜淹、王珪、韦挺游，天纲谓淹曰："公兰台、学堂全且博，将以文章显。"谓珪"法令成，天地相临，不十年官五品"；谓挺"面如虎，当以武处官"；"然三君久皆得谴，吾且见之"。淹以侍御史入天策为学士，珪太子中允，挺善隐太子，荐为左卫率。武德中，俱以事流巂州，见天纲，曰："公等终且贵。杜位三品，难与言寿；王、韦亦三品，后于杜而寿过之，但晚节皆困。"见窦轨曰："君伏犀贯玉枕，辅角完起，十年且显，立功其在梁、益间邪！"轨后为益州行台仆射，天纲复曰："赤脉千瞳，方语而浮赤入大宅，公为将必多杀，愿自戒。"轨果坐事见召。天纲曰："公毋忧。右辅泽而动，不久必还。"果还为都督。

贞观初，太宗召见曰："古有君平，朕今得尔，何如？"对曰："彼不逢时，臣固胜之。"武后之幼，天纲见其母曰："夫人法生贵子。"乃见二子元庆、元爽，曰："官三品，保家主也。"见韩国夫人，曰："此女贵而不利夫。"后最幼，姆抱以见，绐以男，天纲视其步与目，惊曰："龙瞳凤颈，极贵验也；若为女，当作天子。"帝在九成宫，令视岑文本，曰："学堂莹夷，眉过目，故文章振天下。首生骨未成，自前而视，法三品。肉不称骨，非寿兆也。"张行成、马周见，曰："马君伏犀贯脑，背若有负，贵验也。近古君臣相遇未有及公者。然面泽赤而耳无根，后骨不隆，寿不长也。张晚得官，终位宰相。"其术精类如此。高士廉曰："君终作何官？"谢曰："仆及夏四月，数既尽。"如期以火山令卒。

子客师，亦传其术，为廪牺令。高宗置一鼠于奁，令术家射，皆曰鼠。客师独曰："虽实鼠，然入则一，出则四。"发之，鼠生三子。尝度江，叩舟而还，左右请故，曰舟中人鼻下气皆墨，不可以济。"俄有一男子，跛而负，直就舟，客师曰："贵人在，吾可以济。"江中风忽起，几覆而免。跛男子乃娄师德也。

时有长社人张憬藏，技与天纲埒。太子詹事蒋俨有所问，答曰："公厄在三尺土下，尽六年而贵，六十位蒲州刺史，无有禄矣。"俨使高丽，为莫离支所囚，居土室六年还。及为蒲州，几如期，则召掾史、妻子，告当死，俄诏听致仕。刘仁轨与乡人靖贤请占，憬藏答曰："刘公当五品而遣，终位冠人臣。"谓贤曰："君法客死。"仁轨为尚书仆射。贤猥曰："我三子皆富田宅，吾何客死？"俄丧三子，尽鬻田宅，寄死友家。魏元忠尚少，往见憬藏问之，久不答，元忠怒曰："穷通有命，何预君邪？"拂衣去。憬藏遽起曰："君之相在怒时，位必卿相。"姚崇、李迥秀、杜景佺从之游，憬藏曰："三人者皆宰相，然姚最贵。"郎中裴珪妻赵见之，憬藏曰："夫人目修缓，法曰'豕视淫'，又曰'目有四白，五夫守宅'，夫人且得罪。"俄坐奸，没入掖廷。裴光廷当国，憬藏以纸大署"台"字投之，光廷曰："吾既台司矣，尚何事？"后三日，贬台州刺史。

隋末又有高唐人乙弗弘礼，当炀帝居藩，召见，弘礼贺曰："大王为万乘主，所戒在德而已。"及即位，悉诏诸术家坊处之，使弘礼总摄。海内寝乱，帝曰："而昔言朕既验，然终当奈何？"弘礼逡巡，帝知之，乃曰："不言，且死！"弘礼曰："臣观人臣相与陛下类者不长，然圣人不相，故臣不能知。”由是敕有司监视，毋得与外语。

薛大鼎坐事没为奴，及贞观时，有请于弘礼，答曰：“君，奴也，欲何事？”请解衣视之，弘礼指腰而下曰：“位方岳。”

玄宗时有金梁凤者，颇言人贵贱夭寿。裴冕为河西留后，梁凤辄言：“不半岁兵起，君当以御史中丞除宰相。”又言：“一日向雒，一日向蜀，一日向朔方，此时公当国。”冕妖其言，绝之。俄而禄山反，冕以御史中丞召，因问三日，答曰：“雒日即灭，蜀日不能久，朔方日愈明。”肃宗即位，而冕遂相，荐于帝，拜都水使者。梁凤谓吕谭曰：“君且辅政，须大怖乃得。”谭责驿史，搒之，史突入射谭，两矢几中，走而免，明年知政事。李揆、卢允毁服给谒，梁凤不许，二人语以情，梁凤曰：“李自舍人阅岁而相，卢不过郎官。”揆已相，擢允吏部郎中。

王远知，系本琅邪，后为扬州人。父昙选，为陈扬州刺史。母昼寝，梦凤集其身，因有娠。浮屠宝志谓昙选曰：“生子当为世方士。”

远知少警敏，多通书传，事陶弘景，传其术，为道士。又从臧兢游。陈后主闻其名，召入重阳殿，辩论超诣，甚见咨挹。隋炀帝为晋王，镇扬州，使人介以邀见，少选发白，俄复鬒，帝惧，遣之。后幸涿郡，诏远知见临朔宫，帝执弟子礼，咨质仙事，诏京师作玉清玄坛以处之。及幸扬州，远知谓帝不宜远京国，不省。

高祖尚微，远知密语天命，武德中，平王世充，秦王与房玄龄微服过之，远知未识，迎语曰：“中有圣人，非王乎？”乃谍以实。远知曰：“方为太平天子，愿自爱。”太宗立，欲官之，苦辞。贞观九年，诏润州即茆山为观，俾居之。玺诏曰：“省所奏，愿还旧山，已别诏雅素，并敕立祠观，以伸曩怀。未知先生早晚至江外，祠舍何当就功？令太史令薛颐等往宣朕意。”

远知多怪言，诧其弟子潘师正曰：“吾少也有累，不得上天，今署少室伯，吾将行。”即沐浴，加冠衣，若寝者，遂卒。或言寿盖百二十六岁云。遗命子绍业曰："尔年六十五见天子，七十见女君。调露中，绍业表其言，高宗召见，嗟赏，追赠远知太中大夫，谥升真先生。武后时复召见，皆如其年。又赠金紫光禄大夫。天授中改谥升玄。

薛颐者，滑州人。当隋大业时为道士，善天步律历。武德初，追直秦王府，密语曰："德星舍秦分，王当帝天下。"王表为太史丞，稍迁令。贞观时，太宗将封泰山，彗星见，颐因言："臣商天意，陛下未可东。"亦会大臣上议，帝遂罢。固丐为道士，帝为筑观九嵏山，号曰"紫府"，拜颐太中大夫，往居之。即祠建清台，候辰次灾祥以闻，所上与太史李淳风合。数岁卒。

高宗时，又有叶法善者，括州括苍人。世为道士，传阴阳、占繇、符架之术，能厌劾怪鬼。帝闻之，召诣京师，欲宠以官，不拜。留内斋场，礼赐殊缛。时帝悉召方士，化黄金治丹，法善上言："丹不可遽就，徒费财与日，请核真伪。"帝许之，凡百余人皆罢。尝在东都凌空祠为坛以祭，都人悉往观，有数十人自奔火中，众大惊，救而免。法善笑曰："此为魅所冯，吾以法摄之耳。"问而信，病亦皆已。其谲幻类若此。

历高、中二宗朝五十年，往来山中，时时召入禁内。雅不喜浮屠法，常力诋毁，议者浅其好憎，然以术高，卒叵之测。睿宗立，或言阴有助力。先天中，拜鸿胪卿员外置，封越国公，舍景龙观，追赠其父歙州刺史，宠映当世。开元八年卒。或言生隋大业丙子，死庚子，盖百七岁云。玄宗下诏褒悼，赠越州都督。

明崇俨，洛州偃师人，梁国子祭酒山宾五世孙。少随父恪令安喜，吏有能召鬼神者，尽传其术。乾封初，应岳牧举，调黄安丞，以奇技自名。高宗召见，甚悦，擢冀王府文学。试为窟室，使宫人奏乐其中，召崇俨问："何祥邪？为我止之。"崇俨书桃木为二符，剚室上，乐即止，曰："向见怪龙，怖而止。"盛夏，帝思雪，崇俨坐顷取以进，自云往阴山取之。四月，帝忆瓜，崇俨索百钱，须臾以瓜献，曰："得之缑氏老人圃中。"帝召老人问故，曰："埋一瓜失之，土中得百钱。"

累迁正谏大夫。帝令入阁供奉，每谒见，陈时政，多托鬼神为言。至为武后作厌胜事，又言章怀太子不德。仪凤四年，为盗所刺于东都，好事者为言："崇俨役鬼劳苦，为鬼所杀。"而太后疑太子使客杀之，故赠侍中，谥曰庄，擢子珪为秘书郎。命御史中丞崔谧等杂治，诬服者甚众。及太子废，死状乃明。

尚献甫，卫州汲人，善占候。武后召见，由道士擢太史令，辞曰："臣梗野，不可以事官长。"后改太史局为浑仪监，以献甫为令，不隶秘书省。数问灾异，又于上阳宫集术家撰《方域》等篇。长安二年，荧惑犯五诸侯，献甫自陈："五诸侯，太史位；臣命纳音，金也；火，金之仇，臣且死。"后曰："朕为卿厌之。"迁水衡都尉，谓曰："水生金，卿无忧。"至秋卒，后嗟异，复以浑仪监为太史局云。

严善思，名撰，同州朝邑人，以字行。父延，与河东裴玄证、陇西李真蔡静皆通儒术，该晓图谶。善思传延业，褚遂良、上官仪等奇其能。高宗封太山，举销声幽薮科及第，调襄阳尉。居亲丧，庐墓，因隐居十年。武后时擢监察御史，兼右拾遗内供奉，数言天下事。方酷吏构大狱，以善思为详审使，平活八百余人，原千余姓。长寿中，按囚司刑寺，罢疑不实者百人。来俊臣等疾之，诬以罪，谪交趾，五岁得还。是时李淳风死，候家皆不效，乃诏善思以著作佐郎兼太史令。圣历二年，荧惑入舆鬼，后问其占，对曰："大臣当之。"是年王及善卒。长安中，荧惑入月，镇犯天关，善思曰："法当乱臣伏罪，而有下谋上之象。"岁余，张柬之等起兵诛二张。迁给事中。

后崩，将合葬乾陵，善思建言："尊者先葬，卑者不得入。今启乾陵，是以卑动尊，术家所忌。且玄关石门，冶金锢隙，非攻凿不能开，神道幽静，多所惊黩。若别攻隧以入其中，即往昔葬时神位前定，更且有害。曩营乾陵，因有大难，易姓建国二十余年，今又营之，难且复生。合葬非古也，况事有不安，岂足循据？汉世皇后别起陵墓，魏、晋始合葬。汉积祀四百，魏、晋祚率不长，亦其验也。今若更择吉地，附近乾陵，取从葬之义。使神有知，无所不通；若其无知，合亦何益？山川精气，上为列星。葬得其所，则神安而后嗣昌；失其宜，则神危而后嗣损。愿割私爱，使社稷长久。"中宗不纳。

神龙中，武后丧公除，太常请大习乐，供郊庙，诏未许。善思奏曰："乐者气化，所以感天地、调五行。汉、魏丧礼，以日易月，盖三年不为礼，礼必坏，三年不为乐，乐必崩。礼，阴也；乐，阳也。乐崩阳伏，礼废阴愆，故变以适时，孝道之大。安人神，公也；茹哀戚，私也。王者不以私害公，请如太常奏。"帝从之。迁礼部侍郎。表皇后擅政，为社稷忧，求汝刺史。尝语姚崇曰："韦氏祸且涂地，相王所居有华盖紫气，必位九五，公善护之。"及睿宗立，崇以语闻，召拜右散骑常侍。

初，谯王重福徙均州，过汝，善思为刺史。及谋反，伪除礼部尚书。重福败，坐关通论死，吏部尚书宋璟、户部郎中李邕薄其罪，给事中韩思复固请，乃流静州。始，善思为御史，中书舍人刘允济为酷吏所陷，且死，善思力讼其冤，得免。户部尚书王本立见之曰："祁奚之救叔向，严公有之。"后见允济，语未尝及之。思复之解善思也，亦不自德，时称长者之报。后遇赦还。开元十六年卒。子向，乾元中为凤翔尹，三世皆年八十五云。

杜生者，许州人，善《易》占。有亡奴者问所从追，戒曰："自此行，逢使者，恳丐其鞭。若不可，则以情告。"其人果值使者于道，如生语，使者异之，曰："去鞭，吾无以进马，可折道傍薆代之。"乃往折薆，见亡奴伏其下，获之。它日又有亡奴者，生戒持钱五百伺于道，见进鹞使者，可市其一，必得奴。俄而使至，其人以情告，使者以一与之，忽飞集灌莽上，往取之而得亡奴。众以为神。

时有浮屠泓者，黄州人。与天官侍郎张敬之善。敬之以武后在位，常指所服示子冠宗曰："莽朝服耳。"俄冠宗以父应入三品，诣有司言状。泓忽曰："君无烦求三品也。"敬之大惊,已而知出冠宗意。敬之弟讷之疾殆,泓曰："公弟当位三品,不足忧也。"已而愈。尝为燕国公张说市宅,戒曰："无穿东北,王隅也!"它日见说曰："宅气索然,云何?"与说共视,隅有三坎丈余,泓惊曰："公富贵一世而已,诸子将不终。"说惧,将平之,泓曰："客土无气,与地脉不连,譬身疮痏补它肉,无益也。"说子皆污贼死斥云。

张果者,晦乡里世系以自神,隐中条山,往来汾、晋间,世传数百岁人。武后时,遣使召之,即死,后人复见居恒州山中。

开元二十一年,刺史韦济以闻。玄宗令通事舍人裴晤往迎,见晤辄气绝仆,久乃苏。晤不敢逼,驰白状。帝更遣中书舍人徐峤赍玺书邀礼,乃至东都,舍集贤院,肩舆入宫。帝亲问治道神仙事,语秘不传。果善息气,能累日不食,数御美酒。尝云："我生尧丙子岁,位侍中。"其貌实年六七十。时有邢和璞者,善知人夭寿。师夜光者,善视鬼。帝令和璞推果生死,懵然莫知其端。帝召果密坐,使夜光视之,不见果所在。

帝谓高力士曰："吾闻饮堇无苦者,奇士也。"时天寒,因取以饮果,三进,颓然曰："非佳酒也。"乃寝。顷视齿焦缩,顾左右取铁如意击堕之,藏带中,更出药傅其断,良久,齿已生,粲然骈洁。帝益神之。欲以玉真公主降果,未言也。果忽谓秘书少监王迥质、太常少卿萧华曰："谚谓娶妇得公主,平地生公府,可畏也。"二人怪语不伦。俄有使至,传诏曰："玉真公主欲降先生。"果笑,固不奉诏,有诏图形集贤院,恳辞还山,诏可。擢银青光禄大夫,号通玄先生,赐帛三百匹,给扶侍二人。至恒山蒲吾县,未几卒,或言尸解。帝为立栖霞观其所。

夜光者,蓟州人,少为浮屠。至长安,因九仙公主得召见温泉。帝奇其辩,赐冠带,授四门博士,赐绯衣、银鱼、金缯千数,得侍左右如幸臣。

和璞喜黄老,作《颍阳书》,世传之。

天宝中,有孙甑生者,以技闻,能使石自斗,草为人骑驰走。杨贵妃喜观之,数召入宫中。

又有罗思远,能自隐。帝学,不肯尽其术,试自隐,常余衣带,及思远共试,则验。厚锡金帛,然卒不得。帝怒,裹以幞,压杀之。数日,有中使者自蜀还,逢思远驾而西,笑曰:“上为戏何虐也!”

姜抚,宋州人。自言通仙人不死术,隐居不出。开元末,太常卿韦绚祭名山,因访隐民,还白抚已数百岁。召至东都,舍集贤院。因言:“服常春藤,使白发还鬒,则长生可致。藤生太湖最良,终南往往有之,不及也。”帝遣使者至太湖,多取以赐中朝老臣。因诏天下,使自求之。宰相裴耀卿奉觞上千万岁寿,帝悦,御花萼楼宴群臣,出藤百奁,遍赐之。擢抚银青光禄大夫,号冲和先生。抚又言:“终南山有旱藕,饵之延年。”状类葛粉,帝作汤饼赐大臣。右骁卫将军甘守诚能诇药石。曰:“常春者,千岁虆也。旱藕,杜蒙也。方家久不用,抚易名以神之。民间以酒渍藤,饮者多暴死。”乃止。抚内惭悸,请求药牢山,遂逃去。

桑道茂者,寒人,失其系望。善太一遁甲术。乾元初,官军围安庆绪于相州,势危甚,道茂在围中,密语人曰:“三月壬申西师溃。”至期,九节度兵皆败。后召待诏翰林。建中初,上言:“国家不出三年有厄会,奉天有王气,宜高垣堞,为王者居,使可容万乘者。”德宗素验其数,诏京兆尹严郢发众数千及神策兵城之。时盛夏趣功,人莫知其故。及朱泚反,帝蒙难奉天,赖以济。

李晟为右金吾大将军,道茂赍一缣见晟,再拜曰:“公贵盛无比,然我命在公手,能见赦否?”晟大惊,不领其言。道茂出怀中一书,自具姓名,署其左曰:“为贼逼胁。”固请晟判,晟笑曰:“欲我何语?”道茂曰:“弟言准状赦之。”晟勉从。已又以缣愿易晟衫,请题衿膺曰:“它日为信。”再拜去。道茂果污朱泚伪官。晟收长安,与逆徒缚旗下,将就刑,出晟衫及书以示。晟为奏,原其死。

　　是时藩镇擅地无宁时，道茂曰："年号元和，寇盗覂灭矣。"至宪宗乃验。道茂居有二柏甚茂，曰："人居而木蕃者去之，木盛则土衰，土衰则人病。"乃以铁数十钧埋其下，复曰："后有发其地而死者。"大和中，温造居之，发藏铁而造死。杜佑与杨炎善，卢杞疾之，佑惧，以问道茂，答曰："君岁中补外，则福寿叵涯矣。"俄拜饶州刺史，后终司徒。李泌病，道茂署于纸曰："厄三月二日就飨，国与家吉而身危。"会中和日，泌虽笃，强入。德宗见泌不能步，诏归第，卒。是日北军谋乱，仗士禽斩之。李鹏为盛唐令，道茂曰："君位止此，而冢息位宰相，次息亦大镇，子孙百世。"鹏卒，后石至宰相，福历七镇，诸孙通显云。

唐书卷二〇五
列传第一三〇

列　女

李德武妻裴淑英　杨庆妻王
房玄龄妻卢　独孤师仁姆王兰英
杨三安妻李　樊会仁母敬
卫孝女无忌　郑义宗妻卢
刘寂妻夏侯碎金　于敏直妻张
楚王灵龟妃上官
杨绍宗妻王　贾孝女
李氏妻王阿足　樊彦琛妻魏
李畬母　汴女李　崔会妻卢
坚贞节妇李　符凤妻玉英
高睿妻秦　王琳妻韦　卢惟清妻徐
饶娥　窦伯女仲女　卢甫妻李
邹待徵妻薄　金节妇　高愍女
杨烈妇　贾直言妻董　李孝女妙法
李湍妻董昌龄母杨　王孝女和子

段居贞妻谢　杨含妻萧
韦雍妻萧　衡方厚妻程　郑孝女
李廷节妻崔　殷保晦妻封绚
窦烈妇　李拯妻卢　山阳女赵
周迪妻　朱延寿妻王

女子之行，于亲也孝，妇也节，母也义而慈，止矣。中古以前，书所载后、妃、夫人事，天下化之。后彤史职废，妇训姆则不及于家，故贤女可纪者千载间寥寥相望。唐兴，风化陶淬且数百年，而闻家令姓窈窕淑女，至临大难守礼节，白刃不能移，与哲人烈士争不朽名，寒如霜雪，亦可贵矣。今采获尤显行者著之篇，以绪正父父、子子、夫夫、妇妇之懿云。

李德武妻裴，字淑英，安邑公矩之女，以孝闻乡党。德武在隋，坐事徙岭南，时嫁方逾岁，矩表离婚。德武谓裴曰："我方贬，无还理，君必俪它族，于此长决矣。"答曰："夫，天也，可背乎？愿死无它。"欲割耳誓，保姆持不许。夫姻媚，岁时朔望裴致礼惟谨。居不御薰泽。读《列女传》，见述不更嫁者，谓人曰："不践二廷，妇人之常，何异而载之书？"后十年，德武未还，矩决嫁之，断发不食，矩知不能夺，听之。德武更娶尔朱氏，遇赦还，中道闻其完节，乃遣后妻，为夫妇如初。

杨庆妻王者，世充兄之女。庆以河间王子为郇王，守荥阳，陷于世充，故世充妻之，用为管州刺史。太宗攻洛阳，庆谋与王归唐，谢曰："郑以我奉箕帚者，缀公之心，今负恩背义，自为身谋，可若何？至长安，则公家婢耳，愿送我还东都。"庆不听，王谓左右曰："唐胜义,自为身谋,可若何?至长安,则公家婢耳,原送我还东都。"庆不听,王谓左右曰:"唐胜则郑灭,郑安则吾夫死,若是,生何益?"乃饮药死。庆入朝,官宜州刺史。

房玄龄妻卢,失其世。玄龄微时,病且死,诿曰:"吾病革,君年少,不可寡居,善事后人。"卢泣入帏中,剔一目示玄龄,明无它。会玄龄良愈,礼之终身。

王兰英者,独孤师仁之姆。师仁父武都谋归唐,王世充杀之。师仁始三岁,免死禁锢,兰英请髡钳得保养,许之。时丧乱,饿死者藉藉,游丐道路以食师仁,身啖土饮水。后诈为采薪,窃师仁归京师。高祖嘉其义,诏封兰英永寿乡君。

杨三安妻李,京兆高陵人。舅姑亡,三安又死,子幼,孤媰,昼田夜纺,凡三年,葬舅姑及夫兄弟凡七丧,远近嗟涕。太宗闻而异之,赐帛三百段,遣州县存问,免其繇役。

樊会仁母敬,蒲州河东人,字象子。笄而生会仁。夫死,事舅姑祥顺。家以其少,欲嫁之,潜约婚于里人,至期,阳为终病,使归视。敬至,知见绐,乃外为不知者,私谓会仁曰:"吾孀处不死者,以母老儿幼,今舅将夺吾志,汝云何?"会仁泣,敬曰:"儿毋啼!"乃伺隙遁去,家追及半道,以死自守,乃罢。会仁未冠卒,时敬母又终,既葬,谓所亲曰:"母死子亡,何生为!"不食数日死,闻者怜之。

卫孝女,绛州夏人,字无忌。父为乡人卫长则所杀,无忌甫六岁,无兄弟,母改嫁。逮长,志报父仇。会从父大延客,长则在坐,无忌抵以甓,杀之。诣吏称父冤已报,请就刑。巡察使褚遂良以闻,太宗免其罪,给驿徙雍州,赐田宅。州县以礼嫁之。

郑义宗妻卢者,范阳士族也。涉书史,事舅姑恭顺。夜有盗持兵劫其家,人皆匿窜,惟姑不能去,卢冒刃立姑侧,为贼捽捶几死。贼去,人问何为不惧,答曰:"人所以异鸟兽者,以其有仁义也。今邻里急难尚相赴,况姑可委弃邪? 若百有一危,我不得独生。"姑曰:"岁寒然后知松柏后凋,吾乃今见妇之心。"

刘寂妻夏侯,滑州胙城人,字碎金。父长云为盐城丞,丧明。时刘已生二女矣,求与刘绝,归侍父疾。又事后母以孝称。五年父亡,毁不胜丧,被发徒跣,身负土作冢,庐其左,寒不绵、日一食者三年。诏赐物二十段、粟十石,表异门闾。后其女居母丧,亦如母行,官又赐粟帛,表其门。

于敏直妻张者,皖城公俭女也。生三岁,每父母病,已能昼夜省侍,颜色如成人。及长,愈恭顺仁孝。俭病笃,闻之,号泣几绝。俭死,一恸遂卒。高宗懿其行,赐物百段,以状属史官。

楚王灵龟妃上官者,下邽士族也。灵龟出继哀王后,而舅姑在,妃朝夕侍奉,谨甚,凡珍美,非经献不先尝。灵龟卒,将葬,前妃无近族,议者欲不举,妃曰:"逝者有知,魂可无托乎?"乃备礼合葬。闻者嘉叹。丧除,兄弟共谕:"妃少,又无子,可不有行。"泣曰:"丈夫以义,妇人以节,我未能殉沟壑,尚可御妆泽、祭他胙乎?"将自劓刵,众遂不敢强。

杨绍宗妻王,华州华阴人。在襁而母亡,继母鞠爱。父征辽殁,继母又卒,王年十五,乃举二母枢而立父象,招魂以葬,庐墓左。永徽中,诏:"杨氏妇在隋时,父殁辽西,能招魂克葬。至祖父母茔隧,亲服板筑,哀感行路。"因赐物段并粟,以阙表门。

贾孝女,濮州鄄城人。年十五,父为族人玄基所杀。孝女弟强仁尚幼，孝女不肯嫁，躬抚育之。强仁能自树立，伺玄基杀之，取其心告父墓。强仁诣县言状，有司论死。孝女诣阙请代弟死，高宗闵叹，诏并免之，内徙洛阳。

李氏妻王阿足，深州鹿城人。早孤，无兄弟。归李氏数岁，夫死无子，以嫠姊高年无供养，乃不忍嫁。昼耕夜织，能办生事，余二十年，姊乃亡，葬送如礼。乡人服其义，争遣女妻往师其风训。寿终于家。

樊彦琛妻魏者，扬州人。彦琛病，魏曰：“公病且笃，不忍公独死。”彦琛曰：“死生，常道也。幸养诸孤使成立，相从而死，非吾取也。”彦琛卒，值徐敬业难，陷兵中。闻其知音，令鼓筝，魏曰：“夫亡不死，而逼我管弦，祸由我发。”引刀斩其指。军伍欲强妻之，固拒不从，乃刃拟颈曰：“从我者不死。”魏厉声曰：“狗盗乃欲辱人，速死，吾志也！”乃见害，闻者伤之。

李畲母者，失其氏。有渊识。畲为监察御史，得禀米，量之三斛而赢，问于史，曰：“御史米，不概也。”又问车庸有几，曰：“御史不偿也。”母怒，敕归余米，偿其庸，因切责畲。畲乃劾仓官，自言状。诸御史闻之，有惭色。

汴女李者，年八岁父亡，殡于堂十年，朝夕临。及笄，母欲嫁之。断发，丐终养。居母丧，哀号过人，自庀葬具，州里送葬千余人。庐于墓，蓬头，跣而负土，以完园茔，莳松数百。武后时，按察使薛季昶表之，诏树阙门闾。

崔绘妻卢者，鸾台侍郎献之女。献有美名。绘丧，卢年少，家欲嫁之，卢称疾不许。女兄适工部侍郎李思冲，早亡。思冲方显重，表求继室，诏许，家内外姻皆然可。思冲归币三百舆，卢不可，曰：“吾岂再辱于人乎？宁没身为婢。"是夕，出自窦，粪秽污面，还崔舍，断发自誓。思冲以闻，武后不夺也，诏为浮屠尼以终。

坚贞节妇李者，年十七，嫁为郑廉妻。未逾年，廉死，常布衣蔬食。夜忽梦男子求为妻，初不许，后数数梦之。李自疑容貌未衰丑所召也，即截发，麻衣，不薰饰，垢面尘肤，自是不复梦。刺史白大威钦其操，号坚贞节妇，表旌门阙，名所居曰节妇里。

符凤妻某氏，字玉英，尤姝美。凤以罪徙儋州，至南海，为獠贼所杀，胁玉英私之，对曰："一妇人不足事众男子，请推一长者。"贼然之。乃请更衣，有顷盛服立于舟，骂曰："受贼辱，不如死！"自沉于海。

高睿妻秦。睿为赵州刺史，为默啜所攻。州陷，睿仰药不死，至默啜所，示以宝带异袍，曰："降我，赐尔官；不降，且死。"睿视秦，秦曰："君受天子恩，当以死报，贼一品官安足荣？"自是皆瞑目不语，默啜知不可屈，乃杀之。

王琳妻韦者，士族也。琳为眉州司功参军。俗僭侈盛饰，韦不知有簪珥。训二子坚、冰有法，后皆名闻。琳卒时，韦年二十五，家欲强嫁之，韦固拒，至不听音乐，处一室，或终日不食。卒年七十五，著《女训》行于世。

卢惟清妻徐，淄州人，世客陈留。惟清仕历校书郎。徐女兄之夫李宜得以罪斥，惟清坐僚姻，贬播川尉。徐还乡里，粝食，斥铅膏，采绨不御。会大赦，徐间关迎惟清，至荆州，闻惟清死，二髯奴将劫徐归下江，徐知之，数其罪，奴不敢逼，劫其赀去。徐倍道行至播川，足茧流血，得惟清尸，以丧还，阅岁至洛阳。既葬，以无子，终服还陈留。汴州刺史齐浣高其节，颂而诗之。

饶娥字琼真，饶州乐平人。生小家，勤织纴，颇自修整。父勣，渔于江，遇风涛，舟覆，尸不出。娥年十四，哭水上，不食三日死。俄大震电，水虫多死，父尸浮出，乡人异之，归赗具礼，葬父及娥鄱水之阴。县令魏仲光碣其墓。建中初，黜陟使郑淑则表旌其闾，河东柳宗元为立碑云。

窦伯女、仲女，京兆奉天人。永泰中，遇贼行剽，二女自匿山谷，贼迹而得之，将逼以私。行临大谷，伯曰："我岂受污于贼！"乃自投下，贼大骇。俄而仲亦跃而坠。京兆尹第五琦表其烈行，诏旌门闾，免其家繇役，官为庀葬。

卢甫妻李，秦州成纪人。父澜，永泰初为蕲令。梁、宋兵兴，澜谕降剧贼数千人。刺史曹升袭贼，败之。贼疑澜卖己，执澜及其弟渤，兄弟争相代死，李见父被执，亦请代父，遂皆遇害。

又有王泛妻裴者，亦俘贼中，欲污之，骂曰："吾，衣冠子，岂爱生受污邪！"贼临以兵，骂不止，乃支解焉。

宣尉使李季卿闻状，诏赠李孝昌县君、裴河东县君，澜、渤并赠官。

邹待徵妻薄者，从待徵官江阴。袁晁乱，薄为贼所掠，将污之，不从。语家媪使报待徵曰："我义不辱。"即死于水。贼去，得其尸。义声动江南，闻人李华作《哀节妇赋》。

金节妇者，安南贼帅陶齐亮之母也。常以忠义诲齐亮，顽不受，遂绝之。自田而食，纺而衣，州里矜法焉。大历初，诏赐两丁侍养，本道使四时存问终身。

高愍女名妹妹，父彦昭事李正己。及纳拒命，质其妻子，使守濮阳。建中二年,挈城归河南都统刘玄佐,纳屠其家。时女七岁,母李怜其幼,请免死为婢,许之。女不肯,曰:"母兄皆不免,何赖而生?"母兄将被刑,遍拜四方。女问故,答曰:"神可祈也。"女曰:"我家以忠义诛,神尚何知而拜之!"问父在所,西向哭,再拜就死。德宗骇叹,诏太常谥曰愍。诸儒争为之诔。

彦昭从玄佐救宁陵,复汴州,累功授颖州刺史。朝廷录其忠,居州二十年不徙。卒,赠陕州都督。

杨烈妇者,李侃妻也。建中末,李希烈陷汴,谋袭陈州。侃为项城令,希烈分兵数千略定诸县,侃以城小贼锐,欲逃去,妇曰:"寇至当守,力不足,则死焉。君而逃,尚谁守?"侃曰:"兵少财乏,若何?"妇曰:"县不守,则地贼地也,仓廪府库皆其积也,百姓皆其战士也,于国家何有?请重赏募死士,尚可济。"侃乃召吏民入廷中曰:"令诚若主也,然满岁则去,非如吏民生此土也,坟墓存焉,宜相与死守,忍失身北面奉贼乎?"众泣,许诺。乃徇曰:"以瓦石击贼者,赏千钱;以刀矢杀贼者,万钱。"得数百人。侃率以乘城,妇身自爨以享众。报贼曰:"项城父老义不下贼,得吾城不足为威,宜亟去;徒失利,无益也。"贼大笑。侃中流矢,还家,妇责曰:"君不在,人谁肯固?死于外,犹愈于床也。"侃遽登城。会贼将中矢死,遂引去,县卒完。诏迁侃太平令。

先是,万岁通天初,契丹寇平州,邹保英为刺史,城且陷,妻奚率家僮女丁乘城,不下贼,诏封诚节夫人。默啜攻飞狐,县令古玄应妻高能固守,虏引去,诏封徇忠县君。史思明之叛,卫州女子侯、滑州女子唐、青州女子王,相与歃血赴行营讨贼,滑濮节度使许叔冀表其忠,皆补果毅。虽敢决不忘于国,然不如杨烈妇慷慷知君臣大义云。

贾直言妻董。直言坐事,贬岭南,以妻少,乃诀曰:"生死不可期,吾去,可亟嫁,无须也。"董不答,引绳束发,封以帛,使直言署,曰："非君手不解。"直言贬二十年乃还,署帛宛然。及汤沐,发堕无余。

李孝女者,名妙法,瀛州博野人。安禄山乱,被劫徙它州。闻父亡,欲间道奔丧,一子不忍去,割一乳留以行。既至,父已葬,号踊请开父墓以视,宗族不许。复持刀刺心,乃为开。见棺,舌去尘,发治拭之。结庐墓左,手植松柏,有异鸟至。后,母病,或不食饮,女终日未尝视匕箸,及亡,刺血书于母臂而葬,庐墓终身。

李湍妻某氏。湍籍吴元济军,元和中,自拔归乌重胤,妻为贼缚而脔食之,将死,犹号湍曰:"善事乌仆射!"观者叹泣。重胤请以其事属史官,诏可。

董昌龄母杨,世居蔡。昌龄更事吴少阳,至元济时,为吴房令。母常密戒曰:"逆顺成败,儿可图之。"昌龄未决,徙郾城,杨复曰:"逆贼欺天,神所不福。当逆降,无以我累。儿为忠臣,吾死不慊。"会王师逼郾城,昌龄乃降。宪宗喜,即拜郾城令兼监察御史,昌龄谢曰:"母之训也,臣何能!"帝嗟叹。元济囚杨,欲杀者屡矣。蔡平而母在,陈许节度李逊表之,封北平郡太君。

王孝女,徐州人,字和子。元和中,父兄皆防秋屯泾州,吐蕃寇边,并战死。和子年十七,单身被发徒跣缞裳抵泾屯,日丐贷,护二丧还,葬于乡,植松柏,翦发坏容,庐墓所。节度使王智兴白状,诏旌其门。

段居贞妻谢,字小娥,洪州豫章人。居贞本历阳侠少年,重气决,娶岁余,与谢父同贾江湖上,并为盗所杀。小娥赴江流,伤脑折足,人救以免。转侧丐食至上元,梦父及夫告所杀主名,离析其文为十二言,持问内外姻,莫能晓。陇西李公佐隐占得其意,曰:"杀若父

者必申兰,若夫必申春,试以是求之。"小娥泣谢。诸申,乃名盗亡命
者也。上娥诡服为男子,与佣保杂。物色岁余,得兰于江州,春于独
树浦。兰与春,从兄弟也。小娥托佣兰家,日以谨信自效,兰寖倚之,
虽包苴无不委。小娥见所盗段、谢服用故在,益知所梦不疑。出入
二期,伺其便。它日兰尽集群偷酾酒,兰与春醉,卧庐。小娥闭户,
拔佩刀轷兰首,因大呼捕贼。乡人墙救,禽春,得赃千万,其党数十。
小娥悉疏其人上之官,皆抵死,乃始自言状。刺史张锡嘉其烈,白观
察使,使不为请。还豫章,人争娉之,不许。祝发事浮屠道,垢衣粝
饭终身。

　　杨含妻萧,父历,为抚州长史,以官卒,母亦亡。萧年十六,与婿
皆韶淑,毁貌,载二丧还乡里,贫不能给舟庸,次宣州战鸟山,舟子
委枢去。萧结庐水滨,与婢穿圹纳棺成坟,莳松柏,朝夕临,有驯乌、
缟兔、菌芝之祥。长老等为立舍,岁时进粟缣。丧满不释缞,人高其
行。或请昏,女曰:"我弱不能北还,君诚为我致二枢葬故里,请事君
子。"于是,含以高安尉罢归,聘之,且请如素。萧以亲未葬,许其载,
辞其采。已葬,乃释服而归杨云。

　　韦雍妻萧。张弘靖镇幽州也,表雍在幕府。朱克融乱,雍被劫。
萧闻难,与雍皆出,左右格之,不退。雍临刃,萧呼曰:"我苟生无益,
愿今日死君前。"刑者断其臂,乃杀雍。萧意象晏然,观者哀叹。是
夕死。大和中,杨志诚表其烈,诏赠兰陵县君。

　　雍字和叔,擢进士第。

　　衡方厚妻程。大和中,方厚为邕州录事参军。招讨使董昌龄治
无状,方厚数争事,昌龄怒,将执付吏,辞以疾,不免,即以死告,卧
棺中。昌龄知之,使阖棺甚牢。方厚闭久,以爪攫棺,爪尽乃绝。程
惧并死,不敢哭。昌龄恬不疑,厚遣其丧。程徒行至阙下,叩右银台
门,自刔陈冤,下御史鞫治有实,昌龄得罪。文宗诏封程武昌县君,

赐一子九品正员官。

郑孝女，兖州瑕丘人。父神佐，为官兵，战死庆州。时母已亡，又无兄弟，女时年二十四，即翦发毁服，身护丧还乡里，与母合葬。庐墓下，手树松柏成林。初，许适牙兵李玄庆，至是，谢不嫁。大中中，兖州节度使萧俶状于朝，有诏旌表其闾。

李廷节妻崔。乾符中，廷节为郏城尉。王仙芝攻汝州，廷节被执。贼见崔姝美，将妻之，诟曰："我，士人妻，死亡有命，奈何受贼污？"贼怒，刳其心食之。

殷保晦妻封，敖孙也，名绚，字景文。能文章、草隶。保晦历校书郎。黄巢入长安，共匿兰陵里，明日，保晦逃。贼悦封色，欲取之，固拒。贼诱说万词，不答。贼怒，勃然曰："从则生，不然，正膏我剑！"封骂曰："我，公卿子，守正而死，犹生也，终不辱逆贼手！"遂遇害。保晦归，左右曰："夫人死矣！"保晦号而绝。

窦烈妇者，河南人，朝邑令毕某妻。初，同州军乱，逐节度使李瑭走河中，令匿望仙里，不知所舍乃仇家也。夜半盗入，捽令首，欲杀之，窦泣蔽捍，苦持贼袂，至中刀不解，令得脱走不死，贼亦去。京兆闻之，归酒帛医药，几死而愈。

李拯妻卢者，美姿，能属文。拯字昌时，咸通末擢进士，迁累考功郎中。黄巢乱，避地平阳，僖宗召为翰林学士。帝出宝鸡，陷于嗣襄王煴。煴败，拯死，卢伏尸哭。王行瑜兵逼之，不从，胁以刃，断一臂死。

山阳女赵者，父盗盐，当论死，女诣官诉曰："迫饥而盗，救死尔，情有可原，能原之邪？否则请俱死。"有司义之，许减父死。女曰：

“身今为官所赐，原毁服依浮屠法以报。”即截耳自信，侍父疾，卒不嫁。

　　周迪妻某氏。迪善贾，往来广陵。会毕师铎乱，人相掠卖以食。迪饥将绝，妻曰：“今欲归，不两全，君亲在，不可并死，愿见卖以济君行。”迪不忍，妻固与诣肆，售得数千钱以奉。迪至城门，守者谁何，疑其绐，与迪至肆问状，见妻首已在枅矣。迪裹余体归葬之。

　　朱延寿妻王者。当杨行密时，延寿事行密为寿州刺史，恶行密不臣，与宁国节度使田頵谋绝之以归唐。事泄，行密以计召延寿，欲与扬州，延寿信之。将行，王曰：“今若得扬州，成宿志，是兴衰在时，非系家也，然愿日一介为验。”许之。及为行密所杀，介不至，王曰：“事败矣。”即部家仆，授兵器。方阖扉而捕骑至，遂出私帑施民，发百燎焚牙居，呼天曰：“我誓不为仇人辱！”赴火死。

唐书卷二〇六
列传第一三一

外　戚

独孤怀恩　武士彟 士棱　士逸　承嗣
三思　懿宗　攸暨 **韦温　王仁皎** 守一
杨国忠　李惴　郑光

　　凡外戚成败，视主德何如。主贤则共其荣，主否则先受其祸。故太宗检贵幸，裁赏赐，贞观时，内里无败家。高、中二宗柄移艳私，产乱朝廷，武、韦诸族，髦婴颈血，一日同污铁刃。玄宗初年，法行近亲，里表修敕。天宝夺明，委政妃宗，阶召反虏，遂丧天下。杨氏之诛，噍类不遗，盖数十年之宠，不偿一日之惨，甲第厚赀，无救同坎之悲，宁不哀哉！代、德而降，阉尹参嬖，后宫虽多，无赫赫显门，亦无刀锯大戮。故用福甚者得祸酷，取名少者蒙责轻，理所固然。若乃长孙无忌之功，武平一之识，吴溆之忠，弗缘内宠者，自见别传云。

　　独孤怀恩，元贞皇后弟也。父整，仕隋为涿郡太守。怀恩之幼，隋文帝献皇后以侄养宫中。逮长，稍学记书，而居财不訾，喜交豪猾博徒。为鄠令，以疾免。

　　高祖平京师，拜长安令，颇严明，如职而办。帝受禅，擢工部尚

书。初，虞州刺史韦义节击尧君素于蒲州，不克，帝遣怀恩代将。性
贪，寡算略，数战无功，士丧沮，诏书切责，而怀恩稍怨望。帝尝与戏
曰："弟姑子悉有天下，次当尔邪？"怀恩内喜，以为天命。既而居忽
忽咤曰："我家渠独女子富贵也？"因谋乱。

　　是时，虞乡南山多宿盗，而刘武周使宋金刚略浍州，帝发关中
军属秦王，屯柏壁。繇是怀恩与麾下元君宝、解令荣静谋引王行本
军与武周连和，割河东以啖之，引群贼取永丰仓，绝秦王饷道，长驱
三辅。会君素死，而行本得其兵，部画已定，而夏人吕崇茂杀县令应
武周。帝敕怀恩与永安王孝基、陕州总管于筠、内史侍郎唐俭击夏，
为金刚所掩，诸将皆没于贼。君宝与开府刘让私侮怀恩曰："不早举
大事，以及斯辱也。"故谋寖露。及秦王败武周于美良川，怀恩逃归，
帝命率师攻蒲州。君宝闻曰："王者不死，果其然！"唐俭知状。会武
周还刘让求罢兵，因白发怀恩等奸。于时行本举蒲州降，怀恩勒兵
入城，帝方济河而让至，具得反状。帝召之，怀恩不知也，单舟以来，
即缚之，穷索党与，缢死于狱，以首徇华阴市，籍入其家。

　　武士彟，字信，世殖赀，喜交结。高祖尝领屯汾、晋，休其家，因
被顾接。后留守太原，引为行军。司铠参军募兵既集，以刘弘基、长
孙顺德统之。王威、高君雅私谓士彟曰："弘基等皆背征三卫，罪当
死，奈何授之兵？吾且劾击之。"士彟曰："此皆唐公客，若尔，必大有
嫌。"故威等疑不发。会司兵参军田德平欲劾威劾募人状，士彟胁谓
曰："讨捕兵悉隶唐公，威、君雅无与，徒寄坐耳，何能为？"德平亦
止。兵起，士彟不与谋也。以大将军府铠曹参军从平京师，为光禄
大夫、义原郡公。自言尝梦帝骑而上天，帝笑曰："尔故王威党也，以
能罢系刘弘基等，其意可录，且尝礼我，故酬汝以官。今胡迂妄媚我
邪？"累迁工部尚书，进封应国公，历利、荆二州都督。卒，赠礼部尚
书，谥曰定。高宗永徽中，以士彟仲女为皇后，故崇赠并州都督、司
徒、周国公。咸亨中，加赠太尉兼太子太师、太原郡王，配享高祖庙
廷，列功臣上。后监朝，尊为忠孝太皇，建崇先府，置官属，追王五

世。后革命，更于东都立武氏七庙，追册为帝，诸姚皆随帝号曰皇后。先天中，有诏削士彟伪号，仍为太原王，庙遂废。

始，士彟娶相里氏，生子元庆、元爽。又娶杨氏，生三女。元女妻贺兰氏，早寡。季女妻郭氏，不显。士彟卒后，诸子事杨不尽礼，衔之。后立，封杨代国夫人，进为荣国，后姊韩国夫人。于时元庆已官宗正少卿，元爽少府少监，兄子惟良卫尉少卿。杨讽后上疏出元庆等于外，以示退让。由是元庆斥龙州，元爽濠州，惟良始州。元庆死，元爽流振州。乾封时，惟良及弟淄州刺史怀运与岳牧集泰山下，于是韩国有女在宫中，帝尤爱幸。后欲并杀之，即导帝幸其母所，惟良等上食，后置堇焉，贺兰食之，暴死。后归罪惟良等，诛之，讽有司改姓"蝮氏"，绝属籍。元爽缘坐死，家属投岭外。

后取贺兰敏之为士彟后，赐氏武，袭封，擢累左侍极、兰台太史令，与名儒李嗣真等参与刊撰。敏之韶秀自喜，烝于荣国，挟所爱，佻横多过失；荣国卒，后出珍币建佛庐徼福，敏之干匿自用；司卫少卿杨思俭女选为太子妃，告婚期矣，敏之闻其美，强私焉；杨丧未毕，褫衰粗，奏音乐；太平公主往来外家，宫人从者，敏之悉逼乱之。后叠数怒，至此暴其恶，流雷州，表复故姓，道中自经死。乃还元爽之子承嗣奉士彟后，宗属悉原。

士彟兄士棱、士逸。

士棱字彦威，少柔愿，力于田。官司农少卿，宣城县公，常主苑囿农稼事。卒，赠潭州都督，陪葬献陵。

士逸字逖，有战功，为齐王府户曹参军，六安县公。从王守太原，为刘武周所执，尝遣间人陈破贼计。贼平，擢授益州行台左丞，数言当世得失，高祖嘉纳之。终韶州刺史。

承嗣，既还，擢尚辇奉御，袭周国公，迁秘书监、礼部尚书。俄以太常卿同中书门下三品，未几辞位。垂拱初，以春官尚书同凤阁鸾台平章事,改纳言,代苏良嗣为文昌左相。性暴轻忍祸,闻左司郎中乔知之婢窈娘美,且善歌,夺取之,知之作《绿珠篇》以讽,婢得诗恨死。承嗣怒,告酷吏杀之,残其家。

初,后擅政,中宗幽逐,承嗣自谓传国及己,武氏当有天下,即讽后革命,去唐家子孙,诛大臣不附者,倡议追王先世,立宗庙。又王元庆曰梁王,谥宪;元爽魏王,谥德;后从父士让楚王,谥僖;士逸蜀王,谥节。又赠兄子承业陈王。而承嗣为魏王,元庆子三思为梁王,士让之孙攸宁为建昌王、攸归九江王、攸望会稽王,士逸孙懿宗河内王、嗣宗临川王、仁范河间王、仁范子载德颍川王,士棱孙攸暨千乘王,惟良子攸宜建安王、攸绪安平王、从子攸止恒安王、重规高平王,承嗣子延基南阳王、延秀淮阳王,三思子崇训高阳王、崇烈新安王,承业子延晖嗣陈王、延祚咸安王。承嗣实封千户,监修国史。密谕后党凤阁舍人张嘉福,使洛州人上书请立己为皇太子,以观后意。后问岑长倩、格辅元,皆执不宜。承嗣不得已,奏请责谕嘉福等,不罪也。怨长倩等,皆以罪诛。以特进罢。未几,复同凤阁鸾台三品。承嗣为左相,而攸宁为纳言,故皆罢。又与三思同三品,不及月俱免,复拜特进。后决意还太子矣。久之,迁太子太保,不得志,鞅鞅愤死,赠太尉、并州牧,谥曰宣。

延基袭爵,后嫌斥其名,更曰继魏王。长安初,与妻永泰郡主及邵王私语张易之兄弟事后忿争,语闻,后怒,令自杀,以延义代王。

中宗复位,侍中敬晖等言诸武不当王,与群臣白奏:"事不两大,武家诸王宜皆免。"帝柔昏不断,又素畏太后,且欲悦安之,更言攸暨、三思皆与去二张功,以折晖等,才降封一级:三思王德静郡,攸暨寿春,懿宗为耿国公,攸宁江国,攸望叶国,嗣宗管国,攸宜息国,重规邠国,延义魏国,攸绪巢国,崇训丰国,延禄为咸安郡公。直臣宋务光、苏安恒上书言:"武诸王飨封,不厌人心。"帝不悟。

载德终湖州刺史,谥武烈。攸归历司属少卿,至齐州刺史,事母孝,姊亡期,不尝五辛,语辄流涕。攸止绛州刺史。三人死太后时,不及削封。

攸宜历同州刺史，万岁通天初，为清边道行军大总管，讨契丹，后亲饯白马寺，师无功还，拜左羽林大将军。景龙时，迁右羽林，卒。总禁兵前后十年。嗣宗终司卫卿。

重规为汴、郑二州刺史，未至，役人营缮，后怒，贬庐州刺史。自是著令：诸王为州，不得擅营治。突厥之叛，以重规为天兵中道大总管，与沙吒忠义、张仁亶引众三十万讨之。左羽林大将军阎敬客为西道后军，兵十五万后援。还为左金吾卫大将军，终卫尉卿。

延秀母本带方人，坐其家没入奚官，以妹惠，赐承嗣，生延秀。突厥默啜荐女和亲，后令延秀纳之，诏右豹韬大将军阎知微、右武卫郎将杨鸾庄赍金币送至突厥所。知微等潜约默啜执延秀进寇妫、檀，故延秀不得归。神龙初，默啜请和，因延秀送款，还，封柏国公，左卫中郎将。宗兄崇训尚安乐公主，数与宴昵，颇通突厥语，仿虏讴舞，姿度闲冶，主爱悦。会崇训死，遂私侍主，后因尚焉。以太常卿兼右卫将军，封恒国公。三思死，韦后复私延秀，故延秀益自肆。主府仓曹参军何凤说曰："今天下系心武家，庶几再兴。且谶曰'黑衣神孙被天裳'，神孙非公尚谁哉？"因劝服皂衣惑众。韦后败，尚与主居禁中，同斩肃章门。攸望以太府卿贬死春州。诸武属坐延秀诛徙者略尽，独载德子平一以文章显，与攸绪常避盛满，故免，自有传。

攸宁，天授中擢累纳言。逾年，以左羽林卫大将军罢，俄还纳言。久乃罢为冬官尚书。圣历初，同凤阁鸾台平章事。自承嗣、三思罢政事，间一年，攸宁、三思复当国，置句使，苛取民赀产，毁族者凡十七八，呼天自冤。筑大库百余舍聚所得财，一昔火，不遗一钱。以冬官尚书罢。神龙初，终歧州刺史，赠尚书右仆射。

三思，当太后时，累进夏官、春官尚书，监修国史，爵为王。契丹陷营州，以榆关道安抚大使屯边。还，同凤阁鸾台三品，逾月去位。又检校内史，罢为太子少保，迁宾客，仍监国史。

三思性倾谀，善迎谐主意，钩探隐微，故后颇信任，数幸其第，赏予尤渥。薛、二张方烝盅，三思痛屈节，为怀义御马，倡言昌宗为王子晋后身,引公卿歌咏淫污,靦然如人而不耻也。后春秋高,厌居宫中,三思欲因此市权,诱胁群不肖,即建营三阳宫于嵩山,兴泰宫于万寿山,请太后岁临幸,已与二张扈侍驰骋,窃威福自私云。工役巨万万,百姓愁叹。

崇训之尚主也,三思方辅政,中宗居东宫,欲宠耀其下,乃令具亲迎礼。宰相李峤、苏味道等及沈佺期、宋之问诸有名士,造作文辞,慢泄相矜,无复礼法。中宗复位,擢崇训驸马都尉、太常卿、兼左卫将军。三思进位司空、同中书门下三品,加实户五百,固辞,进开府仪同三司。会降封,裁减实户。俄以太后遗诏还所减,而封崇训镐国公。

初,桓彦范等已诛二张,薛季昶、刘幽求劝并诛三思等,不从。翌日,三思因韦后潜入宫中,反易国政,数日而彦范等皆失柄,所斥去者悉还。诏群臣复循太后法。三思建言:“大帝封泰山,则天皇后建明堂,封嵩山,二圣之美不可废。”帝韪其言,遂更名五县曰乾封、合宫、永昌、登封、告成云。明年春,大旱,帝遣三思、攸暨祷乾陵而雨,帝悦。三思因主请复崇恩庙,昊、顺二陵,皆置令丞。其党郑愔上《圣感颂》,帝为刻石。补阙张景源建言:“母子承业,不可言中兴,所下制书皆除之。”于是天下名祠改唐兴、龙兴云。补阙权若讷又言:“制诏如贞观故事。且太后遗训,母仪也;太宗旧章,祖德也。沿袭当自近者始。”帝褒答。是时,起球场苑中,诏文武三品分朋为都,帝与皇后临观。崇训与驸马都尉杨慎交注膏筑场,以利其泽,用功不訾,人苦之。

三思既私韦后,又与上官昭容乱,内忌节愍太子,即与主谋废之。太子惧,故发羽林兵围三思第并崇训斩之,杀其党十余人。

时疾三思奸乱窃国,比司马懿。其忌阻正人特甚,尝曰:“我不知何等名善人,唯与我者殆是哉。”与宗楚客兄弟、纪处讷、崔湜、甘元柬相驱煽,王同皎、周憬、张仲之等不胜愤,谋杀之,为冉祖雍、宋之愻、李悛所白,皆坐死。因逮染五王,而崔湜遣周利贞就杀之,故祖雍与御史姚绍之等五人,号“三思五狗”。司农少卿赵履温、中书舍人郑愔、长安令马构、司勋郎中崔日用、监察御史李悈托其权，熏炙中外，其尤干政事者，天下语曰："崔、冉、郑，乱时政。"以爵赏自相崇树，凡构大狱，污点善良，破坏其宗，天下为荡然。始韦月将、高轸上疏，极言三思过恶，有司杀月将，逐轸恶地。黄门侍郎宋憬执奏，俄见斥。其权大抵如此。

　　既死，帝为举哀，废朝五日，赠太尉，复封梁王，谥曰宣。追封崇训鲁王，谥曰忠。主以太子首祭三思枢。睿宗立，以父子皆逆节，斫棺暴尸，夷其墓。

　　懿宗以司农卿爵为郡王，历怀、洛二州刺史。神功元年，孙万荣败王孝杰兵，诏懿宗为神兵道大总管讨之，而娄师德、沙吒忠义并为总管，兵凡二十万，次赵州。懿宗闻贼且至，惧不知所出，欲弃军走，或劝曰："贼虽众，无辎载，以钞剽为命，若按兵老之，击其归，可成大功。"懿宗不暇计，退保相州，贼遂进屠赵州，后万荣死，懿宗复与娄师德抚循河北，人有自贼中归者，一切抵死，先剔取胆，乃杀之，血沫前，而举动自如。始万荣入寇也，别帅何阿小陷冀州，杀人无余种，以懿宗暴忍似之，故号称"两何"，相语曰："唯此两何，杀人最多。"

　　初，懿宗天授间受诏讯大狱，诛大臣王公，皆深排巧引，内刑壅中，无有脱者。其险酷虽周、来等不能继也。神龙初，迁太子詹事，终怀州刺史。

　　攸暨自右卫中郎将尚太平公主，拜驸马都尉，累迁右卫大将军。天授中，自千乘郡王进封定王，实封户六百。迁麟台监司祀卿。长安中，降王寿春，加特进。中宗时，拜司徒，复王定，加户千。固辞，进开府仪同三司。延秀之诛，降楚国公。攸暨沈谨和厚，于时无忤，专自奉养而已。景龙中卒，赠太尉、并州大都督，还定王，谥曰忠简。坐公主大逆，夷其墓。

韦温者,中宗废后庶人从父兄也。后父玄贞,历普州参军事,以女为皇太子妃,故擢累豫州刺史。帝幽庐陵,玄贞流死钦州,妻崔为蛮首宁承所杀,四子洵、浩、洞、泚同死容州,后二女弟逃还京师。帝复政,是日诏赠玄贞上洛郡王、太师、雍州牧、益州大都督,温父玄俨鲁国公、特进、并州大都督,遣使者迎玄贞丧,诏广州都督周仁轨讨宁承,斩其首祭崔枢,官仁轨左羽林大将军,汝南郡公。枢至,帝与后登长乐宫望而哭,赠丰王,谥文献,号庙曰褒德,陵曰荣先,置令丞,给百户扫除。赠洵吏部尚书、汝南郡王,浩太常卿、武陵郡,洞卫尉卿、淮阳郡,泚太仆卿、上蔡郡,并葬京师。

温初试吏,坐赃斥。神龙初,擢宗正卿,迁礼部尚书,封鲁国公。弟湑,自洛州户曹参军事连拜左羽林大将军,曹国公。后大妹嫁陆颂,进国子祭酒。仲妹嫁嗣虢王邕。湑子捷尚成安公主,温从弟濯尚定安公主,并拜驸马都尉,捷为右羽林将军。景龙三年,温以太子少保同中书门下三品,遥领扬州大都督。温既见天下事在手,欲自殖以牢其权,引用友党不相一,公卿虽畏伏,然温无能,不如诸武凶而炽也。

湑初兼修文馆大学士,时荧惑久留羽林,后恶之,方湑从至温泉,后毒杀之以塞变,厚赠司徒、并州大都督。湑兄弟颇以文词进,帝方盛选文章侍从,与赋诗相娱乐,湑虽为学士,常在北军,无所造作。

有富商抵罪,万年令李令质按之。濯驰救,令质不从,毁于帝。帝召令质至,左右为恐,令质从容曰:“濯于贼非亲,但以货为请,濯虽势重,不如守陛下法,死无恨。”帝释不责。

帝崩,后专政,畏有变,敕温尽总内外兵,守省中。又以从子播、捷从弟璇、高、嵩分领左右羽林军。温与宗楚客、武延秀等说后托图谶,韦氏当受命,谋杀少帝,内惮相王、太平公主属尊,欲先除之,然后发其谋。而玄宗兵夜起,将军葛福顺攻玄武门,入羽林,斩播、璇、高、嵩,枭首以徇,军中相率而应,无敢后。后死,迟旦斩温,分捕诸韦子弟,无少长皆斩。

　　周仁轨者,京兆万年人,后母族也。方为并州长史,残酷嗜杀戮。异日,见堂下有断臂,恶之,送于野,数昔往视,故在。是月,韦后败,使者诛仁轨,刑人举刀,仁轨承以臂,堕地,乃悟。

　　睿宗夷玄贞、洵坟墓,民盗取宝玉略尽。天宝九载,复诏发掘,长安尉薛荣先往视,冢铭载葬日月,与发冢日月正同,而陵与尉名合云。

　　王仁皎,字鸣鹤,玄宗废后父也。景龙中,以将帅举,授甘泉府果毅,迁左卫中郎将。帝即位,以后故,擢将作大匠,进累开府仪同三司,封祁国公,食户三百。仁皎避职不事,委远名誉,厚奉养,积媵妾赀货而已。卒,年六十九,赠太尉、益州大都督,谥昭宣。官为治葬。枢行,帝御望春亭过丧。诏张说文其碑,帝为题石。

　　子守一,与后孪生,帝微时与雅旧,后诏尚清阳公主。从讨太平主有功,由尚乘奉御迁殿中少监、晋国公,累进太子少保,袭父爵,被遇良渥。后废,贬柳州别驾,至蓝田,赐死。守一沓墨无顾藉,财蓄巨万皆籍,入于官。

　　杨国忠,太真妃之从祖兄,张易之之出也。嗜饮博,数丐贷于人,无行检,不为姻族齿。年三十从蜀军,以屯优当迁,节度使张宥恶其人,笞屈之,然卒以优为新都尉。罢去,益困,蜀大豪鲜于仲通颇资给之。从父玄琰死蜀州,国忠护视其家,因与妹通,所谓虢国夫人者。裒其赀,至成都掳蒲,一日费辄尽,乃亡去。久之,调扶风尉,不得志。复入蜀,剑南节度使章仇兼琼与宰相李林甫不平,闻杨氏新有宠,思有以结纳之为奥助,使仲通之长安,仲通辞,以国忠见,干貌顾峻,口辩给,兼琼喜,表为推官,使部春贡长安。将行,告曰:"郫有一日粮,君至,可取之也。"国忠至,乃得蜀货百万,即大喜。至京师,见群女弟,致赠遗。于时虢国新寡,国忠多分略,宣淫不止。诸杨日为兼琼誉,而言国忠善掳蒲,玄宗引见,擢金吾兵曹参军、闲厩判官。兼琼入为户部尚书兼御史大夫,用其力也。国忠稍入供奉,

常后出,专主蒲簿,计算钩画,分铢不误,帝悦曰:"度支郎才也。"累
迁监察御史。

李林甫兴韦坚等狱,欲危太子,狱事畏却,以国忠怙宠,搏鸷可
用,倚之使按劾。国忠及惨文峭诋,逮系连年,诬蔑被诛者百余族,
度可认危太子者,先林甫意陷之,皆中所欲。林甫方深阻固位,阴为
指向,故国忠乘以为奸,肆意无所惮。虢国居中用事,帝所好恶,国
忠必探知其微,帝以为能,擢兼度支员外郎。迁不淹年,领十五余
使,林甫始恶之。

天宝七载,擢给事中、兼御史中丞,专判度支。会三妹封国夫
人,兄铦擢鸿胪卿,与国忠皆列棨戟,而第舍华僭,弥跨都邑。时海
内丰炽,州县粟帛举巨万,国忠因言:古者二十七年耕,余九年食,
今天置太平,请在所出滞积,变轻赍,内富京师。又悉天下义仓及丁
租、地课易布帛,以充天子禁藏。明年,帝诏百官观库物,积如丘山,
赐群臣各有差,锡国忠紫衣、金鱼,知太府卿事。

初,杨慎矜引王铁为御史中丞,已而有隙。铁挟国忠共劾慎矜
抵不道诛。由是权倾中外。吉温为国忠谋夺林甫政,国忠即诬奏京
兆尹萧炅、御史中丞宋浑,逐之,皆林甫所厚善,林甫不能救,遂结
怨。铁宠方渥,位势在国忠右,国忠忌之,因邢绪事,构铁诛死,己代
为京兆尹,悉领其使。即穷劾支党,引林甫交私状,牵连左逮,数以
闻,帝始厌林甫,疏薄之。

先此,南诏质子阁罗凤亡去,帝欲讨之,国忠荐鲜于仲通为蜀
郡长史,率兵六万讨之。战泸川,举军没,独仲通挺身免。时国忠兼
兵部侍郎,素德仲通,为匿其败,更叙战功,使白衣领职。因自请兼
领剑南,诏拜剑南节度、支度、营田副大使,知节度事。俄加本道兼
山南西道采访处置使,开幕府,引窦华、张渐、宋昱、郑昂、魏仲犀等
自佐,而留京师。帝再幸左藏库,班赉百官。出纳判官魏仲犀言:
"凤集通训门。"门直库西,有诏改为凤皇门,进仲犀殿中侍御史,属
吏率以"凤凰优"得调。俄拜国忠御史大夫,因引仲通为京兆尹,已
兼领吏部。

　　国忠耻云南无功,知为林甫掎摭,欲自解于帝,乃使麾下请己到屯,外示忧边,以合上旨,实杜禁言路,林甫果奏遣之。及辞,泣诉为林甫中伤者,妃又为言,故帝益亲之,豫计召日。然国忠就道,惴惴不自安。帝在华清宫,驿追国忠还。林甫病已困,入见床下,林甫曰:"死矣,公且入相,以后事累公!"国忠惧其诈,不敢当,流汗被颜。林甫果死,遂拜右相、兼文部尚书、集贤院大学士、监修国史、崇贤馆大学士、太清太微宫使,而节度、采访等使、判度支不解也。国忠已得志,则穷擿林甫奸事,碎其家。帝以为功,封魏国公,固让魏,徙封卫。

　　国忠既以宰相领选,始建罢长名,于铨日即定留放。故事,岁揭版南院为选式,选者自通,一辞不如式,辄不得调,故有十年不官者。国忠创押例,无贤不肖,用选深者先补官,牒文谬缺得再通,众议翕然美之。先天以前,诸司官知政事者,午漏尽,还本司视事,兵、吏部尚书、侍郎分案注拟。开元末,宰相员少,任益尊,不复视本司事。吏部铨,故常三注三唱,自春止夏乃讫。而国忠阴使吏到第,预定其员,集百官尚书省注唱,一日毕,以夸神明,骇天下耳目者。自是资格纷谬,无复纲序。虢国居宣阳坊左,国忠在其南,自台禁还,趣虢国第,郎官、御史白事者皆随以至。居同第,出骈骑,相调笑,施施若禽兽然,不以为羞,道路为耻骇。明年大选,因就第唱补,帷女兄弟观之,士之丑野蹇伛者,呼其名,辄笑于堂,声彻诸外,士大夫诟耻之。先是,有司已定注,则过门下,侍中、给事中按阅,有不可,黜之。国忠则召左相陈希烈隅坐,给事中在旁,既对注,曰:"已过门下矣。"希烈不敢异。侍郎韦见素、张倚与本曹郎趋走堂下,抱案牒,国忠顾女弟曰:"紫袍二主事何如?"皆大噱。鲜于仲通等讽选者郑怤愿立碑省户下以颂德,诏仲通为颂,帝为易数字,因以黄金识其处。

　　帝常岁十月幸华清宫,春乃还,而诸杨汤沐馆在宫东垣,连蔓相照,帝临幸,必遍五家,赏赉不訾计,出有赐,曰"饯路",返有劳,曰"软脚"。远近馈遗阉稚、歌儿、狗马、金贝,踵叠其门。

　　国忠由御史至宰相，凡领四十余使，而度支、吏部事自丛伙，第署一字不能尽，故吏得轻重，显赇公谒无所忌。国忠性疏傥捷给，硁硁处决枢务，自任不疑，盛气骄愎，百僚莫敢相可否，官属悉苛督句剥相甚。又便佞，专徇帝嗜欲，不顾天下成败。帝雅意事边，故身调兵食，取习文簿恶吏任之，军凡须索，快成其手，又不能省视也。始，李林甫给帝天下无事，请已漏出休，许之。文书填凑，坐家裁决。既成，敕吏持案诣左相陈希烈联署，左相不敢诘，署惟谨。至国忠时，韦见素代希烈，循以为常。它年，大雨败稼，帝忧之，国忠择善禾以进，曰：“雨不为灾。”扶风太守房琯上郡灾，国忠怒，遣御史按之。后乃无敢以水旱闻，皆前伺国忠意乃敢启。子暄举明经，不中，礼部侍郎达奚珣遣子抚往见国忠，国忠方朝，见抚喜。已而闻暄当黜，诟曰：“生子不富贵耶？岂以一名为鼠辈所卖！”珣大惊，即致暄高第。俄与珣同列，犹吒官不进。

　　国忠虽当国，常领剑南召募使，遣戍泸南，饷路险乏，举无还者。旧，勋户免行，所以宠战功。国忠令当行者先取勋家，故士无斗志。凡募法，愿奋者则籍之。国忠岁遣宋昱、郑昂、韦儇以御史迫促，郡县吏穷无以应，乃诡设饷召贫弱者，密缚置室中，衣絮衣，械而送屯，亡者以送吏代之，人人思乱。寻遣剑南留后李宓率兵十余万击阁罗凤，败死西洱河，国忠矫为捷书上闻。自再兴师，倾中国骁卒二十万，踦履无遗，天下冤之。

　　安禄山方有宠，总重兵于边，偃蹇不奉法，帝护之，下莫敢言。国忠知终不出己下，又恃内援，独暴发反状，帝疑以位相娼，不之信。禄山虽逆久，以帝遇之厚，故隐忍，伺帝一日晏驾则称兵。及见帝璧国忠，甚畏不利己，故谋日急。俄而禄山授尚书右仆射，帝恐国忠不悦，故册拜司空。禄山还幽州，觉国忠图己，反谋遂决。国忠令客何盈、蹇昂刺求反状，讽京兆尹李岘围其第，捕禄山所善李超、安岱、李方来、王岷杀之，贬其党吉温于合浦。禄山上书自陈，而条上国忠大罪二十，帝归过于岘，贬零陵太守，以尉禄山意。国忠寡谋矜躁，谓禄山跋扈不足图，故激怒之使必反，以取信于帝，帝卒不悟。

乃建言:"请以禄山为平章事,追入辅政,以贾循为使,节度范阳,吕知诲节度平卢,杨光翙节度河东。"已草诏,帝使谒者辅璆琳觇禄山,未还,帝致诏坐侧。而璆琳纳金,固言不反。帝谓国忠曰:"禄山无二心,前诏焚之矣。"禄山反,以诛国忠为名,帝欲自将而东,使皇太子监国,谓左右曰:"我欲行一事。"国忠揣帝且禅太子,归谓女弟等曰:"太子监国,吾属诛矣。"因聚泣,入诉于贵妃,妃以死邀帝,遂寝。禄山既发范阳,叹咤曰:"国忠头来何迟?"

哥舒翰守潼关,按兵守险,国忠闻欲反己,疑之,乃从中督战,翰不得已出关,遂大败,降贼。书闻,是日帝自南内移仗未央宫,国忠见百官,鲠咽不自胜。监察御史高适请率百官子弟及募豪桀十万拒守,众以为不可。初,国忠闻难作,自以身帅剑南,豫彊腹心梁、益间,为自完计。至是,帝召宰相计事,国忠曰:"幸蜀便。"帝然之。明日迟昕,帝出延秋门,群臣不知,犹上朝,唯三卫弙骑立仗,尚闻刻漏声。国忠与韦见素、高力士及皇太子诸王数百人护帝。右龙武大将军陈玄礼谋杀国忠,不克。进次马嵬,将士疲,乏食,玄礼惧乱,召诸将曰:"今天子震荡,社稷不守,使生人肝脑涂地,岂非国忠所致!欲诛之以谢天下,云何?"众曰:"念之久矣,事行身死,固所愿。"会吐蕃使有请于国忠,众大呼曰:"国忠与吐蕃谋反!"卫骑合,国忠突出,或射中其颈,杀之,争啖其肉且尽,枭首以徇。帝惊曰:"国忠遂反耶?"时吐蕃使亦歼矣。御史大夫魏方进责众曰:"何故杀宰相?"众怒,又杀之。

四子:暄、昢、晓、晞。暄位太常卿、户部侍郎,闻乱,下马蹶,弩众射之,身贯百矢,乃踣。昢尚万春公主,位鸿胪卿,陷贼见杀。晓奔汉中,为汉中王瑀搒死。晞及国忠妻裴柔同奔陈仓,为追兵所斩。柔,故蜀倡也,并坎而瘗。

其党翰林学士张渐、窦华,中书舍人宋昱,吏部郎中郑昂,俱走山谷,民争其赀,富埒国忠。昱恋赀产,窃入都,为乱兵所杀;余坐诛。

国忠本名钊,以图谶有"卯金刀",当位御史中丞时,帝为改今名。

李脩，字脩，起寒贱，繇庄宪太后娅婿得进，历坊、绛二州刺史。无它才，为政粗办。性纤巧，饰厨传，结纳阉寺，求善誉。宪宗以为才，拜司农卿，进京兆尹，专聚敛以固恩宠，数潜毁近臣，一时侧目。

太后崩，诏脩为桥道置顿使，啬官费，物物裁损为可喜者。梓宫至坝桥，从官多不得食。始议更造渭城门，计钱三万，脩以为劳，不听，使凿轨道深之，柱危不支，方过丧而门坏，辒辌仅免，彻门乃得行。脩安奏车轴折，山陵使李逢吉劾闿上，请免官。方帝用兵而脩屡有所献，得不坐，才诏夺禀，逢吉持之，乃削银青一阶。翌日，加赐黄金。帝以浙西富饶，欲掊攎遗利，以脩为观察使。被疾还京师。元和十四年卒，士有相贺者。

郑光，孝明皇太后弟也。会昌末，梦御大车载日月行中衢，光辉洪洞照六合，寤而占之，工曰：“君且暴贵。”不阅月，宣宗即位，光兴民伍，拜诸卫将军，迁累平卢军节度使，徙河中、凤翔，又赐鄠、云阳二县良田。大中四年，诏除其租赋，宰相言：“国常赋，窭人下户不免，奈何以外戚废法？”帝悟，追格前诏。俄封其妾为夫人，光晓帝意，还诏不敢拜，帝嘉之。七年，来朝，对延英，占奏俚近，帝失所望，不悦，留为右羽林统军兼太子太保。太后言其家空短，帝厚赐金缯，终不复委方镇。卒，赠司徒，诏罢三日朝，群臣奉慰。御史大夫李景让曰：“礼，外祖父母、舅服小功五月，伯叔父若兄弟斋缞期，所以疏外密内也。王者不可使外戚强。按王、公主丧不过三日，光宜少降。”诏罢二日。

子汉卿，终义昌军节度使。

唐书卷二〇七
列传第一三二

宦者上

杨思勖　高力士　程元振 骆奉先
鱼朝恩　窦文场 霍仙鸣　刘贞亮
吐突承璀　马存亮 严遵美　仇士良
杨复光

　　唐制：内侍省官有内侍四，内常侍六，内谒者监、内给事各十，谒者十二，典引十八，寺伯、寺人各六。又有五局：一曰掖廷，主宫嫔簿最；二曰宫闱，扈门阑；三曰奚官，治宫中疾病死丧；四曰内仆，主供帐镫烛；五曰内府，主中藏给纳。局有令，有丞，皆宦者为之。

　　太宗诏内侍省不立三品官，以内侍为之长，阶第四，不任以事，惟门阁守御、廷内扫除，禀食而已。武后时稍增其人，至中宗，黄衣乃二千员，七品以上员外置千员，然衣朱紫者尚少。玄宗承平，财用富足，志大事奢，不爱惜赏赐爵位。开元、天宝中，宫嫔大率至四万，宦官黄衣以上三千员，衣朱紫千余人。其称旨者辄拜三品将军，列戟于门。其在殿头供奉，委任华重，持节传命，光焰殷殷动四方。所至郡县奔走，献遗至万计。修功德，市禽鸟，一为之使，犹且数千缗。监军持权，节度返出其下。于是甲舍、名园、上腴之田为中人所名者半京畿矣。肃、代庸弱，倚为捍卫，故辅国以尚父显，元振以援立奋，朝恩以军容重,然犹未得常主兵也。德宗惩艾泚贼,故以左右神策、天威等军委宦者主之,置护军中尉、中护军,分提禁兵,是以威柄下迁,政在宦人,举手伸缩,便有轻重。至剽士奇材,则养以为子;巨镇强藩,则争出我门。

小人之情,猥险无顾藉,又日夕侍天子,狎则无威,习则不疑,故昏君蔽于所昵,英主祸生所忽。玄宗以迁崩,宪、敬以弑殒,文以忧偾,至昭而天下亡矣。祸始开元,极于天祐,凶慝参会,党类奸灭,王室从而溃丧,譬犹灼火攻蠹,蠹尽木焚,讵不哀哉!迹其残气不刚,柔情易迁,亵则无上,怖则生怨,借之权则专,为祸则迫而近,缓相攻,急相一,此小人常势也。噫!枭狐不神,天与之昏,末如乱何。故取中叶以来宦人之大者秭之篇。

杨思勖,罗州石城人。本苏氏,冒所养姓。少给事内侍省,从玄宗讨内难,擢左监门卫将军,帝倚为爪牙。开元初,安南蛮渠梅叔鸾叛,号黑帝,举三十二州之众,外结林邑、真腊、金邻等国,据海南,众号四十万。思勖请行,诏募首领子弟十万,与安南大都护光楚客縣马援故道出不意,贼骇眙不暇谋,遂大败,封尸为京观而还。十二年,五溪首领覃行章乱,诏思勖为黔中招讨使,率兵六万往,执行章,斩首三万级,以功进辅国大将军,给禄俸、防阁。从封泰山,进骠骑大将军,封虢国公。邕州封陵獠梁大海反,破宾、横等州,思勖又平之,禽大海等三千人,讨斩支党皆尽。泷州蛮陈行范自称天子,其下何游鲁号定国大将军,冯璘南越王,破州县四十。诏思勖发永、道、连三州兵,淮南弩士十万,袭斩游鲁、璘于阵。行范走盘辽诸洞,思勖悉众穷追,生缚之,坑其党六万,获马金银巨万计。卒,年八十余。

思勖鸷忍,敢杀戮,所得俘,必剥面、劖脑、褫发皮以示人,将士慑服,莫敢视,以是能立功。内给事牛仙童纳张守珪赂,诏付思勖杀之。思勖缚于格,箠惨不可胜,乃探心、截手足,剔肉以食,肉尽乃得死。

楚客者，乐安人，后历桂州都督致仕，封松滋县侯。

高力士，冯盎曾孙也。圣历初，岭南讨击使李千里上二阉儿，曰金刚，曰力士，武后以其强悟，敕给事左右。坐累逐出之，中人高延福养为子，故冒其姓。善武三思，岁余，复得入禁中，禀食司宫台。既壮，长六尺五寸，谨密，善传诏令，为宫闱丞。

玄宗在藩，力士倾心附结，已平韦氏，乃启属内坊，擢内给事。先天中，以诛萧、岑等功为右监门卫将军，知内侍省事。于是四方奏请皆先省后进，小事即专决。虽洗沐未尝出，眠息殿帷中，微幸者愿一见如天人然。帝曰："力士当上，我寝乃安。"当是时，宇文融、李林甫、盖嘉运、韦坚、杨慎矜、王铁、杨国忠、安禄山、安思顺、高仙芝等虽以才宠进，然皆厚结力士，故能踵至将相，自余承风附会不可计，皆得所欲。中人若黎敬仁、林昭隐、尹凤翔、韩庄、牛仙童、刘奉廷、王承恩、张道斌、李大宜、朱光辉、郭全、边令诚等，并内供奉，或外监节度军，修功德，市鸟兽，皆为之使，使还，所哀获，动巨万计，京师甲第池园、良田美产，占者什六，宠与力士略等，然悉藉力士左右轻重乃能然。肃宗在东宫，兄事力士，它王、公主呼为翁，戚里诸家尊曰爹，帝或不名而呼将军。

力士幼与母麦相失，后岭南节度使得之泷州，迎还，不复记识，母曰："胸有七黑子在否？"力士袒示之，如言。母出金环，曰"儿所服者"，乃相持号恸。帝为封越国夫人，而追赠其父广州大都督。延福与妻，及力士贵时故在，侍养与麦均。金吾大将军程伯献约力士为兄弟，后麦亡，伯献缞绖受吊。河间男子吕玄晤吏京师，女国姝，力士娶之，玄晤擢刀笔史至少卿，子弟仕皆王傅。玄晤妻死，中外赠赙送葬，自第至墓，车徒背相望不绝。

始，李林甫、牛仙客知帝惮幸东都，而京师漕不给，乃以赋粟助漕，及用和籴法，数年，国用稍充。帝斋大同殿，力士侍，帝曰："我不出长安且十年，海内无事，朕将吐纳导引，以天下事付林甫，若何？"力士对曰："天子顺动，古制也。税入有常，则人不告劳。今赋粟充漕,臣恐国无旬月蓄;和籴不止,则私藏竭,逐末者众。又天下柄不可假人,威权既振,孰敢议者!"帝不悦,力士顿首自陈"心狂易,语谬当死"。帝为置酒,左右呼万岁。由是还内宅,不复事。加累骠骑大将军,封渤海郡公。于来廷坊建佛祠,兴宁坊立道士祠,珍楼宝屋,国赀所不逮。钟成,力士宴公卿,一扣钟,纳礼钱十万,有佞悦者至二十扣,其少亦不减十。都北堰沣列五碨,日僦三百斛直。

有袁思艺者,帝亦爱幸,然骄倨甚,士大夫疏畏之,而力士阴巧得人誉。帝初置内侍省监二员,秩三品,以力士、思艺为之。帝幸蜀,思艺遂臣贼,而力士从帝,进齐国公。帝闻肃宗即位,喜曰:"吾儿应天顺人,改元至德,不忘孝乎,尚何忧?"力士曰:"两京失守,生人流亡,河南汉北为战区,天下痛心,而陛下以为何忧,臣不敢闻。"从上皇还,进开府仪同三司,实封户五百。

上皇徙西内,居十日,为李辅国所诬,除籍,长流巫州。力士方逃疟功臣阁下,辅国以诏召,力士趋至阁外,遣内养授谪制,因曰:"臣当死已久,天子哀怜至今日,愿一见陛下颜色,死不恨。"辅国不许。宝应元年赦还,见二帝遗诏,北向哭欧血,曰:"大行升遐,不得攀梓宫,死有余恨。"恸而卒,年七十九。代宗以护卫先帝劳,还其官,赠扬州大都督,陪葬泰陵。

初,太子瑛废,武惠妃方嬖,李林甫等皆属寿王,帝以肃宗长,意未决,居忽忽不食。力士曰:"大家不食,亦膳羞不具耶?"帝曰:"尔,我家老,揣我何为而然?"力士曰:"嗣君未定耶?推长而立,孰敢争?"帝曰:"尔言是也。"储位遂定。天宝中,边将争立功,帝尝曰:"朕春秋高,朝廷细务付宰相,蕃夷不龚付诸将,宁不暇邪?"对曰:"臣间至阁门,见奏事者言云南数丧师,又北兵悍且强,陛下何以制之?臣恐祸成不可禁。"其指盖谓禄山。帝曰:"卿勿言,朕将图之。"十三年秋大雨,帝顾左右无人,即曰:"天方灾,卿宜言之。"力士曰:"自陛下以权假宰相,法令不行,阴阳失度,天下事庸可复安?臣之钳口,其时也。"帝不答。明年禄山反。力士善揣时事势候相上下,虽亲昵,至当覆败,不肯为救力,故生平无显显大过。议者颇恨宇文融以来权利相贼，阶天下之祸，虽有补益，弗相除云。

程元振，京兆三原人。少以宦人直内侍省，迁内射生使、飞龙厩副使。张皇后谋立越王，元振见太子，发其奸，与李辅国助讨难，立太子，是为代宗。拜右监卫将军，知内侍省事。帝以药子昂判元帅行军司马，固辞，乃以命元振，封保定县侯。再迁骠骑大将军、邠国公，尽总禁兵。不逾岁，权震天下，在辅国右，凶决又过之，军中呼十郎。

王仲升者，初为淮西节度使，与襄州张维瑾部将战申州，被执。贼平，元振荐为右羽林大将军兼御史大夫。将军兼大夫由仲升始。裴冕与元振忤，乃掎韩颖等罪贬施州。来瑱守襄、汉有功，元振尝诿属，不应，因仲升共诬杀瑱。同华节度使李怀让被构，忧甚自杀。素恶李光弼，数媒蝎以疑之。瑱等上将，冕、光弼元勋，既诛斥，或不自省，方帅繇是携解。

广德初，吐蕃、党项内侵，诏集天下兵，无一士奔命者。虏扣便桥，帝仓黄出居陕，京师陷，贼剽府库，焚闾衖，萧然为空。于是太常博士、翰林待诏柳伉上疏曰："犬戎以数万众犯关度陇，历秦、渭，掠邠、泾，不血刃而入京师，谋臣不奋一言，武士不力一战，提卒叫呼，劫宫闱，焚陵寝，此将帅叛陛下也。自朝义之灭，陛下以为智力所能，故疏元功，委近习，日引月长以成大祸，群臣在廷无一犯颜回虑者，此公卿叛陛下也。陛下始出都，百姓填然夺府库，相杀戮，此三辅叛陛下也。自十月朔召诸道兵，尽四十日，无只轮入关者，此四方叛陛下也。内外离叛，虽一鱼朝恩以陕郡戮力，陛下独能以此守社稷乎？陛下以今日势为安耶？危耶？若以为危，岂得高枕不为天下计？臣闻良医疗疾，当病饮药，药不当疾，犹无益也。陛下视今日病何繇至此乎？天下之心，乃恨陛下远贤良，任宦竖，离间将相而几于亡。必欲存宗庙社稷，独斩元振首，驰告天下，悉出内使隶诸州，独留朝恩备左右，陛下持神策兵付大臣，然后削尊号，下诏引咎，率德励行，屏嫔妃，任将相。若曰'天下其许朕自新改过乎，宜即募士西与朝廷会；若以朕恶未悛耶，则帝王大器，敢妨圣贤，其听天下所往'。如此而兵不至，人不感，天下不服，请赤臣族以谢。"疏闻，帝顾公议不与，乃下诏尽削元振官爵，放归田里。帝还，元振自三原衣妇衣私入京师，舍司农卿陈景诠家，图不轨。御史劾按，长流溱州，景诠贬新兴尉。元振行至江陵死。

时又有骆奉先者，亦三原人，历右骁卫大将军，数从帝讨伐，尤见幸，广德初，监仆固怀恩军者。奉先恃恩贪甚，怀恩不平，既而惧其谮，遂叛。事平，擢奉先军容使，掌畿内兵，权焰炽然。永泰初，以吐蕃数惊京师，始城鄠，以奉先为使，悉毁县外庐舍，无尺椽。累封江国公，监凤翔军，大历末卒。

鱼朝恩，泸州泸川人。天宝末，以品官给事黄门，内阴黠，善宣纳诏令。至德初，监李光进军。京师平，为三宫检责使，以左监门卫将军知内侍省事。九节度围贼相州，以朝恩为观军容宣慰处置使。观军容使自朝恩始。史思明攻洛阳，朝恩以神策兵屯陕。洛阳陷，思明长驱至硖石，使子朝义为游军。肃宗诏锐兵十万循渭而东以济师。朝恩按兵陕东，使神策将卫伯玉与贼将康文景等战，败之。洛阳平，徙屯汴州，加开府仪同三司，封冯翊郡公。宝应中，还屯陕。代宗避吐蕃东幸，卫兵离散，朝恩悉军奉迎华阴，乘舆六师乃振，帝德之，更号天下观军容宣慰处置使，专领神策军，赏赐不涯。

朝恩资小人，恃功岸忽无所惮。仆固玚攻绛州，使姚良据温，诱回纥陷河阳。朝恩遣李忠诚讨玚，以霍文场监之；王景崟讨良，王希迁监之。败玚于万泉，生擒良。高晖等引吐蕃入寇，遣刘德信讨斩之。故朝恩因麾下数克获，窃以自高。是时郭子仪有定天下功，居人臣第一，心娼之，乘相州败，丑为诋谮，肃宗不内其语，然犹罢子仪兵，留京师。代宗立，与程元振一口加毁，帝未及寤，子仪忧甚。俄而吐蕃陷京师，卒用其力，王室再安。故朝恩内惭，乃劝帝徙洛阳，欲远戎狄。百僚在廷，朝恩从十余人持兵出，曰："虏数犯都甸，欲幸洛，云何？"宰相未对，有近臣折曰："敕使反耶？今屯兵足以捍寇，何遽胁天子弃宗庙为?"朝恩色沮,而子仪亦谓不可,乃止。

朝恩好引轻浮后生处门下,讲《五经》大义,作文章,谓才兼文武,徼伺误宠。永泰中,诏判国子监,兼鸿胪、礼宾、内飞龙、闲厩使,封郑国公。始诣学,诏宰相、常参官、六军将军悉集,京兆设食,内教坊出音乐俳倡侑宴,大臣子弟二百人,朱紫杂然为附学生,列庑次。又赐钱千万,取子钱供秩饭。每视学,从神策兵数百,京兆尹黎干率钱劳从者,一费数十万,而朝恩色常不足。

凡诏会群臣计事,朝恩怙贵,诞辞折愧坐人出其上,虽元载辩强亦拱默,唯礼部郎中相里造、殿中侍御史李衍酬诘往返,未始降屈,朝恩不怿,黜衍以动造。又谋将易执政以震朝廷,乃会百官都堂,且言:"宰相者,和元气,辑群生。今水旱不时,屯军数十万,馈运困竭,天子卧不安席,宰相何以辅之?不退避贤路,默默尚何赖乎?"宰相俯首,坐皆失色。造徙坐从之,因曰:"阴阳不和,五谷踊贵,皆军容事,宰相何与哉!且军拏不散,故天降之沴。今京师无事,六军可相维镇,又屯十万,馈粮所以不足,百司无稍食,军容为之,宰相行文书而已,何所归罪?"朝恩拂衣去,曰:"南衙朋党,且害我。"会释菜,执《易》升坐,百官咸在,言《鼎》有覆㻐象,以侵宰相。王缙怒,元载怡然。朝恩曰:"怒者常情,笑者不可测也。"载衔之,未发。

朝恩有赐墅,观沼胜爽,表为佛祠,为章敬太后荐福,即后谥以名祠,许之。于是用度侈浩,公坏曲江诸馆、华清宫楼榭、百司行署、将相故第,收其材佐兴作,费无虑万亿。既数毁郭子仪,不见听,乃遣盗发其先冢,子仪诡辞自解,以安众疑。久之,让判国子监、鸿胪礼宾等使,加内侍监,徙封韩,增实封百户。俄兼检校国子监。

初,神策都虞候刘希暹魁健能骑射,最为朝恩昵信,以太仆卿封交河郡王。兵马使王驾鹤独谨厚,亦封徐国公。希暹讽朝恩置狱北军,阴纵恶少年横捕富人付吏考讯,因中以法,录赀产入之军,皆诬服冤死,故市人号"入地牢"。又万年吏贾明观倚朝恩捕搏恣行,积财巨万,人无敢发其奸。朝廷裁决,朝恩或不预者,辄怒曰:"天下事有不由我乎!"帝闻,不喜。养息令徽者,尚幼,为内给使,服绿,与同列争忿，归白朝恩。明日见帝曰："臣之子位下，愿得金紫，在班列上。"帝未答，有司已奉紫服于前，令徽称谢。帝笑曰："小儿章服，大称。"滋不悦。

元载乃用左散骑常侍崔昭尹京兆，厚以财结其党皇甫温，周皓。温方屯陕，而皓射生将。自是朝恩隐谋奥语，悉为帝知。希遥觉帝指，密白朝恩，朝恩稍惧，然见帝接遇未衰，故自安而潜计不轨。帝遂倚载，决除之，惧不克，载曰："陛下第专属臣，必济。"朝恩入殿，尝从武士百人自卫，皓统之，而温握兵在外。载乃徙凤翔尹李抱玉节度山南西道，以温代节度凤翔，阳重其权，实内温以自助。载又议析凤翔之郿与京兆，以鄠、盩厔及凤翔之虢、宝鸡与抱玉，而以兴平、武功、凤翔之扶风天兴与神策军，朝恩利其土地，自封殖，不知为虞也。郭子仪密白"朝恩尝结周智光为外应，久领内兵，不早图，变且大。"载留温京师，未即遣，约与皓共诛朝恩。谋定，以闻，帝曰："善图之，勿反受祸！"方寒食，宴禁中，既罢，将还营，有诏留议事。朝恩素肥，每乘小车入宫省。帝闻车声，危坐，载守中书省。朝恩至，帝责其异图，朝恩自辨悖傲，皓与左右禽缢之，死，年四十九，外无知者。帝隐之，下诏罢观军容等使，增实封户六百，内侍监如故。外咸言"既奉诏，乃投缢"云。还尸于家，赐钱六百万以葬。

帝惧军乱，进刘希遥、王驾鹤并兼御史中丞。又下诏尉晓将士，独希遥自知同恶，言不逊，驾鹤白发之，遂赐死。而贾明观兼得幸于载，故载奏隶江西，使立功自赎，路嗣恭搒杀之。所厚礼部尚书、礼仪使裴士淹、户部侍郎判度支第五琦皆坐贬。

窦文场、霍仙鸣者，始并隶东宫，事德宗，未有名。自鱼朝恩死，宦人不复典兵，帝以禁卫尽委白志贞，志贞多纳富人金补军，止收其庸而身不在军。及泾师乱，帝召近卫，无一人至者，惟文场等率宦官及亲王左右从。至奉天，帝逐志贞，并左右军付文场主之。兴元初，诏监神策左箱兵马，以王希迁监右，而马有麟为左神策军大将军，军额由此始。

帝自山南还，两军复完，而帝忌宿将难制，故诏文场、仙鸣分总之，废天威军入左右神策。是时，窦、霍权振朝廷，诸方节度大将多出其军，台省要官走门下，丐援影者足相蹑。卫士朱华以按摩得幸文场，参虑补置，索赇数万缗，而藩镇赠遗累百巨万，略士妻女无所惮，诏杀之于军。其隆赫如此。

久之，置护军中尉、中护军各二员，诏文场为左神策护军中尉，仙鸣为右，焦希望为左神策中护军，张尚进为右。中尉、护军自文场等始。后仙鸣移病，帝赐十马，令诸祠祈解。后稍愈，已而暴死，帝疑左右进毒，捕诘小使问状，诛数十人，赠开府仪同三司，以内常侍第五守亮代之。文场擢累骠骑大将军。时监察御史崔莅行囚于军，吏为具酒食，莅欲悦媚之，故不拒。文场劾奏，诏流莅远方。文场年老致仕卒。

其后杨志廉、孙荣义为左右中尉，招权骄肆，与窦、霍略等。帝晚节闻民间讹语禁中事，而北军捕太学生何竦、曹寿系讯，人情大惧，司业武少仪上书"有如罪不测，愿明示四方"，俄得释。是时宦官复盛矣。

希望者，泾阳人，历明威将军，赠洪州都督；尚进，河东人，历忠武将军，赠开府仪同三司。志廉，弘农人，历左监门卫大将军；荣义，泾阳人，历右武卫大将军：并赠扬州大都督。

刘贞亮，本俱氏，名文珍，冒所养宦父，故改焉。性忠强，识义理。平凉之盟，在浑瑊军中，会虏变，被执且西，俄而得归。出监宣武军，自置亲兵千人。贞元末，宦人领兵附顺者益众。

会顺宗立，淹痼弗能朝，惟李忠言、牛美人侍。美人以帝旨付忠言，忠言授之王叔文，叔文与柳宗元等裁定，然后下中书。然未得纵欲，遂夺神策兵以自强，即用范希朝为京西北禁军都将，收宦者权。而忠言素懦谨，每见叔文与论事，无敢异同，唯贞亮乃与之争。又恶朋党炽结，因与中人刘光琦、薛文珍、尚衍、解玉、吕如全等同劝帝立广陵王为太子监国，帝纳其奏，贞亮召学士卫次公、郑絪、李程、王涯至金銮殿草定制诏。太子已立，尽逐叔文党，委政大臣，议者美其忠。

高崇文讨刘辟，复为监军。初，东川节度使李康为辟所破，囚之。崇文至，辟归康求雪，贞亮劾以不拒贼，斩之，故以专悍见訾。迁累右卫大将军，知内侍省事。元和八年卒，赠开府仪同三司。

宪宗之立，贞亮为有功，然终身无所宠假。吕如全历内侍省内常侍、翰林使，坐擅取樟材治第，送东都狱，至阌乡自杀。又郭旻醉触夜禁，杖杀之。五坊朱超晏、王志忠纵鹰人入民家，捞二百，夺职，繇是莫不慑畏。

吐突，承璀字仁贞，闽人也。以黄门直东宫，为掖廷局博士，察察有才。宪宗立，擢累左监门将军、左神策护军中尉、左街功德使，封蓟国公。

王承宗叛，承璀揣帝锐征讨，因请行。帝见其果敢自喜，谓可任，即诏承璀为行营招讨处置使，以左右神策及河中、河南、浙西、宣歙兵从之。内寺伯宋惟澄、曹进玉为馆驿使。自河南、陕、河阳，惟澄主之；京、华、河中至太原，进玉主之。又诏内常侍刘国珍、马朝江分领易、定、幽、沧等州粮料使。于是谏官李鄘、许孟容、李元素、李夷简、吕元膺、穆质、孟简、独孤郁、段平仲、白居易等众对延英，谓古无中人位大帅，恐为四方笑。帝乃更为招讨宣慰使，为御通化门慰其行。承璀御众无它远略，为卢从史侮狎，逾年无功，赖中诏枭使执从史，而间遣人说承宗上书待罪，乃诏班师，还为中尉。平仲劾承璀轻谋弊赋，损国威，不斩首无以谢天下。帝不获已，罢为军器庄宅使。寻拜左卫上将军，知内侍省。

会刘希光纳羽林大将军孙璹钱二十万缗求方镇，有诏赐死，迹缒承璀，故令出监淮南军。纤人太子通事舍人李涉投匦言承璀等冤状，于是孔戣知匦事，阅其副，不受，即表其奸，逐为峡州司仓参军。然帝于承璀殊厚，会李绛在翰林，苦论其过，故决遣之。帝后欲还承璀，为罢绛宰相，召为内弓箭库使，复左神策中尉。惠昭太子薨，承璀请立澧王，不从。常饰一室藏所赐诏敕，地生毛二尺，恶之，躬粪除瘗之。逾年帝崩，穆宗衔前议，杀之禁中。敬宗时，左神策中尉马存亮论其冤，诏许子士晔收葬。宣宗时，擢士晔右神策中尉。

是时，诸道岁进阉儿，号"私白"，闽、岭最多，后皆任事，当时谓闽为中官区薮。咸通中，杜宣猷为观察使，每岁时遣吏致祭其先，时号"敕使墓户"。宣猷卒用群宦力徙宣歙观察使。

马存亮，字季明，河中人。元和时，累擢左神策军副使、左监门卫将军，知内侍省事，进左神策中尉。军所籍凡十余万，存亮料柬尤精，伍无罢士，部无冗员。

敬宗初，染署工张韶与卜者苏玄明善，玄明曰："我尝为子卜，子当御殿食，我与焉。吾闻上昼夜猎，出入无度，可图也。"韶每输染材入宫，卫士不呵也。乃阴结诸工百余人，匿兵车中若输材者，入右银台门，约昏夜为变。有诘其载者，韶谓谋觉，杀其人，出兵大呼成列，浴堂门闭。时帝击球清思殿，惊将幸右神策。或曰："贼入宫，不知众寡，道远可虞，不如入左军，近且速。"从之。初，帝常宠右军中尉梁守谦，每游幸；两军角戏，帝多欲右胜，而左军以为望。至是，存亮出迎，捧帝足泣，负而入。以五百骑往迎二太后，比至，而贼已斩关入清思殿，升御坐，盗乘舆余膳，揖玄明偶食，且曰："如占"。玄明惊曰："止此乎！"韶恶之，悉以宝器赐其徒，攻弓箭库，杖士拒之，不胜。存亮遣左神策大将军唐艺全、将军何文哲宋叔夜孟文亮，右神策大将军康志睦、将军李泳尚国忠，率骑兵讨贼，日暮，射韶及玄明皆死。始贼入，中人仓卒繇望仙门出奔，内外不知行在。迟明，尽捕乱党，左右军清宫，车驾还。群臣诣延英门见天子，然至者不十一二，坐贼所入阑不禁者数十人，杖而不诛，赐存亮实封户二百，梁守谦进开府仪同三司，它论功赏有差。存亮于一时功最高，乃推委权势，求监淮南军。代还，为内飞龙使。大和中，以右领军卫上将军致仕，封歧国公，卒赠扬州大都督。

存亮逮事德宗，更六朝，资端畏，善训士，始去禁卫，众皆泣。唐世中人以忠谨称者,唯存亮、西门季玄、严遵美三人而已。

遵美父季实,为掖廷局博士。大中时,有宫人谋弑宣宗。是夜,季实直咸宁门下,闻变,入射杀之。明日,帝劳曰:“非尔,吾危不免。”擢北院副使,终内枢密使。

遵美历左军容使,尝叹曰:“北司供奉官以胯衫给事,今执笏,过矣。枢密使无听事,唯三楹舍藏书而已,今堂状帖黄决事,此杨复恭夺宰相权之失也。”盖疾时中官肆横云。后从昭宗迁凤翔,求致仕,隐青城山,年八十余卒。

仇士良,字匡美,循州兴宁人。顺宗时得侍东宫。宪宗嗣位,再迁内给事,出监平卢、凤翔等军。尝次敷水驿,与御史元稹争舍上听,击伤稹。中丞王播奏御史、中使以先后至得正寝,请如旧章。帝不直稹,斥其官。元和、大和间,数任内外五坊使,秋按鹰内畿,所至邀吏供饷,暴甚寇盗。

文宗与李训欲杀王守澄,以士良素与守澄隙,故擢左神策军中尉兼左街功德使,使相縻肉。已而训谋悉逐中官,士良悟其谋,与右神策军中尉鱼弘志、大盈库使宋守义挟帝还宫。王涯、舒元舆已就缚,士良肆胁辱,令自承反,示牒于朝。于时莫能辨其情,皆谓诚反,士良因纵兵捕,无轻重悉毙两军,公卿半空。事平,加特进、右骁卫大将军,志弘右卫上将军兼中尉,守义右领军卫上将军。

李石辅政,棱棱有风岸,士良与论议数屈,深忌之,使贼刺石于亲仁里,马逸而免。石惧,辞位,士良益无惮。

泽潞刘从谏本与训约诛郑注。及训死,愤士良得志,乃上书言:“王涯等八人皆宿儒大臣,愿保富贵,何苦而反。今大戮所加已不可追,而名之逆贼,含愤九泉。不然,天下义夫节士,畏祸伏身,谁肯与陛下共治耶?”即以训所移书遣部将陈季卿以闻。季卿至,会石遇盗,京师扰,疑不敢进。从谏大怒,杀季卿,腾书于朝。又言:“臣与训诛注,以注本宫竖所提挈,不使闻知。今四方共传宰相欲除内官,而两军中尉闻,自救死,妄相杀戮,谓为反逆。有如大臣挟无将之谋，自宜执付有司，安有纵俘劫，横尸阙下哉？陛下视不及，听未闻也。且宦人根党蔓延在内，臣欲面陈，恐横遭戮害，谨修封疆，缮甲兵，为陛下腹心。如奸臣难制，誓以死清君侧。"书闻，人人传观。士良沮恐，即进从谏检校司徒，欲弭其言。从谏知可动，复言："臣所陈系国大体，可听，则宜洗宥浬等罪；不可听，则赏不宜妄出。安有死冤不申，而生者荷禄？"固辞。累上书，暴指士良等罪。帝虽不能去，然倚其言差自强。自是郁郁不乐，两军球猎宴会绝矣。

开成四年，苦风痹，少间，召宰相见延英，退坐思政殿，顾左右曰："所直学士谓谁？"曰："周墀也。"召至，帝曰："自尔所况，朕何如主？"墀再拜曰："臣不足以知，然天下言陛下尧、舜主也。"帝曰："所以问，谓与周赧、汉献孰愈？"墀惶骇："陛下之德，成、康、文、景未足比，何自方二主哉？"帝曰："赧、献受制强臣，今朕受制家奴，自以不及远矣！"因泣下，墀伏地流涕。后不复朝，至大渐云。

始，枢密使刘弘逸薛季棱、宰相李珏杨嗣复谋奉太子监国，士良与弘志议更立，珏不从，乃矫诏立颍王为皇太弟，士良以兵奉迎，而太子还为陈王。初，庄恪太子薨，杨贤妃谋引安王，不克。武宗已立，士良发其事，劝帝除之以绝人望，故王、妃皆死。士良迁骠骑大将军，封楚国公，弘志韩国公，实封户三百。俄而珏、嗣复罢去，弘逸、季棱诛矣。

帝明断，虽士良有援立功，内实嫌之，阳示尊宠。李德裕得君，士良愈恐。会昌二年，上尊号，士良宣言"宰相作赦书，减禁军缣粮刍菽"以摇怨，语两军曰："审有是，楼前可争。"德裕以白帝，命使者谕神策军曰："赦令自朕意，宰相何豫？尔渠敢是？"士乃怗然。士良惶惑不自安。明年，进观军容使，兼统左右军，以疾辞，罢为内侍监，知省事。固请老，诏可。寻卒，赠扬州大都督。

士良之老，中人举送还第，谢曰："诸君善事天子，能听老夫语乎？"众唯唯。士良曰："天子不可令闲暇，暇必观书，见儒臣，则又纳谏，智深虑远，减玩好，省游幸，吾属恩且薄而权轻矣。为诸君计，莫若殖财货，盛鹰马，日以球猎声色蛊其心，极侈靡，使悦不知息，则少斥经术,暗外事,万机在我,恩泽权力欲焉往哉?"众再拜。士良杀二王、一妃、四宰相,贪酷二十余年,亦有术自将,恩礼不衰云。死之明年,有发其家藏兵数千物,诏削官爵,籍其家。

始,士良、弘志愤文宗与李训谋,屡欲废帝。崔慎由为翰林学士,直夜未半,有中使召入,至秘殿,见士良等坐堂上,帷帐周密,谓慎由曰:"上不豫已久,自即位,政令多荒阙,皇太后有制更立嗣君,学士当作诏。"慎由惊曰:"上高明之德在天下,安可轻议?慎由亲族中表千人,兄弟群从且三百,何可与覆族事?虽死不承命。"士良等默然,久乃启后户,引至小殿,帝在焉。士良等历阶数帝过失,帝俯首。既而士良指帝曰:"不为学士,不得更坐此。"乃送慎由出,戒曰:"毋泄,祸及尔宗!"慎由记其事,藏箱枕间,时人莫知。将没,以授其子胤,故胤恶中官,终讨除之,盖祸原于士良、弘志云。

杨复光,闽人也,本乔氏。有武力,少养于内常待杨玄价家,颇以节谊自奋,玄价奇之。宣宗时,玄价监盐州军,诬杀刺史刘皋。皋有威名者,世讼其冤。稍迁左神策军中尉,谮去宰相杨收,权宠震时。

复光有谋略,累监诸镇军。乾符初,佐平卢节度使曾元裕击贼王仙芝,败之。招讨使宋威击仙芝于江西,复光在军,请判官吴彦宏约贼降,仙芝遣将尚君长自缚如约。威疾其功,密请僖宗诛之,故仙芝怨,复引兵叛。后天子寤威阶祸,罢之,以兵与复光,乃进禽徐唐莒。王铎为招讨,复光仍监军。铎之弃荆南也,山南东道节度使刘巨容定其地,以忠武别将宋浩领荆南,泰宁将段彦谟佐之。复光父尝监忠武军,而浩已为大将,见复光,少之,不为礼,彦谟亦耻居浩下,遂有隙。复光曰:"胡不杀之?"彦谟引剽士击杀浩。复光以客常滋假留后,而奏浩罪,荐彦谟为朗州刺史。诏郑绍业为荆南节度使,以复光监忠武军,屯邓州,遏贼右冲。帝西幸,召绍业见行在,复光更引彦谟为荆南节度使。彦谟给行边,诣复光,以黄金数百两为谢。其后忠武周岌受贼命,尝夜宴,召复光,左右曰:"彼既附贼,必不利公,不如毋行。"复光固往,酒所语时事,复光泣曰:"丈夫所感,独恩与义耳,彼不顾恩义、规利害,何丈夫哉! 公奋匹夫封侯,乃捐十八叶天子,北面臣贼,何恩义利害昧昧耶?"岌流涕曰:"吾力不足,阳合而阴离之,故召公计。"因持杯盟曰:"有如酒!"即遣子守亮斩贼使于传舍。秦宗权据蔡州叛,岌、复光以忠武兵三千入见之。宗权即遣部将王淑持兵万人从。复光定荆、襄,师次邓,淑逗遛,复光斩之,并其军为八,以鹿宴弘、晋晖、张造、李师泰、王建、韩建等为之将,进攻南阳。贼将朱温、何勤逆战,大败,遂收邓州,追北蓝桥。会母丧,班师。俄起为天下兵马都监,总诸军,与东面招讨使王重荣并力定关中。朱温守同州,复光遣使镛谕,温以所部降。方贼之强,重荣忧不知所出,谓复光曰:"臣贼邪,且负国;拒战邪,则兵寡,奈何?"复光曰:"李克用与我世共患难,其为人,奋不顾身,比数召未即至者,由太原道不通耳,非忍祸者。若谕上意,彼宜必来。"重荣曰:"善。"白王铎以诏使至太原,克用兵乃出。京师平,以功加开府仪同三司、同华制置使,封弘农郡公,赐号"资忠辉武匡国平难功臣"。卒河中,赠观军容使,谥曰忠肃。

复光御下有恩,军中闻其死,皆恸哭,而麾下多立功者。诸子为将帅数十人,守宗亦为忠武节度使。

赞曰:楚郎公辛不敢仇君而忘父冤。昭愍之世,两军宠遇有厚薄,而卒用存亮夷难,功莫及者。自古忠臣出于疏斥不用盖多矣,存亮岂通记书道理之人邪,何其识君臣大谊明甚? 不尸大劳,畏权处外,又愈贤矣。与夫书"龙蛇"之诗者,何其小哉!

唐书卷二〇八
列传第一三三

宦者下

李辅国　　王守澄　　刘克明
田令孜　杨复恭　　刘季述　韩全诲
张彦弘

　　李辅国，本名静忠，以阉奴为闲厩小儿。貌仳陋，略通书计。事高力士，年四十余，使主厩中簿最。王铣为使，以典禾豆，能检擿耗欺，马以故肥，荐之皇太子，得侍东宫。

　　陈玄礼等诛杨国忠，辅国豫谋，又劝太子分中军趋朔方，收河、陇兵，图兴复。太子至灵武，愈亲近，劝遂即位系天下心，擢家令，判元帅府行军司马。肃宗稍稍任以肱膂事，更名护国，又改今名。凡四方章奏、军符、禁宝一委之。辅国能随事觇觇谨密，取人主亲信，而内深贼未敢肆。不啖荤，时时为浮屠诡行，人以为柔良，不忌也。

　　帝还京师，拜殿中监，闲厩、五坊、宫苑、营田、栽接总监使，兼陇右群牧、京畿铸钱、长春宫等使，少府、殿中二监，封成国公，实封户五百。宰相群臣欲不时见天子，皆因辅国以请，乃得可。常止银台门决事。置察事听儿数十人，吏虽有秋豪过，无不得，得辄推讯。州县狱论，三司制劾，有所捕逮流降，皆私判臆处，因称制敕，然未始闻上也。诏书下，辅国署已乃施行，群臣无敢议。出则介士三百人为卫。贵幸至不敢斥官，呼五郎。李揆当国，以子姓事之，号"五父"。帝为娶元擢女为妻，擢以故为梁州长史，弟兄皆位台省。李岘辅政，叩头言："且乱国。"于是诏敕不繇中书出者，岘必审覆，辅国不悦。

时太上皇居兴庆宫，帝自复道来起居，太上皇亦间至大明宫，或相逢道中。帝命陈玄礼、高力士、王承恩、魏悦、玉真公主常在太上皇左右，梨园弟子日奏声伎为娱乐。辅国素微贱，虽暴贵，力士等犹不为礼，怨之，欲立奇功自固。初，太上皇每置酒长庆楼，南俯大道，因裴回观览，或父老过之，皆拜舞乃去。上元中，剑南奏事吏过楼下，因上谒，太上皇赐之酒，诏公主及如仙媛主之，又召郭英义、王铣等饮，赉予颇厚。辅国因妄言于帝曰："太上皇居近市，交通外人，玄礼、力士等将不利陛下，六军功臣反侧不自安，愿徙太上皇入禁中。"帝不寤。先时，兴庆宫有马三百，辅国矫诏取之，裁留十马。太上皇谓力士曰："吾儿用辅国谋，不得终孝矣。"会帝属疾，辅国即诈言皇帝请太上皇按行宫中，至睿武门，射生官五百遮道，太上皇惊，几坠马，问何为者，辅国以甲骑数十驰奏曰："陛下以兴庆宫湫陋，奉迎乘舆还宫中。"力士厉声曰："五十年太平天子，辅国欲何事？"叱使下马，辅国失箠，骂力士曰："翁不解事！"斩一从者。力士呼曰："太上皇问将士各好在否！"将士纳刀呼万岁，皆再拜。力士复曰："辅国可御太上皇马！"辅国靴而走，与力士对执箠还西内，居甘露殿，侍卫才数十，皆尪老。太上皇执力士手曰："微将军，朕且为兵死鬼。"左右皆流涕。又曰："兴庆，吾王地，数以让皇帝，帝不受。今之徙，自吾志也。"俄而流承恩播州，魏悦溱州，如仙媛归州，公主居玉真观；更料后宫声乐百余，更侍太上皇，备洒扫；诏万安、咸宜二公主视服膳。自是太上皇怏怏不豫，至弃天下。

辅国以功迁兵部尚书。南省视事，使武士戎装夹道，陈跳丸舞剑，百骑前驱，御府设食，太常备乐，宰相群臣毕会。既得志，乃厌然骄慠，求宰相，帝重违曰："卿勋力何任不可，但群望未一，如何？"辅国遂讽宰相裴冕使联表荐己，帝密擿萧华使喻止冕。

张皇后数疾其颛，帝寝疾，太子监国，后召太子，将诛辅国及程元振，太子不从，更召越王、兖王图之。元振告辅国，即伏兵凌霄门，迎太子，伺变，是夜捕二王及中人朱辉光、马英俊等囚之，而杀后它殿。

代宗立，辅国等以定策功，愈跋扈，至谓帝曰："大家弟坐宫中，外事听老奴处决。"帝矍然欲蕲除，而惮其握兵，因尊为尚父，事无大小率关白，群臣出入皆先诣辅国，辅国颇自安。又册进司空兼中书令，实封户八百。未几，以左武卫大将军彭体盈代为闲厩、群牧、苑内、营田、五坊等使，以右武卫大将军药子昂代判元帅行军司马，赐辅国大第于外。中外闻其失势，举相贺。辅国始惘然忧，不知所出，表乞解官。有诏进封博陆郡王，仍为司空、尚父，许朝朔望。辅国欲入中书作谢表，阍者不内，曰："尚父罢宰相，不可入。"辅国气塞，久乃曰："老奴死罪，事郎君不了，请地下事先帝矣！"帝优辞谕遣。

有韩颖、刘烜善步星，乾元中待诏翰林，颖位司天监，烜起居舍人，与辅国昵甚。辅国领中书，颖进秘书监，烜中书舍人，裴冕引为山陵使判官。辅国罢，俱流岭南，赐死。

自辅国徙太上皇，天下疾之，帝在东宫积不平。既嗣位，不欲显戮，遣侠者夜刺杀之，年五十九，抵其首溷中，殊右臂，告泰陵。然犹秘其事，刻木代首以葬，赠太傅，谥曰丑。后梓州刺史杜济以武人为牙门将，自言刺辅国者。

王守澄者，史亡所来。元和中监徐州军，召还。方宪宗喜方士说，诏天下求其人，宰相皇甫镈、左金吾将军李道古等白见杨仁昼、浮屠大通。仁昼更姓名曰柳泌，大通自言寿百五十岁，有不死药，并待诏翰林。虢人田元佐言有秘方，能化瓦砾为黄金，诏除虢令，与董景珍、李元戢皆介泌。大通荐于天子，天子惑其说。泌以金石进帝饵之，躁甚，数暴怒诶责，左右踔得罪，禁中累息，帝自是不豫。十五年，罢元会，群臣危恐。会义成刘悟来朝，赐对麟德殿，悟出曰："上体平矣。"内外乃安。是夜，守澄与内常侍陈弘志弑帝于中和殿，缘所饵，以暴崩告天下，乃与梁守谦、韦元素等定册立穆宗。俄知枢密事。

文宗嗣位，守澄有助力，进拜骠骑大将军。帝疾元和逆罪久不讨，故以宋申锡为宰相，谋因事除之，不克，更因其党郑注、李训乘其罅，于是流杨承和于欢州，韦元素象州。遣中人刘忠谅追杀元素于武昌，承和次公安赐死。训乃胁守澄以军容使就第，使内养赍鸩赐死，事秘，时无知者，赠扬州大都督。其弟守涓自徐州监军召还，死于中牟。

刘克明，亦亡所来，得幸敬宗。敬宗善击球，于是陶元皓、靳遂良、赵士则、李公定、石定宽以球工得见便殿，内籍宣徽院或教坊，然皆出神策隶卒或里闾恶少年，帝与狎息殿中为戏乐。四方闻之，争以趫勇进于帝。尝阅角抵三殿，有碎首断臂，流血廷中，帝欢甚，厚赐之，夜分罢。所亲近既皆凶不逞，又小过必责辱，自是怨望。帝夜艾自捕狐狸为乐，谓之"打夜狐"，中人许遂振、李少端、鱼志弘侍从不及，皆削秩。帝猎夜还，与克明、田务澄、许文端、石定宽、苏佐明、王嘉宪、阎惟直等二十有八人群饮，既酣，帝更衣，烛忽灭，克明与佐明、定宽弑帝更衣室，矫诏召翰林学士路隋作诏书，命绛王领军国事。明日，下遗诏，绛王即位。克明等恃功，将易置左右，自引支党颛兵柄。于时，枢密使王守澄杨承和、中尉梁守谦魏从简与宰相裴度共迎江王，发左、右神策及六军飞龙兵讨之，克明投井死，出其尸戮之。务澄等皆斩首以徇，籍入家赀，又杀其党数十人。

始，克明谋逆，母禁不许。文宗立，嘉母忠，赐钱千缗、绢五百匹，给婢二人。

田令孜，字仲则，蜀人也，本陈氏。咸通时，历小马坊使。僖宗即位，擢令孜左神策军中尉，是时西门匡范位右中尉，世号"东军"、"西军"。

帝冲骏，喜斗鹅走马，数幸六王宅、兴庆池与诸王斗鹅，一鹅至

五十万钱。与内园小儿尤昵狎，倚宠暴横。始，帝为王时，与令孜同
卧起，至是以其知书能处事，又帝资狂昏，故政事一委之，呼为
"父"。而荒酗无检，发左藏、齐天诸库金币，赐伎子歌儿者日巨万，
国用耗尽。令孜语内园小儿尹希复、王士成等，劝帝籍京师两市蕃
旅、华商宝货举送内库，使者监闼柜坊茶阁，有来诉者皆杖死京兆
府。

令孜知帝不足惮，则贩鬻官爵，除拜不待旨，假赐绯紫不以闻。
百度崩弛，内外垢玩。既所在盗起，上下相掩匿，帝不及知。是时贤
人无在者，惟佞鄙沓贪相与备员，偷安嗫嘿而已。左拾遗侯昌蒙不
胜愤，指言竖尹用权乱天下，疏入，赐死内侍省。

宰相卢携素事令孜，每建白，必阿邑倡和。初，黄巢求广州，愿
罢兵，携欲宠高骈，使有功，不听贼。因又易置关东诸节度，贼乘之，
陷东都。令孜急，归罪携，奉帝西幸，步出金光门，至咸阳沙野，军十
余骑呼曰："巢为陛下除奸臣，乘舆今西，秦中父老何望？愿还宫。"
令孜叱之，以羽林骑驰斩，即以羽林白马载帝，昼夜驰，舍骆谷。时
陈敬瑄方节度西川，令孜兄也，故请帝幸蜀。有诏以令孜为十军十
二卫观军容制置左右神策护驾使。至成都，进左金吾卫上将军，兼
判四卫事，封晋国公。帝见蜀狭陋，稍郁郁，日与嫔侍博饮，时时攘
袂北望，怊然流涕。令孜伺间开释，呼万岁，帝为怡悦，因盛称郑畋、
王铎、程宗楚、李锤、敬瑄方并力，贼不足虞。帝曰："善。"

初，成都募陈许兵三千，服黄帽，名"黄头军"，以捍蛮。帝至，大
劳将士，扈从者已赐，而不及黄头军，皆窃怨令孜。令孜置酒会诸
将，以黄金樽行酒，即赐之。黄头将郭琪不肯饮，曰："军容能易偏
惠，均众士，诚大愿也。"令孜目曰："君有功邪？"答曰："战党项，薄
契丹，数十战，此琪之功。"令孜嘻怒曰："知之。"密以鸩注酒中，琪
饮已，驰归，杀一婢，吮血得解。因夜烧营，剽城邑，敬瑄讨败之，奔
广都，遂走高骈所。帝闻变，与令孜保东城自守，群臣不得见。左拾
遗孟昭图请对，不召，因上疏极陈："君与臣一体相成，安则同宁，危
则共难。昔日西幸，不告南司，故宰相、御史中丞、京兆尹悉碎于贼，

唯两军中尉以扈乘舆得全。今百官之在者，率冒重险出百死者也。昨昔黄头乱，火照前殿，陛下惟与令孜闭城自守，不召宰相，不谋群臣，欲入不得，求对不许。且天下者，高祖、太宗之天下，非北司之天下；陛下固九州天子，非北司之天子。北司岂悉忠于南司？廷臣岂无用于敕使？文宗时，宫中灾，左右巡使不到，皆被显责，安有天子播越，而宰相无所豫，群司百官弃若路人？已事诚不足谏，而来者冀可追也。"疏入，令孜匿不奏，矫诏贬昭图嘉州司户参军，使人沈于蟆颐津。初，昭图知正言必见害，谓家隶曰："大盗未殄，宦竖离间君臣，吾以谏为官，不可坐观覆亡，疏入必死，而能收吾骸乎？"隶许诺，卒葬其尸。朝廷痛之。

贼平，令孜以王铎为儒臣且无功，而首谋召沙陀者，杨复光也，欲归重北司，故罢铎都统，以复光功第一。又忌复光且逼己，故薄其赏。自谓帷幄决胜，系王室轻重，出入倨甚。会复光死，大喜，即罢复恭枢密使。中人曹知悫者，富家子，颇沈鸷。贼在长安，知悫以清、浊二谷之人倚山为屯，不屈贼。阴教士卒变衣服、言语与贼类者，夜入长安攻贼营，贼大惧。帝闻，赐金紫，擢内常侍。闻帝将还，因大言："我且拥众大散关下，阅群臣可归者纳之。"令孜谓然，密令王行瑜以邠州兵度嵯峨山，袭杀其众。由是益自肆，禁制天子，不得有所主断。帝以其专，语左右辄流涕。

复光部将鹿景弘、王建等，以八都众二万取金、洋等州，进攻兴元，节度使牛顼奔龙州，晏弘自为留后，以建及张造、韩建等为部刺史。帝还，惧见讨，引兵走许州。王建率义勇四军迎帝西县，复以建及韩建等主之，号"随驾五都"。令孜以复光故，才授诸卫将军，皆养为子。别募神策新军，以千人为都，凡五十四都，分左右为十军统之。又遣亲信觇诸镇，不附己者以罪除徙。

养子匡祐宣慰河中，王重荣厚为礼，匡祐傲甚，举军怒，重荣因数令孜罪，责其无礼，监军和解乃去。匡祐还，诉令孜，且劝图之。令孜白以两盐池归盐铁使，即自兼两池榷盐使。重荣不奉诏，表暴令孜十罪。令孜自将讨重荣，率邠宁朱玫、凤翔李昌符，合鄜、延、灵、

夏等兵凡三万,壁沙苑。重荣说太原李克用连和,克用上书请诛令
孜、玫,帝和之,不从。大战沙苑,王师败。玫走还邠州,与昌符皆耻
为令孜用,还与重荣合。神策兵溃还,略所过皆尽。克用逼京师,令
孜计穷,乃焚坊市,劫帝夜启开远门出奔。自贼破长安,火宫室、舍
庐十七,后京兆王徽葺复粗完,至是令孜唱曰:“王重荣反。”命火宫
城,唯昭阳、蓬莱三宫仅存。王建以义勇四军扈帝,夜乱牢水,遂次
陈仓。克用还河中,玫畏克用且逼,与重荣连章请诛令孜,而驻凤
翔。令孜请帝幸兴元,帝不从,令孜以兵入寝,逼帝夜出,群臣无知
者,宰相萧遘等皆不及从。玫劝兴元节度使石君涉焚阁道,绝帝西
意。遘恶令孜劫质天子,生方镇之难,使玫进迎乘舆。玫引兵追行
在,败兴凤杨晟军,帝次梁、洋,稍引而南,玫兵及中营,左右被剿戮
者不胜计。令孜惧人图已,蒙面以行。使王建长剑五百清道,囊传
国玺授之。次大散关,道险涩,帝危及难数矣。分军守灵壁,亢追兵。
玫长驱躏帝,帝以阁道毁,走它道,困甚,枕王建膝且寐,觉而饭,仅
能至兴元。玫、重荣表诛令孜,安尉群臣。诏以令孜为剑南监军使,
留不去。重荣请幸河中,令孜沮而止。宰相遘率群臣在凤翔者表令
孜颛国煽祸,惑小人计,交乱群帅,请诛之。帝不及省,且诏重荣饷
粮十五万斛给行在,重荣以令孜在,不奉命。玫乃奉嗣襄王熅即伪
位。玫败,帝乃得还京师。

　　始,帝入蜀,诸王徒步以从,寿王至斜谷不能进,令孜驱使前,
王谢足且拘,得马可济。令孜怒抶王,强之行,王耻之。及帝病,中
外属寿王,令孜入候帝曰:“陛下记臣否?”帝直视不能语。令孜自署
剑南监军使,阅拱宸奉銮军自卫,昼夜驰入成都,固表解官求医药,
诏可。俄削官爵,长流儋州,然犹依敬瑄不行。

　　王即位,是为昭宗。杨复恭代为观军容使,出王建为壁州刺史。
建取利州,自署防御使,因略定阆、邛、蜀、黎、雅等州,诏即置永平
军,拜建节度使。令孜谋与建连衡抗朝廷,且曰“吾子也”,书召之。
建喜,将至,复却之。建怒,进围成都。令孜登城谢建曰:“老夫久相
厚,何见困?”答曰:“父子恩何敢忘!顾父自绝朝廷,苟改图,则父子

如初。"令孜曰:"吾欲面计事。"建然许,令孜夜负印节授建,明日入成都,囚令孜碧鸡坊。始,右神策统军宋文通为诸军所疾,令孜因事召见,欲杀之。既见,乃欣然更养为子,名彦宾,即李茂贞也,故独上书雪其罪,诏为湖南监军。凡二岁,与敬瑄同日死。临刑,裂帛为绳,授行刑者曰:"吾尝位十军容,杀我庸有礼!"因教缢人法,既死,而色不变。乾宁中,诏复官爵。

杨复恭,字子恪,本林氏子,杨复光从兄也。宦父玄翼,咸通中领枢密,世为权家。复恭略涉学术,监诸镇兵。庞勋乱,战有功,自河阳监军入拜宣徽使,擢枢密使。黄巢盗京师,令孜颛威福,斫丧天下,中外莫敢抗,惟复恭屡与争得失,令孜怒,下迁飞龙使,复恭乃卧疾蓝田。僖宗出居兴元,复为枢密使,制置经略,多更其手。车驾还,遂代令孜为左神策中尉、六军十二卫观军容使,封魏国公,实户八百,赐号"忠贞启圣定国功臣"。

帝崩,定册立昭宗,赐铁券,加金吾上将军,稍攘取朝政。帝尝曰:"朕不德,尔援立我矣,当减省侈长示天下。我见故事,尚衣上御服日一袭,太常新曲日一解,今可禁止。"复恭顿首称善。帝遂问游幸费,对曰:"闻懿宗以来,每行幸无虑用钱十万,金帛五车,十部乐工五百,辇车、红网朱网画香车百乘,诸卫士三千。凡曲江、温汤若畋猎曰大行从,宫中、苑中曰小行从。"帝乃诏类减半。

于是宰相韦昭度、张浚、杜让能等为帝言大中故事,抑宦官不假借,帝亦稍厌复恭横恣。王瓌者,惠安太后弟,求节度使,帝问复恭,对曰:"产、禄倾汉,三思危唐,后族不可封拜。陛下诚爱瓌,任以它职可也,不宜假节外藩,恐负势颛地不可制。"帝乃止。瓌闻,怒甚,至禁中见复恭诟辱之,遂居中任事。复恭不欲分己权,白为黔南节度使,道兴元,而兄子守亮方领节度,阴勒利州刺史覆瓌舟于江,宗属宾客皆死,以舟自败闻。帝知复恭谋,繇是深衔之。

复恭以诸子为州刺史,号"外宅郎君";又养子六百人,监诸道军。天下威势,举归其门。守立为天威军使,本胡弘立也,勇武冠军,人畏之。帝欲斥复恭，惧为乱，乃好谓曰："卿家胡子安在？吾欲令卫殿内。"复恭以守立见帝，赐姓李，名顺节，使掌六军管钥，光宠甚。既势钧，遂与复恭争恨相中伤，暴发其私。

复恭常肩舆抵太极殿。宰相对延英，论叛臣事，孔纬曰："陛下左右有将反者。"帝矍然。纬指复恭，复恭曰："臣岂负陛下者？"纬曰："复恭，陛下家奴，而肩舆至前殿。广树不逞皆姓杨，非反邪？"复恭曰："欲收士心辅天子。"帝曰："诚欲收士心，胡不假李姓乎？"复恭无以对。会纬出守江陵，乃使人劫之长乐坡，斩其旌节，赀贮皆尽，纬仅免。

复恭子守贞为龙剑节度使，守忠洋州节度使，皆自擅贡赋，上书讪薄朝政。大顺二年，罢复恭兵，出为凤翔监军，不肯行，因丐致仕，诏可，迁上将军，赐几杖。使者还，遣腹心杀使者于道，遁居商山。俄入居昭化坊第，第近玉山营，而子守信为军使，数省候出入。或告父子且谋乱，时顺节遥领镇海军节度使、同中书门下平章事，诏与神策军使李守节率卫兵攻复恭，治杀使者罪，帝御延喜楼须之。家人拒战，守信亦率兵至昌化里，阵以待。会日入，复恭与守信举族出奔，遂走兴元。

顺节已斥复恭，则横暴，出入以兵从，两军中尉刘景宣、西门重遂察其意非常，以状闻。有诏召顺节，辄以甲士三百入，至银台门，何止之，景宣引顺节坐殿庑，部将嗣光审出斩之，从者大噪，出延喜门，剽永宁里，尽夕止。贾德晟与顺节皆为天威军使，顺节诛，颇嗟愤，重遂亦奏诛之。

于是凤翔李茂贞、邠州王行瑜、华州韩建、同州王行约、秦州李茂庄同劾守亮纳叛臣，请出兵讨罪，军饷不仰度支。茂贞请假山南招讨使。宦尹惜类执不可，帝亦谓茂贞得山南必难制，诏两解之。茂贞劾复恭自谓隋诸孙，以恭帝禅唐，故名复恭，逆状明白，且请削守亮官爵。遂擅与行瑜出讨，自号兴元节度使，诒宰相书，慢悖不臣。帝为下诏，令茂贞、行瑜讨之。景福元年，破其城，复恭、守亮、守信奔阆州，茂贞以子继密守兴元。诏吏部尚书徐彦若为凤翔节度使，而以茂贞帅兴元，不拜，请继密为留后。帝不得已，授以节度使，自是茂贞始强大。

复恭与守亮等自阆州将北奔太原，趋商山，至乾元，为韩建逻士所禽，即斩复恭、守信，槛车送守亮京师，枭首长安市。茂贞上复恭与守亮书曰："承天门者，隋家旧业也，儿但积粟训兵，何进奉为？吾披荆榛立天子，既得位，乃废定策国老，奈负心门生何！"门生，谓天子也，其不臣类此。假子彦博奔太原收葬其尸，李克用为申雪，诏复官爵。

刘季述者，本微单，稍显于僖、昭间，擢累枢密使。杨复恭之斥，帝以西门重遂为右神策军中尉、观军容使。时李茂贞得兴元，愈跋扈不轨，宰相杜让能与内枢密使李周谲及重遂谋诛之，乃兴师，以嗣覃王戒丕为京西招讨使，神策大将军李鐬副之。茂贞引兵迎壁盩厔，薄兴平，王师溃。遂逼临皋以阵，暴言让能等罪，京师震恐，帝坐安福门，斩重遂、周谲以谢茂贞，更以骆全瓘、刘景宣代为两中尉。乾宁二年，茂贞与王行瑜、韩建以兵入朝，李克用率师讨茂贞，次渭北。同州节度使王行实奔京师，谓景宣等曰："沙陀十万至矣，请奉天子出幸避其锋。"景宣方与茂贞睦，故全瓘与凤翔卫将阎圭共胁帝狩岐，王行实及景宣子继晟纵火剽东市，帝登承天门，矢著楼阖。帝惧，暮出莎城，士民从者数十万。至谷口，人暍死十三，夜为盗掠，哭声殷山。徙驻石门。茂贞恐，乃杀全瓘、景宣及圭自解。天子还京师，以景务修、宋道弼代之，俄专国。宰相崔胤恶之，徐彦若、王抟惧祸不解，稍抑胤以和北军。胤怒，劾抟党宦竖，不忠，罢去，俄赐死；流道弼欢州，务修爱州，并死坝桥；逐彦若于南海。乃以季述、王仲先为左右中尉，疾胤尤甚。

时帝嗜酒，怒责左右不常，季述等愈自危。先是，王子病，季述引内医工车让、谢筠，久不出，季述等共白帝，宫中不可妄处人。帝不纳，诏著籍不禁。由是疑帝与有谋，乃外约朱全忠为兄弟，遣从子希正与汴邸官程岩谋废帝。会全忠遣天平节度副使李振上计京师，

岩因曰："主上严急,内外惴恐,左军中尉欲废昏立明,若何?"振曰:
"百岁奴事三岁郎主,常也。乱国不义,废君不祥,非吾敢闻。"希正
大沮。

　　帝夜猎苑中,醉杀侍女三人,明日午漏上,门不启。季述见胤
曰:"宫中殆不测。"与仲先率王彦范、薛齐偓、李师虔、徐彦回总卫
士千人毁关入,谋所立,未决。是夜,宫监窃取太子以入,季述等因
矫皇后令曰:"车让、谢筠劝上杀人,襄塞灾咎,皆大不道。两军军容
知之,今立皇太子,以主社稷。"黎明,陈兵廷中,谓宰相曰:"上所为
如此,非社稷主,今当以太子见群臣。"即召百官署奏,胤不得对。季
述卫皇太子至紫廷院,左右军及十道邸官俞潭、程岩等诣思玄门请
对,士皆呼万岁。入思政殿,遇者辄杀。帝方坐乞巧楼,见兵入,惊
堕于床,将走,季述、仲先持帝坐,以所持钿杖画地责帝曰:"某日某
事尔不从我,罪一也。"至数十未止。皇后出遍拜曰:"护宅家,勿
怖,若有罪,惟军容议。"季述出百官奏,曰:"陛下倦于勤,愿奉
太子监国,陛下自颐东宫。"帝曰:"昨与尔等饮甚乐,何至是?"后
曰:"陛下如军容语。"宫监掖帝出思政殿,后倡言曰:"军容一心辅
持,请上养疾。"帝亦曰:"朕久疾,令太子监国。"岩等皆呼万岁。后
以传国宝授季述,就帝辇,左右十余人,入囚少阳院。季述液金以完
镮,师虔以兵守。太子即位于武德殿,帝号太上皇,皇后为太上皇
后,大赦天下,东宫官属三品赐爵一级,四品以下一阶,天下为父后
者爵一级,群臣加爵秩厚赐,欲媚附上下。改东宫为问安宫。季述
等皆先诛戮以立威,夜鞭笞,昼出尸十辇,凡有宠于帝,皆榜杀之。
杀帝弟睦王。师虔尤苛察,左右出入搜索,天子动静辄白季述。帝
衣昼服夜浣,食自窦进,下至笔纸铜铁,疑作诏书兵器,皆不与。方
寒,公主嫔御无衾纩,哀闻外廷。胤告难于朱全忠,使以兵除君侧,
全忠封胤书与季述曰:"彼翻覆宜图之。"季述以责胤,胤曰:"奸人
伪书,从古有之,必以为罪,请诛不及族。"季述易之,乃与盟。胤谢
全忠曰:"左军与胤盟,不相害,然仆归心于公,并送二侍儿。"全忠
得书,恚曰:"季述使我为两面人。"自是始离。季述子希度至汴,言

废立本计，又遣李奉本赍示太上皇诰，全忠狐疑不决。李振入见曰："竖刁、伊戾之乱，以资霸者。今阉奴幽劫天子，公不讨，无以令诸侯。"乃囚希度、奉本，遣振至京师与胤谋。

是时季述欲尽诛百官，乃弑帝，挟太子令天下。都将孙德昭、董从实盗没钱五千缗，仲先众辱之，督其偿，株连甚众。胤间其不逞，曰："能杀两中尉，迎太上皇，而立大功，何小罪足羞！"又遣客密告德昭，割带内蜜丸通意。德昭邀别将周承诲，期十二月晦，伏士安福门待旦。仲先乘肩舆造朝，德昭等劫之，斩东宫门外，叩少阳院呼曰："逆贼斩矣。"帝疑未信，皇后曰："可献贼首。"德昭掷仲先头以进，宫人毁扉，出御长乐门，群臣称贺。承诲驰入左军，执季述、彦范至楼前，胤先戒京兆尹郑元规集万人持大梃，帝诘季述未已，万梃皆进，二人同死梃下，遂尸之。两军支党死者数十人。中官奉太子遁入左军，收传国玺。齐偓死井中，出其尸斩之。全忠槛送岩京师，斩于市。季述等夷三族。以德昭检校太保、静海军节度使，从实检校司徒、容管节度使，并同中书门下平章事，赐氏李，曰继昭，曰彦弼。承诲亦检校司徒、邕管节度使，视宰相秩。皆号"扶倾济难忠烈功臣"，图形凌烟阁，留宿卫凡十日乃休，竭内库珍宝赐之。当时号"三使相"，人臣无比。

初，延英宰相奏事，帝平可否，枢密使立侍，得与闻，及出，或矫上旨谓未然，数改易桡权。至是，诏如大中故事，对延英，两中尉先降，枢密使候旨殿西，宰相奏事已毕，案前受事。师虔请于屏风后录宰相所奏，帝以侵官，不许，下诏与徐彦回同诛。

韩全海、张彦弘者，皆不知所来，并监凤翔军。全海入为内枢密使。刘季述之诛，崔胤、陆扆见武德殿右庑，胤曰："自中人典兵，王室愈乱，臣请主神策左军，以扆主右，则四方藩臣不敢谋。"昭宗意不决。李茂贞语人曰："崔胤夺军权未及手，志灭藩镇矣。"帝闻，召李继昭等问以胤所请奈何，对曰："臣世世在军，不闻书生主卫兵。且罪人已得，持军还北司便。"帝谓胤曰："议者不同，勿庸主军。"乃以全诲为左神策中尉，彦弘为右，皆拜骠骑大将军，袁易简、周敬容为枢密使。胤怒，约京兆郑元规遣人狙杀之，不克。全诲等知胤必除己乃已，因讽茂贞留选士四千宿卫，以李继筠、继徽总之。胤亦讽朱全忠内兵三千居南司，以娄敬思领之。韩偓闻岐、汴交戍，数谏止胤，胤曰："兵不肯去耳。"偓曰："初何为召邪？"胤不对。议者知京师不复安矣。

全诲、彦弘及彦弼合势恣暴，中官倚以自骄，帝不平。有斥逐者，皆不肯行，胤固请尽诛之。全诲、彦弘见帝祈哀，帝知左右漏言，始诏囊封奏事。宦人更求丽姝知书者数十人，侍帝为内诇，由是胤计多露。

始，张浚判度支，杨复恭以军赀乏，奏假盐曲一岁入以济用度，遂不复还。至胤，乃白度支财尽，无以禀百官，请如旧制。全诲摘李继筠诉军中匮甚，请割三司隶神策。帝不能却，诏罢胤领盐铁，胤衔之。

全诲等惧帝诛己，与继诲、彦弼、继筠交通谋乱。帝问令狐涣，涣请召胤及全诲等宴内殿和解之。韩偓谓："不如显斥一二柄臣，许余人自新，妄谋必息。不然皆自疑，祸且速，虽和解之，凶焰益肆。"帝乃止。

是时，全忠并河中，胤为急诏，令入朝，又诒书曰："上反正，公之力，而凤翔入朝，引功自归。今若后至，必先见讨。"全忠得诏，还汴，悉师讨全诲，帝以为忠，又欲其与茂贞同功，即诏并力。令胤诒二镇书，示帝意。全忠取同州，汴兵凡七万，威震关中。全诲等泣奏曰："全忠且至，欲胁陛下幸关东，将谋传禅。臣不忍见高祖天下移他姓，愿至凤翔，合义兵讨元恶。"帝未许，方在乞巧楼，全诲急，即火其下，帝降楼，乃决西幸。彦弼等以帝未即驾，愈诇，宫中禁索苛亟，帝与后相视泣，宫人私逃出都，民崩沸，或奔开化坊依胤第自固，闬无留家。凤翔军与左神策兵阵大衢，长乐门外若丘墟然。于是日南至，百官不朝，帝坐思政殿。时彦弼先入凤翔，全诲逼帝出，惟皇后、诸王数百骑为卫，帝绣袍、涂金帽，以右神策军从，实天复元年十一月壬子。全诲等遂火宫城，继诲、彦弼欲劫百官从天子，李德昭等按兵卫之，乃得免。茂贞以帝居蓖屋。

全忠取华州，下令自释曰：“吾被诏及得宰相书令入朝，既至，皆伪也。逆臣全诲震惊天子，胁乘舆出迁，暴露草莽，吾当入对言状。”时公卿皆在长安，数日不闻朝廷敕画。胤使王溥见全忠曰：“上犹在蓖屋，公宜亟进。”群臣卢知猷等奏记全忠，请西迎天子，答曰：“进则似胁君，退则负国，然敢不勉？”胤率百官迎全忠灞桥，入舍长安一昔而西。

茂贞闻全忠至，以帝入凤翔，从臣才三四人。全忠遣杨达、裴铸入凤翔，奉表天子。汴部将康怀英袭破李继昭于武功，禽馘六千级。全诲惧，请救于李克用。克用遗全忠书，劝执崔胤，洗诲内谤。全忠不答，进屯凤翔东偏。茂贞登城陷语曰：“天子厌灾于此，谗人误公来，公当入觐。”全忠曰：“宦官胁惊乘舆，吾以兵问罪，迎上东还。王非同谋者，尚何所言？”明日，围凤翔，茂贞不出。帝遣中人诏全忠班师，不奉诏。使者再往，全忠听命，引兵攻邠州。李继徽婴城三日，乃降。质其妻，复使继徽守，回壁三原。胤与郑元规至三原，邀说全忠。全忠亦自闻茂贞将战，徙营渭北，据高原，战不胜。全忠夜入蓖屋，拔蓝田，复屯三原。

时李克用攻慈、隰，救凤翔，全忠还河中。克用部将李嗣昭战数不利，全忠取晋、汾二州，嗣昭遁还河东。全忠曰：“此茂贞所倚，今败矣，何能久乎？”胤复说全忠曰：“宦竖谋拥帝入蜀。”且泣。全忠执其手，乃定计迎天子。会朱友宁败岐兵于莫父，居人皆入保。全忠以精甲五万与茂贞决战，岐兵败，仆尸万余，茂贞帐下八百人就缚，乃婴城，自夏讫冬，兵连不能解，胜败略相偿。援军十余壁，数为全忠扰袭，不得进，城中日困。全忠由是取凤、鄜、坊、成、陇等州，间劫钞以佐军饷，故能不乏。

茂贞疑帝与全忠有密约，增甲士守宫殿。初，帝至凤翔，有鸦数万栖殿树，谓之神鸦。俄而鸦不来，人以为恐。全诲等小人既势窘，更相怨疾，不复远虑。时财用窘短，帝辍所御膳赐全诲等，三让，帝

曰:"难得时欲同味耳。"茂贞食鲊美,帝曰:"此后池鱼。"茂贞曰:
"臣养鱼以候天子。"闻者皆骇。

　　于是全忠军攻东城,焚桥鏖战,部将李继宠出降,茂贞惧,密图
诛中官以纾难。先遣书曰:"祸乱之生,全诲首之。变兴仓卒,故迎
天子至此。且公未至,惧它盗冯陵。公既志辅社稷,请奉乘舆还宫,
仆愿以敝赋从。"全忠然许,然军稍薄城,大呼者三,岐军皆投堑,无
斗意。帝召茂贞、全诲、彦弼及宰相苏检、李继岌、继忠议,和已决,
中官复沮罢。

　　它日,帝召茂贞等曰:"十六宅诸王日奏馁死者十三,王、公主、
夫人皆间日食,今又将竭,奈何?"皆不敢对。有卫士十余人叩左银
台门,遮全诲骂曰:"破一州,饿死者十万,徒以军容数人耳!"全诲
诣茂贞叩头诉,茂贞谢曰:"士伍亦何知?"复诉于帝,帝不许。李继
昭见全诲曰:"昔杨军容破杨守亮一族,今骠骑复破吾族乎?"骂之,
乃出降。宦竖数传援军至,皆相贺,百姓笑曰:"绐我乎!"

　　是时,全忠合四镇兵十余万,营垒相属,昼夜攻。外兵诟守者曰
"劫天子贼",守者亦诟外曰"夺天子贼"。诸镇见崔胤檄,皆狐疑不
出师,唯青州节度使王师范取兖州,袭华州,李克用攻晋州以为援。
全忠惧,围益急。全诲等素谲险,常为全忠、胤所惮,乃请先杀之,以
迎天子。帝既恶宦人胁迁,而茂贞又其党,全忠虽外示顺,终悖逆,
皆不可倚。欲狩襄、汉,依赵匡凝,然不得去,乃定计归全忠,以纾近
祸。

　　三年正月,茂贞请遣使谕全忠军,诏崔构挟中人郭遵诲往,既
行,又命宫人宠颜驰见全忠,谕密旨,乃以蒋玄晖入卫。二日,茂贞
独见,至日旰,全诲、彦弘恨甚,逮食,不能捉匕,自见势去,计无所
用,垂头丧气。帝召韩偓见东横门,执手涕泗,帝曰:"今先去四大
恶,余以次诛矣。"于是内养八辈候廷中授命,每二辈以卫士十人取
一首,俄而全诲、彦弘、易简、敬容皆死。即诏第五可范为左军都尉,
王知古、扬虔朗为枢密使,知古领上院,虔朗领下院。继筠、继诲、彦
弼皆伏诛,茂贞取其辎重。是夜,诛内诸司使韦处廷等二十二人,悉

以首内布囊,诏蒋玄晖、学士薛贻矩送全忠,曰:"是皆不肯使乘舆东者,既斩之矣。"全忠大喜,遍告军中,以姚洎为岐、汴通和使。全忠诒茂贞书曰:"宦者乘陴晋不已,曰'禀王旨',是乎?"茂贞惧,复诛小使李继彝等十人,于是开垒门。全忠犹攻北垒,帝遣宠颜赐御巾箱宝器,使罢兵,又捕杀中官七十人,全忠亦使京兆诛党与百余人。

天子入全忠军,全忠泥首素服,待罪客省,传呼彻三仗,有诏释全忠罪,使朝服见。全忠伏地泣曰:"老臣位将相,勤王无状,使陛下及此,臣之罪也。"帝亦呜咽,命韩偓起之,解玉带以赐,召之食。帝顾卫兵,或有愤发者,因履系解,目全忠:"为吾系之。"全忠跪结履,汗浃于背,而左右莫敢动。是夜,帝三召,皆辞,朱友伦以兵卫帝。

李克用引军去,帝还京师。胤、全忠议,尽诛第五可范等八百余人于内侍省,哀号之声闻于路,留单弱数十人,备宫中洒扫。胤以镇人性谨厚,即诏王镕择五十人为敕使,内诸司宦官主领者皆罢。于是追诸道监军,所在赐死,其财产籍入之。诏以中官胁迁状及全忠迎乘舆本末告方镇,罢监军院,咸视国初故事,以三十人为员,衣黄衣,不得养子。内诸司皆归省若寺,两军内外八镇兵悉属六军。全忠还汴州,帝以第五可范等无辜,颇悼之,为文以祭。自是宣传诏命,皆以宫人。

始,刘季述专废立,中人皆与闻。帝反正,诛季述及薛齐偓数族而已,余贷不问;又悔之,后稍稍诛夷,群宦寝不安。时帝惩幽辱,能励心庶政,数召见群臣问治道,有志中兴,而全海、胤争权,外召强臣,劫本朝以相吞啮,卒用关东军穷讨暴诛,君侧虽清,而全忠势遂张,帝卒弑死,唐室以亡,其祸本于全海、彦弘云。

赞曰:袁绍诛常侍以逞,而曹操移汉;崔丞相血军容甘心焉,而朱温篡唐。大抵假威柄于外,以内攘奸人,则大臣专,王室卑矣。汉、唐相去五百岁,产乱取亡犹蹈一辙,非天所废,而人谋洄刺乃然邪!

唐书卷二○九
列传第一三四

酷　吏

索元礼　来俊臣 来子珣　周兴　丘神勣
侯思止　王弘义　郭弘霸　姚绍之
周利贞　王旭　吉温 罗希奭　崔器
毛若虚　敬羽

　　太宗定天下，留心听断，著令：州县论死三覆奏，京师五覆奏。狱已决，尚芋然为彻膳止乐。至晚节，天下刑几措。是时州县有良吏，无酷吏。

　　武后乘高、中懦庸，盗攘天权，畏下异己，欲胁制群臣，椔翦宗支，故纵使上飞变，构大狱，时四方上变事者，皆给公乘，所在护送，至京师，禀于客馆，高者蒙封爵，下者被赉赐，以劝天下。于是索元礼、来俊臣之徒，揣后密旨，纷纷并兴，泽吻磨牙，噬绅缨若狗豚然，至叛胔臭达道路，冤血流离刀锯，忠鲠贵强之臣，朝不保昏。而后因以自肆，不出帏闼，而天命已迁，犹虑臣下弗惩，而六道使始出矣。

　　至载初，右台御史周矩谏后曰："凶人告讦，遂以为常，推劾之吏，以峭责痛诋为功，凿空投隙，相矜以残，泥耳笼首，枷楔兼暴，拉胁签爪，县发熏目，号曰'狱持'。昼禁食，夜禁寐，敲扑撼摇，使不得瞑，号曰'宿囚'。人苟赊死，何求不得？陛下不谅，试取告牒判无验者,使推其情,有司必上下其手,希合盛旨。今举朝胁息,谓陛下朝与为密,夕与为仇,一罹摄逮,便与妻子决。且周用仁昌,秦用刑亡。惟陛下察之。"后寤,狱乃稍息,而酷吏寖寖以罪去。

天宝后至肃、代间,政颇事丛,奸臣作威,渠恀宿狡,颇用惨刻奋,然不得如武后时敢搏挚杀戮矣。

呜呼!非吏敢酷,时诱之为酷。观俊臣辈怵利放命,内怀滔天,又张汤、郅都之土苴云。

索元礼,胡人也,天性残忍。初,徐敬业兵兴,武后患之,见大臣常切齿,欲因大狱去异己者。元礼揣旨,即上书言急变,召对,擢游击将军,为推使。即洛州牧院为制狱,作铁笼檠囚首,加以楔,至脑裂死。又横木关手足转之,号"晒翅"。或纺囚梁上,缒石于头。讯一囚,穷根柢,相牵联至数百未能讫,衣冠气褫。后数引见赏赐,以张其威,故论杀最多。是时来俊臣、周兴踵而奋,天下谓之"来索"。薛怀义始贵,而元礼养为假子,故为后所信。后以苛猛,复受赇,后厌众望,收下吏,不服,吏曰:"取公铁笼来!"元礼服罪,死狱中。

来俊臣,京兆万年人。父操,博徒也,与里人蔡本善。本负博数十万不能偿,操因纳其妻,先已娠而生俊臣,冒其姓。

天资残忍,喜反覆,不事产。客和州为奸盗,捕送狱,狱中上变,刺史东平王续按讯无状,杖之百。天授中,续以罪诛,俊臣上书得召见,自陈前上琅邪王冲反状,为续所抑。武后以为谅,擢累侍御史,按诏狱,数称旨。后阴纵其惨,胁制群臣,前后夷千余族。生平有纤介,皆入于死。拜左台御史中丞,中外累息,至以目语。

俊臣乃引侯思止、王弘义、郭弘霸、李仁敬、康昕、卫遂忠等,阴啸不逞百辈,使飞语诬蔑公卿,上急变。每擿一事,千里同时辄发,契验不差,是号为"罗织",牒左署曰:"请付来俊臣或侯思止推实必得。"后信之,诏于丽景门别置狱,敕俊臣等颛按事,百不一贷。弘义戏谓丽景门为"例竟",谓入者例皆尽也。俊臣与其属朱南山、万国

俊作《罗织经》一篇,具为支脉纲由,咸有首末,按以从事。俊臣鞫
囚,不问轻重皆注醯于鼻,掘地为牢,或寝以匽溺,或绝其粮,囚至
啮衣絮以食,大抵非死终不得出。每赦令下,必先杀重囚乃宣诏。又
作大枷,各为号:一、定百脉,二、喘不得,三、突地吼,四、著即臣,
五、失魂胆,六、实同反,七、反是实,八、死猪愁,九、求即死,十、求
破家。后以铁为冒头,被枷者宛转地上,少选而绝。凡囚至,先布械
于前示囚,莫不震惧,皆自诬服。

如意初,诬告大臣狄仁杰、任令晖、李游道、袁智弘、崔神基、卢
献等下狱。俊臣颛以夷诛大臣为功,乃奏囚降制,一问而服者同首,
法得减死。仁杰等已论死,待日而决,稍挺之,仁杰遣子持帛书称
枉。后见愕然,责谓俊臣,对曰:"是囚不褫巾服,何肯服罪?"后遣通
事舍人周綝往视,綝假仁杰褉带立西厢,綝惧俊臣,东视唯唯去,莫
敢闻。先是,宰相乐思晦为俊臣夷其家,有子九岁隶司农,上变,得
召见,言:"俊臣凶惨,罔上不道,若陛下假条反状付之,无大小皆如
诏。臣父死族夷,不求生,但惜陛下法为俊臣所弄耳!"后意寤,由是
仁杰六族皆免。又按大将军张虔勖、内侍范云仙,虔勖不堪枉,讼于
大理徐有功,俊臣使卫士乱斫之,云仙自陈事先帝,命截其舌,皆即
死,人人胁息。

久之,俊臣纳贾人金,为御史纪履忠所劾,下狱当死。后忠其上
变,得不诛,免为民。长寿中,还授殿中丞,坐赃贬同州参军事,暴纵
自如,夺同僚妻,又辱其母。俄召为合宫尉,擢洛阳令,进司仆少卿。
赐司农奴婢十人,以官户无面首,闻吐蕃酋阿史那斛瑟罗有婢善歌
舞,令其党告以谋反,而求其婢。诸番长数十人,割耳劓面讼冤,仅
得解。綦连耀等有异谋,吉顼以白俊臣,杀数十族。既欲擅发奸功,
即中顼以法,顼大惧,求见后自直,乃免。俊臣诬司刑史樊戳,以谋
反诛,其子诉阙下,有司无敢治,因自剖腹。秋官待郎刘如璇流涕,
俊臣奏与同恶,如璇自诉年老而涕,吏论以绞,后为宥死,流汉州。
万岁通天中,上巳,与其党集龙门,题缙绅名于石,抵而仆者先告,
抵李昭德不能中。或以告昭德,昭德谋绳其恶,未发。卫遂忠虽无

行,颇有辞辩,素与俊臣善。始王庆诜女适段简而美,俊臣矫诏强娶之。它日,会妻族,酒酣,遂忠诣之,阍者不肯通,遂忠直入嫚骂,俊臣耻妻见辱,已命殴而缚于廷,既乃释之,自此有隙,妻亦惭,自杀。简有妾美,俊臣遣人示风旨,简惧,以妾归之。

俊臣知群臣不敢斥己,乃有异图,常自比石勒,欲告皇嗣及庐陵王与南北衙谋反,因得骋志。遂忠发其谋。初,俊臣屡掎撸诸武、太平公主、张昌宗等过咎,后不发。至是诸武怨,共证其罪。有诏斩于西市,年四十七,人皆相庆,曰:“今得背著床暝矣!”争抉目、摘肝、醢其肉,须臾尽,以马践其骨,无孑余,家属籍没。

方俊臣用事,托天官得选者二百余员,及败,有司自首,后责之,对曰:“臣乱陛下法,身受戮;忤俊臣,覆臣家。”后赦其罪。

时有来子珣、周兴者,皆万年人。永昌初,子珣上书,擢左台监察御史,无学术,语言蚩恶,后倚以按狱,多徇后旨,故赐姓武,字家臣。既诬雅州刺史刘行实弟兄谋反,已诛,掘夷先墓,得迁游击将军。常衣锦半臂自异,俄流死爱州。

兴,少习法律,自尚书史积迁秋官侍郎,屡决制狱,文深峭,妄杀数千人。武后夺政,拜尚书左丞,上疏请去唐宗正属籍。是时左史江融有美名,兴指融与徐敬业同谋,斩于市。临刑,请得召见,兴不许,融叱曰:“吾死无状,不赦汝。”遂斩之,尸奋而行,刑者蹴之,三仆三作。天授中,人告子珣、兴与丘神勣谋反,诏来俊臣鞫状。初,兴未知被告,方对俊臣食,俊臣曰:“囚多不服,奈何?”兴曰:“易耳,内之大瓮,炽炭周之,何事不承。”俊臣曰:“善。”命取瓮且炽火,徐谓兴曰:“有诏按君,请尝之。”兴骇汗,叩头服罪。诏诛神勣而宥兴岭表,在道为仇人所杀。

神勣者,行恭子,为左金吾卫将军。高宗崩,后使害章怀太子于巴州,归罪神勣,下迁叠州刺史,俄复故官,佐俊臣等为惨狱,遂见倚爱。博州刺史琅邪王冲起兵，拜神勣清平道大总管讨之。州人杀王，素服出迎，神勣尽杀之，凡千余族，即拜大将军。

侯思止，雍州醴泉人，贫懒治业，为渤海高元礼奴，诡很无良。恒州刺史裴贞笞吏，吏积怨，教思止告舒王元名与贞谋反，付周兴鞠讯，皆夷宗，拜思止游击将军。元礼惧，引与同坐，密教曰："上不次用人，如问君不识字，宜对'獬豸不学而能触邪，陛下用人安事识字？'"无何，后果问，思止以对，后大悦。天授中，迁左台侍御史，元礼侍御史，元礼又教："上以君无宅，必赐所没逆人第，宜辞曰：'臣疾逆臣，不愿居其地。'"既而果假之，以其教对，后益喜，恩赏良渥。

思止本人奴，言语俚下，尝按魏元忠，让曰："呕承白司马，不尔受孟青。"洛阳有白司马坂，将军有孟青棒，即杀琅邪王冲者。元忠不承，思止曳之。元忠徐起曰："我如乘驴而坠，足缀镫，为所曳者。"思止怒，复曳之曰："拒制使邪？"欲抵殊死。元忠骂曰："侯思止，欲得我头，当锯截之，无抑我臣反。汝位御史，当晓礼义，而曰'白司马'、'孟青'，是何物语？非我，孰教尔邪？"思止惊汗，起谢曰："幸蒙公教。"乃引登床。元忠徐就坐，色不变，狱稍挺。思止音吐鄙而讹，人效以为笑，侍御史霍献可数嘲靳之，思止怒以闻，后责献可："我已用之，何所诮？"献可具奏鄙语，后亦大笑。

来俊臣弃故妻，逼娶太原王庆诜女，思止亦娶赵郡李自挹女，事下宰相，李昭德执不可，曰："俊臣往劫庆诜女，思止亦请娶赵郡李自挹女，事下宰相，李昭德执不可，曰："俊臣往劫庆诜女，已辱国，此奴复尔邪？"搒杀之。

王弘义，冀州衡水人，以飞变擢游击将军，再迁左台侍御史，与来俊臣竞惨刻。暑月系囚，别为狭室，积蒿施毡熨其上，俄而死；已自诬，乃舍佗狱。每移楸州县，所至震慑。弘义辄诧曰："我文檄如狼毒、野葛矣！"始贱时，求傍舍瓜不与，乃腾文言园有白兔，县为集众捕逐，畦蔬无遗。内史李昭德曰："昔闻苍鹰狱吏，今见白兔御史。"

延载初，俊臣贬，弘义亦流琼州。自矫诏追还，事觉，会侍御史胡元礼使岭南，次襄州，按之，弘义归穷曰："与公气类，持我何急？"元礼怒曰："吾尉洛阳，而子御史；我今御史，子乃囚。何气类为？"杖杀之。

郭弘霸，舒州同安人，仕为宁陵丞。天授中，由革命举，得召见，自陈："往讨徐敬业，臣誓抽其筋，食其肉，饮其血，绝其髓。"武后大悦，授左台监察御史，时号"四其御史"。再迁右台侍御史。大夫魏元忠病，僚属省候，弘霸独后入，忧见颜间，请视便液，即染指尝，验疾轻重，贺曰："甘者病不瘳，今味苦，当愈。"喜甚。元忠恶其媚，暴语于朝。

尝按芳州刺史李思徵，不胜楚毒死。后屡见思徵为厉，命家人禳解。俄见思徵从数十骑至曰："汝枉陷我，今取汝！"弘霸惧，援刀自剚腹死，顷而蛆腐。是时大旱，弘霸死而雨。又洛阳桥久坏，至是成，都人喜。后问群臣："外有佳事邪？"司勋郎中张元一曰："比有三庆：旱而雨，洛桥成，弘霸死。"

姚绍之，湖州武康人。初以鸾台典仪累迁监察御史。中宗时，武三思烝僭不轨，王同皎、张仲之、祖延庆等谋杀之，事觉，捕送新开狱，诏绍之与左台大夫李承嘉按治。初欲原尽其情，会敕宰相李峤等同讯，执政畏祸，粗灭无所问。囚呼曰："宰相有附三思者。"峤等数附承嘉耳呫嚅，绍之翻然不复顾，即引力士十余曳囚至，筑其口，反接送狱中。谓仲之曰："事不谐矣！"仲之固言三思反状，绍之怒，击折其臂，囚呼天曰："吾虽死，当诉尔于天！"因裂衫束之，卒诬以谋反，皆论族。

囚等已诛，绍之意岸轩傲，朝野注目，擢左台侍御史。奉使江左，过汴州，廷辱录事参军魏传弓。久之，传弓为监察御史，而绍之坐赃，诏传弓即按。绍之谓扬州长史卢万石曰："我顷辱传弓，今来

按,我死矣。"狱具,得赃五百万,法当死,韦后女弟救请,故减死,贬
琼山尉。俄逃还京,万年尉捕击,折其足。更授南陵令员外置。开
元中,为括州长史同正,不得与州事,死。

周利贞者,亡其系。武后时调钱塘尉,时禁捕鱼,州刺史饭蔬。
利贞忽馈佳鱼,刺史不受,利贞曰:"此阑鱼,公何疑?"问其故,答
曰:"适见渔者,禽不获,而有鱼焉,阑得之。"刺史大笑。

神龙初,擢累侍御史,谐附权强,五王等疾之,出为嘉州司马。
武三思乱禁中,五王谋诛之,私语崔湜,湜反以其计告三思。五王
贬,湜劝速杀之以绝人望,问谁可使,以利贞对。利贞,湜内兄也。表
摄右台侍御史驰岭外,矫杀敬晖、桓彦范、袁恕己,还,拜左台御史
中丞。数为仇人狙报,几不免。

先天初,为广州都督。湜陷刘幽求谪岭表,讽利贞杀之。赖桂
州都督王晙护而免。利贞颛事剥割,夷獠苦其残虐,皆起为寇,诏监
察御史李全交按问,得赃状,贬涪州刺史。

开元初,诏:"利贞及滑州刺史裴谈、饶州刺史裴栖贞、大理评
事张思敬、王承本、华原令康昞、侍御史封询行、判官张胜之、刘晖、
杨允、卫遂忠、公孙琰、廉州司马钟思廉皆酷吏,宜终身勿齿。"寻复
授珍州司马。明年,授夷州刺史,黄门侍郎张廷珪执奏曰:"陛下英
断圣明,四海心服。所谓英断,珍凶逆、正朝廷是也;所谓圣明,辨忠
邪、信赏罚是也。利贞,宗、武旧党,钮僇桓、敬,自陛下登宸极,布新
政,夺其班级,迁之遐荒,以允天下之望,义士犹以罚轻为望。今锡
以朱绂,委以藩维,是绌奸不必行也。"疏入,遂寝,未几,复授黔州
都督,加朝散大夫。廷珪又表还制书曰:"利贞险薄小人,附会三思,
倾危朝廷,杀害功臣,人神愤惋,痛毒至今。东都搜掩其家,得金银
锦绣,冒违制令,当加重贬。且久据朝廷,捷给便佞,见忠于君者,犹
仇雠然。使之入朝则乱国,抚俗则伤人。今擢典要藩,繇六品迁三
品,何往日罚之,而今日赏之?"玄宗乃止。

会廷珪罢,起为辰州长史,朝集京师,与魏州长史敬让皆奏事。

让,晖之子也,以父冤越次而奏曰:"周利贞希奸臣意,枉杀先臣晖,惟陛下正罚以谢天下。"左台侍御史翟璋劾让不待监引,请行法。玄宗曰:"诉父之枉,不可不矜也;朝廷之仪,不可不肃也。"夺让俸三月,复贬利贞邕州长史。未几,赐死梧州。

开元中,又有洛阳尉王钧、河南丞严安之,捶人畏不死,视肿溃,复笞之,至血流乃喜。

王旭者,贞观时侍中珪孙也。神龙初,为兖州兵曹参军。时张易之诛,而兄昌仪先贬乾封尉,旭辄斩其首送东都,迁并州录事参军。长史周仁轨者,韦后党也,玄宗平内难,有诏诛之,旭不待覆,斩首赍还京师,迁累左台侍御史。

崔湜败,其妇翁卢崇道自岭外逃归东都,为仇家上变,诏旭讯覆。旭广捕亲党,穷极惨楚,当以重辟,崇道及三子皆死,门生故人,并海内名士,皆绯染流徙,天下咨其冤。旭与大夫李杰不平,更相謷讦,杰坐斥衢州刺史,故旭益横,残毒以逞。官数迁,常兼御史。

其为人苛急,少纵贷,人莫敢与忤。每治狱,囚皆逆服。制狱械,率有名,曰"驴驹拔橛"、"犊子县"等,以怖下,又缒发以石,胁臣之。时监察御史李嵩、李全交皆严酷,取名与旭埒,京师号"三豹",嵩为赤,全交为白,旭为黑,里闾至相诅曰:"若违教,值三豹。"

宋王宪官属纪希虬兄为剑南令,坐赃,旭奉使临讯,见其妻美,逼乱之,因杀其夫,而纳赃数百万。希虬使奴为台佣事旭,旭不知,颇爱任之,奴尽疏旭请求,积数千以示希虬,希虬泣诉于王,王为上闻,诏劾治,获奸赃不赀,贬龙川尉,恚而死。

吉温,故宰相顼从子也。性阴诡,果于事。谄附贵宦,若子姓奉父兄。天宝初,为新丰丞。时太子文学薛嶷得幸,引温入见,玄宗目之曰:"是一不良,我不用。"罢之。

萧炅为河南尹,御史遣温到府有所讯诘,乃并治炅,不为末捄,右相李林甫善炅,故得免。炅入守京兆尹,而温方调万年尉,不辞,人为寒恐。于是高力士间出就第，炅多私谒，温乃先往，与力士语，执手欢甚，将出，炅通谒，温阳惶恐趋避，力士止之，语炅曰："吾故人也。"炅揖乃去。它日，到炅府，辞曰："国家法不敢嬲，今而后洗心事公，云何？"炅待尽欢。

林甫与李适之、张埆有隙。适之领兵部，而埆兄均为侍郎，林甫密遣吏擿其铨史伪选六十余人，帝命京兆与御史杂治，累日情不得。炅使温佐讯，温分囚廷左右，中取二重囚讯后舍，楚械搒掠，皆呻呼不胜，曰："公幸留死，请如牒。"乃挺出。诸史迎慑其酷，及引前，不讯皆服。日中狱具，林甫以为能。温尝曰："若遇知己，南山白额虎不足缚。"

林甫久当国，权焄天下，阴构大狱，除不附己者。先引温居门下，与钱塘罗希奭为奔走，椎锻诏狱。希奭文深虐，其舅鸿胪少卿张博济，林甫婿也，以姻家故，自御史台主簿再迁殿中侍御史。初，温因中官纳其出武敬一女为盛王妃，擢京兆士曹参军。

林甫欲摇东宫，左骁卫参军柳勣影会发杜良娣家阴事。温按状，勣以诬诛，因引勣所善王曾、王修己、卢宁、徐徵，悉逮缚论死，尸积大理垣下，家属离窜。初，中书舍人梁涉道遇温，低帽障面。温怒，乃讽勣引涉及嗣虢王巨，皆斥逐。

林甫恶杨慎矜，王铦飞书言图谶事，委温以狱。初，慎矜客史敬忠与温父善，见温褓葆时。温驰至东都，捕逮杨氏亲属宾客，取敬忠于汝州，铁锒颈，布蒙面，未尝正视，阴遣吏胁曰："慎矜狱具，须君一辨，君即服，罪可贷，即不服，死不解。"敬忠即索笔自款，温阳不见，再三请，乃与之，对如温所敕。温谢曰："丈人毋惧！"乃下拜。慎矜以左证具，欲自诬，而谶不得。御史卢铉索其家，挟谶以入，于是慎矜兄弟皆赐死，株连数十族。是时，温与希奭相勔以虐，号"罗钳吉网"。公卿见者，莫敢耦语。温推事未穷，而先计赃成奏，乃引囚问，震以烈威，随问辄承，无敢迕，鞭楚未收于壁，而狱具矣。林甫才其为，擢户部郎中兼侍御史。

杨国忠、安禄山方尊宠，高力士居中用事，温皆媚附之。兄事禄山,尝密谂曰:"李右相虽厚待公,然不肯引共政;我见遇久,亦不显以官。公若荐我为宰相,我处公要任,则右相可挤矣。"禄山大悦,亟称温才,天子亦忘前语。于是禄山领河东节度,表温自副,并知节度营田、管内采访,总留事,拜雁门太守,知安边铸钱事。以母丧解,禄山表为魏郡太守。杨国忠当国,引拜御史中丞,兼京畿关内采访处置使。禄山敕吏设白绸帐于传以候命,庆绪亲御而饯之,温衔其德,故朝廷动静辄报,不淹宿而知。天宝十三载,禄山入朝,领闲厩使,荐温武部侍郎以为副。

国忠与禄山争宠,而温昵禄山甚,国忠不善也。会河东太守韦陟怨失职,因温以交禄山,遍馈权近,国忠遣人发其状,斥温澧阳长史,其属员锡及陟皆坐贬。明年,温仍坐受赇、夺民马,贬端溪尉。

始,林甫死,希奭出为始安太守,张博济、韦陟、韦诚奢、李从一、员锡皆逗留始安,温既谪,又依希奭以居。国忠奏遣蒋沇临按,希奭擅稽罪人,贬海康员外尉,俄遣使者杀温等五人,温之斥,帝在华清宫,诏从臣曰:"温本酷吏子,朕过用之,故屡构大狱,专威福。今既斥,公属安矣。"

温死五月而禄山反,即伪位,求温子,方十岁,授河南参军以报之。

崔器,深州安平人。曾祖恭礼,尚馆陶公主,为驸马都尉,貌丰伟,饮酒至斗不乱。

器有吏干,然性陷刻乐祸。天宝中,举明经,为万年尉。逾月,擢监察御史,中丞宋浑为东畿采访使,引为判官。浑坐赃败,器亦废,后为奉先令。

安禄山陷京师,器受贼署,守奉先。顷之,同罗背贼,贼将安守忠、张通儒亡去,渭上义兵且数万,器大惧,悉毁贼所署符敕,募众以应之。渭上军败,遂走灵武。素善吕𬤇,得为御史中丞、户部侍郎。肃宗至凤翔,兼礼仪使。二京平,为三司使。器草定仪典,令王官陷贼者,悉入含元廷中,露首跣足,抚膺顿首请罪,令刀仗环之,以示扈从群臣。器既残忍希帝旨,欲深文绳下,乃建议陈希烈、达奚珣等数百人皆抵死。李岘执奏,乃以六等定罪,多所厚贷。后萧华自贼中来,因言:"王官重为安庆绪驱胁,至相州,闻广平王宣诏释希烈等,皆相顾愧悔。及闻崔器议刑,众心复摇。"帝曰:"朕几为器所误。"后为吏部侍郎、御史大夫。上元元年病亟,叩头若谢罪状,家人问之,曰:"达奚尹诉于我。"三日卒。

毛若虚,绛州太平人。眉长覆目,性残鸷。天宝末为武功丞,年六十余。肃宗还京师,擢监察御史,以国用大竭,数请掊天下财,巧傅于法,日月有献,渐见识用。大抵核囚,先收家赀以定赃,有不满意,摊索保伍姻近,人惧其威,无敢不如约。

乾元中,凤翔七坊士数剽州县间杀人,尉谢夷甫不胜怒,搒杀之。士妻诉李辅国,辅国请御史孙蓥穷治,狱久不具,诏中丞崔伯阳与三司参讯,未决。乃使若虚按之,即归罪夷甫。伯阳争甚力,若虚慢拒,伯阳怒,若虚即驰入白于帝。诏姑出,若虚泥诉曰:"臣出即死。"因蔽若虚殿中,而召伯阳,伯阳至,具劾若虚罔上,帝主先语,叱伯阳出,并官属悉贬岭外。李岘颇左右蓥等,罢宰相。于是若虚权焰震朝廷,群臣不舒息,寻擢御史中丞。上元元年,以罪贬宾化尉,死。

敬羽,河中宝鼎人。貌寝甚,性便辟,善候人意。补匦城尉,朔方安思顺表为节度府属。肃宗初,擢监察御史,以言利幸。京师平,任遇寖显,凶态不能忍,乃作巨枷,号"勚尾榆",囚人多死。又仆囚于地,以门牡轹腹;掘地实棘,席蒙上,濒坎鞫囚,不服则挤之坎,人多滥死。迁累御史中丞、宗正卿。

郑国公李遵坐贿下诏狱,羽参按,遵肥而羽瘠,则引遵危坐小床,痹且仆,遵欲申足,羽曰:"公乃囚,我延公坐,何可慢?"遵仆三四,徐受所言,得赃至数百万。嗣岐王珍谋反,诏羽穷劾,乃悉召支党,环以搒具,囚惶怖,一昔狱成,珍赐死,左卫将军窦如玢等九人皆斩,太子洗马赵非熊等六七人毙杖下,闻者毛竖。

　　先是,胡人康谦以贾富,杨国忠辅政,纳其金,授安南都护,领山南东路驿事,吏疾之,诬其通史朝义。羽鞫之,谦须长三尺,明日脱尽,膝腂皆碎,人视之,以为鬼,乃杀之。

　　羽与毛若虚、裴升、毕曜同时为御史,皆暴忍,时称"毛敬裴毕"。未几,升、曜流黔中。宝应初,羽斥道州刺史,诏杀之。羽闻使者至,缞服而逃,吏械之。临死,袖中出牒数番,乃吏相告讦,咤曰:"不及推,死矣,治州者无宜寝。"

唐书卷二一〇
列传第一三五

藩镇魏博

田承嗣 悦 绪 季安 怀谏 缙　史宪诚
何进滔 弘敬 全皞 韩允中 简 乐彦祯
罗弘信 绍威

　　安、史乱天下，至肃宗大难略平，君臣皆幸安，故瓜分河北地，付授叛将，护养孽萌，以成祸根。乱人乘之，遂擅署吏，以赋税自私，不朝献于廷。效战国，肱髀相依，以土地传子孙，胁百姓。加锯其颈，利怵逆污，遂使其人自视由羌狄然。一寇死，一贼生，讫唐亡百余年，卒不为王土。

　　当其盛时，蔡附齐连，内裂河南地，为合纵以抗天子。杜牧至以"山东，王不得，不王；霸不得，不霸；贼得之，故天下不安"。又曰：

　　　　厥今天下何如哉？干戈朽，铁钺钝，含引混贷，照育逆孽，殆为故常。而执事大人曾不历算周思，以为宿谋，方且虺岸抑扬，自以为广大繁昌莫已若也。鸣呼！其不知乎，其俟塞顿颠倾而后为之支计乎？且天下几里，列郡几所，自河以北，蟠城数百，角奔为寇，伺吾人憔悴，天时不利，则将与其朋伍骇乱吾民于掌股之上。今者及吾之壮，不图擒取，乃偷处恬逸，以为后世子孙背胁疽根，此复何也？

议者曰：倔强之徒，吾以良将劲兵为衔策，高位美爵充饱其肠，安而不桡，外而不拘，犹豢虎狼而不拂其心，则忿气不萌，此大历、贞元所以守邦也。何必疾战焚煎吾民，然后为快也。

愚曰："大历、贞元之间，有城数十，千百卒夫，则朝廷贷以法，故于是阔视大言，自树一家，破制削法，角为尊奢。天子不问，有司不呵；王侯通爵，越录受之；觐聘不来，几杖扶之；逆息虏胤，皇子嫔之。地益广，兵益强，僭拟益甚，侈心益昌。土田名器，分划大尽，而贼夫贪心，未及畔岸，淫名越号，走兵四略，以饱其志。赵、魏、燕、齐，同日而起，梁、蔡、吴、蜀，蹑而和之，其余混涌轩嚣，欲相效者，往往而是。运遭孝武，前英后杰，夕思朝议故能大者诛鉏，小者惠来。大抵生人油然多欲，欲而不得则怒，怒则争乱随之。是以教笞于家，刑罚于国，征伐于天下，裁其欲而塞其争也。大历、贞元之间反此，提区区之有，而塞无涯之争，是以首尾指支，几不能相运掉也。凡今者不知非此，而反用以为经，将见为盗者非止于河北而已。呜呼！大历、贞元守邦之术，永戒之哉！

魏博传五世，至田弘正入朝，十年复乱，更四姓，传十世，有州七。成德更二姓，传五世，至王承元入朝，明年，王廷凑反，传六世，有州四。卢龙更三姓，传五世，至刘总入朝，六月，朱克融反，传十二世，有州九。淄青传五世而灭，有州十二。沧景传三世，至程权入朝，十六年而李全略有之，至其子同捷而灭，有州四。宣武传四世而灭，有州四。彰义传三世而灭，有州三。泽潞传三世而灭，有州五。

虽然，迹其由来，事有因藉，地之轻重，视人谋臧否欤！今取擅兴若世嗣者，为《藩镇传》。若田弘正、张孝忠等，暴忠纳诚，以屏王室，自如别传云。

田承嗣，字承嗣，平州卢龙人。世事卢龙军，以豪侠闻，隶安禄山麾下，破奚、契丹，累功至武卫将军。禄山反，与张忠志为贼前驱，陷河、洛。尝大雪,禄山按行诸屯,至其营,若无人,已而擐甲列卒,阅所籍,不缺一人,禄山异其能,使守颍川。

郭子仪平东都,承嗣以郡降,俄而复叛。安庆绪奔邺,承嗣自颍川来,与蔡希德、武令珣合兵六万,庆绪复振,抗王师。岁余,史思明乱,承嗣又为贼导,及朝义败,与共保莫州。仆固场追北,承嗣急,乃诈朝义使自求救幽州。承嗣守莫,因执贼妻息降于场,厚以金帛反间场将士。场虑下生变,即约降。承嗣诈疾不出,场欲驰入取之,承嗣列千刀为备,场不得志,承嗣重赂之以免。乃与张忠志、李怀仙、薛嵩皆诣仆固怀恩谢,愿备行间。

朝廷以二贼继乱,州县残析,数大赦,凡为贼诖误,一切不问。当是时,怀恩功高,亦恐贼平则任不重,因建白承嗣等分帅河北,赐铁券,誓不死。拜承嗣莫州刺史,三迁至贝博沧瀛等州节度使,检校太尉。

承嗣沈猜阴贼,不习礼义。既得志,即计户口,重赋敛,厉兵缮甲,使老弱耕,壮者在军,不数年,有众十万。又择趫秀强力者万人,号牙兵,自署置官吏。图版税入,皆私有之。又求兼宰相,代宗以寇乱甫平,多所含宥,因就加同中书门下平章事,封雁门郡王,宠其军曰天雄,以魏州为大都督府,即授长史,诏子华尚永乐公主,冀结其心。而性著凶诡,愈不逊。

大历八年,相卫薛嵩死,弟崿求假节,牙将裴志清逐崿,崿以众归承嗣。而帝自用李承昭为相州刺史,未至,承嗣使人讽吏士反,阳言救,实袭取之。帝遣使者谕罢兵,承嗣不奉诏,将卢子期取洺州,杨光朝取卫州,胁刺史薛雄乱,不从,屠其家,悉四州兵财以归,擅置守宰。逼使者行磁、相,遣刘浑从之,阴使从子悦讽诸将诣使者劙面请承嗣为帅,使人不敢诘,于是厚赏请己者。帝乃下诏贬承嗣永州刺史,许一子从,悦及诸子皆逐恶地。诏河东节度使薛兼训、成德李宝臣、幽州朱滔、昭义李承昭、淄青李正己、淮西李忠臣、永平李勉、汴宋田神玉等兵六万掎角进,若承嗣不承命,听在所讨执,以军法从事。其下霍荣国以磁降。李正己攻拔德州,李忠臣攻卫,筑偃月壁河上。承嗣列将往往携阻，杀数十人乃定。帝又遣御史大夫李涵督诸节度并力。承嗣遣裴志清等攻冀州，志清以兵附成德，承嗣悉众围之，为宝臣所逐，火辎重，归于贝，计益穷，不知所出，遣其下郝光朝奉表请委身北阙下。又使悦与卢子期将万人攻磁州，屯东山。宣慰使韩朝彩等固守，兼训以万骑屯西山，成德、幽州各遣兵救磁。时承昭以神策射生继进，入河东垒。诸军进讨，数有功，颇顾赏，天子使中人多出御服、良马、黄白金万计劳赉，使人供帐高会。诸军少懈，而正己、宝臣二军会枣强，更相见。会正己军辄引去，忠臣乃弃月垒，济河屯阳武，承昭使成德、幽州兵循东山袭子期军，自闭壁以骄贼。子期分步骑万人环承昭壁，以兵四千乘高望麾而进。河东将刘文英、辛忠臣等决战，而成德、幽州兵绕出子期后，于是围解。更阵高原，诸将与承昭夹攻，大战临水，贼败，尸旁午数里，斩九千级、马千匹，执子期及将士二千三百，旗纛器甲鼓角二十万。诸军乘胜进，距磁十里，暮而舍。承昭举燧，朝彩出锐兵鼓噪薄魏营，斩首五百，悦惊，率余兵夜走，尽弃旗幕铠仗五千乘。成德将王武俊以子期归宝臣，宝臣方攻洺州，因以示城下，降之，复徇瀛州，瀛州亦降。得兵万人，粟二十万石，献子期京师，斩之。

天子遣中人劳宝臣，不为礼，宝臣乃贰，反攻朱滔，与承嗣和，承嗣与之沧州。正己又请天子许承嗣入朝。十一年，帝遣谏议大夫杜亚持节至魏受其降，许阖门还京师，赦魏博所管与更始。承嗣逗留不至。其秋，复略滑州，败李勉兵。会李灵耀以汴州叛，诏忠臣、勉、河阳马燧合讨。灵耀求救于魏，承嗣使悦将兵三万赴之，败勉将杜如江、正己将尹伯良，死者殆半，乘胜屯汴北郊，与灵耀合。燧、忠臣逆击，破之，悦脱身遁，斩获数万。灵耀东走，欲归承嗣，为如江所擒，并魏将常准献京师。明年，承嗣上书请罪，有诏复官爵，子弟皆仍故官，复赐铁券。

承嗣盗有贝、博、魏、卫、相、磁、洺七州，而未尝北面天子。凡再兴师，会国威中夺，穷而复纵，故承嗣得肆奸无怖忌。十四年死，年七十五，赠太保。

悦，早孤，母更嫁平卢戍卒，悦随母转侧淄、青间。承嗣得魏，访获之，年十三，拜伏有礼，承嗣异之，委以号令，裁处皆与承嗣意合。及长，剽悍善斗冠军中，贼忍狙诈，外饬行义，轻财重施，以钓美誉，人皆附之。承嗣爱其才，将死，顾诸子弱，乃命悦知节度事，令诸子佐之。帝因诏悦自中军兵马使、府左司马擢留后，俄检校工部尚书，为节度使。

悦始招致贤才，开馆宇，礼天下士，外示恭顺，阴济其奸。帝晚年尤宽弛，悦所奏请无不从。德宗立，不假借方镇，诸将稍惕息。会黜陟使洪经纶至河北，闻悦养士七万，辄下符罢其四万归田亩。悦即奉命，因大集将士，以好言激之曰："而等籍军中久，仰缣廪养父母妻子，今罢去，何恃而生？"众大哭。悦乃悉出家赀给之，各令还部，自此，魏人德悦。

及刘晏死，蕃帅益惧，又传言帝且东封泰山，李勉遂城汴州；而李正己惧，率兵万人屯曹州，乃遣人说悦同叛。悦因与梁崇义等阻兵连和，以王侑、扈崿、许士则为腹心；邢曹俊、孟希祐、李长春、符璘、康愔为爪牙。建中二年，镇州李惟岳、淄青李纳求袭节度，不许，悦为请，不答，遂合谋同叛。会于邵、令狐峘等表汰浮图，悦乃诈其军曰："有诏阅军之老疾疲弱者。"繇是举军咨怨。悦与纳会濮阳，纳分兵佐悦。

会幽州朱滔等奉诏讨惟岳，悦乃遣孟希祐以兵五千助惟岳；别遣康愔以兵八千攻邢州；杨朝光以兵五千壁卢疃，绝昭义饷道。悦自将兵数万继进，又使朝光攻临洺将张伾。伾固守，食且尽，赏赐不足，乃饰爱女示众曰："库廪竭矣，愿以此女代赏。"士感泣，请死战，大破悦军。有诏河东马燧、河阳李芃与昭义军救伾。三节度次狗、明二山间，未进。伾急，以纸为风鸢，高百余丈，过悦营上，悦使善射者射之，不能及。燧营噪迎之，得书言"三日不解，临洺士且为悦食"。燧乃自壶关鼓而东，破卢疃，战双冈，禽贼大将卢子昌而杀朝光，悦遁保洹水。

于是曹俊为贝州刺史，乃承嗣时旧将，果而谋。悦未得志，召问计安出，对曰："兵法，十则攻，今公以逆干顺，势不敌也。宜留兵万人屯嶂口，以遏西师，则举河北二十四州，惟公所命。今攻临洺，粮竭卒老，不见其可。"悦所昵扈岢、孟希祐等皆訾短之，故悦不听其言。燧等距悦军三十里，筑垒相望。悦与纳合兵三万，阵洹水。燧引神策将李晟夹攻悦，悦大败，死伤二万计，引壮骑数十夜奔魏，其将李长春拒关不内，以须官军。而三帅顿不进。明日，悦得入，杀长春，持佩刀立军门，流涕曰："悦藉伯父余业，与君等同休戚。今败亡及此，不敢图全。然悦久稽天诛者，特以淄青、恒冀子弟不得承袭。既弗能报，乃至用兵，使士民涂炭。悦正缘母老不能自到，愿公等斩悦首以取富贵，无庸俱死。"乃自投于地。众怜，皆抱持之曰："今士马之众，尚可一战，事脱不济，死生以之。"悦收泪曰："诸公不以悦丧败，誓同存亡，纵身先地下，敢忘厚意乎？"乃断发为誓，将士亦断发，约为兄弟；乃率富民大家财及府库所有，大行赐与。而李再春及其子瑶以博州降，悦从兄昂以洺州降，燧等受之，悦皆族昂等家。悦自视兵械乏，众单耗，惧，不知所出，复召曹俊与之谋。曹俊为整军完垒以振士气，群心复坚。后十余日，燧等始进薄城下。

未几，王武俊杀惟岳，而深州降朱滔，滔分兵守之。天子授武俊恒州刺史，以康日知为深、赵二州观察使。武俊恨赏薄，滔怨不得深州，悦知二将可间，乃傹路使王侑、许士则说滔曰："司徒奉诏讨贼，不十日，拔束鹿，下深州，惟岳势蹙，故王大夫能得逆首。闻出幽州日，有诏破惟岳得其地即隶麾下，今乃以深州与康日知，是朝廷不信于公也。且上英武独断，有秦皇、汉武风，将诛豪桀，扫除河朔，不使父子相袭。又功臣刘晏等皆旋踵破灭，杀梁崇义，诛其口三百余，血丹汉江。今日破魏，则取燕、赵如牵辕下马耳。夫魏博全则燕、赵安，鄟州尚书必以死报德。且合从连衡，救灾恤患，不朽之业也，尚书愿上贝州以广汤沐，使侑等奉簿最孔目，司徒朝至魏则夕入贝，惟执计之。"滔心素欲得贝，即大喜，使侑先还告师期。

先是，诏武俊出恒、冀粟三十万赐滔，使还幽州，以突骑五百助燧军。武俊惧悦破，将起师北伐，不肯归粟、马。滔因使王郢说武俊曰：“天子以君善战，天下无前，故分散粟、马以弱君军。今若举魏博，则王师北向，漳、滏势危。诚能连营旆，解田悦于倒县，大夫之利也，岂特粟不出窖，马不离厩，又有排危之义，声满天下。大夫亲断逆首，血蔑衣袖，日知不出赵城，何功于国，而坐兼二州。河北士以不得深州为大夫耻。”武俊既得深，亦喜，即日使使报滔。

于是滔率兵二万屯宁晋，武俊以兵万五千会之。悦恃救至，使康愔督兵与王师战御河上，大败，弃甲走城。悦怒，闭门不内，蹂藉死堑中者甚众。其夏，滔、武俊军至，悦具牛酒迎犒。燧等营魏河西，武俊、滔、悦壁河东，起楼橹营中，两军相持，自秋讫冬。燧遣晟以兵三千，自邢、赵与张孝忠合攻涿、莫二州，以绝幽、蓟路。

悦重德滔，欲推为盟主而臣之。滔不敢当，乃更议如七国故事。悦国号魏，僭称魏王，以府为大名府，署子为府留后；以扈崿为留守，许士则为司武，曾穆司文，裴抗司礼，封演司刑，并为侍郎；刘士素为内史舍人，张瑜、孙光佐为给事中，邢曹俊、孟希祐为左右仆射，田晃、高缅为征西节度使，蔡济、薛有伦为虎牙将军，高崇节知军前兵马，夏侯赪为兵马使。晃以兵数千助李纳守郓。明年夏，滔屯河间，留大将马实以兵万人戍魏。会朱泚乱，帝出奉天，燧还太原，武俊等皆罢，悦饯之，厚遗武俊、实，官属皆有赠。

兴元元年，滔自将兵欲南度河助泚，使王郢见悦计事曰：“顷大王在重围，孤与赵刻日赴王难以全魏、贝。今秦帝已据关中，孤以步十万与回纥趋东都相应接，王能从孤济河，合势以取大梁，孤得西收巩、陕，与秦兵会，天下可定也。则王与赵王永无南虑，为唇齿之国，幸速计之。”是时，悦闻天子已赦罪，复官爵，心不欲行，重遣绝滔，阳遣薛有伦报滔如约。滔大喜，复使舍人李琯申固所言，悦犹豫，许士则谏曰：“冀王勇决权略，一世之雄也，杀怀仙，屠希彩，诒兄使如京师而夺之权，有恩者诛，同谋者覆，彼心腹渠可量哉？今大王之亲不加泚，勇不加怀仙、希彩也，而念恩不已，拘挛匹夫义，出且见禽。彼得魏博，北联幽、蓟，南入梁、郑，而与泚合，其理然也。大王不如伪许出迎，遣州县具牛酒，至则以事自解，不可顾恩取祸也。"悦然之。先是，武俊阴约悦背滔，使相望。及闻滔要悦西，使田秀驰说悦曰："闻大王欲从滔度河，为沘掎角，非也。方沘未盗京师时，滔为列国，且自高，如得东都，与沘连祸，兵多势张，返制于竖子乎？今日天子复官赦罪，乃王臣，岂舍天子而北面滔、沘耶！愿大王闭垒不出，武俊须昭义军出，为王讨之。"悦因秀还，具道其谋，而遣曾穆报滔。滔喜，自河间悉师而南，逾贝州，次济河，使人报悦，悦不至。进屯永济，使王郅等督之曰："王约出馆陶与大王会，乃济河。"悦良久曰："始约从王，今举军持悦曰：'魏比困侵掠，供似屈竭。'以悦日拊循，犹恐人且携间，一日去城邑，朝出夕变，且何归？不然，悦不敢背约。今遣孟希祐悉兵五千助王。"因使其属裴抗、卢南史报命。滔怒骂曰："逆虏前日求救，许我贝州，我不取；尊我为天子，我与同为王；教我远来而不出。是贼不击，尚何诛？"乃囚抗等，使马实取数县，已而释抗还之。悦兵不敢出，遂围贝州。滔取武城，通德、棟，供军馈，尽囚诸县官吏，唯清阳不下，滔围之。实拔清平，杀五百人，俘男女赀财去。

于是李抱真、武俊约出兵救魏。会有诏拜悦检校尚书右仆射，封济阳郡王，而给事中孔巢父持节宣劳。始悦阻兵凡四年，狂愎少谋，及战数北，死者什八，士苦之，且猒兵。既巢父至，莫不欣然。悦与巢父张饮，门阶皆彻卫。至夜分，从弟绪与族人私语曰："仆射妄起兵，几赤吾族。以金帛厚天下，而不至兄弟。"或谏止之，绪怒，杀谏者，乃与左右逾垣入。悦方醉，寝酣。绪挺刃升堂，二弟谏止，绪斩之，因手刺悦，并杀其母妻。悦死，年三十四。比明，以悦命召许士则、蔡济计事，至则杀之。刘忠信者，悦常使防督绪直寝门，绪呼曰："忠信刺仆射，与崿粤反。"众执之，语曰："无之。"支已殊绝。

绪字绪，承嗣第六子。悦待诸弟无所间，使绪主牙军，而凶险多过，尝笞勖之。悦于饮食衣服，俭啬有节，绪常苦不足，颇怨望，故作难。悦既死，惧众不附，以其徒数百将出奔，邢曹俊率众追还。绪乃

下令军中曰:"我先王子,能立我者赏。"众乃共推绪为留后,归罪扈
峄,斩其首以徇。复杀悦亲信薛有伦等数十人,因巢父遣使者听命
天子。

滔闻悦死,以兵五千合实军,进攻魏州。实濒王莽河壁,南距
河,东抵博州,杀略甚众。使人入魏招绪降。绪新篡,而实围且急,
乃遣使以好言见滔,滔许与盟。曾穆劝绪绝滔,而绪部分亦定,乃乘
城战,武俊、抱真各修好如悦时。诏即拜绪节度使。实围魏凡三月,
滔败走。

贞元元年,以嘉诚公主降绪,拜驸马都尉。李希烈平,以功赐一
子八品官。绪猜忌,杀兄弟姑妹凡数人。

兄朝,仕李纳为齐州刺史。或言纳将入之魏以代绪,绪厚赂纳,
且召朝,朝以死请不行,乃送之京师,过滑,绪将篡取之,贾耽以兵
援接,乃免。

累迁检校尚书左仆射、常山郡王,又徙王雁门,实封五百户,加
同中书门下平章事。暴疾死,年三十三,赠司空。少子季安嗣。

季安字夔。母微贱,公主命为己子,宠冠诸兄。数岁,为左卫胄
曹参军、节度副使。绪死时,年十五,匿丧观变,军中推为留后,因授
节度使。除丧,加检校尚书右仆射,进位检校司空,俄同中书门下平
章事。季安畏主之严,颇循礼法。及主薨,始自恣,击鞠从禽,酣嗜
欲,军中事率意轻重,官属进谏皆不纳。

会诏中尉吐突承璀以神策兵讨王承宗,季安谋曰:"王师不跨
河二十五年,今越魏伐赵,赵诚虏,魏亦虏矣,奈何?"或请以五千骑
决除君忧。季安曰:"善,沮军者斩!"时幽州刘济将谭忠适使魏,闻
之,入见季安曰:"往年王师取蜀取吴,算不失一,是宰相谋也。今伐
赵,不使耆臣宿将而付中臣,不起天下甲,而出秦甲,君知谁为之
谋?此上自为谋,以夸服臣下。若师未叩赵,而先碎于魏,是上之谋
不及下,且能不耻!既耻且怒,必任智画,仗猛将,再举涉河。鉴前
之败,必不越魏诛赵;校罪轻重,必不先赵后魏。是上不上,下不下,

当魏而来也。"季安曰:"计安出?"忠曰:"王师入魏,君厚犒之。悉甲伐赵,而阴遗赵书曰:'魏若伐赵,为卖友;魏若与赵,为反君。卖友反君,魏不忍受,执事能弛陴郛,遗一城,魏得持之献捷天子以为符,此使魏北得以奉赵,西得以为臣,不世之利也。'赵不拒君,则魏安矣。"季安然之,遣大将率兵会王师伐承宗,粮饷自办,取堂阳以报,加太子太保。有丘绛者,父时宾佐,与同府侯臧争权,季安怒,斥为下县尉,俄召还,先坎道左,既至,生瘗之。忍酷无忌惮,大抵如此。死年三十二,赠太尉。

妻元谊女,召诸将立其子怀谏,最幼,不能事,政决于私奴蒋士则,数易置诸将,军中怒,取田兴为留后,所谓田弘正者,以怀谏归弟,杀士则等十余人。季安既葬,送怀谏京师,授右监门卫将军,宠锡蕃渥。

绪弟缙、华显于朝。

缙字云长,贞元十年入朝,授左骁卫将军,封扶风郡公。元和中,拜夏绥银节度使。始开元时,置宥州,扼寇路,久而废,缙复城之。王师伐蔡,缙上橐它牛马助军。吐蕃寇丰州,缙设伏邀其归,俘斩过当。入为左卫大将军,李听代之。听劾缙盗没军粮四万斛,强取羌人羊马,故吐蕃得乘隙。贬衡王傅。俄而吐蕃又攻盐州,贬房州司马。长庆初,终左领军卫将军。

华,太常少卿,尚永乐、新都二公主。

田氏自承嗣至怀谏,四世,凡四十九年。

史宪诚,其先奚也,内徙灵武,为建康人。三世署魏博将,祖及父爵皆为王。宪诚始以趫敢从父军,田弘正讨李师道,将先锋兵四千济河,拔城栅,师踵进,乘胜逐北,傅郓堞。师道传首,以功兼御史中丞。

长庆二年,田布之自杀也,军乱且嚣。时宪诚为中军兵马使,颇言河朔旧事以摇其众,众乃逼还府,擅总军务。穆宗以朱克融、王廷凑方盗幽、镇,未有以制,即以节度使授之。宪诚外诧王命,而阴结幽、镇，依以自固。

时李齐方乱，私与交通，数助请旄节，城马头，具舟黎阳，示将济师者。会天子遣司门郎中韦文恪宣慰，宪诚见使者礼倨，言辞悖慢。俄闻斩齐，更恭谨谓文恪曰："我本奚，如狗也，唯知识主，虽日加箠不忍离。"其谲狯类此。进检校司空。

与李全略为婚家，大和中，其子同捷反，潜以粮饷资之。文宗申约，使者相望，因进同中书门下平章事。宪诚使大将至京师侦事，作谩言自大，宰相韦处厚折其诈，遣去。宪诚惧，出兵从王师讨之，复遣大将亓志沼率师二万攻德州。时王廷凑援同捷，阴诱志沼以利。志沼反，屯永济，兵锐甚，诸镇共御之。宪诚告急，天子诏义武李听进讨。于是志沼与廷凑合兵劫贝州，为听所败，奔廷凑。沧景平，宪诚不自安，请纳地，进检校司徒兼侍中，徙河中，封千乘郡公，以李听代。

初，宪诚将以族行，惧魏军之留，问策于弟宪忠，宪忠教分相、卫，请置帅，因以弱魏。复请诏听引军声图志沼而假道清河，帝从之。宪诚因欲倚听公去魏，及听次清河，魏人惊，宪忠曰："彼假道取贼，吾军无负朝廷，何惧为？"乃稍安。然魏素聚兵清河，听至，悉出其甲，将入魏，魏军闻之惧，明日尽甲而出。听按军馆陶不进，众谓宪诚卖己，曰："绐我以沽恩耶？"夜攻杀之并监军史良佐，推何进滔为帅以请，诏赠宪诚太尉，实大和三年。宪诚起，凡七年，死。

何进滔，灵武人，世为本军校。少客魏，委质军中，事田弘正，弘正攻王承宗，夜以兵压镇州。承宗使健将以铁冒面，引精骑千余驰魏壁。进滔率猛士逐之，几获，镇人大惧。从讨李师道，以功兼侍御史。宪诚死，军中传呼曰："得何公事之，军安矣！"进滔下令曰："公等既迫我，当听吾令。"众唯唯。"孰杀前使及监军者，疏出之。"凡斩九十余人，释胁从者。素服临哭，将吏皆入吊。诏拜留后，俄进授节度使。居魏十余年，民安之。进累检校司徒、同中书门下平章事。开成五年死，赠太傅，谥曰定。

子重顺袭。武宗诏河阳李执方、沧州刘约谕朝京师，或割地自效，不听命。时帝新即位，重起兵，乃授福王绾节度大使，以重顺自副，赐名弘敬。帝讨刘稹，加东面招讨使。弘敬倚稹相唇齿，无深入意，诏因称其事母孝，在军久，宜亟战。弘敬亦自如。及王宰逾乾河攻泽州，天子虑稹起山东兵，命弘敬掎角塞其道，不奉诏。王元逵克邢州，攻上党，弘敬不得已，乃出师。未几，宰统陈许兵假道收磁州，弘敬惧，乃进战，拔平恩，诏检校尚书左仆射。泽潞平，加同中书门下平章事。懿宗初，兼中书令，封楚国公。咸通七年死，赠太师。

子全晖袭，明年，拜节度使。平庞勋，以功迁检校司空、同中书门下平章事。母丧，纳所赐节，愿行丧，诏不许。全晖年少好杀戮，下有小罪，鲜纵贯，人人危惧。后军中相传唆减粮帛，众遂叛，全晖单骑遁，众推韩君雄以总军事，而杀全晖，实咸通十一年，诏赠太保。

自进滔至全晖，凡三世，四十二年。

懿宗更以普王为大使，擢君雄留后。君雄，魏州人。不五月，进副大使，三迁检校司空。僖宗即位，进同中书门下平章事，赐名允中。死年六十一，赠太尉。

子简，袭留后，俄授节度使，进累检校太尉、同中书门下平章事，封魏郡王。帝在蜀，天下乱，简恃强完，欲拓地，觊望非常。时诸葛爽为黄巢守河阳，简攻之，爽走，即戍以兵，北略邢、洺而归。东攻郓，郓将曹存实出战，败死，其将朱宣率众以守，久不下，爽乘其隙，复取河阳。简还攻之，爽迎击新乡，简大败，乐彦祯以一军先还，简奔归，疽发背死。彦祯代之。再世，凡十二年。

彦祯者，亦魏人。简时，历博州刺史，下河阳有功，迁澶州。魏人立之，诏检校工部尚书，领留后，进节度使，累加检校尚书左仆射、同中书门下平章事。

彦祯喜儒术，引公乘亿、李山甫皆在幕府。嗣襄王煴之乱，彦祯使山甫往见镇州王镕,欲合幽、邢、沧诸镇同盟拒贼,镕厚谢,卒不克。彦祯见王室微,颇骄满不轨,大兴其众,城魏周八十里,一月毕,人怨其残。子从训,资凶悖,劫王铎,取其家,魏人不直。又聚亡命五百人,号“子将”,出入卧内,军中藉藉恶之。从训惧,易服奔近县,彦祯即以为六州指挥使、相州刺史,辇兵械泉布,迹接于道,军中益贰。彦祯常梦解佩带履而行,既寤曰:“此神告我,下将有背乎?”已而军乱,果囚彦祯,迫为桑门,寻杀之,推大将赵文玾总留后。从训求救于朱全忠,全忠为起师,次内黄。从训自相州以军三万傅城,文玾不敢出,众惧,杀之,更推罗弘信帅军。弘信出战,从训败,衰余众壁洹水,弘信遣将程公佐击斩之,枭首军门,实文德元年。彦祯起,凡七年。

罗弘信,字德孚,魏州贵乡人。善骑射,状貌雄伟。为裨将,主马牧。魏有巫告弘信曰:“白头老人使谢君,君当有是地。”弘信曰:“神欲危我耶?”文玾死,众曰:“孰愿主吾军者?”弘信辄曰:“神命我矣!”众环视,以为宜,遂立之。诏擢知留后,再迁节度使,加检校司空、同中书门下平章事、豫章郡公。

朱全忠讨黄巢,饷粟三万斛、马二百匹。秦宗权乱,复诏弘信以粟二万斛助军,未输,检校工部尚书雷邺来责粟,弘信素胁于牙军,擅杀邺。全忠以檄谯让,弘信不敢报。大顺初,全忠讨太原李克用,遣将赵昌嗣见弘信假粮马;又议屯邢、洺,假道相、卫,弘信不纳。全忠使丁会、庞师古、葛从周、霍存等引万骑度河,弘信壁内黄,凡五战皆败,擒大将马武等,乃厚币求和。方全忠图河北,欲结纳弘信,乃还兵。

全忠攻兖郓,朱宣求援于克用,遣李存信率兵救之,请道屯莘,其下侵魏刍牧,弘信不平。克用欲合镇、定兵营河曲,扼魏、滑路,弘信驰告全忠,请禁游舸,绝往来。久之,魏人不至,全忠疑其绐,自将至滑州。弘信来驰告曰:“魏人未动者,正欲缓图之。”全忠遂屯曹。太原将李璠救宣,复壁莘,弘信厌其暴,而璠沟垒自固。全忠遣使谓曰:"晋人志并河朔,师还,为公忧之。"弘信乃攻瑭,告全忠师期,全忠将趋滑为援,次封丘,而弘信已破瑭。克用怒,以兵掠魏博。全忠将侯言屯洹水,克用兵数求战,言不敢出,全忠以葛从周代将。从周为暗窦,每克用兵至,辄出精卒薄战,必捷。克用逾洹西北挑战,从周大破之,禽其子落落,乃引去。然侵魏不已,大战白龙潭,弘信败,克用追薄魏门而还。弘信乃乞师全忠,全忠遣将壁洹水救魏。克用游兵剽相、魏,民死十九,弘信不堪其逼。光化元年,如全忠告亟。全忠复遣葛从周将兵追蹑,拔洺州,执其刺史邢行恭,复攻邢,马师素自拔走;遂围慈州,袁奉韬自杀。不五日,取三州,斩首二万级,禽其将百余人,自是克用兵不出。

　　始,全忠亟讨兖郓,惧弘信贰,故岁时赂遗良厚。弘信每有馈答,全忠引其使北面拜受,兄事之,弘信以为厚己,故推心焉。

　　进累检校太师,守侍中,徙临清郡王。光化元年死,年六十三,赠太师,追封北平王,谥曰庄肃。子绍威袭。

　　绍威字端己。少有英气,性精悍,吏事明办。既领留后,昭宗即诏嗣父节度,加累检校太尉,号"忠勤宣力致圣功臣"。幽州刘仁恭引兵攻镇、冀,遂掠魏,绍威告急于全忠,全忠自将与仁恭战内黄,日中,大破之,斩首三万级。葛从周方守邢,亦败其众于魏县。仁恭以众十万陷贝州,全忠使李思安屯内黄,从周悉军入魏。仁恭攻魏,从周以五百骑出关,谓门者曰:"前有强敌,不可易。"命阖扉。士死战,执仁恭将二人。仁恭使别将攻内黄,为思安所败。从周乘胜破八壁,追北至临清。仁恭乃还沧州,与李克用图魏。绍威与全忠连兵伐沧州,从周攻拔德州,进薄浮阳。仁恭以兵至,监军蒋玄晖请须其入壁,食尽可取。从周曰:"兵在机,机在上将,岂监军所知!"逆战老鸦堤,破之,斩首五万,获其将百余人。又战唐昌范桥,六遇辄胜。仁恭约和,乃还。绍威德全忠,故奉事愈固。全忠迁帝洛阳,命诸镇治宫阙,而绍威营太庙,加侍中,封邺王。

　　魏牙军,起田承嗣募军中子弟为之,父子世袭,姻党盘互,悍骄不顾法令,宪诚等皆所立,有不慊,辄害之无噍类。厚给禀,姑息不能制。时语曰:"长安天子,魏府牙军。"谓其势强也。绍威惩曩祸,虽外示优假,而内不堪。俄而小校李公佺作乱,不克,奔沧州。绍威乃决策屠翦,遣杨利言与全忠谋。全忠乃遣苻道昭将兵合魏军二万攻沧州,求公佺,又遣李思安助战,魏军不之疑。绍威子,全忠婿也,会女卒,使马嗣勋来助葬,选长直千人纳盟器,实甲以入。全忠自滑济河,声言督沧景行营。绍威欲出迎,假锐兵以入,军中劝毋出而止。绍威遣人潜入库,断弦解甲,注夜,将奴客数百与嗣勋攻之,军趋库得兵,不可战,因夷灭凡八千族,阛市为空。

平明,全忠亦至,闻事定,驰入军。魏兵在行者闻变,于是史仁遇保高唐,李重霸屯宗县,分据贝、澶、卫等六州。仁遇自称魏博留后,全忠解沧州兵以攻高唐,仁遇引众走,为游骑所获,支解之,进拔博、澶二州。李重霸走,俄斩其首,相、卫皆降。

绍威虽除其逼,然势弱,为全忠牵制,比州刺史矣,内悒悒悔恨。全忠兵在沧州,绍威主馈挽,自邺至长芦五百里,不绝于道。全忠还,绍威建元帅行府,极土木壮丽,全忠大悦。绍威间说曰:"邠岐、太原皆狂谲,以复唐室为言。王宜自取神器,专天下之望。"全忠归,乃受禅。

绍威多聚书,至万卷。江东罗隐工为诗,绍威厚币结之,通谱系昭穆,因目己所为诗为《偷江东集》云。

赞曰:田承嗣几禽矣,李宝臣怒承倩而释魏。建中之际,三将军持锐躏血,功无成者。四叛连势,兵结难作,天子不能守宗庙。传及弘正,去污入朝,数年复乱,唐终不得魏。与夫竖刁乱齐,孰为轻重?

唐书卷二一一
列传第一三六

藩镇镇冀

李宝臣 惟岳　惟简　王武俊
士真　承宗　**王廷凑** 元逵　绍鼎
绍懿　景崇　镕

　　李宝臣,字为辅,本范阳内属奚也。善骑射。范阳将张锁高畜
为假子,故冒其姓,名忠志。为卢龙府果毅,常觇虏阴山,追骑及,射
六人尽殪,乃还。为安禄山射生,从入朝,留为射生子弟,出入禁中。
禄山反,遁归,更为禄山假子,使将骁骑十八人,劫太原尹杨光翙,
挟以出,追兵万余不敢逼。又督精甲军土门,以扼井陉。事安庆绪
为恒州刺史。九节度师围相州也,忠志惧,归命于朝,肃宗即授故
官,封密云郡公。史思明度河,忠志复叛,勒兵三万固守,贼将辛万
宝屯恒州相掎角。
　　思明死,忠志不肯事朝义,使裨将王武俊杀万宝,挈恒、赵、深、
定、易五州以献。雍王东讨,开土门纳王师,助攻莫州。朝义平,擢
礼部尚书,封赵国公,名其军曰成德,即拜节度使,赐铁券许不死,
它赉与不赀,赐姓及名。于是遂有恒、定、易、赵、深、冀六州地,马五
千,步卒五万,财用丰衍,益招来亡命,雄冠山东。与薛嵩、田承嗣、
李正己、梁崇义相姻嫁,急热为表里。先是,天宝中,玄宗冶金自为
象,州率置祠,更贼乱,悉毁以为赏,而恒独存,见宠异,加赐实封。

始,宝臣与正己素为承嗣所易。其弟宝正,承嗣婿也,往依魏,与承嗣子维击球,马骇,触维死,承嗣怒,囚之,以告宝臣,宝臣谢教不谨,进杖,欲使示责,而承嗣遂鞭杀之,由是交恶。乃与正己共劾承嗣可讨状。代宗欲其自相图,则势离易制,即诏宝臣与朱滔及太原兵攻其北,正己与滑亳、河阳、江淮兵攻其南。师会枣强,椎牛飨军,宝臣厚赐士,而正己颇觳,军怨望,正己惧有变,即引去。惟滔、宝臣攻沧州,历年未下,击宗城,残之,斩二千级。承嗣弟廷琳方守贝州,遣高嵩岩将兵三千戍宗城,宝臣使张孝忠攻破之,斩嵩岩,逸所执将四十余人。会王武俊执贼大将卢子期,遂降洺、瀛。当是时,河南诸将败田悦于陈留,正己取德州,欲颇穷讨。承嗣惧,乃甘言绐正己,正己止屯,诸军亦莫敢进。

于是天子遣中人马希倩劳宝臣,宝臣归使者百缣,使者恚,抵诸道,宝臣顾左右愧甚。诸将已休,独武俊佩刀立庍下,语之故。武俊计曰:“赵兵有功尚尔,使贼平,天子幅纸召置京师,一匹夫耳。”曰:“奈何?”对曰:“养魏以为资,上策也。”宝臣曰:“赵、魏有衅,何从而可?”对曰:“势同患均,转寇仇为父子,欬唾间耳。朱滔屯沧州,请禽送魏,可以取信。”宝臣然之。

先是,承嗣知宝臣少长范阳,心常欲得之。乃勒石若谶者瘗之境,教望气者云有玉气。宝臣掘得之,文曰:“二帝同功势万全,将田作伴入幽燕。”“帝”谓宝臣与正己为二。而阴使客说曰:“公与滔共攻沧,即有功,利归天子,公于何赖?诚能赦承嗣罪,请奉沧州入诸赵,愿取范阳以报。公以骑前驱,承嗣以兵卒从,此万全势也。”宝臣喜得沧州,又见语与谶会,遂阴交承嗣而图幽州,承嗣陈兵出次以自验。

宝臣谬谓滔使曰:“吾闻朱公貌若神,愿绘而观可乎?”滔即图以示之。宝臣置图射堂,大会诸将,熟视曰:“信神人也!”密选精卒二千,夜驰三百里欲劫滔,戒曰:“取彼貌若射堂者。”时二军不相虞,忽闻变,滔大骇,战瓦桥,败,衣佗服得脱,禽类滔者以归承嗣。承嗣知衅成,还军入堡,使人谢宝臣曰:“河内方有警,未暇从公。石谶，吾戏为耳！"宝臣惭而还。俄进封陇西郡王，又拜同中书门下平章事。德宗立，拜司空。

宝臣晚节尤猜忌，自顾子惟岳且暗弱，恐下不服，即杀骨鲠将辛忠义、卢俶、许崇俊、张南容、张彭老等二十余人，籍入其赀，众乃携贰。宝臣既贮异志，引妖人作谶兆，为丹书、灵芝、朱草，斋别室，筑坛置银盘、金匦、玉斝，狠曰："内产甘露神酒。"刻玉印，告其下曰："天瑞自至。"众莫敢辨者。妖人复言："当有玉印自天下，海内不战而定。"宝臣大悦，厚赍金帛。即而畏事露且诛，诈曰："公饮甘露液，可与天神接。"密置堇于液，宝臣已饮即喑，三日死，年六十四。惟岳悉诛杀妖人，时建中二年也。遗表请以惟岳领军，诒书执政诿家事，归节于朝，诏赠太傅。

惟岳，少为行军司马、恒州刺史。宝臣死，军中推留后，求袭父位，帝不许。趣护丧还京师，以张孝忠代之。田悦为请，不听。遂与悦、李正己谋拒命。府小史胡震、私人王他奴等专画反计。府属邵真泣曰："先公位将相，恩甚厚，而大夫违命缞绖中，愚固惑焉。魏近且与国，不可遽绝，绝之速祸，请厚礼遣其使，徐更图之；齐远而交疏，不如械使者送京师，且请致讨。上嘉大夫忠，所请宜许。"惟岳瘖，使真作奏。震与将吏议不可，惟岳又从之。其舅谷从政，豪俊士也，切谏不纳。

于是张孝忠以易州归天子，天子诏朱滔与孝忠合兵讨惟岳，尽赦吏士，购惟岳首有赏。惟岳与滔战束鹿，大奔。遂围深州。明年正月，率兵万余，使王武俊争束鹿，田悦亦遣孟祐来助。武俊以精兵先陷阵，师却。滔缋帛为猊貌，使壮士百人蒙以噪，趋惟岳军，马骇军乱，因大败，火其营去。于是深州日急，悦亦婴城矣。惟岳惧，召真议遣使诣河东马燧，令其弟惟简见帝，斩大将谢罪，以兵属郑诜，身朝京师。孟祐知其谋，走告悦，悦使扈岌来让曰："敝邑暴兵，本为君索命节，岂为叛逆耶？虽见破于马燧，而感激士大夫乘城拒守，以为后图。今君信邵真谗间，欲归悦之罪，以自涤荡，何负而然！不则遣祐还军,无遗王师禽。若能诛真以徇,请事公如初。"惟岳懦不能决,毕华见曰:"大夫与魏盟未久,魏虽被围,彼多蓄积,未可下。齐兵劲地广,裾带山河,所谓东秦险固之国,与相持维,足以抗天下。夫背义不祥,轻虑生祸。且孟祐骁将,王武俊善战,前日逐滔,滔仅免,今合两将,破滔必矣。惟审图之!"惟岳见深围未解,畏祐还,乃斩真以谢悦。明日复战,又大败。而康日知举赵州听命,惟岳益困,乃付牙将卫常宁兵五千,而俾王武俊骑八百攻日知。

武俊才雄,素为惟岳忌,及师行,谓常宁曰:"大夫信谗,吾朝不图晏,是行胜与否,吾不复入恒。将以身托定州张公,安能持颈就刀乎!"常宁与副李献诚曰:"君不闻诏书乎?斩大夫首以其官畀之。观大夫势终为滔灭,若倒戈还府,事实易图,有如不捷,张公可归也。"武俊然之。惟岳使要藉官谢遵至武俊壁议事,武俊与谋,使内应。至期,启城门,武俊入,杀人廷中,无亡者。乃传令曰:"大夫叛命,今且取之,敢拒者族!"士不敢动。武俊使裨校任越牵惟岳出,缢之戟门下,并杀郑诜、他奴等数十人,使子士真传首京师。帝尽赦其府将士,给部中租役三年。

真始事宝臣,掌文记,武俊表其忠,赠户部尚书。其息吕擢冀州长史。

常宁在武俊时用事,为内史监,其后谋乱,诛。

惟岳异母兄惟诚,尚儒术,谦裕,宝臣爱之,使决军事,以惟岳正嫡,固让不肯当。其妹妻李纳,故宝臣请惟诚复故姓,而仕诸郓,为纳营田副使,四为州刺史。

初,惟岳叛,弟惟简以家僮票士百余奉母郑奔京师,帝拘于客省。及出奉天,惟简将赴难,谋于郑,郑曰:"尔父立功河朔,位宰相,身未尝至京师,兄死于人手。尔入朝,未识天子,不能效忠,吾不子汝矣!"督其行曰:"而能死王事,吾不朽矣!"乃斩关出,道更七战,得及行在。帝见厚抚之,拜太子谕德,讨贼有功。帝徙山南,惟简以三十骑从,夜失道,驰至蓥屋西,闻中人语,问天子所在,密语曰:

"上在此。"帝见之流涕，执其手曰："尔有母，乃能从朕耶？"对曰："臣誓以死。"比明，北方有尘起，帝忧。惟简登高曰："浑瑊以骑来。"瑊至，遂决趋兴元，惟简前导。及帝还，封武安郡王，号元从功臣，图形凌烟阁，赐铁券。

宪宗时，为左金吾卫大将军，长上万国俊夺兴平民田，吏畏不敢治，至是诉于惟简，即日废国俊，以地与民。出为凤翔节度使，市耕牛佃具给农，岁增垦数十万亩。卒，年五十五，赠尚书右仆射。

子元本，轻薄无行。长庆末，与薛浑私侍襄阳公主，事败，主幽禁中，元本以功臣子，贷死，流岭南。弟铢，好学多识，有儒者风。

王武俊，字元英，本出契丹怒皆部。父路俱，开元中，与饶乐府都督李诗等五千帐求袭冠带，入居蓟。武俊甫十五，善骑射，与张孝忠齐名，隶李宝臣帐下为裨将。宝应初，王师入井陉，武俊谓宝臣曰："以寡敌众，曲遇直，战则离，守则溃，锐师远斗，庸可御乎。"宝臣遂以恒、定等五州自归，共平余贼，武俊谋也。奏兼御史中丞，封维川郡王。其子士真，亦沈悍有断，宝臣倚爱，出入帐中，以女妻之。宝臣以疑杀许崇俊等，士真密结左右，故武俊免于难。

惟岳拒命，或言武俊有他志，武俊知之，出入导从才一二，未尝接宾客。惟岳虽内疑，然见其屈损，又惜善斗，未忍杀。康日知以赵州降，惟岳谋代之，皆曰："武俊故心膂，先君命之使佐大夫，而士真又大夫女弟婿，今事急，宜去猜嫌以任之，不然，尚谁使？"乃遣与卫常宁将兵往。因谋执惟岳，而日知亦遣人邀说以祸福，武俊乃还兵，使人谓惟岳曰："大夫与齐、魏同恶，今魏兵已败，齐为赵州所限，幽州兵近在定，三军且救死。闻有诏召大夫，宜亟归。"惟岳惶遽出，遂缢。即遣其属孟华奏天子。华辩对称旨，德宗擢为兵部郎中，授武俊检校秘书监兼御史大夫、恒冀观察使。

是时，惟岳将杨政义以定降，杨荣国以深降，朱滔受而戍之。帝以定赐张孝忠，而日知为深赵观察使。武俊怨不得节度而失赵、定，滔亦怨失深州，二人相结。武俊即缚使者送滔，与之叛。帝闻，诏华谕解，不听。

时马燧、李抱真、李芃、李晟讨田悦，悦方困，武俊、滔救之，屯连篦山。帝诏李怀光督神策兵助讨贼，军就舍，气锐甚，谓燧曰："奉诏毋养寇，及壁垒未成击之，可灭也。"乃纵兵入滔壁，杀千余人。悦军既屡北，不能阵。怀光缓辔观之，武俊乘其急，使赵万敌等以二千骑横突，而滔军踵驰，王师乱，相蹋藉死，尸梗河为不流。怀光还走壁。武俊夜决河注王莽渠，断燧饷路。燧计穷，而与滔素姻家，乃遣使谩谢滔曰："老夫不自量，与诸君遇。王大夫善战，天下无前，吾固宜败，幸公图之，使老夫得还河东，诸将亦罢兵，吾为言天子，以河北地付公。"滔亦阴忌武俊胜且不制，即谓武俊曰："王师既败，马公卑约如此，迫人以险。"答曰："燧等皆国名臣，连兵十万，一战而北，贻羞国家，不知何面目见天子耶？彼行不五十里，必反拒我。"滔固许之。燧至魏县，坚壁自固，师复振。滔惭谢，嫌隙始构矣。武俊使张钟葵攻赵州，日知斩其首以闻。

于是武俊与田悦等擅相王。武俊国号赵，以恒为真定府，命士真留守兼元帅；以毕华、郑儒为左右内史，王士良司刑，王佑司文，士清司武，并为尚书；士则司文侍郎，宋端给事中，王洽内史舍人，张士清执宪大夫，卫常宁内史监，皇甫祝尚书右仆射，余以次封拜。

建中四年，抱真使客贾林诈降武俊，即见，曰："吾来传诏，非降也。"武俊色动，林曰："天子知大夫登坛建国抚膺顾左右曰：'我本忠义，天子不省，故至是。'今诸军数表大夫至诚，上见表动色曰：'朕前误无及矣。朋友失意尚可谢，朕四海主，毫芒过失，返不得自新耶！'今大夫亲断逆首，而宰相暗于事宜，国家与大夫乌有细故哉？朱滔以利相动，公何取焉？诚能与昭义同心，旷然改图，上不失君臣之义，下以为子孙计。"武俊曰："仆虏人也，尚知抚百姓，天子固不务杀人，以安天下。今山东连兵比战，骨尽暴野，虽胜尚谁与居？今不惮归国，业与诸军盟，虏性朴强，不欲曲在我，天子若能以恩荡刷之，我首倡归命，有不从者，奉辞伐之，河北不五十日可定。"会帝出奉天，抱真将还泽潞，悦说武俊，滔踵袭之。林曰："夫退军，前辐重，后锐师，人心固壹，不可图也。使战胜得地，利归于魏，不幸丧师，赵受其灾。今沧、赵乃故地，胡不取之？"武俊遂引而北，林复激之曰："公异邦豪英，不应谋中夏。燕、魏幽险，彼王室强则须公之援，削则己欲并吞。且河北惟有赵、魏、燕耳，滔乃称冀，心图公冀州矣。使滔能制山东，大夫当臣事之，否则见攻。能臣滔乎？"武俊投袂曰："二百年天子犹不能事，安能臣竖子耶！"乃定计通好抱真，而约马燧盟。

兴元元年赦天下，武俊大集其军，黜伪号。诏国子祭酒董晋与中人宣慰，拜检校工部尚书、恒冀深赵节度使，又加检校司空、同中书门下平章事，兼幽州卢龙节度使、琅邪郡王。

是时，滔悉幽、蓟兵与回纥围贝州，将绝白马津，南趋洛；李怀光据河中；李希烈陷汴，南略江淮；李纳方叛。唯李晟军渭上。羽书调发天下十之三，人心惴恐。及田绪杀悦，林复说武俊曰："滔素欲得魏博，会悦死，魏人气歼，公不救，魏且下。滔益甲数万，张孝忠将北面事滔，三道连衡，济以回纥，长驱而南，昭义军必保山西，则河朔举入滔矣。今魏尚完，孝忠未附，公与昭义合兵破之，声振关中，京邑可坐复，天子反正，不朽之业，谁与公参！"武俊大喜，与抱真相闻，自将屯南宫，抱真屯经城，两军相距十里而舍。武俊潜会抱真于军，陈说慷慨，抱真亦倾意结纳，约为兄弟，遂俱东壁贝州，距城三十里止。滔欲迎战，武俊戒战士饱食曰："军未合，毋妄动！"遣赵琳、赵万敌兵五百蔽林以待。滔使票将马实、卢南史阵而西，李少成引回纥翼之。日中兵接，武俊与子士清引精骑望少成军，抱真次之，滔驰骑二百出武俊东南，乘高鼓噪。武俊使步兵决战，而自以骑当回纥，勒兵避其锐。回纥马怒突而过，未及返，武俊急击，琳等兵亦出，回纥惊，中断，遂先奔。初，滔兵蹙武俊军，不能伤，回纥既却，即欲引还，因嚣不能止，军大奔，滔走还壁。武俊中流矢，谓抱真曰："士少衰，盍以骑济师，巢穴可覆也。"抱真使来希皓率劲骑薄滔营，卢玄真乘其后，滔惧，引众去，希皓迫之，武俊邀于隘，滔大败，免者八千人。会夜，各按屯，武俊营滔东北，抱真营西北。滔知不支，夜半焚车粮,遁归幽州,火如昼,师大噪,其声殷地。抱真以山东蝗,食少,归于潞,武俊亦还。

会有诏复滔官爵,武俊上还幽州卢龙节度。又诏以恒州为大都督府,即授武俊长史,赐德、棣二州,以士真为观察使、清河郡王。天子至自梁,遇武俊益厚,子弟虽襁褓,悉官之。俄进检校太尉兼中书令,得建庙京师,有司供拟。

武俊善射,尝与宾客猎,一日射鸡兔九十五,观者骇伏。贞元十七年死,年六十七。群臣奉慰天子,如浑瑊故事,赠太师。有司谥威烈,帝更为忠烈。士真袭位。

士真,其长子也。少佐父立功,更患难,既得节度,息兵善守,虽擅置吏,私赋入,而岁贡数十万缯,比燕、魏为恭。元和初,即拜同中书门下平章事。四年死,赠司徒,谥曰景襄。军中推其子承宗为留后。

始,河北三镇自置副大使,常处嫡长,故承宗以御史大夫为之。及总留事,宪宗久不报,伺其变。承宗数上疏自言。帝闻刘济、田季安俱大病,议更建节度。翰林学士李绛曰:"镇州世相继,人所狃习,惟拒命则讨之。且诸道之赏馈百万士,又燕、魏、淄青,势同必合。方江、淮水潦,财力刉困,宜即诏承宗嗣领。季安等虽病,徐图所宜。定四方有天时,不可速也。"帝然之,欲析镇分建节度,使承宗岁输赋如李师道。绛曰:"假令承宗奉诏,诸道以割地同怨,是官爵虚出而无当也。不如令使者谕之,无出上意。"帝乃诏京兆尹裴武慰抚,承宗奉诏恭甚,请上德、棣二州,遂以检校工部尚书嗣领节度,而以德州刺史薛昌朝为保信军节度使,统德、棣。

昌朝,嵩子也,与承宗故姻家,帝因欲离其亲将,故命之。诏未至,承宗驰骑劫而归,囚之。诏更用棣州刺史田涣为二州团练守捉使,遣中人传诏令归昌朝,承宗拒命,帝怒,诏削官爵,遣中人吐突承璀将左右神策,率河中、河阳、浙西、宣歙兵讨之。赵万敌者,故武俊将,以健斗闻,士真时入朝,上言讨之必捷,令与承璀偕。有诏:

"武俊忠节茂著,其以实封赐子士则,毋毁坟墓。"

承璀至军,无威略,师不振。神策大将郦定进号骁将,以禽刘辟功,王阳山郡,至是战北,驰而偾,赵人曰:"郦王也",害之,师气益折。及吴少诚死,李绛奏:"蔡无四邻援,攻讨势易,不如赦承宗,专事淮西。"帝不听。昭义节度使卢从史市承宗,外自固,内实与之。太常卿权德舆谏曰:"神策兵市井屠贩,不更战阵,恐因劳惮远,溃为盗贼。恒冀骑壮兵多,攻之必引时月,西戎乘间,则禁卫不可顿虚。山东,疥癣也;京师,心腹也。不可不深念。且师出半年,费缯钱五百万。方夏甚暑水潦,疾疫且降,诚虑有溃桡之变。"又言:"山东诸侯,皆以息自副,人心不远,谁肯为陛下尽力者。又卢从史倚寇为援,诪承璀邀宠利,宜召行营善将,令倍驿驰,度至半道,授以泽潞,而徙从史它镇,破其奸图,然后赦承宗,众情必服。"帝未许。

五年,河东军拔其一屯,张茂昭破之木刀沟;帝患从史诈,卒以计缚送京师;刘济又拔安平。承宗惧,遣其属崔遂上书谢罪,且言:"往年纳地,迫三军不得专,而为卢从史卖以求利,愿请吏入赋得自新。"是时宿师久无功,饷不属,帝忧之。而淄青、卢龙数表请赦,乃诏洗雪,尽以故地界之,罢诸道兵。昌朝归京师,授右武卫将军。承宗见兵薄境,已而罢,归罪从史,得不诘,自谓计得,謷然无顾惮。

七年,军库火,器铠殆尽,杀守吏百余人,不自安。及吴元济反,承宗与李师道上书请宥,教其将尹少卿为蔡游说,见宰相语不逊,武元衡怒,叱遣之。承宗怨甚,与师道谋,遣恶少年数十曹伏河阴,乘昏射吏,吏奔溃,因火漕院,人趣火所,斗死者十余辈,县大发民捕盗,亡去不获,凡败钱三十万缗、粟数万斛。未几,张晏等贼宰相元衡,京师大索,天子为旰食。承宗尝疏元衡过咎,留中。至是帝出表示群臣大议,咸请声其罪伐之。诏乃绝承宗朝贡,窜其弟承系、承迪、承荣于远方,以博野、乐寿故范阳地,命归刘总。而所遣盗处处窃发,断建陵门戟,燔献陵寝宫,伏甲欲反洛阳,不克。承宗数出兵掠邻鄙,田弘正上言承宗宜诛,帝使率师压境。承宗揣诏旨兵不即进,即肆剽沧、景、易、定间,人苦之。

十一年,诏削爵,以实封赐士平,使奉武俊后。令河东、义武、卢龙、横海、魏博、昭义六节度兵进讨,大抵数十万,环地数千里,以分其势。然营屯离置,主约不得一,故士观望,独昭义郗士美薄贼境,贼不敢犯。始,承宗不能叶诸父,皆奔京师。士则为神策大将军,闻其叛,请占数京兆,裴度请用为邢州刺史,使隶昭义,以倾赵人。有王怡者,武俊从子,为承宗守南宫,士则招之,约归命,谋泄遇害;子元伯奔还,擢监察御史,诏赠怡尚书左仆射。

明年元济平,承宗大恐,使牙将石泛奉二子至魏博,因田弘正求入侍,且请归德、棣二州,入租赋,待天子署吏。弘正遣知感、知信诣阙下请命。前此,帝使尚书右丞崔从赐诏书许自新,承宗素服待罪。及是乃诏复官爵,以华州刺史郑权为横海节度使,统德、棣、沧、景等州,复承宗实封户三百,以所部饥,赐帛万匹。李师道平,奉法益谨,表所领州录事、参军、判司、县主簿、令,皆丐王官。

十五年死,赠侍中。军中推其弟承元为留后。承元不敢世于镇,诏用为义成军节度使,事见本传。

王廷凑,本回纥阿布思之族,隶安东都护府。曾祖五哥之为李宝臣帐下,骁果善斗,王武俊养为子,故冒姓王,世为裨将。

廷凑生骈胁,沈鸷少言,喜读《鬼谷》、兵家诸书。王承宗时,为兵马使。田弘正至镇州,诏以度支缗钱百万劳军,不时致,廷凑暴其稽以观众心,众果怨,由是害弘正,自称留后,胁监军表请节。又取冀州,杀刺史王进岌。穆宗怒,以弘正子布为魏博节度使,率军进讨,仍敕横海、昭义、河东、义武军并力。于是大将王位等谋执廷凑,不克,死者三千余人。会朱克融囚张弘靖,以幽州乱,乃合从拒王师。

有诏议攻讨先后,剑南东川节度使王涯以为"范阳乱非宿谋,可先事镇州,又有魏博之怨,济以晋阳、沧德,掎角而进。夫用兵若斗然,先扼喉领。今瀛莫、易定实贼咽喉,宜屯重兵,俾死生不得相闻,间谍不入,此莫胜之策"。帝乃诏义武节度使陈楚闭境,督诸军三道攻。而沧德乌重胤最宿将,当一面。裴度以河东节度使兼幽、镇招抚使,屯承天军。重胤知时不可,案兵未肯前,帝浮于听受,锐克伐,更以深冀行营节度使杜叔良代之。叔良素结中人,入见帝,大言曰:"贼不足破!"会度逐廷凑兵于会星,又入元氏,焚壁二十二。叔良率诸道兵救深州,战博野,大奔,失所持节,以身免,贬归州刺史。叔良者,将家子,本以附会至灵武节度使,坐不职罢,复阶贵近,帅沧景。廷凑知其怯,故先犯之,师由是败。

当是时,帝赐赉无艺,府帑空,既集诸道兵,调发火驰,民不堪其劳。仰度支者大抵兵十五万,有司惧不给,置南北供军院。既薄贼鄗,饷道梗棘,樵苏不继,兵番休取刍蒸。廷凑乘间夺转运车六百乘,食愈困,至所须衣帛,未半道,诸军强取之,有司弗能制。其县师深入者,不得衣食。又监军宦人,悉取精票士自随,疲瑣者备行阵,战辄溃。二贼众不过万余,王师统制不一,讫无功。宰相不知兵,为异议摇诋,裁报乖戾,深州围益急。

明年,魏牙将史宪诚叛,田布众溃于南宫。帝不得已,乃赦廷凑检校右散骑常侍、成德军节度使。会牛元翼出奔,廷凑遂取深州,诏兵部侍郎韩愈慰其军。

廷凑既原,则稍挺,与克融、宪诚深相结,为辅车援。沧州李全略死,子同捷求袭,文宗不许,更授兖海节度使。同捷逆命,乃以珍币子女厚结廷凑,帝虞其变,故授检校司徒。及幽、魏、徐、兖兵讨同捷,廷凑桡魏北鄙以牵制之,而馈沧景齑粮,囚邻道使者不遣。帝怒,诏绝其输贡。于是易定柳公济战新乐,斩首三千级,昭义刘从谏战临城,败之,引漳注深、冀。有诏:"同捷乱,廷凑同恶,宜削官爵,诸道以兵进讨,有能斩廷凑者,赐钱二万缗,优畀之官;以州镇降者,等差为比。"公济再战行唐,皆克,焚栅十五。廷凑射蜡书求救于幽州,行营李载义获之;又纳魏叛将丌志沼。会同捷平,廷凑稍畏,表上景州,而弓高、乐陵、长河三县固守,复上书谢。帝方猒兵,赦之,悉复官爵,还所上州。久之,进兼太子太傅、太原郡公。

镇冀自惟岳以来,拒天子命,然重邻好,畏法,稍屈则祈自新。

至廷凑资凶悖,肆毒甘乱,不臣不仁,虽夷狄不若也。大和八年死,赠太尉。军中以元逵请命,帝听袭节度。

元逵,其次子也。识礼法,岁时贡献如职。帝悦,诏尚绛王悟女寿安公主。元逵遣人纳聘阙下,进千盘食、良马、主妆泽奁具、奴婢,议者嘉其恭。其后刘稹叛,武宗诏元逵为北面招讨使。诏下,即日师引道,拔宣务壁,破援军尧山,攻邢州降之,累迁检校司徒、同中书门下平章事。稹平,加兼太子太师,封太原郡公,食实封户二百,进至兼太傅。大中八年死,年四十三,赠太师,谥曰忠。

子绍鼎袭,字嗣先,累擢检校尚书左仆射。其为人淫湎自放,性暴,厚衰敛,升楼弹射路人以为乐。众忿其虐,欲逐之。会病死,赠司空。

子幼未能事,宣宗以元逵次子绍懿为留后以嗣,俄为节度使,累封太原县伯,加检校司空。政简易,咸通七年死,赠司徒。以绍鼎子景崇嗣。初,绍懿病笃,召景崇曰:"先君以政属我,须尔长,将授之。今疾甚,尔虽少,勉总军务,礼藩邻,奉朝廷,则家业不坠矣。"监军上状,懿宗悦,擢景崇为留后,寻进节度使。

景崇,字孟安,以公主嫡孙,尤被宠。庞勋反,景崇遣兵会王师平贼,进检校尚书右仆射。主薨,谥曰章惠,景崇居丧如礼。母张卒,号慕羸惫,当时称之。以政委宾佐,检戒亲属不得与。尝欲引母昆弟为牙将,其佐张位曰:"军中用人,有劳有能,若私其人,厚畀田宅禄食可也,何必以官。"景崇谢。进同中书门下平章事、检校太尉兼中书令,封赵国公。乾符五年,进王常山。

黄巢反,帝西狩,伪使赍诏至,景崇斩以徇,因发兵驰檄诸道,合定州处存连师西入关,问行在,贡输相踵。每语及宗庙园陵,辄流涕。

蔚州刺史苏祐为沙陀所攻,乞师于幽州,屯美女谷,兵不利。祐将出奔,会诏徙濮州刺史,拥兵之官,道于镇,景崇馆于灵寿,肆其下剽夺,景崇杀之。

嗣节度凡十四年,十三迁至检校太傅。中和三年死,年三十七,赠太傅,谥曰忠穆。子镕。

镕,年十岁,军中推为留后,授检校工部尚书。李克用、杨复光攻黄巢,镕凡再馈粟以济师。僖宗还自蜀,献马牛戎械万计。

于是克用方击孟方立于邢州,镕归刍粮。邢州平,克用遂谋山东,屯常山西,引轻骑涉滹沱谍军,会大澍,平地水出,镕兵奄至,克用匿林中以免。是时,幽州李匡威亦谋取易、定分其地。王处存方厚事克用,克用宠将李存孝已拔邢,则略镕南鄙,别将李存信等出井陉会之。镕侵尧山,存孝击败之,遂至深、赵。镕求救于匡威。存孝方攻临城等数县,闻威屯鄗,引师去。存信素忌存孝,妄曰:"无击贼意。"克用信之。存孝,飞狐人,所谓安敬思者,善骑射,攻葛从周,败张浚、韩建,数有奇功。至是惧谗,挈邢州归朱全忠,并结镕为助。天子诏出镇、幽、魏兵援之。景福元年,克用假道于镕以讨存孝,镕不答,乃与处存连兵侵镕,拔坚固镇,攻新市。镕禽克用将薛万金。匡威以兵三万救镕。克用自攻常山,度滹沱。镕引骑十万夜济礧水,袭败之,斩二万级,夺铠器三百乘,克用退壁栾城。天子有诏和解三镇,克用还,然未得志,故复伐镕。匡威五千骑败克用于元氏,镕具牛酒会匡威鄗城,饷金二十万以谢。

俄而匡威为弟匡筹所逐,镕德其助己,迎而馆之。匡威亲忌日,镕往吊,伏起,杀其府属杨沿及亲吏淡从,有甲者牵镕袖。匡威曰:"与我四州,可不死!"镕许之。将镕入牙城,镇军噪而阖左门,坎垣出战。会大雨风,木拔瓦飞。兵相接,有屠者墨君和袒而薄贼,众披靡,乃挟镕逾城入。既免,赏千金,与第一区,约宥十死。匡威走东园,兵围之,与从事李抱贞俱死。明日,镕以礼敛匡威,素服哭诸廷,遣使告匡筹。匡筹怒,移书诘兄所以死状,表天子请讨镕,诏止之。又诏朱全忠平幽、镇怨。

克用闻匡威死,自率兵傅城下。镕大惊,纳缣二十万,乃退。匡筹攻乐寿、武强,克用出缚马关,败镇兵于平山,因进攻镕外垒。镕内失幽州助,因乞盟,进币五十万,归粮二十万,请出兵助讨存孝,乃得解。

克用屯栾城,存信屯琉璃陂,为邢人夜袭其营,存信军乱,不克追。克用进薄邢,环城为沟堞,欲示久围者;城中兵数出,沟垒不可成。裨将袁奉韬绐存孝曰:"君所畏唯王耳,王欲沟堞成则西归,公何不听之?"存孝兵不出,垒成,攻益急,城中食尽。存孝登城哭曰:"我误计,使我生见王,死不恨!"克用遣家妪招之,存孝出,泥首言为存信诬构,克用曰:"尔与镕书,骂我多矣!"辗而尸于市。

光化中,全忠讨幽州刘仁恭,镕遣兵屯蓨城,俄而仁恭败,击其归,得十八。全忠既取邢、洺、磁,又得潞,因图河东。使罗绍威讽镕绝太原,共尊全忠。镕猗违,全忠不悦。会克用将李嗣昭攻洺州,全忠自将击走之,得镕与嗣昭书,全忠怒,引军攻镕,次元氏。镕谓其属曰:"国危矣,奈何?"周式请见全忠,可以口舌罢也,许之。全忠迎折曰:"尔公朋附太原,今无赦矣!"即出书示式曰:"嗣昭在者,宜速遣。"式曰:"王公所与和者,息人锋镝间耳,况继奉天子诏和解,能无一番纸坠北路乎?太原与赵本无恩,嗣昭庸肯入耶?公为唐桓、文,方以仁义成霸业,宁困人于险耶?"全忠喜,把式袂曰:"吾特戏耳!"延入帐中,议修好。镕以币二十万赂师,遣子昭祚质仕全忠府,全忠因妻之。镕判官张泽谋曰:"失火之家,不可恃远救。今定密迩与太原亲,宜使全忠图之。"镕遣式使全忠,全忠乃取定州,王部遂奔太原。

镕母何,有妇德,训镕严。至母亡,镕始黩货财,姬侍千人,仪服僭上。又以房山有西王母祠,数游览,妄求长年事,逾月不还。

始,廷凑贱微时,邺有道士为卜,得《乾之坤》,曰:"君将有土。"及得镇,迎事甚谨。复问寿几何?子孙几何?答曰:"公三十年后,当有二王。"已而廷凑立十三年死,盖廙文也,景崇、镕皆王。廷凑尝使至河阳,醉寝于路,有过其所者视之曰:"非常人也!"从者以告廷凑,驰及之,问其故,曰:"吾见君鼻之息,左若龙,右若虎,子孙当王百年。家有大树，覆及堂，公兴矣。"及害弘正，而树适庇寝。自廷凑讫镕，凡百年。

赞曰：朱滔、王武俊南面称王，地联交昵。及沘僭天子，滔将应之，当时危矣。贾林以一语寤武俊，轧兵相仇，折幽、蓟之锐，沘失其朋，不出孤城，终底覆夷。用林之功，赏不及身，德宗为不明哉！

唐书卷二一二
列传第一三七

藩镇卢龙

李怀仙　　朱滔　　刘怦　济　总

朱克融　　李载义　杨志诚　史元忠

张仲武　直方　　张允伸　张公素

李茂勋　可举　　李全忠　匡威　匡筹

刘仁恭

　　李怀仙，柳城胡也。世事契丹，守营州。善骑射，智数敏给。禄山之反，以为裨将。史思明盗河南，留次子朝清守幽州，以阿史那玉、高如震辅之。朝义杀立，移檄诛朝清。二将乱，朝义以怀仙为幽州节度使，督兵驰入。如震欲拒，不及计，乃出迎。怀仙外示宽以安士，居三日，大会，斩如震，州部悉平。朝义败，将趋范阳。中人骆奉先间遣镳说，怀仙遂降，使其将李抱忠以兵三千戍范阳。朝义至，抱忠闭关不内，乃缢死，斩其首，因奉先以献。仆固怀恩即表怀仙为幽州卢龙节度使，迁检校兵部尚书，王武威郡。属怀恩反，边羌挈战不解，朝廷方勤西师，故怀仙与田承嗣、薛嵩、张忠志等得招还散亡，治城邑甲兵，自署文武将吏，私贡赋，天子不能制。

　　大历三年，麾下朱希彩、朱泚、泚弟滔谋杀怀仙，斩闻者以入，希彩不至。黎明，泚惧欲亡，滔曰："谋不成，有死，逃将焉往？"俄希彩至，共斩怀仙，族其家。希彩自称留后。张忠志以兵讨其乱，不克。代宗因赦罪，诏宰相王缙为节度使，以希彩副之。希彩闻缙至，搜卒伍，大陈戎备以逆。缙建旌榮徐驱，希彩迎谒恭甚。缙度不可制，劳军，阅旬乃还。希彩即领节度。五年，封高密郡王。驽恣不轨，人不堪。七年，其下李瑗间众之怨，杀之，共推朱泚为留后。泚自有传。

朱滔，性变诈多端倪。希彩以同宗倚爱之，使主帐下亲兵。泚领节度，遣滔将兵三千为天子西乘塞，为诸军倡。始，安、史后，山东虽外臣顺，实傲肆不廷。至泚首效款，帝嘉之，召见滔殿中。帝问曰："卿材孰与泚多？"滔曰："统御士众，方略明辨，臣不及泚；臣年二十八，获谒天子，泚长臣五年，未识朝廷，此不及臣。"帝愈喜，特诏勒兵贯王城而出，屯泾州，置酒开远门饯之。戍还，乃谋夺泚兵，诡说曰："天下诸侯未有朝者，先至，可以得天子意，子孙安矣。"泚信之，因入朝。稍不相平，泚遂乞留，西讨吐蕃。以滔权知留后，兼御史大夫。滔杀有功者李瑗等二十余人，威振军中。

李惟岳拒命，滔与成德张孝忠再破之束鹿，取深州，进检校司徒，遂领节度，赐德、棣二州。德宗以康日知为深、赵二州团练使，诏滔还镇。滔失深州，不平，又请恒、定七州所赋供军，复不许，愈怨。时马燧围田悦，悦穷，间滔与王武俊同叛。滔姑子刘怦为涿州刺史，以书谏曰："司徒身节制，太尉位宰相，恩遇极矣。今昌平有太尉乡、司徒里，不朽业也。能以忠顺自将，则无不济。比忘上乐战，不顾成败如安、史者，今复何有？司徒图之，无贻悔。"滔不从，连兵救悦。又惧张孝忠之袭，使怦壁险而军。滔激其众曰："士蹀血斗，既下坚城，朝廷乃见夺，奏赏不报。君等疾趋，破马燧军以取赏粮，可乎？"军中不应，三号之，乃曰："幽人死于南者，骸撑不掩，痛藏心髓，奈何复欲暴骨中野乎？司徒兄弟受国宠，士各蒙官赏，愿安之，不恤其它。"滔罢，潜杀不可共乱者数十人。日知发其谋于燧，天子闻，以悦未下，重起两寇，即封滔通义郡王，实户三百。

滔愈悖，分兵与武俊屯赵州胁日知，矫诏发其粮贮，即引兵救悦,次束鹿。军大噪曰:"天子令司徒北还,而南救魏,宁有诏邪?"滔惧,走匿传舍。裨将蔡雄好谕士曰:"始天子约取成德,所得州县赐有功者。拔深州者,燕也。本镇常苦无丝纩,冀得深州以佐调率,今顾不得。又天子以帛赐有功士,为马燧掠去,今引而南,非自为也。"军中悔谢,复曰:"虽然,司徒南行违诏书,莫如还。"滔回次深州,诛首变者二百人。众惧,乃率兵南壁宁晋,与武俊合。帝命马燧、李怀光击之,滔属郑云逵、田景仙皆奔燧。已而滔破怀光军,则与王师屯魏桥,久不战。

悦得滔援,欲尊而臣之,滔让武俊曰:"篾山之胜,王大夫力也。"于是,滔、武俊官属共议:"古有列国连衡共抗秦。今公等在此,李大夫在郓,请如七国,并建号,用天子正朔。且师在外,其动无名,岂长为叛臣,士何所归?宜择日定约,顺人心,不如盟者共伐之。"滔等从之。滔以禄山、思明皆起燕,俄覆灭,恶其名,以冀,尧所都,因号冀,武俊号赵,悦号魏,纳号齐。建中三年冬十月庚申,为坛魏西,祀天,各僭为王,与武俊等三让乃就位。滔为盟主,称孤;武俊、悦及纳称寡人。是日,三叛军上有云气颇异,燧望笑曰:"是云无知,乃为贼瑞邪!"先是,其地土息高三丈,魏人韦稔佞悦,以为益土之兆。后二年,滔等册壝,正值其所。

滔改幽州为范阳府,以子为府留后,称元帅,用亲信为留守。滔等居室皆曰殿,妻曰妃,子为国公,下皆称臣,谓殿下。上书曰笺,所下曰令。置左右内史,视丞相;内史令、监,视侍中、中书令;东西侍郎,视门下、中书;东曹给事、西曹舍人,视给事中、中书舍人;司议大夫,视谏议大夫;六官省,视尚书;东西曹仆射,视左右仆射;御史台曰执宪,置大夫至监察御史;驱使要籍官曰承令;左右将军曰虎牙、豹略;军使曰鹰扬、龙骧。以刘怦为范阳府留守,柳良器、李子千为左右内史,滔兄琼瑰、陆庆为东、西曹仆射,杨霁、马实、寇瞻、杨荣国为司文、司武、司礼、司刑侍郎,李士真、樊播为执宪大夫、中丞。其余以次补署。聘处士张遂、王道为司谏。

燧遣李晟将兵至易、定,率张茂昭攻涿、莫,以绝滔援。明年,围清苑，滔将郑景济固守。滔使马实将兵万人，与武俊拒燧，自以兵万余救清苑，绝晟粮道。兵至定州，晟不知，夜引兵还。滔疑有伏，不敢逼，遽保瀛州。而孝忠、晟合兵千人城莱水，滔骁将乌萨戒以兵七百，袭杀城卒数百，晟不出。景济望滔军立帜为应。滔进军薄晟营，晟战不利，城中兵亦出，晟大败，奔易州。茂昭走满城。滔已破晟，则回屯河间不进。武俊遣宋端趣让，滔怒曰："孤呕战且病，就医药，而王已复云云。孤南救魏，弃兄背君如脱屣。王必相疑，亦听所为。"端还，武俊谓实曰："寡人望王速来指踪，决胜负，复何恶？王异日并天下，寡人得六七城，为节度足矣。"实遣具道所以然，武俊亦遣使谢滔，滔悦，亦报谢。然武俊内衔之，滋不怿，与田悦潜谋绝滔。

及泚反，燧等皆班师，武俊、实亦还。悦、武俊遣使至河间，贺泚即位。武俊诡请实共攻康日知于赵州，谋覆其军，不克。实归，武俊饯之，厚赠遗。泚遣人密召滔，使趋洛阳。滔发书，西向再拜，移檄诸道曰："今发突骑四十万走洛阳，与皇帝会上阳宫。"使王郅说悦连和俱西。滔素强调敛，武俊等不能堪。又令各以兵五千从攻洛，欲僭称帝，乘舆、法从及赦令皆具。

初，回纥以女妻奚王，大历末，奚乱，杀王，女逃归，道平卢。滔以锦绣张道，待其至，请为婚，女悦，许焉。既而遣使修婿礼于回纥，回纥喜，报以名马重宝。及僭相王，与武俊、悦、纳四金钥于回纥，曰："四国愿听命于可汗，谨上金钥，启闭出纳，唯所命。"至是，乞师焉，回纥以二千骑从。而武俊亦先乞师，以断怀光饷路，未至，而王师还。回纥过幽州，滔使说其酋达干曰："若能同度河而南，玉帛子女不赀，计可得也。"达干许诺，滔唉以金帛，约曰："五十里舍，以须悦军。"滔兵五万，车千乘，骑二万，士私属万余，房兵三千，马橐它倍之。过武俊境，武俊劳之，牛酒刍米皆具。然悦已用武俊谋，不肯出，储峙于野以待。滔至贝州，悦刺史邢曹俊上谒滔即归，闭城守，滔疑之，次永济。武俊阴遣客反间滔曰："悦有憾，须公南，以兵断公归路，宜少备。"滔闻怒，入永济，执悦吏掠讯，不得其情，杀之。使回纥大掠，南及澶、卫，系执老幼无遗者。悦大恐，阖城自保。滔遣将杨布略定馆陶,屯平恩,置官吏。

滔整军北还,使马实屯冠氏,闻悦死,遂攻魏州,围贝州。于是,武俊、李抱真合军击滔。滔急召实至贝州,步马乏顿。明日,辄约战,实请休士三日,蔡雄、达干等畏武俊坚壁难图,请战。杨布曰:"大王将取东都,逢小敌即怯,何以长驱天下邪?"术士尹少伯亦言必胜。既战,为二军所乘,大败,大将朱良祐、李进皆被执,委仗如丘,滔奔入德州。恨少伯、雄、布之谬,杀之。俄而京师平,滔已败,不能军,走还幽州,上书待罪。有诏武俊、抱真开示大信,若诚心审固者,当洗衅录勋,与更始。

初,滔以刘怦忠力,使留守,及败,疑图己,仿徨不敢入。怦闻其至,搜兵缮铠,夹道陈二十里迎谒,望滔哭,滔遂入府。气沮索,日邑邑,被病,政事一委怦。贞元元年死,年四十二,赠司徒。

刘怦,幽州昌平人。少为范阳裨将,以亲老疾宜侍,辄去职。李怀仙为节度使,檄召不应。朱滔时,积功至雄武军使,广垦田,节用度,以办治称。稍迁涿州刺史。滔之讨田承嗣,表知府事,和裕得众心。李宝臣以兵劫滔于瓦桥,滔走,宝臣乘胜欲袭幽州,怦设方略,勒兵完守,宝臣不敢谋,擢御史中丞。滔败归,终不贰,益治兵,人嘉怦忠于所奉。

及滔死,军中尽推怦,乃总军事。俄诏为节度副大使、彭城郡公。居镇才三月死,年五十九,赠兵部尚书,谥曰恭。子济。

济,字济,游学京师,第进士,历莫州刺史。怦病,诏济假州事。及怦卒,嗣节度,累迁检校尚书右仆射、同中书门下平章事。奚数侵边,济击走之,穷追千余里,至青都山,斩首二万级。其后又掠檀、蓟北鄙,济率军会室韦,破之。

王承宗叛,济合诸将曰:"天子知我怨赵,必命我伐之,赵且大备我,奈何?"裨将谭忠欲激济伐承宗,疾言曰:"天子不使我伐赵,赵亦不备燕。"济怒,系之。使视赵,果不设备。数日,诏书许济无出师。济释忠，谢而问之，忠曰："昭义卢从史外亲燕，内实忌之；外绝赵，内实与之。此为赵画曰：'燕倚赵自固，虽甚怨，必不残赵，故不足虞也。'赵既不备燕，从史则告天子曰：'燕、赵，宿怨也，今赵见伐而不备燕，是燕反与赵。'此所以知天子不使君伐赵，赵亦不备燕。"济曰："计安出？"曰："今天子诛承宗，而燕无一卒济易水者，正使潞人卖恩于赵，贩忠于上，是君贮忠谊心，而染私赵之名，卒不见德于赵，恶声徒嘈嘈于天下。"济然之，以兵七万先诸军，斩首数千级，又拔饶阳，屯瀛州。进攻安平，久不拔，济命次子总以兵八千先登，日中拔其城。会赦承宗，进中书令。

济之出，以长子绲摄留务，总为行营都知兵马使。济病甚，总与左右张玘、成国宝及帐内亲近谋杀济，乃使人诈从京师来，曰："朝廷以公前屯瀛州逗留，诏副大使代节度。"明日复使人曰："诏节至太原矣。"又使人走呼曰："过代矣。"举军惊。济愤且怒，不知所为，诛主兵大将数十人及素与绲厚善者，亟追绲，以烜兄皋代留事。济自朝至中昃不食，渴索酏浆，总使吏唐弘实置毒，济饮而死，年五十四。绲至涿州，总矫济命杀之。乃发丧，赠太师，谥曰庄武。

总性阴贼，尤险谲，已毒父，即领军政，朝廷不知其奸，故诏嗣节度，封楚国公，进累检校司空。承宗再拒命，总遣兵取武强，按军两端，以私馈赍。宪宗知之，外示崇宠，进同中书门下平章事。及吴元济、李师道平，承宗忧死，田弘正入镇州，总失支助，大恐，谋自安。又数见父兄为祟，乃衣食浮屠数百人，昼夜祈禳，而总憩祠场则暂安，或居卧内，辄惊不能寐。晚年益惨悸，请剔发，衣浮屠服，欲被除之。

谭忠复说总曰："天地之数，合必离，离必合。河北与天下离六十年，数穷必合，往朱泚、希烈自立，赵、冀、齐、魏称王，郡国弄兵，低目相视，可谓危矣，然卒于无事。元和以来，刘辟、李锜、田季安、卢从史、齐、蔡之强，或首于都市，或身为逐客，皆君自见。今兵骎骎北来，赵人已献德、棣十二城，助魏破齐，唯燕无一日劳，后世得无事乎?为君忧之。"总泣且谢,因上疏愿奉朝请,且欲割所治为三:以幽、涿、营为一府,请张弘靖治之;瀛、莫为一府,卢士玫治之;平、蓟、妫、檀为一府,薛平治之。尽籍宿将荐诸朝。

会穆宗冲逸,宰相崔植、杜元颖无远谋,欲宠弘靖,重其权,故全付总地,唯分瀛、莫置观察使。拜总检校司徒兼侍中、天平节度使。又赐浮屠服,号大觉,榜其第为佛祠,遣使者以节、印偕来。时总已自髡祝,让节、印,遂衣浮屠服。行及定州,卒。

始,总请代,献马万五千匹,群臣或疑其诈,帝独纳之,使给事中薛存庆宣慰,给所部复一岁,缗钱百万劳军,高年茕独不能自存者,官吏就问,赐粟帛。总遂与忠俱行,军中世怀其惠,拥留不得进。总杀首谋者十人,以节付张皋,夜间道去,迟明,军中乃知。

诏赠太尉。子础及弟约至长安者十一人,皆擢州刺史。忠护总丧至,亦卒。忠,绛人,喜兵,善谋事,盖健男子云。

朱克融,滔孙也。以偏校事刘总。总将入朝,虑后有变,籍其军材勇与黠暴不制者,悉荐之朝,冀厚与爵位,使北方歆艳,无甘乱心。克融在遣。方是时,执政非其人,既见总纳地,谓天下旷然无复事。克融等留京师,久之不得调,数诣宰相求自试,皆不听,羸色败服,饥寒无所贷丐,内怨忿。会张弘靖赴镇,因悉遣还。

俄幽州乱,囚弘靖。时克融父洄,号有智谟,以疾废卧家,众往请为帅。洄辞老且病,因推克融领军务。诏以刘悟为节度使驰往,俄而瀛、冀皆附克融,悟不得入。克融纵兵掠易州,败两县;寇蔚州,易州刺史柳公济战白石岭,斩三千级;转寇定州,节度使陈楚破其兵二万。会镇州反,杀田弘正,议者谓二贼均逆,而克融全弘靖不敢害,可悉兵先诛赵,赦燕。朝廷度幽、蓟未可复取,乃拜克融检校左散骑常侍,为幽州卢龙节度使,长庆元年也。

明年,陷弓高,攻下博,与王廷凑共围深州。裴度以檄谯谕,克融乃还,因进检校工部尚书,表献马万匹、羊十万,请直赏军。敬宗初,迁检校司空,赐边屯时服,克融以帛疏恶,囚诏使杨文端以闻。

又上言："闻陛下东幸雒，愿率匠丁五千助营宫室，迎乘舆，且请帛三十万，备一岁费。"帝怒，用裴度谋，忍不问，以好言答之，屈其谋，进爵吴兴郡王。

是年，军乱，杀克融及其子延龄，诏赠司徒。次子延嗣立，领留后，为大将李载义杀而代之，并族其家。

李载义，自称恒山愍王之后。性矜荡，好与豪杰游，力挽强搏斗。刘济在幽州，高其能，引补帐下，从征伐，积多为牙中兵马使。朱克融死，子延嗣叛命，残用其人。载义因众不忍，杀之，暴其罪于朝。敬宗即授检校户部尚书、卢龙军节度使，封武威郡王。

初，张弘靖之囚，幕府多见害，妻子留不遣。及是，载义悉护送京师，虽僮厮毕行。俄而李同捷据沧、景，邀袭封，载义请讨贼自效，文宗嘉之，进检校尚书右仆射。斩级数有功，贼平，诏同中书门下平章事，赐白玉带，示殊礼。

大和四年，为兵马使杨志诚所逐，奔易州，即上言："自破沧州贼，屡请朝不许，今愿将妻子身入见。"帝令使者抵太原尉迎，赐袍笏装器；又以其尝有功，且意恭顺，乃册拜太保，仍平章事。俄为山南西道节度使。徙河东。

始，回鹘使者岁入朝，所过暴慢，吏不敢何禁，但严兵自守。虏怊习，益警悍，至鞭候人，剽突市区。时大酋李畅者，晓华人语，尤凶黠。既就馆，横须索，抶痍邮人。载义召畅语曰："可汗以舅甥故，使将军朝贡，谊不容将军暴也。天子厚饔饩以礼客，有不谨，吏皆论死。若将军所部不戢，而夺攘自如，我必杀所犯者，将军其少戒。"因悉罢所防兵，以两卒护阗。畅严惮之，讫无犯者。进兼侍中。会吏下请立碑纪功，诏李程为之辞，未有字。帝诏曰："《周书》'凡厥正人，既富方谷'。卿宜当之，以方谷为字。"其宠待如此。开成二年卒，年五十，赠太尉。

初，载义母葬范阳，为杨志诚掘发。后志诚被逐，道太原，载义奏请剔其心，偿母怨，不许。又欲杀之，官属苦救乃免，然尽戕其妻息士卒,其天资骄暴云,帝屈法弗劾也。

志诚者,事载义为牙将。载义宴天子使者鞠场,志诚与其党噪而起,载义走,因自为都知兵马使。文宗更以嘉王领节度,用志诚为留后。俄检校工部尚书,擢节度副大使。逾年,进检校吏部。诏下,邸吏白宰相曰:"军中不识朝廷仪,惟知尚书改仆射为进秩。今一府盛服以待天子命,如复为尚书,则举军惭,使者势不得出。"既志诚果怨望,军有嫚言,囚中人魏宝义及它使焦奉鸾、尹士恭,而遣部将王文颖入谢,让还所命。帝复赐之,文颖不肯受,辄去。帝忍不责,乃遣使进检校尚书右仆射。

八年,为下所逐,推部将史元忠总留后。志诚在镇,密制天子衮冕,其被服皆拟乘舆。元忠表而暴于朝,诏御史按治,斥岭南,至商州,诛之,而以通王领节度,授元忠留后。明年,检校工部尚书,为副大使。会昌初,为偏将陈行泰所杀。行泰邀节制,未报。次将张绛杀行泰,起求帅军,武宗自用张仲武代之。

张仲武,范阳人。通《左氏春秋》。会昌初,为雄武军使。行泰杀元忠,宰相李德裕计:河朔请帅,皆报下太速,故军得以安,若少须下,且有变。帝许之,未报,果为绛所杀,复诱其军以请,亦置未报。是时,回鹘为黠戛斯所破,乌介可汗托天德塞上,而仲武遣其属吴仲舒入朝,请以本军击回鹘。德裕因问北方事,仲舒曰:"行泰、绛皆游客,人心不附。仲武,旧将张光朝子,年五十余,通书,习戎事,性忠义,愿归款朝廷旧矣。"德裕曰:"即以为帅,军得无复乱乎?"答曰:"仲武得士心,受命必有逐绛者。"德裕入白帝曰:"行泰等邀节不可许,仲武求自效,用之有名,军且无辞。"乃擢兵马留后,而诏抚王领节度。诏下,绛果为军中所逐,即拜仲武副大使、检校工部尚书、兰陵郡公。

会回鹘特勒那颉啜拥赤心部七千帐逼渔阳,仲武使其弟仲至与别将游奉寰等率锐兵三万破之,获马、牛、橐它、旗纛不胜计,遣吏献状，进检校兵部尚书。

始，回鹘常有酋长监奚、契丹以督岁贡，因诇刺中国。仲武使裨将石公绪等厚结二部，执谍者八百余人，杀之。回鹘欲入五原，掠保塞杂虏，乃先以宣门将军四十七人诡好结欢，仲武略其下，尽得所谋，因逗留不遣，使失师期，回鹘人马多病死者，由是不敢犯五原塞。乌介失势，往依康居，尽徙余种，寄黑车子部。回鹘遂衰，名王贵种相继降，捕几千人。仲武表请立石以纪圣功，帝诏德裕为铭，揭碑卢龙，以告后世。大中初，又破奚北部及山奚，俘获杂畜不赀。擢累检校司徒、同中书门下平章事。卒，谥曰庄。

子直方，以右金吾将军袭节度留后，俄进副大使。举动多不法，畏下变起，乃托出畋奔京师。军中以张允伸总后务。直方至，宣宗遣使者郊劳，授金吾大将军，以其族大，给检校工部尚书俸。久之，进检校尚书右仆射。

性暴率，坐以小罪笞杀金吾使，改右羽林统军。好驰猎，往往设罝罘于道。当宿卫不时入，下迁骁卫将军。奴婢细过辄杀，积其罪，贬思州司户参军。母惊曰："尚有尊于我子邪？"久乃复授羽林统军。纵部下为盗，复贬康州司马。后居东都，弋猎愈甚，洛阳飞鸟皆识之，见必群噪。乾符中，累进左骁卫大将军。时郑畋辅政，颇言："仲武会昌时功第一，今直方百口不自存，每内燕，以衣敝恶，辞不赴。陛下录功念旧，宜少优假。"诏还检校右仆射，进左金吾卫大将军。

黄巢犯京师，直方迎灞上，既而纳亡命，谋劫巢报天子，公卿多依之。贼觉，屠其族。

张允伸，字逢昌，范阳人。世为军校。直方出奔，以都知兵马使为众立为留后，天子报可。未几，检校散骑常侍，为节度使，累进检校司徒、兼太傅、同中书门下平章事，封燕国公。

庞勋以徐州反，上书欲遣弟允皋领兵讨贼，不许。上米五十万斛、盐二万斛佐用度，诏嘉美，赐玉带、宝器、纨锦，进兼侍中。咸通十二年,以疾甚,上节、印,便医药,诏听许,以子简会为副大使。卒,年八十八,赠太尉,谥曰忠烈。

允伸性勤俭,下所安赖,未尝有边鄙虞。子十四人。简会入朝,昆弟多至大将军、刺史、郡佐者,而军中推张公素为留后。

公素,范阳人。以列将事允伸,擢累平州刺史。允伸卒,以兵来会丧,军士素附其威望,简会知不可制,即出奔。诏公素为节度使,进同中书门下平章事。性暴厉,眸子多白,燕人号“白眼相公”。为李茂勋所袭,奔京师,贬复州司户参军。

李茂勋,本回鹘阿布思之裔。张仲武时,与其侯王皆降。资沈勇,善驰射,仲武器之,任以将兵,常乘边积功,赐姓及名。陈贡言者,燕健将,为纳降军使,军中素信服,茂勋袭杀之,因举兵,绐称贡言反。公素迎击不利,走。茂勋入府,众始悟,因推主州务,以闻,诏即拜节度使。俄以病自上,诏进尚书右仆射致仕。表子可举代,遂领留后,进为节度使,擢累检校太尉。

中和末,太原李克用始强大,与定州王处存厚相结,可举恶其窥山东为己患,乃遣使约吐浑都督赫连铎、镇州王镕联和,扬言易、定本燕、赵属,得其地,且参有之。即遣军司马韩玄绍击沙陀药儿岭,斩首七千级,杀其将朱耶尽忠等,收牛、马、器铠数万。又战雄武军,杀获万人。铎又破沙陀于蔚州,诏以铎为云州刺史,进可举检校侍中。乃遣骠将李全忠率众六万围易州。镕以兵攻无极,处存求援太原,克用自将赴之,镇人惧,退保新城,克用急攻之,镕引去,追破之九门。易久未下,卢龙将刘仁恭穴地以入,得其城,士卒有骄色。处存以轻兵三千蒙羊皮,夜布之野,以精骑伏它道,全忠军望为群羊,争趋之,处存伏骑发,大败之,复取易州。全忠遁还,尽失刍粮仗铠,惧得罪,乃裒余众反攻幽州,可举度不支,引其族登楼自燔死。

李全忠,范阳人。仕为棣州司马。有芦生其室,一尺三节,怪之,以问别驾张建,建曰:"芦,茅类,生于泽,公茅土兆也。传节者其三世乎?"罢归,事可举为牙将。可举死,众推为留后。光启元年,拜节度使,未几卒。

子匡威嗣,领留后,进为使。性豪爽,恃燕、蓟劲兵处,轩然有雄天下意。与赫连铎共攻太原,争云、代。李克用使安金俊攻铎,匡威救铎,战蔚州,射金俊杀之,乃共表请讨沙陀,而朱全忠亦上言愿协力,故张浚因请用兵矣。浚败,克用攻云州,以骑将薛阿檀为前锋,设伏河上。铎以精骑追阿檀,抵河而伏起,乃大败,擒其将贾塞儿,遂围云州,堑而守,分兵出井陉,屯常山,大掠深、赵。匡威以步骑万余援王镕,克用还,因急攻铎。会食尽,铎弃州奔匡威。克用取云州,表石善友为刺史。铎本吐谷浑部酋也,开成中,其父率种人三千帐自归,守云州十五年,至是失其地。

景福初,镕诱太原将李存孝降之,克用怒,伐镕。镕来求救,匡威遣将赴之,克用去。明年,兵复出井陉,匡威自将援镕,将行,置酒大会。其弟兵马留后、检校司徒匡筹妻张,国艳,匡威酒酣,报之,弟怒,匡威军次博野,乃据城自为留后。天子即授检校太保,为节度使。

匡威麾下多去,屏营无所归,留深州,遣其属李抱贞上书愿入朝。时京师数寇难,人人危惧,传言金头王且来,皆亡窜山谷。抱贞还,而镕已迎馆于镇。匡威引抱贞登城西大悲浮屠,顾望流涕,美其山川,乃共图镕。阳为镕缮甲,治城堑,施授方略,阴施予,以倾士心。镇军忠于王氏,皆恶之。匡威亲忌日,镕过慰。匡威士衷甲劫镕入牙城,战不胜,镇人斩匡威以徇。匡筹表诉诸朝,檄暴镕罪,攻乐寿、武强以报。

始,匡筹之夺也,燕人不以为义。刘仁恭出奔太原,克用倚其谋,下武、妫二州,败匡筹于居庸关。李存审与战,匡筹又败,挈其族奔京师,次景城,沧州节度使卢彦威杀之,掠入车马僮妓。妻方乳,不能进,仁恭获之,纳于克用为嬖夫人。始,匡威见逐,叹曰:"兄失弟得,皆吾之宗,无所悔,然其材恐不足以守。"果亡,而幽州地归克用,以仁恭为帅。

刘仁恭,深州人。父晟,客范阳,为李可举新兴镇将,故仁恭事军中,从李全忠攻易州,号"窟头",稍迁裨校。为人豪纵,多智数,有大志,尝自言:"梦大幡出指端,年四十九,当秉旄节。"李匡威恶之,补景城令。

会瀛州乱,杀守吏,仁恭募士千人定其乱。匡威复使将兵,戍蔚州,逾期未代,士皆怨。会匡筹夺地,故戍卒拥仁恭趋幽州,匡筹逆战,败之,遂以族奔太原。李克用待之甚厚,赐田宅,拜寿阳镇将。数以策干克用,请步骑一万东取幽州,且为导。克用攻匡筹,匡筹遁去。仁恭与苻存审入城,封府库以待。克用悦,留仁恭守之,以亲信分典其兵。

乾宁二年,克用击王行瑜,表仁恭为检校司空、卢龙军节度使。明年,克用攻魏州,召卢龙兵,仁恭以契丹解。又明年,克用复兴其兵救朱瑄,仁恭不答,使者数十往,卒不出。克用以书让之,仁恭乃慢骂,执其使,尽囚太原士之在燕者。复以厚利诱克用麾下士,多亡归之。克用怒,自将往击,不胜,师丧过半。仁恭献馘于朱全忠,全忠表同中书门下平章事。

既与克用绝,则益募兵。光化初,使其子守文袭沧州,节度使卢彦威弃城走,遂有沧、景、德三州地,用守文为节度留后,请命于朝。昭宗怒,不与。会中人至,仁恭嫚谓曰:"旄节吾自可为,要假长安本色耳,何见拒邪?"由是兵益张,显图河北。悉幽、沧步骑十万,声言三十万,南徇魏、镇。次贝州,屠之,清水为不流。

罗绍威求救于朱全忠,全忠使李思安、葛从周赴之,屯内黄。仁恭负强,下令曰:"思安懦,当先破之,乃取魏。"守文与单可及精甲五万,循清水上。思安设伏,自引兵逆战,伪不胜。守文蹑北至内黄,思安整兵还击守文,伏发,斩可及,独守文挺逸,众无还者。从周兴邢、洺兵与魏将贺德伦等出馆陶门,夜击仁恭,破八屯。仁恭走,自魏抵长河数百里,尸蔽道。镇人邀败之东境。仁恭遂衰。

三年,葛从周攻沧州,仁恭壁乾宁。从周潜军战老鸦堤,仁恭败,退壁瓦桥,卑辞归穷于克用求救,克用为侵邢、洺。俄而全忠取瀛、莫,克用使周德威出飞狐。天祐三年,全忠自将攻沧州,壁长芦。仁恭悉发男子十五以上为兵,涅其面曰"定霸都",士人则涅于臂曰"一心事主",卢龙闾里为空,得众二十万,屯瓦桥。全忠环沧筑而沟之,内外援绝,人相食。仁恭求战,不许,复从克用乞师,使百辈往,乃许。仁恭以兵三万合攻潞州,降全忠将丁会,沧州围乃解。

是时,中原方多故,仁恭得倚燕强且远,无所惮,意自满。从方士王若讷学长年,筑馆大安山,掠子女充之。又招浮屠与讲法。以堇土为钱,敛真钱,穴山藏之,杀匠灭口。禁南方茶,自撷山为茶,号山曰大恩,以邀利。

子守光烝嬖妾,事觉,仁恭谪之。李思安来攻,屯石子河。仁恭居大安山,城中无备。守光引兵出战,思安去,因回攻大安,虏仁恭,囚别室,杀左右婢媵,遂有卢龙。

赞曰:朱滔胁其兄泚入朝,及引兵东向,称帝以自尊,名虽助泚,志可知矣。至克融再得幽州,朱氏无遗种,其祸与泚钧,而族夷有先后为间也。

唐书卷二一三
列传第一三八

藩镇淄青横海

李正己 纳 师古 师道　程日华 怀直
怀信 权　李全略 同捷

李正己，高丽人。为营州副将，从侯希逸入青州，希逸母即其
姑，故荐为折冲都尉。宝应中，以军候从讨史朝义。时回纥恃功横，
诸军莫敢抗。正己欲以气折之，与大酋角逐，众士皆墙立观，约曰：
"后者批之。"既逐而先，正己批其颊，回纥矢液流离，众军哄然笑。
酋大惭，自是沮惮不敢暴。

希逸以为兵马使，沈毅得众心，然阴忌之，因事解其职。军中皆
言不当废，寻逐希逸出之，有诏代为节度使。本名怀玉，至是赐今
名，遂有淄、青、齐、海、登、莱、沂、密、德、棣十州，与田承嗣、薛嵩、
李宝臣、梁崇义辅牙相倚。嵩死，李灵耀反，诸道攻之，共披其地。正
己复取曹、濮、徐、兖、郓，凡十有五州。市渤海名马，岁不绝，赋缭均
约，号最强大。政令严酷，在所不敢偶语，威震邻境。历检校司空，
加同中书门下平章事，以司徒兼太子太保，封饶阳郡王。请附属籍，
许之。因徙治郓，以子纳及腹心将守诸州。

建中初，闻城汴州，乃约田悦、梁崇义、李惟岳偕叛。自屯济阴，
陈兵按习，益师徐州以扼江、淮。天子于是改运道，檄天下兵为守
备，河南骚然。会发疽死，年四十九。兴元初，纳顺命，诏赠太尉。

　　纳，少时为奉礼郎，将兵防秋。代宗召见，擢殿中丞，赐金紫。入朝，擢兼侍御史。正己署为淄、青二州刺史，又为行军司马，濮、徐、兖、沂、海留后，进御史大夫。

　　正己死，秘丧不发，以兵会田悦于濮阳。马燧方击悦，纳使大将卫俊救之，为燧所破略尽，收洹水。德宗诏诸军合讨，其从父洧以徐州归，大将李士真以德州，李长卿以棣州送款。纳恚洧背己，且徐险集，悉兵攻洧。帝命宣武刘玄佐督诸军进援，大破其兵。纳还濮阳，玄佐进围之，残其郛。纳登陴见玄佐，泣且悔，遣判官房说与子弟质京师，因玄佐谢罪。时中人宋凤朝以纳穷，欲立功，建不可赦，帝乃械说等禁中。纳于是还郓，与悦、李希烈、朱滔、王武俊连和，自称齐王，置百官。

　　兴元初，帝下诏罪己，纳复归命，授检校工部尚书，复平卢帅节，赐铁券，又同中书门下平章事，封陇西郡王。希烈围陈州，纳会诸军破之城下，加检校司空，实封五百户，进检校司徒。死，年三十四，赠太傅。子师古、师道。

　　师古，以荫累署青州刺史。纳死，军中请嗣帅，诏起为右金吾卫大将军、本军节度使。初，棣州有蛤或蜒盐池，岁产盐数十万斛。李长卿以州入朱滔，独蛤蜒为纳所据以专利。后德、棣入王武俊，纳乃筑垒德州南，跨河以守蛤蜒，谓之三汊，通魏博以交田绪，盗掠德州，武俊患之。师古始袭，武俊易其弱，且纳时将无在，乃率兵取蛤蜒、三汊。师古使赵镐拒战，武俊子士清兵先济滴河，会营中火起，士大噪不敢前。德宗遣使者谕武俊罢兵。师古亦隳三汊听命。

　　尝怒其僚独孤造，使奏事京师，遣大将王济缢杀之。贞元末，与杜佑、李栾皆得封妾媵以国为夫人，进同中书门下平章事。

　　德宗崩，哀使未至，义成节度使李元素腾遗诏示之。师古幸国丧，欲攻掠州县，即集将士告：“元素伪作遗诏，岂欲反邪？不可不讨！”执使者，名讨元素，勒兵出次，闻顺宗立，乃罢。累加检校司徒、兼侍中。元和初卒,赠太傅。

　　师道,异母弟也。师古尝曰:“是不更民间疾苦,要令知衣食所从。”乃署知密州。师古病,召亲近高沐、李公度等曰:“即我不讳,欲以谁嗣?”二人未对。师古曰:“岂以人情属师道邪?彼不服戎,以技自尚,虑覆吾宗,公等审计之。”及死,沐、公度与家奴卒立之,而请于朝。于是制书久不下,师道谋哀兵守境,沐争止,更上书奉两税,守盐法,请吏朝廷。宰相杜黄裳欲桡削其权,而宪宗方诛刘辟,未皇东讨,故命建王审领节度大使,而以师道知留后。岁中,加检校工部尚书,为副大使。自正己以来,虽外奉王命,而啸引亡叛,有得罪于朝者厚纳之。以严法持下,凡所付遣,必质其妻子;有谋顺者,类夷其家。以故能胁污士众,传三世云。

　　帝讨蔡,诏兴诸道兵而不及郓,师道选卒二千抵寿春,阳言为王师助,实欲援蔡也。亡命少年为师道计曰:“河阴者,江、淮委输;河南,帝都,请烧河阴敖库,募洛壮士劫宫阙,即朝廷救腹心疾,此解蔡一奇也。”师道乃遣客烧河阴漕院钱三十万缗,米数万斛,仓百余区。又有说师道曰:“上虽志讨蔡,谋皆出宰相,而武元衡得君,愿为袁盎事,后宰相必惧,请罢兵,是不用师,蔡围解矣。”乃使人杀元衡,伤裴度。

　　初,师道置邸东都,多买田伊阙、陆浑间,以舍山棚,遣将訾嘉珍、门察部分之,嵩山浮屠圆静为之谋。元和十年,大飨士邸中,椎牛醑酒,既衷甲矣,其徒白官发之。留守吕元膺以兵掩邸,贼突出,转略畿部,入山中数月,夺山棚所市,山棚怒,道官军袭击,尽杀之。圆静者,年八十余,尝为史思明将,骁悍绝伦。既执,力士椎其胫,不能折,骂曰:“竖子,折人脚且不能,乃曰健儿!”因自置其足折之。且死,叹曰:“败吾事,不得见洛城流血!”于时,留守、防御将、都亭驿史数十人,皆阴受师道署职,使为诇察,故无知者。及穷治,嘉珍、察乃害武元衡者。盐铁使王播又得嘉珍所藏弓材五千,并断建陵戟四十七。

始,师道欲知元济虚实,使刘晏平间道走淮西。元济日与宴,厚结欢。晏平归,以为元济暴师数万,而晏然居内,与妻妾戏博,必败之道也。师道本倚蔡为重,闻之怒,乃以它事杀晏平。及闻李光颜拔凌云栅,始大惧,遣使归顺,帝重分兵支两寇,故命给事中柳公绰慰抚之,加检校司空。

蔡平,又遣比部员外郎张宿讽令割地质子。宿谓曰:“公今归国为宗姓,以尊卑论之,上叔父矣,不屈一也。以十二州事三百余州天子,北面称藩,不屈二也。以五十年传爵,臣二百年天子,不屈三也。今反状已暴,上犹许内省,宜遣子入宿卫,割地以赎罪。”师道乃纳三州,遣子弘方入侍。宿既还,师道中悔,召诸将议,皆曰:“蔡数州,战三四年乃克,公今十二州,何所虞?”大将崔承度独进曰:“公初不示诸将腹心,而今委以兵,此皆嗜利者,朝廷以一浆十饼诱之去矣。”师道恚,遣承度诣京师,戒候吏时其还斩之。承度待命客省,不敢还。

帝以其负约,用左散骑常侍李逊喻旨。既至,师道严兵以见,逊让曰:“前已约,而今背之,何也?愿得要言奏天子。”师道许之,然懦暗不自决。私奴婢媪争言:“先司徒土地,奈何一旦割之?今不献三州,不过战耳,即不胜,割地未晚。”师道乃上书,以军不协为解。帝怒,下诏削其官,诏诸军进讨。武宁节度使李愿使将王智兴破其众,斩二千级,获马牛四千,略地至平阴。横海节度使郑权战福城,斩五百级。武宁将李祐战鱼台,败之。宣武节度使韩弘拔考城。淮南节度使李夷简命李听趋海州,下沭阳、朐山,进戍东海。魏博节度使田弘正身将兵自阳刘济河,拒郓四十里而营,再接战,破三万众,擒三千人。陈许节度使李光颜攻濮阳,收斗门、杜庄二屯。弘正又战东阿,残其众五万。师道每闻败,辄悸成疾,及李祐取金乡,左右莫敢白。

初,遣大将刘悟屯阳谷,当魏博军,疑其逼留,悟惧不免,引兵反攻城。师道晨起闻之,白其嫂裴曰:“悟兵反,将求为民,守坟墓。”即与弘方匿涸间,兵就擒之。师道请见悟,不许,复请送京师,悟使谓曰:"司空今为囚,何面目见天子!"犹俯仰祈哀,弘方曰:"不若速死!"乃并斩之,传首京师。弃其尸,无敢收视者,有士英秀为殡城左。马总至,以士礼更葬。

初,师古见刘悟,曰:"后必贵,然败吾家者此人也。"田弘正之度河也,擒其将夏侯澄等四十七人,有诏悉赦之,给缯絮,还隶魏博、义成军,父母在欲还者优遣,贼皆感慰相告,由是悟得行其谋。师道首传弘正营,召澄验之,澄舐目中尘,号绝良久。悟素与师道妻魏乱,妄言郑公微之裔,不死,没入掖廷,它宗属悉远徙。悟独表师古子明安为朗州司户参军。亲将王承庆,承宗弟也,师道以兄女妻之,潜约左右,欲因肆兵执师道,会悟入,出奔徐州,归朝。

程日华,定州安喜人,始名华,德宗以其有功,益曰日华。父元皓为安禄山帐下,伪署定州刺史,故日华籍本军,为张孝忠牙将。沧,故成德部州也,孝忠绝李惟岳,德宗以沧畀义武。前刺史李固烈与惟岳姻属,即牢守。孝忠令日华往喻之,固烈请还恒州。既治装,悉帑以行,军中怒曰:"马瘠,士饥死,刺史不弃豪发恤吾急,今刮地以去,吾等何望?"遂共杀固烈,屠其家。日华惊匿床下,将士迎出之曰:"暴吾军者已死,何畏而亡?"共逼领州。孝忠亦以日华宽厚,遂假以刺史。

朱滔叛,兵屯河间,以故沧、定道阻不相闻。滔及王武俊皆招日华,不纳,即攻之。日华乘城自固。参军事李宇谋曰:"城久围,府兵不为援。今州十县濒海,有鱼盐利自给,此军本号横海,将军能绝易定归天子,自为一州,敕甲训兵,利则出,无利则守,可亢盗喉襟。君能用仆计,请至京师为天子言之。"日华谓然,乃遣宇西,帝果大喜,拜御史中丞、沧州刺史,复置横海军,即以为使,时建中三年也。拜检校工部尚书。诏沧岁馈义武钱十二万缗,粮数万斛,以宇为判官。

武俊欲得沧,遣人说日华归己,日华绐曰:"敝邑为贼攻,力屈则下之。愿假骑二百以抗贼,贼退,请以地授公。"武俊喜,归之马,日华留马谢其使。武俊大怒,与滔方睦,惧有怨,乃止。久之,武俊归命，日华乃还马，以珍币厚谢，复结好，武俊亦释然。贞元二年卒，赠兵部尚书。

子怀直擅知留事，帝以日华故，即拜权知沧州刺史。宇入朝，愿析东光、景城二县置景州，且请刺史。河朔刺史不廷授几三十年，帝嘉其忠，以徐申为景州刺史。升横海军为节度，擢怀直为留后。明年，为节度使。九年来朝，宠遇加等，进检校尚书右仆射，赐大第、宫女。

怀直荒田猎，出辄数日不返，帐下程怀信乘众怒，闭门不纳。怀信，其从昆也。于是怀直入朝，帝不之罪，更以虔王为节度使，擢怀信留后，以怀直兼右龙武军统军。明年，怀信为节度矣。十六年，怀直卒，赠扬州大都督。

后五年，怀信死，子权袭领军务，诏授留后。元和元年，拜节度使，累进检校兵部尚书，封邢国公。六年入朝，宪宗宠礼遣还镇，加检校尚书右仆射。权始名执恭，尝梦沧诸门悉署“权”字，乃改名以应之。及淮西平，惕不安，丐入朝。至京师，固辞军政，乃诏华州刺史郑权代之。后以检校司空为邠宁节度使。卒，赠司徒，宗族奉朝请宿卫者三十余人。

李全略，本王氏，名日简，事王武俊为偏裨。承宗时，虐用其军，故入朝，授代州刺史。田弘正遇害，穆宗以全略故镇州将，召问所欲言，全略多陈利害，冀合帝意，且请尽死力以报，遂授德州刺史。是时，杜叔良兵败博野，故以全略为横海军节度，沧、德、棣州观察使，赐今姓名。未几，贡钱千万，使子同捷入朝。既还，即奏同捷为沧州长史，押中军兵马。帝不得已，可其请。全略阴规传久计，选材武，以所私结士心。棣州刺史王稷善抚众，而家富于财，全略内忌，以计杀之，族其家。

未几死，同捷领留后事，重赂邻藩，求领父节，敬宗持久诏不下。俄而文宗立，同捷以帝新嗣位，必大开贷示四方，乃遣弟同志、同巽入朝,而使其属崔长奉表请命,有诏拜兖海节度使,以乌重胤代之。同捷计穷,矫言军中留己。于是,王智兴请以全军出讨,魏博史宪诚令大将传手诏入于军,同捷不受,德、棣民多奔入郓。乃下诏削官爵,命重胤率郓、齐兵进讨。宪诚、智兴及汴滑李听、平卢康志睦、易定张璠、幽州李载义以兵傅境。同捷自以与成德有旧,乃倾玉帛子女市河北三镇欢。载义不许,绝其交,执使者并所遣奴婢四十七献诸朝。王廷凑本窥横海,欲乘其隙取之,引军来援。智兴攻棣州,火谯门,引水灌城,凡七月,其将张叔连降。始,刺史栾濛以同捷叛,密上变,事泄,为所害,赠工部尚书。智兴进围沧州。

是时,帝绝王廷凑朝贡,且讨之,兵须夥繁,调发不时,始置供军粮料使,以济两河,诸将又多张俘首以冒赏。自重胤卒后,李寰、傅良弼不终事,更以左金吾卫大将军李祐代,而智兴将李君谋以轻兵绝河,夜残无棣,降饶安壁五千兵。明年,祐拔无棣、平原。有诏行营坚壁务农,非被袭,勿决战。而祐兵已薄德州,帝遣谏议大夫柏耆宣慰。祐攻拔德州,余卒奔廷凑。同捷益急,乞降,祐疑其诈。耆引兵直入城,取同捷及家属驰西。祐入沧州,耆至将陵,斩同捷,使其下传首京师。诏贷四州一年租赋,赦同捷母并妻息,徙湖南。流崔长商州。同巽等以异母贷死,得随母流所云。

唐书卷二一四
列传第一三九

藩镇宣武彰义泽潞

刘玄佐 邓惟恭　吴少诚 少阳
元济　李祐　刘悟 从谏　稹　李佐之
李师晦　李丕

　　刘玄佐，滑州匡城人。少偅荡，不自业，为县捕盗，犯法，吏笞辱几死，乃亡命从永平军，稍为牙将。大历中，李灵耀据汴州反，玄佐乘其无备，袭取宋州，有诏以州遂隶其军，节度使李勉即表署刺史。

　　德宗建中初，进兼御史中丞，充宋、亳、颍节度使。时李纳叛，李洧以徐州归，纳急攻之，诏玄佐援洧，大破纳兵，斩首万余级，东南饷漕乃通。进围濮州，徇濮阳，皆下，再降其守将，遂通濮阳津。迁检校兵部尚书、兼曹濮观察、淄青兖郓招讨使、汴滑都统副使。

　　李希烈之反，玄佐与李勉、陈少游、哥舒曜联兵屯淮、汝，数困贼。帝在奉天，垂意关东，乃诏检校尚书左仆射、同中书门下平章事。希烈攻陈州，玄佐救之，希烈走，遂进取汴州。诏加汴宋节度使、陈州诸军行营都统。玄佐本名洽，至是赐名以尊宠之。入朝，复兼泾原、四镇、北庭兵马副元帅，检校司徒。

　　性豪纵，轻财好厚赏，故下益困。汴自李忠臣以来，士卒骄，不能自还，至玄佐弥甚。其后杀帅长，大钞劫，狃于利而然也。玄佐贵，母尚在，贤妇人也。常月织绚一端，示不忘本。数教敕玄佐尽臣节。

见县令走廷中白事,退,戒曰:"长吏恐惧卑甚。吾思而父吏于县,亦当尔。而据案当之,可安乎?"玄佐感悟,故待下益加礼。汴有相国寺,或传佛躯汗流,玄佐自往大施金帛,于是将吏、商贾奔走输金钱,惟恐后。十日,玄佐敕止,籍所入得巨万,因以赡军。其权谲类若此。初,李纳遣使至汴,玄佐盛饰女子进之,厚馈遗,皆得其阴谋,故纳最惮之。所宠吏张士南及假子乐士朝赀皆巨万,而士朝私玄佐嬖妾,惧事觉,鸩玄佐,死,年五十八,赠太傅,谥曰壮武。

军中匿丧俟代,帝亦为隐。逾三日乃发丧。使至,帝问所欲立,曰:"陕虢观察使吴凑可乎?"监军孟介、行军卢瑗以为便,乃拜凑为节度使。至氾水,玄佐柩将迁,士请具礼,瑗不许,众皆怒。凌晨,甲而噪,起玄佐子士宁于丧,使坐重榻,墨其衣,尊为留后,杀大将曹金岸、浚仪令李迈,醮之,唯瑗、介获免。士宁乃出贮财分劳吏士。介以闻,帝召宰相计议,窦参曰:"汴人挟李纳以邀命,若不许,势且合,不可解。"遂以士宁为左金吾卫将军,嗣节度。

始,玄佐养子士干与士朝皆来京师,士干知玄佐死无状,遣奴持刀绐为吊,入杀士朝于次。帝恶其专,亦赐士干死。

士宁未授诏时,私遣人结王武俊、刘济、田绪等,诸镇不直之,皆执其使。而士宁忍暴,尝手杀人杯案间;又强烝父诸妾,逼吏民妻女乱之,或裸而观;每畋猎,数日乃还。其下厌苦不服。

大将李万荣者,故与玄佐同里相善,宽厚得士心。士宁忌之,夺其兵,使摄州事。尝引众二万畋城南,未还,万荣晨入府,召所留亲兵告曰:"天子有诏召大夫,俾我代节度。人赐钱三万。"士皆拜。于是分兵闭诸门,使告士宁曰:"诏书召大夫,宜速去,不然,事急且传首以献。"士宁知众不与,将五百骑出奔,次中牟,亡者已半,至东都,惟僮妾数十人从之。既至京师,诏就第,禁出入。万荣斩其支附数十人,以二十万缗劳军,诏籍士宁家赀给之。拜万荣兵马留后。于是籍骄兵数百人,悉遣西防秋,当戍者怨之。大校韩惟清、张彦琳等请往,不许,使其子迺将,未行,彦琳等因其怨,诱使反攻万荣,不

胜,劫运财、民赀,杀掠数千人而溃。惟清奔郑州,彦琳走东都自归,
有诏宥死窜恶地。残士奔宋州,刘逸淮抚之,万荣悉诛其妻子,以故
众不安,或呼于市曰:"大军至,城且破。"万荣捕按之,或言为士宁
所教,万荣斩之,以状闻,故士宁斥置郴州。

俄进万荣节度使。会病甚,以兵属邓惟恭。惟恭者,与万荣同
里闬。而署子迺为司马,出大将李湛、张柸、伊娄说等于外,欲杀之,
不果。万荣死,是夜惟恭与监军俱文珍执迺送京师,杖死京兆府,以
董晋代之。

吴少诚,幽州潞人,以世荫为诸王府户曹参军事。客荆南,节度
使庾准器之,留为牙门将。从入朝,道襄阳,度梁崇义必叛,密画计,
将献天子,而李希烈以其事闻,有诏嘉美,擢封通义郡王。崇义反,
希烈以少诚为前锋。事平,赐实封户五十。希烈叛,少诚为尽力,及
死,推陈仙奇主后务,既又杀之,众乃共推少诚,德宗因授申、蔡、光
等州节度观察留后。

少诚为治,能俭损,完军实。自希烈以来,申、蔡人劫于苛法而
忘所归,及耆长既物故,则壮者习见暴掠,恬于搏斗。地少马,乘骡
以战,号"骡子军",尤悍锐。甲皆画雷公星文以厌胜,诅詈王师。其
属郑常、杨冀欲劫少诚,逐之以听命,不克,常、冀被害。少诚尽宥诸
将,以结众心。贞元五年,进拜节度使。

久之,曲环卒,少诚间陈许无帅,以兵攻临颖,戍将韦清与贼
通,留后上官涗遣兵三千救之,悉为贼俘,遂围许州。德宗怒,削少
诚官爵,合十六道兵进讨。于顿以襄阳兵战吴房、朗山,禽其三将。
王宗以寿州兵破贼于秋栅。于时师虽众,无统帅,而宦人监军颛进
退,互为异见。既战小溵河,诸道师未交而溃,弃辎仗不赀。帝乃诏
夏州节度使韩全义为淮蔡招讨处置使,上官涗副之,诸将皆受节
度。与贼吴少阳等战广水城,师复败,退营五楼,为贼所乘,遂大溃。
全义及监军贾英秀等夜遁保溵水。汴宋、徐泗、淄青兵走陈州。少
诚薄溵水而营,全义惧,退保陈,而潞、滑、河阳、河中兵逃归,唯陈

许将孟元阳,神荣将苏光荣壁潋水。全义乃斩潞将夏侯仲宣、滑将时昂、河阳将权文度、河中将郭湘,欲以振师,不能也。少诚引兵去。

全义之败,少诚得帐中诸公书数百番,持以给众曰:"朝廷公卿托全义,破蔡日掠将士妻女为婢媵。"以激怒其众,绝向顺意。少诚弱王师,移书于英秀求昭雪。帝召大臣议,宰相贾耽曰:"五楼军退,而少诚卷甲不追,有自新路。"帝意稍挺,少诚复固巢穴矣。然犹以宦者监诸道军。剑南韦皋上言,以为不如择重臣为统帅,因荐浑瑊、贾耽:"陛下若重烦元老,更求其次,则臣请以锐士万人顺流趋荆、楚,可以攘翦元憝。不然,因其请罪,特加原洗,罢两河诸军,亦其次也。使少诚祸盈恶周,变生帐下,必其贼党,又当以官爵与之,则一少诚死,一少诚生,亦何足赖?"帝遂赦少诚,尽还其官爵。

顺宗即位,进同中书门下平章事,检校司空,徙封濮阳郡王。元和四年死,赠司徒,而吴少阳代之。

少阳者,沧州清池人。与少诚同在魏博军,相友善。少诚得淮西,多出金帛邀之,养以为弟,署右职,亲近无间。少阳度少诚猜忍,且畏祸,请为外捍,少诚乃表为申州刺史。为治尚宽易,举军附赖。少诚病亟,家奴单于熊儿矫召少阳至,摄副使,总军事,于是杀少诚子元庆,自称留后。宪宗以王承宗方叛,故诏遂王为节度使,以少阳领留后。居三年,进拜节度使。

少阳不立徭役籍,随日赋敛于人。地多原泽,益畜马。时时掠寿州茶山,劫商贾,招四方亡命,以实其军。不肯朝,然屡献牧马以自解,帝亦因善之。

九年死,子元济匿不发丧,以病闻,伪表请元济主兵。帝遣太医往视,即阳言少愈,不得见。

元济者,其长子也,山首燕颔,垂颐,鼻长六寸。始仕试协律郎,摄蔡州刺史。有董重质者,少诚婿也,勇悍,久将,善为兵,元济倚之,因说元济,请以精兵三千由寿之间道取扬州,东约李师道以舟师袭润州,据之;遣奇兵掩商、邓,取严绶,进守襄阳,以摇东南,则荆、衡、黔、巫传一矢可定,五岭非朝廷所有。又请轻兵五百,自嶭领三日袭东都,则天下骚动,可以横行。元济犹豫不能用。

先是,其属苏兆、杨元卿、侯惟清尝劝少阳入朝,或言其有异志,元济缢兆,归其尸,而囚惟清。帝以二人者皆死,故赠惟清兵部尚书,兆尚书右仆射。时元卿奏事在长安,见宰相李吉甫,具言淮西事,且请蔡使在道者,随在所系之。少阳死四十日,帝不为辍朝,易将增戍以须变。

会传言重质杀元济,族其家,吉甫因请为少阳辍朝,遣使吊赗,赠尚书右仆射。而元济不得命,乃悉兵四出,焚舞阳及叶,掠襄城、阳翟。时许、汝居人皆窜伏榛莽间,剽系千余里,关东大恐。吊使至,弗克入而还。乃诏乌重胤兼汝州刺史,引军压其境,宁州刺史曹华为之副,以戍襄城;李光颜为忠武节度使,总兵临屯;析山南东道,诏节度使严绶为申、光、蔡等州招抚使,以中人崔潭峻监其军。下诏夺元济官爵,趣诸道进讨。时大旱,诏既下,雨雪凡三日。田弘正、韩弘各遣道率兵隶绶、光颜军。绶屯蔡西鄙,师小胜,不设备,为贼袭,败于磁丘,退保唐州。寿州刺史令狐通战数北,贼乃拔霍丘,屠马塘,通婴城不敢出。诏左金吾卫大将军李文通宣慰,度其至,使代通。

会裴度辅政,贼始惧,而元济不能有所指授,诸将赵昌、凌朝江、董重质、李祐、李宪、王览、赵晔、王仁清等以便宜人自为战,抗王师,有少诚、少阳旧风。而李师道馈盐,出入宁陵、雍丘间,韩弘知而不肯禁。文通引兵与贼将王览、董重质战史蔟冈,馘览首。光颜又大破贼于时曲,复与重胤合击贼小溵河,败之,夷其屯堑。天子责绶失律,更以韩弘兼都统,擢高霞寓唐邓隋节度使。

十一年,诸军大合。光颜壁掌河;文通败贼于固始,拔躃山;霞寓战朗山,斩首千余级,焚其壁,次铁城。贼伪奔,霞寓穷追,伏发,死伤略尽,退保新兴,贼围之,监军李议诚驰入唐州。以救兵至,围解,还守唐州。

元济以霞寓败，不足虞，并兵以备陈。其秋，文通以兵衔枚夜出九女原，屠何壁三十所，分兵西北并安阳山，破屯逻数百人，降者万余，执两将。光颜败郾城兵二万，俘六将，复与重胤合攻凌云栅，拔之。帝怒诸军无大功，诏内常侍梁守谦宣慰，因督战，付诏书五百以待有功，斥金帛募死士。进拜光颜检校尚书左仆射，重胤右仆射，布御史中丞，公武御史大夫。诏旨约束，厉赏罚，诸将恐惧。贬霞寓，以袁滋代之。滋懦不能军，更以李愬为唐邓隋节度使。

元济食尽，士卒食菱芡鱼鳖皆竭，至斫草根以给者，民苦饥，相与四溃，元济亦啬其食，不复禁，诸将争纳之。帝始侨置郾城、吴房于行营，以绥新附。愬引兵攻其西，破屯栅十余所，执丁士良、吴秀琳，皆贼骁健者。贼帅张伯良以兵三万与光颜战郾城，大败。获马千匹、甲三万首，伯良奔还蔡。曹华取青陵城，断郾归路。贼将邓怀金惧，即送款，光颜受之。愬又袭破朗山，执戍将梁希果，平汶港等三壁。元济知众数溃，而外失秀琳等，因奉表请束身北阙下，帝遣使者许以不死。元济取行营马三百，董重质不与，故不果降。愬略兴桥，得守将李祐，不杀，引至帐下计议，始谋袭蔡，贼势益沮。

自少诚盗有蔡四十年，王师未尝傅城下，又尝败韩全义、于𬱟，以是兵骄无所惮，内恃陂寝重阻，故合天下兵攻之，三年才克一二县。帝既责罢霞寓、滋等，诸将乃用命。诏起沙陀枭骑济师，命裴度为彰义节度，兼申、光、蔡四面行营招抚使。梁守谦与诸将计，先度未至立功，诸将亟战，不胜。度至，大劳将士，皆感激请战。间遣士入蔡，约元济降，为左右所劫，不得降。光颜每战冠军，故元济悉众亢时曲。祐为愬谋曰：“蔡之守者，市人疲卒耳，劲兵皆在外，若直捣县瓠，贼成禽矣。”愬然之，以精骑夜袭蔡，坎垣入之，戍者不知也。贼恃董重质兵在洄曲，不虞师之至，及愬攻内城，防卒尚千余接战，元济始惊，被甲乘城以待重质。会重质降愬，而李进诚取贼库兵，即攻之。明日，烧其门，民相率抱薪增火，王师纵射，城上镞可拾也。居二日，门坏，执元济，举族传之长安。申、光戍兵尚三万，皆降。

帝御兴安门受俘，群臣称贺，以元济献庙社，徇于市斩之，年二十五。夜失其首。妻沈没入掖庭，二弟、三男子流江陵，皆杀之。斩其属官刘协庶、赵晔、王仁清等十余人。度还，以马总为留后，俄拜节度使，折溆州隶陈许。

始度之出，太子右庶子韩愈为行军司马，帝美度功，即命愈为《平淮西碑》，其文曰：

天以唐克肖其德，圣子神孙，继继承承，于千万年，敬戒不息，全付所覆，四海九州，罔有内外，悉主悉臣。高祖、太宗，既除既治。高宗、中、睿，休养生息。至于玄宗，受报收功，极炽而丰，物众地大，蘖牙其间。肃宗、代宗，德祖、顺考，以勤以容。大慝适去，莨莠不薅，相臣将臣，文恬武嬉，习熟见闻，以为当然。睿圣文武皇帝既受群臣朝，乃考图数贡，曰："呜呼！天既全付予有家，今传次在予，予不能事事，其何以见于郊庙！"群臣震慑走职。明年，平蜀。又明年，平江东。又明年，平泽潞，遂定易定，致魏、博、贝、卫、澶、相，无不从志。皇帝曰："不可究武，予其少息。"

九年，蔡将死，蔡人立其子元济以请，不许，遂烧舞阳，犯叶、襄城，以动东都，放兵四劫。皇帝历问于朝，一二臣外，皆曰："蔡帅之不廷授，于今五十年，传三姓四将，其树本坚，兵利卒顽，不与它等。因抚而有，顺且无事。"大官臆决唱声，万口和附，并为一谈，牢不可破。皇帝曰："惟天惟祖宗所以付任予者，庶其在此，予何敢不力！况一二臣同，不为无助。"曰："光颜，汝为陈许帅，维是河东、魏博、郃阳三军之在行者，汝皆将之。"曰："重胤，汝故有河阳、怀，今益以汝，维是朔方、义成、陕、益、凤翔、鄜延、宁庆七军之在行者，汝皆将之。"曰："弘，汝以卒万二千属而子公武往讨之。"曰："文通，汝守寿，维是宣武、淮南、宣歙、浙西、徐泗五军之行于寿者，汝皆将之。"曰："道古，汝其观察鄂岳。"曰："诉，愬帅唐邓隋，各以其兵进战。"曰："度，汝长御史，其往视师。"曰："度，惟汝予同，汝遂相予，以赏罚用命不用命。"曰："弘，汝其以节都统诸军。"曰："守谦，汝出入左

右,汝惟近臣,其往抚师。"曰:"度,汝其往,衣服饮食予士,无
寒无饥,以既厥事,遂生蔡人。赐汝节斧,通天御带、卫卒三百。
凡兹廷臣,汝择自从,惟其贤能,无惮大吏。庚申,予其临门送
汝。"曰:"御史,予闵士大夫战甚苦,自今以往,非郊庙祀,无用
乐。"

颜、胤、武合攻其北,大战十六,得栅城县二十三,降人卒
四万。道古攻其东南,八战,降万三千,再入申,破其外城。文
通战其东,十余遇,降万三千,愬入其西,得贼将,辄释不杀,用
其策,战比有功。十二年八月,丞相度至师,都统弘责战益急,
颜、胤、武战益用命。元济尽并其众洄曲以备。十月壬申,愬用
所得贼将,自文城因天大雪疾驰百二十里城,用夜半到蔡,破
其门,取元济以献,尽得其属人卒。辛巳,丞相度入蔡,以皇帝
命赦其人。淮西平,大飨赉功,师还之日,因以其食赐蔡人。凡
蔡卒三万五千,其不乐为兵愿归为农者十九,悉纵之。斩元济
京师。

册功:弘加侍中;愬为左仆射,帅山南东道;颜、胤皆加司
空;公武以散骑常侍帅鄜坊丹延;道古进大夫;文通加散骑常
侍;丞相度朝京师,进封晋国公,进阶金紫光禄大夫,以旧官
相;而以其副总为工部尚书,领蔡任。

既还奏,群臣请纪圣功,被之金石。皇帝以命臣愈,愈再拜
稽首而献文曰:

唐承天命,遂臣万方。孰居近土,袭盗以狂?往在玄宗,崇
极而圮。河北悍骄,河南附起。四圣不宥,屡兴师征。有不能
克,益戍以兵。夫耕不食,妇织不裳。输之以车,为卒赐粮。外
多失朝,旷不岳狩,百隶怠官,事亡其旧。帝时继位,顾瞻咨嗟:
"惟汝文武,孰恤予家?"既斩吴、蜀,旋取山东。魏将首义,六州
降从。淮蔡不顺,自以为强。提兵叫欢,欲事故常。始命讨之,
遂连奸邻。阴遣刺客,来贼相臣。方战未利,内惊京师。群公
上言:"莫若惠来。"帝为不闻,与神为谋。及相同德,以讫天诛。

乃敕颜、胤、愬、武、古、通:"咸统于弘,各奏汝功。"三方分攻,五万其师。大兵北乘,厥数倍之。尝兵时曲,军士蠢蠢。既翦凌云,蔡卒大窘。胜之邵陵,郾城来降。自夏及秋,复屯相望。兵顿不励,告功不时。帝哀征夫,命相往厘。士饱而歌,马腾于槽。试之新城,贼遇败逃。尽抽其有,聚以防我。西师跃入,道无留者。额额蔡城,其疆千里。既入而有,莫不顺俟。帝有恩言,相度来宣:诛止其魁,释于下人。蔡之卒夫,投甲呼舞。蔡之妇女,迎门笑语。蔡人告饥,船粟往哺。蔡人告寒,赐以缯布。始时蔡人,禁不往来。今相从戏,里门夜开。始时蔡人,进战退戮。今眠而起,左餐右粥。为之择人,以收余烬。选吏赐牛,教而不税。蔡人有言:"始迷不知,今乃大觉,羞前之为。"蔡人有言:"天子明圣,不顺族诛,顺保性命。汝不吾信,视此蔡方。孰为不顺,往斧其吭。凡叛有数,声势相倚。吾强不支,汝弱奚恃?其告而长,而父而兄;奔走来阶,同我太平。"淮蔡为乱,天子伐之。既伐而饥,天子活之。始议伐蔡,卿士莫随。既伐四年,小大并疑。不赦不疑,由天子明。凡此蔡功,惟断乃成。既定淮蔡,四夷毕来。遂开明堂,坐以治之。

愈以元济之平,繇度能固天子意,得不赦,故诸将不敢首鼠,卒禽之,多归度功,而愬特以入蔡功居第一。愬妻,唐安公主女也,出入禁中,诉愈文不实。帝亦重牾武臣心,诏斫其文,更命翰林学士段文昌为之。

李祐以功迁神武将军,赐田宅米粟。帝迹董重质教元济乱,欲诛之,而李愬先许不死,故贬春州司户参军;凌朝江潘州司户参军。

是岁,申、蔡州始输贡物,户部以其久不至,请元日陈于廷。

祐字庆之,后擢夏绥银宥节度使,徙泾原。讨李同捷也,改沧德景节度,累检校尚书左仆射。

重质之贬,未几,转太子少詹事,隶武宁军,迁左神武将军,赉金币与功臣等。擢累左右神策剑南西川行营节度使,历帅夏绥银宥,训兵有法,羌戎畏服。终右龙武统军,赠尚书右仆射。

　　刘悟，其祖正臣，平卢军节度使，袭范阳不克，死。叔父全谅，节度宣武，器其敢毅，署牙将，以罪奔潞州。王虔休复署为将，被病去，还东都，全谅积缗钱数百万在焉，悟破滕镉用之。从恶少年杀人屠狗，豪横犯法，系河南狱，留守韦夏卿贷免。李师古厚币迎之，始未甚知，后从系球，轩然驰突，撞师古马仆，师古恚，将斩之，悟盛气以语触师古，不慑，师古奇其才，令将后军，妻以从娒，历牙门右职。师道以军用屈，率贾人钱为助，命悟督之。悟独宽假，人皆归赖。师道被讨，使将兵屯曹，法一而信，士卒乐为用，军中刀斗不鸣。

　　田弘正兵屯阳谷，悟徙营潭赵，魏师逾河取卢县，壁阿井，城中飞语以谓冯利涉与悟当为帅。师道内疑，数召悟计事，悟曰："今与魏如角力者，势已交，先退者负。悟还，魏踵薄城下矣。"左右谏曰："兵成败未可知，杀大将，孰肯为用？"师道然之。或言悟且乱，不如速去，师道遣使两辈来责战，密语其副张暹使斩悟。使者与暹屏语移时，悟疑之，暹以情告，悟乃斩使者，召诸将议曰："魏博兵强，出则败，不出则死。且天子所诛，司空而已。吾属为驱迫就死地，孰若还兵取郓立大功，转危亡为富贵乎？"众皆唯唯，而别将赵垂棘沮其行，悟因杀之，并杀所恶三十人，尸帐前，众畏伏。下令曰："入郓，人赏钱十万，听复私怨，财蓄恣取之，唯完军帑，违者斩。"因遣报弘正，使进兵潭赵。悟夜半薄西门，黎明启而入，杀师道并大将魏铣等数十人。即拜悟义成节度使，封彭城郡王，实封户五百。

　　元和十五年来朝，进检校兵部尚书。穆宗立，徙昭义军。朱克融乱，议者假威名以厌其乱，移守卢龙。至邢州，会王廷凑之变，不得入，还屯。进兼幽、镇招讨使，治邢州。围临城，观望久不拔，与监军刘承偕不叶，众辱悟，纵其下乱法，悟不堪其忍。承偕与都将张问谋缚悟送京师，以问代节度事。悟知之，以兵围监军，杀小使。其属贾直言质责悟曰："李司空死有知，使公所为至此，军中将复有如公者矣！"悟遽谢曰："吾不欲闻李司空字，少选当定。"即扬兵退，匿承偕囚之。帝重违其心，贬承偕，然悟自是颇专肆，上书言多不恭。天下负罪亡命者多归之，强列其冤。累进检校司徒、同中书门下平章事。

宝历初，巫者妄言师道以兵屯琉璃陂，悟惶恐，命祷祭，具千人膳，自往求哀。将易衣，呕血数斗，卒，赠太尉。表其子从谏嗣。

从谏，母微贱，少狡狯。师道时，使悟出屯，署从谏门下别奏。从谏与师道诸奴日戏博交通，具知其阴密事，悉疏于悟，故悟得立功。悟卒，从谏知留后，持金币赂当权者。朝议谓上党内镇，与河朔异，不可许。左仆射李绛奏言："悟匿死，众不必同乱，从谏威惠未著，若诏比镇大将领节度，驰入军，筞其未备，使军情有属，谋自屈矣。有如拒命，三州势难独存，数月可覆。"时李逢吉、王守澄纳其赂，数为请，敬宗乃以晋王为节度大使，诏从谏主留事，起将作监主簿，检校左散骑常侍。晋王帝所爱，从谏馈献相望，未几，拜节度使。大和初，李听败馆陶，走浅口，从谏引铁骑黄头郎救之，听免。进检校尚书左仆射，拜司空，封沛国公。

昭义自悟时治邢州，而人思上党，从谏还治潞。悟苛扰，从谏宽厚，故下益附。方年壮，思立功。六年，请入朝，文宗待遇加等。明年，还藩，进同中书门下平章事。公卿多托以私，又见事柄不一，遂心轻朝廷，有骄色。李训约从谏诛郑注，及甘露事，宰相皆夷族，传言死非其罪。从谏不平，三上书请王涯等罪，讥切中人。时宦竖得志，天子弱，郑覃、李石新执政，籍其论执以立权纲，中人惮而怨之。又劾奏萧本非太后弟。仇士良积怒，倡言从谏志窥伺。从谏亦妄言清君侧，因与朝廷猜贰。武宗立，兼太子太师。

性奢侈，饰居室舆马。无远略，善贸易之算。徙长子道入潞，岁榷马征商人，又熬盐，货铜铁，收缗十万。贾人子献口马金币，即署牙将，使行贾州县，所在暴横沓贪，责子贷钱，吏不应命，即诉于从谏。欲论奏，或遣客游刺，故天下怨怒。从谏畜马高九尺，献之帝，帝不纳，疑士良所沮，怒杀马，益不平。又闻士良宠方渥，愈忧惑，欲自入朝，恐不脱祸，因被病，卒，年四十一，赠太傅。初，大将李万江者,本退浑部,李抱玉送回纥,道太原,举帐从至潞州,牧津梁寺,地美水草,马如鸭而健,世所谓津梁种者,岁入马价数百万。子弟姻娅隶军者四十八人,从谏徙山东,惧其重迁且生变,而子弟亦豪纵,少从谏,不甚礼,因诬其叛,夷三族,凡三百余家。姬妾有微过,辄杀之。人皆知其将亡。

从子稹,父从素仕右骁卫将军。从谏以为嗣,病甚,与妻裴谋,令主军事,置大将王协、郭谊、刘武德、刘守义等佐稹。秘不发丧,协谋遣将姜岑请医于朝。中人与医至,时从谏死已再旬,稹曰:“公困革不任受诏,稹请代拜。”中人曰:“卧而视可也。”辞以母夫人侍,不可屏。中人欲直入,武德等户之,中人恐有变,趋出,觊馈百万。后使者继往,为知从谏已死者,未至数舍,众惧,武德与将董可武出兵万人迎劳,至牙门,不得前。诸将乃诣监军崔士康邀说,请如河朔故事。士康懦,不敢拒,乃至丧次,扶出稹,为裹绲巾,曰:“毋更欲杀救使。”诸将哄然笑,遂出见三军。

帝怒前使者不入,谪隶恭陵;稹所遣姜岑、梁叔文、梁叔明三辈,皆杖死京兆府。诏从素书敕稹护丧还东都,稹不奉诏。诏群臣议,李德裕建言:“稹所恃者,河朔耳。若遣大臣谕上旨,出山东兵,破之必矣。”有诏夺从谏、稹官,敕诸军进讨。

于是河阳王茂元以兵屯万善;河东刘沔守昂车关,壁榆社;魏博何弘敬栅肥乡,侵平恩;成德王元达次临洺,略任、尧山、向城;河中陈夷行营冀城,侵冀氏。茂元别遣将营天井关,为贼将薛茂卿所破,执四将,火十七栅。张巨进攻万善,不能下。茂元欲走,会日暮,贼自溃去。诏忠武王宰以本军入怀泽行营,陈许士票武,贼众素惮畏。而茂卿负战胜,冀厚赏。或言:“其兵犯王略深,朝廷且怒,节益不可至。”稹然之,故茂卿大望,乃与宰通,即伪挑战,亟北,委天井关去,左右七营皆溃。茂卿奔泽州,使谍言于宰曰:“泽可取,吾应于内。”宰疑不进,失期,茂卿扼腕怅恨。稹闻其贰,召诛之。宰进破刘公直,拔陵川。刘沔又取石会关。李石代沔领河东,稹因石兄洺州刺史恬移书乞降,石以闻,右拾遗崔碣表请纳之,帝怒,斥碣邓城令,诏敢言罢兵者戮贼境。上令石答书许稹面缚,石驰往受之,稹不出。俄而太原将杨弁逐李石,与稹连和,稹诸将建议:"我求承袭,彼叛卒,若与之,是与反者。"械其使送京师,使康良佺屯鼓腰岭,败太原兵,生禽卒七百。帝犹不赦。

始,从谏将死,命稹无笞辱群奴,故李士贵等与王协尤用事,士战,有功不赏,下无斗志。府中财货尚山积,而协请税商人,使刘溪等分出检实,而溪并齐民阅其赀,十取二,百姓始怨。从谏妻弟裴问守邢州,有募兵五百,号"夜飞将",多豪姓子,其家以输赏不时,为溪所囚。问以为言,溪大怒,问因杀溪,与刺史崔碬斩大将,自归成德军。王钊守洺州,给士帑布一端,稹檄代岁禀。钊谓众曰:"库物尚多,欲发以为赏,可乎?"士皆喜。悉所有给之,送款魏博军。磁州将高玉、尧山将魏元谈等以次降成德,元逵久为贼守,杀之。

稹闻三州降,大惧。大将郭谊与王协始议图稹,使董可武诱稹至北第,置酒,饮酣,即斩首,悉取从谏子在襁褓者二十余,并从子积、匡周等杀之。诛张谷、张沿、陈扬庭、李仲京、王渥、王羽、韩茂章、茂实、贾庠、郭台、甄戈十一族,夷之。军中素不附者皆杀。函稹首送王宰,献京师,告庙社,帝御兴安门受之。刘公直亦降于宰。

石雄以兵守境,军大掠,谊移书责之,雄衔怒。稹之死,谊斥从谏妻伏夹室,收其赀私于己,建大厩,日望旌节。宰相德裕建言:"稹庸下,乱由谊始,及军穷蹙,乃图稹邀荣,不诛无以惩奸臣。及兵在境,宜悉取逆党送京师,论如法。"先是有狂人呼于潞市曰:"石雄七千人至矣!"从谏捕诛之,乃请诏雄率兵如数以入。雄至潞,缚谊及王协、刘公直、安全庆、李道德、李佐尧、刘武德、董可武等送京师,并殊死。杖崔士康杀之。白惟信者,潞枭将,数与雄战,惧不敢降,自武乡杀都将康良佺,欲降卢钧;雄遣人召降,惟信杀之,卒降钧。有诏"从谏且死,乃署稹军事,宜剖棺暴尸于市三日"。雄发视,面如生,一目尚开,雄三斩之,仇人剔其骨几尽。

谊者,兖州人。兄崟,事悟为牙将,常乐滏山秀峻,曰:"我死必

葬此。"望气者言："其地当三世为都头异姓。"河北谓都头异姓,至
贵称也。"然窆过二丈不利"。谊以炭假刺史,穿三丈,得石蛇并三
卵,工破之,皆流血。至是,谊及炭三子同诛。

张谷、张沿、陈扬庭皆有文,时时言古今成败以佐从谏,故善遇
此三人。谷纳邯郸人李严女为侍人,号新声。当从谏潜图窥胁,新
声谏谷曰："始天子以从谏为节度,非有战野攻城之功,直以其父挈
齐十二州还天子,去就间未能夺其嗣耳。自有泽潞,未闻以一缕一
蹄为天子寿,左右皆无赖。章武朝,数镇颠覆,皆雄才杰器,尚不能
固天子恩,况从谏擢自儿女手中,苟不以法得,亦宜以不法终。君当
脱族西去,大丈夫勿顾一饭恩,以骨肉腥健儿食。"言讫悲涕。谷不
决者三月,畏言泄,缢之。

李仲京,训之兄,为萧洪府判官,擢监察御史。王渥,璠之子。王
羽,涯族孙。韩茂章、茂实,约之子。贾庠,悚子。郭台,行余子。甘
露难作,皆羸服奔从谏,从谏衣食之。

甄戈者,颇任侠,从谏厚给恤,坐上座,自称荆卿。从谏与定州
戍将有嫌,命戈取之,因为逆旅上谒,留饮三日,乘间斩其首。它日,
又使取仇人,乃引不逞者十余辈劫之。从谏不悦,号"伪荆卿"。

从谏妻裴,以弟立功,诏欲贷其死。刑部侍郎刘三复执不可,于
是赐死,以尸还问。裴父敞,冕之裔,辟悟府,悟奇之,故为从谏纳其
女。裴年十五,火光起袿下,家人以为怪,因许婚。封燕国夫人。宽
厚有谋,每劝从谏入朝为子孙计。从谏有姜韦愿封夫人,许之,诏
至,裴怒,毁诏不与。从谏它日会裴党,复出诏,裴抵去,曰："淄青李
师古四世阻命,不闻侧室封者。君承朝廷姑息,宜自黜削,求洗濯,
顾以婢为夫人,族不日灭耳!"从谏赧然止。及韦至京师,乃言:"李
丕降,裴会大将妻号哭曰:'为我语若夫,勿忘先公恩,愿以子母
托。'诸妇亦泣下,故潞诸将叛益坚。"由是及祸。

初,术者李琢能言祸福,从谏以重币邀,辟署大将。会昌初,谓
从谏曰:"往岁长星经斗,公生直之。今镇复至,当有灾。"从谏即徙
军山东,开球场,凿柳泉,大兴役以厌。及病,有言琢所兴造皆逆岁,

疑有异谋，使积数其罪杀之，府中恟恟，俄而李丕降。

有李佐之者，兼孙也，累调河南尉，号强直。尝客潞，为从谏所礼，留不得去，遂署观察府支使，因娶其从祖妹。从谏薄疏属，资媵寒阙，佐之亦薄之，不甚答。从谏病，佐之力讽使还东都，从谏虽不能从，然感服其言。病且革，王协等恐佐之妻母有所关说，即舁母归东都。会佐之奴告佐之交通宾客，漏军中虚实，积囚之。妻诉不见礼，积遂杀之。

武乡令唐汉宾，俭裔孙，以积拒命，固谏归朝，不听，举族见害。

李师晦者，本宗室子，始悟辟致幕府，见从谏稍恣横，假言求长生术，不与事。从谏使归东都，师晦惧为谷、扬庭等所谮，请居涉，从谏不之疑。积败，有为帝言者，擢伊阙令，而赠薛茂卿博州刺史。大中初，又赠汉宾本县令。

先时，河北诸将死，皆先遣使吊祭，次册赠，次近臣宣慰，度军便宜乃与节，军中不许出，乃用兵，大抵不半岁不能定，故警将逆子皆得为之备。积初不意帝怒即见讨，及茂元录诏示积，举族号恸，欲自归，而愚懦不决云。自悟至积三世，凡二十六年。

李丕者，善长短术，与从谏厚善，署大将。及积阻命，军中疾其才，丕惧，乞为游弈深入，以图营壁处，遂自归。议者疑为贼遣，德裕奏言：“讨贼半年，始有降者，当赏以劝余。”帝召见，擢忻州刺史。丕请取榆社，东径武安入讨贼，虽邢、洺未下，而兵不得救潞。不听。杨弁乱，遣人诱丕，丕斩之，以兵扼走集。德裕言于帝曰：“度支户部物积代州，今丕塞其路，贼破矣。”乃趣丕讨弁，兵未至而弁已擒。迁汾、晋二州刺史。大中初，拜振武节度使，检校刑部尚书。党项叛，徙鄜坊，卒。

赞曰：《传》称：“作《易》者其知盗乎！”然则盗之情，非圣人不能知。唐中衰，奸雄圜睨而奋，举魏、赵、燕之地，莽为盗区，簪叛百年，夷狄其人，而不能复。昏上庸佐，惟不知盗故也。引妖就暝，以夺厥明，宁萧俛、崔植等谓耶！

唐书卷二一五上
列传第一四〇上

突厥上

夷狄为中国患,尚矣。在前世者,史家类能言之。唐兴,蛮夷更盛衰,尝与中国亢衡者有四:突厥、吐蕃、回鹘、云南是也。方其时,群臣献议盈廷,或听或置,班然可睹也。

刘贶以为:

> 严尤辩而未详,班固详而未尽,榷其至当,周得上策,秦得其中,汉无策。何以言之?荒服之外,声教所不逮,其叛不为之劳师,其降不为之释备,严守御,险走集,使其为寇不能也,为臣不得也。"惠此中夏,以绥四方",周之道也,故曰周得上策。

> 《易》称:"王侯设险以固其国。"筑长城,修障塞,所以设险也。赵简子起长城备胡,燕、秦亦筑长城限中外,益理城堑,城全国灭,人归咎焉。后魏筑长城,议者以为人治一步,方千里,役三十万人,不旬朔而获久逸,故曰秦得中策。

> 汉以宗女嫁匈奴,而高祖亦审鲁元不能止赵王之逆谋,谓能息匈奴之叛,非也。且冒顿手弑其亲,而冀其不与外祖争强,岂不惑哉?然则知和亲非久安计而为之者,以天下初定,纾岁月之祸耳。武帝时,中国艾安,胡寇益希,疏而绝之,此其时也。方更糜耗华夏,连兵积年,故严尤以为下策。然而汉至昭、宣,武士练习,斥候精明,匈奴收迹远徙,犹袭奉春之过举,倾府藏给西北,岁二亿七十万。皇室淑女,嫔于穹庐;掖庭良人,降于

沙漠。夫贡子女方物，臣仆之职也。《诗》曰："莫敢不来享，莫敢不来王。"荒服称其来，不言往也。公及吴盟，讳而不书，奈何以天子之尊，与匈奴约为兄弟？帝女之号，与胡媪并御；蒸母报子，从其污俗。中国异于蛮夷者，有父子男女之别也。婉冶之姿，毁节异类，垢辱甚矣。汉之君臣，莫之耻也。魏、晋羌狄居塞垣，资奉逾昔，百人之酋，千口之长，赐金印紫绶，食王侯之俸。牧马之童，乘羊之隶，赍毳毼邀利者，相错于路。末耰之利，丝枲所生，散于数万里之外。胡夷岁骄，华夏日蹙。方其强也，竭人力以征之；其服也，养之如初。病则受养，强则内攻，中国为羌胡服役且千载，可不悲哉！诚能移其财以赏戍卒，则民富；移其爵以饵守臣，则将良。富利归于我，危亡移于彼，无纳女之辱，无传送之劳，弃此而不为，故曰汉无策。

　　严尤谓古无上策，谓不能臣妾之也。诚能之而不用耳。秦无策，谓攘狄而亡国也。秦亡，非攘狄也。汉得下策，谓伐胡而人病。人既病矣，又役人而奉之，无策也。故曰严尤辩而未详也。

　　班固谓"其来慕义，则接以礼让"。何者？礼让以交君子，非所以接禽兽夷狄也。纤丽外散，则戎羯之心生；戎羯之心生，则侵盗之本也。圣人饮食声乐不与之共，来朝坐于门外，舌人体委以食之，不使知馨香嘉味也。汉氏习玩骄虏，使其悦燕、赵之色，甘太官之珍，服以文绮罗纨，供之则增求，绝之则招怨，是饱豺狼以良肉，而纵其猎噬也。华人步卒利险阻，虏人骑兵利平地，坚守无与追奔竞逐，来则杜险使不得进，去则闭险使不得还，冲以长戟，临以强弩，非求胜也，譬诸虫豸虺蝎，何礼让之接哉？故曰班固详而未尽者，此也。

杜佑谓：

　　秦以区区关中灭六强国，今竭万方之财，上奉京师，外有犬戎凭陵，陷城数百，内有兵革未宁，三纪矣。岂制置异术，古今殊时乎？周制，步百为亩，亩百给一夫。商鞅佐秦，以为地利不尽，更以二百四十步为亩，百亩给一夫。又以秦地旷而人寡，晋地狭而人夥，诱三晋之人耕而优其田宅，复及子孙，使秦人应敌于外，非农与战不得入官。大率百人以五十人为农，五十人习战，故兵强国富。其后仕宦途多，末业日滋。今大率百人才十人为农，余皆习他技。又秦、汉郑渠溉田四万顷，白渠溉田四千五百顷，永微中，两渠灌寖不过万顷，大历初，减至六千亩。亩腏一斛，岁少四五百万斛。地利耗，人力散，欲求强富，不可得也。汉时，长安北七百里即匈奴之地，侵掠未尝暂息。计其举国之众，不过汉一大郡，晁错请备障塞，故北边妥安。今潼关之西，陇山之东，郿坊之南，终南之北，十余州之地，已数十万家。吐蕃绵力薄材，食鲜艺拙，不及中国远甚。诚能复两渠之饶，诱农夫趣耕，择险要，缮城垒，屯田蓄力，河、陇可复，岂唯自守而已。

至佑孙牧亦曰：

天下无事时，大臣偷处荣逸，战士离落，兵甲钝弊，车马刓弱，天下杂然盗发，则疾驱以战，是谓宿败之师。此不搜练之过，其败一也。百人荷戈，仰食县官，则挟千夫之名，大将小裨操其余赢，以虏壮为幸，执兵者常少，糜食者常多，筑垒未干，公囊已虚。此不责实之过，其败二也。战小胜则张皇其功，奔走献状以邀赏，或一日再赐，一月累封，凯还未歌，书品已崇，爵命极矣。田宫广矣，金缯溢矣，子孙官矣，肯外死勤于我哉？此赏厚之过，其败三也。多丧兵士，颠翻大都，则跳身而来，刺邦而去，回视刀锯、菜色甚安，一岁未更，已立于坛墀之上。此轻罚之过，其败四也。大将将兵，柄不得专，一曰为偃月，一曰为鱼丽，三军万夫，环旋翔佯，恍骇之间，虏骑乘之。此不专任之过，其败五也。元和时，团兵数十万以诛蔡，天下干耗，四岁然后能取之，盖五败不去也。长庆初，盗子若孙悉来走命，未几而燕、赵乱，引师起将，五败益甚，不能加威于反虏。

二杜之论如此。

广德、建中间，吐蕃再饮马岷江，常以南诏为前锋，操倍寻之戟，且战且进，蜀兵折刃吞镞，不能毙一戎。戎兵日深，疫死日众，自度不能留，辄引去。蜀人语曰："西戎尚可，南蛮残我。"至韦皋凿青溪道以和群蛮，使道蜀入贡，子弟习书算于成都，业成而去，习知山川要害。文宗时，大入成都，自越巂以北八百里，民畜为空，又败卒贫民因缘掠杀，官不能禁。自是群蛮常有屠蜀之心，蜀民苦于重征者，亦欲启之以幸非常。岁发戍卒，不习山川之险，缓步一舍，已呵然流汗。为将者刻薄自入，给帛则以疏易良，赋粟以沙参粒，故边卒怨望而巴、蜀危忧。孙樵谓："宜诏严道、沈黎、越巂三州，度要害，募卒以守。且兵籍于州则易役，卒出于边则习险，相地分屯，春耕夏蚕以资衣食，秋冬严壁以俟寇。岁遣廉吏视卒之有无，则官无馈运，吏无牟盗。"此其备御之策可施行者，著之于篇。

凡突厥、吐蕃、回鹘以盛衰先后为次；东夷、西域又次之，迹用兵之轻重也；终之以南蛮，记唐所繇亡云。

突厥阿史那氏，盖古匈奴北部也。居金山之阳，臣于蠕蠕，种裔繁衍。至吐门遂强大，更号可汗，犹单于也，妻曰可敦。其地三垂薄海，南抵大漠。其别部典兵者曰设，子弟曰特勒，大臣曰叶护、曰屈律啜、曰阿波、曰利发、曰吐屯、曰俟斤、曰阎洪达、曰颉利发、曰达干，凡二十八等，皆世其官而无员限。卫士曰附离。可汗建廷都斤山，牙门树金狼头纛，坐常东向。

隋大业之乱，始毕可汗咄吉嗣立，华人多往依之，契丹、室韦、吐谷浑、高昌皆役属，窦建德、薛举、刘武周、梁师都、李轨、王世充等倔起虎视，悉臣尊之。控弦且百万，戎狄炽强，古未有也。高祖起太原，遣府司马刘文静往聘，与连和，始毕使特勒康稍利献马二千、兵五百来会，帝平京师，遂恃功，使者每来多横骄。武德元年，骨咄禄特勒来朝，帝宴太极殿，为奏九部乐，引升御坐。是岁，始毕牙帐自破，帝问内史令萧瑀，瑀曰："魏文帝幸许，城门无故坏，是年文帝崩，岂其类耶？"二年，始毕自将度河，至夏州，与贼梁师都合，又佐刘武周以五百骑入句注，将侵太原。会病死，帝为发哀长乐门，诏群臣即馆吊其使，遣使者持段物三万赙之。子什钵苾幼，不克立，以为泥步设，使居东偏，立其弟俟利弗设，是为处罗可汗。

处罗复妻隋义成公主，遣使来告，则又潜通王世充，潞州总管李袭誉击斩其使，取牛羊万余。处罗迎隋萧皇后及齐王暕之子正道于窦建德所，因立正道为隋王，奉隋后，隋人没者隶之，行其正朔，置百官，居定襄，众万人。秦王讨武周也，处罗以弟步利设骑二千会并州三日，多掠城中妇人女子去，总管李仲文不能制，以俱俭特勒助屯。明年，谋取并州置杨正道，卜之，不吉，左右谏止。处罗曰：“我先人失国，赖隋以存，今忘之，不祥。卜不吉，神讵无知乎？我自决之。”会天雨血三日，国中犬夜群号，求之不见，遂有疾，公主饵以五石，俄疽发死。主以子奥射设陋弱，弃不立，更取其弟咄苾嗣，是为颉利可汗。

颉利始为莫贺咄设，牙直五原北，薛举陷平凉，与连和，帝患之，遣光禄卿宇文歆略颉利，使与举绝。隋五原太守张长逊以所部五城附虏，歆并说还五原地。皆见听，且发兵举长逊所部会秦王军。太子建成议废丰州并割榆中地，于是处罗子郁射设以所部万帐入处河南，以灵州为塞。

颉利又妻义成，以始毕子什钵苾为突利可汗，使居东。义成，杨谐女也，其弟善经亦依突厥，与王世充使者王文素共说颉利曰：“往启民兄弟争国，赖隋得复位，子孙有国。今天子非文帝后，宜立正道以报隋厚德。”颉利然之，故岁入寇，然倚父兄余资，兵锐马多，警然骄气，直出百蛮上，视中国为不足与，书辞悖嫚，多须求。帝方经略天下，故屈礼，多所舍贷，赠赉不赀，然而不厌无崖之求也。

四年，颉利率万骑与苑君璋合寇雁门，定襄王李大恩击却之。颉利执我使者汉阳公瓌、太常卿郑元璹、左骁卫大将军长孙顺德，帝亦囚其使与相当，由是寇代州，败行军总管永安王孝基，略河东，犯原州,穿延州塞,诸将与战,不能有所俘。

明年,还顺德等,且请和,赍鱼胶,绐云:"固二国之好也。"帝虽未情,释其使特勒热寒等,厚与金还之。大恩上言:"突厥饥,马邑可图也。"诏殿中少监独孤晟共击之。晟后约,大恩不敢进,屯新城。颉利自将数万骑与刘黑闼合围之,大恩没,士死者数千人。进击忻州,为李高迁所破。黑闼以突厥万人扰山东,又残定州。颉利未得志,乃率十五万骑入雁门,围并州,深钞汾、潞,取男女五千,分数千骑转掠原、灵间。于是太子建成将兵出豳州道,秦王将兵出蒲州道击之;李子和以兵趋云中,掩可汗后;段德操出夏州,狙其归。并州总管襄邑王神符战汾东,斩虏五百首,取马二千;汾州刺史萧颋献俘五千,虏陷大震关,纵兵掠弘州,总管宇文歆、灵州杨师道拒之,获马、橐它数千。颉利闻秦王且至,引出塞,王师还。

又明年,与黑闼、君璋等小小入寇定、匡、原、朔等州,与屯将相胜负。帝遣太子建成复屯北边、秦王屯并州,备虏,久乃罢。俄又破代地一屯,进击渭、豳二州,取马邑,不有也,复请和,归我马邑。

七年,攻原、朔二州,入代地,不胜,更与君璋合攻陇州及阴槃城,分击并地,秦王与齐王元吉屯豳州道以备胡,君璋与虏出入原、朔、忻、并地,剽系骚然,数为诸将驱逐。其八月,颉利与突利兵悉起,自原州连营而南,所在震恐,秦王、齐王拒之。

初,关中霖潦,饷道绝,军次豳州,可汗万骑奄至,阵五龙坂,以数百骑挑战,举军失色。秦王驰百骑掠阵,大言曰:"国家于突厥无负,何为深入?我,秦王也,故来自与可汗决。若固战,我才百骑耳,徒广杀伤,无益也。"颉利笑不答。又驰骑语突利曰:"尔往与我盟,急难相助,今无香火情邪?能一决乎?"突利亦不对。王将绝水前,颉利见兵少,又闻与突利语,阴相忌,即遣使者来曰:"王毋苦,我固不战,将与王议事耳。"于是引却,秦王纵反间,突利乃归心,不欲战,颉利亦无以强之,乃遣突利及夹毕特勒思摩请和,帝许之。突利遂自托于王为昆弟。帝见思摩,引升御榻,思摩顿首辞,帝曰:"我见若犹颉利也。"乃听命。

　　突厥既岁盗边,或说帝曰:"虏数内寇者,以府库子女所在,我能去长安,则戎心止矣。"帝使中书侍郎宇文士及逾南山,按行樊、邓,将徙都焉。群臣赞迁,秦王独曰:"夷狄自古为中国患,未闻周、汉为迁也。愿假数年,请取可汗以报。"帝乃止。颉利已和,亦会甚雨,弓矢皆弛恶,遂解而还。帝会群臣问所以备边者,将作大匠于筠请五原、灵武置舟师于河,扼其入。中书侍郎温彦博曰:"魏为长堑遏匈奴,今可用。"帝使桑显和堑边大道,召江南船工大发卒治战舰。颉利遣使来,愿款北楼关请互市,帝不能拒。帝始兼天下,罢十二军,尚文治,至是以虏患方张,乃复置之,以练卒搜骑。

　　八年,颉利攻灵、朔,与代州都督蔺谟战新城,谟败绩。于是张瑾兵屯石岭,李高迁屯大谷,秦王屯蒲州道。初,帝待突厥用敌国礼,及是,怒曰:"往吾以天下未定,厚于虏以纾吾边。今卒败约,朕将击灭之,毋须姑息。"命有司更所与书为诏若敕。瑾未至屯,虏已逾石岭,围并州,攻灵州,转扰潞、沁。李靖以兵出潞州道,行军总管任瓌屯太行。瑾战大谷,败绩,中书侍郎温彦博陷于贼,郓州都督张德政死之。遂攻广武,为任城王道宗破。其欲谷设掠绥州,请和去。败并州数县,入兰、鄜、彭州诸屯,或小胜,不能制。俄寇原州,折威将军杨屯击之,且发士屯大谷。

　　九年,攻原、灵,又围凉州,进犯泾、原,李靖与战灵州,虏引去。寇西会州,围乌城,翔徉陇、渭间,平道将军柴绍破之于秦州,斩一特勒、三大将,虏千级。大抵虏得志则深入,负则请和,不耻也。其七月,颉利自将十万骑袭武功,京师戒严。攻高陵,尉迟敬德与战泾阳,获俟斤乌没啜,斩首千余级。颉利遣谋臣执失思力入朝以觇我,因夸说曰:"二可汗兵百万,今至矣!"太宗曰:"我与可汗尝面约和,尔则背之。且义师之初,尔父子身从我,遗赐玉帛多至不可计,何妄以兵入我都畿,自夸盛强耶?今我当先戮尔矣!"思力惧,请命,萧瑀、封德彝谏帝,不如礼遣之,帝不许,系于门下省,乃与侍中高士廉、中书令房玄龄、将军周范等驰六骑出玄武门,幸渭上,与可汗隔水语,且责其负约。群酋见帝,皆惊,下马拜。俄而众军至,旗铠光明,部队静严,虏大骇,帝与颉利按辔,即麾军却而阵焉。萧瑀以帝轻敌,叩马谏,帝曰:"我思熟矣,非尔所知也。夫突厥扫地入寇,以我新有内难,谓不能师。我若阖城,彼且大掠吾境,故我独出,示无所畏,又盛兵使知必战,不意我能沮其始谋。彼入吾地既深,惧不能返,故与战则克,和则固,制贼之命,在此举矣!"是日,颉利果请和,许之。翌日,刑白马,与颉利盟便桥上,突厥引还。萧瑀曰:"颉利之来,诸将多请与战,陛下不听,既而虏自退,其策奈何?"帝曰:"突厥众而不整,君臣惟利是视。可汗在水西,而酋帅皆来谒我,我醉而缚之,其势易甚。又我救长孙无忌、李靖潜师幽州以须,若大军蹑其后,伏邀诸前,取之反覆掌耳。然我新即位,为国者要在安静,一与虏校,杀伤必多,彼败未及亡,惧而修德,与我为怨,其可当耶?今仆械卷铠,啖以玉帛,虏志必骄,骄则亡之端也,故曰'将欲取之,必固与之'。"瑀再拜曰:"非臣愚所逮也!"乃诏殿中监豆卢宽、将军赵绰护送突厥。颉利献马三千匹、羊万头,帝不纳,诏归所俘于我。

贞观元年,薛延陀、回纥、拔野古诸部皆叛,使突利讨之,不胜,轻骑走颉利,怒囚之,突利由是怨望。是岁大雪,羊马多冻死,人饥,惧王师乘其敝,即引兵入朔州地,声言会猎。议者请责其败约,因伐之,帝曰:"匹夫不可为不信,况国乎?我既与之盟,岂利其灾,邀险以取之耶?须其无礼于我,乃伐之。"

明年,突利自陈为颉利所攻,求救。帝曰:"朕与颉利盟,又与突利有昆弟约,不可不救,奈何?"兵部尚书杜如晦曰:"夷狄无信,我虽如约,彼常负之,今乱而击之,侮亡之道也。"乃诏将军周范壁太原经略之,颉利亦拥兵窥边。或请筑古长城,发民乘塞。帝曰:"突厥盛夏而霜,五日并出,三月连明,赤气满野,彼见灾而不务德,不畏天也。迁徙无常,六畜多死,不用地也。俗死则焚,今葬皆起墓,背父祖命,嫚鬼神也。与突利不睦,内相攻残,不和于亲也。有是四者,将亡矣,当为公等取之,安在筑障塞乎?"突厥俗素质略,颉利得华士赵德言,才其人,委信之,稍专国;又委政诸胡,斥远宗族不用,兴师岁入边,下不堪苦。胡性冒沓,数翻覆不信,号令无常。岁大饥,衰敛苛重,诸部愈贰。

又明年,属部薛延陀自称可汗,以使来。诏兵部尚书李靖击虏马邑,颉利走,九俟斤以众降,拔野古仆骨同罗诸部、霫奚渠长皆来朝。于是诏并州都督李世勣出通漠道,李靖出定襄道,左武卫大将军柴绍出金河道,灵州大都督任城王道宗出大同道,幽州都督卫孝节出恒安道,营州都督薛万淑出畅武道,凡六总管,师十余万,皆授靖节度以讨之。道宗战灵州,俘人畜万计,突利及郁射设、荫奈特勒师所位来奔,捷书日夜至,帝谓群臣曰:"往国家初定,太上皇以百姓故,奉突厥,诡而臣之,朕常痛心病首,思一刷耻于天下。今天诱诸将,所向辄克,朕其遂有成功乎!"

四年正月,靖进屯恶阳岭,夜袭颉利,颉利惊,退牙碛口,大酋康苏蜜等以隋萧皇后、杨正道降。或言中国人尝密通书于后,中书舍人阳文瓘请劾治。帝曰:"天下未一,人或当思隋,今反侧既安,何足治耶?"置勿劾。颉利窘,走保铁山,兵犹数万,令执失思力来,阳为哀言谢罪,请内属,帝诏鸿胪卿唐俭、将军安修仁等持节慰抚。靖知俭在虏所,虏必安,乃袭击之,尽获其众,颉利得千里马,独奔沙钵罗,行军副总管张宝相禽之。沙钵罗设苏尼失以众降,其国遂亡,复定襄、恒安地,斥境至大漠矣。

颉利至京师,告俘太庙,帝御顺天楼,陈仗卫,士民纵观,吏执可汗至,帝曰:"而罪有五:而父国破,赖隋以安,不以一镞力助之,使其庙社不血食,一也;与我邻而弃信扰边,二也;恃兵不戢,部落携怨,三也;贼华民,暴禾稼,四也;许和亲而迁延自遁,五也。朕杀尔非无名,顾渭上盟未之忘,故不穷责也。"乃悉还其家属,馆于太仆,禀食之。

思结俟斤以四万众降,可汗弟欲谷设奔高昌,既而亦来降。伊吾城之长素臣突厥,举七城以献,因其地为西伊州。制诏:突厥往逢疠疫,长城之南,暴骨如丘,有司其以酒脯祭,为瘗藏之。又诏:隋乱,华民多没于虏,遣使者以金帛赎男女八万口,还为平民。

颉利不室处,常设穹庐廷中,久郁郁不自憀,与家人悲歌相泣下,状貌羸省。帝见怜之,以虢州负山多麋麋,有射猎之娱,乃拜为刺史,辞不往,遂授右卫大将军,赐美田宅。帝曰:"昔启民失国,隋文帝不吝粟帛,兴士众,营护而存立之。至始毕稍强,则以兵围炀帝雁门。今其灭者,殆背德忘义致然耶?"颉利子叠罗支有至性,既舍京师,诸妇得品供,罗支预焉;其母最后至,不得给,罗支不敢尝品肉。帝闻,叹曰:"天禀仁孝,讵限华夷哉!"厚赐之,遂给母肉。

八年,颉利死,赠归义王,谥曰荒,诏国人葬之,从其礼,火尸,起冢灞东。其臣胡禄达官吐谷浑邪者,颉利母婆施之媵臣也,颉利始生,以授浑邪,至是哀恸,乃自杀。帝异之,赠中郎将,命葬颉利冢旁,诏中书侍郎岑文本刻其事于颉利、浑邪之墓碑。俄苏尼失亦以死殉。尼失者,启民可汗弟也,始毕以为沙钵罗设,帐部五万,牙直灵州西北,姿雄趫,以仁惠御下,人多归之。颉利政乱,其部独不贰。突利降,颉利以为小可汗。颉利已败,乃举众来,漠南地遂空,授北宁州都督、右卫大将军,封怀德王云。

颉利之亡,其下或走薛延陀,或入西域,而来降者尚十余万,诏议所宜,咸言:"突厥扰中国久,今天丧之,非慕义自归,请悉籍降俘,内兖、豫闲处,使习耕织,百万之虏,可化为齐人,是中国有加户,而漠北遂空也。"中书令温彦博请"如汉建武时,置降匈奴留五原塞,全其部落,以为捍蔽,不革其俗,因而抚之,实空虚之地,且示无所猜。若内兖、豫,则乖本性,非函育之道。"秘书监魏徵建言:"突厥世为中国仇,今其来降,不即诛灭,当遣还河北。彼鸟兽野心,非我族类,弱则伏,强则叛,其天性也。且秦、汉以锐师猛将击取河南地为郡县者,以不欲使近中国也。陛下奈何以河南居之?且降者十万,若令数年,孳息略倍,而近在畿甸,心腹疾也。"彦博曰:"不然,天子于四夷,若天地养万物,覆载全安之,今突厥破灭,余种归命,不加哀怜而弃之,非天地蒙覆之义,而有阻四夷之嫌,臣谓处以河南,盖死而生之,亡而存之,彼世将怀德,何叛之为?"徵曰:"魏时有胡落分处近郡,晋已平吴,郭钦、江统劝武帝逐出之,不能用。刘、石之乱,卒倾中夏。陛下必欲引突厥居河南,所谓养虎自遗患者也。"

彦博曰：“圣人之道无不通，故曰‘有教无类’。彼创残之余，以穷归我，我援护之，收处内地，将教以礼法，职以耕农，又选酋良入宿卫，何患之恤？且光武置南单于，卒无叛亡。”于是中书侍郎颜师古、给事中杜楚客、礼部侍郎李百药等皆劝帝不如使处河北，树首长，俾统部落，视地多少，令不相臣，国小权分，终不得亢衡中国，长辔远驭之道也。帝主彦博语，卒度朔方地，自幽州属灵州，建顺、祐、化、长四州为都督府，剖颉利故地，左置定襄都督、右置云中都督二府统之。擢酋豪为将军、郎将者五百人，奉朝请者且百员，入长安自籍者数千户。乃以突利可汗为顺州都督，令率其下就部。

　　突利初为泥步设，得隋淮南公主以为妻。颉利之立，用次弟为延陀设，主延陀部；步利设主霅部，统特勒主胡部；斛特勒主斛薛部。以突利可汗主契丹、靺鞨部，树牙南直幽州，东方之众皆属焉。突利敛取无法，下不附，故薛延陀、奚、霅等皆内属，颉利遣击之，又大败，众骚离，颉利囚捶之，久乃赦。突利尝自结于太宗，及颉利衰，骤追兵于突利，不肯从。因起相攻。突利请入朝，帝谓左右曰：“古为国者劳己以忧人，则系祚长；役人以奉己，则亡。今突厥丧乱，由可汗不君，突利虽至亲，不自保而来。夷狄弱则边境安。然观彼亡，我不可以无惧，有不逮者，祸可纾乎！”突利至，礼见良厚，辍膳以赐之，拜右卫大将军，封北平郡王，食户七百。及为都督，太宗敕曰：“而祖启民破亡，隋则复之，弃德不报，而父始毕反为隋敌。尔今穷来归我，所以不立尔为可汗，鉴前败也。我欲中国安，尔宗族不亡，故授尔都督，毋相侵掠，长为我北藩。”突利顿首听命。后入朝，死并州道中，年二十九，帝为举哀，亦诏文本文其墓，子贺逻鹘嗣。

　　帝幸九成宫，突利弟结社率以郎将宿卫，阴结种人谋反，劫贺逻鹘北还，谓其党曰：“我闻晋王丁夜得辟仗出，我乘间突进，可犯行在。”是夕，大风冥，王不出，结社率恐谋漏，即射中营，噪而杀人，卫士等共击之，乃走，杀厩人盗马，欲度渭，徼逻禽斩之，赦贺逻鹘，投岭外。于是群臣更言处突厥中国非是，帝亦患之，乃立阿史那思摩为乙弥泥孰俟利苾可汗,赐氏李,树牙河北,悉徙突厥还故地。

思摩,颉利族人也,父曰咄六设。始,启民奔隋,碛北诸部奉思摩为可汗,启民归国,乃去可汗号。性开敏,善占对,始毕、处罗皆爱之。然以貌似胡,疑非阿史那种,故但为夹毕特勒,而不得为设。武德初,数以使者来,高祖嘉其诚,封和顺郡王。及诸部纳款,思摩独留,与颉利俱禽,太宗以为忠,授右武候大将军、化州都督,统颉利故部居河南,徙怀化郡王。及是将徙,内畏薛延陀,不敢出塞。帝诏司农卿郭嗣本持节赐延陀书,言:"中国礼义,未始灭人国,以颉利暴残,伐而取之,非贪其地与人也。故处降部于河南,荐草美泉,利其畜牧,众日孳蕃。今复以思摩为可汗,还其故疆。延陀受命在前,长于突厥,举碛以北,延陀主之;其南,突厥保之。各守而境,无相钞犯,有负约,我自以兵诛之。"思摩乃行,帝为置酒,引思摩前曰:"莳一草一木,见其滋庑以为喜,况我养尔部人,息尔马羊,不减昔乎!尔父母坟墓在河北,今复旧廷,故宴以慰行。"思摩泣下,奉觞上万岁寿,且言:"破亡之余,陛下使存骨旧乡,愿子孙世世事唐,以报厚德。"于是赵郡王孝恭、鸿胪卿刘善就思摩部,筑坛场河上,拜受册,赐鼓纛。又诏左屯卫将军阿史那忠为左贤王,左武卫将军阿史那泥孰为右贤王,相之。

薛延陀闻突厥之北,恐其众奔亡度碛,勒兵以待。及使者至,乃谢曰:"天子诏毋相侵,谨顿首奉诏。然突厥酣乱翻覆,其未亡时杀中国人如麻,陛下灭其国,谓宜收种落皆为奴婢,以偿唐人。乃养之如子,而结社率竟反,此不可信明甚。后有乱,请终为陛下诛之。"十五年,思摩帅众十余万、胜兵四万、马九万匹始度河,牙于故定襄城,其地南大河,北白道,畜牧广衍,龙荒之最壤,故突厥争利之。思摩遣使谢曰:"蒙恩立为落长,实望世世为国一犬,守吠天子北门,有如延陀侵逼,愿入保长城。"诏许之。

居三年,不能得其众,下多携背,思摩惭,因入朝愿留宿卫,更拜右武卫将军。从伐辽,中流矢,帝为吮血,其顾厚类此。还,卒京师,赠兵部尚书、夏州都督,陪葬昭陵,筑坟象白道山,为刊其劳,碑于化州。

右贤王阿史那泥孰,苏尼失子也。始归国,妻以宗女,赐名忠。及从思摩出塞,思慕中国,见使者必流涕求入侍,许之。

思摩既不能国,残众稍稍南度河,分处胜、夏二州。帝伐辽,或言突厥处河南,迩京师,请帝无东。帝曰:"夫为君者,岂有猜贰哉!汤、武化桀、纣之民,无不迁善。有隋无道,举天下皆叛,非止夷狄也。朕闵突厥之亡,内河南以振赡之,彼不近走延陀而远归我,怀我深矣,朕策五十年中国无突厥患。"思摩众既南,车鼻可汗乃盗有其地。

车鼻,亦阿史那族,而突利部人也。名斛勃,世为小可汗。颉利败,诸部欲共君长之,会薛延陀称可汗,乃往归焉。其为人沈果有智数,众颇便附,延陀畏逼,将杀之,乃率所部遁去,骑数千尾追,不胜。窜金山之北,三垂斗绝,惟一面可容车骑,壤土夷博,即据之,胜兵三万,自称乙注车鼻可汗,距长安万里,西葛逻禄,北结骨,皆并统之,时时出掠延陀人畜。延陀后衰,车鼻势益张。

二十一年,遣子沙钵罗特勒献方物,且请身入朝。帝遣云麾将军安调遮、右屯卫郎将韩华往迎之,至则车鼻偃然无入朝意。华谋与葛逻禄共劫之,车鼻觉,华与车鼻子陂苾特勒斗死,调遮被杀。帝怒,遣右骁卫郎将高侃发回纥、仆骨兵击之,其大酋长歌逻禄泥孰阙俟利发、处木昆莫贺咄俟斤等以次降。侃师攻阿息山,部落不肯战,车鼻携爱妾,从数百骑走;追至金山,获之,献京师。高宗责曰:"颉利败,尔不辅,无亲也;延陀破,尔遁亡,不忠也。而罪当死,然朕见先帝所获酋长必宥之,今原而死。"乃释缚,数俘社庙,又见昭陵。拜左武卫将军,赐居第,处其众郁督军山,诏建狼山都督府统之。初,其子羯漫陀泣谏车鼻请归国,不听。乃遣子庵铄入朝,后来降,拜左屯卫将军,建新黎州,使领其众。于是突厥尽为封疆臣矣。

　　始，置单于都护府领狼山云中桑乾三都督、苏农等二十四州，瀚海都护府领金微新黎等七都督、仙萼贺兰等八州。即擢领酋为都督、刺史。麟德初，改燕然为瀚海都护府，领回纥，徙故瀚海都护府于古云中城，号云中都护府，碛以北蕃州悉隶瀚海，南隶云中。云中者，义成公主所居也，颉利灭，李靖徙突厥赢破数百帐居之，以阿史德为之长。众稍盛，即建言愿以诸王为可汗，遥统之。帝曰："今可汗，古单于也。"乃改云中府为单于大都护府，以殷王旭轮为单于都护。帝封禅，都督葛逻禄叱利等三十余人皆从至泰山下，已封，诏勒名于封禅碑云。凡三十年北方无戎马警。

　　调露初，单于府大酋温傅、奉职二部反，立阿史那泥孰匐为可汗，二十四州酋长皆叛应之。乃以鸿胪卿、单于大都护府长史萧嗣业、左领军卫将军苑大智、右千牛卫将军李景嘉讨之，恃胜不设备。会雨雪，士辄寒，反为虏袭，大败，杀略万余人。大智等收余卒，行且战，乃免。于是嗣业流桂州，余坐免官。更拜礼部尚书裴行俭为定襄道行军大总管，率太仆少卿李思文、营州都督周道务、西军程务挺、东军李文暕，士无虑三十万，捕击反者。诏右金吾将军曹怀舜屯井陉，右武卫将军崔献屯绛、龙门。明年，行俭战黑山，大破之，其下斩泥孰匐，以首降，禽温傅、奉职以还，余众保狼山。始，虏未叛，鸣鹨群飞入塞，吏曰："所谓突厥雀者，南飞，胡必至。"比春还，悉堕灵、夏间，率无首，泥孰果亡。狼山众掠云州，都督窦怀哲、右领军中郎将程务挺逐出之。

　　永隆中，温傅部又迎颉利族子伏念于夏州，走度河，立为可汗，诸部响应。明年，遂寇原、庆二州。复诏行俭为大总管，以右武卫将军曹怀舜、幽州都督李文暕副之。谍者给言伏念、温傅保黑沙，饥甚，可轻骑取也。怀舜独信之，轻兵倍道至黑沙，乃不见虏，得薛延陀余部，降之；引还至长城，遇温傅与战，所杀相当。行俭兵壁代之陉口，纵反间，故伏念、温傅相贰，因遣兵击伏念，败之。伏念走，与怀舜遇,行且战一日,为伏念所破,弃军奔云中。士为虏所乘,死不可算,皆南首仆。怀舜杀牲与伏念盟,乃免。伏念益北,留辎重妻子保金牙山,以轻骑将袭怀舜,会行俭遣部将掩得其辎重,比还,无所归,乃北走保细沙。行俭纵单于镇兵蹑之,伏念意王师不能远,不设备,及兵至,惶骇不得战,遂遣使间道诣行俭,执温傅降,行俭虏之,送京师,斩东市。

永淳元年,骨咄禄又反。

骨咄禄,颉利族人也,云中都督舍利元英之部酋,世袭吐屯。伏念败,乃啸亡散,保总材山。又治黑沙城,有众五千。盗九姓畜马,稍强大,乃自立为可汗,以弟默啜为杀,咄悉匐为叶护。时单于府检校降户部落阿史德元珍者,为长史王本立所囚。会骨咄禄来寇,元珍请谕还诸部赎罪,许之。至即降骨咄禄,与为谋,遂以为阿波达干,悉属以兵。乃寇单于府北鄙,遂攻并州,杀岚州刺史王德茂,分掠定州,北平刺史霍王元轨击却之。又攻妫州,围单于都护府,杀司马张行师;攻蔚州,杀刺史李思俭;执丰州都督崔知辩。诏右武卫将军程务挺为单于道安抚大使备边。

嗣圣、垂拱间,连寇朔、代,掠吏士。左右玉钤卫中郎将淳于处平为阳曲道总管,将击贼总材山,至忻州与贼遇,鏖战不利,死者五千人。更以天官尚书韦待价为燕然道大总管讨之。明年,入昌平,右鹰扬卫大将军黑齿常之击却之。复入朔州地,常之与战黄花堆,虏败,追奔四十里,遁过碛。右监门卫中郎将爨宝璧当追,意虏即破,欲幸取功,乃募课出塞二千里,间虏无备,趋袭之。将至,漏言于军,虏得整众出,皆死战,大败,宝璧跳还,举军没。武后怒,诛宝璧,改骨咄禄曰不卒禄。俄而元珍攻突骑施,战死。天授初,骨咄禄死,其子幼,不得立。

默啜自立为可汗,篡位数年,始攻灵州,多杀略士民。武后以薛怀义为朔方道行军大总管,内史李昭德为行军长史,凤阁鸾台平章事苏味道为司马,率朔方道总管契苾明、雁门道总管王孝杰,威化道总管李多祚、丰安道总管陈令英,瀚海道总管田扬名等凡十八将军兵出塞,杂华蕃步骑击之,不见虏,还。俄诏孝杰为朔方道行军总管备边。

契丹李尽忠等反,默啜请击贼自效,诏可。授左卫大将军、归国公,以左豹韬卫将军阎知微即部册拜迁善可汗。默啜乃引兵击契丹,会尽忠死,袭松漠部落,尽得李万荣妻子辎重,酋长崩溃。后美其功,复诏知微持节册默啜为特进、颉跌利施大单于、立功报国可汗。未及命,俄攻灵、胜二州,纵杀略,为屯将所败。又遣使者谢,请为后子,复言有女,愿女诸王,且求六州降户。初,突厥内属者分处丰、胜、灵、夏、朔、代间,谓之河曲六州降人。默啜又请粟田种十万斛,农器三千具,铁数万斤,后不许,宰相李峤亦言不可。默啜怨,为慢言,执使者司宾卿田归道。于是纳言姚璹等建请与之,乃归粟、器、降人数千帐,繇是突厥遂强。

诏淮阳王武延秀聘其女为妃,诏知微摄春官尚书,与司宾卿杨鸾庄持节护送。默啜猥曰:“我以女嫁唐天子子,今乃后家子乎!且我世附唐,今闻其子孙独二人在,我当立之。”即囚延秀等,妄号知微为可汗,自将十万骑南向击静难、平狄、清夷等军,静难军使慕容玄崱以兵五千降。虏入围妫、檀,后诏司属卿武重规为天兵中道大总管,右武威卫将军沙吒忠义为天兵西道总管,幽州都督张仁亶为天兵东道总管,兵凡三十万击之;右羽林大将军阎敬容、李多祚为天兵西道后军总管,兵亦十五万。默啜破蔚州飞狐,进残定州,杀刺史孙彦高,焚庐舍,乡聚为空。后怒,下诏购斩默啜者王之,更号曰斩啜。虏围赵州,长史唐波若应之,入杀刺史高睿,进攻相州。诏沙吒忠义为河北道前军总管,李多祚为后军总管,将军崛夷公福富顺为奇兵总管,击虏。时中宗还自房陵,为皇太子,拜行军大元帅,以纳言狄仁杰为副,文昌右丞宋玄爽为长史,左肃政台御史中丞霍献可为司马,右肃政台御史中丞吉顼为监军使,将军扶余文宣等六人为子总管。未行,默啜闻之,取赵、定所掠男女八九万悉坑之,出五回道去，所过人畜、金币、子女尽剽有之，诸将皆顾望不敢战，独狄仁杰以兵追之，不及。

默啜负胜轻中国，有骄志，大抵兵与颉利时略等，地纵广万里，诸蕃悉往听命。复立咄悉匐为左察，骨咄禄子默矩为右察，皆统兵二万；子匐俱为小可汗，位两察上，典处木昆等十姓兵四万，号拓西可汗，岁入边。戍兵不得休，乃高选魏元忠检校并州长史为天兵军大总管，娄师德副之，按屯以待。又徙元忠灵武道行军大总管，备虏。

默啜剽陇右牧马万匹去，俄复盗边，诏安北大都护相王为天兵道大元帅，率并州长史武攸宜、夏州都督薛讷与元忠击虏，兵未出，默啜去。明年，寇盐、夏，掠羊马十万，攻石岭，遂围并州。以雍州长史薛季昶为持节山东防御大使，节度沧、瀛、幽、易、恒、定、妫、檀、平等九州之军，以瀛州都督张仁亶统诸州及清夷、障塞军之兵，与季昶掎角，又以相王为安北道行军元帅，监诸将，王留不行。虏入代、忻，仍杀略。

长安三年，遣使者莫贺达干请进女女皇太子子，后使平恩郡王重俊、义兴郡王重明盛服立诸朝。默啜更遣大酋移力贪汗献马千匹，谢许婚，后渥礼其使。中宗始即位，入攻鸣沙，于是灵武军大总管沙吒忠义与战，不胜，死者几万人，虏遂入原、会，多取牧马。帝诏绝昏，购斩默啜者王以国、官诸卫大将军。默啜杀我行人鸿胪卿臧思言，诏左屯卫大将军张仁亶为朔方道大总管屯边，明年，始筑三受降城于河外，障绝寇路。久之，以唐休璟代屯。睿宗初立，又请和亲，诏取宋王成器女为金山公主下嫁。会左羽林大将军孙佺等与奚战冷陉，为奚所执，献诸默啜，默啜杀之，更以刑部尚书郭元振代休璟。

玄宗立，绝和亲。默啜乃遣子杨我支特勒入宿卫，固求婚，以蜀王女南和县主妻之，下书谕尉可汗。明年，使子移涅可汗引同俄特勒、火拔颉利发石失毕精骑攻北廷，都护郭虔瓘击之，斩同俄城下，虏奔解。火拔不敢归，携妻子来奔，拜左武卫大将军、燕山郡王，号其妻为金山公主,赐赍优缛。杨我支死,诏宗亲三等以上吊其家。是时,突厥再上书求昏,帝未报。

初,景云中,默啜西灭娑葛,遂役属契丹、奚,因虐用其下。既年老,愈昏暴,部落怨畔,十姓左五咄陆、右五弩失毕俟斤皆请降。葛逻禄、胡屋、鼠尼施,三姓:大漠都督特进朱斯、阴山都督谋落匍鸡、玄池都督蹋实力胡鼻,率众内附,诏处其众于金山。以右羽林军大将军薛讷为凉州镇军大总管,节度赤水、建康、河源等军,屯凉州,以都督杨执一副之;右卫大将军郭虔瓘为朔州镇军大总管,节度和戎、大武、并州之北等军,屯并州,以长史王晙副之。抚新附,检钞暴。默啜屡击葛逻禄等,诏在所都护、总管掎角应援。房势寖削。其婿高丽莫离支高文简,与跌跌都督思太,吐谷浑大酋慕容道奴,郁射施大酋鹊屈颉斤、苾悉颉力,高丽大酋高拱毅,合万余帐相踵款边,诏内之河南。引拜文简左卫大将军、辽西郡王,思太特进、右卫大将军兼跌跌都督、楼烦郡公,道奴左武卫将军兼刺史、云中郡公,鹊屈颉斤左骁卫将军兼刺史、阴山郡公,苾悉颉力左武卫将军兼刺史、雁门郡公,拱毅左领军卫将军兼刺史、平城郡公,将军皆员外置,赐各有差。

默啜讨九姓,战碛北,九姓溃,人畜皆死,思结等部来降,帝悉官之。拜薛讷朔方道行军大总管,太仆卿吕延祚、灵州刺史杜宾客佐之,备边。诏金山、大漠、阴山、玄池都督等共图取默啜,班赏格,赐物谕之。默啜又讨九姓拔野古,战独乐河,拔野古大败。默啜轻归不为备,道大林中,拔曳固残众突出,击默啜,斩之,乃与入蕃使郝灵佺传首京师。

骨咄禄子阙特勒合故部,攻杀小可汗及宗族略尽,立其兄默棘连,是为毗伽可汗。

唐书卷二一五下
列传第一四〇下

突厥下

毗伽可汗默棘连，本谓"小杀"者。性仁友，自以立非己功，让于
阙特勒，特勒不敢受，遂嗣位，实开元四年。以特勒为左贤王，专制
其兵。初，默啜死，阙特勒尽杀其用事臣，惟暾欲谷者以女婆匐为默
棘连可敦，独免，废归其部。后突骑施苏禄自为可汗，突厥部种多
贰，默棘连乃召暾欲谷与谋国，年七十余，众尊畏之。

俄而跌跌思太等自河曲归之。始，降户之南也，单于副都护张
知运尽敛其兵，戎人怨怒；及姜晦为巡边使，遮诉禁弓矢无以射猎
为生，晦悉还之。乃共击张知运，禽之，将送突厥。朔方行军总管薛
讷、将军郭知运追之，众溃，释知运去。思太等分为二队北走，王晙
又破其左队。

默棘连既得降胡，欲南盗塞，暾欲谷曰："不可，天子英武，人和
岁丰，未有间。且我兵新集，不可动也。"默棘连又欲城所都，起佛、
老庙，暾欲谷曰："突厥众不敌唐百分一，所能与抗者，随水草射猎，
居处无常，习于武事，强则进取，弱则遁伏，唐兵虽多，无所用也。若
城而居，战一败，必为彼禽。且佛、老教人仁弱，非武强术。"默棘连
当其策，即遣使者请和。帝以不情，答而不许。俄下诏伐之，乃以拔
悉蜜右骁卫大将军金山道总管处木昆执米啜、坚昆都督右武卫大
将军骨笃禄毗伽可汗、契丹都督李失活、奚都督李大酺、突厥默啜
子左贤王墨特勒、左威卫将军右贤王阿史那毗伽特勒、燕山郡王火

拔石失毕等蕃汉士悉发，凡三十万，以御史大夫、朔方道大总管王
晙统之，期八年秋并集稽落水上，使拔悉蜜、奚、契丹分道掩其牙，
捕默棘连。默棘连大恐，暾欲谷曰："拔悉蜜在北庭，与二蕃相距远，
必不合。晙与张嘉贞有隙，必相执异，亦必不能来。即皆能来，我当
前三日悉众北徙，彼粮竭自去。拔悉蜜轻而好利，当先至，击之可取
也。"俄而拔悉蜜果引众逼突厥牙，知晙等不至，乃引却，突厥欲击
之，暾欲谷曰："兵千里远出，士殊死斗，锋不可当也。不如蹑之，邀
近而取之。"距北廷二百里，乃分兵由它道袭拔其城，即急击拔悉
蜜，众走趋北廷，无所归，悉禽之。还出赤亭，掠凉州，都督杨敬述使
官属卢公利、元澄等勒兵讨捕，暾欲谷曰："敬述若城守，当与和。如
兵出，吾且决战，必有功。"澄令于军曰："裸臂持满外注。"会大寒裂
肤，士手不能张弓矢，由是大败。元澄走，敬述坐以白衣检校凉州
事。突厥遂大振，尽有默啜余众。

　　明年，固乞和，请父事天子，许之。又连岁遣使献方物求婚。是
时天子东巡泰山，中书令张说谋益屯以备突厥，兵部郎中裴光廷
曰："封禅以告成功，若复调发，不可谓成功者。"说曰："突厥虽请
和，难以信结也。且其可汗仁而爱人，下为之用，阙特勒善战，暾欲
谷沈雄，愈老而智，李靖、世勣流也，三虏方协，知我举国东巡，有如
乘间，何以御之？"光廷即请以使召其大臣入卫，乃遣鸿胪卿袁振往
谕帝意，默棘连置酒与可敦、阙特勒、暾欲谷坐帐中，谓振曰："吐
蕃，犬出也，唐与为昏；奚、契丹，我奴而役也，亦尚主；独突厥前后
请，不许，云何？"振曰："可汗，天子子也，子而昏，可乎？"默棘连曰：
"不然，二蕃皆赐姓，而得尚主，何不可云？且公主亦非帝女，我不敢
有所择，但屡请不得，为诸国笑。"振许为请，默棘连遣大臣阿史德
颉利发入献，遂从封禅。有诏四夷诸酋皆入仗佩弓矢，会兔起帝马
前，帝一发毙之，颉利发奉兔顿首贺曰："陛下神武超绝，若天上则
臣不知，人间无有也。"诏问："饥欲食乎？"对曰："仰观弧矢之威，使
十日不食犹为饱。"因令仗内驰射，扈封毕，厚宴赐遣之，然卒不许
和亲。

自是比年遣大臣入朝,吐蕃以书约与连和钞边,默棘连不敢从,封上其书,天子嘉之,引使者梅录啜宴紫宸殿,诏朔方西受降城许互市,岁赐帛数十万。十九年,阙特勒死,使金吾将军张去逸、都官郎中吕向奉玺诏吊祭,帝为刻辞于碑,仍立庙像,四垣图战阵状。诏高手工六人往,绘写精肖,其国以为未尝有。默棘连视之,必悲梗。

默棘连请昏既勤,帝许可,于是遣哥解栗必来谢,请昏期。俄为梅录啜所毒,忍死杀梅录啜,夷其种,乃卒。帝为发哀,诏宗正卿李佺吊祭,因立庙,诏史官李融文其碑。国人共立其子为伊然可汗。

伊然可汗立八年,卒。凡遣使三入朝。其弟嗣立,是为苾伽骨咄禄可汗,使右金吾卫将军李质持册为登利可汗。明年,遣使伊难如朝正月,献方物,曰"礼天可汗如礼天,今新岁献月,愿以万寿献天子"云。可汗幼,其母婆匐与小臣饫斯达干乱,遂预政,诸部不协。登利从父分掌东西兵,号左右杀,士之精劲皆属。可汗与母诱斩西杀,夺其兵,左杀惧,即攻登利可汗,杀之。

左杀者,判阙特勒也,遂立毗伽可汗子,俄为骨咄叶护所杀,立其弟,旋又杀之,叶护乃自为可汗。天宝初,其大部回纥、葛逻禄、拔悉蜜并起攻叶护,杀之,尊拔悉蜜之长为颉跌伊施可汗,于是回纥、葛逻禄自为左右叶护,亦遣使者来告。国人奉判阙特勒子为乌苏米施可汗,以其子葛腊哆为西杀。帝使使者谕令内附,乌苏不听,其下不与,拔悉蜜等三部共攻乌苏米施,米施遁亡。其西叶护阿布思及葛腊哆率五千帐降,以葛腊哆为怀恩王。

三载,拔悉蜜等杀乌苏米施,传首京师,献太庙。其弟白眉特勒鹘陇匐立,是为白眉可汗。于是突厥大乱,国人推拔悉蜜酋为可汗,诏朔方节度使王忠嗣以兵乘其乱,抵萨河内山,击其左阿波达干十一部,破之,独其右未下,而回纥、葛逻禄杀拔悉蜜可汗,奉回纥骨力裴罗定其国,是为骨咄禄毗伽阙可汗。明年,杀白眉可汗,传首献。毗伽可汗妻骨咄禄婆匐可敦率众自归,天子御花萼楼宴群臣,赋诗美其事,封可敦为宾国夫人,岁给粉直二十万。

始突厥国于后魏大统时，至是灭。后或朝贡，皆旧部九姓云，其地尽入回纥。始，其族分国于西者，曰西突厥。

西突厥，其先讷都陆之孙吐务，号大叶护。长子曰土门伊利可汗，次子曰室点蜜，亦曰瑟帝米。瑟帝米之子曰达头可汗，亦曰步迦可汗，始与东突厥分乌孙故地有之。东即突厥，西雷翥海，南疏勒，北瀚海，直京师北七千里。由焉耆西北七日行得南廷，北八日行得北廷，与都陆、弩失毕、歌逻禄、处月、处蜜、伊吾诸种杂。其风俗大抵突厥也，言语少异。

初，东突厥木杆可汗死，舍其子大逻便，而立弟佗钵可汗。佗钵死，先令戒其子菴罗必立大逻便，国人以其母贱，不肯立，而卒立菴罗。菴罗后以让木杆兄子摄图，是为沙钵略可汗。而大逻便别为阿波可汗，自臣所部，沙钵略袭击之，杀其母，阿波西走达头。当是时，达头为西面可汗，即授阿波兵十万，使与东突厥战。而阿波竟为沙钵略所禽。及启民可汗时，达头可汗岁以兵相加，而隋常助启民，故达头败奔吐谷浑。

始，阿波既禽，国人立鞅素特勒子，是为泥利可汗。达头之奔，泥利亦败，及死，其子达漫立，是为泥橛处罗可汗，政苛察多忌。大业中从炀帝征高丽，赐号曷萨那可汗，妻以宗女，留其弟阙达度设畜牧于会宁郡，即自称阙可汗。江都乱，曷萨那从宇文化及至黎阳，遁归长安，高祖降榻与共坐，封归义王，以大珠献帝，帝不受，曰："朕所重者王之赤心，是无用也。"阙可汗有马三千，武德元年内属，赐号吐乌过拔阙可汗，与李轨连和，隋西戎使者曹琼据甘州诱之，俄与琼合，共击轨，兵不胜，走达斗拔谷，与吐谷浑相辅车，为轨所灭。

初，曷萨那朝隋，国人皆不欲，既被留不遣，乃共立达头孙，号射匮可汗，建廷龟兹北之三弥山，玉门以西诸国多役属，与东突厥亢。射匮死，其弟统叶护嗣，是为统叶护可汗。

统叶护可汗勇而有谋,战辄胜,因并铁勒,下波斯、罽宾,控弦数十万,徙廷石国北之千泉,遂霸西域诸国,悉授以颉利发,而命一吐屯监统,以督赋入。明年,射匮使使来,以曷萨那有世憾,请杀之,帝不许。群臣曰:"存一人,失一国,后且为患。"秦王曰:"不然,人来归我,我杀之不祥。"帝又不听。宴禁中,酒酣,至中书省,纵使者戕之,不宣也。射匮亦连年系贡条支巨卵、师子革等,帝厚申抚结,约与并力讨东突厥。统叶护可汗请期,颉利大惧,乃与和,约毋相伐也。统叶护可汗来请昏,帝与群臣谋:"西突厥去我远,缓急不可杖,可与昏乎?"封德彝曰:"计今之便,莫若远交而近攻,请听昏以怖北狄,待我既定,而后图之。"帝乃许昏,诏高平王道立至其国,统叶护可汗喜,遣真珠统俟斤与道立还,献万钉宝钿金带、马五千匹以藉约。会东突厥岁犯边,西道梗涩,又颉利遣谓曰:"若迎唐公主,必假我道,我且留之。"统叶护可汗病之,未克昏。方负其强,不以恩结下,众怨,多叛去,其诸父莫贺咄杀之,帝欲赍玉帛焚祭其国,会乱,不果至。

莫贺咄立,是为屈利俟毗可汗,遣使者来献。俟毗可汗初分统突厥为小可汗,既称大可汗,国人不附。弩失毕部自推泥孰莫贺设为可汗,泥孰辞不受。会统叶护可汗子咥力特勒避莫贺咄乱,亡在康居,泥孰迎立之,为乙毗钵罗肆叶护可汗,与俟毗可汗分王其国,挈斗不解,各遣使朝献。太宗追怜曷萨那死非罪,为赠上柱国,具礼以葬。贞观四年,俟毗可汗请昏,不许,诏曰:"突厥方乱,君臣未定,何遽昏为?各救其部毋相侵。"由是西域诸国悉叛之,国大虚耗,众悉附肆叶护可汗,虽俟毗之部亦稍稍去,共以兵击俟毗。俟毗走保金山,为泥孰所杀,奉肆叶护为大可汗。

肆叶护已立,即北讨铁勒、薛延陀,为延陀所败。性猜愎,狭于统下。小可汗乙利者,于国最有功,肆叶护听谗,种夷之,众皆沮骇。又忌泥孰,阴图杀之,泥孰亡入焉耆。未几,没卑达干与弩失毕部诸豪谋执废肆叶护，叶护轻骑走康居，忧死。

国人迎泥孰于焉耆，立之，是为咄陆可汗。可汗父莫贺设，本隶统叶护者，武德时来朝，太宗与之盟，约为昆弟。死而泥孰代之，或曰伽那设。既立，遣使诣阙，不敢当可汗号。帝诏鸿胪少卿刘善因持节册号吞阿娄拔利邲咄陆可汗，赐鼓纛，段彩巨万。泥孰遣使谢。它日，太上皇宴使者两仪殿，谓长孙无忌曰："今蛮夷率服，古亦有乎?"无忌上千万岁寿，太上皇喜，以酒属帝，帝顿首谢，亦奉觞上太上皇寿。

咄陆可汗死，弟同俄设立，是为沙钵罗咥利失可汗，岁三遣使奉方物，遂请昏，帝慰而不俞。可汗分其国为十部，部以一人统之，人授一箭，号十设，亦曰十箭，为左、右。左：五咄陆部，置五大啜，居碎叶东；右：五弩失毕部，置五大俟斤，居碎叶西。其下称一箭曰一部落，号十姓部落云。然不为众悦赖，其部统吐屯以兵袭之，咥利失率左右战统吐屯不胜，去。咥利失与其弟步利设奔焉耆。阿悉吉阙俟斤与统吐屯召国人谋立欲谷设为大可汗，以咥利失为小可汗。会统吐屯被杀，欲谷设又为其俟斤所破，咥利失乃复得故地。

后西部卒自立欲谷设为乙毗咄陆可汗，而与咥利失交战，杀伤不可计，乃因伊列河约诸部：河以西受令于咄陆，其东咥利失主之。自是西突厥又分二国矣。咄陆可汗建廷镞曷山西，谓之"北廷"，驳马、结骨诸国悉附臣之。阴与咥利失部吐屯俟列发以兵攻咥利失，咥利失援穷，奔拔汗那而死。国人立其子，是为乙屈利失乙毗可汗，逾年死。

弩失毕大酋迎伽那设之子毕贺咄叶护立之，是为乙毗沙钵罗叶护可汗。太宗诏左领军将军张大师持节册命，赐鼓纛，建廷虽合水北，谓之"南廷"，东薄伊列河，龟兹、鄯善、且末、吐火罗、焉耆、石、史、何、穆、康等国皆隶属。

是时咄陆兵寝盛，与沙钵罗叶护数交战。会二可汗使者皆来，帝敕以敦睦,令各罢兵,咄陆不肯听,遣石国吐屯攻叶护可汗,杀之,并其国。弩失毕不服,叛去。咄陆又击吐火罗,取之,乃入寇伊州。安西都护郭孝恪以轻骑二千,自乌骨狙击,败之。咄陆以处月、处蜜兵围天山而不克,孝恪追北,拔处月俟斤之城,抵遏索山,斩千余级,降处蜜部而归。咄陆可汗性很傲,留使者元孝友等不遣,妄曰:"我闻唐天子才武,我今讨康居,尔视我与天子等否?"遂与共攻康居,道米国,即袭破之,系虏其人。取赀口不以下,其将泥孰啜怒,夺取之,咄陆斩以徇。泥孰啜之将胡禄屋举兵袭咄陆可汗,多杀士,国大乱,将归保吐火罗,大臣劝其返国,不从。率众去,度叶水,及石国,左右亡去略尽,乃保白贺敦城。自轻出招叛亡,阿悉吉阙俟斤逆击之,咄陆败,袭取白水胡城以居。弩失毕不欲咄陆为可汗,遣使者至阙下,请所立。帝遣通事舍人温无隐持玺诏与国大臣择突厥可汗子孙贤者授之,乃立乙屈利失乙毗可汗之子,是为乙毗射匮可汗。

乙毗射匮既立,改馆使者,悉还之长安,使弩失毕将兵攻白水胡城。咄陆勒兵自城出,鸣鼓角薄斗,弩失毕不能军,杀获甚多。咄陆因其胜招徕旧部,皆曰:"战千人存一人,我犹不从也。"咄陆自知众怨,乃走吐火罗。乙毗射匮遣使贡方物,且请昏,帝令割龟兹、于阗、疏勒、朱俱波、葱岭五国为聘礼,不克昏。于是阿史那贺鲁反,尽得可汗部落。

贺鲁者,室点蜜可汗五世孙,曳步利设射匮特勒劫越子也。始,阿史那步真来归国,咄陆可汗以贺鲁为叶护,代步真,居多逻斯川,直西州北千五百里,统处月、处蜜、姑苏、歌逻禄、弩失毕五姓之众。咄陆之走吐火罗也,乙毗射匮以兵迫逐,贺鲁无常居,部多散亡。有执舍地、处木昆、婆鼻三种者,以贺鲁无罪,往请可汗。可汗怒,欲诛执舍地等,三种乃举所部数千帐,与贺鲁皆内属,帝优抚之。会讨龟兹,请先驰为向导,诏授昆丘道行军总管,宴嘉寿殿,厚赐予,解衣衣之。擢累左骁卫将军、瑶池都督,处其部于廷州莫贺城,密招携散,庐幕益众。

方帝崩,即谋取西、廷二州,刺史骆弘义以闻,高宗遣通事舍人乔宝明驰抚,因令贺鲁遣子咥运入宿卫。咥运中悔,劫于势,不得去,拜右骁卫中郎将。帝遣还,咥运即劝贺鲁引而西,取咄陆可汗故地,建牙于千泉,自号沙钵罗可汗,遂统咄陆、弩失毕十姓。咄陆有五啜,曰处木昆律啜、胡禄屋阙啜、摄舍提暾啜、突骑施贺逻施啜、鼠尼施处半啜。弩失毕有五俟斤,曰阿悉结阙俟斤、哥舒阙俟斤、拔塞干暾沙钵俟斤、阿悉结泥孰俟斤、哥舒处半俟斤。而胡禄啜阙,贺鲁婿也。阿悉结阙俟斤最盛强,胜兵至数十万。以咥运为莫贺咄叶护。遂寇廷州,败数县,杀掠数千人去。诏左武卫大将军梁建方、右骁卫大将军契苾何力为弓月道行军总管,右骁卫将军高德逸、右武卫将军萨孤吴仁副之,发府兵三万,合回纥骑五万击之。骆弘义献计曰:“安中国以信,驭夷狄以权,理有变通也。贺鲁保一城,方寒积雪,谓唐兵必不来,宜乘此一举灭之。迁延及春,且生变,纵不率连诸国,必远迹遁去。且兵本诛贺鲁,而处蜜、处木昆等亦各欲自免,若留不进,彼与贺鲁复合矣。今虽严冬风劲,兵苦鞁堕,又不可久留费边粮,使贼得坚党附、赊死期也。请宽处月、处蜜等罪,专诛贺鲁,除祸务本,不可先治枝叶也。原发射脾、处月、处蜜、契苾等兵,赍一月食,急趋之,大军住凭洛水上为之景助,此驱戎狄攻豺狼也。且戎人藉唐兵为羽翼,今胡骑出前,唐兵蹑后,贺鲁穷矣。”天子然其奏,诏弘义佐建方等经略之。处月朱邪孤注者,引兵附贼,据牢山。建方等攻之,众溃,追行五百里,斩孤注,上首九千级,虏其帅六十,不如弘义所计。

永徽四年,罢瑶池都督府,即处月置金满州。又遣左屯卫大将军程知节为葱山道行军大总管,率诸将进讨。是岁,咄陆可汗死,其子真珠叶护请讨贺鲁自效,为贺鲁所拒,不得前。明年,知节击歌罗禄、处月,斩千级,收马万计。副将周智度击处木昆城,拔之,斩馘三万。前军苏定方击贺鲁别帐鼠尼施于鹰娑川,斩首虏获马甚众,贼弃铠仗弥野。会副总管王文度不肯战，降怛笃城取其财，屠之，知节不能制。

显庆初，擢定方伊丽道行军大总管，率燕然都护任雅相、副都护萧嗣业、左骁卫大将军瀚海都督回纥婆闰等穷讨。诏右屯卫大将军阿史那弥射、左屯卫大将军阿史那步真为流沙道安抚大使，分出金山道，俟斤嫩独禄等万余帐迎降。定方以精骑至曳咥河西，击处木昆，破之。贺鲁举十姓兵十万骑来拒，定方以万人当之，虏见兵少，以骑绕唐军。定方令步卒据原，攒稍外注，自以骑阵于北。贺鲁先击原上军，三犯，军不动。定方纵骑乘之，虏大溃，追奔数十里，俘斩三万人，杀其大酋都搭达干等二百人。明日蹑北，五弩失毕皆降。五咄陆闻贺鲁败，趋南道降步真。定方命嗣业、婆闰趋邪罗斯川追虏，任雅相提降兵蹑后。会大雪，军中请须霁，定方曰："今雾晦风冽，虏谓我不能师，掩其不虞可也，缓则远矣，省日兼功，上策也。"于是昼夜进，收所过人畜。至双河，与弥射、步真会，军饱气张。距贺鲁牙二百里，阵而行，抵金牙山。贺鲁众适猎，定方兵纵破其牙，俘数万人，获鼓纛器械，贺鲁跳度伊丽水，嗣业次千泉。弥射至伊丽，处月、处蜜诸部皆下。次双河，贺鲁先以步失达干据栅战，弥射攻之，溃，定方追贺鲁至碎叶水，尽夺其众。贺鲁、咥运将奔鼠榒设，至石国苏咄城，马不进，众饥，赍宝入城，且市马。城主伊涅达干迎之，既入，拘送石国。会弥射子元爽与嗣业兵至，取之。乃悉散诸部兵，开道置驿，收露骴，问人疾苦，贺鲁所掠悉还之民，西域平。

贺鲁谓嗣业曰："我，亡虏也，先帝厚我，我则背之，今天降怒罚，尚何道？且闻汉法杀人必都市，我愿就死昭陵，谢罪于先帝也。"帝曰："先帝赐贺鲁二千帐主之，今罪人既得，献昭陵其可乎？"许敬宗曰："古者，军凯还则饮至于庙。若诸侯献馘天子，未闻献于陵。然陛下奉园寝与宗庙等，可行不疑。"于是执而献昭陵，赦不诛。

贺鲁已灭，裂其地为州县，以处诸部。木昆部为匐延都督府，突骑施索葛莫贺部为嗢鹿都督府，突骑施阿利施部为絜山都督府，胡禄屋阙部为盐泊都督府，摄舍提暾部为双河都督府，鼠尼施处半部为鹰娑都督府,又置昆陵、濛池二都护府以统之。其所役属诸国皆置州,西尽波斯,并隶安西都护府。以阿史那弥射为兴昔亡可汗,兼骠骑大将军、昆陵都护,领五咄陆部;阿史那步真为继往绝可汗,兼骠骑大将军、濛池都护,领五弩失毕部:各赐帛十万,以光禄卿卢承庆持册命之。贺鲁死,诏葬颉利冢旁,纪其概于石。

阿史那弥射,亦室点蜜可汗五世孙,世为莫贺咄叶护。贞观中,遣使者持节立弥射为奚利邲咄陆可汗,赐鼓纛。族兄步真谋杀弥射,欲自立,弥射不能国,即举所部处月、处蜜等入朝,拜右监门卫大将军。而步真遂自为咄陆叶护,众不厭,去之,亦与族人来朝,拜左屯卫大将军。弥射从帝征高丽有功,封平壤县伯,迁右武卫大将军。及平贺鲁,乃与步真皆为可汗,得补所部刺史以下。是岁,弥射击真珠叶护于双河,斩之,杀阙啜二人。

弥射、步真无绥御材,下多怨,于是思结都曼率疏勒、朱俱波、喝槃陀三国叛,击破于阗。诏左骁卫大将军苏定方讨之,都曼兵保马头川。五年,定方傅其城,击降之。龙朔二年,弥射、步真以兵从𪩘海道总管苏海政讨龟兹,步真怨弥射,且欲并其部,乃诬以谋反。海政不能察,即集军吏计议先发诛之,因称诏发所赍赐可汗首领,弥射以麾下至,悉收斩之。其部鼠尼施、拔塞干叛走,海政追平之。步真死乾封时。

咸亨二年,以西突厥部酋阿史那都支为左骁卫大将军兼匐延都督,以安辑其众。仪凤中,都支自号十姓可汗,与吐蕃连和,寇安西,诏吏部侍郎裴行俭讨之。行俭请毋发兵,可以计取。即诏行俭册送波斯王子,并安抚大食,若道两蕃者。都支果不疑,率子弟上谒,遂禽之,召执诸部渠长,降别帅李遮匐以归,调露元年也。

西姓自是益衰,其后二部人日离散。遂擢弥射子元庆为左玉钤卫将军,步真子步利设斛瑟罗为右玉钤卫将军,尽袭父所领及可汗号。元庆累拜镇国大将军、行左威卫大将军。武后擅命,率诸蕃长请赐睿宗氏曰武,更号斛瑟罗曰竭忠事主可汗。长寿中,元庆坐谒皇嗣,为来俊臣所诬,要斩,流其子献于振州。

其明年,西突厥部立阿史那俀子为可汗,与吐蕃寇,武威道大总管王孝杰与战冷泉、大领谷,破之;碎叶镇守使韩思忠又破泥熟俟斤及突厥施质汗、胡禄等,因拔吐蕃泥熟没斯城。圣历二年,以斛瑟罗为左卫大将军兼平西军大总管,令抚镇国人。是时乌质勒兵张甚,斛瑟罗不敢归,与其部人六七万内迁,死长安,擢子怀道为右武卫将军。

长安中,以阿史那献为右骁卫大将军,袭兴昔亡可汗、安抚招慰十姓大使、北廷大都护。四年,以怀道为十姓可汗兼濛池都护。未几,擢献碛西节度使。十姓部落都担叛,献击斩之,传首阙下,收碎叶以西帐落三万内属,玺书嘉慰。葛逻禄、胡屋、鼠尼施三姓已内属,为默啜侵掠,以献为定远道大总管,与北廷都护汤嘉惠等掎角。于是突骑施阴幸边隙,故献乞益师,身入朝,玄宗不许。诏左武卫中郎将王惠持节安尉。方册拜突骑施都督车鼻施啜苏禄为顺国公,而突骑施已围拨换、大石城,将取四镇。会嘉惠拜安西副大都护,即发三姓葛逻禄兵与献共击之。帝将诏王惠与相经略,宰相臣璟、臣颋曰:“突骑施叛,葛逻禄攻之,此夷狄自相残,非朝廷出也。大者伤,小者灭,皆我之利。方王惠往抚慰,不可参以兵事。”乃止。献终以娑葛强狠不能制,亦归死长安。

突骑施吐火仙之败,始以怀道子昕为十姓可汗、开府仪同三司、濛池都护,册其妻凉国夫人李为交河公主,遣兵护送。昕至碎叶西俱兰城,为突骑施莫贺达干所杀,交河公主与其子忠孝亡归,授左领军卫员外将军。西突厥遂亡。

突骑施乌质勒,西突厥别部也。自贺鲁破灭,二部可汗皆先入侍,虏无的君。乌质勒隶斛瑟罗,为莫贺达干。斛瑟罗政残,众不悦,而乌质勒能抚下,有威信,诸胡顺附,帐落寖盛,乃置二十都督,督兵各七千,屯碎叶西北。稍攻得碎叶,即徙其牙居之,谓碎叶川为大牙,弓月城、伊丽水为小牙。其地东邻北突厥,西诸胡,东直西、廷州,尽并斛瑟罗地。

圣历二年,遣子遮弩来朝,武后厚加尉抚。神龙中,封怀德郡王。是岁,乌质勒死,其子嗢鹿州都督娑葛为左骁卫大将军,袭封爵。是时胜兵三十万,诏十姓可汗阿史那怀道持节册命,赐宫人四。景龙中,遣使者入谢,中宗为御前殿,列万骑羽林二仗,引见劳赐。俄与其将阙啜忠节交怨,兵相加暴。娑葛讼忠节罪,请内之京师。忠节以千金赂宰相宗楚客等,愿无入朝,请导吐蕃击娑葛以报。楚客方专国,即以御史中丞冯嘉宾持节经制。嘉宾与忠节书疏反复,娑葛逻得之,遂杀嘉宾,使弟遮弩率兵盗塞。安西都护牛师奖与战,火烧城,师奖败死之,表索楚客头以徇。大都护郭元振表娑葛状直,当见赦,诏许,西土遂定。

既而与遮弩分治其部,遮弩恨众少,叛归默啜,请为乡导反攻其兄。默啜留遮弩,自以兵二万击娑葛,禽之。默啜归语遮弩曰:"汝兄弟不相协,能尽心事我乎?"两杀之。

突骑施别种车鼻施啜苏禄者,裒拾余众,自为可汗。苏禄善抚循其下,部种稍合,众至二十万,于是复雄西域。开元五年始来朝,授右武卫大将军、突骑施都督,却所献不受。以武卫中郎将王惠持节拜苏禄左羽林大将军、顺国公。赐锦袍、钿带、鱼袋七事,为金方道经略大使。然诡猾,不纯臣于唐,天子羁系之,进号忠顺可汗。其后阅一二岁,使者纳贽,帝以阿史那怀道女为交河公主妻之。是岁,突骑施鬻马于安西,使者致公主教于都护杜暹,暹怒曰:"阿史那女敢宣教邪?"笞其使,不报。苏禄怒,阴结吐蕃举兵掠四镇,围安西城。暹方入当国,而赵颐贞代为都护,乘城久之,出战又败。苏禄略人畜,发困贮,徐闻遏已宰相,乃引去;即遣首领叶支阿布思来朝,玄宗召见,飨之。会东突厥使者亦来,与争长曰:"突骑施国小,且突厥臣,不宜居上。"苏禄使者曰:"宴乃为我,不可下。"遂设东西幄,而苏禄使者西席,乃克宴。

始,苏禄爱治其人,性勤约,每战有所得,尽以予下,故诸族附悦之,为尽力。又交通吐蕃、突厥,二国皆以女妻之,遂立三国女并为可敦,以数子为叶护。费日广而无素储,晚年愁窭不聊,故卤获稍留不分,下始贰矣;又病风,一支挛,不事事。于是大首领莫贺达干、都摩支二部方盛,而种人自谓娑葛后者为"黄姓",苏禄部为"黑姓"更相猜仇。俄而莫贺达干、都摩支夜攻苏禄,杀之。

都摩支又背达干立苏禄子吐火仙骨啜为可汗,居碎叶城,引黑姓可汗尔微特勒保怛逻斯城,共击达干。帝使碛西节度使盖嘉运和抚突骑施、拔汗那西方诸国,莫贺达干与嘉运率石王莫贺咄吐屯、史王斯谨提共击苏禄子,破之碎叶城。吐火仙弃旗走,禽之,并其弟叶护顿阿波。疏勒镇守使夫蒙灵詧挟锐兵与拔汗那王掩怛逻斯城,斩黑姓可汗与其弟拨斯,入曳建城,收交河公主及苏禄可敦、尔微可敦而还,又料西国散亡数万人,悉与拔汗那王。诸国皆降。处木昆匐延阙律啜等诸部皆上书谢曰:"生于荒裔,国乱王薨,更相攻屠。赖天子遣嘉运将兵诛暴拯危,愿得稽首圣颜,以部落附安西,永为外臣。"许之。明年,擢阙律啜为右骁卫大将军,册石王为顺义王,加拜史王为特进,显畴其功。嘉运俘吐火仙骨啜献太庙,天子赦以为左金吾卫员外大将军、修义王,顿阿波为右武卫员外将军。以阿史那怀道子昕为十姓可汗,领突骑施所部,莫贺达干怒曰:"平苏禄,我功也。今立昕,谓何?"即诱诸落叛。诏嘉运招谕,乃率妻子及蘽官首领降,遂命统其众。后数年,复以昕为可汗,遣兵护送。昕至俱兰城,为莫贺咄所杀。莫贺咄自为可汗,安西节度使夫蒙灵詧诛斩之,以大蘽官都摩支阙颉斤为三姓叶护。

天宝元年,突骑施部更以黑姓伊里底蜜施骨咄禄毗伽为可汗,数通使贡。十二载,黑姓部立登里伊罗蜜施为可汗,亦赐诏册。

至德后,突骑施衰,黄、黑姓皆立可汗相攻,中国方多故,不暇治也。乾元中,黑姓可汗阿多裴罗犹能遣使者入朝。大历后,葛逻禄盛,徙居碎叶川,二姓微,至臣役于葛禄。

斛瑟罗余部附回鹘,及其破灭,有特庞勒居焉耆城,称叶护;余部保金莎领,众至二十万。

赞曰:隋季世,虚内以攻外,生者罢道路,死者暴原野,天下盗贼共攻而亡之。当此时,四夷侵,中国微,而突厥最强,控弦者号百万,华人之失职不逞皆往从之,恙之谋,导之入边,故颉利自以为强大古无有也。高祖初即位,与和,因数出军助讨贼,故诡臣之,赠予不可计。虏见利而动,又与贼连和,杀掠吏民,于是扫国入寇,薄渭桥,骑壒蒙京师。太宗身勒兵,显责而阴间之,戎始内阻。不三年,缚颉利献北阙下,霆扫风除,其国遂墟。自《诗》、《书》以来,伐暴取乱,蔑如帝神且速也,秦、汉比之,陋矣。然帝数暴师不告劳,料敌无遁情,善任将,必其功,盖黄帝之兵也。而突厥乃以失德抗有道,寖衰当始兴,虽运之盛衰属于天,而其亡信有由矣!

唐书卷二一六上
列传第一四一上

吐蕃上

　　吐蕃本西羌属，盖百有五十种，散处河、湟、江、岷间。有发羌、唐旄等，然未始与中国通。居析支水西。祖曰鹘提勃悉野，健武多智，稍并诸羌，据其地。蕃、发声近，故其子孙曰吐蕃，而姓勃窣野.或曰南凉秃发利鹿孤之后，二子，曰樊尼，曰傉檀。傉檀嗣，为乞佛炽盘所灭。樊尼挈残部臣沮渠蒙逊，以为临松太守。蒙逊灭，樊尼率兵西济河，逾积石，遂抚有群羌云。

　　其俗谓强雄曰赞，丈夫曰普，故号君长曰赞普，赞普妻曰末蒙。其官有大相曰论茝，副相曰论茝扈莽，各一人，亦号大论，小论；都护一人，曰悉编掣逋；又有内大相曰曩论掣逋，亦曰论莽热，副相曰曩论觅零逋，小相曰曩论充，各一人；又有整事大相曰喻寒波掣逋，副整事曰喻寒觅零逋，小整事曰喻寒波充：皆任国事，总号曰尚论掣逋突瞿。地直京师西八千里，距鄯善五百里，胜兵数十万。国多霆、电、风、雹，积雪，盛夏如中国春时，山谷常冰。地有寒疠，中人辄痞促而不害。其赞普居跋布川，或逻娑川，有城郭庐舍不肯处，联毳帐以居，号大拂庐，容数百人。其候候严，而牙甚隘。部人处小拂庐，多老寿至百余岁者。衣率毡韦，以赭涂面为好。妇人辫发而萦之。其器屈木而韦底，或毡为槃，凝秒为碗实羹酪略并食之，手捧酒浆以饮。其官之章饰，最上瑟瑟，金次之，金涂银又次之，银次之，最下至铜止，差大小，缀臂前以辨贵贱。屋皆平上，高至数丈。其稼有小

麦、青稞麦、荞麦、荳豆。其兽，犛牛、名马、犬、羊、彘，天鼠之皮可为
裘，独峰驼日驰千里。其宝，金、银、锡、铜。其死，葬为冢，塈涂之。
其吏治，无文字，结绳齿木为约。其刑，虽小罪必抉目或刖、劓，以皮
为鞭抶之，从喜怒，无常算。其狱，窟地深数丈，内囚于中，二三岁乃
出。其宴大宾客，必驱犛牛，使客自射，乃敢馈。其俗，重鬼右巫，事
羱羝为大神。喜浮屠法，习咒诅，国之政事，必以桑门参决。多佩弓
刀。饮酒不得及乱。妇人无及政。贵壮贱弱，母拜子，子倨父，出入
前少而后老。重兵死，以累世战没为甲门，败懦者垂狐尾于首示辱，
不得列于人。拜必手据地为犬号，再揖身止。居父母丧，断发、黛面、
墨衣，既葬而吉。其举兵，以七寸金箭为契。百里一驿，有急兵，驿
人臆前加银鹘，甚急，鹘益多。告寇举烽。其畜牧，逐水草无常所。
其铠胄精良，衣之周身，窍两目，劲弓利刃不能甚伤。其兵法严，而
师无馈粮，以卤获为资。每战，前队尽死，后队乃进。其四时，以麦
熟为岁首。其戏，棋、六博。其乐，吹螺、击鼓。其君臣自为友，五六
人曰共命。君死，皆自杀以殉，所服玩乘马皆瘗，起大屋冢颠，树众
木为祠所。赞普与其臣岁一小盟，用羊、犬、猴为牲；三岁一大盟，夜
肴诸坛，用人、马、牛、闾为牲。凡牲必折足裂肠陈于前，使巫告神
曰："渝盟者有如牲。"

其后有君长曰瘕悉董摩，董摩生佗土度，佗土生揭利失若，揭
利生勃弄，勃弄生讵素若，讵素生论赞索，论赞生弃宗弄赞，亦名
弃苏农，亦号弗夜氏。其为人慷慨才雄，常驱野马、犛牛，驰刺之以
为乐，西域诸国共臣之。

太宗贞观八年，始遣使者来朝，帝遣行人冯德遐下书临抚。弄
赞闻突厥、吐谷浑并得尚公主，乃遣使赍币求昏，帝不许。使者还，
妄语曰："天子遇我厚，几得公主。会吐谷浑王入朝，遂不许，殆有以
间我乎？"弄赞怒，率羊同共击吐谷浑。吐谷浑不能亢，走青海之阴，
尽取其赀畜。又攻党项、白兰羌，破之。勒兵二十万入寇松州，命使
者贡金甲，且言迎公主，谓左右曰："公主不至，我且深入。"都督韩
威轻出觇贼，反为所败，属羌大扰，皆叛以应贼。乃诏吏部尚书侯君

集为行军大总管,出当弥道;右领军大将军执失思力出白兰道,右武卫大将军牛进达出阔水道,右领军将军刘兰出洮河道,并为行军总管,率步骑五万进讨。进达自松州夜鏖其营,斩首千级。

初东寇也,连岁不解,其大臣请返国,不听,自杀者八人。至是弄赞始惧,引而去,以使者来谢罪,固请昏,许之。遣大论薛禄东赞献黄金五千两,它宝称是,以为聘。

十五年,妻以宗女文成公主,诏江夏王道宗持节护送,筑馆河源王之国。弄赞率兵次柏海,亲迎见道宗,执婿礼恭甚,见中国服饰之美,缩缩愧沮。归国,自以其先未有昏帝女者,乃为公主筑一城以夸后世,遂立宫室以居。公主恶国人赭面,弄赞下令国中禁之。自褫毡罽,袭纨绡,为华风。遣诸豪子弟入国学,习《诗》、《书》。又请儒者典书疏。

帝伐辽带,使禄东赞上书曰:"陛下平定四方,日月所照,并臣治之。高丽恃远,弗率于礼,天子自将度辽,隳城陷阵,指日凯旋,虽雁飞于天,无是之速。夫鹅犹雁也,臣谨治黄金为鹅以献。"其高七尺,中实酒三斛。二十二年,右卫率府长史王玄策使西哉,为中天竺所钞,弄赞发精兵从玄策讨破之,来献俘。

高宗即位,擢驸马都尉、西海郡王。弄赞以书诒长孙无忌曰:"天子初即位,下有不忠者,愿勒兵赴国共讨之。"并献金琲十五种以荐昭陵。进封宾王,赐饷蕃渥。又请蚕种、酒人与碾硙等诸工,诏许。永徽初,死,遣使者吊祠。无子,立其孙,幼不事,故禄东赞相其国。

显庆三年,献金盎、金颇罗等,复请昏。未几,吐谷浑内附,禄东赞怨忿,率锐兵击之,而吐谷浑大臣素和贵奔吐蕃,慙以虚实,故吐蕃能破其国。慕容诺曷钵与弘化公主引残落走凉州,诏凉州都督郑仁泰为青海道行军大总管,率将军独孤卿云等屯凉、鄯,左武候大将军苏定方为安集大使,为诸将节度,以定其乱。吐蕃使论仲琮入朝,表吐谷浑罪,帝遣使者谯让,乃使来请与吐谷浑平憾,求赤水地牧马,不许。会禄东赞死。

东赞不知书而性明毅，用兵有节制，吐蕃倚之，遂为强国。始入朝，占对合旨，太宗擢拜右卫大将军，以琅邪公主外孙妻之。禄东赞自言："先臣为聘妇，不敢奉诏。且赞普未谒公主，陪臣敢辞！"帝异其言，然欲怀以恩，不听也。有子曰钦陵、曰赞婆、曰悉多于、曰勃论。禄东赞死，而兄弟并当国，自是岁入边，尽破有诸羌羁縻十二州。

总章中，议徙吐谷浑部于凉州旁南山。帝刿吐蕃之入，召宰相姜恪、阎立本、将军契苾何力等议先击吐蕃。立本曰："民饥未可以师。"何力曰："吐蕃介在西极，臣恐师到，兽窜山伏，捕讨无所得，至春复侵吐谷浑。臣请勿救，使疑吾力困而骄之，一举可灭也。"恪曰："不然，吐谷浑方衰，吐蕃负胜，以衰气拒胜兵，战必不亢，不救则灭。臣谓王师亟助之，使国幸存，后且徐图可也。"议不决，亦不克徙。

咸亨元年，入残羁縻十八州，率于阗取龟兹拨换城，于是安西四镇并废。诏右威卫大将军薛仁贵为逻娑道行军大总管，左卫员外大将军阿史那道真、左卫将军郭待封自副，出讨吐蕃，并护吐谷浑还国。师凡十余万，至大非川，为钦陵所拒，王师败绩，遂灭吐谷浑而尽有其地。诏司戎太常伯、同东西台三品姜恪为凉州道行军大总管出讨，会恪卒，班师。

吐蕃遣大臣仲琮入朝。仲琮少游太学，颇知书。帝召见问曰："赞普孰与其祖贤？"对曰："勇果善断不逮也。然勤以治国，下无敢欺，令主也。且吐蕃居寒露之野，物产寡薄，乌海之阴，盛夏积雪，暑氉冬裘。随水草以牧，寒则城处，施庐帐。器用不当中国万分一。但上下一力，议事自下，因人所利而行，是能久而强也。"帝曰："吐谷浑与吐蕃本甥舅国，素和贵叛其主，吐蕃任之，夺其土地。薛仁贵等往定慕容氏，又伏击之，而寇我凉州，何邪？"仲琮顿首曰："臣奉命来献，它非所闻。"帝韪其答，然以仲琮非用事臣，故杀其礼。

上元二年，遣大臣论吐浑弥来请和，且求与吐谷浑修好，帝不听。明年，攻鄯、廓、河、芳四州，杀略吏及马牛万计，乃诏周王显为洮州道行军元帅,率工部尚书刘审礼等十二总管,以相王轮为凉州道行军元帅,率左卫大将军契苾何力、鸿胪卿萧嗣业等军讨之。二王不克行。吐蕃进攻叠州,破密恭,丹岭二县,又攻扶州,败守将。乃高选尚书左仆射刘仁轨为洮河镇守使,久之,无功。

吐蕃与西突厥连兵攻安西,复命中书令李敬玄为洮河道行军大总管、西河镇抚大使、鄯州都督,代仁轨。下诏募猛士,毋限籍役痕负,帝自临遣。又敕益州长史李孝逸、嶲州都督拓王奉益发剑南、山南士。先战龙支,吐蕃败。敬玄率刘审礼击吐蕃青海上,审礼战没。敬玄顿承风岭,碍险不得纵,吐蕃压王师屯,左领军将军黑齿常之率死士五百,夜斧其营,虏惊,自相辚藉而死者众,乃引去。敬玄仅脱。

帝既儒仁无远略,见诸将数败,乃博咨近臣,求所以御之之术。帝曰:"朕未始擐甲履军,往者灭高丽、百济,比岁用师,中国骚然,朕至今悔之。今吐蕃内侵,盍为我谋?"中书舍人刘祎之等具对,须家给人足可击也。或言贼险黠不可与和,或言营田严守便。惟中书侍郎薛元超谓:"纵敌生患,不如料兵击之。"帝顾黄门侍郎来恒曰:"自李勣亡,遂无善将。"恒即言:"向洮河兵足以制敌,但诸将不用命,故无功。"帝殊不悟,因罢议。

仪凤四年,赞普死,子器弩悉弄立,钦陵复擅政,使大臣来告丧,帝遣使者往会葬。明年,赞婆、素和贵率兵三万攻河源,屯良非川,敬玄与战湟川,败绩。左武卫将军黑齿常之以精骑三千夜捣其营,赞婆惧,引去。遂擢常之为河源军经略大使。乃严烽逻,开屯田,虏谋稍折。

初,剑南度茂州之西筑安戎城,以逼其鄙。俄为生羌导虏取之以守,因并西洱河诸蛮,尽臣羊同、党项诸羌。其地东与松、茂、嶲接,南极婆罗门,西取四镇,北抵突厥,幅圆余万里,汉、魏诸戎所无也。

永隆元年,文成公主薨,遣使者吊祠,又归我陈行焉之丧。初,行焉使虏,论钦陵欲拜己,临以兵,不为屈,留之十年。及是丧还,赠睦州刺史。赞婆复入良非川,常之击走之。

武后时,与蛮夷同朝贺。永昌元年,诏文昌右相韦待价为安息道大总管,安西大都护阎温古副之,以讨吐蕃,兵逗留,坐死,徙。明年,复诏文昌右相岑长倩为武威道行军大总管讨之,兵半道罢。

又明年,大首领曷苏率贵川部与党项种三十万降,后以右玉钤卫将军张玄遇为安抚使,率兵二万迎之,次大度水,吐蕃禽曷苏去。而它酋昝插又率羌、蛮八千自来,玄遇即其部置叶州,用昝插为刺史,刻石大度山以纪功。

是岁,又诏右鹰扬卫将军王孝杰为武威道行军总管,率西州都督唐休璟、左武卫大将军阿史那忠节击吐蕃,大破其众,复取四镇,更置安西都护府于龟兹,以兵镇守。议者请废四镇勿有也,右史崔融献议曰:“戎狄为中国患,尚矣,五帝、三王所不臣。汉以百万众困平城,其后武帝赫然发愤,甘心四夷,张骞始通西域,列四郡,据两关,断匈奴右臂,稍稍度河、湟,筑令居,以绝南羌。于是鄣候亭燧出长城数千里,倾府库,殚士马,行人使者岁月不绝,至作皮币,算缗法,税舟车,榷酒酤。夫岂不怀,为长久计然也!匈奴于是孤特远窜,遂开西域,置使者领护。光武中兴,皆复内属,至于延光,三绝三通。太宗文皇帝践汉旧迹,并南山抵葱岭,剖裂府镇,烟火相望,吐蕃不敢内侮。高宗时,有司无状,弃四镇不能有,而吐蕃遂张,入焉耆之西,长鼓右驱,逾高昌,历车师,钞常乐,绝莫贺延碛,以临敦煌。而孝杰一举而取四镇,还先帝旧封。若又弃之,是自毁成功而破完策也。夫四镇无守,胡兵必临西域,西域震则威憺南羌,南羌连衡,河西必危。且莫贺延碛袤二千里,无水草,若北接虏,唐兵不可度而北,则伊西、北廷、安西诸蕃悉亡。”议乃格。

于是首领勃论赞与突厥伪可汗阿史那俀子南侵,与孝杰战冷泉,败走。碎叶镇守使韩思忠破泥熟没斯城。证圣元年,钦陵、赞婆攻临洮,孝杰以肃边道大总管战素罗汗山,虏败还。又攻凉州,杀都督。遣使者请和,约罢四镇兵,求分十姓地。武后诏通泉尉郭元振往使,道与钦陵遇。元振曰:“东赞事朝廷,誓好无穷,今狠自绝,岁扰边，父通之，子绝之，孝乎？父事之，子叛之，忠乎？"钦陵曰："然！然天子许和，得罢二国戍，使十姓突厥、四镇各建君长，俾其国自守若何？"元振曰："唐以十姓、四镇抚西土，为列国主道，非有它。且诸部与吐蕃异，久为唐编人矣。"钦陵曰："使者意我规削诸部为唐边患邪？我若贪土地财赋，彼青海、湟川近矣，今舍不争，何哉？突厥诸部碛漠广莽，去中国远甚，安有争地万里外邪？且四夷唐皆臣并之，虽海外地际，靡不磨灭，吐蕃适独在者，徒以兄弟小心，得相保耳。十姓五咄陆近安西，于吐蕃远；俟斤距我裁一碛，骑士腾突，不易旬至，是以为忧也。乌海、黄河，关源阻奥，多疠毒，唐必不能入。则弱甲孱将易以为蕃患，故我欲得之，非窥诸部也。甘、凉距积石道二千里，其广不数百，狭才百里，我若出张掖、玉门，使大国春不耕，秋不获，不五六年，可断其右。今弃不为，亦无虞于我矣。青海之役，黄仁素约和，边守不戒，崔知辩径俟斤掠我牛羊万计，是以求之。"使使者固请，元振固言不可许，后从之。

钦陵专国久，常居中制事，诸弟皆领方面兵，而赞婆专东境几三十年，为边患。兄弟皆才略沈雄，众惮之。器弩悉弄既长，欲自得国，渐不平，乃与大臣论岩等图去之。钦陵方提兵居外，赞普托言猎，即勒兵执其亲党二千余人杀之，发使者召钦陵、赞婆。钦陵不受命，赞普自讨之。未战，钦陵兵溃，乃自杀，左右殉而死者百余人。赞婆以所部及兄子莽布支等款塞，遣羽林飞骑迎劳。擢赞婆特进、辅国大将军、归德郡王，莽布支左羽林大将军、安国公，皆赐铁券，礼尉良厚。赞婆即领部兵戍河源，死，赠安西大都护。

又遣左肃政台御史大夫魏元忠为陇右诸军大总管，率陇右诸军大使唐休璟出讨。方虏攻凉州，休璟击之，斩首二千级。于是论弥萨来朝请和。赞普自将万骑攻悉州，都督陈大慈四战皆克。明年，乃献马、黄金求昏。而虏南属帐皆叛，赞普自讨，死于军。

诸子争立，国人立弃隶蹜赞为赞普，始七岁，使者来告丧，且求盟。又使大臣悉董热固求昏，未报。会监察御史李知古建讨姚州蛮，削吐蕃向导，诏发剑南募士击之。蛮酋以情输虏，杀知古，尸以祭天,进攻蜀汉。诏灵武监军右台御史唐九徵为姚巂道讨击使,率兵击之。虏以铁絚梁漾、濞二水,通西洱蛮,筑城戍之。九徵毁絚夷城,建铁柱于滇池以勒功。

中宗景龙二年,还其昏使。或言彼来逆公主,且习闻华言,宜勿遣,帝以中国当以信结夷狄,不许。明年,吐蕃更遣使者纳贡,祖母可敦又遣宗俄请昏。帝以雍王守礼女为金城公主妻之,吐蕃遣尚赞咄名悉腊等逆公主。帝念主幼,赐锦缯别数万,杂伎诸工悉从,给龟兹乐。诏左卫大将军杨矩持节送。帝为幸始平,帐饮,引群臣及虏使者宴。酒所,帝悲涕歔欷,为赦始平县,罪死皆免,赐民縣赋一年,改县为金城,乡曰凤池,里曰怆别。公主至吐蕃,自筑城以居。拜矩鄯州都督。吐蕃外虽和而阴衔怒,即厚饷矩,请河西九曲为公主汤沐,矩表与其地。九曲者,水甘草良,宜畜牧,近与唐接。自是虏益张雄,易入寇。

玄宗开元二年,其相坌达延上书宰相,请载盟文,定境于河源,丐左散骑常侍解琬莅盟。帝令姚崇等报书,命琬持神龙誓往。吐蕃亦遣尚钦藏、御史名悉腊献载辞。未及定,坌达延将兵十万寇临洮,入攻兰、渭,掠监马。杨矩惧,自杀。有诏薛讷为陇右防御使,与王晙等并力击。帝怒,下诏自将讨之。会晙等战武阶,斩首万七千,获马羊无虑二十万。又战长子,丰安军使王海宾战死。乘之,虏大败,众奔突不能去,相枕藉死,洮水为不流。帝乃罢行。诏紫微舍人倪若水临按军实战功,且吊祭战亡士,敕州县并瘗吐蕃露胔。

宰相建言:"吐蕃本以河为境,以公主故,乃桥河筑城,置独山、九曲二军,距积石二百里。今既负约,请毁桥,复守河如约。"诏可。遣左骁卫郎将尉迟瓌使吐蕃,慰安公主。然小小入犯边无闲岁,于是郭知运、王君㚟相继节度陇右、河西,一以捍之。吐蕃遣宗俄因子到洮水祭战死士,且请和,然恃盛强,求与天子敌国,语悖傲。使者至临洮,诏不内。金城公主上书求听修好,且言赞普君臣欲与天子共署誓刻。吐蕃又遣使者上书言:"孝和皇帝尝赐盟,是时唐宰相豆卢钦望、魏元忠、李峤、纪处讷等凡二十二人及吐蕃君臣同誓。孝和皇帝崩,太上皇嗣位,修睦如旧。然唐宰相在誓刻者皆殁,今宰相不及前约,故须再盟。比使论乞力等前后七辈往,未蒙开许,且张玄表、李知古将兵侵暴甥国,故违誓而战。今舅许湔贷前恶,归于大和,甥既坚定,然不重盟为未信,要待新誓也。甥自总国事,不牵于下,欲使百姓久安。舅虽及和,而意不专,于言何益?"又言:"舅责乞力徐集兵,且兵以新故相代,非集也。往者疆埸自白水皆为闲壤,昨郭将军屯兵而城之,故甥亦城。假令二国和,以迎送;有如不通,因以守境。又疑与突厥骨咄禄善者,旧与通聘,即日舅甥如初,不与交矣。因奉宝瓶、杯以献。"帝谓昔已和亲,有成言,寻前盟可矣,不许复誓。礼其使而遣,且厚赐赞普。自是岁朝贡不犯边。

十年,攻小勃律国,其王没谨忙诒书北廷节度使张孝嵩曰:"勃律,唐西门。失之,则西方诸国皆堕吐蕃,都护图之。"孝嵩听许,遣疏勒副使张思礼以步骑四千昼夜驰,与谨忙兵夹击吐蕃,死者数万,多取铠仗、马羊,复九城故地。始勃律王来朝,父事帝。还国,置绥远军以捍吐蕃,故岁常战。吐蕃每曰:"我非利若国,我假道攻四镇尔。"及是,累岁不出兵。

于是陇右节度使王君㚟请深入取偿。十二年,破吐蕃,献俘。后二年,悉诺逻兵入大斗拔谷,遂攻甘州,火乡聚。王君㚟勒兵避其锐,不战。会大雪,吐蕃鞁冻如积,乃逾积石军趋西道以归。君㚟豫遣谍出塞,烧野草皆尽,悉诺逻顿大非川,无所牧,马死过半。君㚟率秦州都督张景顺约赍穷蹑,出青海西,方冰合,师乘而度。于时虏已逾大非山,留辎重疲弱滨海,君㚟纵兵俘以旋。时中书令张说以吐蕃出入数十年,胜负略相当,甘、凉、河、鄯之人奉调发困甚,愿听其和。帝方宠君㚟,不听。

未几,悉诺逻恭禄、烛龙莽布支入陷瓜州,毁其城,执刺史田元献及君㚟父,遂攻玉门军,围常乐,不能拔。回寇安西,副都护赵颐贞击却之。会君㚟为回纥所杀,功不遂。帝乃用萧嵩为河西节度使,左金吾将军张守珪瓜州刺史,复城之。嵩纵反间,杀悉诺逻恭禄。明年,大将悉末朗攻瓜州,守珪击走之;鄯州都督张志亮又战青海西,

破大莫门城,焚橐它桥;陇右节度使杜宾客以强弩四千射虏,破之
祁连城下,斩副将一,上级五千首。虏败,恸而走山。又明年,守珪
率伊、沙等州兵破虏大同军;又信安王祎出陇西,拔石堡城,即之置
振武军,献俘于庙。帝以书赐将军裴旻曰:"敢有掩战功不及赏者,
士自陈,将吏皆斩。战有逗留,举队如军法。能禽其王者,授大将
军。"于是士益奋。

　　吐蕃令曩骨委书塞下,言:"论莽热、论泣势皆万人将,以赞普
命,谢都督刺史:二国有舅甥好,昨弥不弄羌、党项交构二国,故失
欢,此不听,唐亦不应听。"都督遣腹心吏与曩骨还议盟事。曩骨,犹
千牛官也。于是忠王友皇甫惟明并言约和便。帝曰:"赞普向上书
悖慢,朕必灭之,毋议和!"惟明曰:"昔赞普幼,是必边将好功之人
为之,以激怒陛下。且二国交恶必兴师,师兴则隐盗财利,诈功级,
希陛下过赏,以甘心焉。今河西、陇右赀耗力穷。陛下幸诏金城公
主许赞普约,以纾边患。息民之上策也。"帝采其言,敕惟明及中人
张元方往聘,以书赐公主。惟明见赞普言天子意,赞普大喜,因悉出
贞观以来书诏示惟明,厚馈献。使名悉腊随使者入朝,奉表言:"甥,
先帝舅显亲也。曩为张玄表、李知古交斗,遂成大衅,甥以文成、金
城公主,敢失礼乎?特以冲幼,枉为边将谗乱。如蒙澄亮,死且万足,
千万岁不敢先负盟。"且献怪宝。使者至,帝御前殿,列羽林杖内之。
悉腊略通华文,既宴与语,礼甚厚,赐紫服、金鱼。悉腊受服辞鱼,
曰:"国无是,不敢当。"帝遣御史大夫崔琳报聘。

　　吐蕃又请交马于赤岭,互市于甘松岭。宰相裴光庭曰:"甘松中
国阻,不如许赤岭。"乃听以赤岭为界,表以大碑,刻约其上。又请
《五经》,敕秘书写赐,并遣工部尚书李暠往聘,赐物万计。吐蕃遣使
谢,且言:"唐、吐蕃皆大国,今约和为久长计,恐边吏有妄意者,请
以使人对相晓敕,令昭然具知。"帝又令金吾将军李佺监赤岭树碑,
诏张守珪与将军李行祎、吐蕃使者莽布支分谕剑南、河西州县曰:
"自今二国和好,无相侵暴。"乃使悉诺勃海纳贡,并以币器遍遗执
政。明年,上宝器数百具,制冶诡殊,诏置提象门示群臣。

　　其后吐蕃西击勃律,勃律告急,帝谕令罢兵,不听,卒残其国。于是崔希逸为河西节度使,镇凉州。故时疆畔皆树壁守捉,希逸谓虏戎将乞力徐曰:"两国约好,而守备不废,云何?请皆罢,以便人。"乞力徐曰:"公忠诚,无不可,恐朝廷未皆信,脱掩吾不备,其可悔?"希逸固邀,乃许。即共刑白犬盟,而后悉彻障壁,虏畜牧被野。

　　明年,傈史孙诲奏事,妄言"虏无备,可取也"。帝采之,诏内竖赵惠琮共往按状。小人欲徼幸,至凉州,因共矫诏,诏希逸发兵袭破吐蕃青海上,斩获不赀,乞力徐遁走。吐蕃恚,不朝。二十六年,大入河西,希逸拒破之。鄯州都督杜希望又拔新城,更号威戎军。希逸顾失信,悒悒怅恨,召拜河南尹。既而与惠琮俱见犬祟,疑而死,诲亦及它诛。

　　萧炅代为河西节度留后,杜希望陇右节度留后,王昱剑南节度使,分道经略,碎赤岭碑。希望发鄯州兵夺虏河桥,并河筑盐泉城,号镇西军,破吐蕃兵三万。昱以剑南兵入攻安戎城,筑二少垒左右之,兵次蓬婆岭,输剑南粟饷军。吐蕃悉锐来救,昱大败,少垒皆没,士死凡数万。昱贪妄,非将选,故败,贬死高要。明年,吐蕃攻白草、安人军,诏临洮、朔方分援。虏绝临洮道,白水军使高柬于拒守,虏引去。炅遣将追尾,有云出军上,白兔舞,大破吐蕃。昱之败,以张宥代节度剑南,以章仇兼琼为益州司马。宥,文吏,不知兵,委事兼琼。兼琼因得入奏,天子果其议,拔兼琼代宥节度。兼琼谍诱吐蕃安戎城主为应,导官军入,尽杀虏戎,以监察御史许远守之。吐蕃围安戎,绝水泉,会石裂泉涌,虏惊引去。复攻维州,不得志,诏乃改安戎曰平戎云。

　　是岁,金城公主薨。明年,为发哀,吐蕃使者朝,因请和,不许。虏乃悉众四十万攻承风堡,抵河源军,西入长宁桥、安仁军,浑崖烽骑将臧希液以锐兵五千破之。吐蕃又袭廓州,败一县,屠吏人。攻振武军石堡城,盖嘉运不能守。

　　天宝元年,陇右节度使皇甫惟明破虏大岭军;战青海,破莽布支,斩首三万级。明年,破洪济城,战石堡,不克,副将诸葛诩死之。

又明年，惟明破虏，献俘京师。帝以哥舒翰节度陇右，翰攻拔石堡，更号神武军。又禽其相兀论样郭。

十载，安西节度使高仙芝俘大酋以献。是时，吐蕃与蛮阁罗凤联兵攻泸南，剑南节度使杨国忠方以奸罔上，自言："破蛮众六万于云南，拔故洪州等三城，献俘口。"哥舒翰破洪济、大莫门诸城，收九曲故地，列郡县，实天宝十二载。于是置神策军于临洮西，浇河郡于积石西，及宛秀军以实河曲。后二年，苏毗子悉诺逻来降，封怀义王，赐李氏。苏毗，强部也。是岁，赞普乞黎苏笼腊赞死，子挲悉笼腊赞嗣，遣使者修好，诏京兆少尹崔光远持节赍册吊祠。还而安禄山乱，哥舒翰悉河、陇兵东守潼关，而诸将各以所镇兵讨难，始号行营，边候空虚，故吐蕃得乘隙暴掠。

至德初，取巂州及威武等诸城，入屯石堡。其明年，使使来请讨贼且修好。肃宗遣给事中南巨川报聘。然岁内侵，取廓、霸、岷等州及河源、莫门军。使数来请和，帝虽审其谲，姑务纾患，乃诏宰相郭子仪、萧华、裴遵庆等与盟。

宝应元年，陷临洮取秦、成、渭等州。明年，使散骑常侍李之芳、太子左庶子崔伦往聘，吐蕃留不遣。破西山合水城。明年，入大震关，取兰、河、鄯、洮等州，于是陇右地尽亡。进围泾州，入之，降刺史高晖。又破邠州，入奉天，副元帅郭子仪御之。吐蕃以吐谷浑、党项兵二十万东略武功，渭北行营将吕日将战盩厔西，破之。又战终南，日将走。代宗幸陕，子仪退趋商州。高晖导虏入长安，立广武王承宏为帝，改元，擅作赦令，署官吏。衣冠皆南奔荆、襄，或逬栖山谷，乱兵因相攘钞，道路梗闭。光禄卿殷仲卿率千人壁蓝田，选二百骑度浐，或绐虏曰："郭令公军且来！"吐蕃大震。会少将王甫与恶少年伐鼓噪苑中，虏惊，夜引去。子仪入长安，高晖东奔至潼关，守将李日越杀之。吐蕃留京师十五日乃走，天子还京。

吐蕃退围凤翔，节度使孙志直拒守，镇西节度使马璘以千骑战却之。吐蕃屯原、会、成、渭间，自如也。是岁，南入松、维、保等州及云山新笼城。明年，还使人李之芳等。剑南严武破吐蕃南鄙兵七万，拔当狗城。会仆固怀恩反，自灵武遣其将范志诚、任敷合吐蕃、吐谷浑兵攻邠州，白孝德、郭晞婴垒守，乃入居奉天西。子仪入奉天，按军不战。郭晞以锐士夜捣其营，斩首数千级，夺马五百，取四将，吐蕃引去。是时严武拔盐州，又战西山，取其众八万。虏围凉州，河西节度使杨志烈不能守，跳保甘州，而凉州亡。

永泰元年，吐蕃请和，诏宰相元载、杜鸿渐与虏使者同盟。怀恩不得志，导虏与回纥、党项羌、浑、奴剌犯边；吐蕃大酋尚结息、赞摩、尚悉东赞等众二十万至醴泉、奉天，邠将白孝德不能亢；任敷以兵略凤翔、盩屋，于是京师戒严。朔方兵马使浑日进、孙守亮屯奉天，诏子仪以河中兵屯泾阳，李忠臣屯东渭桥，李光进屯云阳，马璘、郝廷玉屯便桥，骆奉先、李日越屯盩屋，李抱玉屯凤翔，周智光屯同州，杜冕屯坊州，天子自率六军屯于苑。吐蕃逼奉天，日进以单骑驰之，士二百踵进，左右击刺，射皆应弦仆，虏大惊辟易。日进挟虏一将跃出，举军望而噪，士还，无一矢著身者。明日，虏薄城，日进发机石劲弩，故兵多死。凡三日，虏敛军入壁，日进知虏曲折，即夜斫其营，斩千余级，生禽五百。又战马嵬，凡七日，破贼万人，斩首五千，获马、橐它、帜械甚众。帝欲自讨贼，下诏大搜马，京师始置团练，都人震扰，凿垣亡去者十八，诏中人户都门，不能止。吐蕃游骑四百略武功，镇西节度使马璘使健士五十击之，歼，士气益奋。虏徙营九嵕之阴，掠醴泉居人数万，焚室庐，田皆赤地。周智光与虏战澄城，破之。吐蕃至邠北，复与回纥合，还攻奉天，抵马嵬。任敷以兵五千掠白水，残同州。于是城中渭桥、鄠以屯兵。

会怀恩死，虏谋无主，遂与回纥争长。回纥怒，诣子仪请击吐蕃自效，子仪许之，使白元光合兵攻吐蕃于灵台西，大破之，降仆固名臣，帝乃班师。

唐书卷二一六下
列传第一四一下

吐蕃下

永泰、大历间,再遣使者来聘,于是户部尚书薛景仙往报。诏宰相与吐蕃使者盟。俄寇灵州,掠宜禄,郭子仪精甲三万戌泾阳,入屯奉天。灵州兵破虏二万,上级五百首。景仙与伦泣陵偕来,请境凤林关。而路悉等十五人又来。三年,虏引众十万复攻灵州,略邠州。先是,尚悉结自宝应后数入边,以功高请老,而赞磨代之,为东面节度使,专河、陇。邠宁马璘、朔方将白元光再破其众,获马羊数千,剑南亦破虏万人。尚悉摩复来朝。天子以虏数入塞,诏治守障,徙当、悉、柘、静、恭五州,皆据险以守。

八年,虏六万骑侵灵州,败民稼,进寇泾、邠,浑瑊与战不利,副将死,略数千户。瑊整卒夜袭其营;泾原马璘以兵掩之潘原,射豹皮将死,军中哭,乃遁去。璘收所俘士及男女而还。郭子仪又破其众十万。

九年,帝遣谏议大夫吴损修好,虏亦使使者入朝。于是子仪屯邠州,李抱玉屯高壁,马璘屯原州,李忠臣屯泾州,李忠诚屯凤翔,臧希让屯渭北,备虏之入。明年,西川节度使崔宁破虏于西山。虏攻临泾、陇州,次普润,焚掠人畜;与抱玉战义宁,破之;道泾州,璘尾追,败之于百里。又明年,崔宁破虏故洪节度氏、蛮、党项等兵,斩首万级,禽酋领千人,牛羊廪铠甚众,献之朝。吐蕃不得志,入掠黎、雅,于是剑南兵合南诏与战,破之,禽大笼官论器然。又侵坊州,取党项牧马。崔宁攻望汉城,破之。山南西道节度使张献恭战岷州,吐蕃走。宁破西山三路及邛南兵,斩首八千级。十三年,虏大酋马重英以四万骑寇灵州,塞汉、御史、尚书三渠以扰屯田,为朔方留后常谦光所逐,重英残盐、庆而去。乃南合南诏众二十万攻茂州,略扶、文,遂侵黎、雅。时天子已发幽州兵驰拒,虏大奔破。

初,虏使数至,留不遣,所俘虏口,悉部送江南。德宗即位,先内靖方镇,顾岁与虏确,其亡获相偿,欲以德绥怀之,遣太常少卿韦伦持节归其俘五百,厚给衣褚,切敕边吏护亭障,无辄侵虏地。吐蕃始闻未信,使者入境,乃皆感畏。

是时,乞立赞为赞普,姓户卢提氏,曰:"我乃有三恨:不知天子丧,不及吊,一也;山陵不及赗,二也;不知舅即位,而发兵攻灵州,入扶、文,侵灌口,三也。"即发使者随伦入朝。帝又遣伦还蜀俘。虏以伦再至,欢甚,授馆,作声乐,九日留,以论钦明思等五十人从献方物。

明年,殿中少监崔汉衡往使,赞普猥曰:"我与唐舅甥国,诏书乃用臣礼卑我。"又请云州西尽贺兰山为吐蕃境,邀汉衡奏天子。乃遣入蕃使判官常鲁与论悉诺罗入朝,道赞普语,且引景龙诏书曰"唐使至,甥先与盟,蕃使至,舅亦将亲盟",赞普曰:"其礼本均。"帝许之,以"献"为"进","赐"为"寄","领取"为"领之"。以前宰相杨炎不通故事为解,并约地于贺兰。其大相尚悉结嗜杀人,以剑南之败未报,不助和议,次相尚结赞有谋,固请休息边人,赞普卒用结赞为大相,乃讲好。

汉衡与其使区颊赞偕来,约盟境上。拜汉衡鸿胪卿,以都官员外郎樊泽为计会使,与结赞约;且告陇右节度使张镒同盟。泽与结赞约盟清水,以牛马为牲。镒欲末其礼,乃绐结赞曰:"唐非牛不田,蕃非马不战,请用犬、豕、羊。"结赞听诺。将盟,乃除地为坛,约二国各以二千士列墙外,冗从立坛下。镒与幕府齐映齐抗、鸿胪汉衡、计会使于顿及泽、鲁皆朝服,结赞与论悉颊藏、论臧热、论利陀、论力徐等对升坛,刑牲坛北,杂其血以进,约:"唐地泾州右尽弹筝峡,陇州右极清水,凤州西尽同谷,剑南尽西山、大度水。吐蕃守镇兰、渭、原、会,西临洮,东成州,抵剑南西磨些诸蛮、大度水之西南。尽大河北自新泉军抵大碛,南极贺兰橐它岭,其间为闲田。二国所弃戍地毋增兵,毋创城堡,毋耕边田。"既盟,请锱诣坛西南隅浮屠幄为誓。于是升坛大享,献酬乃还。

帝命宰相、尚书与房使者盟长安,而清水之约,疆场不定,复令汉衡决于赞普,乃克盟。于是宰相李忠臣卢杞关播崔宁、工部尚书乔琳、御史大夫于颀、太府卿张献恭、司农卿段秀实、少府监李昌夔、京兆尹王翃、金吾卫大将军浑瑊与区颊赞等同盟京城之右郊,礼如清水。前二月告庙,齐,三日,关播跪读载书,已盟乃大享。诏左仆射李揆为入蕃会盟使,还区颊赞等。

朱泚之乱,吐蕃请助讨贼,诏右散骑常侍于颀持节慰抚,太常少卿沈房为安西、北廷宣慰使以报之。浑瑊用论莽罗兵破泚将韩旻于武亭川。初,与房约,得长安,以泾、灵四州畀之。会大疫,房辄引去。及泚平,责先约求地。天子薄其劳,第赐诏书,偿结赞、莽罗等帛万匹,于是房以为怨。

贞元二年,诏仓部郎中赵建往使,而房已犯泾、陇、邠、宁,掠人畜,败田稼,内州皆闭壁。游骑至好畤,左金吾将军张献甫、神策将李升昙等屯咸阳,河中浑瑊、华州骆元光援之。以左监门将军康成使焉。尚结赞屯上砦原,亦令使论乞陀来请盟。凤翔李晟遣部将王佖以锐兵三千夜入汧阳,明日,薄其中军,房惊溃走,结赞仅自脱。房众二万侵凤翔,李晟击却之,因袭破摧沙堡,烧储庤,斩守者。吐蕃攻盐、夏,刺史杜彦光、拓拔乾晖不能守,悉其众南奔,房遂有其地。天子以边人残没,下诏避正殿,痛自咎。诏骆元光经略盐、夏。

三年,命左庶子崔浣、李铦踵使。结赞得盐、夏,皆戍以兵,乃自屯鸣沙,然馈饷数困。于是骆元光、韩游瓌滨塞而屯,马燧次石州,跨河相掎角。结赞大惧,屡请盟,天子不许。即以贵将论颊热厚赂乞和于燧,燧以为情,身入见天子,诸将以燧入,皆守壁不战。结赞遽还走,马多死,士不能步,有饥色。浣始至鸣沙,传诏让结赞破约

陷盐、夏,对曰:"本以武亭功未偿乃来,又候碑仆,疆埸不明,故行
境上。泾州乘城自保,凤翔李令不纳吾使,虽康成等来,皆不能致委
曲。我日望大臣而卒无至者,我故引还,盐、夏守将惧吾众,以城丐
我,非我敢攻也。若天子复许盟,虏之愿也,唯所命,当以盐、夏还
唐。"又言清水盟,大臣少,故约易坏,请悉遣宰相元帅二十一人会
盟。并言灵盐节度使杜希全、泾原节度使李观,外蕃所信,请主盟。
帝复使浣报结赞曰:"希全守灵州,有分地,不可以越境;观既徙官,
以浑瑊为盟会使。"约五月盟清水,使先效二州,以验虏信。结赞辞
清水非吉地,请会原州之土梨树,乃归二州。天子从之。

　　瑊来受命,拜汉衡兵部尚书以副瑊。瑊率师二万待期,诏骆元
光助之。宰相议所盟地,左神策将马有邻建言:"土梨树林荟岩阻,
兵易诡伏,不如平凉夷漫坦直,且近泾,缓急可保也。"乃定盟平凉。
瑊约结赞,主客均以兵三千至坛外,延从四百叩坛,以游军交逻相
入。将盟,结赞伏精骑三万于西,纵逻骑出入瑊军,瑊将梁奉贞亦骎
马入虏军营,阴执之,而瑊不知也。客请瑊等具冠剑,皆就幄更衣,
从容胖肆。虏忽三伐鼓,众噪而兴,瑊不知所出,走幄后,得马不衔
而驰,十里始得衔。虏追,矢若雨不伤也,至元光营乃脱。裨将辛荣
兵数百据北阜与虏战,矢尽乃降。判官韩弇、监军宋凤朝死之。汉
衡与判官郑叔矩路泌、掌书记袁同直、列将扶余准马宁孟日华李至
言乐演明范澄马弇、中人刘延邕俱文珍李朝清等六十人皆被执,士
死者五百,生获者千余人。汉衡语虏曰:"我,崔尚书也,结赞与我
善。若杀我,结赞亦杀若。"乃不死。人负一木,以绳三约之,系其发
驱之;夜则杙地系而仆,蒙以罽,守者寝其上。始,结赞将劫希全、
观,急以锐兵直趣京师,既不克,又欲禽瑊等,捣虚入寇,其谋本然。
既引去,至故原州,坐帐中见汉衡等,慢言:"浑瑊战武功,我力也。
许裂地偿我,而自食其言。吾既作金枷,将必得瑊以见赞普,乃今失
之,徒致公等,无益也。当使人归报。"初,汉衡遇乱,从史吕温身蔽
兵,温伤而汉衡脱,虏人嘉其义,厚给养之。结赞屯石门,以俱文珍、
马宁、马弇归唐,而囚汉衡、叔矩河州,辛荣廓州,扶余准鄯州。帝犹

使中人赍诏书赐结赞，拒不受。虏戍盐、夏，涉春疫大兴，皆思归。结赞以骑三千迎之，火二州庐舍，颓郛堞而去，杜希全分兵保之。帝哀汉衡等陷辱，下诏赐其子七品官，叔矩、泌、弇、日华、荣、志信、澄、良贲、演明一子八品官，袁同直而下一子九品官。以决胜军使唐良臣屯潘原，神策将苏太平屯陇州。结赞召汉衡、日华、延邕至石门，以五骑送境上，遣使者奉表来。李观曰："有诏不内吐蕃使者。"受汉衡等，放其使。

结赞以羌、浑众屯潘口，傍青石岭，三分其兵趋陇、汧阳间，连营数十里，中军距凤翔一舍，诡汉服，号邢君牙兵，入吴山、宝鸡，焚聚落，略畜牧、丁壮，杀老孺，断手刭目，乃去。李晟尝厤大木塞安化隘处，虏过，悉焚之。诏神策将石季章壁武功，良臣移师百里城。虏又剽汧阳、华亭男女万人以畀羌、浑，将出塞，令东向辞国，众恸哭，投堑谷死者千数。吐蕃又入丰义，围华亭，绝汲道。守将王仙鹤请救于陇州，刺史苏清沔合太平兵赴之，虏逆战，太平不胜，引还。虏日千骑四掠，陇兵不敢出。虏积薪将焚华亭，仙鹤以众降。清沔潜兵大象龟，夜半，约城中举火烛天，虏众惊，因袭其营，乃去。更攻连云堡，飞石投中，井皆满。为虚梁绝堑而升，守将张明远降于虏。虏分捕山间亡人及牛羊率万计，泾、陇、邠之民荡然尽矣。诸将曾不能得一俘，但贺贼出塞而已。连云堡，泾要地也，三垂峭绝，北据高，虏所进退，候火易通。既失之，城下即虏境，每艺稼，必陈兵于野，故多失时。是岁，三州不宿麦。虏数千骑犯长武城，城使韩全义拒之。韩游瓌兵不出，于是虏安行邠、泾间，诸屯西门皆闭，虏治故原州保之。帝取所获吐蕃生口不二百，徇诸市以安京师。

四年五月，虏三万骑略泾、邠、宁、庆、鄜五州之鄙，焚吏舍民阎，系执数万。韩全义以陈许兵战长武，无功。初，吐蕃盗塞，畏春夏疾疫，常以盛秋。及是得唐俘，多厚给产，质其孥，故盛夏入边。尚悉董星、论莽罗等又寇宁州，张献甫拒斩裁百级，转剽鄜、坊乃去。

五年，韦皋以剑南兵战台登，杀虏将乞臧遮遮、悉多杨朱，西南少安。不三年，尽得巂州地。久之，北廷沙陀别部叛，吐蕃因是陷北廷都护府，安西道绝。独西州人尚为唐守。

八年，寇灵州，陷水口，塞营田渠。发河东振武兵，合神策军击之，虏引还。又寇泾州，掠田军千人，守捉使唐朝臣战不利。山南西道节度使严震破虏于芳州，取黑水壁，焚积聚。自虏得盐州，塞防无以障遏，而灵武单露，鄜、坊侵迫，寇日以骄，数入为边患。帝复诏城之，使泾原、剑南、山南深入穷讨，分其兵，毋令专向东方。诏朔方河中晋绛邠宁兵马副元帅浑瑊、朔方灵盐丰夏绥银节度都统杜希全、邠宁节度使张献甫、右神策军行营节度使邢君牙、夏绥银节度使韩潭、鄜坊丹延节度使王栖曜、振武麟胜节度使范希朝合兵三万，以左神策将军胡坚、右神策将军张昌为盐州行营节度使，板筑之，役者六千人，余皆阵城下。九年始栽，阅二旬讫功，而虏兵不出，遂以兼御史大夫纥干遂与兼中丞杜彦光戍之。当是时，韦皋功最多，破堡壁五十余所，败其南道元帅论莽热没笼乞悉蓖；又与南诏破之于神川，于铁桥，皋俘馘三万，降首领论乞髯汤没藏悉诺硉。

十二年，寇庆州及华池，杀略吏人。是岁，尚结赞死。明年，赞普死，其子足之煎立。邢君牙筑永信城于陇州以备虏，虏使者农桑昔来请修好，朝廷以其无信，不受。韦皋取新城，虏治剑山、马岭，进寇台登，嶲州刺史曹高仕击却之，禽笼官，斩级三百，获马、粮、械数千。

十四年，韩全义破虏于盐州。十六年，灵州破虏于乌兰桥，韦皋拔末恭、颙二城。十七年，寇盐州，陷麟州，杀刺史郭锋，湮隍堕陴，系居人，掠党项诸部，屯横槽烽。虏将徐舍人者，语俘道人延素曰："我乃司空英公裔孙也。武后时，家祖以兵尊王室不克，子孙奔播绝域，今三世矣。我虽握兵，心未尝忘归也，顾不能自拔耳。"阴使延素夜逸。又言："吾按边求资粮，至麟而守者无备，遂入之。知郭使君勋臣家，欲全安之，不幸死乱兵。"语方已，会飞鸟使至，召其军还，遂引去。飞鸟，犹传骑也。

韦皋出西山与虏战，破之雅州。笼官马定德本虏之知兵有策虑者，周知山川险易，每用兵，常驰驿计议，授诸将以行。比年寇黎、巂,皋常折其兵,定德畏得罪,遂来降,因定昆明诸蛮。吐蕃以下屡叛,大侵灵州。时皋围维州,赞普使论莽热没笼乞悉蓖兼松州五道节度兵马都统、群牧大使,引兵十万援维州。皋率南诏兵薄险设伏以待,才使千人尝敌。乞悉蓖见兵寡,悉众追,堕伏中,兵四合急击,遂禽之,献京师。明年,吐蕃使者论颊热复来,右龙武大将军薛伾往报。

二十年,赞普死,遣工部侍郎张荐吊祠,其弟嗣立,再使使者入朝。

顺宗立,以左金吾卫将军田景度、库部员外郎熊执易持节往使。永贞元年,论乞缕勃藏归金币、马牛助崇陵,有诏陈太极廷中。

宪宗初,遣使者修好,且还其俘。又以使告顺宗丧,吐蕃亦以论勃藏来。后比年来朝,然以五万骑入振武拂鹈泉,万骑至丰州大石谷,钞回鹘还国者。

五年,以祠部郎中徐复往使,并赐钵阐布书。钵阐布者,虏浮屠豫国事者也,亦曰"钵掣逋"。复至鄯州擅还,其副李逢致命赞普,复坐贬。虏以论思邪热入谢,且归郑叔矩、路泌之枢,因言愿归秦、原、安乐州。诏宰相杜佑等与议中书,论思邪热拜于廷,佑答拜堂上,复以鸿胪少卿李铦、丹王府长史吴晕报之。自是朝贡岁入。又款陇州塞,丐互市,诏可。

十二年,赞普死,使者论乞髯来,以右卫将军乌重珝、殿中侍御史段钧吊祭之。可黎可足立为赞普,重珝以扶余准、李骖偕归。准,东明人,本朔方骑将;骖,陇西人,贞元初战没于虏者。使者知不死,求之,乃得还。诏以准为澧王府司马,骖嘉王友。

吐蕃使论矩立藏来朝,未出境,吐蕃寇宥州,与灵州兵战定远城,虏不胜,斩首二千级。平凉镇遏使郝玭又破虏兵二万,夏州节度使田缙破其众三千,诏留矩立藏等不遣。剑南兵拔峨和、栖鸡城。十四年,乃归矩立藏等。吐蕃节度论二摩、宰相尚塔藏、中书令尚绮心儿总兵十五万围盐州,为飞梯、鹅车攻城,刺史李文悦拒之,城坏辄补,夜袭其营,昼出战,破虏万人,积三旬不能拔。朔方将史敬奉以奇兵绕出虏背，大破之，解围去。

始，沙州刺史周鼎为唐固守，赞普徙帐南山，使尚绮心儿攻之。鼎请救回鹘，逾年不至，议焚城郭，引众东奔，皆以为不可。鼎遣都知兵马使阎朝领壮士行视水草，晨入谒辞行，与鼎亲吏周沙奴共射，嗀弓揖让，射沙奴即死，执鼎而缢杀之，自领州事。城守者八年，出缯一端募麦一斗，应者甚众。朝喜曰："民且有食，可以死守也。"又二岁，粮械皆竭，登城而呼曰："苟毋徙佗境，请以城降。"绮心儿许诺，于是出降，自攻城至是凡十一年，赞普以绮心儿代守。后疑朝谋变，置毒靴中而死。州人皆胡服臣虏，每岁时祀父祖，衣中国之服，号恸而藏之。

穆宗即位，遣秘书少监田洎往告，使者亦来。虏引兵入屯灵武，灵州兵击却之。又犯青塞烽，进寇泾州，濒水而营，绵五十里。始，洎至牙，虏欲会盟长武，洎含糊应之。至是显言："洎许我盟，我是以来。"逼泾一舍止。诏右军中尉梁守谦为左右神策军、京西北行营都监，发卒合八镇兵援泾州。贬洎郴州司户参军，以太府少卿邵同持节为和好使。初，夏州田缙衰沓，党项怨之，导虏入钞，郝玼与战，多杀其众。李光颜又以邠兵至，乃引去。复遣使者来。南略雅州，诏方镇与虏接者谨备边。

长庆元年，闻回鹘和亲，犯清塞堡，为李文悦所逐。乃遣使者尚绮力陀思来朝，且乞盟，诏许之。崔植、杜元颖、王播辅政，议欲告庙。礼官谓："肃宗、代宗皆尝与吐蕃盟，不告庙。德宗建中之盟，将重其约，始诏告庙。至会平凉，不复告，杀之也。"乃止。以大理卿刘元鼎为盟会使，右司郎中刘师老副之，诏宰相与尚书右仆射韩皋、御史中丞牛僧孺、吏部尚书李绛、兵部尚书萧俛、户部尚书杨于陵、礼部尚书韦绶、太常卿赵宗儒、司农卿裴武、京兆尹柳公绰、右金吾将军郭纵及吐蕃使者论讷罗盟京师西郊。赞普以盟言约："二国无相寇仇，有禽生问事，给服粮归之。"诏可。大臣豫盟者悉载名于策。方盟时，吐蕃以壮骑屯鲁州，灵州节度使李进诚与战大石山，破之。虏遣使者赵国章来，且致宰相信币。

　　明年,请定疆候,元鼎与论讷罗就盟其国,救房大臣亦列名于策。元鼎逾成纪、武川,抵河广武梁,故时城郭未隳。兰州地皆粳稻,桃李榆柳岑蔚,户皆唐人,见使者麾盖,夹道观。至龙支城,耋老千人拜且泣,问天子安否,言:“顷从军没于此,今子孙未忍忘唐服,朝廷尚念之乎?兵何日来?”言已皆呜咽。密问之,丰州人也。过石堡城,崖壁峭竖,道回屈,虏曰铁刃城。右行数十里,土石皆赤,虏曰赤岭。而信安王祎、张守珪所定封石皆仆,独房所立石犹存。赤岭距长安三千里而赢,盖陇右故地也。曰闷恒卢川,直逻娑川之南百里,臧河所流也。河之西南,地如砥,原野秀沃,夹河多枱柳。山多柏,坡皆丘墓,旁作屋,赪涂之,绘白虎,皆房贵人有战功者,生衣其皮,死以旌勇,徇死者瘗其旁。度悉结罗岭,凿石通车,逆金城公主道也。至麋谷,就馆。臧河之北川,赞普之夏牙也。周以枪垒,率十步植百长矟,中剖大帜为三门,相距皆百步。甲士持门,巫祝鸟冠虎带击鼓,凡入者搜索乃进。中有高台,环以宝楯,赞普坐帐中,以黄金饰蛟螭虎豹,身被素褐,结朝霞冒首,佩金镂剑。钵掣逋立于右,宰相列台下。唐使者始至,给事中论悉答热来议盟,大享于牙右,饭举酒行,与华制略等,乐奏《秦王破阵曲》,又奏《凉州》、《胡渭》、《录要》、杂曲,百伎皆中国人。盟坛广十步,高二尺。使者与房大臣十余对位,酋长百余坐坛下,上设巨榻,钵掣逋升,告盟,一人自旁译授于下。已歃血,钵掣逋不歃。盟毕,以浮屠重为誓,引郁金水以饮,与使者交庆,乃降。

　　元鼎还,房元帅尚塔藏馆客大夏川,集东方节度诸将百余,置盟策台上,遍晓之,且戒各保境,毋相暴犯。策署彝泰七年。尚塔藏语元鼎曰:“回鹘小国,我尝讨之,距城三日危破,会国有丧乃还,非我敌也。唐何所畏,乃厚之?”元鼎曰:“回鹘有功,且如约,未始妄以兵取尺寸地,是以厚之。”塔藏默然。元鼎逾湟水,至龙泉谷,西北望杀胡川,哥舒翰故壁多在。湟水出蒙谷,抵龙泉与河合。河之上流,繇洪济梁西南行二千里,水益狭,春可涉,秋夏乃胜舟。其南三百里三山,中高而四下,曰紫山,直大羊同国,古所谓昆仑者也,房曰闷摩黎山，东距长安五千里，河源其间，流澄缓下，稍合众流，色赤，行益远，它水并注则浊，故世举谓西戎地曰河湟。河源东北直莫贺延碛尾殆五百里，碛广五十里，北自沙州，西南入吐谷浑寰狭，故号碛尾。隐测其地，盖剑南之西。元鼎所经见，大略如此。

房遣论悉诺息等入谢，天子命左卫大将军令狐通、太仆少卿杜载答之。是岁，尚绮心儿以兵击回鹘、党项，小相尚设塔率众三万牧马木兰梁。比岁，使者献金盎、银冶犀、鹿，贡牦牛。

宝历至大和，再遣使者朝。五年，维州守将悉怛谋挈城以降，剑南西川节度使李德裕受之，收符章仗铠，更遣将虞藏俭据之。州南抵江阳岷山，西北望陇山，一面崖，三涯江，房号无忧城，为西南要捍。会牛僧孺当国，议还悉怛谋，归其城。吐蕃夷诛无遗种，以怖诸戎。自是比五年房使来，必报。所贡有玉带、金皿、獭褐、牦牛尾、霞氎、马、羊、橐它。

赞普立几三十年，病不事，委任大臣，故不能抗中国，边候晏然。死，以弟达磨嗣。达磨嗜酒，好畋猎，喜内，且凶愎少恩，政益乱。开成四年，遣太子詹事李景儒往使，吐蕃以论集热来朝，献玉器羊马。自是国中地震裂，水泉涌，岷山崩；洮水逆流三日，鼠食稼，人饥疫，死者相枕藉。鄯、廓间夜闻磬鼓声，人相惊。

会昌二年，赞普死，论赞热等来告，天子命将作监李璟吊祠。无子，以妃綝兄尚延力子乞离胡为赞普，始三岁，妃共治其国。大相结都那见乞离胡不肯拜，曰：“赞普支属尚多，何至立綝氏子邪？”哭而出，用事者共杀之。

别将尚恐热为落门川讨击使，姓末，名农力，“热”犹中国号“郎”也，谲诡善幻，约三部得万骑，击鄯州节度使尚婢婢。略地至渭州，与宰相尚与思罗战薄寒山。思罗败走松州，合苏毗、吐浑、羊同兵八万保洮河自守。恐热谓苏毗等曰：“宰相兄弟杀赞普，天神使我举义兵诛不道，尔属乃助逆背国耶？”苏毗等疑而不战，恐热麾轻骑涉河，诸部先降，并其众至十余万，禽思罗缢杀之。

婢婢，姓没卢，名赞心牙，羊同国人，世为吐蕃贵相，宽厚，略通

书记,不喜仕,赞普强官之。三年,国人以赞普立非是,皆叛去。恐
热自号宰相,以兵二十万击婢婢,鼓鼙、牛马、橐它联千余里,至镇
西军,大风雷电,部将震死者十余人,羊、马、橐它亦数百。恐热恶
之,按军不进。婢婢闻之,厚币诒书约欢,恐热大喜曰:"婢婢,书生,
焉知军事。我为赞普,当以家居宰相处之。"于是退营大夏川。婢婢
遣将庞结心、莽罗薛吕击恐热于河州之南,伏兵四万,结心据山射
书极骂,恐热怒甚,盛兵出斗。结心伪北,恐热追至数十里,莽罗薛
吕以伏兵衷击,大风雨,河溢,溺死甚众,恐热单骑而逃。既不得志,
尤猜忍杀戮,部将岌藏、丰赞皆降,婢婢厚遇之。明年,恐热复攻鄯
州,婢婢分兵五道拒守,恐热保东谷山,坚壁不出。岌藏缭以重栅,
断汲道。旬日,恐热走薄寒山,募散卒稍至,得数千人,复战鹕鸡山,
再战南谷,皆大败。兵挐仍岁不解。

大中三年,婢婢屯兵河源,闻恐热谋度河,急击之,为恐热所
败。婢婢统锐兵扼桥,亦不胜,焚桥而还。恐热间出鸡顶岭关,冯硖
为梁攻婢婢,至白土岭,败其将尚铎罗榻藏,进战牦牛硖。婢婢将烛
卢巩力欲负硖自固以困恐热,大将磨离黑子不从,乃辞疾先归。黑
子急击恐热,一战而死。婢婢粮尽,引众趋甘州西境,以拓拔怀光居
守,恐热麾下多归之。

恐热大略鄯、廓、瓜、肃、伊、西等州,所过捕戮,积尸狼藉,麾下
内怨,皆欲图之。乃扬声将请唐兵五十万共定其乱,保渭州,求册为
赞普,奉表归唐。宣宗诏太仆卿陆耽持节慰劳,命泾原、灵武、凤翔、
邠宁、振武等兵迎援。恐热既至,诏尚书左丞李景让就问所欲。恐
热倨夸自大,且求河渭节度使,帝不许。还过咸阳桥,咄叹曰:"我举
大事,觊得济此河与唐分境。"于是复趋落门川收散卒,将寇边,会
久雨粮绝,恐热还奔廓州。

于是凤翔节度使李玭复清水,泾原节度使康委荣复原州,取石
门等六关,得人畜几万;灵武节度使李钦取安乐州,诏为威州;邠宁
节度使张钦绪复萧关,凤翔收秦州,山南西道节度使郑涯得扶州。
凤翔兵与吐蕃战陇州,斩首五百级。是岁,河、陇高年千余见阙下,

天子为御延喜楼，赐冠带，皆争解辫易服。因诏差赐四道兵，录有劳者；三州七关地膴衍者，听民垦艺，贷五岁赋；温池委度支榷其盐，以赡边；四道兵能营田者为给牛种，戍者倍其资饷，再岁一代；商贾往来于边者，关镇毋何留；兵欲垦田，与民同。

初，太宗平薛仁杲，得陇上地；虏李轨，得凉州；破吐谷浑、高昌，开四镇。玄宗继收黄河碛石、宛秀等军，中国无斥候警者几四十年。轮台、伊吾屯田，禾菽弥望，开远门揭候署曰“西极道九千九百里”，示戍人无万里行也。乾元后，陇右、剑南西山三州七关军镇监牧三百所皆失之。宪宗常览天下图，见河湟旧封，赫然思经略之，未暇也。至是群臣奏言：“王者建功立业，必有以光表于世者。今不勤一卒，血一刃，而河湟自归，请上天子尊号。”帝曰：“宪宗尝念河湟，业未就而殂落。今当述祖宗之烈，其议上顺、宪二庙谥号，夸显后世。”又诏：“朕姑息民，其山外诸州，须后经营之。”

明年，沙州首领张义潮奉瓜、沙、伊、肃、甘等十一州地图以献。始，义潮阴结豪英归唐。一日，众擐甲噪州门，汉人皆助之，虏守者惊走，遂摄州事。缮甲兵，耕且战，悉复余州。以部校十辈皆操挺，内表其中，东北走天德城，防御使李丕以闻。帝嘉其忠，命使者赍诏收慰，擢义潮沙州防御使，俄号归义军，遂为节度使。其后河、渭州虏将尚延心以国破亡，亦献款。秦州刺史高骈诱降延心及浑末部万帐，遂收二州，拜延心武卫将军。骈收凤林关，以延心为河、渭等州都游弈使。

咸通二年，义潮奉凉州来归。七年，北庭回鹘仆固俊击取西州，收诸部，鄯州城使张季颙与尚恐热战，破之，收器铠以献。吐番余众犯邠、宁，节度使薛弘宗却之。会仆固俊与吐蕃大战，斩恐热首，传京师。

八年，义潮入朝，为右神武统军，赐第及田，命族子淮深守归义。十三年卒。沙州以长史曹义金领州务，遂授归义节度使。后中原多故，王命不及，甘州为回鹘所并，归义诸城多没。

浑末,亦曰嗢末,吐蕃奴部也。虏法,出师必发豪室,皆以奴从,平居散处耕牧。及恐热乱,无所归,共相啸合数千人,以嗢末自号,居甘、肃、瓜、沙、河、渭、岷、廓、叠、宕间。其近蕃牙者最勇,而马尤良云。

赞曰:唐兴,四夷有弗率者,皆利兵移之,歴其牙,犁其廷而后已。惟吐蕃、回鹘号强雄,为中国患最久。赞普遂尽盗河湟,薄王畿为东境,犯京师,掠近辅,残鹹华人。谋夫虓帅,圉视共计,卒不得要领。晚节二姓自亡,而唐亦衰焉。夫外抚内宁,惟圣人不让。玄宗有逸德,而拓地太大,务远功,忽近虞,逆贼一奋,中原封裂,讫二百年不得复完,而至陵夷。然则内先自治,释四夷为外惧,守成之良资也。

唐书卷二一七上
列传第一四二上

回鹘上

回纥，其先匈奴也。俗多乘高轮车，元魏时亦号高车部，或曰敕勒，讹为铁勒。其部落曰袁纥、薛延陀、契苾羽、都播、骨利干、多览葛、仆骨、拔野古、同罗、浑、思结、斛薛、奚结、阿跌、白霫，凡十有五种，皆散处碛北。

袁纥者，亦曰乌护，曰乌纥，至隋曰韦纥。其人骁强，初无酋长，逐水草转徙，善骑射，喜盗钞，臣于突厥，突厥资其财力雄北荒。大业中，处罗可汗攻胁铁勒部，裒责其财，既又恐其怨，则集渠豪数百悉坑之。韦纥乃并仆骨、同罗、拔野古叛去，自为俟斤，称回纥。

回纥姓药罗葛氏，居薛延陀北娑陵水上，距京师七千里。众十万，胜兵半之。地碛卤，畜多大足羊。有时健俟斤者，众始推为君长。子曰菩萨，材勇有谋，嗜猎射，战必身先，所向辄摧破，故下皆畏附，为时健所逐。时健死，部人贤菩萨，立之。母曰乌罗浑，性严明，能决平部事，回纥繇是寖盛。与薛延陀共攻突厥北边，颉利遣欲谷设领骑十万讨之，菩萨身将五千骑破之马鬣山，追北至天山，大俘其部人，声震北方。由是附薛延陀，相唇齿，号活颉利发，树牙独乐水上。

贞观三年，始来朝，献方物。突厥已亡，惟回纥与薛延陀为最雄强。菩萨死，其酋胡禄俟利发吐迷度与诸部攻薛延陀，残之，并有其地，遂南逾贺兰山，境诸河。遣使者献款，太宗为幸灵州，次泾阳，受其功。于是铁勒十一部皆来言：“延陀不事大国，以自取亡，其下糜骇鸟散，不知所之。今各有分地，愿归命天子，请置唐官。”有诏张饮高会，引见渠长等，以唐官官之，凡数千人。

明年复入朝，乃以回纥部为瀚海，多览葛部为燕然，仆骨部为金微，拔野古部为幽陵，同罗部为龟林，思结部为卢山，皆号都督府；以浑为皋兰州，斛薛为高阙州，阿跌为鸡田州，契苾羽为榆溪州，奚结为鸡鹿州，思结为蹛林州，白霫为窴颜州；其西北结骨部为坚昆府，北骨利干为玄阙州，东北俱罗勃为烛龙州：皆以酋领为都督、刺史、长史、司马，即故单于台置燕然都护府统之，六都督、七州皆隶属，以李素立为燕然都护。其都督、刺史给玄金鱼符，黄金为文。天子方招宠远夷，作绛黄瑞锦文袍、宝刀、珍器赐之。帝坐秘殿，陈十部乐，殿前设高坫，置朱提瓶其上。潜泉浮酒，自左阁通坫趾注之瓶，转受百斛钉盏，回纥数千人饮毕，尚不能半。又诏文武五品官以上祖饮尚书省中。渠领共言：“生荒陋地，归身圣化，天至尊赐官爵，与为百姓，依唐若父母然。请于回纥、突厥部治大途，号‘参天至尊道’，世为唐臣。”乃诏碛南鸊鹈泉之阳置过邮六十八所，具群马、湩、肉待使客，岁内貂皮为赋。乃拜吐迷度为怀化大将军、瀚海都督；然私自号可汗，署官吏，壹似突厥。有外宰相六、内宰相三，又有都督、将军、司马之号。帝更诏时健俟斤它部为祁连州，隶灵州都督，白霫它部为居延州。

吐迷度兄子乌纥烝吐迷度之妻，遂与俱陆莫贺达干俱罗勃谋乱而归车鼻可汗，二人者皆车鼻婿，故乌纥领骑夜劫吐迷度杀之。燕然副都护元礼臣遣使给乌纥，许白为都督，乌纥不疑，即往谢，因斩以徇。帝恐诸部携解，命兵部尚书崔敦礼持节临抚，赠吐迷度左卫大将军，赙祭备厚，擢其子婆闰左骁卫大将军，袭父所领。俱罗勃既入朝，帝不遣。阿史那贺鲁之盗北廷，婆闰以骑五万助契苾何力等破贺鲁，收北廷；又从伊丽道行军总管任雅相等再破贺鲁金牙山，迁右卫大将军，从讨高丽有功。

婆闰死，子比栗嗣。龙朔中，以燕然都督府领回纥，更号瀚海都护府,以碛为限,大抵北诸蕃悉隶之。比栗死,子独解支嗣。武后时,突厥默啜方强,取铁勒故地,故回纥与契苾、思结、浑三部度碛,徙甘、凉间,然唐常取其壮骑佐赤水军云。独解支死,子伏帝匐立。明年,助唐攻杀默啜,于是别部移健颉利发与同罗、霫等皆来,诏置其部于大武军北。伏帝匐死,子承宗立,凉州都督王君㚟诬暴其罪,流死瀼州。当此时,回纥稍不循,族子瀚海府司马护输乘众怨,共杀君㚟,梗绝安西诸国朝贡道。久之,奔突厥,死。

　子骨力裴罗立。会突厥乱,天宝初,裴罗与葛逻禄自称左右叶护,助拔悉蜜击走乌苏可汗。后三年,袭破拔悉蜜,斩颉跌伊施可汗,遣使上状,自称骨咄禄毗伽阙可汗,天子以为奉义王,南居突厥故地,徙牙乌德健山、昆河之间,南距西城千七百里。西城,汉高阙塞也,北尽碛口三百里。悉有九姓地。九姓者,曰药罗葛,曰胡咄葛,曰啒罗勿,曰貂歌息讫,曰阿勿嘀,曰葛萨,曰斛嗢素,曰药勿葛,曰奚邪勿。药罗葛,回纥姓也,与仆骨、浑、拔野古、同罗、思结、契苾六种相等夷,不列于数。后破有拔悉蜜、葛逻禄,总十一姓,并置都督,号十一部落。自是,战常以二客部为先锋。有诏拜为骨咄禄毗伽阙怀仁可汗,前殿列仗,中书令内案授册使者,使者出门升辂,至皇城门降乘马,幡节导以行。凡册可汗,率用此礼。明年,裴罗又攻杀突厥白眉可汗,遣顿啜罗达干来上功,拜裴罗左骁卫员外大将军。斥地愈广,东极室韦,西金山,南控大漠,尽得古匈奴地。裴罗死,子磨延啜立,号葛勒可汗,剽悍善用兵,岁遣使者入朝。

　肃宗即位,使者来请助讨禄山,帝诏敦煌郡王承寀与约,而令仆固怀恩送王,因召其兵。可汗喜,以可敦妹为女,妻承寀,遣渠领来请和亲。帝欲固其心,即封虏女为毗伽公主。于是可汗自将,与朔方节度使郭子仪合讨同罗诸蕃,破之河上。与子仪会呼延谷,可汗恃其强,陈兵引子仪拜狼纛而后见。帝驻彭原,使者葛罗支见,耻班下,帝不欲使鞅鞅,引升殿,慰而遣。俄以大将军多揽等造朝,及太子叶护身将四千骑来,惟所命。帝因册毗伽公主为王妃,擢承寀宗正卿;可汗亦封承寀为叶护,给四节,令与其叶护共将。帝命广平王见叶护,约为昆弟,叶护大喜,使首领达干等先到扶风见子仪,子仪犒饮三日。叶护辞曰:"国多难,我助讨逆,何敢食!"固命,乃留。既行,日赐牛四十角、羊八百蹄、米四十斛。

香积之战,阵沣上。贼诡伏骑于王师左,将袭我,仆固怀恩麾回纥驰之,尽剿其伏。乃出贼背,与镇西、北廷节度使李嗣业夹攻之,贼大败,进收长安。怀恩率回纥、南蛮、大食众缭都而南,壁浐东,进次陕西,战新店。初,回纥至曲沃,叶护使将军鼻施吐拨裴罗旁南山东出,搜贼伏谷中,歼之,营山阴。子仪等与贼战,倾军逐北,乱而却。回纥望见,即逾西岭,曳旗趋贼,出其后,贼反顾,遂大溃,追奔数十里,人马相腾蹂,死者不可计,收仗械如丘。严庄挟安庆绪弃东京北度河,回纥大掠东都三日,奸人导之,府库穷殚。广平王欲止不可,而耆老以缯锦万疋赂回纥,止不剽。叶护还京师,帝遣群臣劳之长乐,帝坐前殿,召叶护升阶,席酋领于下,宴且劳之,人人赐锦绣缯器。叶护顿首言:"留兵沙苑,臣归料马,以收范阳,讫除残盗。"帝曰:"为朕竭义勇,成大事,卿等力也。"诏进司空,爵忠义王,岁给绢二万疋,使至朔方军受赐。

乾元元年,回纥使者多彦阿波与黑衣大食酋阁之等俱朝,争长,有司异门并进。又使请昏,许之。帝以幼女宁国公主下嫁,即册磨延啜为英武威远毗伽可汗,诏汉中郡王瑀摄御史大夫为册命使,以宗子右司郎中巽兼御史中丞为礼会使,并以副瑀,尚书右仆射裴冕送诸境。帝饯公主,因幸咸阳,数尉勉,主泣曰:"国方多事,死不恨。"瑀至虏,而可汗胡帽赭袍坐帐中,仪卫光严,引瑀立帐外,问曰:"王,天可汗何属?"瑀曰:"从昆弟也。"时中人雷灵俊立瑀上,又问:"立王上者为谁?"瑀曰:"中人也。"可汗曰:"中人,奴尔,顾立郎上乎?"灵俊趋下。于是引瑀入,瑀不拜,可汗曰:"见国君,礼无不拜。"瑀曰:"天子顾可汗有功,以爱女结好。比中国与夷狄婚,皆宗室子。今宁国乃帝玉女,有德容,万里来降,可汗天子婿,当以礼见,安踞受诏邪?"可汗惭,乃起奉诏,拜受册。翌日,尊主为可敦。瑀所赍赐物,可汗尽与其牙下酋领。瑀还,献马五百匹、貂裘、白氎等。乃使王子骨啜特勒、宰相帝德等率骑三千助讨贼，帝因命仆固怀恩总之。又遣大首领盖将军与三女子谢婚，并告破坚昆功。明年，骨啜与九节度战相州，王师溃，帝德等奔京师，帝厚赐慰其意，乃还。俄而可汗死，国人欲以公主殉，主曰："中国人婿死，朝夕临，丧期三年，此终礼也。回纥万里结昏，本慕中国，吾不可以殉。"乃止，然劙面哭，亦从其俗云。后以无子，得还。

始，叶护太子前得罪死，故次子移地健立，号牟羽可汗，其妻，仆固怀恩女也，始，可汗为少子请昏，帝以妻之，至是为可敦。明年，使大臣俱录莫贺达干等入朝，并问公主起居，使人通谒于延英殿。

代宗即位，以史朝义未灭，复遣中人刘清潭往结好，且发其兵。比使者至，回纥已为朝义所讲，曰："唐荐有丧，国无主，且乱，请回纥入收府库，其富不赀。"可汗即引兵南，宝应元年八月也。清潭赍诏至其帐，可汗曰："人言唐已亡，安得有使邪？"清潭为言："先帝虽弃天下，广平王已即天子位，其仁圣英武类先帝，故与叶护收二京、破安庆绪者，是与可汗素厚，且唐岁给回纥缯绢，岂忘之邪？"是时，回纥已逾三城，见州县榛莱，烽障无守，有轻唐色。乃遣使北收单于府兵、仓库，数以语凌轹清潭。清潭密白帝："回纥兵十万向塞。"朝廷震惊，遣殿中监药子昂迎劳，且视军，遇于太原，密识其兵裁四千，孺弱万余，马四万，与可敦偕来。帝令怀恩与回纥会。因遣使上书，请助天子讨贼。回纥欲入蒲关，径沙苑而东，子昂说曰："自寇乱来，州县残虚，供亿无所资。且贼在东京，若入井陉，以取邢、洺、卫、怀，收贼财帑，乃鼓而南，上策也。"不听。子昂曰："然则趋怀、太行道，南据河阳，扼贼喉衿。"又不听。曰："食太原仓粟，右次陕，与泽潞、河南、怀郑兵合。"回纥从之。

诏以雍王为天下兵马元帅，进子昂兼御史中丞，与右羽林卫将军魏琚为左右厢兵马使，中书舍人韦少华为元帅判官，御史中丞李进为行军司马，东会回纥。敕元帅为诸军先锋，与诸节度会陕州。时可汗壁陕州北，王往见之，可汗责王不蹈舞。子昂辞曰："王，嫡皇孙，二宫在殡，礼不可以蹈舞。"回纥廷诘曰："可汗为唐天子弟，于王，叔父行也，容有不蹈舞乎？”子昂固拒，即言：“元帅，唐太子也，将君中国，而可舞蹈见可汗哉？”回纥君臣度不能屈，即引子昂、进少华、琚掊之百，少华、琚一夕死，王还营。官军以王见辱，将合诛回纥，王以贼未灭止之。

于是，怀恩与房左杀为先驱。朝义使反间，左杀执以献，与诸将同击贼，战横水，走之，进收东都。可汗使拔贺那贺天子，献朝义旗物。雍王还灵宝，可汗屯河阳，留三月，屯旁人困于剽辱。仆固场率回纥兵与朝义挈战，蹀血二千里，枭其首，河北悉平。怀恩道相州西山崞口还屯，可汗出泽、潞，与怀恩会，道太原去。

初，回纥至东京，放兵攘剽，人皆逋保圣善、白马二祠浮屠避之。回纥怒，火浮屠，杀万余人。及是益横，诟折官吏，至以兵夜斫含光门，入鸿胪寺。方其时，陕州节度使郭英乂留守东都，与鱼朝恩及朔方军骄肆，因回纥为暴，亦掠汝、郑间，乡不完庐，皆蔽纸为裳，虐于贼矣。

帝念少华等死，故赠少华左散骑常侍，琚扬州大都督，赐一子六品官。于是册可汗曰颉啜登里骨啜蜜施合俱录英义建功毗伽可汗，可敦曰婆墨光亲丽华毗伽可敦，以左散骑常侍王翊使，即其牙命之，自可汗至宰相共赐实封二万户。又以左杀为雄朔王，右杀宁朔王，胡禄都督金河王，拔览将军静漠王，十都督皆国公。

永泰初，怀恩反，诱回纥、吐蕃入寇。俄而怀恩死，二房争长，回纥首领潜诣泾阳见郭子仪，请改事。子仪率麾下叩回纥营。回纥曰：“愿见令公。”子仪出旗门，回纥曰：“请释甲。”子仪易服。酋长相顾曰：“真是公矣！”时李光进、路嗣恭介马在侧，子仪示酋长曰：“此渭北节度使某，朔方军粮使某。”酋长下马拜，子仪亦下见之。房数百环视，子仪麾下亦至，子仪麾左右使却，且命酒与饮，遗以缠头采三千，召可汗弟合胡禄等持手，因让曰：“上念回纥功，报尔固厚，何负而来？今即与汝战，何遽降也？我将独入尔营，虽杀我，吾将士能击汝。”酋长眢服曰：“怀恩诡我曰‘唐天子南走，公见废’，是以来。今天可汗在，公无恙吾等愿还击吐蕃以报厚恩。然怀恩子，可敦弟也，愿赦死。"于是子仪持酒，胡禄请盟而饮，子仪曰："唐天子万岁，回纥可汗亦万岁，二国将相如之。有如须约，身死行阵，家屠戮。"方时，虏宰相磨咄莫贺达干、顿等闻言皆夺气，酒至其所，辄曰："无易公誓。"始，虏有二巫，言"此行必不战，当见大人而还"，及是相顾笑曰："巫不吾绐也。"

朔方先锋兵马使白元光合回纥兵于灵台，会雪雾严晦，吐蕃闭营撤备，乃纵击之，斩首五万级，生禽万人，获马、橐它、牛、羊，收所俘唐户五千。仆固名臣降，合胡禄都督等二百人皆来朝，赐与不可计。子仪以名臣见。名臣，怀恩兄子，锐将也。

大历三年，光亲可敦卒，帝遣右散骑常侍萧昕持节吊祠。明年，以怀恩幼女为崇徽公主继室，兵部侍郎李涵持节册拜可敦，赐缯采二万。是时，财用屈，税公卿骡、橐它给行，宰相饯中渭桥。

回纥之留京师者，曹辈掠女子于市，引骑犯含光门，皇城皆阖，诏刘清潭慰止。复出暴市物，夺长安令邵说马，有司不敢何诘。自乾元后，益负功，每纳一马，取直四十缣，岁以数万求售。使者相蹑，留舍鸿胪，驽弱不可用，帝厚赐欲以愧之，不知也。复以万马来，帝不忍重烦民，为偿六千。十年，回纥杀人横道，京兆尹黎干捕之，诏贷勿劾。又刺人东市，缚送万年狱，首领劫取囚，残狱吏去，都人厌苦。

十三年，回纥袭振武，攻东陉，入寇太原。河东节度使鲍防与战阳曲，防败绩，残杀万人。代州都督张光晟又战羊虎谷，破之，虏乃去。

德宗立，使中人告丧，且修好。时九姓胡劝可汗入寇，可汗欲悉师向塞，见使者不为礼。宰相顿莫贺达干曰："唐，大国，无负于我。前日入太原，取羊马数万，比及国，亡耗略尽。今举国远斗，有如不捷，将安归?"可汗不听，顿莫贺怒，因击杀之，并屠其支党及九姓胡几二千人，即自立为合骨咄禄毗伽可汗，使长建达干从使者入朝。建中元年，诏京兆少尹源休持节册顿莫贺为武义成功可汗。

始回纥至中国，常参以九姓胡，往往留京师，至千人，居赀殖产甚厚。会酋长突董、翳蜜施、大小梅录等还国,装橐系道,留振武三月,供拟珍丰,费不赀。军使张光晟阴伺之,皆盛女子以橐,光晟使驿吏刺以长锥,然后知之。已而闻顿莫贺新立,多杀九姓胡人,惧不敢归,往往亡去,突董察视严亟。群胡献计于光晟,请悉斩回纥,光晟许之,即上言:"回纥非素强,助之者九胡尔。今其国乱,兵方相加,而虏利则往,财则合,无财与利,一乱不振。不以此时乘之,复归人与币,是谓借贼兵,资盗粮也。"乃使神校阳不礼,突董果怒,鞭之。光晟因勒兵尽杀回纥群胡,收橐它、马数千,缯锦十万,且告曰:"回纥挟大将,谋取振武,谨先诛之。"部送女子还长安。帝召光晟还,以彭令方代之,遣中人与回纥使聿达干往言其端,因欲与虏绝。敕源休俟命太原。明年,乃行,因归突董等四丧。突董,可汗诸父也。源休至,可汗令大臣具车马出迎,其大相颉干迦斯踞坐责休等杀突董事,休言:"彼自与张光晟斗死,非天子命。"又曰:"使者皆负死罪,唐不自戮,何假手于我邪?"良久罢去,休等几死。留五旬,卒不见可汗。可汗传谓休曰:"国人皆欲尔死,我独不然。突董等已亡,今又杀尔,犹以血濯血,徒益污。吾以水濯血,不亦善乎?为我言有司,所负马直一百八十万,可速偿我。"遣散支将军康赤心等随休来朝,帝隐忍,赐以金缯。

后三年,使使者献方物,请和亲。帝蓄前恚未平,谓宰相李泌曰:"和亲待子孙图之,朕不能已。"泌曰:"陛下岂以陕州故憾乎?"帝曰:"然。朕方天下多难,未能报,且毋议和。"泌曰:"辱少华等乃牟羽可汗也,知陛下即位必偿怨,乃谋先苦边,然兵未出,为今可汗所杀矣。今可汗初立,遣使来告,垂发不翦,待天子命。而张光晟杀突董等。虽幽止使人,然卒完归,则为无罪矣。"帝曰:"卿言则然,顾朕不可负少华等,奈何?"泌曰:"臣谓陛下不负少华,少华负陛下。且北虏君长身赴难,陛下在藩,春秋未壮,而轻度河入其营,所谓冒豺虎之场也。为少华等计,当先定会见礼,臣犹危之,奈何孑然赴哉?臣昔为先帝行军司马,方叶护来,先帝只使宴于府。及议征讨,则不见也。叶护邀臣至营,帝不许,使好谓曰:'主当劳客,客返劳主邪?'东收京师,约曰:'土地、人众归我,玉帛、子女予回纥。'战胜,叶护欲大掠,代宗下马拜之,回纥乃东向洛。臣犹恨以元帅拜叶护于马前,为左右过,然先帝曰:'王仁孝,足办朕事。'下诏慰勉。叶护乃牟羽诸父也,牟羽之来,陛下以元子不拜于帐下,而可汗不敢少有失于陛下,则陛下未尝屈矣。先帝拜叶护,全京城,陛下乃不拜可汗,固伸威于虏,何恨焉? 然计香积、陕州事,以屈己为是乎? 伸威为是乎?籍令少华等以陛下见可汗,闭壁五日,与陛下张饮,天下岂不寒心哉?而天助威神,使豺狼驯服,牟羽母捧陛下以貂裘,叱左右促命骑,躬送出营。此少华等负陛下也。假令牟羽为有罪,则今可汗已杀之,立者乃牟羽从父兄,是为有功,渠可忘之邪?且回纥可汗铭石立国门曰:'唐使来,当使知我前后功'云。今请和,必举部南望,陛下不之答,其怨必深。愿听昏而约用开元故事,如突厥可汗称臣,使来者不过二百,市马不过千,不以唐人出塞,亦无不可者。"帝曰:"善。"乃许降公主,回纥亦清如约。诏咸安公主下嫁,又诏使者合阙达干见公主于麟德殿,使中谒者赍公主画图赐可汗。

　　明年,可汗遣宰相跌跌都督等众千余,并遣其妹骨咄禄毗伽公主率大酋之妻五十人逆主,且纳聘。跌跌至振武,为室韦所钞,战死。有诏其下七百,皆听入朝,舍鸿胪,帝御延喜门见使者。是时,可汗上书恭甚,言:"昔为兄弟,今婿,半子也。陛下若患西戎,子请以兵除之。"又请易回纥曰回鹘,言捷鸷犹鹘然。帝欲飨回鹘公主,问礼于李泌,对曰:"肃宗于敦煌王为从祖兄,回鹘妻以女,见帝于彭原,独拜廷下,帝呼曰'妇'而不名'嫂'也。当艰虞时,方藉其用,犹以臣之,况今日乎?"于是引回鹘公主入银台门,长公主三人候诸内,译史传导,拜必答,揖而进。帝御秘殿,长公主先入侍,回鹘公主入拜。谒已,内司宾导至长公主所,又译史传问,乃与俱入。至宴所,贤妃降阶俟,回鹘公主拜,贤妃答拜。又拜召已,由西阶升,乃坐。有赐则降拜,非帝赐则避席拜,妃、公主皆答拜。讫归,凡再飨。帝又尽建咸安公主官属,视王府。以嗣滕王湛然为昏礼使,右仆射关播护送,且将册书拜可汗为汩咄禄长寿天亲毗伽可汗,公主为智惠端正长寿孝顺可敦。

贞元五年,可汗死,子多逻斯立,国人号"泮官特勒",以鸿胪卿郭锋持节册拜爱登里逻汩没蜜施俱录毗伽忠贞可汗。

初,安西、北廷自天宝末失关、陇,朝贡道隔。伊西北廷节度使李元忠、四镇节度留后郭昕数遣使奉表,皆不至。贞元二年,元忠等所遣假道回鹘,乃得至长安。帝进元忠为北廷大都护,昕为安西大都护。自是,道虽通,而虏求取无浃。沙陀别部六千帐,与北廷相依,亦厌虏哀索。至三葛禄、白眼突厥素臣回鹘者尤怨苦,皆密附吐蕃。故吐蕃因沙陀共寇北廷,颉干迦斯与战,不胜,北廷陷。于是都护杨袭古引兵奔西州。回鹘以壮卒数万召袭古,将还取北廷,为吐蕃所击,大败,士死太半,迦斯奔还。袭古挈余众将入西州,迦斯绐曰:"弟与我俱归,当使公还唐。"袭古至帐,杀之。葛禄又取深图川,回鹘大恐,稍南其部落以避之。

是岁,可汗为少可敦叶公主所毒死。可敦亦仆固怀恩之孙,怀恩子为回鹘叶护,故女号叶公主云。可汗之弟乃自立。迦斯方攻吐蕃,其大臣率国人共杀篡者,以可汗幼子阿啜嗣。迦斯还,可汗等出劳,皆俯伏言废立状,惟大相生死之。悉发郭锋所赐器币饷迦斯。可汗拜且泣曰:"今幸得继绝,仰食于父也。"迦斯以其柔屈,乃相持哭,遂臣事之,以器币悉给将士,无所私,其国遂安。遣达北特勒梅录将军来告,且听命。诏鸿胪少卿庚铤册阿啜为奉诚可汗。俄以律支达干来告少宁国公主之丧。主,荣王女也。始宁国下嫁,又以媵之。宁国后归,因留回鹘中为可敦,号"少宁国",历配英武、英义二可汗。至天亲可汗时,始居外。其配英义生二子,皆为天亲所杀。是岁,回鹘击吐蕃、葛禄于北廷,胜之,且献俘。明年,使药罗葛炅来朝,炅本唐人吕氏,为可汗养子,遂从可汗姓。帝以其用事,赐赉殊优,拜检校尚书右仆射。

十一年,可汗死,无子,国人立其相骨咄禄为可汗,以使者来,诏秘书监张荐持节册拜爱滕逻羽录没蜜施合胡录毗伽怀信可汗。骨咄禄本跌跌氏,少孤,为大首领所养,辩敏材武,当天亲时数主兵，诸酋尊畏。至是，以药罗葛氏世有功，不敢自名其族，而尽取可汗子孙内之朝廷。

永贞元年，可汗死，诏鸿胪少卿孙杲临吊，册所嗣为滕里野合俱录毗伽可汗。

元和初，再朝献，始以摩尼至。其法日晏食，饮水茹荤，屏湩酪，可汗常与共国者也。摩尼至京师，岁往来西市，商贾颇与囊橐为奸。三年，来告咸安公主丧。主历四可汗，居回鹘凡二十一岁。无几，可汗亦死，宪完使宗正少卿李孝诚册拜爱登里罗汩蜜施合毗伽保义可汗。阅三岁，使者再朝，遣伊难珠再请昏，未报。可汗以三千骑至鸊鹈泉，于是振武以兵屯黑山，治天德城备虏。礼部尚书李绛奏言：

回鹘盛强，北边空虚，一为风尘，则弱卒非抗敌之夫，孤城为不守之地。傥陛下怀此，增甲兵，饬城垒，中夏长策，生人大幸也。臣观今日处置，未得其要。

夫边忧有五，请历言之。北狄贪没，唯利是视，比进马规直，再岁不至，岂厌缯帛利哉？殆欲风高马肥，而肆侵轶。故外攘内备，必烦朝廷。一可忧。兵力未完，斥候未明，戈甲未备，城池未固，饬天德则虏必疑，虚西城则碛道无倚。二可忧。夫城保要害，攻守险易，当谋之边将。今乃规河塞之外，裁庙堂之上，虏猝犯塞，应接失便。三可忧。自修好以来，山川形胜，兵戍满虚，虏皆悉之。贼掠诸州，调发在旬朔外，其系纍人畜在旦夕内，比王师至则虏已归，寇能久留，役亦转广。四可忧。北狄西戎，素相攻讨，故边无虞。今回鹘不市马，若与吐蕃结约解仇，则将臣闭壁惮战，边人拱手受祸。五可忧。又淮西吴少阳垂死，可乘其变，诸道兴发，役且十倍。臣谓宜听其婚，使守蕃礼，所谓三利也。和亲则烽燧不惊，城埤可治，盛兵以畜力，积粟以固军，一也。既无北顾忧，可南事淮右，申令于垂尽之寇，二也。北虏恃我戚，则西戎怨愈深，内不得宁，国家坐受其安，寇掠长息，三也。今舍三利，取五忧，甚非计。

或曰降主费多，臣谓不然。我三分天下赋，以一事边。今东南大县赋岁二十万缗,以一县赋为婚赀,非损寡得大乎？今惜婚费不与,假如王师北征,兵非三万、骑五千不能捍且驰也。又如保十全之胜,一岁辄罢,其馈饷供拟,岂止一县赋哉？

帝不听。

唐书卷二一七下
列传第一四二下

回鹘下

回鹘之请昏，有司度费当五百万，帝方内讨强节度，故遣宗正少卿李诚、太常博士殷侑往谕不可。穆宗立，回鹘又使合达干等来固求昏，许之。俄而可汗死，使者临册所嗣为登啰羽录没蜜施句主毗伽崇德可汗。可汗已立，遣伊难珠、句录、都督思结等以叶护公主来逆女，部渠二千人，纳马二万、橐它千。四夷之使中国，其众未尝多此。诏许五百人至长安，余留太原。诏以太和公主下降。主，宪宗女也。帝为主建府，以左金吾卫大将军胡证、光禄卿李宪持节护送，太府卿李说为昏礼使，册拜主为仁孝端丽明智上寿可敦，告于庙，天子御通化门饯主，群臣班辞于道。公主出塞，距回鹘牙百里，可汗欲先与主由间道私见，胡证不可，虏人曰："昔咸安公主行之。"证曰："天子诏我送公主授可汗，今未见，不可先也。"乃止。于是可汗升楼坐，东向，下设毳幔以居公主，请袭胡衣，以一姆侍出，西向拜已，退即次，被可敦服，绛通裾大襦，冠金冠，前后锐，复出拜已，乃升曲舆，九相分负，右旋于廷者九，降舆升楼，与可汗联坐，东向，群臣以次谒。可敦亦自建牙，以二相出入帐中。证等归，可敦大宴，悲啼眷慕。可汗厚赠使者。

是时，裴义方伐幽、镇，回鹘使渠将李义节以兵三千佐天子平河北，议者惩艾前患，不听，兵已及丰州，使者厚赐乃去。

敬宗即位之年，可汗死，其弟曷萨特勒立，遣使者册为爱登里
啰汨没蜜施合毗伽昭礼可汗，赐币十二车。文宗初，又赐马直绢五
十万。大和六年，可汗为其下所杀，从子胡特勒立，使者来告。明年，
遣左骁卫将军唐弘实与嗣泽王溶持节册为爱登里啰汨没蜜施合句
录毗伽彰信可汗。开成四年，其相掘罗勿作难，引沙陀共攻可汗，可
汗自杀，国人立𪩘馺特勒为可汗。方岁饥，遂疫，又大雪，羊、马多
死，未及命。

武宗即位，以嗣泽王溶临告，乃知其国乱。

俄而渠长句录莫贺与黠戛斯合骑十万攻回鹘城，杀可汗，诛掘
罗勿，焚其牙，诸部溃，其相驳职与庞特勒十五部奔葛逻禄，残众入
吐蕃、安西。于是，可汗牙部十三姓奉乌介特勒为可汗，南保错子
山。黠戛斯已破回鹘，得太和公主；又自以李陵后，与唐同宗，故遣
使者达干奉主来归。乌介怒，追击达干杀之，劫主南度碛，边人大
恐。进攻天德城，振武节度使刘沔屯云伽关拒却之。宰相李德裕建
言：“回鹘曩有功，今饥且乱，可汗无归，不可击，宜遣使者赡安之。”
帝用兵部郎中李拭行边刺状。于是，其相赤心与王子嗢没斯、特勒
那颉啜将其部欲自归，而公主亦遣使者来言乌介已立，因请命。又
大臣颉干伽思等表假振武居公主、可汗。帝乃诏右金吾卫大将军王
会持节慰抚其众，输粮二万斛，不许借振武，令中人好语开谕；又诏
使者持册往，潜稽其行，须变。

明年，回鹘奉主至漠南，入云、朔，剽横水，杀掠甚众，转侧天
德、振武间，盗畜牧自如。乃诏诸道兵合讨。嗢没斯以赤心奸桀，难
得要领，即密约天德戍将田牟，诱赤心斩帐下。那颉啜收赤心众七
千帐东走振武、大同，因室韦、黑沙南窥幽州，节度使张仲武破之，
悉得其众。那颉啜走，乌介执而杀之。然乌介兵尚强，号十万，驻牙
大同北闾门山。而特勒庞俱遮、阿敦宁等凡四部，及将军曹磨你众
三万，因仲武降，嗢没斯亦附使者送款。帝欲使助可汗复国，而可汗
已攻云州，刘沔与战，败绩。嗢没斯率三部及特勒、大酋二千骑诣振
武降。诏拜嗢没斯为右金吾卫大将军，爵怀化郡王，以天德为归义

军,即拜归义军使;阿历支宁边郡公,习勿啜昌化郡公,乌罗思宁朔郡公,并为冠军大将军、左威卫大将军;爱邪勿宁塞郡公,为右领军大将军。加赐嗢没斯牙旗、豹尾、刀器诸物,给其属冠带。诏宰相德裕采秦、汉以来兴殊俗、忠效卓异者凡三十人,为《异域归忠传》宠赐之。嗢没斯请留族太原,率昆弟为天子捍边,帝命刘沔为列舍云、朔间处其家。

可汗遣使者藉兵欲还故廷,且假天德城,帝不许。可汗恚,进略大同川,转战攻云州,刺史婴壁不敢出。诏益发诸镇兵屯太原以北。

嗢没斯等既朝,皆赐李氏,名嗢没斯曰思忠,阿历支曰思贞,习勿啜曰思义,乌罗思曰思礼;爱邪勿曰弘顺,即拜归义军副使。于是,诏刘沔为回鹘南面招抚使,张仲武东面招抚使,思忠为西党项都将、西南面招讨使。沔营雁门。又诏银州刺史何清朝、蔚州刺史契苾通,以蕃、浑兵出振武,与沔、仲武合,稍逼回鹘。思忠数深入谕降其下。沔分沙陀兵益思忠,河中军以骑五百益弘顺。沔进次云州,思忠屯保大栅率河中、陈许兵与回鹘战,败之。明年,又为弘顺所破。沔与天德行营副使石雄料劲骑及沙陀、契苾等杂虏,夜出云州,走马邑,抵安众塞逢虏,与战破之。乌介方薄振武,雄驰入,夜穴垒出鏖兵,乌介惊,引去。雄追北至杀胡山,乌介被创走。雄遇公主,奉主还,降特勒以下众数万,尽收辎帑及所赐诏书。可汗收所余往依黑车子,诏弘顺、清朝穷蹑。弘顺厚啖黑车子以利,募杀乌介。初,从可汗亡者既不能军,往往诣幽州降,留者皆饥寒痕夷,裁数千。黑车子幸其残,即杀乌介。其下又奉其弟遏捻特勒为可汗。帝诏德裕纪功铭石于幽州,以夸后世。

思忠等以国亡,皆愿入朝,见听。遂罢归义军,擢思忠左监门卫上将军兼抚王傅,两禀其奉,赐第永乐坊,分其兵赐诸节度。虏人惮隶食诸道,据滹沱河叛,刘沔坑杀三千人。诏回鹘营功德使在二京者,悉冠带之。有司收摩尼书若像烧于道,产赀入之官。

遏捻可汗衰残部五千,仰食于奚大酋硕舍朗。大中初,仲武讨奚,破之,回鹘寝耗灭,所存名王贵臣五百余,转依室韦。仲武谕令羁致可汗等，遏捻惧，挟妻葛禄、子特勒毒斯驰九骑夜委众西走，部人皆恸哭。室韦七姓析回鹘隶之。黠戛斯怒，与其相阿播将兵七万击室韦，悉收回鹘还碛北。遗帐伏山林间，狙盗诸蕃自给，稍归庞特勒。

是时，特勒已自称可汗，居甘州，有碛西诸城。宣宗务绥柔荒远，遣使者抵灵州省其酋长，回鹘因遣人随使者来京师，帝即册拜嗢禄登里逻汩没蜜施合俱录毗伽怀建可汗。后十余年，一再献方物。

懿宗时，大酋仆固俊自北廷击吐蕃，斩论尚热，尽取西州、轮台等城，使达干米怀玉朝，且献俘，因请命，诏可。其后王室乱，贡会不常，史亡其传。

昭宗幸凤翔，灵州节度使韩逊表回鹘请率兵赴难，翰林学士韩偓曰：“虏为国仇旧矣。自会昌时伺边，羽翼未成，不得逞。今乘我危以冀幸，不可开也。”遂格不报。然其国卒不振，时时以玉、马与边州相市云。

薛延陀者，先与薛种杂居，后灭延部有之，号薛延陀，姓一利咥氏。在铁勒诸部最雄张，风俗大抵与突厥同。

西突厥处罗可汗之杀铁勒诸酋也，其下往往相率叛去，推契苾哥楞为易勿真莫贺可汗，据贪汗山，奉薛延陀乙失钵为野咥可汗，保燕末山。而突厥射匮可汗复强，二部黜可汗号往臣之。回纥、拔野古、阿跌、同罗、仆骨、白霫在郁督军山者，东附始毕可汗；乙失钵在金山者，西役叶护可汗。

贞观二年，叶护死，其国乱，乙失钵孙曰夷男，率部帐七万附颉利可汗。后突厥衰，夷男反攻颉利，弱之，于是诸姓多叛颉利，归之者共推为主，夷男不敢当。明年，太宗方图颉利，遣游击将军乔师望�路赍诏书、鼓纛，册拜夷男为真珠毗伽可汗。夷男已受命，遣使谢，归方物，乃树牙郁督军山，直京师西北六千里，东靺鞨，西叶护突厥，南沙碛，北俱伦水，地大众附，于是回纥等诸部莫不伏属。其弟统特勒入朝，帝以精刀、宝鞭赐之曰："下有大过者，以吾鞭鞭之。"夷男以为宠。颉利可汗之灭，塞隧空荒，夷男率其部稍东，保都尉楗山独逻水之阴，远京师才三千里而赢，东室韦，西金山，南突厥，北瀚海，盖古匈奴地也。胜兵二十万，以二子大度设、突利失分将之，号南、北部。七年间，使者八朝。帝恐后强大为患，欲产其祸，乃下诏拜其二子皆为小可汗。

十五年，帝以李思摩为可汗，始度河，牙于漠南，夷男恶之，未发。方帝幸洛阳，将遂封泰山，夷男与其下谋曰："天子封泰山，万国皆助兵，悉会行在，边鄣空单，思摩可取也。"乃使大度设勒兵二十万，南绝漠，壁白道川，率一兵得四马，击思摩。思摩走朔州，言状，且请师。于是诏营州都督张俭统所部与奚、霫、契丹乘其东；朔州道行军总管李勣众六万、骑三千，营朔州；灵州道行军总管李大亮众四万、骑五千，屯灵武；庆州道行军总管张士贵众万七千出云中；凉州道行军总管李袭誉经略之。帝敕诸将曰："延陀度漠，马已疲。夫用兵者，见利疾进，不利亟去。今虏不急击思摩，又不速还，势必败。卿等勿与战，须其归，可击也。"既而延陀使者来，求与突厥平。帝曰："我约：漠以北，延陀制之；漠以南，突厥专之，有辄相掠，诛不赦。延陀父事我而首违诏，得非乱邪？而曰与突厥和，乃故约也，尚何请？"不报。

大度设次长城，思摩已南走，大度设度不可得，乃遣人乘长城骂之。适会勣兵至，行墼属天，遽率众走赤柯，度青山，然道回远。绩选敢死士与突骑径腊河，趣白道，及大度设，尾之不置。大度设顾不脱，度诺真水，阵以待。先是，延陀击沙钵罗及阿史那社尔，皆以徒战胜，至是却骑不用，率五人为伍，一执马，四前斗，令曰："胜则骑而逐，负者死，没其家以偿战士。"及战，突厥兵迮，延陀腾逐，勣救之，延陀纵射，马辄死。勣乃以步士百人为队，捣其罅，虏溃，部将薛万彻率劲骑先收执马者，故延陀不能去，斩首数千级，获马万五千。大度设亡去，万彻追弗及，残卒奔漠北，会雪甚，众辄踏死者十八。始延陀能以术袷神致雪，冀困勣师，及是反自敝云。

勣还入定襄,天子遣使者赍玺书劳问,赏功恤死。延陀之使留待命者,帝悉还之,曰:"归语尔可汗,尔自负其强,以突厥为弱,厚诛敛之,又取首领以为质。且我为天下主,渠尝赋发于尔邪? 后有利害,当谨思,毋遽也。"延陀乃遣使谢罪,又遣其仲父沙钵罗献马三千,因请昏。帝曰:"延陀本一俟斤,我则立之,度其力埶与颉利比,而敢桡边乎?"不许昏。

明年,以使来益献马、牛、羊、橐它,固求昏。帝与大臣计曰:"延陀屈强,朕策顾有二:选士十万击之,使无遗种,百年计也;绝昏羁縻,使无边忧,三十年计也。然则孰利?"房玄龄曰:"今大乱余氓,瘠破未完,战虽胜,犹危道也。不如和亲。"帝曰:"善。"许以新兴公主下嫁,召突利失大享,群臣侍,陈宝器,奏《庆善》、《破阵》盛乐及十部伎,突利失顿首上千万岁寿。诏夷男亲迎,帝将幸灵州以成昏事。夷男大喜,诧曰:"我铁勒部人耳,上以我为可汗,公主以女我,乘舆为我幸边,谁与我荣?"乃搜赋诸下羊马为贽。或说夷男曰:"可汗与唐皆一国主,奈何往朝? 有如见款,尚可悔?"夷男曰:"不然。吾闻唐天子有德,四方共臣之。藉独留我,碛北亦须有主,然舍我而求它,非计也。"下乃不敢言。

时帝诏有司受所献。延陀无府库,调敛于下,不亟集,又度碛,水草乏,马羊多死。纳贡后期,帝亦止行。畜口耗死仅半,议者谓:"夷狄尝为中国私,今礼不具而与昏,恐后有轻中国心。"乃下诏绝昏,谢其使。或曰:"既许之,信不可失。"帝曰:"公等计非也。昔汉匈奴强,中国不抗,故饰子女嫁单于。今北狄弱,我能制之。而延陀方谨事我者,顾新立,倚我以服众。彼同罗、仆骨力足制延陀而不发,惧我也。我又妻之,固中国婿,名重而援坚,诸部将归之。戎狄野心,能自立则叛矣。今绝昏,使诸姓闻之,将争击延陀,亡可待也。"李思摩果侵掠之。延陀遣突利失寇定襄,诏李勣逐出塞。俄遣使请率师助伐高丽,以刺帝意。帝引使者谓曰:"归语尔可汗,我父子东征,能寇边者可即来。"夷男沮缩,不敢谋,以使谢,固请助军。帝嘉答。高丽莫离支令靺鞨以厚利啖夷男,欲与连和,夷男气素索,不发,亦会病死,帝为祭于行。

始,延陀请以庶子曳莽为突利失可汗,统东方;嫡子拔灼为肆叶护可汗,统西方。白道之役,曳莽实为之谋,国人多怨,及会葬,曳莽亟还部,拔灼分兵袭杀之,自立为颉利俱利失薛沙多弥可汗。方是时,王师犹在辽,因即寇边。帝遣江夏王道宗屯朔州,代州都督薛万彻与左骁卫大将军阿史那社尔屯胜州,左武候大将军萨孤吴仁屯灵州,执失思力与突厥掎角塞下,虏知有备,乃去。

拔灼性卞克,多杀父时贵臣而任所亲昵,国人不安,而阿波设与唐使者遇于靬鞨东鄙,小战不利,还怖国人曰:"唐兵至矣!"众大扰,诸部遂溃。多弥可汗以十余骑遁去,依阿史那时健,俄为回纥所杀,尽屠其宗。众五六万奔西城,立真珠毗伽可汗昆弟子咄摩支,号伊特勿失可汗,遣使者上言:"愿保郁督军山。"帝诏兵部尚书崔敦礼与李勣尉安之,俾定其国。

铁勒诸部素伏延陀,而咄摩支虽衰子,尚臣畏之。帝恐卒为患,诏勣等曰:"降则抚之,叛则击之。勣至,咄摩支大骇,阴欲拒战,外好言乞降。勣知之,纵兵击,斩五千余级,系老孺三万,遂灭其国。咄摩支闻天子使者萧嗣业在回纥,身诣嗣业丐降,入朝,拜右武卫将军,赐田宅。

初,延陀将灭,有丐食于其部者,延客帐中,妻视客人而狼首,主不觉。客已食,妻语部人共追之,至郁督军山,见二人焉,曰:"我,神也,薛延陀且灭。"追者惧,却走,遂失之。至是果败此山下。

帝以延陀灭,欲并契苾等降之,复遣道宗率阿史那社尔等分部穷讨。帝幸灵州,节度诸将。于是铁勒十一部皆归命天子,请吏内属。道宗等径碛击延陀余众阿波达干,斩首千余级,逐北二百里。万彻抵北道,谕降回纥诸酋。虏所遣使踵及帝行在,凡数千人,上言:"天至尊为可汗,世世以奴事,死不恨。"帝剖其地为州县,北荒遂平。诸姓有来朝者,帝劳曰:"尔来,若鼠得穴、鱼得泉,我为尔深广之。"又曰:"我在,天下四夷有不安安之,不乐乐之,如骥尾受苍蝇,可使日千里也。"于是告功太庙,赐民三日酺。

　　后三年,余部叛,以右领军大将军执失思力讨平之。至永徽时,延陀部亡散者悉还,高宗为置嵊弹州处安之。

　　拔野古一曰拔野固。或为拔曳固,漫散碛北,地千里,直仆骨东,邻于靺鞨。帐户六万,兵万人。地有荐草,产良马、精铁。有川曰康干河,断松投之,三年辄化为石,色苍致然节理犹在,世谓康干石者。俗嗜猎射,少耕获,乘木逐鹿冰上。风俗大抵铁勒也,言语少异。

　　贞观三年,与仆骨、同罗、奚、霫同入朝。二十一年,大俟利发屈利失举部内属,置幽陵都督府,拜屈利失右武卫大将军,即为都督。显庆时,与思结、仆固、同罗叛,以左武卫大将军郑仁泰击之,斩其渠首。至天宝间,能自来朝。

　　仆骨亦曰仆固,在多览葛之东。帐户三万,兵万人。地最北,俗梗骜,难召率。始臣突厥,后附薛延陀。延陀灭,其酋婆匐俟利发歌滥拔延始内属,以其地为金微州,拜歌滥拔延为右武卫大将军、州都督。开元初,为首领仆固所杀,诣朔方降,有司诛之。子曰怀恩,至德时以功至朔方节度使,自有传。

　　同罗在薛延陀北,多览葛之东,距京七千里而赢,胜兵三万。贞观二年,遣使者入朝。久之,请内属,置龟林都督府,拜酋俟利发时健啜为左领军大将军,即授都督。安禄山反,劫其兵用之,号"曳落河"者也。曳落河,犹言健儿云。

　　浑在诸部最南者。突厥颉利败时,有俟利发阿贪支款塞。薛延陀之灭,大俟利发浑汪举部内向,以其地为皋兰都督府,后分东、西州。太宗以阿贪支于汪属尊,遣译者讽汪,汪欣然避位。帝嘉其让,以阿贪支为右领军卫大将军、皋兰州刺史,汪云麾将军兼俟利发为之副。阿贪支死,子回贵嗣。回贵死,子大寿嗣。大寿死,子释之嗣。

释之鸷勇不凡,从哥舒翰拔石堡城,迁右武卫大将军,封汝南郡公。

李光弼保河阳,释之以朔方都知兵马使为裨将,进宁朔郡王,知朔方节度留后。仆固怀恩之走,声为归镇。释之曰:"是必众溃。"将拒之,其甥张韶曰:"彼如悔祸还镇,渠可不纳?"释之信之,乃纳怀恩。怀恩已入,使韶杀释之,收其军。已而恶韶,骂曰:"若负舅,肯忠于我?"折其胫,囚死弥峨城。释之子瑊,建中功臣也,自有传。

契苾亦曰契苾羽,在焉耆西北鹰娑川,多览葛之南。其酋哥楞自号易勿真莫贺可汗,弟莫贺咄特勒,皆有勇。莫贺咄死,子何力尚纽,率其部来归,时贞观六年也。诏处之甘、凉间,以其地为榆溪州。永徽四年,以其部为贺兰都督府,隶燕然都护。何力有战功,忠节臣也。大和中,其种帐附于振武云。

多览葛亦曰多滥,在薛延陀东,滨同罗水,胜兵万人。延陀已灭,其酋俟斤多滥葛末与回纥皆朝,以其地为燕然都督府,授右卫大将军,即为府都督。死,以多滥葛塞匐为大俟利发,继为都督。

阿跌,亦曰诃咥,或为跌跌。始与拔野古等皆朝,以其地为鸡田州。开元中,跌跌思泰自突厥默啜所来降。其后,光进、光颜皆以战功至大官,赐李氏,附属籍,自有传。

葛逻禄本突厥诸族,在北庭西北、金山之西,跨仆固振水,包多怛岭,与车鼻部接。有三族:一谋落,或为谋剌;二炽俟,或为婆匐;三踏实力。永徽初,高侃之伐车鼻可汗,三族皆内属。显庆二年,以谋落部为阴山都督府,炽俟都为大漠都督府,踏实力部为玄池都督府,即用其酋长为都督。后分炽俟部置金附州。三族当东、西突厥间,常视其兴衰,附叛不常也。后稍南徙,自号"三姓叶护",兵强,甘于斗,廷州以西诸突厥皆畏之。

开元初,再来朝。天宝时,与回纥、拔悉蜜共攻杀乌苏米施可

汗。又与回纥击拔悉蜜，走其可汗阿史那施于北廷，奔京师。葛禄
与九姓复立回纥叶护，所谓怀仁可汗者也。于是葛禄之处乌德犍山
者臣回纥，在金山、北廷者自立叶护，岁来朝。久之，叶护顿毗伽缚
突厥叛酋阿布思，进封金山郡王。天宝间，凡五朝。

至德后，葛逻禄寖盛，与回纥争强，徙十姓可汗故地，尽有碎
叶、怛逻斯诸城。然限回纥，故朝会不能自达于朝。

拔悉蜜，贞观二十三年始来朝。天宝初，与回纥叶护击杀突厥
可汗，立拔悉蜜大酋阿史那施为贺腊毗伽可汗，遣使者入谢，玄宗
赐紫文袍、金钿带、鱼袋。不三岁，为葛逻禄、回纥所破，奔北廷。后
朝京师，拜左武卫将军，地与众归回纥。

都播，亦曰都波。其地北濒小海，西坚昆，南回纥，分三部，皆自
统制。其俗无岁时。结草为庐。无畜牧，不知稼穑，土多百合草，掇
其根以饭，捕鱼、鸟、兽食之。衣貂鹿皮，贫者缉鸟羽为服。其昏姻，
富者纳马，贫者效鹿皮草根。死以木匮敛置山中，或系于树，送葬哭
泣，与突厥同。无刑罚，盗者倍输其赃。贞观二十一年，因骨利干入
朝，亦以使通中国。

骨利干处瀚海北，胜兵五千。草多百合。产良马，首似橐它，筋
骼壮大，日中驰数百里。其地北距海，去京师最远，又北度海则昼长
夜短，日入亨羊胛，熟，东方已明，盖近日出处也。

既入朝，诏遣云麾将军康苏蜜劳答，以其地为玄阙州。其大酋
俟斤因使者献马，帝取其异者号十骥，皆为美名：曰"腾霜白"，曰
"皎雪骢"，曰"凝露骢"，曰"县光骢"，曰"决波𬴂"，曰"飞霞骠"，曰
"发电赤"，曰"流金𬴃"，曰"翔麟紫"，曰"奔虹赤"，厚礼其使。龙朔
中，以玄阙州更为余吾州，隶瀚海都督府。延载初，亦来朝。

白霫居鲜卑故地，直京师东北五千里，与同罗、仆骨接。避薛延陀，保奥支水、冷陉山，南契丹，北乌罗浑，东靺鞨，西拔野古，地圆袤二千里，山缭其外，胜兵万人。业射猎，以赤皮缘衣，妇贯铜钏，以子铃缀襟。其部有三：曰居延，曰无若没，曰潢水。其君长臣突厥颉利可汗为俟斤。

贞观中再来朝，后列其地为窴颜州，以别部为居延州，即用俟斤为刺史。显庆五年，授酋长李含珠为居延都督。含珠死，弟厥都继之。后无闻焉。

斛薛处多滥葛北，胜兵万人。

奚结处同罗北，思结在延陀故牙，二部合兵凡二万。既来朝，列其地州县之。

太宗时，北狄能自通者，又有乌罗浑，或曰乌洛侯，曰乌罗护。直京师东北六千里而赢，东靺鞨，西突厥，南契丹，北乌丸，大抵风俗皆靺鞨也。乌丸或曰古丸。

又有鞠，或曰袚，居拔野古东北，有木无草，地多苔。无羊、马，人豢鹿若牛马，惟食苔，俗以驾车。又以鹿皮为衣，聚木作屋，尊卑共居。

又有俞折者，地差大，俗与拔野古相埒。少羊马，多貂鼠。

又有驳马者，或曰弊剌，曰遏罗支，直突厥之北，距京师万四千里。随水草，然喜居山，胜兵三万。地常积雪，木不雕。以马耕田，马色皆驳，因以名国云。北极于海，虽畜马而不乘，资湩酪以食。好与结骨战，人貌多似结骨，而语不相通。皆剺发，桦皮帽。构木类井干，覆桦为室，各有小君长，不能相臣也。

大汉者，处鞠之北，饶羊马，人物顾大，故以自名。与鞠俱邻于黠戛斯剑海之濒。

此皆古所未宾者，当贞观逮永徽，奉貂马入朝，或一再至。

黠戛斯，古坚昆国也。地当伊吾之西，焉耆北，白山之旁。或曰居勿,曰结骨。其种杂丁零,乃匈奴西鄙也。匈奴封汉降将李陵为右贤王,卫律为丁零王。后郅支单于破坚昆,于时东距单于廷七千里,南车师五千里,郅支留都之。故后世得其地讹为结骨,稍号纥骨,亦曰纥扢斯云。

众数十万,胜兵八万,直回纥西北三千里,南依贪漫山。地夏沮洳,冬积雪。人皆长大,赤发、晳面、绿瞳,以黑发为不祥。黑瞳者,必曰陵苗裔也。男少女多,以环贯耳,俗趫伉,男子有勇黥其手,女已嫁黥项。杂居,多淫佚。

谓岁首为茂师哀,以三哀为一时,以十二物纪年,如岁在寅则曰虎年。气多寒,虽大河亦半冰,稼有禾、粟、大小麦、青稞,步硙以为面麋。穄以三月种,九月获,以饭,以酿酒,而无果蔬。畜,马至壮大,以善斗者为头马,有橐它、牛、羊,牛为多,富农至数千。其兽有野马、骨咄、黄羊、羱羝、鹿、黑尾。黑尾者,似獐,尾大而黑。鱼,有蔑者长七八尺,莫痕者无骨,口出颐下。鸟,雁、鹜、乌鹊、鹰、隼。木,松、桦、榆、柳、蒲。松高者仰射不能及颠,而桦尤多。有金、铁、锡,每雨,俗必得铁,号迦沙,为兵绝犀利,常以输突厥。其战有弓矢、旗帜,其骑士析木为盾,蔽股足,又以圆盾傅肩,而捍矢刃。

其君曰"阿热",遂姓阿热氏,建一纛,下皆尚赤,余以部落为之号。服贵貂、豽,阿热冬帽貂,夏帽金扣,锐顶而卷末。诸下皆帽白毡,喜佩刀砺,贱者衣皮不帽。女衣㲲毼、锦、罽、绫,盖安西、北廷、大食所贸售也。阿热驻牙青山,周栅代垣,联毡为帐,号"密的支",它首领居小帐。凡调兵,诸部役属者悉行。内貂鼠、青鼠为赋。其官,宰相、都督、职使、长史、将军、达干六等。宰相七,都督三、职使十,皆典兵;长史十五,将军、达干无员。诸部食肉及马酪,惟阿热设饼饵。乐有笛、鼓、笙、觱篥、盘铃。戏有弄驼、师子、马伎、绳伎。祠神惟主水草,祭无时,呼巫为"甘"。昏嫁纳羊马以聘,富者或百千计。丧不剺面,三环尸哭,乃火之,收其骨,岁而乃墓,然后哭泣有节。冬处室,木皮为覆。其文字言语,与回鹘正同。法最严,临阵桡、奉使不称、妄议国若盗者皆断首;子为盗,以首着父颈,非死不脱。

阿热牙至回鹘牙所,橐它四十日行。使者道出天德右二百里许抵西受降城,北三百里许至鹍鹣泉。泉西北至回鹘牙千五百里许,而有东、西二道,泉之北,东道也。回鹘牙北六百里得仙娥河,河东北曰雪山,地多水泉。青山之东,有水曰剑河,偶艇以度,水悉东北流经其国,合而北入于海。

东至木马突厥三部落,曰都播、弥列、哥饿支,其酋长皆为颉斤。桦皮覆室,多善马,俗乘木马驰冰上,以板藉足,屈木支腋,蹴辄百步,势迅激。夜钞盗,昼伏匿,坚昆之人得以役属之。

坚昆本强国也,地与突厥等,突厥以女妻其酋豪。东至骨利干,南吐蕃,西南葛逻禄。始隶薛延陀,延陀以颉利发一人监国。其酋长三人,曰讫悉辈,曰居沙波辈,曰阿米辈,共治其国,未始与中国通。贞观二十二年,闻铁勒等已入臣,即遣使者献方物,其酋长俟利发失钵屈阿栈身入朝,太宗劳享之,谓群臣曰:“往渭桥斩三突厥,自谓功多,今俟利发在席,更觉过之。”俟利发酒酣,奏愿得持笏,帝以其地为坚昆府,拜俟利发左屯卫大将军,即为都督,隶燕然都护。高宗世,再来朝。景龙中,献方物,中宗引使者劳之曰:“而国与我同宗,非它蕃比。”属以酒,使者顿首。玄宗世,四朝献。乾元中,为回纥所破,自是不能通中国。后狄语讹为黠戛斯,盖回鹘谓之,若曰黄赤面云,又讹为戛戛斯。

然常与大食、吐蕃、葛禄相依杖,吐蕃之往来者畏回鹘剽钞,必住葛禄,以待黠戛斯护送。大食有重锦,其载二十橐它乃胜,既不可兼负,故裁为二十匹,每三岁一饷黠戛斯。而回鹘授其君长阿热官为“毗伽顿颉斤”。

回鹘稍衰,阿热即自称可汗。其母,突骑施女也,为母可敦;妻葛禄叶护女,为可敦。回鹘遣宰相伐之,不胜,挈斗二十年不解。阿热恃胜,乃肆詈曰:“尔运尽矣!我将收尔金帐,于尔帐前驰我马,植我旗,尔能抗,亟来,即不能,当疾去。”回鹘不能讨,其将句录莫贺导阿热破杀回鹘可汗,诸特勒皆溃。阿热射自将,焚其牙及公主所庐。金帐者,回鹘可汗常坐也。乃悉收其宝赍,并得太和公主,遂徙牙牢山之南。牢山亦曰赌满，距回鹘旧牙度马行十五日。阿热以公主唐贵女，遣使者卫送公主还朝，为回鹘乌介可汗邀取之，并杀使者。

会昌中，阿热以使者见杀，无以通于朝，复遣注吾合素上书言状。注吾，房姓也；合言猛；素者，左也，谓武猛善左射者。行三岁至京师，武宗大悦，班渤海使者上，以其处穷远，能修职贡，命太仆卿赵蕃持节临慰其国，诏宰相即鸿胪寺见使者，使译官考山川国风。宰相德裕上言："贞观时，远国皆来，中书侍郎颜师古请如周史臣集四夷朝事为《王会篇》。今黠戛斯大通中国，宜为《王会图》以示后世。"有诏以鸿胪所得缋著之。又诏阿热著宗正属籍。

是时，乌介可汗余众托黑车子，阿热愿乘秋马肥击取之，表天子请师。帝令给事中刘濛为巡边使，朝廷亦以河、陇四镇十八州久沦戎狄，幸回鹘破弱，吐蕃乱，相残啮，可乘其衰。乃以右散骑常侍李拭使黠戛斯，册君长为宗英雄武诚明可汗。未行，而武宗崩。宣宗嗣位，欲如先帝意，或谓黠戛斯小种，不足与唐抗，诏宰相与台省四品以上官议，皆曰："回鹘盛时有册号，今幸衰亡，又加黠戛斯，后且生患。"乃止。至大中元年，卒诏鸿胪卿李业持节册黠戛斯为英武诚明可汗。逮咸通间，三来朝。然卒不能取回鹘。后之朝聘册命，史臣失传。

赞曰：夷狄资悍贪，人外而兽内，惟剽夺是视。故汤、武之兴，未尝与共功，盖疏而不戚也。太宗初兴，尝用突厥矣，不胜其暴，卒缚而臣之。肃宗用回纥矣，至略华人，辱太子，笞杀近臣，求索无倪。德宗又用吐蕃矣，劫平凉，败上将，空破西陲。所谓引外祸平内乱者也。夫用之以权，制之以谋，惟太宗能之。若二主懦昏，狃而狎之，乌胜其弊哉！彼亲之则责偿也多，慊而满则滋怨，化以仁义则顽，示以法则忿，熟我险易则为患也博而惨，疗馁以冶葛，何时可哉？故《春秋》许夷狄者，不一而足，信矣。

唐书卷二一八
列传第一四三

沙　陀

　　沙陀,西突厥别部处月种也。始,突厥东西部分治乌孙故地,与处月、处蜜杂居。贞观七年,太宗以鼓纛立利邲咄陆可汗,而族人步真觖望,谋并其弟弥射乃自立。弥射惧,率处月等入朝。而步真势穷亦归国。其留者,咄陆以射匮特勒劫越之子贺鲁统之。

　　西突厥寖强,内相攻,其大酋乙毗咄陆可汗建廷镞曷山之西,号“北廷”,而处月等又隶属之。处月居金娑山之阳,蒲类之东,有大碛,名沙陀,故号沙陀突厥云。

　　咄陆寇伊州,引二部兵围天山,安西都护郭孝恪击走之,拔处月俟斤之城。后乙毗可汗败,奔吐火罗。贺鲁来降,诏拜瑶池都督,徙其部廷州之莫贺城。处月朱邪阙俟斤阿厥亦请内属。

　　永徽初,贺鲁反,而朱邪孤注亦杀招慰使连和,引兵据牢山。于是射脾俟斤沙陀那速不肯从,高宗以贺鲁所领授之。明年,弓月道总管梁建方、契苾何力引兵斩孤注,俘九千人。又明年,废瑶池都督府,即处月地置金满、沙陀二州,皆领都督。贺鲁亡,安抚大使阿史那弥射次伊丽水,而处月来归。乃置昆陵都护府,统咄陆部,以弥射为都护。

　　龙朔初,以处月酋沙陀金山从武卫将军薛仁贵讨铁勒,授墨离军讨击使。长安二年,进为金满州都督,累封张掖郡公。金山死,子辅国嗣。先天初避吐蕃,徙部北廷,率其下入朝。开元二年,复领金满州都督,封其母鼠尼施为鄯国夫人。辅国累爵永寿郡王。死,子骨咄支嗣。

天宝初,回纥内附,以骨咄支兼回纥副都护。从肃宗平安禄山,拜特进、骁卫上将军。死,子尽忠嗣,累迁金吾卫大将军、酒泉县公。至德、宝应间,中国多故,北廷、西州闭不通,朝奏使皆道出回纥,而虏多渔撷,尤苦之,虽沙陀之倚北廷者,亦困其暴敛。

贞元中,沙陀部七千帐附吐蕃,与共寇北廷,陷之。吐蕃徙其部甘州,以尽忠为军大论。吐蕃寇边,常以沙陀为前锋。

久之,回鹘取凉州,吐蕃疑尽忠持两端,议徙沙陀于河外,举部愁恐。尽忠与朱邪执宜谋,曰:"我世为唐臣,不幸陷污,今若走萧关自归,不愈于绝种乎?"尽忠曰:"善。"元和三年,悉众三万落循乌德鞬山而东。吐蕃追之,行且战,旁洮水,奏石门,转斗不解,部众略尽,尽忠死之。执宜哀瘢伤,士裁二千,骑七百,杂畜橐它千计,款灵州塞。节度使范希朝以闻,诏处其部盐州,置阴山府,以执宜为府兵马使。沙陀素健斗,希朝欲藉以捍虏,为市牛羊,广畜牧,休养之。其童耄自凤翔、兴元、太原道归者,皆还其部。尽忠弟葛勒阿波率残部七百叩振武降,授左武卫大将军,兼阴山府都督。

执宜朝长安,赐金币袍马万计,授特进、金吾卫将军。然议者以灵武迫吐蕃,恐后反覆生变,又滨益口则食翔价。顷之,希朝镇太原,因诏沙陀举军从之。希朝乃料其劲骑千二百,号沙陀军,置军使,而处余众于定襄川。执宜乃保神武川之黄花堆,更号阴山北沙陀。是时,天子伐镇州,执宜以军七百为前锋,王承宗众数万伏木刀沟,与执宜遇,飞矢雨集。执宜提军横贯贼阵鏖斗,李光颜等乘之,斩首万级。镇兵解,进蔚州刺史。王锷节度太原,建言:"朱邪族孳炽,散居北川,恐启野心,愿析其族隶诸州,势分易弱也。"遂建十府以处沙陀。八年,回鹘过碛南取西城、柳谷,诏执宜屯天德。明年,伐吴元济,又诏执宜隶李光颜,破蔡人时曲,拔凌云栅。元济平,授检校刑部尚书,犹隶光颜军。长庆初,伐镇州,悉发沙陀,与易定军掎角,破贼深州。执宜入朝,留宿卫,拜金吾卫将军。大和中,柳公绰领河东，奏陉北沙陀素为九姓、六州所畏，请委执宜治云、朔塞下废府十一，料部人三千御北边，号代北行营，授执宜阴山府都督、代北行营招抚使，隶河东节度。

执宜死，子赤心嗣。开成四年，回鹘径碛口，抵榆林塞，宰相掘罗勿以良马三百遗赤心，约共攻彰信可汗。可汗死，节度使刘沔以沙陀击回鹘于杀胡山。久之，伐潞，诛刘稹，诏赤心率代北骑军三千隶石雄为前军，破石会关，助王宰下天井，合太原军，次榆社，与监军使吕义忠禽杨弁。潞州平，迁朔州刺史，仍为代北军使。

大中初，吐蕃合党项及回鹘残众寇河西，太原王宰统代北诸军进讨，沙陀常深入，冠诸军。赤心所向，房辄披靡，曰："吾见赤马将军火生头上。"始，沙陀臣吐蕃，其左老右壮，溷男女，略与同，而驰射趫悍过之，房倚其兵，常苦边。及归国，吐蕃繇此亦衰。宣宗已复三州、七关，征西戍皆罢，乃迁赤心蔚州刺史、云州守捉使。

庞勋乱，诏义成康承训为行营招讨使，赤心以突骑三千从。承训兵绝涣水，遇伏，堕围中几没，赤心以骑五百掀出之。勋欲速战，众八万，短兵接，赤心勒劲骑突贼，与官军夹击，败之，其弟赤衷以千骑追之亳东。勋平，进大同军节度使，赐氏李，名国昌，预郑王属籍，赐亲仁里甲第。回鹘叩榆林，扰灵、盐，诏国昌为鄜延节度使。又寇天德，乃徙节振武，进检校司徒。王仙芝陷荆、襄，朝廷发诸州兵讨捕，国昌遣刘迁统云中突骑逐贼，数有功。

乾符三年，段文楚为代北水陆发运、云州防御使。是时无年，文楚朘损用度，下皆怨，边校程怀信、王行审、盖寓、李存璋、薛铁山、康君立等曹议曰："世多难，丈夫当投鳞立功。段公乃儒者，难共计。沙陀雄劲，李振武父子勇冠军，我若推之，无不应，则代北唾手可定，拾取富贵若何？"咸曰："善！"乃夜谒国昌子云中守捉使克用曰："岁艰，禀食削，吾等不忍饿死，公家威德著闻，请诛虐帅，安部内。"克用许之，募得士万人，趋云州，次斗鸡台，城中执文楚至，杀之，据州以闻，共丐克用为大同防御留后。不许，发诸道兵进捕，诸道不甚力，而黄巢方引度江，朝廷度未能制，乃赦之，以国昌为大同军防御使。国昌不受命，诏河东节度使崔彦昭、幽州张公素共击之，无功。

国昌与党项战，未决，大同川吐浑赫连铎袭振武，尽取其赀械，国昌穷，挈骑五百还云州，州不纳，铎遂取之。克用转侧蔚、朔间，哀兵才三千，屯新城，铎引万人围之，隧而攻，三日不拔，铎兵杀伤甚。国昌自蔚州来，铎引去。僖宗以铎领大同节度，畀讨国昌。六年，诏昭义李钧为北面招讨使，督潞、太原兵屯代州；幽州李可举会铎攻蔚州，国昌以一队当之。克用分兵抵遮虏城拒钧，天大雪，士痹仆，钧众溃，还代州，军遂乱，钧死于兵。广明元年，以李琢为蔚、朔招讨都统，率兵数万屯代州。克用使傅文达调蔚、朔州刺史高文集缚以送琢。琢进攻蔚州，国昌败，与克用举宗奔达靼。铎密畀酋长图之，克用得其计，因豪桀大会驰射，百步外针芒木叶无不中，部人大惊，即倡言：“今黄巢北寇，为中原患，一日天子赦我，愿与公等南向定天下，庸能终老沙碛哉！”达靼知不留，乃止。

巢攻潼关，入京师，诏河东监军陈景思发代北军。时沙陀都督李友金屯兴唐军，萨葛首领米海万、安庆都督史敬存屯感义军，克用客塞下，众数千无所属。景思闻天子西，乃与友金料骑五千入居绛，兵擅劫帑自私。还代州，益募士三万屯崞西，士嚣纵，友金不能制，谋曰：“今合大众，不得威名宿将，且无功。吾兄司徒父子，材而雄，众所推畏，比得罪于朝，侨戍北部不敢还。今若召之使将兵，代北豪英，一呼可集，整行伍，鼓而南，贼不足平也。”景思曰：“善！”乃丐赦国昌，使讨贼赎罪。有诏拜克用代州刺史、忻代兵马留后，促本军讨贼。克用募达靼万人，趋代州，将南道太原，节度使郑从谠塞石岭关，不得前，克用儳道至太原，营城下五日，邀粮赏，从谠不答，乃大略，还屯代州。

中和二年，蔚州刺史苏祐会赫连铎兵将攻代州，克用率骑五百先袭蔚州，下之。祐屯美女谷，铎与幽州李可举众七万攻蔚州，谯栅相属。克用直捣营，入蔚州，燔府库，弃而去，屯雁门。国昌自达靼率兵归代州。扰汾、并、楼烦，不释铠。帝诏克用还军朔州。

于是义武节度使王处存、河中节度使王重荣传诏招克用同讨巢。克用喜，即大阅雁门，得忻、代、蔚、朔、达靼众三万、骑五千而南。于是国昌守代州。郑从谠不肯假道，克用军傅太原而营，奉币马遗从谠，身从数骑呼曰："我且西，愿与公一言。"从谠升陴慰勉，归货币饔饩。克用乃自阴地趋晋，会河中。帝闻，擢克用雁门节度、神策天宁军镇遏、忻代观察使。明年，宰相王铎承制，授克用东北面行营都统，河东监军陈景思为监军使。克用使弟克修领毅骑五百度河，克用自夏阳济，留薛阿檀扼津口，次同州，壁乾阬，与贼战梁田坡，败之。进壁渭桥，遂收京师。功第一，进同中书门下平章事、陇西郡公，国昌为代北军节度使。未几，以克用领河东节度。

　黄巢与秦宗权合寇河南。四年，克用率河东、代北兵将自泽、潞下天井关，河阳诸葛爽埋井以拒，克用乃綯河中济，趋许州，合徐、汴兵破尚让于太康。战西华，又破之。贼走，河南平。追北曹州，还过汴，朱全忠邀之，克用留兵于郊，入舍上源馆。夜帐饮，全忠自佐饔，进赀宝，握手谆劳。是时，全忠忌克用桀迈难制，则连车外环，陈兵道左右。克用醉，乃攻馆，下拒战，亲将郭景铢灭烛扶克用，徐告之，尚被酒，乃引弓射。会烟噐四合，大震电，克用与薛志勤等间关升南谯门，緰走营，部下死者数百人，所获贼乘舆物尽亡之。克用整众归太原，益训兵，将报仇，使弟克勤以万骑屯河中，乃请击全忠。使者八返，内外震恐，帝使内谒慰解。寻进位检校太傅、陇西郡王。

　光启元年，幽州李可举、镇州王景崇言："易定故燕、赵境，请取分之。"于是可举攻易州，下之；景崇攻无极。易定节度使王处存求救于克用，克用自将救无极，败镇人，攻马头，固新城，镇兵走，处存复取易州。凤翔李昌符、邠宁朱玫与全忠连和，观军容使田令孜恶克用与王重荣合，建言："不可处近辅，请授王处存河中，而徙重荣于易定，则克用孤矣。"帝从之。重荣以告，克用怒曰："我当从公提鼓出氾水关诛全忠，回歼穴鼠耳。"重荣计曰："公兵朝出关，则邠、岐兵夕傅吾堞，愿先治邠、岐。"克用乃表言："玫、昌符连全忠为乱，请以兵十五万度河枭二竖，然后平汴，雪大耻。愿陛下戒严，无为贼所摇。"帝遣使慰止，背相望也。克用不奉诏，玫亦引邠、凤兵营沙苑。克用薄战，玫败，夜亡去。克用还河中，天子出趣凤翔，道传兵且至，即趣宝鸡。克用与重荣联章请还宫，愿留兵卫京师，即还镇。帝惧，走大散关，驻兴元。克用引归。嗣襄王煴伪诏至太原，克用燔之，执其使，间道奉表兴元。始，朝廷意攻结克用迫乘舆，及表至，示群臣，因腾晓山南诸镇，行在少安。王行瑜斩玫，克用以千骑经略京畿。三年，国昌卒。俄而昭宗即位，进克用检校太师兼侍中。

大顺初，克用自攻赫连铎于云州，拔东郛，幽州李匡威以兵三万救之，杀其将安金俊，克用走。铎与匡威共建言："山南乱，克用实首之。今乘其败，可伐而取也。"全忠亦请与河北三镇共讨之。宰相张浚是其计，乃下制削克用官爵、属籍，以浚为兵马招讨、制置、宣慰使，京兆孙揆副之，枢密使骆全谲为行营都监，华州节度使韩建为行营马步都虞候兼供军粮料使，王镕领河东东面，全忠南面，李匡威北面，并为行营招讨使。铎副匡威，先薄战。克用追潞兵，不肯行，共杀守将李克恭，送款于汴，献首阙下。更诏揆为昭义节度使，克用将李存孝邀揆长子杀之。匡威、铎并吐蕃、黠戛斯众十万攻遮房军，杀其将刘胡子。胡用乃屯浑河川，存孝与铎战乐安，铎败走。浚入阴地关，壁汾、隰，薛铁山、李承嗣营洪洞迎战。存孝次赵城，韩建夜出壮士三百乘其营，存孝伏以待，建兵大奔。存孝攻绛州，未下，晋州刺史张行恭弃城走，建与浚遁还。明年，克用奉表自陈，乃复拜检校太师、守中书令、陇西郡王。

克用悉兵攻铎云州，以骑将薛阿檀为前军，设伏河上，铎纵骑追阿檀，遇伏而奔，铎亡入吐浑。克用取云州，以部将石善友为刺史、大同军防御使。

景福初，镇州王镕攻尧山，克用使李嗣勋击之，斩级三万。克用遂拔天长，略常山，度滹沱，燔其郛，徇地至赵，取鼓、藁二城。赫连铎众八万攻天成军，克用飞檄发军太原，匡威已壁云州北郊，克用自神堆引军夜入云州，死战，走之。乾宁元年，克用次新城，铎膝行指军门降，克用鞭而纵之。进下武州，攻新州，李匡筹引步骑七万救之，克用迎战，斩首万级，俘少将三百，徇城下，新州降。取妫州，匡筹弃幽州走。明年，幽州降，克用以刘仁恭为留后，乃旋。

王行瑜、韩建、李茂贞连兵南阙下，杀李溪。克用尽调北部兵度河，拔绛州，斩刺史王瑶。次河中，王珂谒于道。同州王行约奔京师。围韩建于华州，京师震动，帝为幸石门、莎城，遣内谒郗廷昱慰劳，且言茂贞屯盩厔，行瑜屯兴平，克用乃进营渭桥。帝以嗣延王戒丕、嗣丹王允诏克用击邠、凤。克用奉诏，屯渭北，遣史俨以骠骑三千护石门，且令王珂输河中粟备行在。帝以赤诏嘉答，进克用诸道兵马都招讨使，命二嗣王兄事之，令促讨行瑜。克用请帝还京师，以二千骑卫乘舆。时宫室煨残，驻尚书省，百官丧马，克用进乘舆金具装二驷，又上百乘给从官。进太师、兼中书令、邠宁四面行营都统。

行瑜坚壁梨园，茂贞自率师三万逼咸阳而屯。克用请帝责茂贞罢兵，因削官爵，愿与河中共讨之。帝诏弟事行瑜，贷茂贞，俾结好。朱诏赐魏国夫人陈氏。陈，襄阳人也，善书，帝所爱，欲急平贼，故予之。茂贞以兵援龙泉，克用使李罕之、李存审夜引兵劫其饷，援兵亡，行瑜溃而走，追杀万计。行瑜入邠州，丐归款，克用使史俨入其城。行瑜死庆州，传首京师。帝悉论幕府官属及诸子功，封爵之，克用赐号“忠贞平难功臣”，进封晋王。

克用屯云阳，遣李习吉入朝，且请与王珂悉力讨茂贞，帝不许。克用私于使者曰：“叛根不除，忧未艾也。”天子发度支钱三十万缗劳其军。时郓州朱宣兄弟为全忠所困，使来告，克用请道于魏救之。兵解复斗，克用自将而往，使李存信率兵三万与史俨等次于莘，为魏兵所破，克用怒，大略相、魏去。

始，茂贞畏克用见讨，修贡献如藩臣。及克用还，绝贡献，与韩建谋以兵入朝，帝惧，诏克用进卫京师。帝谋度河幸太原，遣延王入克用军促迎天子。既次渭北，建固请幸华州。克用谓王曰：“患本于不断，顾上自为之。”李存信攻魏，葛从周引众三万来援，战洹水上，汴人夜坎诸野，哄合，克用子落落马陷而颠，克用救之，亦颠，追兵迫，射之乃免。存信已傅魏城，克用并力，罗弘信以捉生逆战，为克用所败，追及郓，叩阖而还。于是陕州王珙攻河中，李嗣昭援珂，再战再胜,珙围解。

帝使延王持节至太原,谓克用曰:"不用卿计,故逮此,无可言者。今我寄于华,百司群官无所托,非卿尚谁与忧?不则不复见宗庙矣!"王至太原,克用留累月,每大张饮,王必以舞属克用,因陈国事,涕数行下,冀感动之。时刘仁恭据幽州,贰于克用,数召兵不应,克用以书让之,仁恭得书,抵于地,遂显绝。故克用内忧幽州,以好辞谢王,不复有西意。俄自将屯蔚州,会晨大雾冥,仁恭来薄战,克用大败,走太原,大将多死。

全忠夺邢、磁、洺三州,茂贞度克用沮桡,无能出师,乃与韩建谩好,致书言帝暴露累年,请共治宫室迎天子。初,长安自石门之奔,宫殿焚圮,及岐人再逆,火闾里皆尽,宫城昏夜狐狸鸣啼,无人迹。帝幸华西溪,望旧京必泫然流涕,左右凄塞不得语。王建方盗两川,茂贞欲披其鄙私之,数南师,不暇东,而全忠缮治洛阳,茂贞因约克用共其劳,克用辞穷,乃出赀为助。

光化初,帝还京师,诏克用与全忠解仇,宰相徐彦若、崔胤皆劝之。克用势已折,然尚以功高位全忠上,耻先下之,时王镕方睦于汴,乃遣书镕,使为己倡。全忠即遣使奉书币恭甚,克用亦报之。然汴日益张,穷斗不置。王珙请汴兵攻河中,克用使李嗣昭、张汉瑜援之,汴兵走。葛从周取承天军,氏叔琮等取辽州、乐平,进壁榆次,克用使周德威逐出之。李嗣昭以步骑三万下太行,略河内,拔怀州,进攻河阳,汴人阎宝救之,嗣昭退保怀。天复元年,全忠取晋、绛,逼河中,王珂告急,使相望,汴人扼空道,晋兵不得前,遂虏珂。珂妻,克用女,不能救,全忠遂有河中,克用朝贡道亦梗。

全忠知克用迕不振,大举攻太原,分遣锐将氏叔琮率魏博、兖郓、邢洺、义武、晋绛兵环之,晋城邑多下。会大雨,汴兵粮乏,士疟疠,遂解。克用虽内愤悒,惮全忠强难与争,乃厚致币马谢,复请修好。全忠遂取同、华,屯渭上。帝如凤翔,李茂贞、韩全诲请召克用入卫,克用间道遣使者奔问,并诒书全忠劝还汴,全忠不答。

克用率兵趋平阳,攻吉上堡,破汴军于晋州。李嗣昭、周德威下慈、隰，进屯河中。汴将朱友宁以兵十万壁其南，全忠自屯晋州。晋人闻全忠至，皆失色。时有虹贯德威营，氏叔琮薄垒疾斗，晋兵大败，仗械辎储略尽。友宁长驱略汾、慈、隰州，皆下，遂围太原，攻西门。德威、嗣昭循山挈余众得归，克用大恐，身荷版筑，率士拒守，阴于嗣昭、德威谋奔云州。李存信曰："不如依北蕃。"国昌妻刘语克用曰："闻王欲委城入蕃，审乎？计谁出？"曰："存信等为此。"刘曰："彼牧羊奴，安办远计。王常笑王行瑜失城走而死，若何效之？且王顷居达靼，危不免。必一朝去此，祸不旋踵，渠能及北房哉？"克用悟，乃止。居数日，散士复集。嗣昭夜扰友宁营，汴人惊，引去，德威追之，抵白壁关，复收慈、隰、汾三州。三年，克用攻晋州，闻帝自凤翔还京师，乃去。云州都将王敬晖杀刺史刘再立，以地予刘仁恭，李嗣昭讨之。仁恭援敬晖，嗣昭壁乐安，欲战，仁恭取敬晖，弃城去。

帝东迁，诏至太原，克用泣其下曰："乘舆不复西矣。"遣使者奔问行在，俄加号"协盟同力功臣"。李茂贞、王建与邠州杨崇本遣使者来约义举，克用顾藩镇皆附汴，不可与共功，惟契丹阿保机尚可用，乃卑辞召之。保机身到云中，与克用会，约为兄弟，留十日去，遗马千匹、牛羊万计，期冬大举度河，会昭宗弑而止。四年，王建、李茂贞约克用大举。建将康晏步骑二万与克用监军张承业会凤翔，是时汴将王重师守长安，刘知俊守同州，与战长安西，建兵败，遂不振。

唐亡，建与淮南杨渥请克用自王一方，须贼平访唐宗室立之。建请悉蜀工制乘舆御物。克用答曰："自王，非吾志也。"建又劝茂贞王岐，茂贞屡褊，亦不敢当，但侈府第，僭宫禁而已。建、渥乃自王。是岁，克用有疾，城门自坏，明年卒。

赞曰：沙陀始归命天子，仰哺于边，世喋血助征讨，常为边兵雄。至克用逢王室乱，遂有太原。房性悍固，少它肠，自负材果，欲经营天下而不克也。兵虽胜，然数败，地虽得，辄复失，故熟视帝劫迁，缩颈羞汗，偷景待僵，不亦鄙乎！赖其子剽锐，抑而复振。是时，提兵托勤王者五族，然卒亡朱氏为唐涤耻者，沙陀也。使克用稍知古今，能如齐桓、晋文，唐遽亡乎哉？

唐书卷二一九
列传第一四四

北　狄

契丹　奚　室韦　黑水靺鞨　渤海

契丹,本东胡种,其先为匈奴所破,保鲜卑山。魏青龙中,部酋比能稍桀骜,为幽州刺史王雄所杀,众遂微,逃潢水之南,黄龙之北。至元魏,自号曰契丹。地直京师东北五千里而赢,东距高丽,西奚,南营州,北靺鞨、室韦,阻冷陉山以自固。射猎居处无常。其君大贺氏,有胜兵四万,析八部,臣于突厥,以为俟斤。凡调发攻战,则诸部毕会;猎则部得自行。与奚不平,每斗不利,辄遁保鲜卑山。风俗与突厥大抵略侔。死不墓,以马车载尸入山,置于树颠。子孙死,父母旦夕哭;父母死则否,亦无丧期。

武德中,其大酋孙敖曹与靺鞨长突地稽俱遣人来朝,而君长或小入寇边。后二年,君长乃遣使者上名马、丰貂。贞观二年,摩会来降。突厥颉利可汗不欲外夷与唐合,乃请以梁师都易契丹。太宗曰:"契丹、突厥不同类,今已降我,尚可索邪?师都,唐编户,盗我州部,突厥辄为助,我将禽之,谊不可易降者。"明年,摩会复入朝,赐鼓纛,由是有常贡。帝伐高丽,悉发酋长与奚首领从军。帝还,过营州,尽召其长窟哥及老人,差赐缯采,以窟哥为左武卫将军。

大酋辱纥主曲据又率众归,即其部为玄州,拜曲据刺史,隶营州都督府。未几,窟哥举部内属,乃置松漠都督府,以窟哥为使持节十州诸军事、松漠都督,封无极男,赐氏李;以达稽部为峭落州,纥便部为弹汗州,独活部为无逢州,芬问部为羽陵州,突便部为日连州,芮奚部为徒河州,坠斤部为万丹州,伏部为匹黎、赤山二州,俱隶松漠府,即以辱纥主为之刺史。

窟哥死,与奚连叛,行军总管阿史德枢宾等执松漠都督阿卜固献东都。窟哥有二孙:曰枯莫离,为左卫将军、弹汗州刺史,封归顺郡王;曰尽忠,为武卫大将军、松漠都督。而敖曹有孙曰万荣,为归诚州刺史。于是营州都督赵文翙骄沓,数侵侮其下,尽忠等皆怨望。万荣本以侍子入朝,知中国险易,挟乱不疑,即共举兵,杀文翙,盗营州反。尽忠自号无上可汗,以万荣为将,纵兵四略,所向辄下,不重浃,众数万,妄言十万,攻崇州,执讨击副使许钦寂。武后怒,诏鹰扬将军曹仁师、金吾大将军张玄遇、右武威大将军李多祚、司农少卿麻仁节等二十八将击之;以梁王武三思为榆关道安抚大使,纳言姚璹为之副。更号万荣曰万斩,尽忠曰尽灭。诸将战西硖石黄獐谷,王师败绩,玄遇、仁节皆为虏禽。进攻平州,不克。败书闻,后乃以右武卫大将军建安王武攸宜为清边道大总管,击契丹;募天下人奴有勇者,官畀主直,悉发以击虏。万荣衔枚夜袭檀州,清边道副总管张九节募死士数百薄战,万荣败而走山。俄而尽忠死,突厥默啜袭破其部。万荣收散兵复振,使别将骆务整、何阿小入冀州,杀刺史陆宝积,掠数千人。

武后闻尽忠死,更诏夏官尚书王孝杰、羽林卫将军苏宏晖率兵十七万讨契丹,战东硖石,师败,孝杰死之。万荣席已胜,遂屠幽州。攸宜遣将讨捕,不能克。乃命右金吾卫大将军河内郡王武懿宗为神兵道大总管,右肃政台御史大夫娄师德为清边道大总管,右武威卫大将军沙吒忠义为清边中道前军总管,兵凡二十万击贼。万荣锐甚,鼓而南,残瀛州属县,恣肆无所惮。于是神兵道总管杨玄基率奚军掩其尾,契丹大败,获何阿小,降别将李楷固、骆务整,收仗械如积。万荣委军走,残队复合,与奚搏,奚四面攻,乃大溃,万荣左驰。张九节为三伏伺之,万荣穷,与家奴轻骑走潞河东,惫甚,卧林下,奴斩其首,九节传之东都,余众溃。攸宜凯而还,后喜,为赦天下,改元为神功。

契丹不能立,遂附突厥。久视元年,诏左玉钤卫大将军李楷固、右武威卫将军骆务整讨契丹,破之。此两人皆虏善将,尝犯边,数窘官军者也,及是有功。

开元二年,尽忠从父弟都督失活以默啜政衰,率部落与颉利发伊健啜来归,玄宗赐丹书铁券。后二年,与奚长李大酺皆来,诏复置松漠府,以失活为都督,封松漠郡王,授左金吾卫大将;仍其府置静析军,以失活为经略大使,所统八部皆擢其酋为刺史。诏将军薛泰为押蕃落使,督军镇抚。帝以东平王外孙杨元嗣女为永乐公主,妻失活。明年,失活死,赠特进,帝遣使吊祠,以其弟中郎将娑固袭封及所领。明年,娑固与公主来朝,宴赉有加。

有可突于者,为静析军副使,悍勇得众,娑固欲去之,未决。可突于反攻娑固,娑固奔营州。都督许钦澹以州甲五百,合奚君长李大酺兵共攻可突于,不胜,娑固、大酺皆死,钦澹惧,徙军入榆关。可突于奉娑固从父弟郁于为君,遣使者谢罪,有诏即拜郁于松漠郡王,而赦可突于。郁于来朝,授率更令,以宗室所出女慕容为燕郡公主妻之。可突于亦来朝,擢左羽林卫将军。郁于死,弟吐于嗣,与可突于有隙,不能定其下,携公主来奔,封辽阳郡王,留宿卫。可突于奉尽忠弟邵固统众,诏许袭王。天子封禅,邵固与诸蕃长皆从行在。明年,拜左羽林卫大将军,徙王广化郡,以宗室出女陈为东华公主,妻邵固,诏官其部酋长百余人,邵固以子入侍。

可突于复来,不为宰相李元纮所礼,鞅鞅去。张说曰:"彼兽心者,唯利是向。且方持国,下所附也,不假以礼,不来矣。"后三年,可突于杀邵固,立屈烈为王,胁奚众共降突厥,公主走平卢军。诏幽州长史、知范阳节度事赵含章击之,遣中书舍人裴宽、给事中薛侃大募壮士,拜忠王浚河北道行军元帅,以御史大夫李朝隐、京兆尹裴伷先副之,帅程伯献、张文俨、宋之悌、李东蒙、赵万功、郭英杰等八总管兵击契丹。既又以忠王兼河东道诸军元帅,王不行。以礼部尚书信安郡王祎持节河北道行军副元帅,与含章出塞捕虏,大破之。可突于走,奚众降,王以二蕃俘级告诸庙。

明年,可突于盗边,幽州长史薛楚玉、副总管郭英杰、吴克勤、乌知义、罗守忠率万骑及奚击之,战都山下。可突于以突厥兵来,奚惧,持两端,众走险;知义、守忠败,英杰、克勤死之,杀唐兵万人。帝擢张守珪为幽州长史经略之。守珪既善将,可突于恐,阳请臣而稍趋西北倚突厥。其衙官李过折与可突于内不平,守珪使客王悔阴邀之,以兵围可突于,过折即夜斩可突于、屈烈及支党数十人,自归。守珪使过折统其部,函可突于等首传东都。拜过折北平郡王,为松漠都督。可突于残党击杀过折,屠其家,一子刺乾走安东,拜左骁卫将军。二十五年,守珪讨契丹,再破之,有诏自今战有功必告庙。

天宝四载,契丹大酋李怀秀降,拜松漠都督,封崇顺王,以宗室出女独孤为静乐公主妻之。是岁,杀公主叛去,范阳节度使安禄山讨破之。更封其酋楷落为恭仁王,代松漠都督。禄山方幸,表讨契丹以向帝意。发幽州、云中、平卢、河东兵十余万,以奚为乡导,大战潢水南,禄山败,死者数千,自是禄山与相侵掠未尝解,至其反乃已。

契丹在开元、天宝间,使朝献者无虑二十。故事,以范阳节度为押奚、契丹使。自至德后,藩镇擅地务自安,郛戍斥候益谨,不生事于边,奚、契丹亦鲜入寇。岁选酋豪数十入长安朝会,每引见,赐与有秩,其下率数百皆驻馆幽州。至德、宝应时再朝献,大历中十三,贞元间三,元和中七,大和、开成间凡四。然天子恶其外附回鹘,不复官爵渠长。会昌二年,回鹘破,契丹酋屈戍始复内附,拜云麾将军、守右武卫将军。于是幽州节度使张仲武为易回鹘所与旧印,赐唐新印,曰"奉国契丹之印"。

咸通中,其王习尔之再遣使者入朝,部落寖强。习尔之死,族人钦德嗣。光启时,方天下盗兴,北疆多故,乃钞奚、室韦,小小部种皆役服之,因入寇幽、蓟。刘仁恭穷师逾摘星山讨之,岁燎塞下草,使不得留牧,马多死。契丹乃乞盟,献良马求牧地,仁恭许之。复败约入寇。刘守光戍平州，契丹以万骑入，守光伪与和，帐饮具于野，伏发，禽其大将。群胡恟，愿纳马五千以赎，不许，钦德输重赂求之，乃与盟，十年不敢近边。

钦德晚节政不竞。其八部大人法常三岁代，时耶律阿保机建鼓旗为一部，不肯代，自号为王而有国，大贺氏遂亡。

奚亦东胡种，为匈奴所破，保乌丸山。汉曹操斩其帅蹋顿，盖其后也。元魏时自号库真奚，居鲜卑故地，直京师东北四千里。其地东北接契丹，西突厥，南白狼河，北霫。与突厥同俗，逐水草畜牧，居毡庐，环车为营。其君长常以五百人持兵卫牙中，余部散山谷间。无赋入，以射猎为赀。稼多穄，已获，窖山下。断木为臼，瓦鼎为钎，杂寒水而食。喜战斗，兵有五部，部一俟斤主之。其国西抵大洛泊，距回纥牙三千里，多依土护真水。其马善登，其羊黑。盛夏必徙保冷陉山，山直妫州西北。至隋始去"库真"，但曰奚。

武德中，高开道借其兵再寇幽州，长史王诜击破之。太宗贞观三年，始来朝，阅十七岁，凡四朝贡。帝伐高丽，大酋苏支从战有功。不数年，其长可度者内附，帝为置饶乐都督府，拜可度者使持节六州诸军事、饶乐都督，封楼烦县公，赐李氏。以阿会部为弱水州，处和部为祁黎州，奥失部为洛瓌州，度稽部为太鲁州，元俟折部为渴野州，各以酋领辱纥主为刺史，隶饶乐府。复置东夷都护府于营州，兼统松漠、饶乐地，置东夷校尉。

显庆间可度者死，奚遂叛。五年，以定襄都督阿史德枢宾、左武候将军延陀梯真、居延州都督李含珠为冷陉道行军总管。明年，诏尚书右丞崔余庆持节总护定襄等三都督讨之，奚惧乞降，斩其王匹帝。万岁通天中，契丹反，奚亦叛，与突厥相表里，号"两蕃"。延和元年，以左羽林卫大将军幽州都督孙佺、左骁卫将军李楷洛、左威卫将军周以悌帅兵十二万，为三军，袭击其部；次冷陉，前军楷洛与奚酋李大酺战不利。佺惧，敛军，诈大酺曰："我奉诏来慰抚若等，而楷洛违节度辄战，非天子意，方戮以徇。"大酺曰："诚慰抚我，有所赐乎?"佺出军中缯帛,袍带与之,大酺谢,请佺还师,举军得脱,争先无部伍,大酺兵蹑之,遂大败,杀伤数万,眅、以悌皆为虏禽,送默啜害之。朝廷方多故,不暇讨。

玄宗开元二年,使奥苏悔落丐降,封饶乐郡王,左金吾卫大将军、饶乐都督。诏宗室出女辛为固安公主,妻大酺。明年,身入朝成昏。始复营州都督府,遣右领军将军李济持节护送。大酺后与契丹可突于斗,死。弟鲁苏领其部,袭王。诏兼保塞军经略大使。牙官塞默羯谋叛,公主置酒诱杀之,帝嘉其功,赐主累万。会与其母相告讦得罪,更以盛安公主女韦为东光公主妻之。后三年,封鲁苏奉诚郡王,右羽林卫将军,擢其首领无虑二百人,皆位郎将。

久之,契丹可突于反,胁奚众并附突厥,鲁苏不能制,奔榆关,公主奔平卢。幽州长史赵含章发清夷军讨破之,众稍自归。明年,信安王祎降其酋李诗锁高等部落五千帐,以其地为归义州,因以王诗拜左羽林军为大将军、本州都督,赐帛十万,置其部幽州之偏。

李诗死,子延宠嗣,与契丹又叛,为幽州张守珪所困。延宠降,复拜饶乐都督、怀信王,以宗室出女杨为宜芳公主妻之。延宠杀公主复叛,诏立它酋婆固为昭信王、饶乐都督,以定其部。安禄山节度范阳,诡边功,数与鏖斗,盛饰俘以献,诛其君李日越,料所俘骁壮戍云南。终帝世,凡八朝献,至德、大历间十二。

贞元四年,与室韦攻振武。后七年,幽州残其众六万。德宗时,两朝献。元和元年,君梅落身入朝,拜检校司空、归诚郡王。以部酋索氏为左威卫将军、檀蓟州游弈兵马使,没辱孤平州游弈兵马使,皆赐李氏。然阴结回鹘、室韦兵犯西城、振武。大抵宪宗世四朝献。

大和四年,复盗边,卢龙李载义破之,执大将二百余人,缚其帅茹羯来献,文宗赐冠带,授右骁卫将军。后五年,大首领匿舍朗来朝。大中元年,北部诸山奚悉叛,卢龙张仲武禽酋渠,烧帐落二十万,取其刺史以下面耳三百,羊牛七万,辒贮五百乘,献京师。咸通九年,其王突董苏使大都督萨葛入朝。

是后契丹方强,奚不敢亢,而举部役属。虏政苛,奚怨之,其酋去诸引别部内附，保妫州北山，遂为东、西奚。

室韦，契丹别种，东胡之北边，盖丁零苗裔也。地据黄龙北，傍猺越河，直京师东北七千里，东黑水靺鞨，西突厥，南契丹，北瀕海。其国无君长，惟大酋，皆号“莫贺咄”，摄管其部而附于突厥。小或千户，大数千户，濒散川谷，逐水草而处，不税敛。每弋猎即相啸聚，事毕去，不相臣制，故虽猛悍喜战，而卒不能为强国。剡木为犁，人挽以耕，田获甚褊。其气候多寒，夏雾雨，冬霜霰。其俗，富人以五色珠垂领。婚嫁则男先佣女家三岁，而后分以产，与妇共载，鼓舞而还。夫死，不再嫁。每部共构大棚，死者置尸其上，丧期三年。土少金铁，率资于高丽。器有角弓、楛矢，人尤善射。每溽夏，西保貸勃、次对二山。山多草木鸟兽，然苦飞蚊，则巢居以避。酋帅死，以子弟继，无则推豪桀立之。率乘牛车，蓬蕝为室，度水则束薪为桴，或以皮为舟。马皆草鞯、绳羁靮。所居或皮蒙室，或屈木以蓬蕝覆，徙则载而行。其畜无羊少马，有牛不用，有巨豕食之，韦其皮为服若席。其语言，靺鞨也。

分部凡二十余。曰岭西部、山北部、黄头部，强部也；大如者部、小如者部、婆莴部、讷北部、骆丹部：悉处柳城东北，近者三千，远六千里而赢。最西有乌素固部，与回纥接，当俱伦泊之西南。自泊而东有移塞没部；稍东有塞曷支部，最强部也，居嗳河之阴，亦曰燕支河；益东有和解部、乌罗护部、那礼部、岭西部，直北曰讷比支部。北有大山，山外曰大室韦，瀕于室建河。河出俱伦，迤而东，河南有蒙瓦部，其北落坦部；水东合那河、忽汗河，又东贯黑水靺鞨，故靺鞨跨水有南北部，而东注于海。猺越河东南亦与那河合，其北有东室韦，盖乌丸东南鄙余人也。

贞观五年，始来贡丰貂，后再入朝。长寿二年叛，将军李多祚击定之。景龙初，复朝献，请助讨突厥。开元、天宝间，凡十朝献，大历中十一。贞元四年，与奚共寇振武，节度使唐朝臣方郊劳天子使者，惊而走军，室韦执诏使，大杀掠而去。明年，使者来谢。大和中三朝

献,大中中一来。咸通时,大酋怛烈与奚皆遣使至京师,然非显夷
后,史官失传。

　　黑水靺鞨居肃慎地,亦曰挹娄,元魏时曰勿吉。直京师东北六
千里,东濒海,西属突厥,南高丽,北室韦。离为数十部,酋各自治。
其著者曰粟末部,居最南,抵太白山,亦曰徒太山,与高丽接,依粟
末水以居,水源于山西,北注它漏河;稍东北曰汩咄部;又次曰安居
骨部;益东曰拂涅部;居骨之西北曰黑水部;粟末之东曰白山部。部
间远者三四百里,近二百里。

　　白山本臣高丽,王师取平壤,其众多入唐,汩咄、安居骨等皆奔
散,寖微无闻焉,遗人进入渤海。唯黑水完强,分十六落,以南北称,
盖其居最北方者也。人劲健,善步战,常能患它部。俗编发,缀野豕
牙,插雉尾为冠饰,自别于诸部。性忍悍,善射猎,无忧戚,贵壮贱
老。居无室庐,负山水坎地,梁木其上,覆以土,如丘冢然。夏出随
水草,冬入处。以溺盥面,于夷狄最浊秽。死者埋之,无棺椁,杀所
乘马以祭。其酋曰大莫拂瞒咄,世相承为长。无书契。其矢石镞,
长二寸,盖楛砮遗法。畜多豕,无牛羊。有车马,田耦以耕,车则步
推。有粟麦。土多貂鼠、白兔、白鹰。有盐泉,气蒸薄,盐凝树颠。

　　武德五年,渠长阿固郎始来。太宗贞观二年,乃臣附,所献有
常,以其地为燕州。帝伐高丽,其北部反,与高丽合。高惠真等率众
援安市,每战,靺鞨常居前。帝破安市,执惠真,收靺鞨兵三千余,悉
坑之。

　　开元十年,其酋倪属利稽来朝,玄宗即拜勃利州刺史。于是安
东都护薛泰请置黑水府,以部长为都督、刺史,朝廷为置长史监之,
赐府都督姓李氏,名曰献诚,以云麾将军领黑水经略使,隶幽州都
督。讫帝世。朝献者十五大历世凡七,贞元一来,元和中再。

　　初,黑水西北又有思慕部,益北行十日得郡利部,东北行十日
得窟说部,亦号屈设,稍东南行十日得莫曳皆部,又有拂涅、虞娄、
越喜、铁利等部。其地南距渤海,北、东际于海,西抵室韦,南北袤二

千里,东西千里。拂涅、铁利、虞娄、越喜时时通中国,而郡利,屈设、莫曳皆不能自通。今存其朝京师者附左方。

拂涅,亦称大拂涅。开元、天宝间八来,献鲸睛、貂鼠、白兔皮;铁利,开元中六来;越喜,七来,贞元中一来;虞娄,贞观间再来,贞元一来。后渤海盛,靺鞨皆役属之,不复与王会矣。

渤海,本粟末靺鞨附高丽者,姓大氏。高丽灭,率众保挹娄之东牟山,地直营州东二千里,南比新罗,以泥河为境,东穷海,西契丹。筑城郭以居,高丽逋残稍归之。

万岁通天中,契丹尽忠杀营州都督赵翙反,有舍利乞乞仲象者,与靺鞨酋乞四比羽及高丽余种东走,度辽水,保太白山之东北,阻奥娄河,树壁自固。武后封乞四比羽为许国公,乞乞仲象为震国公,赦其罪。比羽不受命,后诏玉钤卫大将军李楷固、中郎将索仇击斩之。是时仲象已死,其子祚荣引残痍遁去,楷固穷蹑,度天门岭,祚荣因高丽、靺鞨兵拒楷固,楷固败还。于是契丹附突厥,王师道绝,不克讨。祚荣即并比羽之众,恃荒远,乃建国,自号震国王,遣使交突厥,地方五千里,户十余万,胜兵数万,颇知书契,尽得扶余、沃沮、弁韩、朝鲜海北诸国。中宗时,使侍御史张行岌招慰,祚荣遣子入侍。睿宗先天中,遣使拜祚荣为左骁卫大将军、渤海郡王,以所统为忽汗州,领忽汗州都督,自是始去靺鞨号,专称渤海。

玄宗开元七年,祚荣死,其国私谥为高王。子武艺立,斥大土宇,东北诸夷畏臣之,私改年曰仁安。帝赐典册袭王并所领。未几,黑水靺鞨使者入朝,帝以其地建黑水州,置长史临总。武艺召其下谋曰:“黑水始假道于我与唐通,异时请吐屯于突厥,皆先告我,今请唐官不吾告,是必与唐腹背攻我也。”乃遣弟门艺及舅任雅相发兵击黑水。门艺尝质京师,知利害,谓武艺曰:“黑水请吏而我击之,是背唐也。唐,大国,兵万倍我,与之产怨,我且亡。昔高丽盛时,士三十万,抗唐为敌,可谓雄强,唐兵一临,扫地尽矣。今我众比高丽三之一,王将违之,不可。”武艺不从。兵至境,又以书固谏。武艺怒,遣从兄壹夏代将,召门艺,将杀之。门艺惧,僊路自归,诏拜左骁卫将军。武艺使使暴门艺罪恶,请诛之。有诏处之安西,好报曰:"门艺穷来归我,谊不可杀,已投之恶地。"并留使者不遣,别诏鸿胪少卿李道邃、源复谕旨。武艺知之,上书斥言"陛下不当以妄示天下",意必杀门艺。帝怒道邃、复漏言国事,皆左除,而阳斥门艺以报。

后十年,武艺遣大将军张文休率海贼攻登州,帝驰遣门艺发幽州兵击之,使太仆卿金思兰使新罗,督兵攻其南。会大寒,雪袤丈,士冻死过半,无功而还。武艺望其弟不已,募客入东都狙刺于道,门艺格之,得不死。河南捕刺客,悉杀之。

武艺死,其国私谥武王。子钦茂立,改年大兴,有诏嗣王及所领,钦茂因是赦境内。天宝末,钦茂徙上京,直旧国三百里忽汗河之东。讫帝世,朝献者二十九。宝应元年,诏以渤海为国,钦茂王之,进检校太尉。大历中,二十五来,以日本舞女十一献诸朝。贞元时,东南徙东京。钦茂死,私谥文王。子宏临早死,族弟元义立一岁,猜虐,国人杀之,推宏临子华屿为王,复还上京,改年中兴。死,谥曰成王。

钦茂少子嵩邻立,改年正历,有诏授右骁卫大将军,嗣王。建中、贞元间凡四来。死,谥康王。子元瑜立,改年永德。死,谥定王。弟言义立,改年朱雀,并袭王如故事。死,谥僖王。弟明忠立,改年太始,立一岁死,谥简王。从父仁秀立,改年建兴,其四世祖野勃,祚荣弟也。仁秀颇能讨伐海北诸部,开大境宇,有功,诏检校司空,袭王。元和中,凡十六朝献,长庆四,宝历凡再。大和四年,仁秀死,谥宣王。子新德蚤死,孙彝震立,改年咸和。明年,诏袭爵。终文宗世来朝十二,会昌凡四。彝震死,弟虔晃立。死,玄锡立。咸通时,三朝献。

初,其王数遣诸生诣京师太学,习识古今制度,至是遂为海东盛国,地有五京、十五府、六十二州。以肃慎故地为上京,曰龙泉府,领龙、湖、渤三州。其南为中京,曰显德府,领卢、显、铁、汤、荣、兴六州。貉貊故地为东京,曰龙原府,亦曰栅城府,领庆、盐、穆、贺四州。

沃沮故地为南京，曰南海府，领沃、睛、椒三州。高丽故地为西京，曰鸭渌府，领神、桓、丰、正四州；曰长岭府，领瑕、河二州。扶余故地为扶余府，常屯劲兵捍契丹，领扶、仙二州；鄚颉府领鄚、高二州。挹娄故地为定理府，领定、潘二州；安边府领安、琼二州。率宾故地为率宾府，领华、益、建三州。拂涅故地为东平府，领伊、蒙、沱、黑、比五州。铁利故地为铁利府，领广、汾、蒲、海、义、归六州。越喜故地为怀远府，领达、越、怀、纪、富、美、福、邪、芝九州；安远府领宁、郿、慕、常四州。又郢、铜、涑三州为独奏州。涑州以其近涑沫江，盖所谓粟末水也。龙原东南濒海，日本道也。南海，新罗道也。鸭渌，朝贡道也。长岭，营州道也。扶余，契丹道也。

俗谓王曰“可毒夫”，曰“圣王”，曰“基下”，其命为教。王之父曰“老王”，母“太妃”，妻“贵妃”，长子曰“副王”，诸子曰“王子”。官有宣诏省，左相、左平章事、侍中、左常侍、谏议居之。中台省，右相、右平章事、内史、诏诰舍人居之。政堂省，大内相一人，居左右相上；左右司政各一，居左右平章事之下，以比仆射；左、右允比二丞。左六司，忠、仁、义部各一卿，居司政下，支司爵、仓、膳部，部有郎中、员外；右六司，智、礼、信部，支司戎、计、水部，卿、郎准左；以比六官。中正台，大中正一，比御史大夫，居司政下；少正一。又有殿中寺、宗属寺，有大令。文籍院有监。令、监皆有少。太常、司宾、大农寺，寺有卿。司藏、司膳寺，寺有令、丞。胄子监有监长。巷伯局有常侍等官。其武员有左右猛贲、熊卫、罴卫，南左右卫，北左右卫，各大将军一、将军一。大抵宪象中国制度如此。以品为秩，三秩以上服紫，牙笏、金鱼。五秩以上服绯，牙笏、银鱼。六秩、七秩浅绯衣，八秩绿衣，皆木笏。

俗所贵者，曰太白山之菟，南海之昆布，栅城之豉，扶余之鹿，鄚颉之豕，率宾之马，显州之布，沃州之绵，龙州之䌷，位城之铁，卢城之稻，湄沱湖之鲫。果有九都之李，乐游之梨。余俗与高丽、契丹略等。幽州节度府与相聘问，自营、平距京师盖八千里而远。后朝贡至否，史家失传，故叛附无考焉。

　　赞曰：唐之德大矣！际天所覆，悉臣而属之，薄海内外，无不州县，遂尊天子曰"天可汗。"三王以来，未有以过。至荒区君长，待唐玺纛乃能国，一为不宾，随辄夷缚，故蛮琛夷宝，踵相逮于廷。极炽而衰，厥祸内移。天宝之后，区夏痍破，王官之戍，北不逾河，西止秦、邠，凌夷百年，逮于亡，顾不痛哉！故曰：治己治人，惟圣人能之。

唐书卷二二〇
列传第一四五

东　夷

高丽　百济　新罗　日本　流鬼

　　高丽，本扶余别种也。地东跨海距新罗，南亦跨海距百济，西北度辽水与营州接，北靺鞨。其君居平壤城，亦谓长安城，汉乐浪郡也，去京师五千里而赢，随山屈缭为郛，南涯浿水，王筑宫其左。又有国内城、汉城，号别都。水有大辽、少辽：大辽出靺鞨西南山，南历安市城；少辽出辽山西，亦南流，有梁水出塞外，西行与之合。有马訾水出靺鞨之白山，色若鸭头，号鸭渌水，历国内城西，与盐难水合，又西南至安市，入于海。而平壤在鸭渌东南，以巨舻济人，因恃以为堑。

　　官凡十二级：曰大对卢，或曰吐捽；曰郁折，主图簿者；曰太大使者；曰帛衣头大兄，所谓帛衣者，先人也，秉国政，三岁一易，善职则否，凡代日，有不服则相攻，王为闭宫守，胜者听为之；曰大使者；曰大兄；曰上位使者；曰诸兄；曰小使者；曰过节；曰先人；曰古邹大加。其州县六十。大城置傉萨一，比都督；余城置处间近支，亦号道使，比刺史。有参佐，分干。有大模达，比卫将军；末客，比中郎将。

　　分五部：曰内部，即汉桂娄部也，亦号黄部；曰北部，即绝奴部也，或号后部；曰东部，即顺奴部也，或号左部；曰南部，即灌奴部也，亦号前部；曰西部，即消奴部也。

王服五采,以白罗制冠,革带皆金扣。大臣青罗冠,次绛罗,珥两鸟羽,金银杂扣,衫筒袖,裤大口,白韦带,黄革履。庶人衣褐,戴弁。女子首巾帼。俗喜弈、投壶、蹴鞠。食用笾、豆、簠、簋、罍、洗。居依山谷,以草茨屋,惟王宫、官府、佛庐以瓦。窭民盛冬作长坑,煴火以取暖。其治,峭法以绳下,故少犯。叛者丛炬灼体,乃斩之,籍入其家。降、败、杀人及剽劫者斩,盗者十倍取偿,杀牛马者没为奴婢,故道不掇遗。婚娶不用币,有受者耻之。服父母丧三年,兄弟逾月除。俗多淫祠,祀灵星及日、箕子、可汗等神。国左有大穴曰神隧,每十月,王皆自祭。人喜学,至穷里厮家,亦相矜勉,衢侧悉构严屋,号扃堂,子弟未婚者曹处,诵经习射。

隋末,其王高元死,异母弟建武嗣。武德初,再遣使入朝。高祖下书修好,约高丽人在中国者护送,中国人在高丽者敕遣还。于是建武悉搜亡命归有司,且万人。后三年,遣使者拜为上柱国、辽东郡王、高丽王。命道士以像法往,为讲《老子》,建武大悦,率国人共听之,日数千人。帝谓左右曰:"名实须相副。高丽虽臣于隋,而终拒炀帝,何臣之为?朕务安人,何必受其臣?"裴矩、温彦博谏曰:"辽东本箕子国,魏晋时故封内,不可不臣。中国与夷狄,犹太阳于列星,不可以降。"乃止。明年,新罗、百济上书,言建武闭道,使不得朝,且数侵入。有诏散骑侍郎朱子奢持节谕和,建武谢罪,乃请与二国平。太宗已禽突厥颉利,建武遣使者贺,并上封域图。帝诏广州司马长孙师临瘗隋士战胔,毁高丽所立京观。建武惧,乃筑长城千里,东北首扶余,西南属之海。久之,遣太子桓权入朝献方物,帝厚赐赉,诏使者陈大德持节答劳,且观釁。大德入其国,厚饷官守,悉得其纤曲。见华人流客者,为道亲戚存亡,人人垂涕,故所至士女夹道观。建武盛陈兵见使者。大德还奏,帝悦。大德又言:"闻高昌灭,其大对卢三至馆,有加礼焉。"帝曰:"高丽地止四郡,我发卒数万攻辽东,诸城必救,我以舟师自东莱帆海趋平壤,固易。然天下甫平,不欲劳人耳。"

有盖苏文者,或号盖金,姓泉氏,自云生水中以惑众。性忍暴。

父为东部大人、大对卢，死，盖苏文当嗣，国人恶之，不得立，顿首谢众，请摄职，有不可，虽废无悔，众哀之，遂嗣位。残凶不道，诸大臣与建武议诛之，盖苏文觉，悉召诸部，绐云大阅兵，列馔具请大臣临视，宾至尽杀之，凡百余人，驰入宫杀建武，残其尸投诸沟。更立建武弟之子藏为王，自为莫离支，专国，犹唐兵部尚书、中书令职云。貌魁秀，美须髯，冠服皆饰以金，佩五刀，左右莫敢仰视。使贵人伏诸地，践以升马。出入陈兵，长呼禁切，行人畏窜，至投坑谷。

帝闻建武为下所杀，恻然遣使者持节吊祭，或劝帝可遂讨之，帝不欲因丧伐罪，乃拜藏为辽东郡王、高丽王。帝曰："盖苏文杀君攘国，朕取之易耳，不愿劳人，若何？"司空房玄龄曰："陛下士勇而力有余，戢不用，所谓'止戈为武'者。"司徒长孙无忌曰："高丽无一介告难，宜赐书安尉之，隐其患，抚其存，彼当听命。"帝曰："善。"

会新罗遣使者上书言："高丽、百济联和，将见讨。谨归命天子。"帝问："若何而免？"使者曰："计穷矣，惟陛下哀怜！"帝曰："我以偏兵率契丹、靺鞨入辽东，而国可纾一岁，一策也。我以绛袍丹帜数千赐而国，至，建以阵，二国见，谓我师至，必走，二策也。百济恃海，不修戎械，我以舟师数万袭之；而国汝君，故为邻侮，我以宗室主而国，待安则自守之，三策也。使者计孰取？"使者不能对。于是遣司农丞相里玄奖以玺书让高丽，且使止勿攻。使未至，而盖苏文已取新罗二城，玄奖谕帝旨，答曰："往隋见侵，新罗乘衅夺我地五百里，今非尽反地，兵不止。"玄奖曰："往事乌足论邪？辽东故中国郡县，天子且不取，高丽焉得违诏？"不从。玄奖还奏，帝曰："莫离支杀君，虐用其下如获阱，怨痛溢道，我出师无名哉？"谏议大夫褚遂良曰："陛下之兵度辽而克固善，万分一不得逞，且再用师，再用师，安危不可亿。"兵部尚书李勣曰："不然。曩薛延陀盗边，陛下欲追击，魏徵苦谏而止。向若击之，一马不生返。后复畔扰，至今为恨。"帝曰："诚然。但一虑之失而尤之，后谁为我计者？"新罗数请援，乃下吴船四百柂输粮，诏营州都督张俭等发幽、营兵及契丹、奚、靺鞨等出讨。会辽溢，师还。莫离支惧，遣使者内金，帝不纳。使者又言：

"莫离支遣官五十入宿卫。"帝怒责使者曰:"而等委质高武,而不伏节死义,又为逆子谋,不可赦。"悉下之狱。

于是帝欲自将讨之,召长安耆老劳曰:"辽东故中国地,而莫离支贼杀其主,朕将自行经略之,故与父老约:子若孙从我行者,我能拊循之,毋庸恤也。"即厚赐布粟。群臣皆劝帝毋行,帝曰:"吾知之矣,去本而就末,舍高以取下,释近而之远,三者为不祥,伐高丽是也。然盖苏文弑君,又戮大臣以逞,一国之人延颈待救,议者顾未亮耳。"于是北输粟营州,东储粟古大人城。帝幸洛阳,乃以张亮为平壤道行军大总管,常何、左难当副之,冉仁德、刘英行、张文干、庞孝泰、程名振为总管,帅江、吴、京、洛募兵凡四万,吴艒五百,泛海趋平壤。以李勣为辽东道行军大总管,江夏王道宗副之,张士贵、张俭、执失思力、契苾何力、阿史那弥射、姜德本、曲智盛、吴黑闼为行军总管隶之,帅骑士六万趋辽东。诏曰:"朕所过,营顿毋饬,食毋丰怪,水可涉者勿作桥梁,行在非近州县不得令学生、耆老迎谒。朕昔提戈拨乱,无盈月储,犹所向风靡。今幸家给人足,只恐劳于转饷,故驱牛羊以饲军。且朕必胜有五:以我大击彼小,以我顺讨彼逆,以我安乘彼乱,以我逸敌彼劳,以我悦当彼怨,渠忧不克邪!"又发契丹、奚、新罗、百济诸君长兵悉会。

十九年二月,帝自洛阳次定州,谓左右曰:"今天下大定,唯辽东未宾,后嗣因士马盛强,谋臣导以征讨,丧乱方始,朕故自取之,不遗后世忧也。"帝坐城门,过兵,人人抚慰,疾病者亲视之,敕州县治疗,士大悦。长孙无忌白奏:"天下符鱼悉从,而宫官止十人,天下以为轻神器。"帝曰:"士度辽十万,皆去家室。朕以十人从,尚恶其多,公止勿言!"帝身属囊房,结两箙于鞍。四月,勣济辽水,高丽皆婴城守。帝大飨士,帐幽州之南,诏长孙无忌誓师,乃引而东。

勣攻盖牟城,拔之,得户二万,粮十万石,以其地为盖州。程名振攻沙卑城,夜入其西,城溃,虏其口八千,游兵鸭渌上。勣遂围辽东城。帝次辽泽,诏瘗隋战士露骼。高丽发新城、国内城骑四万救辽东。道宗率张君乂逆战,君乂却。道宗以骑驰之,虏兵辟易,夺其梁,收散卒,乘高以望,见高丽阵嚣,急击破之,斩首千余级,诛君乂以徇。帝度辽水,彻杠彴,坚士心。营马首山,身到城下见士填堑,分负之,重者马上持之,群臣震惧,争挟块以进。城有朱蒙祠,祠有锁甲、铦矛,妄言前燕世天所降。方围急,饰美女以妇神,诬言朱蒙悦,城必完。勣列抛车,飞大石过三百步,所当辄溃,虏积木为楼,结絙罔,不能拒。以冲车撞陴屋,碎之。时百济上金髹铠,又以玄金为山五文铠,士被以从。帝与勣会,甲光炫日。会南风急,士纵火焚西南,燄延城中,屋几尽,人死于燎者万余。众登陴,虏蒙盾以拒,士举长矛舂之,蔺石如雨,城遂溃,获胜兵万,户四万,粮五十万石。以其地为辽州。初,帝自太子所属行在,舍置一烽,约下辽东举烽,是日传燎入塞。

　　进攻白崖城,城负山崖水,险甚。帝壁西北,虏酋孙伐音阴丐降,然城中不能一,帝赐帜曰:“若降,建于堞以信。”俄而举帜,城人皆以唐兵登矣,乃降。初,伐音中悔,帝怒,约以虏口畀诸将。及是,李勣曰:“士奋而先,贪虏获也。今城危拔,不可许降以孤士心。”帝曰:“将军言是也。然纵兵杀戮,略人妻孥,朕不忍。将军麾下有功者,朕能以库物赏之,庶因将军赎一城乎?”获男女凡万,兵二千。以其地为岩州,拜伐音为刺史。莫离支以加尸人七百戍盖牟,勣俘之。请自效,帝曰:“而家加尸,乃为我战,将尽戮矣。夷一姓求一人力,不可。”禀而纵之。

　　次安市。于是高丽北部傉萨高延寿、南部傉萨高惠真引兵及靺鞨众十五万来援。帝曰:“彼若勒兵连安市而壁,据高山,取城中粟食之,纵靺鞨略吾牛马,攻之不可下,此上策也。拔城夜去,中策也。与吾争锋,则禽矣。”有大对卢为延寿计曰:“吾闻中国乱,豪雄并奋,秦王神武,敌无坚,战无前,遂定天下,南面而帝,北狄、西戎罔不臣。今扫地而来,谋臣重将皆在,其锋不可校。今莫若顿兵旷日,阴遣奇兵绝其饷道,不旬月粮尽,欲战不得,归则无路,乃可取也。”延寿不从,引军距安市四十里而屯。帝曰:“虏堕吾策中矣。”命左卫大将军阿史那社尔以突厥千骑尝之,撒虏常以靺鞨锐兵居前,社尔兵接而北。延寿曰："唐易与耳。"进一舍，倚麓而阵。帝诏延寿曰："我以尔有强臣贼杀其主，来问罪，即交战，非我意。"延寿谓然，按甲俟。帝夜召诸将，使李勣率步骑万五千阵西岭当贼，长孙无忌、牛进达精兵万人出房背狭谷，帝以骑四千偃帜趋房北山上，令诸军曰："闻鼓声而纵。"张幄朝觐，曰："明日日中，纳降房于此。"是夜，流星䩭延寿营。旦日，房视勣军少，即战。帝望无忌军尘上，命鼓角作，兵帜四合，房惶惑，将分兵御之，众已嚣。勣以步槊击败之，无忌乘其后，帝自山驰下，房大乱，斩首二万级。延寿收余众负山自固，无忌、勣合围之，彻川梁，断归路。帝按辔观房营垒曰："高丽倾国来，一麾而破，天赞我也。"下马再拜，谢况于天。延寿等度势穷，即举众降，入辕门，膝而前，拜手请命。帝曰："后敢与天子战乎？"惶汗不得对。帝料酋长三千五百人，悉官之，许内徙，余众三万纵还之，诛靺鞨三千余人，获马牛十万，明光铠万领。高丽震骇，后黄、银二城自拔去，数百里无舍烟。乃驿报太子，并赐诸臣书曰："朕自将若此，云何？"因号所幸山为驻跸山，图破阵状，勒石纪功。拜延寿鸿胪卿，惠真司农卿。候骑获觇人，帝解其缚，自言不食且三日，命饲之，赐以屦，遣曰："归语莫离支，若须军中进退，可遣人至吾所。"帝每营不作堑垒，谨斥候而已，而士运粮，虽单骑，房不敢钞。

帝与勣议所攻，帝曰："吾闻安市地险而众悍，莫离支击不能下，因与之。建安特险绝，粟多而士少，若出其不意攻之，不相救矣。建安得，则安市在吾腹中。"勣曰："不然。积粮辽东，而西击建安，贼将梗我归路，不如先攻安市。"帝曰："善。"遂攻之，未能下。延寿、惠真谋曰："乌骨城傉萨已耄，朝攻而夕可下。乌骨拔，则平壤举矣。"群臣亦以张亮军在沙城，召之一昔至，若取乌骨，度鸭渌，迫其腹心，计之善者。无忌曰："天子行师不徼幸。安市众十万在吾后，不如先破之，乃驱而南，万全势也。"乃止。城中见帝旌麾，辄乘陴噪，帝怒，勣请破日男子尽诛。房闻，故死战。江夏王道宗筑距闉攻东南，房增陴以守。绩攻其西，撞车所坏，随辄串栅为楼。帝闻城中鸡彘声，曰："围久，突无黔烟。今鸡彘鸣，必杀以飨士，房且夜出。"诏严兵。丙夜，虏数百人縋而下，悉禽之。道宗以树枚裹土积之，距闉成，迫城不数丈，果毅都尉傅伏爱守之，自高而排其城，城且颓，伏爱私去所部，虏兵得自颓城出，据而堑断之，积火蒙盾固守。帝怒，斩伏爱，敕诸将击之，三日不克。

有诏班师，拔辽、盖二州之人以归。兵过城下，城中屏息偃旗，酋长登城再拜，帝嘉其守，赐绢百匹。辽州粟尚十万斛，士取不能尽。帝至渤错水，阻淖，八十里车骑不通。长孙无忌、杨师道等率万人斩樵筑道，联车为梁，帝负薪马上助役。十月，兵毕度，雪甚，诏属燎以待济。始行，士十万，马万匹；逮还，物故裁千余，马死十八。船师七万，物故亦数百。诏集战骸葬柳城，祭以太牢，帝临哭，从臣皆流涕。帝总飞骑入临渝关，皇太子迎道左。初，帝与太子别，御褐袍，曰："俟见尔乃更。"袍历二时弗易，至穿穴。群臣请更服，帝曰："士皆敝衣，吾可新服邪？"及是，太子进洁衣，乃御。辽降口万四千，当没为奴婢，前集幽州，将分赏士。帝以父子夫妇离析，诏有司以布帛赎之，原为民，列拜欢舞，三日不息。延寿既降，以忧死，独惠真至长安。

明年春，藏遣使者上方物，且谢罪；献二姝口，帝敕还之，谓使者曰："色者人所重，然愍其去亲戚以伤乃心，我不取也。"初，师还，帝以弓服赐盖苏文，受之，不遣使者谢，于是下诏削弃朝贡。

又明年三月，诏左武卫大将军牛进达为青丘道行军大总管，右武卫将军李海岸副之，自莱州度海；李勣为辽东道行军大总管，右武卫将军孙贰朗、右屯卫大将军郑仁泰副之，率营州都督兵，繇新城道以进。次南苏、木底，虏兵战不胜，焚其郛。七月，进达等取石城，进攻积利城，斩级数千，乃皆还。藏遣子莫离支高任武来朝，因谢罪。

二十二年，诏右武卫大将军薛万彻为青丘道行军大总管，右卫将军裴行方副之，自海道入。部将古神感与虏战曷山，虏溃；虏乘暝袭我舟，伏兵破之。万彻度鸭渌，次泊灼城，拒四十里而舍。虏惧，皆弃邑居去。大酋所夫孙拒战，万彻击斩之，遂围城，破其援兵三万,乃还。帝与长孙无忌计曰:"高丽困吾师之入,户亡耗,田岁不收,盖苏文筑城增陴,下饥卧死沟壑,不胜敝矣。明年以三十万众,公为大总管,一举可灭也。"乃诏剑南大治船,蜀人愿输财江南,计直作舟,舟取缣千二百,巴、蜀大骚,邛、眉、雅三州獠皆反,发陇西、峡内兵二万击定之。始,帝决取房,故诏陕州刺史孙伏伽、莱州刺史李道裕储粮械于三山浦、乌胡岛,越州都督治大舰偶舫以待。会帝崩,乃皆罢。藏遣使者奉慰。

永徽五年,藏以靺鞨兵攻契丹,战新城,大风,矢皆还激,为契丹所乘,大败。契丹火野复战,人死相藉,积尸而冢之。遣使者告捷,高宗为露布于朝。六年,新罗诉高丽、靺鞨夺三十六城,惟天子哀救。有诏营州都督程名振、左卫中郎将苏定方率师讨之。至新城,败高丽兵,火外郭及墟落,引还。显庆三年,复遣名振率薛仁贵攻之,未能克。后二年,天子已平百济,乃以左骁卫大将军契苾何力、右武卫大将军苏定方、左骁卫将军刘伯英率诸将出浿江、辽东、平壤道讨之。龙朔元年,大募兵,拜置诸将,天子欲自行,蔚州刺史李君球建言:"高丽小丑,何至倾中国事之?有如高丽既灭,必发兵以守,少发则威不振,多发人不安,是天下疲于转戍。臣谓征之未如勿征,灭之未如勿灭。"亦会武后苦邀,帝乃止。八月,定方破房兵于浿江,夺马邑山,遂围平壤。明年,庞孝泰以岭南兵壁蛇水,盖苏文攻之,举军没;定方解而归。

乾封元年,藏遣子男福从天子封泰山,还而盖苏文死,子男生代为莫离支,与弟男建、男产相怨。男生据国内城,遣子献诚入朝求救,盖苏文弟净土亦请割地降。乃诏契苾何力为辽东道安抚大使,左金吾卫将军庞同善、营州都督高侃为行军总管,左武卫将军薛仁贵、左监门将军李谨行殿而行。九月,同善破高丽兵,男生率师来会。诏拜同善特进、辽东大都督兼平壤道安抚大使,封玄菟郡公。又以李勣为辽东道行军大总管兼安抚大使,与契苾何力、庞同善并力。诏独孤卿云由鸭渌道,郭待封积利道,刘仁愿毕列道,金待问海谷道,并为行军总管,受勣节度;转燕、赵食焉辽东。明年正月,勣引道次新城,合诸将谋曰:"新城,贼西鄙,不先图,余城未易下。"遂壁西南山临城,城人缚戍酋出降。勣进拔城十有六。郭待封以舟师济海,趋平壤。三年二月,勣率仁贵拔扶余城,它城三十皆纳款。同善、侃守新城,男建遣兵袭之,仁贵救侃,战金山,不胜。高丽鼓而进,锐甚。仁贵横击,大破之,斩首五万级,拔南苏、木底、苍岩三城,引兵略地,与勣会。侍御史贾言忠计事还,帝问军中云何,对曰:"必克。昔先帝问罪,所以不得志者,虏未有衅也。谚曰'军无媒,中道回'。今男生兄弟阋很,为我乡导,虏之情伪,我尽知之,将忠士力,臣故曰必克。且高丽秘记曰:'不及九百年,当有八十大将灭之。'高氏自汉有国,今九百年,勣年八十矣。虏仍荐饥,人相掠卖,地震裂,狼狐入城,蚁穴于门,人心危骇,是行不再举矣。"

男建以兵五万袭扶余,勣破之萨贺水上,斩首五千级,俘口三万,器械牛马称之。进拔大行城。刘仁愿与勣会,后期,召还当诛,赦流姚州。契苾何力会勣军于鸭渌,拔辱夷城,悉师围平壤。九月,藏遣男产率首领百人树素幡降,且请入朝,勣以礼见。而男建犹固守,出战数北,大将浮屠信诚遣谍约内应。五日,阖启,兵噪而入,火其门,郁焰四兴,男建窘急,自刺不殊。执藏、男建等,收凡五部百七十六城,户六十九万。诏勣便道献俘昭陵,凯而还。十二月,帝坐含元殿,引见勣等,数俘于廷。以藏素胁制,赦为司平太常伯,男产司宰少卿;投男建黔州,百济王扶余隆岭外;以献诚为司卫卿,信诚为银青光禄大夫,男生右卫大将军,何力行左卫大将军,勣兼太子太师,仁贵威卫大将军。剖其地为都督府者九,州四十二,县百。复置安东都护府,擢酋豪有功者授都督、刺史、令,与华官参治,仁贵为都护,总兵镇之。是岁郊祭,以高丽平,谢成于天。

总章二年,徙高丽民三万于江淮、山南。大长钳牟岑率众反,立藏外孙安舜为王。诏高侃东州道,李谨行燕山道,并为行军总管讨之,遣司平太常伯杨昉绥纳亡余。舜杀钳牟岑走新罗,侃徙都护府治辽东州,破叛兵于安市,又败之泉山,俘新罗援兵二千。李谨行破之于发卢河,再战,俘馘万计。于是平壤痍残不能军,相率奔新罗,凡四年乃平。始，谨行留妻刘守伐奴城，虏攻之，刘擐甲勒兵守，贼引去。帝嘉之，封燕郡夫人。

仪凤二年，授藏辽东都督，封朝鲜郡王，还辽东以安余民，先编侨内州者皆原遣，徙安东都护府于新城。藏与靺鞨谋反，未及发，召还放邛州，厮其人于河南、陇右，弱寙者留安东。藏以永淳初死，赠卫尉卿，葬颉利墓左，树碑其阡。旧城往往入新罗，遗人散奔突厥、靺鞨，由是高氏君长皆绝。垂拱中，以藏孙宝元为朝鲜郡王。圣历初，进左鹰扬卫大将军，更封忠诚国王，使统安东旧部，不行。明年，以藏子德武为安东都督，后稍自国。至元和末，遣使者献乐工云。

百济，扶余别种也。直京师东六千里而嬴，滨海之阳，西界越州，南倭，北高丽，皆逾海乃至，其东，新罗也。王居东、西二城，官有内臣佐平者宣纳号令，内头佐平主帑聚，内法佐平主礼，卫士佐平典卫兵，朝廷佐平主狱，兵官佐平掌外兵。有六方，方统十郡。大姓有八：沙氏，燕氏，劦氏，解氏，贞氏，国氏，木氏，苩氏。其法：反逆者诛，籍其家；杀人者，输奴婢三赎罪；吏受赇及盗，三倍偿，锢终身。俗与高丽同。有三岛，生黄漆，六月刺取沈，色若金。王服大袖紫袍，青锦裤，素皮带，乌革履，乌罗冠饰以金花。群臣绛衣，饰冠以银花。禁民衣绛紫。有文籍，纪时月如华人。

武德四年，王扶余璋始遣使献果下马，自是数朝贡，高祖册为带方郡王、百济王。后五年，献明光铠，且讼高丽梗贡道。太宗贞观初，诏使者平其怨。又与新罗世仇，数相侵，帝赐玺书曰："新罗，朕蕃臣，王之邻国。闻数相侵暴，朕已诏高丽、新罗申和，王宜忘前怨，识朕本怀。"璋奉表谢，然兵亦不止。再遣使朝，上铁甲雕斧，帝优劳之，赐帛段三千。十五年，璋死，使者素服奉表曰："君外臣百济王扶余璋卒。"帝为举哀玄武门，赠光禄大夫，赙赐甚厚。命祠部郎中郑文表册其子义慈为柱国，绍王。

义慈事亲孝，与兄弟友，时号"海东曾子"。明年，与高丽连和伐新罗，取四十余城，发兵守之。又谋取棠项城，绝贡道。新罗告急，帝遣司农丞相里玄奖赍诏书谕解。闻帝新讨高丽,乃间取新罗七城;久之,又夺十余城,因不朝贡。高宗立,乃遣使者来,帝诏义慈曰:"海东三国,开基旧矣,地固犬牙。比者隙争侵校无宁岁,新罗高城重镇皆为王并,归穷于朕,丐王归地。昔齐桓一诸侯,尚存亡国,况朕万方主,可不恤其危邪?王所兼城宜还之,新罗所俘亦畀还王。不如诏者,任王决战,朕将发契丹诸国,度辽深入,王可思之,无后悔!"

永徽六年,新罗诉百济、高丽、鞨鞨取北境三十城。显庆五年,乃诏左卫大将军苏定方为神兵道行军大总管,率左卫将军刘伯英、右武卫将军冯士贵、左骁卫将军庞孝泰发新罗兵讨之,自城山济海。百济守熊津口,定方纵击,虏大败,王师乘潮帆以进,趋真都城一舍止。虏悉众拒,复破之,斩首万余级,拔其城。义慈挟太子隆走北鄙,定方围之。次子泰自立为王,率众固守,义慈孙文思曰:"王、太子固在,叔乃自王,若唐兵解去,如我父子何?"与左右缒而出,民皆从之,泰不能止。定方令士超堞立帜,泰开门降,定方执义慈、隆及小王孝演、酋长五十八人送京师,平其国五部、三十七郡、二百城,户七十六万。乃析置熊津、马韩、东明、金涟、德安五都督府,擢酋渠长治之,命郎将刘仁愿守百济城,左卫郎将王文度为熊津都督。九月,定方以所俘见,诏释不诛。义慈病死,赠卫尉卿,许旧臣赴临,诏葬孙皓、陈叔宝墓左,授隆司稼卿。文度济海卒,以刘仁轨代之。

璋从子福信尝将兵,乃与浮屠道琛据周留城反,迎故王子扶余丰于倭,立为王,西部皆应,引兵围仁愿。龙朔元年,仁轨发新罗兵往救,道琛立二壁熊津江,仁轨与新罗兵夹击之,奔入壁,争梁堕溺者万人,新罗兵还。道琛保任孝城,自称领军将军,福信称霜岑将军,告仁轨曰:"闻唐与新罗约,破百济,无老孺皆杀之,畀以国。我与受死,不若战。"仁轨遣使赍书答说,道琛倨甚,馆使者于外,嫚报曰:"使人官小,我国大将,礼不当见。"徒遣之。仁轨以众少,乃休军养威,请合新罗图之。福信俄杀道琛,并其兵,丰不能制。二年七月,仁愿等破之熊津,拔支罗城,夜薄真岘,比明入之,斩首八百级,新罗饷道乃开。仁愿请济师,诏右威卫将军孙仁师为熊津道行军总管,发齐兵七千往。福信颛国,谋杀丰,丰率亲信斩福信,与高丽、倭连和。仁愿已得齐兵,士气振,乃与新罗王金法敏率步骑,而遣刘仁轨率舟师,自熊津江偕进,趋周留城。丰众屯白江口,四遇皆克,火四百艘,丰走,不知所在。伪王子扶余忠胜、忠志率残众及倭人请命,诸城皆复。仁愿勒军还,留仁轨代守。

帝以扶余隆为熊津都督,俾归国,平新罗故憾,招还遗人。麟德二年,与新罗王会熊津城,刑白马以盟。仁轨为盟辞曰:"往百济先王,罔顾逆顺,不敦邻,不睦亲,与高丽、倭共侵削新罗,破邑屠城。天子怜百姓无辜,命行人修好,先王负险恃退,侮慢弗恭,皇赫斯怒,是伐是夷。但兴亡继绝,王者通制,故立前太子隆为熊津都督,守其祭祀,附杖新罗,长为与国,结好除怨,恭天子命,永为藩服。右威卫将军鲁城县公仁愿,亲临厥盟,有贰其德,兴兵动众,明神监之,百殃是降,子孙不育,社稷无守,世世毋敢犯。"乃作金书铁契,藏新罗庙中。

仁愿等还,隆畏众携散,亦归京师。仪凤时,进带方郡王,遣归藩。是时,新罗强,隆不敢入旧国,寄治高丽死。武后又以其孙敬袭王,而其地已为新罗、渤海靺鞨所分,百济遂绝。

新罗,弁韩苗裔也。居汉乐浪地,横千里,纵三千里,东拒长人,东南日本,西百济,南濒海,北高丽。而王居金城,环八里所,卫兵三千人。谓城为侵牟罗,邑在内曰喙评,外曰邑勒。有喙评六,邑勒五十二。朝服尚白,好祠山神。八月望日,大宴赉官吏,射其建官,以亲属为上,其族名第一骨、第二骨以自别。兄弟女、姑、姨、从姊妹,皆聘为妻。王族为第一骨,妻亦其族,生子皆第一骨,不娶第二骨女,虽娶,常为妾媵。官有宰相、侍中、司农卿、太府令,凡十有七等,第二骨得为之。事必与众议,号"和白",一人异则罢。宰相家不绝禄,奴僮三千人,甲兵牛马猪称之。畜牧海中山,须食乃射。息谷米于人，偿不满，庸为奴婢。王姓金，贵人姓朴，民无氏有名。食用柳杯若铜、瓦。元日相庆，是日拜日月神。男子褐裤。妇长襦，见人必跪，则以手据地为恭。不粉黛，率美发以缭首，以珠采饰之。男子剪发鬻，冒以黑巾。市皆妇女贸贩。冬则作灶堂中，夏以食置冰上。畜无羊，少驴、骡，多马。马虽高大，不善行。

长人者，人类长三丈，锯牙钩爪，黑毛覆身，不火食，噬禽兽，或搏人以食；得妇人，以治衣服。其国连山数十里，有峡，固以铁阖，号关门，新罗常屯弩士数千守之。

初，百济伐高丽，来请救，悉兵往破之，自是相攻不置。后获百济王杀之，滋结怨。武德四年，王真平遣使者入朝，高祖诏通直散骑侍郎庚文素持节答赍。后三年，拜柱国，封乐浪郡王、新罗王。

贞观五年，献女乐二。太宗曰：“比林邑献鹦鹉，言思乡，丐还，况于人乎？”付使者归之。是岁，真平死，无子，立女善德为王，大臣乙祭柄国。诏赠真平左光禄大夫，赗物段二百。九年，遣使者册善德袭父封，国人号圣祖皇姑。十七年，为高丽、百济所攻，使者来乞师，亦会帝亲伐高丽，诏率兵以掎虏势，善德使兵五万入高丽南鄙，拔水口城以闻。二十一年，善德死，赠光禄大夫，而妹真德袭王。明年，遣子文王及弟伊赞子春秋来朝，拜文王左武卫将军，春秋特进。因请改章服，从中国制，内出珍服赐之。又诣国学观释奠、讲论，帝赐所制《晋书》。辞归，敕三品以上郊饯。

高宗永徽元年，攻百济，破之，遣春秋子法敏入朝。真德织锦为颂以献，曰：“巨唐开洪业，巍巍皇猷昌。止戈成大定，兴文继百王。统天崇雨施，治物体含章。深仁谐日月，抚运迈时康。幡旗既赫赫，钲鼓何锽锽。外夷违命者，翦覆被天殃。淳风凝幽显，遐迩竞呈祥。四时和玉烛，七耀巡万方。维岳降宰辅，维帝任忠良。三五成一德，昭我唐家唐。”帝美其意，擢法敏太府卿。

五年，真德死，帝为举哀，赠开府仪同三司，赐彩段三百，命太常丞张文收持节吊祭，以春秋袭王。明年，百济、高丽、靺鞨共伐取其三十城。使者来请救，帝命苏定方讨之，以春秋为嵎夷道行军总管,遂平百济。龙朔元年,死,法敏袭王。以其国为鸡林州大都督府,授法敏都督。

咸亨五年,纳高丽叛众,略百济地守之,帝怒,诏削官爵,以其弟右骁卫员外大将军、临海郡公仁问为新罗王,自京师归国。诏刘仁轨为鸡林道大总管,卫尉卿李弼、右领军大将军谨行副之,发兵穷讨。上元二年二月,仁轨破其众于七重城,以靺鞨兵浮海略南境,斩获其众。诏李谨行为安东镇抚大使,屯买肖城,三战,虏皆北。法敏遣使入朝谢罪,贡篚相望,仁问乃还,辞王,诏复法敏官爵。然多取百济地,遂抵高丽南境矣。置尚、良、康、熊、全、武、汉、朔、溟九州,州有都督,统郡十或二十,郡有大守,县有小守。开耀元年,死,子政明袭王。遣使者朝,丐唐礼及它文辞,武后赐《吉凶礼》并文词五十篇。死,子理洪袭王。死,弟兴光袭王。

玄宗开元中,数入朝,献果下马、朝霞䌷、鱼牙䌷、海豹皮。又献二女,帝曰:“女皆王姑姊妹,违本俗,别所亲,朕不忍留。”厚赐还之。又遣子弟入太学学经术。帝间赐兴光瑞文锦、五色罗、紫绣纹袍、金银精器,兴光亦上异狗马、黄金、美髢诸物。初,渤海靺鞨掠登州,兴光击走之,帝进兴光宁海军大使,使攻靺鞨。二十五年死,帝尤悼之,赠太子太保,命邢璹以鸿胪少卿吊祭,子承庆袭王,诏璹曰:“新罗号君子国,知《诗》、《书》。以卿惇儒,故持节往,宜演经谊,使知大国之盛。”又以国人善棋,诏率府兵曹参军杨季鹰为副,国高弈皆出其下,于是厚遗使者金宝。俄册其妻朴为妃。承庆死,诏使者临吊,以其弟宪英嗣王。帝在蜀,遣使溯江至成都朝正月。

大历初,宪英死,子乾运立,甫丱,遣金隐居入朝待命。诏仓部郎中归崇敬往吊,监察御史陆珽、顾愔为副册授之,并母金为太妃。会其宰相争权相攻,国大乱,三岁乃定。于是,岁朝献。建中四年死,无子,国人共立宰相金良相嗣。贞元元年,遣户部郎中盖埙持节命之。是年死,立良相从父弟敬信袭王。十四年,死,无子,立嫡孙俊邕。明年,遣司封郎中韦丹持册,未至,俊邕死,丹还。子重兴立,永贞元年,诏兵部中元季方册命。后三年,使者金力奇来谢,且言:“往岁册故主俊邕为王,母申太妃,妻淑妃,而俊邕不幸,册今留省中,臣请授以归。"又为其宰相金彦升、金仲恭、王之弟苏金添明丐门戟,诏皆可。凡再朝贡。七年死,彦升立,来告丧,命职方员外郎崔廷吊,且命新王,以妻贞为妃。长庆、宝历间,再遣使者来朝,留宿卫。彦升死,子景徽立。大和五年,以太子左谕德源寂册册如仪。开成初,遣子义琮谢,愿留卫,见听,明年遣之。五年,鸿胪寺籍质子及学生岁满者一百五人,皆还之。

有张保皋、郑年者,皆善斗战,工用枪。年复能没海,履其地五十里不噎,角其勇健,保皋不及也。年以兄呼保皋,保皋以齿,年以艺,常不相下。自其国皆来为武宁军小将。后保皋归新罗,谒其王曰:"遍中国以新罗人为奴婢,愿得镇清海,使贼不得掠人西去。"清海,海路之要也。王与保皋万人守之。自太和后,海上无鬻新罗人者。保皋既贵于其国,年饥寒客涟水,一日谓戍主冯元规曰:"我欲东归,乞食于张保皋。"元规曰:"若与保皋所负何如?奈何取死其手?"年曰:"饥寒死,不如兵死快,况死故乡邪!"年遂去。至,谒保皋,饮之极欢。饮未卒,闻大臣杀其王,国乱无主。保皋分兵五千人与年,持年泣曰:"非子不能平祸难。"年至其国,诛反者,立王以报。王遂召保皋为相,以年代守清海。会昌后,朝贡不复至。

赞曰:杜牧称:"安思顺为朔方节度时,郭汾阳、李临淮俱为牙门都将,二人不相能,虽同盘饮食,常睇相视,不交一言。及汾阳代思顺,临淮欲亡去,计未决。旬日,诏临淮分汾阳半兵东出赵、魏,临淮入请曰:'一死固甘,乞免妻子。'汾阳趋下,持手上堂,曰:'今国乱主迁,非公不能东伐,岂怀私忿时邪?'及别,执手泣涕,相勉以忠义,讫平剧盗,实二公之力。知其心不叛,知其心,难也;忿必见短,知其材,益难也。此保皋与汾阳之贤等耳。年投保皋必曰:'彼贵我贱,我降下之,不宜以旧忿杀我。'保皋果不杀,人之常情也。临淮请死于汾阳,亦人之常情也。保皋任年,事出于己,年且寒饥,易为感动。汾阳、临淮,平生亢立,临淮之命,出于天子。权于保皋,汾阳为优。此乃圣贤迟疑成败之际也。世称周、邵为百代之师,周公拥孺子而邵公疑之,以周公之圣,邵公之贤,少事文王,老佐武王,能平天下,周公之心,邵公且不知之。苟有仁义之心,不资以明,虽邵公尚尔,况其下哉!"嗟乎,不以怨毒相甚,而先国家之忧,晋有祁奚,唐有汾阳、保皋,孰谓夷无人哉!

日本,古倭奴也。去京师万四千里,直新罗东南,在海中,岛而居,东西五月行,南北三月行。国无城郭,联木为栅落,以草茨屋。左右小岛五十余,皆自名国,而臣附之。置本率一人,检察诸部。其俗多女少男,有文字,尚浮屠法。其官十有二等。其王姓阿每氏,自言初主号天御中主,至彦瀲,凡三十二世,皆以"尊"为号,居筑紫城。彦瀲子神武立,更以"天皇"为号,徙治大和州。次曰绥靖,次安宁,次懿德,次孝昭,次天安,次孝灵,次孝元,次开化,次崇神,次垂仁,次景行,次成务,次仲哀。仲哀死,以开化曾孙女神功为王。次应神,次仁德,次履中,次反正,次允恭,次安康,次雄略,次清宁,次显宗,次仁贤,次武烈,次继体,次安闲,次宣化,次钦明。钦明之十一年,直梁承圣元年。次海达。次用明,亦曰目多利思比孤,直隋开皇末,始与中国通。次崇峻。崇峻死,钦明之孙女雄古立。次舒明,次皇极。其俗椎髻,无冠带,跣以行,幅巾蔽后,贵者冒锦;妇人衣纯色裙,长腰襦,结发于后。至炀帝,赐其民锦线冠,饰以金玉,文布为衣,左右佩银花,长八寸,以多少明贵贱。

太宗贞观五年,遣使者入朝,帝矜其远,诏有司毋拘岁贡。遣新州刺史高仁表往谕,与王争礼不平,不肯宣天子命而还。久之,更附新罗使者上书。

永徽初,其王孝德即位,改元曰白雉,献虎魄大如斗,码碯若五升器。时新罗为高丽、百济所暴,高宗赐玺书,令出兵援新罗。未几孝德死,其子天丰财立。死,子天智立。明年,使者与虾蟆人偕朝。虾蟆亦居海岛中,其使者须长四尺许,珥箭于首,令人戴瓠立数十步,射无不中。天智死,子天武立。死,子总持立。咸亨元年,遣使贺平高丽。后稍习夏音，恶倭名，更号日本。使者自言，国近日所出，以为名。或云日本乃小国，为倭所并，故冒其号。使者不以情，故疑焉。又妄夸其国都方数千里，南、西尽海，东、北限大山，其外即毛人云。

长安元年，其王文武立，改元曰太宝，遣朝臣真人粟田贡方物。朝臣真人者，犹唐尚书也。冠进德冠，顶有华花四披，紫袍帛带。真人好学，能属文，进止有容。武后宴之麟德殿，授司膳卿，还之。文武死，子阿用立。死，子圣武立，改元曰白龟。开元初，粟田复朝，请从诸儒授经，诏四门助教赵玄默即鸿胪寺为师，献大幅布为贽，悉赏物贸书以归。其副朝臣仲满慕华不肯去，易姓名曰朝衡，历左补阙，仪王友，多所该识，久乃还。圣武死，女孝明立，改元曰天平胜宝。天宝十二载，朝衡复入朝，上元中，擢左散骑常侍、安南都护。新罗梗海道，更繇明、越州朝贡。孝明死，大炊立。死，以圣武女高野姬为王。死，白壁立。建中元年，使者真人兴能献方物。真人，盖因官而氏者也。兴能善书，其纸似茧而泽，人莫识。贞元末，其王曰桓武，遣使者朝。其学子橘免势、浮屠空海愿留肄业，历二十余年，使者高阶真人来请免势等俱还，诏可。次诺乐立，次嵯峨，次浮和，次仁明。仁明直开成四年，复入贡。次文德，次清和，次阳成。次光孝，直光启元年。

其东海屿中又有邪古、波邪、多尼三小王，北距新罗，西北百济，西南直越州，有丝絮、怪珍云。

流鬼去京师万五千里，直黑水靺鞨东北，少海之北，三面皆阻海，其北莫知所穷。人依屿散居，多沮泽，有鱼盐之利。地蚤寒，多霜雪，以木广六寸、长七尺系其上，以践冰，逐走兽。土多狗，以皮为裘。俗被发，粟似莠而小，无蔬蓏它谷。胜兵万人。南与莫曳靺鞨邻，东南航海十五日行，乃至。贞观十四年，其王遣子可也余莫貂皮更三译来朝，授骑都尉，遣之。

龙朔初，有儋罗者，其王儒李都罗遣使入朝，国居新罗武州南岛上,俗朴陋,衣大豕皮,夏居革屋,冬窟室。地生五谷,耕不知用牛,以铁齿杷土。初附百济,麟德中,酋长来朝,从帝至太山,后附新罗。

开元十一年,又有达末娄、达姤二部首领朝贡。达末娄自言北扶余之裔,高丽灭其国,遗人度那河,因居之,或曰他漏河,东北流入黑水。达姤,室韦种也,在那河阴,涷末河之东,西接黄头室韦,东北距达末娄云。

唐书卷二二一上
列传第一四六上

西域上

泥婆罗　党项　东女　高昌

吐谷浑　焉耆　龟兹 跋禄迦　疏勒

于阗　天竺　摩揭陀　罽宾

　　泥婆罗直吐蕃之西乐陵川。土多赤铜、牦牛。俗翦发逮眉，穿耳，楦以筒若角，缓至肩者为姣好。无匕箸，攫而食。其器皆用铜，其居版屋画壁。俗不知牛耕，故少田作，习商贾。一幅布蔽身，日数盥浴。重博戏，通推步历术。祀天神，镌石为象，日浴之，烹羊以祭。铸铜为钱，面文人形，背牛马形。其君服珠、颇黎、车渠、珊瑚、虎魄垂缨，耳金钩玉珰，佩宝伏突，御师子大床，燎香布花于堂，而大臣坐地不藉，左右持兵，数百列侍。宫中有七重楼，覆铜瓦，楹极皆大琲杂宝，四隅置铜槽，下有金龙，口激水仰注槽中。

　　初，王那陵提婆之父为其叔所杀，提婆出奔，吐蕃纳之，遂臣吐蕃。贞观中，遣使者李义表到天竺，道其国，提婆大喜，延使者同观阿耆婆㳽池。池广数十丈，水常溢沸，共传旱潦未始耗溢，或抵以物则生烟，釜其上，少选可熟。二十一年，遣使入献波棱、酢菜、浑提葱。永徽时，其王尸利那连陀罗又遣使入贡。

党项，汉西羌别种，魏、晋后微甚。周灭宕昌、邓至，而党项始强。其地古析支也，东距松州，西叶护，南春桑、迷桑等羌，北吐谷浑。处山谷崎岖，大抵三千里。以姓别为部，一姓又分为小部落，大者万骑，小数千，不能相统，故有细封氏、费听氏、往利氏、颇超氏、野辞氏、房当氏、米禽氏、拓拔氏，而拓拔最强。土著，有栋宇，织牦尾、羊毛覆屋，岁一易。俗尚武，无法令、赋役，人寿多过百岁，然好为盗，更相剽夺。尤重复仇，未得所欲者，蓬首垢颜，跣足草食，杀已乃复。男女衣裘褐，被毡。畜牦牛、马、驴、羊以食，不耕稼。地寒，五月草生，八月霜降。无文字，候草木记岁。三年一相聚，杀牛羊祭天，取麦他国以酿酒。妻其庶母、伯叔母、兄嫂、子弟妇，惟不娶同姓。老而死，子孙不哭；少死，则曰夭枉，乃悲。

贞观三年，南会州都督郑元璹镌谕，其酋细封步赖举部降，太宗玺诏慰抚，步赖因入朝，宴锡特异，以其地为轨州，即授刺史，步赖请率兵讨吐谷浑。其后诸酋长悉内属，以其地为崌、奉、严、远四州，即首领拜刺史。

有拓拔赤辞者，初臣吐谷浑，慕容伏允待之厚，与结婚，诸羌已归，独不至。李靖击吐谷浑，赤辞屯狼道峡抗王师，廓州刺史久且洛生欲谕降之，辞曰："浑主以腹心待我，不知其佗，若速去，且污吾刀。"洛生怒，引轻骑破之肃远山，斩首数百级，虏杂畜六千。帝因其胜又令约降，赤辞从子思头潜纳款，其下拓拔细豆亦降。赤辞知宗族携沮，稍欲自归，岷州都督刘师立复诱之，即与思头俱内属。以其地为懿、嵯、麟、可三十二州，以松州为都督府，擢赤辞西戎州都督，赐氏李，贡职遂不绝。于是自河首积石山而东，皆为中国地。后吐蕃寖盛，拓拔畏逼，请内徙，始诏庆州置静边等州处之。地乃入吐蕃，其处者皆为吐蕃役属，更号弭药。

又有黑党项者，居赤水西。其长号敦善王，慕容伏允之走也，依之。及吐谷浑款附，敦善王亦纳贡。居雪山者曰破丑氏。

又有白兰羌，吐蕃谓之丁零，左属党项，右与多弥接。胜兵万人，勇战斗，善作兵，俗与党项同。武德六年，使者入朝。明年，以其地为维、恭二州。贞观六年，与契苾数十万内属。永徽时，特浪生羌卜楼大首领冻就率众来属，以其地为剑州。

龙朔后，白兰、春桑及白狗羌为吐蕃所臣，籍其兵为前驱。白狗与东会州接，胜兵才千人。在西北者，天授中内附，户凡二十万，以其地为朝、吴、浮、归十州，散居灵、夏间。至德末，为吐蕃所诱，使为乡导钞边，俄悔悟，更来朝，愿助灵州饷挽。乾元间，中国数乱，因寇邠、宁二州，肃宗诏郭子仪都统朔方、邠宁、鄜坊节度事，以鄜州刺史杜冕、邠州刺史桑如珪分二队出讨。子仪至，党项溃去。

上元元年，在泾、陇部落十万众诣凤翔节度使崔光远降。二年，与浑、奴剌连和，寇宝鸡，杀吏民，掠财珍，焚大散关，入凤州，杀刺史萧怅，节度使李鼎追击走之。明年，又攻梁州，刺史李勉走；进寇奉天，大掠华原、同官去。诏臧希让代勉为刺史，于是归顺、乾封、归义、顺化、和宁、和义、保善、宁定、罗云、朝凤凡十州部落诣希让献款，丐节印，诏可。

仆固怀恩之叛，诱党项、浑、奴剌入寇，众数万，掠凤翔、盩厔，大酋郑廷、郝德入同州，刺史韦胜走，节度使周智光破之澄城。阅月，又入同州，焚官私室庐，壁马兰山。郭子仪遣兵袭之，退保三堡，子仪遣慕容休明谕降廷、德。

子仪以党项、吐谷浑部落散处盐、庆等州，其地与吐蕃滨近，易相胁，即表徙静边州都督、夏州、乐容等六府党项于银州之北、夏州之东，宁朔州吐谷浑住夏西，以离沮之。召静边州大首领左羽林大将军拓拔朝光等五刺史入朝，厚赐赉，使还绥其部。先是，庆州有破丑氏族三、野利氏族五、把利氏族一，与吐蕃姻援，赞普悉王之，因是扰边凡十年。子仪表工部尚书路嗣恭为朔方留后，将作少监梁进用为押党项部落使，置行庆州。且言："党项阴结吐蕃为变，可遣使者招慰，芟其反谋，因令进用为庆州刺史，严逻以绝吐蕃往来道。"代宗然之。又表置静边、芳池、相兴王州都督、长史，永平、旭定、清宁、宁保、忠顺、静塞、万吉等七州都督府。于是破丑、野利、把利三部及思乐州刺史拓拔乞梅等皆入朝，宜定州刺史折磨布落、芳池州野利部并徙绥、延州。大历末,野利秃罗都与吐蕃叛,招余族不应,子仪击之,斩秃罗都,而野利景庭、野利刚以其部数千人入附鸡子川。六州部落,曰:野利越诗、野利龙儿、野利厥律、儿黄、野海、野窣等;居庆州者号东山部,夏州者号平夏部。永泰后稍徙石州,后为永安将阿史那思暕赋索无极,遂亡走河西。

元和时复置宥州,护党项。至大和中寖强,数寇掠,然器械钝苦,畏唐兵精,则以善马购铠,善羊贸弓矢。鄜坊道军粮使李石表禁商人不得以旗帜、甲胄、五兵入部落,告者,举罪人财畀之。至开成末,种落愈繁,富贾人赍缯宝鬻羊马,藩镇乘其利,强市之,或不得直,部人怨,相率为乱,至灵、盐道不通。武宗以侍御史为使招定,分三印,以邠、宁、延属崔彦曾,盐、夏、长泽属李鄠,灵武、麟、胜属郑贺,皆绯衣银鱼,而功不克。

宣宗大中四年,内掠邠、宁,诏凤翔李业、河东李拭合节度兵讨之,宰相白敏中为都统。帝出近苑,或以竹一个植舍外,见才尺许,远且百步,帝属二矢曰:“党羌穷寇,仍岁暴吾鄙,今我约,射竹中则彼当自亡,不中,我且索天下兵蕲之,终不以此贼遗子孙。”左右注目,帝一发竹分,矢彻诸外,左右呼万岁。不阅月,羌果破殄,余种窜南山。

始,天宝末,平夏部有战功,擢容州刺史、天柱军使。其裔孙拓拔思恭,咸通末窃据宥州,称刺史。黄巢入长安,与鄜州李孝昌坛而坎牲,誓讨贼,僖宗贤之,以为左武卫将军,权知夏绥银节度事。次王桥,为巢所败,更与郑畋四节度盟,屯渭桥。中和二年,诏为京城西面都统、检校司空、同中书门下平章事。俄进四面都统,权知京兆尹。贼平,兼太子太傅,封夏国公,赐姓李。嗣襄王煴之乱,诏思恭讨贼,兵不出,卒。以弟思谏代为定难节度使,思孝为保大节度、鄜坊丹翟等州观察使,并检校司徒、同中书门下平章事。王行瑜反,以思孝为北面招讨使,思谏东北面招讨使。思孝亦因乱取鄜州,遂为节度使,累兼侍中,以老,荐弟思敬为保大军兵马留后,俄为节度使。

东女亦曰苏伐剌拏瞿咀罗，羌别种也，西海亦有女自王，故称“东”别之。东与吐蕃、党项、茂州接，西属三波诃，北距于阗，东南属雅州罗女蛮、白狼夷。东西行尽九日，南北行尽二十日。有八十城。以女为君，居康延川，岩险四缭，有弱水南流，缝革为船。户四万，胜兵万人。王号宾就，官曰高霸黎，犹言宰相也。官在外者，率男子为之。凡号令，女官自内传，男官受而行。王侍女数百，五日一听政。王死，国人以金钱数万纳王族，求淑女二立之，次为小王，王死，因以为嗣，或姑死妇继，无篡夺。所居皆重屋，王九层，国人六层。王服青毛绫裙，被青袍，袖委于地，冬羔裘，饰以文锦。为小鬟髻，耳垂珰。足曳𩍐䩞。𩍐䩞，履也。俗轻男子，女贵者咸有侍男，被发，以青涂面，惟务战与耕而已。子从母姓。地寒宜麦，畜羊马，出黄金。风俗大抵与天竺同。以十一月为正。巫者以十月诣山中，布糟麦，咒呼群鸟，俄有鸟来如鸡状，剖视之，有谷者岁丰，否即有灾，名曰鸟卜。居丧三年，不易服，不栉沐。贵人死，剥藏其皮，内骨瓮中，糅金屑瘗之。王之葬，殉死至数十人。

武德时，王汤滂氏始遣使入贡，高祖厚报，为突厥所掠不得通。贞观中，使复至，太宗玺制慰抚。显庆初，遣使高霸黎文与王子三卢来朝，授右监门中郎将。其王敛臂使大臣来请官号，武后册拜敛臂左玉钤卫员外将军，赐瑞锦服。天授、开元间，王及子再来朝，诏与宰相宴曲江，封王曳夫为归昌王、左金吾卫大将军。后乃以男子为王。

贞元九年，其王汤立悉与白狗君及哥邻君董卧庭、逋租君邓吉知、南水君薛尚悉曩、弱水君董避和、悉董君汤息赞、清远君苏唐磨、咄霸君董藐蓬皆诣剑南韦皋求内附。其种散居西山、弱水，虽自谓王，盖小小部落耳。自失河、陇，悉为吐蕃羁属，部数千户，辄置令，岁督丝絮。至是犹上天宝所赐诏书。皋处其众于维、霸等州，赐牛、粮，治生业。立悉等入朝，差赐官禄。于是松州羌二万口相踵入附。立悉等官刺史，皆得世袭，然阴附吐蕃，故谓“两面羌”。

高昌直京师西四千里而赢,其横八百里,纵三百里,凡二十一
城。王都交河城,汉车师前王廷也。田地城,戊己校尉所治也。胜
兵万人。土沃,麦、禾皆再熟。有草名白叠,撷花可织为布。俗辫髪
垂后。

其王麹伯雅,隋时尝妻以戚属宇文氏女,号华容公主。武德初,
伯雅死,子文泰立,遣使来告,高祖命使者临吊。后五年,献狗高六
寸,长尺,能曳马衔烛,云出拂菻,中国始有拂菻狗。

太宗即位,献玄狐裘,帝赐妻宇文华镇一具,宇文亦上玉盘。凡
诸国施为辄以闻。贞观四年,文泰遂来朝,礼赐厚甚。宇文求预宗
籍,有诏赐氏李,更封常乐公主。

久之,文泰与西突厥通,凡西域朝贡道其国,咸见雍掠。伊吾尝
臣西突厥,至是内属,文泰与叶护共击之。帝下诏让其反覆,召大臣
冠军阿史那矩计事,文泰不遣,使长史麹雍来谢罪。初,大业末,华
民多奔突厥,及颉利败,有逃入高昌者,有诏护送,文泰苛留之。又
与西突厥乙毗设破焉耆三城,虏其人,焉耆王诉诸朝。帝遣虞部郎
中李道裕问状,复遣使谢,帝引责曰:"而主数年朝贡不入,无藩臣
礼,擅置官,拟效百僚。今岁首万君长悉来,而主不至。日我使人往,
文泰猥曰:'鹰飞于天,雉窜于蒿,猫游于堂,鼠安于穴,各得其所,
岂不快邪!'西域使者入贡,而主悉拘梗之。又谍薛延陀曰:'既自为
可汗,与唐天子等,何事拜谒其使?'明年我当发兵虏而国,归谓而
君善自图。"时薛延陀可汗请为军向导,故民部尚书唐俭至延陀坚
约。

帝复下玺书示文泰祸福,促使入朝,文泰遂称疾不至。乃拜侯
君集为交河道大总管,左屯卫大将军薛万均、萨孤吴仁副之,契苾
何力为葱山道副大总管,武卫将军牛进达为行军总管,率突厥、契
苾骑数万讨之。群臣谏以行万里兵难得志,且天界绝域,虽得之,不
可守,帝不听。文泰谓左右曰:"曩吾入朝,见秦、陇北城邑萧条,非
有隋比。今伐我,兵多则粮馈不逮,若下三万,我能制之。度碛疲钝,

以逸待劳,卧收其弊耳。"十四年,闻王师至碛口,悸骇无它计,发病死,子智盛立。

君集奄攻田地城,契苾何力以前军麾战,是夜星坠城中,明日拔其城,虏七千余人。中郎将辛獠儿以劲骑夜逼其都,智盛以书遗君集曰:"得罪于天子者,先王也,咎深谴积,震坠厥命。智盛嗣位未几,公其见赦。"君集曰:"能悔祸者,当面缚军门。"智盛不答。军进,填隍引冲车,飞石如雨,城中大震。智盛令大将麴士义居守,身与缩曹麴德俊谒军门,请改事天子。君集谕使降,辞未屈,薛万均勃然起曰:"当先取城,小儿何与语!"麾而进,智盛流汗伏地曰:"唯公命!"乃降。君集分兵略定,凡三州、五县、二十二城,户八千,口三万,马四千。先是,其国人谣曰:"高昌兵,如霜雪;唐家兵,如日月。日月照霜雪,几何自殄灭。"文泰捕谣所发,不能得也。

捷书闻,天子大悦,宴群臣,班赐策功,赦高昌所部,披其地皆州县之,号西昌州。特进魏徵谏曰:"陛下即位,高昌最先朝谒,俄以掠商胡,遏贡献,故王诛加焉。文泰死,罪止矣,抚其人,立其子,伐罪吊民,道也。今利其土,屯守常千人,屯士数年一易,办装资,离亲戚,不十年陇右且空。陛下终不得高昌圭粒刡帛助中国费,所谓散有用事无用。"不纳。改西昌州曰西州,更置安西都护府,岁调千兵,谪罪人以戍。黄门侍郎褚遂良谏曰:"古者先函夏,后夷狄,务广德化,不争荒迸。今高昌诛灭,威动四夷,然自王师始征,河西供役,飞米转刍,十室九匮,五年未可复。今又岁遣屯戍,行李万里,去者资装使自营办,卖菽粟,倾机杼,道路死亡尚不计。罪人始于犯法,终于惰业,无益于行。所遣复有亡命,官司捕逮,株蔓相牵。有如张掖、酒泉尘飞烽举,岂得高昌一乘一卒及事乎? 必发陇右、河西耳。然则河西为我腹心,高昌,佗人手足也,何必耗中华,事无用? 昔陛下平颉利、吐谷浑,皆为立君,盖罪而诛之,伏而立之,百蛮所以畏威慕德也。今宜择高昌可立者立之,召首领悉还本土,长为藩翰,中国不扰。"书闻不省。

初,文泰以金厚饷西突厥欲谷设,约有急为表里;使叶护屯可汗浮图城。及君集至，惧不敢发，遂来降。以其地为廷州。焉耆请归高昌所夺五城，留兵以守。

君集勒石纪功，凯而旋，俘智盛君臣献观德殿。行饮至礼，酺三日。徙高昌豪桀于中国，智盛拜左武卫将军、金城郡公，弟智湛右武卫中郎将、天山郡公。麴氏传国九世，百三十四年而亡。

智湛，麟德中以左骁卫大将军为西州刺史，卒，赠凉州都督。有子昭，好学，有鬻异书者，母顾笥中金叹曰："何爱此，不使子有异闻乎？"尽持易之。昭历司膳卿，颇能辞章。弟崇裕有武艺，永徽中为右武卫翊府中郎将，封交河郡王，邑至三千户。终镇军大将军，武后为举哀，襚以美锦，赗赐甚厚，封爵绝。

吐谷浑居甘松山之阳，洮水之西，南抵白兰，地数千里。有城郭，不居也，随水草，帐室、肉粮。其官有长史、司马、将军、王、公、仆射、尚书、郎中，盖慕诸华为之。俗识文字，其王椎髻黑冒，妻锦袍织裙，金花饰首。男子服长裙缯冒，或冠幂䍦。妇人辫发萦后，缀珠贝。婚礼，富家厚纳聘，贫者窃妻去。父死妻庶母，兄死妻嫂。丧有服，葬已即除。民无常税，用不足，乃敛富室商人，足而止。凡杀人若盗马者死，它罪赎以物。地多寒，宜麦、菽、粟、芜菁，出小马、犛牛、铜、铁、丹砂。有青海者，周八九百里，中有山，须冰合，游牝马其上，明年生驹，号龙种。尝得波斯马，牧于海，生骢驹，日步千里，故世称"青海骢"。西北有流沙数百里，夏有热风，伤行人。风将发，老驼引项鸣，埋鼻沙中，人候之，以毡蔽鼻口无恙。

隋时，其王慕容伏允号步萨钵，尝寇边，炀帝遣铁勒败之，壁西平；复命观王雄破其众。伏允以数十骑入泥岭，亡去，仙头王率男女十余万降。置郡县镇戍，以长子顺为质，因王之，统余众，俄追还。伏允客党项，隋乱，因得复故地。

高祖受命，顺自江都还长安，于时李轨据凉州，帝乃约伏允和，令击轨自效，当护送顺。伏允喜，引兵与轨战库门，交绥止，即遣使请顺，帝遣之。顺至，号为大宁王。

太宗时,伏允遣使者入朝,未还,即寇鄯州。帝遣使者让,且召伏允;以疾为解,而为子求婚,验帝意。帝召子亲迎,亦称疾,有诏止婚,遣中郎将康处真临谕。又掠岷州,都督李道彦击走之,执名王二,斩级七百。连岁遣名王朝。俄寇凉州,鄯州刺史李玄运表吐谷浑牧马青海,轻兵掩之,可尽致。乃命左骁卫大将军段志玄、左骁卫将军梁洛仁率契苾、党项兵击之。未至三十里,志玄等不欲战,壁而留,虏知之,驱牧马走。副将李君羡率精骑尾袭悬水上,得牛羊二万还。

是时,伏允耄不能事,其相天柱王用事,拘天子行人鸿胪丞赵德楷,帝遣使晓敕,十返,无悛言。贞观九年,诏李靖为西海道行军大总管,侯君集积石道,任城王道宗鄯善道,李道彦赤水道,李大亮且末道,高甑生盐泽道,并为行军总管,率突厥、契苾兵击之。党项内属羌及洮州羌,皆杀刺史归伏允。夏四月,道宗破伏允于库山,俘斩四百。伏允谋入碛疲唐兵,烧野草,故靖马多饥。道宗曰:"柏海近河源,古未有至者。伏允西走,未知其在,方马羸粮乏,难远入,不如桉军鄯州,须马壮更图之。"君集曰:"不然。向者段志玄至鄯州,吐谷浑兵辄傅城,彼国方完,逆众用命也。今虏大败,斥候无在,君臣相失,我乘其困,可以得志。柏海虽远,可鼓而至也。"靖曰:"善。"分二军:靖与大亮、薛万均以一军趣北,出其右;君集、道宗以一军趣南,出其左。靖将萨孤吴仁以轻骑战曼都山,斩名王,获五百级。诸将战牛心堆、赤水源,获虏将南昌王慕容孝俊,收杂畜数万。君集、道宗登汉哭山,战乌海,获名王梁屈葱。靖破天柱部落于赤海,收杂畜二十万。大亮俘名王二十,杂畜五万,次且末之西。伏允走图伦碛,将托于阗,万均督锐骑追亡数百里,又破之。士乏水,刺马饮血。君集、道宗行空荒二千里,盛夏降霜,乏水草,士糜冰,马秣雪。阅月,次星宿川,达柏海上,望积石山,鉴观河源。执失思力驰破虏车重。两军会于大非川、破逻真谷。

顺之质隋,为金紫光禄大夫,伏允立其弟为太子。顺归,常鞅鞅,自以失位,欲以功自结天子,乃斩天柱王,举国降。伏允惧,引千

余骑遁碛中,众稍亡,从者才百骑,穷无聊,即自经死。国人立顺为
君,称臣内附,诏封西平郡王,号趉胡吕乌甘豆可汗。帝恐未能定其
国,遣李大亮率精兵镇援。

顺久质华,国人不附,卒为下所杀,立其子燕王诺曷钵。诺曷钵
幼,大臣争权。帝诏侯君集就经纪之,始请颁历及子弟入侍。诏封
诺钵河源郡王,号乌地也拔勒豆可汗,遣淮阳郡王道明持节册命,
赐鼓纛。诺曷钵身入谢,遂请婚,献马牛羊万。比年入朝,乃以宗室
女为弘化公主妻之,诏道明及右武卫将军慕容宝持节送公主。其相
宣王跛扈,谋作乱,欲袭公主劫诺曷钵奔吐蕃。诺曷钵知之,引轻骑
走鄯城,威信王以兵迎之。果毅都尉席君买率兵与威信王共讨,斩
其兄弟三人,国大扰。帝又诏民部尚书唐俭、中书舍人马周持节抚
慰。

高宗立,以主故,拜驸马都尉。又献名马,帝问马种性,使者曰:
"国之最良者。"帝曰:"良马人所爱。"诏还其马。公主表请入朝,遣
左骁卫将军鲜于匡济迎之。十一月,及诺曷钵至京师,帝又以宗室
女金城县主妻其长子苏度摸末,拜左领军卫大将军。久之,摸末死,
主与次子右武卫大将军梁汉王闼卢摸末来请婚,帝以宗室女金明
县主妻之。既而与吐蕃相攻,上书相曲直,并来请师,天子两不许。
吐谷浑大臣素和贵奔吐蕃,言其情,吐蕃出兵捣虚,破其众黄河上,
诺曷钵不支,与公主引数千帐走凉州。帝遣左武卫大将军苏定方为
安集大使,平两国怨。吐蕃遂有其地。

诺曷钵请内徙。乾封初,更封青海国王。帝欲徙其部于凉州之
南山,群臣议不同,帝难之。咸亨元年,乃以右威卫大将军薛仁贵为
逻娑道行军大总管,左卫员外大将军阿史那道真、左卫将军郭待封
副之,总兵五万讨吐蕃,且纳诺曷钵于故廷。王师败于大非川,举吐
谷浑地皆陷,诺曷钵与亲近数千帐才免。三年,乃徙浩亹水南。诺
曷钵以吐蕃盛,势不抗,而鄯州地狭,又徙灵州,帝为置安乐州,即
拜刺史,欲其安且乐云。

诺曷钵死,子忠立。忠死,子宣超立,圣历三年,拜左豹韬员外

大将军,袭故可汗号,余部诣凉、甘、肃、瓜、沙等州降。宰相张锡与右武卫大将军唐休璟议徙其人于秦、陇、丰、灵间,令不得畔去。凉州都督郭元振以为:"吐谷浑近秦、陇,则与监牧杂处;置丰、灵,又迩默啜;假在诸华,亦不遽移其性也。前日王孝杰自河源军徙耽尔乙句贵置灵州,既其叛,乃入牧坊掠群马,瘢夷州县,是则迁中土无益之成验。往素和贵叛去,于我无损,但失吐谷浑数十部,岂与句贵比邪?今降房非强服,皆突矢刃,弃吐蕃而来,宜当循其情,为之制也。当甘、肃、瓜、沙降者,即其所置之,因其所投而居,情易安,磔数州则势自分。顺其情,分其势,不扰于人,可谓善夺戎心者也。岁遣镇遏使者与宣超兄弟抚护之,无令相侵夺,生业固矣。有如叛去,无损中国。"诏可。宣超死,子曦皓立。曦皓死,子兆立。吐蕃复取安乐州,而残部徙朔方、河东,语谬为"退浑"。

贞元十四年,以朔方节度副使、左金吾卫大将军慕容复为长乐都督、青海国王,袭可汗号。复死,停袭。吐谷浑自晋永嘉时有国,至龙朔三年吐蕃取其地,凡三百五十年,及此封嗣绝矣。

焉耆国直京师西七千里而赢,横六百里,纵四百里,东高昌,西龟兹,南尉犁,北乌孙。逗渠溉田,土宜黍、蒲陶,有鱼盐利。俗祝发毡衣。户四千,胜兵二千,常役属西突厥。俗尚娱遨,二月朏出野祀,四月望日游林,七月七日祀生祖,十月望日王始出游,至岁尽止。

太宗贞观六年,其王龙突骑支始遣使来朝。自隋乱,碛路闭,故西域朝贡皆道高昌。突骑支请开大碛道以便行人,帝许之。高昌怒,大掠其边。西突厥莫贺设与咄陆、弩失毕作难,来奔。咄陆、弩失毕复攻之,遣使言状,并贡名马。咥利失可汗立,素善焉耆,故倚为援。十二年,处月、处蜜与高昌攻陷其五城,掠千五百人,焚庐舍。侯君集讨高昌,遣使与相闻,突骑支喜,引兵佐唐。高昌破,归向所俘及城,遣使者入谢。

西突厥臣屈利啜为弟娶突骑支女,遂相约为辅车势,不朝贡,安西都护郭孝恪请讨之。会王弟颉鼻、栗婆准、叶护等三人来降,帝即命孝恪为西州道总管,率兵出银山道,以栗婆准等为乡导。初,焉耆所都周三十里,四面大山,海水缭其外,故恃不为虞。孝恪倍道绝水,夜傅堞,迟曙噪而登,鼓角轰哄,唐兵纵,国人扰败,斩千余级,执突骑支,更以栗婆准摄国事。始,帝语近臣曰:"孝恪以八月十一日诣焉耆,阅二旬可至,当以二十二日破之,使者今至矣!"俄而遽人以捷布闻。囚突骑支及妻子送洛阳,有诏赦罪。

屈利啜以兵救焉耆,而孝恪还三日矣。屈利啜囚栗婆准,更使吐屯摄王,遣使以告。帝曰:"焉耆我所下,尔乃王之邪?"吐屯惧,不敢王。焉耆立栗婆准,而从兄薛婆阿那支自为王,号瞎干,执栗婆准献龟兹,杀之。阿史那社尔讨龟兹,阿那支奔之,壁东境,抗王师,为社尔所禽,数其罪,斩以徇。立突骑支弟婆伽利为王,以其地为焉耆都督府。

婆伽利死,国人请还前王突骑支,高宗许之,拜左卫大将军,归国。死,龙懒突立。武后长安时,以其国小人寡,过使客不堪其劳,诏四镇经略使禁止傔使私马、无品者肉食。开元七年,龙懒突死,焉吐拂延立。于是十姓可汗请居碎叶,安西节度使汤嘉惠表以焉耆备四镇。诏焉耆、龟兹、疏勒、于阗征西域贾,各食其征,由北道者轮台征之。讫天宝常朝贺。

龟兹,一曰丘兹,一曰屈兹,东距京师七千里而赢,自焉耆西南步二百里,度小山,经大河二,又步七百里乃至。横千里,纵六百里。土宜麻、麦、粳稻、蒲陶,出黄金。俗善歌乐,旁行书,贵浮图法。产子以木压首。俗断发齐顶,惟君不翦发。姓白氏。居伊逻卢城,北倚阿羯田山,亦曰白山,常有火。王以锦冒顶,锦袍、宝带。岁朔,斗羊马橐它七日,观胜负以卜岁盈耗云。葱岭以东俗喜淫,龟兹、于阗置女肆,征其钱。

高祖受禅,王苏伐勃駃遣使入朝。会死,子苏伐叠立,号时健莫贺俟利发。贞观四年献马,太宗赐玺书,抚慰加等。后臣西突厥。郭孝恪伐焉耆,乃遣兵与焉耆影援,自是不朝贡。

苏伐叠死,弟诃黎布失毕立。二十一年,两遣使朝贡,然帝怒其佐焉耆叛,议讨之。是夜月食昴,诏曰:"月阴精,用刑兆也;星胡分,数且终。"乃以阿史那社尔为昆丘道行军大总管,契苾何力副之,率安西都护郭孝恪、司农卿杨弘礼、左武卫将军李海岸等发铁勒十三部兵十万讨之。社尔分五军掠其北,执焉耆王阿那支,龟兹大恐,酋长皆弃城走。社尔次碛石,去王城三百里。先遣伊州刺史韩威以千骑居前,右骁卫将军曹继叔次之,至多褐,与王遇,其将羯猎颠兵五万合战。威伪北,王见威兵少,麾而进,威退与继叔合,还战,大破之,追奔八十里。王婴城,社尔将围之,王引突骑西走,城遂拔,孝恪居守。沙州刺史苏海政、行军长史薛万备以精骑穷蹑六百里,王计穷,保拨换城,社尔围之。阅月,执王及羯猎颠。其相那利夜逸,以西突厥并国人万余来战,孝恪及子死之。王师扰,仓部郎中崔义起募兵战城中,继叔、威助击之,斩首三千级。那利败,衰亡散复振,还袭王师,继叔乘之,斩八千级。那利走,或执以诣军。社尔凡破五大城,男女数万,遣使者谕降小城七百余,西域震惧,西突厥、安两国归军饷焉。社尔立王弟叶护王其国,勒石纪功。

书闻,帝喜,见群臣从容曰:"夫乐有几,朕尝言之:土城竹马,童儿乐也;饬金翠罗纨,妇人乐也;贸迁有无,商贾乐也;高官厚秩,士大夫乐也;战无前敌,将帅乐也;四海宁一,帝王乐也。朕今乐矣!"遂遍觞之。初,孝恪之击焉耆也,龟兹有浮屠善数,叹曰:"唐家终有西域,不数年吾国亦亡。"社尔执诃黎布失毕、那利、羯猎颠献太庙,帝受俘紫微殿。帝责谓,君臣皆顿首伏,诏赦罪,改馆鸿胪寺,拜布失毕左武卫中郎将。始徙安西都护于其都,统于阗、碎叶、疏勒,号"四镇"。

高宗复封诃黎布失毕为龟兹王,与那利、羯猎颠还国。久之,王来朝。那利烝其妻阿史那,王不能禁,左右请杀之,由是更猜忌。使者言状,帝并召至京师,囚那利,护遣王还。羯猎颠拒不内,遣使降贺鲁,王不敢进,悒悒死。诏左屯卫大将军杨胄发兵禽羯猎颠,穷诛部党,以其地为龟兹都督府,更立子素稽为王,授右骁卫大将军,为

都督。是岁,徙安西都护府于其国,以故安西为西州都督府,即拜左
骁卫大将军兼安西都护麴智湛为都督。西域平。帝遣使者分行诸
国风俗物产,诏许敬宗与史官撰《西域图志》。

上元中,素稽献银颇罗、名马。天授三年,王延田跌来朝。始,
仪凤时,吐蕃攻焉耆以西,四镇皆没。长寿元年,武威道总管王孝杰
破吐蕃,复四镇地,置安西都护府于龟兹,以兵三万镇守。于是沙碛
荒绝,民供赍粮苦甚,议者请弃之,武后不听。都护以政绩称华狄
者,田扬名、郭元振、张孝嵩、杜暹云。开元七年,王白莫苾死,子多
币立,改名孝节。十八年,遣弟孝义来朝。

自龟兹赢六百里,逾小沙碛,有跋禄迦,小国也,一曰亟墨,即
汉姑墨国,横六百里,纵三百里。风俗文字与龟兹同,言语少异。出
细毡褐。西三百里度石碛至凌山,葱领北原也,水东流,春夏山谷积
雪。西北五百里至素叶水城,比国商胡杂居。素叶以西数十城,皆
立君长,役属突厥。自素叶水城至羯霜那国,衣毡褐皮毹,以缯缭
额。素叶城西四百里至千泉,地赢二百里,南雪山,三垂平陆,多泉
池,因名之,突厥可汗岁避暑其中。群鹿饰铃镮,可狎也。西赢百里
至呾逻私城,亦比国商胡杂居。有小城三百,本华人,为突厥所掠,
群保此,尚华语。西南赢二百里至白水城,原隰膏腴。南五十里有
笯赤建国,广千里,地沃宜稼,多蒲陶。又二百里即石国。

疏勒,一曰佉沙,环五千里,距京师九千里而赢。多沙碛,少壤
土。俗尚诡诈,生子亦夹头取褊,其人文身碧瞳。王姓裴氏,自号
"阿摩支",居迦师城,突厥以女妻之。胜兵二千人。俗祠祆神。

贞观九年,遣使者献名马,又四年,与朱俱波、甘棠贡方物。太
宗谓房玄龄等曰:"曩之一天下,克胜四夷,惟秦皇、汉武耳。朕提三
尺剑定四海,远夷率服,不减二君者。然彼末路不自保,公等宜相辅
弼,毋进谀言,置朕于危亡也。"仪凤时,吐蕃破其国。开元十六年,
始遣大理正乔梦松摄鸿胪少卿,册其君安定为疏勒王。天宝十二

载，首领裴国良来朝，授折冲都尉，赐紫袍、金鱼。

朱俱波亦名朱俱槃，汉子合国也。并有西夜、蒲梨、依耐、得若四种地，直于阗西千里，葱领北三百里，西距喝盘陀，北九百里属疏勒，南三千里女国也。胜兵二千人。尚浮屠法，文字同婆罗门。

甘棠，在海南，昆仑人也。

喝盘陀，或曰汉陀，曰渴馆檀，亦谓渴罗陀。由疏勒西南入剑末谷、不忍领六百里，其国也。距瓜州四千五百里，直朱俱波西，南距悬度山，北抵疏勒，西护密，西北判汗国也。治葱岭中，都城负徒多河。胜兵千人。其王本疏勒人，世相承为之。西南即头痛山也。葱领俗号极嶷山，环其国。人劲悍，貌、言如于阗。其法，杀人剽劫者死，余得赎。赋必输服饰，王坐人床。后魏太延中，始通中国。贞观九年，遣使者来朝。开元中破平其国，置葱岭守捉，安西极边戍也。

于阗，或曰瞿萨旦那，亦曰涣那，曰屈丹，北狄曰于遁，诸胡曰豁旦。距京师九千七百里，瓜州赢四千里，并有汉戎卢、杅弥、渠勒、皮山五国故地。其居曰西山城，胜兵四千人。有玉河，国人夜视月光盛处必得美玉。王居绘室。俗机巧，言迂大，喜事祆神、浮屠法。然貌恭谨，相见皆跪。以木为笔，玉为印，凡得问遗书，戴于首乃发之。自汉武帝以来，中国诏书符节，其王传以相授。人喜歌舞，工纺绩。西有沙碛，鼠大如猬，色类金，出入群鼠为从。初无桑蚕，丐邻国，不肯出，其王即求婚，许之。将迎，乃告曰："国无帛，可持蚕自为衣。"女闻，置蚕帽絮中，关守不敢验，自是始有蚕。女刻石约无杀蚕，蛾飞尽得治茧。

王姓尉迟氏，名屋密，本臣突厥，贞观六年，遣使者入献。后三年，遣子入侍。阿史那社尔之平龟兹也，其王伏阇信大惧，使子献橐它三百。长史薛万备谓社尔曰："公破龟兹，西域皆震恐，愿假轻骑

羁于阗王献京师。"社尔许之。至于阗,陈唐威灵,劝入见天子,伏阇
信乃随使者来。会高宗立,授右卫大将军,子叶护玷为右骁卫将军,
赐袍带,布帛六千段,第一区,留数月遣之,请以子弟宿卫。上元初,
身率子弟酋领七十人来朝。击吐蕃有功,帝以其地为毗沙都督府,
析十州。授伏阇雄都督。死,武后立其子璥。开元时献马、驼、貀。
璥死,复立尉迟伏师战为王。死,伏阇达嗣,并册其妻执失为妃。死,
尉迟珪嗣,妻马为妃。珪死,子胜立。至德初,以兵赴难,因请留宿
卫。乾元三年,以其弟左监门卫率叶护曜为大仆员外卿、同四镇节
度副使,权知本国事。胜自有传。

　　于阗东三百里有建德力河,七百里有精绝国;河之东有汗弥,
居达德力城,亦曰拘弥城,即宁弥故城。皆小国也。

　　初,德宗即位,遣内给事朱如玉之安西,求玉于于阗,得圭一,
珂佩五,枕一,带胯三百,簪四十,奁三十,钏十,杵三,瑟瑟百斤,并
它宝等。及还,诈言假道回纥为所夺。久之事泄,得所市,流死恩州。

　　天竺国,汉身毒国也,或曰摩伽陀,曰婆罗门。去京师九千六百
里,都护治所二千八百里,居葱领南,幅圆三万里,分东、西、南、北、
中五天竺,皆城邑数百。南天竺濒海,出师子、豹、犀、橐它、犀、象、
火齐、琅玕、石蜜、黑盐。北天竺距雪山,圌抱如璧,南有谷,通为国
门。东天竺际海,与扶南、林邑接。西天竺与罽宾、波斯接。中天竺
在四天竺之会,都城曰茶鎛和罗城,滨迦毗黎河。有别城数百,皆置
长,别国数十,置王。曰舍卫;曰迦没路,开户皆东向;曰迦尸,或曰
波罗奈,亦曰波罗那斯。其畜有稍割牛,黑色,角细,长四尺许,十日
一割,不然困且死。人饮其血,或曰寿五百岁,牛寿如之。

　　中天竺王姓乞利咥氏,亦曰刹利,世有其国,不篡杀。土溽热,
稻岁四熟,禾之长者没橐它。以贝齿为货。有金刚、旃檀、郁金,与
大秦、扶南、交趾相贸易。人富乐,无簿籍,耕王地者乃输税。以舐
足摩踵为致礼。家有奇乐倡伎。王大臣皆服锦罽,为螺髻于顶,余
发翦使卷。男子穿耳垂珰,或悬金,耳缓者为上类;徒跣,衣重白。妇

人项饰金、银、珠缨络。死者燔骸取灰,建窣堵,或委野中及河,饵鸟兽鱼鳖,无丧纪。谋反者幽杀之;小罪赎钱;不孝者断手足,劓耳鼻,徙于边。有文字,善步历,学《悉昙章》,妄曰梵天法,书贝多叶以记事。尚浮图法,不杀生饮酒,国中处处指曰佛故迹也。信盟誓,传禁咒,能致龙起云雨。

隋炀帝时,遣裴矩通西域诸国,独天竺、拂菻不至为恨。武德中,国大乱,王尸罗逸多勒兵战无前,象不弛鞍,士不释甲,因讨四天竺,皆北面臣之。会唐浮屠玄奘至其国,尸罗逸多召见曰:"而国有圣人出,作《秦王破阵乐》,试为我言其为人。"玄奘粗言太宗神武,平祸乱,四夷宾服状,王喜,曰:"我当东面朝之。"贞观十五年,自称摩伽陀王,遣使者上书,帝命云骑尉梁怀璥持节尉抚,尸罗逸多惊问国人:"自古亦有摩诃震旦使者至吾国乎?"皆曰:"无有。"戎言中国为摩诃震旦。乃出迎,膜拜受诏书,戴之顶,复遣使者随入朝。诏卫尉丞李义表报之,大臣郊迎,倾都邑纵观,道上焚香,尸罗逸多率群臣东面受诏书,复献火珠、郁金、菩提树。

二十二年,遣右卫率府长史王玄策使其国,以蒋师仁为副。未至,尸罗逸多死,国人乱,其臣那伏帝阿罗那顺自立,发兵拒玄策。时从骑才数十,战不胜,皆没,遂剽诸国贡物。玄策挺身奔吐蕃西鄙,檄召邻国兵。吐蕃以兵千人来,泥婆罗以七千骑来,玄策部分进战茶镈和罗城,三日破之,斩首三千级,溺水死万人。阿罗那顺委国走,合散兵复阵,师仁禽之,俘斩千计。余众奉王妻息阻乾陀卫江,师仁击之,大溃,获其妃、王子,虏男女万二千人,杂畜二万,降城邑五百八十所。东天竺王尸鸠摩送牛马三万馈军,及弓、刀、宝缨络。迦没路国献异物,并上地图,请老子象。玄策执阿罗那顺献阙下。有司告宗庙,帝曰:"夫人耳目玩声色,口鼻耽臭味,此败德之原也。婆罗门不劫吾使者,宁至俘虏邪?"擢玄策朝散大夫。

得方士那逻迩娑婆寐,自言寿二百岁,有不死术,帝改馆使治丹,命兵部尚书崔敦礼护视。使者驰天下,采怪药异石,又使者走婆罗门诸国。所谓畔茶法水者,出石臼中,有石象人守之,水有七种色,或热或冷,能销草木金铁,人手入辄烂,以橐它髑髅转注瓠中。有树名咀赖罗,叶如梨,生穷山崖腹,前有巨虺守穴,不可到。欲取叶者,以方镞矢射枝则落,为群鸟衔去,则又射,乃得之。其诡谲类如此。后术不验,有诏听还,不能去,死长安。高宗时,卢伽逸多者,东天竺乌茶人,亦以术进,拜怀化大将军。

乾封三年,五天竺皆来朝。开元时,中天竺遣使者三至;南天竺一,献五色能言鸟,乞师讨大食、吐蕃,丐名其军,玄宗诏赐怀德军,使者曰:"蕃夷惟以袍带为宠。"帝以锦袍、金革带、鱼袋并七事赐之;北天竺一来朝。

摩揭陀,一曰摩伽陀,本中天竺属国。环五十里,土沃宜稼穑,有异稻巨粒,号供大人米。王居拘阇揭罗布罗城,或曰俱苏摩补罗,曰波吒厘子城,北濒殑伽河。贞观二十一年,始遣使者自通于天子,献波罗树,树类白杨。太宗遣使取熬糖法,即诏扬州上诸蔗,拃沈如其剂,色味愈西域远甚。高宗又遣王玄策至其国摩诃菩提祠立碑焉。后德宗自制钟铭,赐那烂陀祠。

又有那揭者,亦属国也,贞观二十年,遣使者贡方物。

乌茶者,一曰乌伏那,亦曰乌苌,直天竺南。地广五千里,东距勃律六百里,西厕宾四百里。山谷相属,产金、铁、蒲陶、郁金。稻岁熟。人柔诈,善禁架术。国无杀刑,抵死者放之穷山。罪有疑,饮以药,视溲清浊而决轻重。有五城,王居瞢蘖利城,一曰瞢揭厘城,东北有达丽罗川,即乌苌旧地。贞观十六年,其王达摩因陁诃斯遣使者献龙脑香,玺书优答。大食与乌苌东鄙接,开元中数诱之,其王与骨咄、俱位二王不肯臣,玄宗命使者册为王。

章求拔国,或曰章揭拔,本西羌种。居悉立西南四山中,后徙山西,与东天竺接。衣服略相类,因附之。地袤八九百里,胜兵二千人,无城郭,好钞暴,商旅患之。贞观二十年,其王罗利多菩伽因悉立国遣使者入朝。玄策之讨中天竺,发兵来赴,有功,由是职贡不绝。

悉立当吐蕃西南,户五万,城邑多旁涧溪。男子缯束头,衣毡褐。妇人辫发,短裙。昏姻不以财聘。其谷宜粳稻、麦、豆。死者葬于野,不封树,丧制为黑衣,满年而除。刑有刖、劓。常羁属吐蕃。

罽宾,隋漕国也,居葱岭南,距京师万二千里而赢,南距舍卫三千里。王居修鲜城,常役属大月氏。地暑湿,人乘象,俗治浮屠法。

武德二年,遣使贡宝带、金锁、水精盏、颇黎状若酸枣。贞观中献名马,太宗诏大臣曰:"朕始即位,或言天子欲耀兵,振伏四夷,惟魏徵劝我修文德,安中夏;中夏安,远人伏矣。今天下大安,四夷君长皆来献,此徵力也。"遣果毅何处罗拔等厚赉赐其国,并抚尉天竺。处罗拔至罽宾,王东向稽首再拜,仍遣人导护使者至天竺。十六年,献褥特鼠,喙尖尾赤,能食蛇,螫者嗅且尿,疮即愈。

国人共传王始祖曰馨孽,至曷撷支传十二世。显庆三年,以其地为修鲜都督府。神龙初,拜其王修鲜等十一州诸军事、修鲜都督。开元七年,遣使献天文及秘方奇药,天子册其王为葛逻达支特勒。后乌散特勒洒冉老,请以子拂菻罽婆嗣,听之。天宝四载,册其子勃匐准为袭罽宾及乌苌国王。乾元初使者朝贡。

唐书卷二二一下
列传第一四六下

西域下

康　宁远　大勃律　吐火罗　谢䫻
识匿　箇失密　骨咄　苏毗　师子
波斯　拂菻　大食

　　康者，一曰萨末鞬，亦曰飒秣建，元魏所谓悉万斤者。其南距史
百五十里，西北距西曹百余里，东南属米百里，北中曹五十里。在那
密水南，大城三十，小堡三百。君姓温，本月氏人。始居祁连北昭武
城，为突厥所破，稍南依葱领，即有其地。枝庶分王，曰安，曰曹，曰
石，曰米，曰何，曰火寻，曰戊地，曰史，世谓"九姓"，皆氏昭武。土沃
宜禾，出善马，兵强诸国。人嗜酒，好歌舞于道。王帽毡，饰金杂宝。
女子盘髻，幪黑巾，缀金花。生儿以石蜜啖之，置胶于掌，欲长而甘
言，持宝若黏云。习旁行书。善商贾，好利，丈夫年二十，去傍国，利
所在无不至。以十二月为岁首，尚浮图法，祠祅神，出机巧技。十一
月鼓舞乞寒，以水交泼为乐。
　　隋时，其王屈木支娶西突厥女，遂臣突厥。武德十年，始遣使来
献。贞观五年，遂请臣。太宗曰："朕恶取虚名，害百姓，且康臣我，
缓急当同其忧。师行万里，宁朕志邪？"却不受。俄又遣使献师子兽，
帝珍其远，命秘书监虞世南作赋。自是岁入贡，致金桃、银桃，诏令

植苑中。

高宗永徽时，以其地为康居都督府，即授其王拂呼缦为都督。万岁通天中，以大首领笃娑钵提为王。死，子泥涅师师立。死，国人立突昏为王。开元初，贡锁子铠、水精杯、码碯瓶、驼鸟卵及越诺、侏儒、胡旋女子。其王乌勒伽与大食亟战不用胜，来乞师，天子不许。久之，请封其子咄曷为曹王，默啜为米王，诏许。乌勒伽死，遣使立咄曷，封钦化王，以其母可敦为郡夫人。

安者，一曰布豁，又曰捕喝，元魏谓忸蜜者。东北至东安，西南至毕，皆百里所。西濒乌浒河，治阿滥谧城，即康居小君长罽王故地。大城四十，小堡千余。募勇健者为柘羯。柘羯，犹中国言战士也。武德时，遣使入朝。贞观初，献方物，太宗厚尉其使曰：“西突厥已降，商旅可行矣。”诸胡大悦。其王诃陵迦又献名马，自言一姓相承二十二世云。是岁，东安国亦入献，言子姓相承十世云。

东安，或曰小国，曰喝汗，在那密水之阳，东距何二百里许，西南至大安四百里。治喝汗城，亦曰篯斤。大城二十，小堡百。显庆时，以阿滥为安息州，即以其王昭武杀为刺史；篯斤为木鹿州，以其王昭武闭息为刺史。开元十四年，其王笃萨波提遣弟阿悉烂达拂耽发黎来朝，纳马豹。后八年，献波斯骖二，拂菻绣氍球一、郁金香、石蜜等，其妻可敦献柘辟大氍球二、绣氍球一，丐赐袍带、铠仗及可敦袿褥装泽。

东曹，或曰率都沙那，苏对沙那，劫布咀那，苏都识匿，凡四名。居波悉山之阴，汉贰师城地也。东北距俱战提二百里，北至石，西至康，东北宁远，皆四百里许，南至吐火罗五百里。有野叉城，城有巨窟，严以关钥，岁再祭，人向窟立，中即烟出，先触者死。武德中，与康同遣使入朝，其使曰：“本国以臣为健儿，闻秦王神武，欲隶麾下。”高祖大悦。

西曹者，隋时曹也，南接史及波览，治瑟底痕城。东北越于底城有得悉神祠，国人事之。有金具器，款其左曰："汉时天子所赐。"武德中入朝。天宝元年，王哥逻仆罗遣使者献方物，诏封怀德王，即上言："祖考以来，奉天可汗，愿同唐人受调发，佐天子征讨。"十一载，东曹王设阿忽与安王请击黑衣大食，玄宗尉之不听。

中曹者，居西曹东，康之北。王治迦底真城。其人长大，工战斗。

石，或曰柘支，曰柘折，曰赭时，汉大宛北鄙也。去京师九千里。东北距西突厥，西北波腊，南二百里所抵俱战提，西南五百里康也。圆千余里，右涯素叶河。王姓石，治柘折城，故康居小王窳匿城地。西南有药杀水，入中国谓之真珠河，亦曰质河。东南有大山，生瑟瑟。俗善战，多良马。隋大业初，西突厥杀其王，以特勒匐职统其国。武德、贞观间，数献方物。显庆三年，以瞰羯城为大宛都督府，授其王瞰土屯摄舍提于屈昭穆都督。开元初，封其君莫贺咄吐屯，有功，为石国王。二十八年，又册顺义王。明年，王伊捺吐屯屈勒上言："今突厥已属天可汗，惟大食为诸国患，请讨之。"天子不许。天宝初，封王子那俱车鼻施为怀化王，赐铁券。久之，安西节度使高仙芝劾其无蕃臣礼，请讨之。王约降，仙芝遣使者护送至开远门，俘以献，斩阙下，于是西域皆怨。王子走大食乞兵，攻怛逻斯城，败仙芝军，自是臣大食。宝应时，遣使朝贡。

有碎叶者，出安西西北千里所，得勃达岭，南抵中国，北突骑施南鄙也，西南直葱领赢二千里。水南流者经中国入于海，北流者经胡入于海、北三日行度雪海，春夏常雨雪。繇勃达岭北行赢千里，得细叶川。东曰热海，地寒不冻；西有碎叶城，天宝七载，北廷节度使王正见伐安西，毁之。川长千里，有异姓突厥兵数万，耕者皆擐甲，相掠为奴婢。西属怛逻斯城，石常分兵镇之。自此抵西海矣。三月讫九月，未尝雨，人以雪水溉田。

石东南千余里，有怖捍者，山四环之，地膏腴，多马羊。西千里距堵利瑟那，东临叶叶水，水出葱岭北原，色浊，西北流入大碛。无水草，望大山，寻遗骴，知所指，五百余里即康也。

米，或曰弥末，曰弭秣贺。北百里距康。其君治钵息德城，永徽时为大食所破。显庆三年，以其地为南谧州，授其君昭武开拙为刺史，自是朝贡不绝。开元时，献璧、舞筵、师子、胡旋女。十八年，大首领末野门来朝。天宝初，封其君为恭顺王，母可敦郡夫人。

何，或曰屈霜你迦，曰贵霜匿，即康居小王附墨城故地。城左有重楼，北绘中华古帝，东突厥、婆罗门，西波斯、拂菻等诸王，其君旦诣拜则退。贞观十五年，遣使者入朝。永徽时上言：“闻唐出师西讨，愿输粮于军。”俄以其地为贵霜州，授其君昭武婆达地刺史。遣使者钵底失入谢。

火寻，或曰货利习弥，曰过利，居乌浒水之阳。东南六百里距戊地，西南与波斯接，西北抵突厥曷萨，乃康居小王奥鞬城故地。其君治急多飓遮城。诸胡惟其国有车牛，商贾乘以行诸国。天宝十载，君稍施芬遣使者朝，献黑盐。宝应时复入朝。

史，或曰佉沙，曰羯霜那，居独莫水南，康居小王苏薤城故地。西百五十里距那色波，北二百里属米，南四百里吐火罗也。有铁门山，左右巉峭，石色如铁，为关以限二国，以金锢阖。城有神祠，每祭必千羊，用兵类先祷乃行。国有城五百。隋大业中，其君狄遮始通中国，号最强盛，筑乞史城，地方数千里。贞观十六年，君沙瑟毕献方物。显庆时，以其地为佉沙州，授君昭武失阿喝刺史。开元十五年，君忽必多献舞女、文豹。后君长数死、立，然首领时时入朝。天宝中,诏改史为来威国。

那色波,亦曰小史,盖为史所役属。居吐火罗故地,东厄葱岭,西接波剌斯,南雪山。

循缚刍水北有咀蜜种,亦自国,东西六百里所。又东逾四种,有镀沙者,广三百里,长五百里,东界骨咄,接葱领有十八种。南有揭职,稍大,幅员准千里,陵皋连属,多菽麦,气寒烈。东南抵雪山六百里,道吐火罗,又逾五种至婆罗睹逻。北逾山行六百里,得乌戈种。东北行二百里至河波罗水,水西南流,春夏涸冻。北历十二种有婆罗吸摩补罗,最大种,绵地四千里,山周其外,土沃,产输、水精。北大雪山,即东女也。历十九种得摩揭陀。又东过四种,逾大河,有迦摩缕波,皆阪险,地接西南夷,其人类蛮獠。行二月,叩蜀南边,其东南野象群暴,故战用象军。又南历三十二种有狼揭罗者,地大数千里,其君治窣苊黎湿伐罗城。西北即波剌斯,传言广万里,王治苏剌萨傥那城。土温溽,引水为田,人富饶。出金、银、水精。多工巧,织锦、褐、氍毹。产善马、橐它。人服锦氍。赋税,口出四银钱,又以交易。西北距拂菻,西南际海岛,有西女种,皆女子,多珍货,附拂菻,拂菻君长岁遣男子配焉。俗产男不举。又有臂、多、势、罗四种,西北逾大山广川,历小城聚,行二千里即谢飑也。北五百里有弗栗恃萨傥那,地横二千里,纵千里。其君突厥种,治护苾那城。东北大雪山,盛夏常冻,凿冰乃可度。下有安咀罗缚者,地三千里;西北逾岭四百里有阔悉多;西北三百里有活种,大二千里。此三种皆居吐火罗故地,臣于突厥,君亦突厥种,主铁门南诸戎,迁徙不常。东又有七种,东南峡道险甚,无虑三百里,得俱兰。东北山行五百里,即护密,北识匿也。南有商弥,地大二千里而赢,多蒲陶。生雌黄,凿石乃得。东北逾山七百里至波谜罗川,东西千里,南北百里,春夏雨雪。南有钵露种,多紫金。行五百里有揭盘陀。东行八百里出葱岭,又八百里至乌铩,环千里,出白、黳、青三种玉。君长世臣揭盘陀。北径碛,旷野五百里,得疏勒。东南五百里济徒多水,逾大沙岭,有斫句迦种,或曰沮渠,地千里。东逾领八百里,即于阗也,东有媲摩川。度碛行二百里,得尼壤城,在大泽中,地垫洳,芦荻荒茂,行者凿道趣城通于阗,而于阗以为东关。又东行入大流沙,人行无迹,故往返辄迷,聚遗骸以识道。无水草,多热风,触人及六畜皆迷仆。行四百里至故都逻。又六百里至故折摩驮那,古且末也。又千里至故纳缚波,古楼兰也。

自咀蜜以下,诸种相与群聚,华人皆以国名之,故未尝与唐通,传记杂诡,不可得而考。然其地与诸国连属,粗序其名云。

宁远者,本拔汗那,或曰𩀱汗,元魏时谓破洛那。去京师八千里。居西鞬城,在真珠河之北。有大城六,小城百。人多寿。其王自魏、晋相承不绝。每元日,王及首领判二朋,朋出一人被甲斗,众以瓦石相之,有死者止,以卜岁善恶。

贞观中,王契苾为西突厥瞰莫贺咄所杀,阿瑟那鼠匿夺其城。鼠匿死,子遏波之立契苾兄子阿了参为王,治呼闷城;遏波之治渴塞城。显庆初,遏波之遣使朝贡,高宗厚慰谕。三年,以渴塞城为休循州都督,授阿了参刺史,自是岁朝贡。玄宗开元二十七年,王阿悉烂达干助平吐火仙,册拜奉化王。天宝三载,改其国号宁远,帝以外家姓赐其王曰窦,又封宗室女为和义公主降之。十三载,王忠节遣子薛裕朝,请留宿卫,习华礼,听之,授左武卫将军。其事唐最谨。

大勃律,或曰布露。直吐蕃西,与小勃律接,西邻北天竺、乌苌。地宜郁金。役属吐蕃。万岁通天逮开元时,三遣使者朝,故册其君苏弗舍利支离泥为王。死,又册苏麟陀逸之嗣王,凡再遣大首领贡方物。

小勃律去京师九千里而赢,东少南三千里距吐蕃赞普牙,东八百里属乌苌,东南三百里大勃律,南五百里箇失蜜,北五百里当护密之娑勒城。王居孽多城，临娑夷水。其西山颠有大城曰迦布罗。开元初，王没谨忙来朝，玄宗以儿子畜之，以其地为绥远军。国迫吐蕃，数为所困，吐蕃曰："我非谋尔国，假道攻四镇尔。"久之，吐蕃夺其九城，没谨忙求救北廷，节度使张孝嵩遣疏勒副使张思礼率锐兵四千倍道往，没谨忙因出兵，大破吐蕃，杀其众数万，复九城。诏册为小勃律王。遣大首领察卓那斯摩没胜入谢。

没谨忙死，子难泥立。死，兄麻来兮立。死，苏失利之立，为吐蕃阴诱，妻以女，故西北二十余国皆臣吐蕃，贡献不入，安西都护三讨之无功。天宝六载，诏副都护高仙芝伐之。前遣将军席元庆驰千骑见苏失利之曰："请假道趋大勃律。"城中大酋五六，皆吐蕃腹心。仙芝约元庆："吾兵到，必走山。出诏书召慰，赐缯彩。缚酋领待我。"元庆如约。苏失利之挟妻走，不得其处。仙芝至，斩为吐蕃者，断娑夷桥。是暮，吐蕃至，不能救。仙芝约王降，遂平其国。于是拂菻、大食诸胡七十二国皆震恐，咸归附。执小勃律王及妻归京师，诏改其国号归仁，置归仁军，募千人镇之。帝赦苏失利之不诛，授右威卫将军，赐紫袍、黄金带，使宿卫。

吐火罗，或曰土豁罗，曰睹货逻，元魏谓吐呼罗者。居葱岭西，乌浒河之南，古大夏地。与挹怛杂处。胜兵十万。国土著，少女多男。北有颇黎山，其阳穴中有神马，国人游牧牝于侧，生驹辄汗血。其王号"叶护"。武德、贞观时再入献。

永徽元年，献大鸟，高七尺，色黑，足类橐驼，翅而行，日三百里，能啖铁，俗谓驼鸟。显庆中，以其阿缓城为月氏都督府，析小城为二十四州，授王阿史那都督。后二年，遣子来朝，俄又献码碯镫树，高三尺。神龙元年，王那都泥利遣弟仆罗入朝，留宿卫。开元、天宝间数献马、骡、异药、乾陀婆罗二百品、红碧玻璃，乃册其君骨咄禄顿达度为吐火罗叶护、挹怛王。其后，邻胡羯师谋引吐蕃攻吐火罗，于是叶护失里忙伽罗丐安西兵助讨，帝为出师破之。乾元初，与西域九国发兵为天子讨贼，肃宗诏隶朔方行营。

挹怛国,汉大月氏之种。大月氏为乌孙所夺,西过大宛,击大夏臣之。治蓝氏城。大夏即吐火罗也。哌哒,王姓也,后裔以姓为国,讹为挹怛,亦曰挹阗。俗类突厥。天宝中遣使朝贡。

俱兰,或曰俱罗弩,曰屈浪挐,与吐火罗接,环地三千里,南大雪山,北俱鲁河。出金精,琢石取之。贞观二十年,其王忽提婆遣使者来献,书辞类浮屠语。

劫者,居葱岭中,西及南距赊弥,西北挹怛也,去京师万二千里。气常热,有稻、麦、粟、豆。畜羊马。俗死弃于山。武德二年,遣使者献宝带、玻璃、水精杯。

越底延者,南三千里距天竺,西北千里至赊弥,东北五千里至瓜州,居辛头水之北。其法不杀人,重罪流,轻罪放。无租税。俗翦发,被锦袍,贫者白㲲。自澡洁。气温,多稻米、石蜜。

谢䫻,居吐火罗西南,本曰漕矩吒,或曰漕矩,显庆时谓诃达罗支,武后改今号。东距罽宾,东北帆延,皆四百里。南婆罗门,西波斯,北护时健。其王居鹤悉那城,地七千里,亦治阿娑你城。多郁金、瞿草。潢泉灌田。国中有突厥、罽宾、吐火罗种人杂居,罽宾取其子弟持兵以御大食。景云初,遣使朝贡,后遂臣罽宾。开元八年,天子册葛达罗支颉利发誓屈尔为王。至天宝中数朝献。

帆延者,或曰望衍,曰梵衍那。居斯卑莫运山之旁,西北与护时健接,东南距罽宾,西南诃达罗支,与吐火罗连境。地寒,人穴处。王治罗烂城,有大城四五。水北流入乌浒河。贞观初,遣使者入朝。显庆三年,以罗烂城为写凤都督府,缚时城为悉万州,授王葛写凤州都督、管内五州诸军事,自是朝贡不绝。

石汗那,或曰斫汗那。自缚底野南入雪山,行四百里得帆延,东临乌浒河。多赤豹。开元、天宝中,一再朝献。

识匿,或曰尸弃尼,曰瑟匿。东南直京师九千里,东五百里距葱岭守捉所,南三百里属护蜜,西北五百里抵俱蜜。初治苦汗城,后散居山谷。有大谷五,酋长自为治,谓之五识匿。地二千里,无五谷。人喜攻剽,劫商贾。播蜜川四谷稍不用王号令。俗窟室。贞观二十年,与似没、役㝈二国使者偕来朝。开元十二年,授王布遮波资金吾卫大将军。天宝六载,王跌失伽延从讨勃律战死,擢其子都督、左武卫将军,给禄居藩。

似没者,北接石。土俗与康同。
役㝈,亦与康邻。出良马。

俱蜜者,治山中。在吐火罗东北,南临黑河。其王突厥延陀种。贞观十六年,遣使者入朝。开元中,献胡旋舞女,其王那罗延颇言为大食暴赋,天子但尉遣而已。天宝时,王伊悉烂俟斤又献马。

护蜜者,或曰达摩悉铁帝,曰镬侃,元魏所谓钵和者,亦吐火罗故地。东南直京师九千里而赢,横千六百里,纵狭才四五里。王居塞迦审城,北临乌浒河。地寒冱,堆阜曲折,沙石流漫。有豆、麦,宜木果,出善马。人碧瞳。显庆时以地为鸟飞州,王沙钵罗颉利发为刺史。地当四镇入吐火罗道,故役属吐蕃。开元八年,册其王罗旅伊陀骨咄禄多毗勒莫贺达摩萨尔为王。十六年,与米首领米忽汗同献方物。明年,大酋乌鹘达干复朝。王死,册其从弟护真檀嗣王。二十九年,身入朝,宴内殿,拜左金吾卫将军,赐紫袍、金带。天宝初,王子颉吉匐请绝吐蕃,赐铁券。八载,真檀来朝,请宿卫,诏可。授右武卫将军,久乃遣。又遣首领朝贡。乾元元年,王纥设伊俱鼻施来朝,赐氏李。

箇失蜜,或曰迦湿弥逻。北距勃律五百里,环地四千里,山回缭之,它国无能攻伐。王治拨逻勿逻布逻城,西濒弥那悉多大河。地宜稼,多雪不风。出火珠、郁金、龙种马。俗毛褐。世传地本龙池,龙徙水竭,故往居之。

开元初,遣使者朝。八年,诏册其王真陀罗秘利为王,间献胡药。天木死,弟木多笔立,遣使者物理多来朝,且言:“有国以来,并臣天可汗,受调发。国有象、马、步三种兵,臣身与中天竺王陀吐蕃五大道,禁出入,战辄胜。有如天可汗兵至勃律者,虽众二十万,能输粮以助。又国有摩诃波多磨龙池,愿为天可汗营祠。”因丐王册,鸿胪译以闻。诏内物理多宴中殿,赐赉优备,册木多笔为王,自是职贡有常。

其役属五种,亦名国。所谓呾叉始罗者,地二千里,有都城。东南余七百里得僧诃补罗,地三千余里,亦治都城。东南山行五百里得乌剌尸,地二千里,有都城,宜稼穑。东南限山千里即箇失蜜。西南行险七百里得半笈蹉,地二千里。又得曷逻阇补罗者,其大四千里,有都城,多山阜,人骁勇。五种皆无君长云。

骨咄,或曰珂咄罗。广长皆千里。王治思助建城。多良马、赤豹。有四大盐山,山出乌盐。

开元十七年,王俟斤遣子骨都施来朝。二十一年,王颉利发献女乐,又遣大首领多博勒达干朝贡。天宝十一载,册其王罗全节为叶护。

苏毗,本西羌族,为吐蕃所并,号孙波,在诸部最大。东与多弥接,西距鹘莽硖,户三万。天宝中,王没陵赞欲举国内附,为吐蕃所杀,子悉诺率首领奔陇右,节度使哥舒翰护送阙下,玄宗厚礼之。

多弥,亦西羌族,役属吐蕃,号难磨。滨犁牛河,土多黄金。贞观六年,遣使者朝贡,赐遣之。

伊吾城者,汉宜禾都尉所治。商胡杂居,胜兵千,附铁勒。人骁悍,土良沃。隋末内属,置伊吾郡。天下乱,复臣突厥。贞观四年,城酋来朝。颉利灭,举七城降,列其地为西伊州。

师子,居西南海中,延袤二千余里,有棱伽山,多奇宝,以宝置洲上,商舶偿直辄取去。后邻国人稍往居之。能驯养师子,因以名国。

总章三年,遣使者来朝。天宝初,王尸罗迷迦再遣使献大珠、钿金、宝璎、象齿、白氎。

波斯,居达遏水西,距京师万五千里而赢,东与吐火罗、康接,北邻突厥可萨部,西、南皆濒海,西北赢四千里,拂菻也。人数十万,其先波斯匿王,大月氏别裔,王因以姓,又为国号。治二城,有大城十余。俗尊右下左,祠天地日月水火。祠夕,以麝揉苏,泽耏颜鼻耳。西域诸胡受其法,以祠祆。拜必交股。俗徒跣,丈夫祝发,衣不剖襟,青白为巾帔,缘以锦。妇辫发著后。战乘象,一象士百人,负则尽杀。断罪不为文书,决于廷。叛者铁灼其舌,疮白为直,黑为曲。刑有髡、钳、刖、劓,小罪耏,或系木于颈,以时月而置。劫盗囚终老,偷者输银钱。凡死,弃于山,服阅月除。气常歊热,地夷漫,知耕种畜牧。有鹙鸟,能啖羊。多善犬、骡、大驴。产珊瑚,高不三尺。

隋末,西突厥叶护可汗讨残其国,杀王库萨和,其子施利立,叶护使部帅监统。施利死,遂不肯臣。立库萨和女为王,突厥又杀之。施利之子单羯方奔拂菻,国人迎立之,是为伊怛支。死,兄子伊嗣俟立。

贞观十二年,遣使者没似半朝贡,又献活褥蛇,状类鼠,色正青,长九寸,能捕穴鼠。伊嗣俟不君,为大酋所逐,奔吐火罗,半道,大食击杀之。子卑路斯入吐火罗以免。遣使者告难,高宗以远不可师,谢遣,会大食解而去,吐火罗以兵纳之。

龙朔初,又诉为大食所侵,是时天子方遣使者到西域分置州县,以疾陵城为波斯都督府,即拜卑路斯为都督。俄为大食所灭,虽不能国,咸亨中犹入朝,授右武卫将军,死。始,其子泥涅师为质,调露元年,诏裴行俭将兵护还,将复王其国,以道远,至安西碎叶行俭还,泥涅师因客吐火罗二十年,部落益离散。景龙初,复来朝,授左威卫将军。病死,西部独存。开元、天宝间,遣使者十辈献码碯床、火毛绣舞筵。乾元初,从大食袭广州,焚仓库庐舍,浮海走。大历时复来献。

又有陀拔斯单者,或曰陀拔萨惮。其国三面阻山,北濒小海。居婆里城,世为波斯东大将。波斯灭,不肯臣大食。天宝五载,王忽鲁汗遣使入朝,封为归信王。后八年,遣子自会罗来朝,拜右武卫员外中郎将,赐紫袍、金鱼,留宿卫。为黑衣大食所灭。

贞观后,远小国君遣使者来朝献,有司未尝参考本末者,今附之左方。曰火辞弥,与波斯接。贞观十八年,与摩罗游使者偕朝。二十一年,有健达王献佛土菜,茎五叶,赤华紫须。龙朔元年,多福王难婆修强宜说遣使者来朝。总章元年,有末陀提王,开元五年,有习阿萨般王安杀,并遣使者朝贡。七年,诃毗施王掞塞因吐火罗大酋罗摩献师子、五色鹦鹉。

天宝时来朝者,曰俱烂那,曰舍摩,曰威远,曰苏吉利发屋兰,曰苏利悉单,曰建城,曰新城,曰俱位,凡八国。

俱位,或曰商弥。治阿赊腿师多城,在大雪山、勃律河北。地寒,有五谷、蒲陶、若榴,冬窟室。国人常助小勃律为中国候。

新城之国。在石东北赢百里。有弩室羯城,亦曰新城,曰小石国城,后为葛逻禄所并。

拂菻，古大秦也，居西海上，一曰海西国。去京师四万里，在苫
西，北直突厥可萨部，西濒海，有迟散城，东南接波斯。地方万里，城
四百，胜兵百万。十里一亭，三亭一置。臣役小国数十，以名通者曰
泽散，曰驴分。泽散直东北，不得其道里。东度海二千里至驴分国。

重石为都城，广八十里，东门高二十丈，扣以黄金。王宫有三袭
门，皆饰异宝。中门中有金巨称一，作金人立，其端属十二丸，率时
改一丸落。以瑟瑟为殿柱，水精、琉璃为棁，香木梁，黄金为地，象牙
阁。有贵臣十二共治国。王出，一人挈囊以从，有讼书投囊中，还省
枉直。国有大灾异，辄废王更立贤者。王冠如鸟翼，缀珠。衣锦绣，
前无襟。坐金花榻，侧有鸟如鹅，绿毛，上食有毒辄鸣。无陶瓦，屑
白石墍屋，坚润如玉。盛暑引水上，流气为风。男子翦发、衣绣，右
袒而帔，乘辎轺白盖小车，出入建旌旗，击鼓。妇人锦巾。家訾亿万
者为上官。

俗喜酒，嗜干饼。多幻人，能发火于颜，手为江湖，口幡眊举，足
堕珠玉。有善医能开脑出虫以愈目眚。土多金、银、夜光璧、明月珠、
大贝、车渠、码碯、木难、孔翠、虎魄。织水羊毛为布，曰海西布。海
中有珊瑚洲，海人乘大舶，堕铁网水底。珊瑚初生磐石上，白如菌，
一岁而黄，三岁赤，枝格交错，高三四尺。铁发其根，系网舶上，绞而
出之，失时不取即腐。西海有市，贸易不相见，置直物旁，名鬼市。有
兽名赞，大如狗，犷恶而力。北邑有羊，生土中，脐属地，割必死，俗
介马而走，击鼓以惊之，羔脐绝，即逐水草，不能群。

贞观十七年，王波多力遣使献赤玻璃、绿金精，下诏答赉。大食
稍强，遣大将军摩拽伐之，拂菻约和，遂臣属。乾封至大足，再朝献。
开元七年，因吐火罗大酋献师子、羚羊。

自拂菻西南度碛二千里，有国曰磨邻，曰老勃萨。其人黑而性
悍。地瘴疠，无草木五谷，饲马以槁鱼，人食鹘莽。鹘莽，波斯枣也。
不耻烝报，于夷狄最甚，号曰"寻"。其君臣七日一休，不出纳交易，
饮以穷夜。

大食，本波斯地。男子鼻高，黑而髯。女子白皙，出辄鄣面。日五拜天神。银带，佩银刀，不饮酒举乐。有礼堂容数百人，率七日，王高坐为下说曰："死敌者生天上，杀敌受福。"故俗勇于斗。土饶砾不可耕，猎而食肉。刻石蜜为庐如舆状，岁献贵人。蒲陶大者如鸡卵。有千里马，传为龙种。

隋大业中，有波斯国人牧于俱纷摩地那山，有兽言曰："山西三穴，有利兵，黑石而白文，得之者王。"走视，如言。石文言当反，乃诡众哀亡命于恒曷水，劫商旅，保西鄙自王，移黑石宝之。国人往讨之，皆大败还，于是遂强。灭波斯，破拂菻，始有粟麦仓庾。南侵婆罗门，并诸国，胜兵至四十万，康、石皆往臣之。其地广万里，东距突骑施，西南属海。

海中有拨拨力种，无所附属。不生五谷，食肉，刺牛血和乳饮之。俗无衣服，以羊皮自蔽。妇人明皙而丽。多象牙及阿末香，波斯贾人欲往市，必数千人纳氈劖血誓，乃交易。兵多牙角，而有弓、矢、铠、矟，士至二十万，数为大食所破略。

永徽二年，大食王徽密莫末腻始遣使者朝贡，自言王大食氏，有国三十四年，传二世。开元初，复遣使献马、钿带，谒见不拜，有司将劾之。中书令张说谓殊俗慕义，不可置于罪，玄宗赦之。使者又来，辞曰："国人止拜天，见王无拜也。"有司切责，乃拜。十四年，遣使苏黎满献方物，拜果毅，赐绯袍、带。

或曰大食族中有孤列种，世酋长，号白衣大食。种有二姓，一曰盆尼末换，二曰奚深。有摩诃末者，勇而智，众立为王。辟地三千里，克夏腊城。传十四世，至末换，杀兄伊疾自王，下怨其忍。有呼罗珊木鹿人并波悉林将讨之，徇众曰："助我者，皆黑衣。"俄而众数万，即杀末换，求奚深种孙阿蒲罗拔为王，更号黑衣大食。蒲罗死，弟阿蒲恭拂立。至德初，遣使者朝贡。代宗取其兵平两京。阿蒲恭拂死，子迷地立。死，弟诃论立。贞元时，与吐蕃相攻，吐蕃岁西师，故鲜盗边。十四年，遣使者含嵯、乌鸡、沙北三人朝，皆拜中郎将，赍遣之。传言其国西南二千里山谷间，有木生花如人首，与语辄笑，则落。

东有末禄，小国也。治城郭，多木姓。以五月为岁首，以画缸相献。有寻支瓜，大者十人食乃尽。蔬有颗葱、葛蓝、军达、茇薤。

大食之西有苦者，亦自国。北距突厥可萨部，地数千里。有五节度，胜兵万人。土多禾。有大川，东流入亚俱罗。商贾往来相望云。

自大食西十五日行，得都盘，西距罗利支十五日行；南即大食，二十五日行；北勃达，一月行。

勃达之东距大食二月行；西抵岐兰二十日行；南都盘，北大食，皆一月行。

岐兰之东南二十日行，得阿没，或曰阿昧；东南距陀拔斯十五日行；南沙兰，一月行；北距海二日行。居你诃温多城，宜马羊，俗柔宽，故大食常游牧于此。

沙兰东距罗利支，北怛满，皆二十日行；西即大食，二十五日行。

罗利支东距都盘，北陀拔斯，皆十五日行；西沙兰，二十日行；南大食，二十五日行。

怛满，或曰怛没，东陀拔斯，南大食，皆一月行；北岐兰，二十日行；西即大食，一月行。居乌浒河北平川中，兽多狮子，西北与史接，以铁关为限。

天宝六载，都盘等六国皆遣使者入朝，乃封都盘王谋思健摩诃延曰顺化王，勃达王摩俱涩斯曰守义王，阿没王俱那胡设曰恭信王，沙兰王卑路斯威曰顺礼王，罗利支王伊思俱习曰义宁王，怛满王谢没曰奉顺王。

赞曰：西方之戎，古未尝通中国，至汉始载乌孙诸国，后以名字见者寖多。唐兴，以次修贡，盖百余，皆冒万里而至，亦已勤矣！然中国有报赠、册吊、程粮、传驿之费，东至高丽，南至真腊，西至波斯、吐蕃、坚昆，北至突厥、契丹、靺鞨，谓之"八蕃"，其外谓之"绝域”,视地远近而给费。开元盛时,税西域商胡以供四镇,出北道者纳赋轮台。地广则费倍,此盛王之鉴也。

唐书卷二二二上
列传第一四七上

南蛮上

南诏上

　　南诏，或曰鹤拓，曰龙尾，曰苴咩，曰阳剑。本哀牢夷后，乌蛮别种也。夷语王为"诏"。其先渠帅有六，自号"六诏"，曰蒙巂诏、越析诏、浪穹诏、邆睒诏、施浪诏、蒙舍诏。兵埒，不能相君，蜀诸葛亮讨定之。蒙舍诏在诸部南，故称南诏。居永昌、姚州之间，铁桥之南，东距爨，东南属交趾，西摩伽陀，西北与吐蕃接，南女王，西南骠，北抵益州，东北际黔、巫。王都羊苴咩城，别都曰善阐府。

　　王坐东向，其臣有所陈，以状言而不称臣。王自称曰元，犹朕也；谓其下曰昶，犹卿、尔也。官曰坦绰、曰布燮、曰久赞，谓之清平官，所以决国事轻重，犹唐宰相也；曰酋望、曰正酋望、曰员外酋望、曰大军将、曰员外，犹试官也。幕爽主兵，琮爽主户籍，慈爽主礼，罚爽主刑，劝爽主官人，厥爽主工作，万爽主财用，引爽主客，禾爽主商贾，皆清平官、酋望、大军将兼之。爽，犹言省也。督爽，总三省也。乞托主马，禄托主牛，巨托主仓廪，亦清平官、酋望、大军将兼之。曰爽酋、曰弥勤、曰勤齐，掌赋税。曰兵獳司，掌机密。大府主将曰演习，副曰演览；中府主将曰缮裔，副曰缮览；下府主将曰澹酋，副曰澹览；小府主将曰幕扐，副曰幕览。府有陀酋，若管记；有陀西，若判官。大抵如此。凡调发，下文书聚邑，必占其期。百家有总佐一，千家有治人官一，万家有都督一。凡田五亩曰双。上官授田四十双，上户三十双，以是而差。壮者皆为战卒，有马为骑军。人岁给韦衫裤。以邑落远近分四军，以旗帜别四方，面一将统千人，四军置一将。凡敌入境，以所入面将御之。王亲兵曰朱弩伕苴。伕苴，韦带也。择乡兵为四军罗苴子，戴朱鞮鍪，负犀革铜盾而跣，走险如飞。百人置罗苴子统一人。

望苴蛮者，在兰苍江西。男女勇捷，不鞍而骑，善用矛剑，短甲蔽胸腹，鞮鍪皆插猫牛尾，驰突若神。凡兵出，以望苴子前驱。以清平子弟为羽仪。王左右有羽仪长八人，清平官见王不得佩剑，唯羽仪长佩之为亲信。有六曹长，曹长有功补大军将。大军将十二，与清平官等列，日议事王所，出治军壁称节度，次补清平官。有内筭官，代王裁处；外筭官，记王所处分，以付六曹。外则有六节度，曰：弄栋、永昌、银生、剑川、柘东、丽水。有二都督：会川、通海。有十睑，夷语睑若州，曰：云南睑、白崖睑亦曰勃弄睑、品澹睑、邆川睑、蒙舍睑、大厘睑亦曰史睑、苴咩睑亦曰阳睑、蒙秦睑、矣和睑、赵川睑。

祁鲜山之西多瘴歊，地平，草冬不枯。自曲靖州至滇池，人水耕，食蚕以柘，蚕生阅二旬而茧，织锦缣精致。大和、祁鲜而西，人不蚕，剖波罗树实，状若絮，纽缕而幅之。览睑井产盐最鲜白，惟王得食，取足辄灭灶。昆明城诸井皆产盐，不征，群蛮食之。永昌之西，野桑生石上，其林上屈两向而下植，取以为弓，不筋漆而利，名曰瞑弓。长川诸山，往往有金，或披沙得之。丽水多金麸。越睒之西，多荐草，产善马，世称越睒骏。始生若羔，岁中纽莎縻之，饮以米潘，七年可御，日驰数百里。

王出，建八旗，紫若青，白斿；雉翠二；有旄钺，紫囊之；翠盖。王母曰信麽，亦曰九麽。妃曰进武。信麽出，亦建八旗，绛斿。自曹长以降，系金伕苴。尚绛紫。有功加锦，又有功加金波罗。金波罗，虎皮也。功小者，衿背不袖，次止于衿。妇人不粉黛，以苏泽发。贵者绫锦裙襦，上施锦一幅。以两股辫为鬟髻，耳缀珠贝、瑟瑟、虎魄。女、媭妇与人乱，不禁，婚夕私相送。已嫁有奸者，皆抵死。俗以寅为正，四时大抵与中国小差。脍鱼寸，以胡瓜、椒、荤和之，号鹅阙。吹瓢笙，笙四管，酒至客前，以笙推盏劝酹。以缯帛及贝市易。贝者大若指，十六枚为一觅。师行，人赍粮斗五升，以二千五百人为一营。其法，前伤者养治，后伤者斩。犁田以一牛三夫，前挽、中压、后驱。然专于农，无贵贱皆耕。不繇役，人岁输米二斗。一艺者给田，二收乃税。

　　王蒙氏，父子以名相属。自舍龙以来，有谱次可考。舍龙生独逻，亦曰细奴逻，高宗时遣使者入朝，赐锦袍。细奴逻生逻盛炎，逻盛炎生炎阁。武后时，盛炎身入朝，妻方娠，生盛逻皮，喜曰："我又有子，虽死唐地足矣。"炎阁立，死开元时。弟盛逻皮立，生皮逻阁，授特进，封台登郡王。炎阁未有子时，以阁罗凤为嗣，及生子，还其宗，而名承阁，遂不改。

　　开元末，皮逻阁逐河蛮，取大和城，又袭大厘城守之，因城龙口，夷语山陂陀为"和"，故谓"大和"，以处阁罗凤。天子诏赐皮逻阁名归义。当是时，五诏微，归义独强，乃厚以利啖登剑南节度使王昱，求合六诏为一，制可。归义已并群蛮，遂破吐蕃，寖骄大。入朝，天子亦为加礼。又以破洱蛮功，驰遣中人册为云南王，赐锦袍、金钿带七事。于是徙治大和城。天宝初，遣阁罗凤子凤迦异入宿卫，拜鸿胪卿。恩赐良异。

　　七载，归义死，阁罗凤立，袭王，以其子凤迦异为阳瓜州刺史。初，安宁城有五盐井，人得煮鬻自给。玄宗诏特进何履光以兵定南诏境，取安宁城及井，复立马援铜柱，乃还。

　　鲜于仲通领剑南节度使，卞忿少方略。故事，南诏尝与妻子谒都督，过云南，太守张虔陀私之，多所求丐，阁罗凤不应。虔陀数诟靳之，阴表其罪，由是忿怨，反，发兵攻虔陀，杀之，取姚州及小夷州凡三十二。明年，仲通自将出戎、嶲州，分二道进次曲州、靖州。阁罗凤遣使者谢罪，愿还所虏，得自新，且城姚州；如不听，则归命吐蕃，恐云南非唐有。仲通怒，囚使者，进薄白崖城，大败引还。阁罗凤敛战胔，筑京观，遂北臣吐蕃，吐蕃以为弟，夷谓弟"钟"，故称"赞普钟”，给金印，号“东帝”。揭碑国门，明不得已而叛，尝曰：“我上世世奉中国，累封赏，后嗣容归之。若唐使者至，可指碑澡祓吾罪也。”会杨国忠以剑南节度当国，乃调天下兵凡十万，使侍御史李宓讨之，辇饷者尚不在。涉海而疫死相踵于道，宓败于大和城，死者十八。亦会安禄山反，阁罗凤因之取巂州会同军，据清溪关，以破越析，枭于赠，西而降寻传、骠诸国。

寻传蛮者，俗无丝纩，跣履榛棘不苦也。射豪猪，生食其肉。战，以竹笼头如兜鍪。其西有裸蛮，亦曰野蛮，漫散山中，无君长，作槛舍以居。男少女多，无田农，以木皮蔽形，妇或十或五共养一男子。广德初，凤迦异筑柘东城，诸葛亮石刻故在，文曰：“碑即仆，蛮为汉奴。”夷畏誓，常以石揩搭。

大历十四年，阁罗凤以凤迦异前死，立其孙异牟寻以嗣。异牟寻有智数，善抚众，略知书。母李，独锦蛮女也。独锦蛮亦乌蛮种，在秦藏川南。天宝中，命其长为蹄州刺史。世与南诏婚聘。

异牟寻立，悉众二十万入寇，与吐蕃并力。一趋茂州，逾文川，扰灌口；一趋扶、文，掠方维、白坝；一侵黎、雅，叩邛郲关。令其下曰：“为我取蜀为东府，工伎悉送逻娑城，岁赋一缣。”于是进陷城聚，人率走山。德宗发禁卫及幽州军以援东川，与山南兵合，大败异牟寻众，斩首六千级，禽生捕伤甚众，颠踣崖峭且十万。异牟寻惧，更徙苴咩城，筑袤十五里，吐蕃封为日东王。

然吐蕃责赋重数，悉夺其险立营候，岁索兵助防，异牟寻稍苦之。故西泸令郑回者，唐官也，往巂州破，为所虏。阁罗凤重其惇儒，号“蛮利”，俾教子弟，得棰捞，故国中无不惮。后以为清平官。说异牟寻曰：“中国有礼义，少求责，非若吐蕃惏刻无极也。今弃之复归唐，无远戍劳，利莫大此。”异牟寻善之，稍谋内附，然未敢发。亦会节度使韦皋抚诸蛮有威惠，诸蛮颇得异牟寻语，白于皋，时贞元四年也。皋乃遣谍者遗书，吐蕃疑之，因责大臣子为质，异牟寻愈怨。后五年，乃决策遣使者三人异道同趋成都，遗皋帛书曰：

异牟寻世为唐臣，襄缘张虔陀志在吞侮，中使者至，不为澄雪,举部惶窘,得生异计。鲜于仲通比年举兵,故自新无繇。
代祖弃背,吐蕃欺孤背约。神川都督论讷舌使浪人利罗式眩惑
部姓,发兵无时,今十二年。此一忍也。天祸蕃廷,降衅萧墙,
太子弟兄流窜,近臣横污,皆尚结赞阴计,以行屠害,平日功
臣,无一二在。讷舌等皆册封王,小国奏请,不令上达。此二忍
也。又遣讷舌逼城于鄙,弊邑不堪;利罗式私取重赏,部落皆
惊。此三忍也。又利罗式骂使者曰:"灭子之将,非我其谁?子
所富当为我有。"此四忍也。

　　今吐蕃委利罗式甲士六十侍卫,因知怀恶不谬。此一难忍
也。吐蕃阴毒野心,辄怀搏噬。有如偷生,实污辱先人,辜负部
落。此二难忍也。往退浑王为吐蕃所害,孤遗受欺;西山女王,
见夺其位;拓拔首领,并蒙诛刈;仆固志忠,身亦丧亡。每虑一
朝亦被此祸。此三难忍也。往朝廷降使招抚,情心无二,诏函
信节,皆送蕃廷。虽知中夏至仁,业为蕃臣,吞声无诉。此四难
忍也。

　　曾祖有宠先帝,后嗣率蒙袭王,人知礼乐,本唐风化。吐蕃
诈绐百情,怀恶相戚。异牟寻愿竭诚日新,归款天子。请加戍
剑南、西山、泾原等州,安西镇守,扬兵四临,委回鹘诸国,所在
侵掠,使吐蕃势分力散,不能为强,此西南隅不烦天兵,可以立
功云。

且赠皋黄金、丹砂。皋护送使者京师,使者奏异牟寻请归天子,为唐
藩辅。献金,示顺革;丹,赤心也。德宗嘉之,赐以诏书,命皋遣谍往
觇。

　　皋令其属崔佐时至羊苴咩城。时吐蕃使者多在,阴戒佐时衣牂
柯使者服以入。佐时曰:"我乃唐使者,安得从小夷服?"异牟寻夜迎
之,设位陈燎,佐时即宣天子意,异牟寻内畏吐蕃,顾左右失色,流
涕再拜受命。使其子阁劝及清平官与佐时盟点苍山,载书四:一藏
神祠石室,一沈西洱水,一置祖庙,一以进天子。乃发兵攻吐蕃使者
杀之,刻金契以献,遣曹长段南罗、赵迦宽随佐时入朝。

　　初，吐蕃与回鹘战，杀伤甚，乃调南诏万人。异牟寻欲袭吐蕃，阳示寡弱，以五千人行，许之。即自将数万蹑后，昼夜行，大破吐蕃于神川，遂断铁桥，溺死以万计，俘其五王。乃遣弟凑罗栋、清平官尹仇宽等二十七人入献地图、方物，请复号南诏。帝赐赉有加，拜仇宽左散骑常侍，封高溪郡王。

　　明年夏六月，册异牟寻为南诏王。以祠部郎中袁滋持节领使，成都少尹庞颀副之，崔佐时为判官，俱文珍为宣慰使，刘幽岩为判官。赐黄金印，文曰"贞元册南诏印"。滋至大和城，异牟寻遣兄蒙细罗勿等以良马六十迎之，金锁玉珂，兵振铎夹路陈。异牟寻金甲，蒙虎皮，执双铎销。执矛千人卫，大象十二引于前，骑军、徒军以次列。诘旦，授册，异牟寻率官属北面立，宣慰使东向，册使南向，乃读诏册。相者引异牟寻去位，跽授册印，稽首再拜；又授赐服备物，退曰："开元、天宝中，曾祖及祖皆蒙册袭王，自此五十年。贞元皇帝洗痕录功，复赐爵命，子子孙孙永为唐臣。"因大会其下，享使者，出银平脱马头盘二，谓滋曰："此天宝时先君以鸿胪少卿宿卫，皇帝所赐也。"有笛工、歌女，皆垂白，示滋曰："此先君归国时，皇帝赐胡部、龟兹音声二列，今丧亡略尽，唯二人故在。"酒行，异牟寻坐，奉觞滋前，滋受觞曰："南诏当深思祖考成业，抱忠竭诚，永为西南藩屏，使后嗣有以不绝也。"异牟寻拜曰："敢不承使者所命。"滋还，复遣清平官尹辅酋等七人谢天子，献铎鞘、浪剑、郁刃、生金、瑟瑟、牛黄、虎珀、氍、纺丝、象、犀、越睒统伦马。铎鞘者，状如残刃，有孔傍达，出丽水，饰以金，所击无不洞，夷人尤宝，月以血祭之。郁刃，铸时以毒药并冶，取迎跃如星者，凡十年乃成，淬以马血，以金犀饰镡首，伤人即死，浪人所铸，故亦名浪剑，王所佩者，传七世矣。

　　异牟寻攻吐蕃，复取昆明城以食盐池。又破施蛮、顺蛮，并虏其王，置白崖城；因定磨些蛮，隶昆山西爨故地；破茫蛮，掠弄栋蛮、汉裳蛮，以实云南东北。

　　施蛮者，在铁桥西北，居大施睒、敛寻睒。男子衣缯布；女分发直额，为一髻垂后，跣而衣皮。

顺蛮本与施蛮杂居剑、共诸川。咩罗皮、铎罗望既失遵川、浪穹，夺剑、共地，由是徙铁桥，在剑睒西北四百里，号剑羌。

磨蛮、些蛮与施、顺二蛮皆乌蛮种，居铁桥、大婆、小婆、三探览、昆池等川。土多牛羊，俗不颏泽，男女衣皮，俗好饮酒歌舞。

茫蛮本关南种，茫，其君号也，或呼茫诏。永昌之南有茫天连、茫吐薅、大睒、茫昌、茫鲊、茫施，大抵皆其种。楼居，无城郭。或漆齿，或金齿。衣青布短裤，露骭，以缯布缭腰，出其余垂后为饰。妇人披五色娑罗笼。象才如牛，养以耕。

弄栋蛮，白蛮种也。其部本居弄栋县鄙地，昔为褒州。有首领为刺史，误杀其参军，挈族北走，后散居磨些江侧，故剑、共诸川亦有之。

汉裳蛮，本汉人部种，在铁桥。惟以朝霞缠头，余尚同汉服。

十五年，异牟寻谋击吐蕃，以遵川、宁北等城当寇路，乃峭山深堑修战备，帝许出兵助力。又请以大臣子弟质于皋，皋辞，固请，乃尽舍成都，咸遣就学。且言："昆明、巂州与吐蕃接，不先加兵，为虏所胁，反为我患。"请皋图之。时唐兵比岁屯京西、朔方，大峙粮，欲南北并攻取故地。然南方转饷稽期，兵不悉集。是夏，虏麦不熟，疫疠仍兴，赞普死，新君立。皋揣虏未敢动，乃劝异牟寻："缓举万全，愈于速而无功。今境上兵十倍往岁，且行营皆在巂州，扼西泸吐蕃路，昆明、弄栋可以无虞。"异牟寻请期它年。

吐蕃大臣以岁在辰，兵宜出，谋袭南诏，阅众治道，将以十月围巂州，军屯昆明凡八万，皆命一岁粮。赞普以舅攘都罗为都统，遣尚乞力、欺徐滥铄屯西贡川。异牟寻与皋相闻，皋命部将武免率弩士三千赴之，亢荣朝以万人屯黎州，韦良金以二万五千人屯巂州，约南诏有急，皆进军，过俄准添城者，南诏供馈。吐蕃引众五万自曩贡川分二军攻云南，一军自诺济城攻巂州。异牟寻畏东蛮、磨些难测，惧为吐蕃乡导，欲先击之。皋报："巂州实往来道，扞弊数州，虏百计窥之，故严兵以守，屯壁相望，粮械处处有之，东蛮庸敢怀贰乎？"异牟寻乃檄东、磨些诸蛮内粮城中，不者悉烧之。吐蕃颙城将杨万波约降,事泄,吐蕃以兵五千守,皋将击破之。万波与笼官拔颙城以来,徙其人二千于宿川。皋将扶忠义又取末恭城,俘系牛羊千计。赞普大将既煎让律以兵距十贡川一舍而屯,国师马定德率种落出降。西贡节度监军野多输煎者,赞普乞立赞养子,当从先赞普殉,亦诣忠义降。于是虏气衰,军不振。欺徐滥铄至铁桥,南诏毒其水,人多死,乃徙纳川,壁而待。是年,虏霜雪早,兵无功还,期以明年。吐蕃苦唐、诏掎角,亦不敢图南诏。皋令免按兵巂州,节级镇守,虽南诏境亦所在屯戍。吐蕃惩野战数北,乃屯三泸水,遣论妄热诱濑泸诸蛮,复城悉摄。悉摄,吐蕃险要也。蛮酋潜导南诏与皋部将杜毗罗狙击。十七年春,夜绝泸破虏屯,斩五百级。虏保鹿危山,毗罗伏以待,又战,虏大奔。于时,康、黑衣大食等兵及吐蕃大酋皆降,获甲二万首。又合鬼主破虏于泸西。

吐蕃君长共计,不得巂州,患未艾,常为两头蛮挟唐为轻重,谓南诏也。会虏荐饥,方葬赞普,调敛烦。至是,大料兵,率三户出一卒,虏法为大调集。又闻唐兵三万入南诏,乃大惧,兵戍纳川、故洪、诺济、腊、聿赉五城,欲悉师出西山、剑山,收巂州以绝南诏。皋即上言:“京右诸屯宜明斥候,蚤敛田,邠、陇焚莱,可困虏入。”皋遣将邢毗以兵万人屯南、北路,赵昱万人戍黎、雅州。异牟寻谓皋曰:“虏声取巂州,实窥云南,请武免督军进羊苴咩。若虏不出者,请以来年二月深入。”时虏兵三万攻盐州,帝以虏多诈,疑继以大军,诏皋深钞贼鄙,分虏势。皋表“贼精铠多置南屯,今向盐、夏非全军,欲掠河曲党项畜产耳”。俄闻虏破麟州,皋督诸将分道出,或自西山,或由平夷,或下陇陀和、石门,或径神川、纳川,与南诏会。是时,回鹘、太原、邠宁、泾原军猎其北,剑南东川、山南兵震其东,凤翔军当其西;蜀、南诏深入,克城七,焚堡百五十所,斩首万级,获铠械十五万。围昆明、维州不能克,乃班师。振武、灵武兵破虏二万,泾原、凤翔军败虏原州,惟南诏攻其腹心,俘获最多。帝遣中人尹偕尉异牟寻,而吐蕃盛屯昆明、神川、纳川自守。异牟寻比年献方物,天子礼之。

唐书卷二二二中
列传第一四七中

南蛮中

南诏下　蒙巂诏　越析诏　浪穹诏　邆睒诏
施浪诏

　　元和三年，异牟寻死，诏太常卿武少仪持节吊祭。子寻阁劝立，或谓梦凑，自称"骠信"，夷语君也。改赐元和印章。明年死，子劝龙晟立，淫肆不道，上下怨疾。十一年，为弄栋节度王嵯巅所杀，立其弟劝利诏少府少监李铣为册立吊祭使。劝利德嵯巅，赐氏蒙，封"大容"，蛮谓兄为"容"。长庆三年，始赐印。是岁死，弟丰祐立。丰祐趫敢，善用其下，慕中国，不肯连父名。穆宗使京兆少尹韦审规持节临册。丰祐遣洪成酋、赵龙些、杨定奇入谢天子。

　　于是，西川节度使杜元颖治无状，障候弛沓相蒙，时大和三年也。嵯巅乃悉众掩邛、戎、巂三州，陷之。入成都，止西郛十日，慰赉居人，市不扰肆。将还，乃掠子女、工技数万引而南，人惧自杀者不胜计。救兵逐，嵯巅身自殿，至大度河，谓华人曰："此吾南境，尔去国，当哭。"众号恸，赴水死者十三。南诏自是工文织，与中国埒。明年，上表请罪。比年使者来朝，开成、会昌间再至。

　　大中时，李琢为安南经略使，苛墨自私，以斗盐易一牛，夷人不堪，结南诏将段酋迁陷安南都护府，号"白衣没命军"。南诏发朱弩佉苴三千助守。然朝贡犹岁至，从者多。杜悰自西川入朝，表无多内蛮僝，丰祐怒，即慢言索质子。会宣宗崩，使者告哀。是时，丰祐亦死，坦绰酋龙立，恚朝廷不吊恤；又诏书乃赐故王，以草具进使者而遣。遂僭称皇帝，建元建极，自号大礼国。懿宗以其名近玄宗嫌讳，绝朝贡。乃陷播州。安南都护李鄠屯武州，咸通元年，为蛮所攻，弃州走，天子斥鄠，以王宽代之。明年，攻邕管，经略使李弘源兵少不能拒，奔蛮州。南诏亦引去。诏殿中监段文楚为经略使，数改条约，众不悦，以胡怀玉代之。南诏知边人困甚，剽掠无有，不入寇。杜悰当国，为帝谋，遣使者吊祭示恩信，并诏骠信以名嫌，册命未可举，必易名乃得封。帝乃命左司郎中孟穆持节往，会南诏陷嶲州，穆不行。

　安南桃林人者，居林西原，七绾洞首领李由独主之，岁岁戍边。李琢之在安南也，奏罢防冬兵六千人，谓由独可当一队，遏蛮之入。蛮酋以女妻由独子，七绾洞举附蛮，王宽不能制。三年，以湖南观察使蔡袭代之，发诸道兵二万屯守，南诏慴畏不敢出。

　会诏左庶子蔡京经制岭南，忌袭功，有所欲，沮坏之，乃言："南方自无虞，武夫幸功，多聚兵耗馈运，请还戍兵惜财用。"袭执不可，愿留五千兵，累表不报。即极陈南诏伺隙久，有十必死状。朝廷昏肆，不省也。京还奏，得意甚，复诏为宣慰安抚使。即建析广州为岭南东道，邕州为西道，以龚、象、藤、岩为隶州。乃拜京西道节度使。京褊忮贪克，峻条令，为炮熏剟斫法，下愁毒，为军中所逐，走藤州，矫制作攻讨使印，召乡兵比道军攻邕州，不克，众溃，贬死崖州。以桂管观察使郑愚代节度。

　南诏攻交州，进略安南，袭请救，发湖、荆、桂兵五千屯邕州，岭南韦宙奏："南诏必袭邕管，不先防近而图远，恐捣虚绝粮道，且深入。"乃诏袭按军海门，诏郑愚分兵御之。袭请济师，以山南东道兵千人赴之。南诏酋将杨思缙、麻光高以兵六千薄城而屯。四年正月，攻益急，袭录异牟寻盟言系矢上射入其营，不答。俄而城陷，袭阖宗死者七十人，幕府樊绰取袭印走度江。荆南兵入东鄎苦战，斩南诏二千级。是夜，蛮遂屠城。有诏诸军保岭南，更以秦州经略使高骈为安南都护。帝见输发频,罢游幸不奏乐,宰相杜悰以为非是,止之。

南诏稍逼邕州,郑愚自陈非将帅才,愿更择人。会康承训自义成来朝,乃授岭南西道节度使,发荆、襄、洪、鄂兵万人从之。承训辞兵寡,乃大兴诸道兵五万往。六月,置行交州于海门,进为都护府,调山东万人益戍,以容管经略使张茵镇之。因命经略安南,茵逗留不敢进。安南之陷,将吏遗人多客伏溪洞,诏所在招还救恤之,免安南赋入二年。

韦宙请分兵屯容、藤披蛮势。五年,南诏回掠巂州以摇西南,西川节度使萧邺率属蛮鬼主邀南诏大度河,败之。明年,复来攻。会刺史喻士珍贪狯,阴掠两林东蛮口缚卖之,以易蛮金,故开门降,南诏尽杀戍卒,而士珍遂臣于蛮。安南久屯,两河锐士死瘴毒者十七,宰相杨收议罢北军,以江西为镇南军,募强弩二万建节度,且地便近,易调发。诏可。夏侯孜亦以张茵懦,不足事,悉以兵授高骈。骈以选士五千度江,败林邑兵于邕州,击南诏龙州屯,蛮酋烧赀畜走。酋龙遣杨缉思助酋迁共守安南,以范脮些为安南都统,赵诺眉为扶邪都统。七年六月,骈次交州,战数胜,士酣斗,斩其将张诠,李溠龙举众万人降,拔波风三壁。缉思出战,败还走城,士乘之,超堞入,斩酋迁、脮些、诺眉,上首三万级,安南平。

初,酋龙遣清平官董成等十九人诣成都,节度使李福将廷见之,成辞曰:“皇帝奉天命改正朔,请以敌国礼见。”福不许。导译五返,日旰士倦,议不决。福怒,命武士捽辱之,械系于馆。俄而刘潼代福节度,即挺其系,表纵还。有诏召成等至京师,见别殿,赐物良厚,慰遣还国。

明年,酋龙使杨酋庆等来谢释囚。初,李师望建言:“成都经总蛮事,旷日不能决,请析邛、蜀、嘉、眉、黎、雅、巂七州为定边军,建节度制机事,近且速。”天子谓然,即诏师望为节度使,治邛州。邛距成都才五舍,巂州最南,去邛乃千里,缓急首尾不相副,而师望利专制,讳不言。裒积无猒,私贿以百万计。又欲激蛮怒,幸有功,乃杀酋庆等。既而戍士怒，将醢师望以逞，会召还，以窦滂代之。滂沓冒尤不法，诛责苛纤甚师望。时蛮役未兴，而定边已困。

酋龙怨杀其使，十年，乃入寇。以军缀青溪关，密引众伐木开道，径雪岻，盛夏，卒冻死者二千人。出沐源，窥嘉州，破属蛮，遂次沐源。滂遣兖海兵五百往战，一军覆。酋龙乃身自将，督众五万侵嶲州，攻青溪关。屯将杜再荣绝大度河走，诸屯皆退保北涯。蛮攻黎州，诡服汉衣，济江袭键为，破之。裴回陵、荣间，焚庐舍，掠粮畜。薄嘉州，刺史杨忞与南诏夹江而军，士攒射，蛮不得进，阴自上游济，背击王师，杀忠武将颜庆师，忞走，嘉州陷。明年正月，攻杜再荣，滂自勒兵战。酋龙遣使者十辈请和，滂信之，语未半，蛮桴争岸，噪而进，滂不知所为，将自杀，武宁将苗全绪止之，殊死战，蛮稍却，滂乃遁，全绪殿而行。黎州陷，人走匿山谷，蛮掠金帛不胜负。入自邛崃关，围雅州，遂击邛州。是冬，滂弃州，壁导江。储赀峙械皆亡矣。

酋龙进攻成都，次眉州，坦绰杜元忠日夜教酋龙取全蜀。于是西川节度使卢耽遣其副王偓、中人张思广约和，蛮强之使南面拜，然卒不见酋龙而还。蛮次新津，耽复遣副谭奉祀好言申约，蛮留之。耽畏援军未集，即飞请天子降大使通好，以纾其深入。懿宗驰遣太仆卿支详为和蛮使。

蛮本无谋，不能乘机会鼓行亟驱，但蚍结蝇营，忸卤剽小利，处处留屯，故蜀孺老得扶携悉入成都。闾里皆满，户所占地不得过一床，雨则冒箕盎自庇。城中井为竭，则共饮摩诃池，至争捽溺死者，或笓沙取滴饮之。死不能具棺，即共坎瘗。故泸州刺史杨庆复为耽治攻具、蔺石，置牢城兵，八将主之，树笓格，夜列炬照城，守具雄新。又选悍士三千，号"突将"，为长刀、巨树斧，分左右番休，日隶于军，士心侈欲斗。而酋龙自双流徐行，内欲报董成之辱，因绐耽请上介至军议事。耽遣节度副使柳槃往见杜元忠议和，元忠妄言："帝见耽，请具车盖葆翠。"槃未能决，还。蛮以三百骑负幄幕来，大言曰："供帐隋蜀王听事，为骠信行在。"耽不许，乃驰去。

蛮稍前,傅外郭。于是游弈使王昼督援兵三千屯毗桥;窦滂亦以其军自导江来,将与大军掎角,然战不甚力,小不胜即保广汉。自以失定边,觊成都陷,得薄其罪。会有诏斥徙,军遂无功。

耽部将李自孝者,与刺史喻士珍善。士珍臣蛮,自孝阴与贼通,乃说耽城下莳苇稻,潴水頽城,举府不之觉。蛮攻城,自孝守陴,树麾以自表,麾所指,蛮辄攻之,为下所觉,耽杀自孝以徇。

城左有民楼肆,蛮俯射城中,耽募勇士烧之,器械俱尽。二月,蛮以云梁、鹅车四面攻,士叫呼,鹅车未至,陴者以巨索钩系,投膏炬,车焚,箱间蛮卒尽死。耽遣李琦、张察率突将战城下,俘斩二千级。蛮彻民鄙落为蓬笼如车牵,下设枕木,推而前,不及城丈,匿蛮其内以穴塘。杨恋以罂贮粪沈泼蛮,蛮不能处;注以铁液,蓬笼皆火。然南诏负众,益治器械,斧兵昼夜有声,将击锦楼,众失色。耽遣将出,三面苦战,蛮引却。蛮利夜晦,辄薄城,闻呼啸,众齐奋。城上施铁笼千炬,贼来不得隐,屯夫终夜哄,蛮不能侵。

支详遣谍与约好,且谓耽毋多杀以速蛮和。是时,传言救师至,城中合噪开门,士争出迎军,南诏搏战不解。日入,判官程克裕以北门兵二千乘之,蛮乃走。耽犹遗之书,谢不得已交兵,且请和。士脱铠迎支详,详陈所赍,植二旗,署曰“赐云南币物”。谓蛮使者曰:“天子诏云南和解,而兵薄成都,奈何? 请退舍撤警以修好。”或劝详:“蛮多诈,毋入死地。”详不行。蛮复围成都,夜穿西北隅,犁旦乃觉,即頺葖火于墉,蛮皆死穴中。以铁绉曳云耕仆之,燎作少选尽,益固守。

是时,帝遣东川节度使颜庆复为大度河制置、剑南应接使,兵次新都,博野将曾元裕败蛮兵,斩二千级。南诏骑数万晨压官军以骋,大将宋威以忠武兵战,斩首五千,获马四百尾。南诏退屯星宿山,威进戍沱江。酋龙遣酋望至支详所请和,详曰:“今列城固守,北军望功,归语而主,审自度。”耽遣锐将趣蛮壁烧攻具,杀二千人,为南诏所蹴,却而溃。蛮闻凤翔、山南军且来,乃迎战毗桥,不胜,趋沱江,为伏士所击,又败。城中出突将,夜火蛮营,酋龙、坦绰身督战。

后三日，王师夺升迁梁，蛮大败，夜烧亭传，乘火所向，雨矢射王师。威疏军行，响矢所发丛射之。两军不能决，各解去。酋龙知不敌，夜彻营南奔，至双流，江无梁，计穷，将赴水死，或止之曰："今北军与成都兵合，若来追，我无类矣。不如伪和以纾急；不然，死未晚。"乃来请。三日梁成而济，即断梁，按队缓驱。黎州刺史严师本收散卒保邛州，酋龙惧，围二日去。蛮俘华民，必劓耳鼻已，纵之，既而居人刻木为耳鼻者什八。

庆复之来，众以其弟庆师死于蛮，必甘心。及成都不破，以己功轻，乃按军广溪，纵残寇，人人切齿。初，成都无隍堑，乃教耽浚隍，广三丈，作战棚于埤，列左右屯营，营别五区，区卒五十，蒔皂荚夹壕，后三年合拱。又为大旝连弩。自是南诏惮之。

酋龙年少嗜杀戮，亲戚异己者皆斩，兵出无宁岁，诸国更仇忿，屡覆众，国耗虚。蜀之役，男子十五以下悉发，妇耕以饷军。

十四年，坦绰复寇蜀，缅舟大度河以济，为刺史黄景复击却之。众循河而南，夜栫上流兵，夹攻濒水诸屯，景复败，走还黎州，蛮蹑追，为景复所败。会蛮踵来，还攻大度河，仆旗息鼓，请曰："坦绰欲上书天子白冤事。"成兵信之，不战。桥成而济，黎州陷，遂攻雅州，击定边军，卒溃入邛州。成都大震，人亡入玉垒关，士乘城。坦绰遣使者王保城等四十人赍骠信书遗节度使牛丛，欲假道入朝，请憩蜀王故殿，丛欲许之，杨庆谏曰："蛮无信，彼礼屈辞甘，诈我也。请斩其使，留二人还书。"丛因责之曰："诏王之祖，六诏最小夷也。天子录其勤，合六诏为一，俾附庸成都，名之以国，许子弟入太学，使习华风，今乃自绝王命。且雀蛇犬马，犹能报德，王乃不如虫鸟乎？比成都以武备未修，故令尔突我疆场。然毗桥、沱江之败，积骴附城，不四年复来。今吾有十万众，舍其半未用。以千人为军，十军为部，骁将主之。凡部有强弩二百，镈斧辅之；劲弓二百，越银刀辅之；长戈二百，掇刀辅之；短矛二百，连锤辅之。又军四面，面有铁骑五百。悉收刍薪、米粟、牛马、犬豕，清野待尔。吾又能以旁骑略尔樵采。我日出以一部与尔战，部别二番，日中而代；日昃一部至，以夜屯，月明则战,黑则休,夜半而代。凡我兵五日一杀敌,尔乃昼夜战,不十日,懵且死矣。州县缮甲厉兵,掎角相从,皆蛮之深仇,虽女子能蠮断薄贼,况强夫烈士哉!尔祖尝奴事西蕃,为尔仇家,今顾臣之,何恩仇之戾邪?蜀王故殿,先世之宝宫,非边夷所宜舍,神怒人愤,骠信且死!"丛犹火郊民室庐观阁,严兵为固守计。坦绰至新津而还,回寇黔中,经略使秦匡谋惧,奔荆南。会僖宗立,遣金吾将军韩重持节往使。俄攻黎州,景复击走之。乾符元年,劫略嶲、雅间,破黎州,入邛崃关,掠成都。成都闭三日,蛮乃去。

诏徙天平军高骈领西川节度使,乃奏:"蛮小丑,势易制。而蜀道险,馆饷穷蹙。今左神策所发长武、河东兵多,用度繁广。且彼皆扼制羌戎,不可以弛备。"诏乃罢长武等兵。骈至不淹月,阅精骑五千,逐蛮至大度河,夺铠马,执酋长五十斩之,收邛崃关,复取黎州,南诏遁还。骈召景复责大度河之败,斩以徇。戍望星、清溪等关。南诏惧,遣使者诣骈结好,而踵出兵寇边,骈斩其使。初,安南经略判官杜骧为蛮所俘,其妻,宗室女也,故酋龙使奉书丐和。骈答曰:"我且将百万众至龙尾城问尔罪。"酋龙大震。自南诏叛,天子数遣使至其境,酋龙不肯拜,使者遂绝。骈以其俗尚浮屠法,故遣浮屠景仙摄使往,酋龙与其下迎谒且拜,乃定盟而还。遣清平官酋望赵宗政、质子三十入朝乞盟,请为兄弟若舅甥。诏拜景仙鸿胪卿、检校左散骑常侍。骈结吐蕃尚延心、嗢末鲁耨月等为间,筑戎州马湖、沐源川、大度河三城,列屯拒险,料壮卒为平夷军,南诏气夺。酋龙恚,发疽死,伪谥景庄皇帝。子法嗣,改元贞明、承智、大同,自号大封人。

法年少,好畋猎酣逸,衣绛紫锦罽,镂金带。国事颛决大臣。乾符四年,遣陀西段瑝宝诣邕州节度使辛谠请修好,诏使者答报。未几,寇西川,骈奏请与和亲,右谏议大夫柳韬、吏部侍郎崔澹丑其事,上言:"远蛮畔逆,乃因浮屠诱致,入议和亲,垂笑后世。骈职上将,谋乖谬,不可从。"遂寝。蛮使者再入朝议和亲,而骈徙荆南,持前请不置。宰相郑畋、卢携争不决,皆赐罢。

辛谠遣幕府徐云虔摄使者往觇。到善阐府,见骑数十,曳长矛,拥绛服少年,朱缯约发。典客伽陀酋孙庆曰:"此骠信也。"问天子起居,下马揖客,取使者佩刀视之,自解左右钮以示。乃除地刬三丈版,命左右驰射。每一人射,法骐马逐以为乐,数十发止。引客就幄,倡子捧瓶盂,四女子侍乐饮,夜乃罢。又遣问客《春秋》大义,送使者还。

是时,骈徙节镇海,劝澹等沮议,帝蒙弱不能晓,下诏尉解。西川节度使崔安潜上言:"蛮蓄鸟兽心,不识礼义,安可以贱隶尚贵主,失国家大体?澹等议可用。臣请募义征子,率十户一保,愿发山东锐兵六千戍诸州,比五年,蛮可为奴。"久之,帝手诏问安潜和亲事,答曰:"云南姚州譬一县,中国何资于彼而遣重使,加厚礼?彼且妄谓朝廷畏怯无能为,脱有它请,陛下何以待之?且天宗近属,不可下小蛮夷。臣比移书,不言舅甥,黜所僭也。有如蛮使者不复至,当遣谍人伺其隙,可以得志。"

南诏知蜀强,故袭安南,陷之,都护曾衮奔邕府,戍兵溃。会西川节度使陈敬瑄申和亲议,时卢携复辅政,与豆卢瑑皆厚骈,乃谲说帝曰:"陛下初即位,遣韩重使南诏,将官属留蜀期年,费不赀,蛮不肯迎。及骈节度西川,招喁末,缮甲训兵,蛮夷震动,遣赵宗政入献,见天子,附骠信再拜;云虏之使,骠信答拜。其于礼不为少。宣宗皇帝收三州七关,平江岭以南,至大中十四年,内库赀积如山,户部延资充满。故宰相敏中领西川,库钱至三百万缗,诸道亦然。咸通以来,蛮始叛命,再入安南、邕管,一破黔州,四盗西川,遂围卢耽,召兵东方,戍海门,天下骚动,十有五年。赋输不内京师者过半,中藏空虚,士死瘴疠,燎骨传灰,人不念家,亡命为盗,可为痛心!前年留宗政等,南方无虞,及遣还,彼犹冀望。蒙法立三年,比兵不出要防,其蓄力以间我虞。今朝廷府库匮,甲兵少,牛丛有北兵七万,首尾奔冲不能救,况安南客戍单寡,涉冬寇祸可虞。诚命使者临报,纵未称臣,且伐其谋,外以縻服蛮夷,内得蜀休息也。"帝谓然,乃以宗室女为安化长公主许婚。拜嗣曹王龟年宗正少卿,为云南使,大理司直徐云虔副之;内常侍刘光裕为南内使,霍承锡副之。及还,具言骠信诚款,以为敬瑄功,故进检校司空,赐一子官。

法遣宰相赵隆眉、杨奇混、段义宗朝行在,迎公主,高骈自杨州上言:"三人者,南诏心腹也,宜止而鸩之,蛮可图也。"帝从之。隆眉等皆死,自是谋臣尽矣,蛮益衰。中和元年,复遣使者来迎主,献珍怪毯罽百床,帝以方议公主车服为解。后二年,又遣布燮杨奇肱来迎,诏检校国子祭酒张谦为礼会五礼使,徐云虔副之,宗正少卿嗣虢王约为婚使。未行,而黄巢平,帝东还,乃归其使。

法死,伪谥圣明文武皇帝。子舜化立,建元中兴。遣使款黎州修好,昭宗不答。后中国乱,不复通。

先是,有时傍、矣川罗识二族,通号"八诏"。时傍母,归义女也。其女复妻阁罗凤。初,咩罗皮之败,时傍入居遏川州,诱上浪千余,势稍张,为阁罗所猜,徙置白崖城。后与矣川罗识诣神川都督求自立为诏,谋泄被杀,矣川罗识奔神川,都督送之罗些城。

蒙嶲诏,最大。其王嶲辅首死,无子,弟佉阳照立。佉阳照死,子照原立,丧明,子原罗质南诏。归义欲并国,故归其子原之,众果立之。居数月,使人杀照原,逐原罗,遂有其地。

越析诏,或谓磨些诏,居故越析州,西距囊葱山一日行。贞元中,有豪酋张寻求悉其王波冲妻,因杀波冲。剑南节度使召寻求至姚州,杀之,部落无长,以地归南诏。

波冲兄子于赠持王所宝铎鞘东北度泸,邑于龙佉河,才百里,号双舍。使部酋杨堕居河东北。归义树壁侵于赠,不克。阁罗凤自请往击杨堕,破之,于赠投泸死。得铎鞘,故王出军必双执之。

浪穹诏,其王丰时死,子罗铎立。罗铎死,子铎罗望立,为浪穹州刺史,与南诏战,不胜,挈其部宝剑川,更称剑浪。死,子望偏立。望偏死,子偏罗矣立。偏罗矣死,子罗君立。贞元中,南诏击破剑川,虏罗君,徙永昌。凡浪穹、遶睒、施浪,总谓之浪人,亦称"三浪"。

遀睒诏,其王丰咩,初据遀睒,为御史李知古所杀。子咩罗皮自为遀川州刺史,治大厘城。归义袭败之,复入遀睒,与浪穹、施浪合拒归义。既战,大败,归义夺遀睒,咩罗皮走保野共川。死,子皮罗邓立。皮罗邓死,子邓罗颠立。邓罗颠死,子颠文托立。南诏破剑川,虏之,徙永昌。

施浪诏,其王施望欠居矣苴和城。有施各皮者,亦八诏之裔,据石和城。阁罗凤攻虏之,而施望欠孤立,故与咩罗皮合攻归义,不胜。归义以兵胁降其部,施望欠以族走永昌,献其女遗南诏丐和,归义许之,度兰江死。弟望千走吐蕃,吐蕃立为诏,纳之剑川,众数万。望千死,子千旁罗颠立。南诏破剑川,千旁罗颠走泸北。三浪悉灭,唯千旁罗颠及矣川罗识子孙在吐蕃。

赞曰:唐之治不能过两汉,而地广于三代,劳民费财,祸所繇生。晋献公杀嫡,贼二公子,号为暗君。明皇一日杀三庶人,昏蔽甚矣。呜呼! 父子不相信,而远治阁罗凤之罪,士死十万,当时冤之。懿宗任相不明,藩镇屡畔,南诏内侮,屯戍思乱,庞勋乘之,倡戈横行。虽凶渠歼夷,兵连不解,唐遂以亡。《易》曰:"丧牛于易。"有国者知戒西北之虞,而不知患生于无备。汉亡于董卓,而兵兆于冀州;唐亡于黄巢,而祸基于桂林。《易》之意深矣!

唐书卷二二二下
列传第一四七下

南蛮下

环王　盘盘　扶南　真腊　诃陵
投和　瞻博　室利佛逝　名蔑
单单　骠　两爨蛮　南平獠
西原蛮

环王,本林邑也,一曰占不劳,亦曰占婆。直交州南,海行三千里。地东西三百里而赢,南北千里。西距真腊雾温山,南抵奔浪陀州。其南大浦,有五铜柱,山形若倚盖,西重岩,东涯海,汉马援所植也。又有西屠夷,盖援还留不去者,才十户,隋末孳衍至三百,皆姓马,俗以其寓故,号"马留人",与林邑分唐南境。其地冬温,多雾雨,产虎魄、猩猩兽、结辽鸟。以二月为岁首,稻岁再熟,取槟榔沈为酒,椰叶为席。俗凶悍,果战斗。以麝涂身,日再涂再澡。拜谒则合爪顿颡。有文字,喜浮屠道,冶金银像,大或十围。呼王为阳蒲逋,王妻为陀阳阿熊,太子为阿长逋,宰相为婆漫地。王所居曰占城,别居曰齐国、曰蓬皮势。王衣白氎,古贝斜络臂,饰金琲为缨,鬌发,戴金华冠如章甫。妻服朝霞,古贝短裙,冠缨如王。王卫兵五千,战乘象,藤为铠,竹为弓矢,率象千、马四百,分前后。不设刑,有罪者使象践之;或送不劳山,畀自死。

隋仁寿中，遣将军刘芳伐之，其王范梵志挺走，以其地为三郡，置守令。道阻不得通，梵志哀遗众，别建国邑。武德中，再遣使献方物，高祖为设九部乐飨之。贞观时，王头黎献驯象、镠锁、五色带、朝霞布、火珠，与婆利、罗刹二国使者偕来。林邑其言不恭，群臣请问罪，太宗曰：“昔苻坚欲吞晋，众百万，一战而亡。隋取高丽，岁调发，人与为怨，乃死匹夫手。朕敢妄议发兵邪？”赦不问。又献五色鹦鹉、白鹦鹉，数诉寒，有诏还之。头黎死，子镇龙立，献通天犀、杂宝。十九年，摩诃慢多伽独弑镇龙，灭其宗，范姓绝，国人立头黎婿婆罗门为王，大臣共废之，更立头黎女为王。诸葛地者，头黎之姑子，父得罪，奔真腊。女之王不能定国，大臣共迎诸葛地为王，妻以女。永徽至天宝，凡三入献。至德后，更号环王。元和初不朝献，安南都护张舟执其伪欢、爱州都统，斩三万级，虏王子五十九，获战象、舠、铠。

婆利者，直环王东南，自交州泛海，历赤土、丹丹诸国乃至。地大洲，多马，亦号马礼。袤长数千里。多火珠，大者如鸡卵，圆白，照数尺，日中以艾藉珠，辄火出。产玳瑁、文螺；石坩，初取柔可治，既镂刻即坚。有舍利鸟，通人言。俗黑身，朱发而拳，鹰爪兽牙，穿耳傅珰，以古贝横一幅缭于腰。古贝，草也，缉其花为布，粗曰贝，精曰氎。俗以夜为市，自掩其面。王姓刹利邪伽，名护路那婆，世居位。缭班丝贝，缀珠为饰。坐金榻，左右持白拂、孔雀翣。出以象驾车，羽盖珠箔，鸣金、击鼓、吹蠡为乐。

其东即罗刹也，与婆利同俗。隋炀帝遣常骏使赤土，遂通中国。

赤土西南入海，得婆罗。总章二年，其王旃达钵遣使者与环王使者偕朝。

环王南有殊柰者，泛交趾海三月乃至，与婆罗同俗。贞观二年，使者上方物。九年，甘棠使者入朝，国居海南。十二年僧高、武令、迦乍、鸠密四国使者朝贡。僧高直水真腊西北，与环王同俗。其后鸠密王尸利鸠摩又与富那王尸利提婆跋摩等遣使来贡。僧高等国，永徽后为真腊所并。

盘盘,在南海曲,北距环王,限少海,与狼牙修接,自交州海行四十日乃至。王曰杨粟翥。其民濒水居,比木为栅,石为矢镞。王坐金龙大榻,诸大人见王,交手抱肩以踞。其臣曰教郎索滥,曰昆仑帝也,曰昆仑勃和,曰昆仑敦谛索甘,亦曰古龙。古龙者,昆仑声近耳。在外曰那延,犹中国刺史也。有佛、道士祠。僧食肉,不饮酒,道士谓为贪,不食酒肉。贞观中,再遣使朝。

其东南有哥罗,一曰箇罗,亦曰哥罗富沙罗。王姓矢利波罗,名米失钵罗。累石为城,楼阙宫室茨以草。州二十四。其兵有弓矢稍殳,以孔雀羽饰鬃。每战,以百象为一队,一象百人,鞍若槛,四人执弓矛在中。赋率输银二铢。无丝纻,惟古贝。畜多牛少马。非有官不束发。凡嫁娶,纳槟榔为礼,多至二百盘。妇已嫁,从夫姓。乐有琵琶、横笛、铜钹、铁鼓、蠡。死者焚之,取烬贮金罂沈之海。

东南有拘蒌蜜,海行一月至。南距婆利,行十日至。东距不述,行五日至。西北距文单,行六日至。与赤土、堕和罗同俗。永徽中,献五色鹦鹉。

扶南,在日南之南七千里,地卑洼,与环王同俗,有城郭宫室。王姓古龙。居重观,栅城,楛叶以覆屋。王出乘象。其人黑身、鬈发,倮行,俗不为寇盗。田一岁种,三岁获。国出刚金,状类紫石英,生水底石上,人没水取之,可以刻玉,扣以羖角,乃泮。人喜斗鸡及猪。以金、珠、香为税。治特牧城,俄为真腊所并,益南徙那弗那城。武德、贞观时,再入朝,又献白头人二。

白头者,直扶南西,人皆素首,肤理如脂。居山穴,四面峭绝,人莫得至,与参半国接。

真腊,一曰吉蔑,本扶南属国。去京师二万七百里。东距车渠,西属骠,南濒海,北与道明接,东北抵欢州。其王刹利伊金那,贞观初并扶南有其地。户皆东向,坐上东。客至,屑槟榔、龙脑、香蛤以进。不饮酒,比之淫。与妻饮房中,避尊属。有战象五千,良者饲以肉。世与参半、骠通好,与环王、乾陀洹数相攻。自武德至圣历,凡四来朝。神龙后分为二半:北多山阜,号陆真腊半;南际海,饶陂泽,号水真腊半。水真腊,地八百里,王居婆罗提拔城。陆真腊或曰文单,曰婆镂,地七百里,王号"笡屈"。开元、天宝时,王子率其属二十六来朝,拜果毅都尉。大历中,副王婆弥及妻来朝,献驯象十一。擢婆弥试殿中监,赐名宾汉。是时,德宗初即位,珍禽奇兽悉纵之,蛮夷所献驯象畜苑中,元会充廷者凡三十二,悉放荆山之阳。及元和中,水真腊亦遣使入贡。

文单西北属国曰参半,武德八年使者来。

道明者,亦属国,无衣服,见衣服者共笑之。无盐铁,以竹弩射鸟兽自给。

诃陵,亦曰社婆,曰阇婆,在南海中。东距婆利,西堕婆登,南濒海,北真腊。木为城,虽大屋亦覆以栟榈。象牙为床若席。出玳瑁、黄白金、犀、象,国最富。有穴自涌盐。以柳花、椰子为酒,饮之辄醉,宿昔坏。有文字,知星历。食无匕筯。有毒女,与接辄苦疮,人死尸不腐。王居阇婆城。其祖吉延东迁于婆露伽斯城,旁小国二十八,莫不臣服。其官有三十二大夫,而大坐敢兄为最贵。山上有郎卑野州,王常登以望海。夏至立八尺表,景在表南二尺四寸。贞观中,与堕和罗、堕婆登皆遣使者入贡,太宗以玺诏优答。堕和罗丐良马,帝与之。至上元间,国人推女子为王,号"悉莫",威令整肃,道不举遗。大食君闻之,赍金一囊置其郊,行者辄避,如是三年。太子过,以足躏金,悉莫怒,将斩之,群臣固请,悉莫曰:"而罪实本于足,可断趾。"群臣复为请,乃斩指以徇。大食闻而畏之,不敢加兵。大历中,诃陵使者三至。元和八年,献僧祇奴四、五色鹦鹉、频伽鸟等。宪宗拜内四门府左果毅,使者让其弟,帝嘉美,并官之。讫大和,再朝贡。咸通中,遣使献女乐。

堕和罗,亦曰独和罗,南距盘盘,北迦逻舍弗,西属海,东真腊。自广州行五月乃至。国多美犀,世谓堕和罗犀。有二属国,曰昙陵、陀洹。

昙陵在海洲中。陀洹,一曰耨陀洹,在环王西南海中,与堕和罗接,自交州行九十日乃至。王姓察失利,名婆那,字婆末。无蚕桑,有稻、麦、麻、豆。畜有白象、牛、羊、猪。俗喜楼居,谓为干栏。以白氎、朝霞布为衣。亲丧,在室不食,燔尸已,则剔发浴于池,然后食。贞观时,并遣使者再入朝,又献婆律膏;白鹦鹉,首有十红毛,齐于翅。因丐马、铜钟,帝与之。

堕婆登在环王南,行二月乃至。东诃陵,西迷黎车,北属海。俗与诃陵同。种稻,月一熟。有文字,以贝多叶写之。死者实金于口,以钏贯其体,加婆律膏、龙脑众香,积薪燔之。

投和,在真腊南,自广州西南海行百日乃至。王姓投和罗,名脯邪迄遥。官有朝请将军、功曹、主簿、赞理、赞府,分领国事。分州、郡、县三等。州有参军,郡有金威将军,县有城、有局,长官得选僚属自助。民居率楼阁,画壁。王宿卫百人,衣朝霞,耳金镮,金绖被颈,宝饰革履。频盗者死,次穿耳及颊而劓其发,盗铸者截手。无赋税,民以地多少自输。王以农商自业。银作钱,类榆荚。民乘象及马,无鞍鞯,绳穿颊御之。亲丧,断发为孝,焚尸敛灰于罂,沈之水。贞观中,遣使以黄金函内表,并献方物。

瞻博,或曰瞻婆。北距兢伽河。多野象群行。显庆中,与婆岸、千支弗、舍跋若、磨腊四国并遣使者入朝。

千支在西南海中,本南天竺属国,亦曰半支跋,若唐言五山也,北距多摩苌。

又有哥罗舍分、修罗分、甘毕三国贡方物。甘毕在南海上,东距环王;王名旃陀越摩,有胜兵五千。哥罗舍分者,在南海南,东堕和罗。修罗分者,在海北,东距真腊。其风俗大略相类,有君长,皆栅郛。二国胜兵二万,甘毕才五千。

又有多摩苌,东距婆凤,西多隆,南千支弗,北诃陵。地东西一月行,南北二十五日行。其王名骨利,诡云得大卵,剖之,获女子,美色,以为妻。俗无姓,婚姻不别同姓。王坐常东向。胜兵二万,有弓刀甲矟,无马。果有波那婆、宅护遮庵摩、石榴。其国经萨卢、都诃卢、君那卢、林邑诸国,乃得交州。显庆中贡方物。

室利佛逝,一曰尸利佛誓。过军徒弄山二千里,地东西千里,南北四千里而远。有城十四,以二国分总。西曰郎婆露斯。多金、汞砂、龙脑。夏至立八尺表,影在表南二尺五寸。国多男子。有橐它,豹文而犀角,以乘且耕,名曰它牛豹。又有兽类野豕,角如山羊,名曰雺,肉味美,以馈膳。其王号"曷蜜多"。咸亨至开元间,数遣使者朝,表为边吏侵掠,有诏广州慰抚。又献侏儒、僧祇女各二及歌舞,官使者为折冲,以其王为左威卫大将军,赐紫袍、金钿带。后遣子入献,诏宴于曲江,宰相会,册封宾义王,授右金吾卫大将军,还之。

名蔑,东接真陀桓,西但游,南属海,北波剌。其地一月行,有州三十。以十二月为岁首。王衣朝霞、氎。赋二十取一。交易皆用金准直。其人短小,兄弟共娶一妻,妇总发为角,辨夫之多少。王号"斯多题"。龙朔初,使者来贡。

单单,在振州东南,多罗磨之西,亦有州县。木多白檀。王姓刹利,名尸陵伽,日视事。有八大臣,号八坐。王以香涂身,冠杂宝璎,近行乘车,远乘象。战必吹蠡、击鼓。盗无轻重皆死。乾封、总章时,献方物。

罗越者,北距海五千里,西南哥谷罗。商贾往来所凑集,俗与堕罗钵底同。岁乘舶至广州,州必以闻。

骠，古朱波也，自号突罗朱，阇婆国人曰徒里拙。在永昌南二千里，去京师万四千里。东陆真腊，西接东天竺，西南堕和罗，南属海，北南诏。地长三千里，广五千里，东北袤长，属羊苴咩城。

凡属国十八：曰迦罗婆提，曰摩礼乌特，曰迦梨迦，曰半地，曰弥臣，曰坤朗，曰偈奴，曰罗聿，曰佛代，曰渠论，曰婆梨，曰偈陀，曰多归，曰摩曳，余即舍卫、瞻婆、阇婆也。

凡镇城九：曰道林王，曰悉利移，曰三陀，曰弥诺道立，曰突旻，曰帝偈，曰达梨谋，曰乾唐，曰末浦。

凡部落二百九十八，以名见者三十二：曰万公，曰充惹，曰罗君潜，曰弥绰，曰道双，曰道瓮，曰道勿，曰夜半，曰不恶夺，曰莫音，曰伽龙睒，曰阿梨吉，曰阿梨阇，曰阿梨忙，曰达磨，曰求潘，曰僧塔，曰提梨郎，曰望腾，曰担泊，曰禄乌，曰乏毛，曰僧迦，曰提追，曰阿末逻，曰逝越，曰腾陵，曰欧咩，曰砖罗婆提，曰禄羽，曰陋蛮，曰磨地勃。

繇弥臣至坤朗，又有小昆仑部，王名茫悉越，俗与弥臣同。繇坤朗至禄羽，有大昆仑王国，王名思利泊婆难多珊那。川原大于弥臣。繇昆仑小王所居，半日行至磨地勃栅，海行五月至佛代国。有江，支流三百六十。其王名思利些弥他。有川名思利毗离芮。土多异香。北有市，诸国估舶所凑，越海即阇婆也。十五日行，逾二大山，一曰正迷，一曰射鞮，有国，其王名思利摩诃罗阇，俗与佛代同。经多茸补逻川至阇婆，八日行至婆赗伽卢，国土热，衢路植椰子、槟榔，仰不见日。王居以金为甓，厨覆银瓦，爨香木，堂饰明珠。有二池，以金为堤，舟楫皆饰金宝。

骠王姓困没长，名摩罗惹，其相名曰摩诃思那。王出，舆以金绳床，远则乘象。嫔史数百人。青甓为圆城，周百六十里，有十二门，四隅作浮图，民皆居中，铅锡为瓦，荔支为材。俗恶杀。拜以手抱臂稽颡为恭。明天文，喜佛法。有百寺，琉璃为甓，错以金银，丹彩紫矿涂地，覆以锦罽，王居亦如之。民七岁祝发止寺，至二十有不达其法，复为民。衣用白氎、朝霞，以蚕帛伤生不敢衣。戴金花冠、翠冒，络以杂珠。王宫设金银二钟，寇至，焚香击之，以占吉凶。有巨白象，高百尺，讼者焚香跽象前，自思是非而退。有灾疫，王亦焚香对象跽，自咎。无桎梏，有罪者束五竹捶背，重者五、轻者三，杀人则死。土宜菽、粟、稻、梁、蔗大若胫，无麻、麦。以金银为钱，形如半月，号登伽佗，亦曰足弹陀。无膏油，以蜡杂香代炷。与诸蛮市，以江猪、白氎、琉璃罂缶相易。妇人当顶作高髻，饰银珠琲，衣青婆裙，披罗段；行持扇，贵家者傍至五六。近城有沙山不毛，地亦与波斯、婆罗门接，距西舍利城二十日行。西舍利者，中天竺也。南诏以兵强地接，常羁制之。

　　贞元中，王雍羌闻南诏归唐，有内附心，异牟寻遣使杨加明诣剑南西川节度使韦皋请献夷中歌曲，且令骠国进乐人。于是皋作《南诏奉圣乐》，用正律黄钟之均。宫、徵一变，象西南顺也；角、羽终变，象戎夷革心也。舞六成，工六十四人，赞引二人，序曲二十八叠，舞"南诏奉圣乐"字。舞人十六，执羽翟，以四为列。舞"南"字，歌《圣主无为化》；舞"诏"字，歌《南诏朝天乐》；舞"奉"字，歌《海宇修文化》；舞"圣"字，歌《雨露覃无外》；舞"乐"字，歌《辟土丁零塞》。皆一章三叠而成。

　　舞者初定，执羽、箫、鼓等奏散序一叠，次奏第二叠，四行，赞引以序入。将终，雷鼓作于四隅，舞者皆拜，金声作而起，执羽稽首，以象朝觐。每拜跪，节以钲鼓。次奏拍序一叠，舞者分左右蹈舞，每四拍，揖羽稽首，拍终，舞者拜，复奏一叠，蹈舞抃揖，以合"南"字。字成遍终，舞者北面跪歌，导以丝竹。歌已，俯伏，钲作，复揖舞。余字皆如之，唯"圣"字词末皆恭揖，以明奉圣。每一字，曲三叠，名为五成。次急奏一叠，四十八人分行磬折，象将臣御边也。字舞毕，舞者十六人为四列，又舞《辟四门》之舞。遽舞入遍两叠，与鼓吹合节，进舞三，退舞三，以象三才、三统。舞终，皆稽首逡巡。又一人舞《亿万寿》之舞，歌《天南滇越俗》四章，歌舞七叠六成而终。七者，火之成数，象天子南面生成之恩。六者，坤数，象西南向化。

凡乐三十，工百九十六人，分四部：一、龟兹部，二、大鼓部，三、胡部，四、军乐部。龟兹部，有羯鼓、揩鼓、腰鼓、鸡娄鼓、短笛、大小觱篥、拍板，皆八；长短箫、横笛、方响、大铜钹、贝，皆四。凡工八十八人，分四列，属舞筵四隅，以合节鼓。大鼓部，以四为列，凡二十四，居龟兹部前。胡部，有筝、大小箜篌、五弦琵琶、笙、横笛、短笛、拍板，皆八；大小觱篥，皆四。工七十二人，分四列，属舞筵之隅，以导歌咏。军乐部，金铙、金铎，皆二；㧟鼓、金钲，皆四。钲、鼓，金饰盖，垂流苏。工十二人，服南诏服，立《辟四门》舞筵四隅，节拜合乐。又十六人，画半臂，执㧟鼓，四人为列。舞人服南诏衣，绛裙襦、黑头囊、金佉苴、画皮靴，首饰袜额，冠金宝花鬘，襦上复加画半臂。执羽翟舞，俯伏，以象朝拜；裙襦画鸟兽草木，文以八彩杂华，以象庶物咸遂；羽葆四垂，以象天无不覆；正方布位，以象地无不载；分四列，以象四气；舞为五字，以象五行；秉羽翟，以象文德；节鼓，以象号令远布；振以铎，明采诗之义；用龟兹等乐，以象远夷悦服。钲鼓则古者振旅献捷之乐也。黄钟，君声，配运为土，明土德常盛。黄钟得《乾》初九，自为其宫，则林钟四律以正声应之，象大君南面提天统于上，乾道明也。林钟得《坤》初六，其位西南，西南感至化于下，坤体顺也。太蔟得《乾》九二，是为人统，天地正而三才通，故次应以太蔟。三才既通，南吕复以羽声应之。南吕，酉，西方金也；羽，北方水也。金、水悦而应乎时，以象西戎、北狄悦服。然后沽洗以角音终之。沽，故也；洗，濯也。以象南诏背吐蕃归化，洗过日新。

皋以五宫异用，独唱殊音，复述《五均谱》，分金石之节奏：

一曰黄钟，宫之宫，军士歌《奉圣乐》者用之。舞人服南诏衣，秉翟俯伏拜扑，合"南诏奉圣乐"五字，倡词五，舞人乃易南方朝天之服，绛色，七节襦袖，节有青褾排衿，以象鸟翼。乐用龟兹、胡部，金钲、㧟鼓、铙、贝、大鼓。

二曰太蔟，商之宫，女子歌《奉圣乐》者用之。合以管弦。若奏庭下，则独舞一曲。乐用龟兹，鼓、笛各四部，与胡部等合作。琵琶、笙、箜篌，皆八；大小觱篥、筝、五弦琵琶、长笛、短笛、方响各四，居龟兹部前。次贝一人，大鼓十二分左右，余皆坐奏。

三曰姑洗，角之宫，应古律林钟为徵宫，女子歌《奉圣乐》者用之。舞者六十四人，饰罗彩襦袖，间以八采，曳云花履，首饰双凤、八卦、彩云、花鬘，执羽为拜抃之节。以林钟当地统，象岁功备、万物成也。双凤，明律吕之和也。八卦，明还相为用也。彩云，象气也。花鬘，象冠也。合"奉圣乐"三字，唱词三，表天下怀圣也。小女子字舞，则碧色襦袖，象角音主木；首饰巽卦，应沽洗之气；以六人略后，象六合一心也。乐用龟兹、胡部，其钲、捖、铙、铎，皆覆以彩盖，饰以花趺，上陈锦绮，垂流苏。按《瑞图》曰："王者有道，则仪凤在鼓。"故羽葆鼓栖以凤凰，钲栖孔雀，铙、铎集以翔鹭，钲、捖顶足又饰南方鸟兽，明泽及飞走翔伏。钲、捖、铙、铎，皆二人执击之。贝及大鼓工伎之数，与军士《奉圣乐》同，而加鼓、笛四部。

四曰林钟，徵之宫，敛拍单声，奏《奉圣乐》，丈夫一人独舞，乐用龟兹，鼓、笛每色四人。方响二，置龟兹部前。二隅有金钲，中植金铎二、贝二、铃钹二、大鼓十二分左右。

五曰南吕，羽之宫，应古律黄钟为君之宫。乐用古黄钟方响一、大琵琶、五弦琵琶、大箜篌倍、黄钟觱篥、小觱篥、筝、笙、埙、篪、挡筝、轧筝、黄钟箫、笛倍。笛、节鼓、拍板等工皆一人，坐奏之。丝竹缓作，一人独唱，歌工复通唱军士《奉圣乐》词。

雍羌亦遣弟悉利移城主舒难陀献其国乐，至成都，韦皋复谱次其声。以其舞容、乐器异常，乃图画以献。工器二十有二，其音八：金、贝、丝、竹、匏、革、牙、角。金二、贝一、丝七、竹二、匏二、革二、牙一、角二。铃钹四，制如龟兹部，周圆三寸，贯以韦，击磕应节。铁板二，长三寸五尺，博二寸五分，面平，背有柄，系以韦，与铃钹皆饰条纷，以花氎缕为蕊。螺贝四，大者可受一升，饰条纷。有凤首箜篌二：其一长二尺，腹广七寸，凤首及项长二尺五寸，面饰虺皮，弦一十有四，项有轸，凤首外向；其一顶有条，轸有鼍首。筝二：其一形如鼍，长四尺，有四足，虚腹，以鼍皮饰背，面及仰肩如琴，广七寸，腹阔八寸，尾长尺余，卷上虚中，施关以张九弦，左右一十八柱；其一而饰彩花，傅以虺皮为别。有龙首琵琶一，如龟兹制，而项长二尺六寸余，腹广六寸，二龙相向为首；有轸柱各三，弦随其数，两轸在项，一在颈，其覆形如师子。有云头琵琶一，形如前，面饰虺皮，四面有牙钉，以云为首，轸上有花象品字，三弦，覆手皆饰虺皮，刻捍拨为舞昆仑状而彩饰之。有大匏琴二，覆以半匏，皆彩画之，上加铜瓯。以竹为琴，作虺文横其上，长三尺余，头曲中拱，长二寸，以条系腹，穿瓯及匏本，可受二升。大弦应太蔟，次弦应姑洗。有独弦匏琴，以班竹为之。不加饰，刻木为虺首；张弦无轸，以弦系顶，有四柱如龟兹琵琶，弦应太蔟。有小匏琴二，形如大匏琴，长二尺；大弦应南吕，次应应钟。有横笛二：一长尺余，取其合律，去节无爪，以蜡实首，上加师子头，以牙为之，穴六以应黄钟商，备五音七声；又一，管唯加象首，律度与荀勖《笛谱》同，又与清商部钟声合。有两头笛二，长二尺八寸，中隔一节，节左右开冲气穴，两端皆分洞体为笛量。左端应太蔟，管末三穴：一姑洗，二蕤宾，三夷则。右端应林钟，管末三穴：一南吕，二应钟，三大吕。下托指一穴，应清太蔟。两洞体七穴，共备黄钟、林钟两均。有大匏笙二，皆十六管，左右各八，形如凤翼，大管长四尺八寸五，分余管参差相次，制如笙管，形亦类凤翼，竹为簧，穿匏达本。上古八音，皆以木漆代之，用金为簧，无匏音，唯骠国得古制。又有小匏笙二，制如大笙，律应林钟商。有三面鼓二，形如酒缸，高二尺，首广下锐，上博七寸，底博四寸，腹广不过首，冒以虺皮，束三为一，碧条约之，下当地则不冒，四面画骠国工伎执笙鼓以为饰。有小鼓四，制如腰鼓，长五寸，首广三寸五，分冒以虺皮，牙钉彩饰，无柄，摇之为乐节，引赞者皆执之。有牙笙，穿匏达本，漆之，上植二象牙代管，双簧皆应姑洗。有三角笙，亦穿匏达本，漆之，上植三牛角，一簧应姑洗，余应南吕，角锐在下，穿匏达本，柄觜皆直。有两角笙，亦穿匏达本，上植二牛角，簧应姑洗，匏以彩饰。

　　凡曲名十有二：一曰《佛印》，骠云《没驮弥》，国人及天竺歌以事王也。二曰《赞娑罗花》，骠云《咙莽第》，国人以花为衣服，能净其身也。三曰《白鸽》，骠云《答都》，美其飞止遂情也。四曰《白鹤游》，骠云《苏谩底哩》，谓翔则摩空，行则徐步也。五曰《斗羊胜》，骠云《来乃》。昔有人见二羊斗海岸，强者则见，弱者入山，时人谓之"来乃"。来乃者，胜势也。六曰《龙首独琴》，骠云《弥思弥》，此一弦而五音备，象王一德以畜万邦也。七曰《禅定》，骠云《掣览诗》，谓离俗寂静也。七曲唱舞，皆律应黄钟商。八曰《甘蔗王》，骠云《遏思略》，谓佛教民如蔗之甘，皆悦其味也。九曰《孔雀王》，骠云《桃台》，谓毛采光华也。十曰《野鹅》，谓飞止必双，徒侣毕会也。十一曰《宴乐》，骠云《嗃聪纲摩》，谓时康宴会嘉也。十二曰《涤烦》，亦曰《笙舞》，骠云《扈那》，谓时涤烦瞀，以此适情也。五曲律应黄钟两均：一黄钟商伊越调，一林钟商小植调。乐工皆昆仑，衣绛氀，朝霞为蔽膝，谓之祴裲。两肩加朝霞，络腋。足臂有金宝镮钏。冠金冠，左右珥珰，条贯花鬘，珥双簪，散以氍。初奏乐，有赞者一人先导乐意，其舞容随曲。用人或二、或六、或八、至十，皆珠冒，拜首稽首以终节。其乐五译而至，德宗授舒难陀太仆卿，遣还。开州刺史唐次述《骠国献乐颂》以献。大和六年，南诏掠其民三千，徙之柘东。

　　两爨蛮。自曲州、靖州西南昆川、曲轭、晋宁、喻献、安宁距龙和城，通谓之西爨白蛮；自弥鹿、升麻二川，南至步头，谓之东爨乌蛮。西爨自云本安邑人，七世祖晋南宁太守，中国乱，遂王蛮中。梁元帝时，南宁州刺史徐文盛召诣荆州，有爨瓒者，据其地，延袤二千余里。土多骏马、犀、象、明珠。既死，子震玩分统其众。隋开皇初，遣使朝贡，命韦士冲以兵戍之，置恭州、协州、昆州。未几叛，史万岁击之，至西洱河、滇池而还。震玩惧而入朝，文帝诛之，诸子没为奴。高祖即位，以其子弘达为昆州刺史，奉父丧归。而益州刺史段纶遣俞大施至南宁，治共范川，诱诸部皆纳款贡方物。太宗遣将击西爨，开青蛉、弄栋为县。

　　爨蛮之西，有徒莫祗蛮、俭望蛮，贞观二十三年内属，以其地为傍、望、览、丘、求五州，隶郎州都督府。白水蛮，地与青蛉、弄栋接，郎州亦隶。弄栋西有大勃弄、小勃弄二川蛮，其西与黄瓜、叶榆、西洱河接，其众完富与蜀埒，无酋长，喜相仇怨。

永徽初，大敄弄杨承颠私署将帅，寇麻州，都督任怀玉招之，不听，高宗以左领军将军赵孝祖为郎州道行军总管，与怀玉讨之。至罗仵侯山，其酋秃磨蒲与大鬼主都干以众塞菁口，孝祖大破之。夷人尚鬼，谓主祭者为鬼主，每岁户出一牛或一羊，就其家祭之。送鬼迎鬼必有兵，因以复仇云。孝祖按军，多弃城，逐北至周近水，大酋俭弥于、鬼主董朴濒水为栅，以轻骑逆战，孝祖击斩弥于、秃磨蒲、鬼主十余级，会大雪，靰冻死者略尽。孝祖上言："小勃弄、大勃弄常诱弄栋叛，今因破白水，请遂西讨。"诏可。孝祖军入，夷人皆走险。小勃弄酋长殁盛屯白旗城，率万骑战，败，斩之。进至大勃弄，杨承颠婴城守，孝祖招之，不从，麾军进，执承颠，余屯大者数万、小数千，皆破降之，西南夷遂定。罢郎州都督，更置戎州都督。

爨弘达既死，以爨归王为南宁州都督，居石城，袭杀东爨首领盖聘及子盖启，徙共范川。

有两爨大鬼主崇道者，与弟日进、日用居安宁城左，闻章仇兼琼开步头路，筑安宁城，群蛮震骚，共杀筑城使者。玄宗诏蒙归义讨之，师次波州，归王及崇道兄弟千余人泥首谢罪，赦之。俄而崇道杀日进及归王，归王妻阿姹，乌蛮女也，走父部，乞兵相仇，于是诸爨乱。阿姹遣使诣归义求杀夫者，书闻，诏以其子守隅为南宁州都督，归义以女妻之，又以一女妻崇道子辅朝。然崇道、守隅相攻讨不置，阿姹诉归义，为兴师，营昆川，崇道走黎州，遂虏其族，杀辅朝，收其女，崇道俄亦被杀，诸爨稍离弱。

阁罗凤立，召守隅并妻归河睒，不通中国。阿姹自主其部落，岁入朝，恩赏蕃厚。阁罗凤遣昆川城使杨牟利以兵胁西爨，徙户二十余万于永昌城。东爨以言语不通，多散依林谷，得不徙。自曲靖州、石城、升麻、昆川南北至龙和，皆残于兵。日进等子孙居永昌城。乌蛮种复振，徙居西爨故地，与峰州为邻。贞元中，置都督府，领羁縻州十八。

乌蛮与南诏世昏姻，其种分七部落：一曰阿芋路，居曲州、靖州故地；二曰阿猛；三曰夔山；四曰暴蛮；五曰卢鹿蛮，二部落分保竹子岭；六曰磨弥敛；七曰勿邓。土多牛马，无布帛，男子髽髻，女人被发，皆衣牛羊皮。俗尚巫鬼，无拜跪之节。其语四译乃与中国通。大部落有大鬼主，百家则置小鬼主。

勿邓地方千里，有邛部六姓，一姓白蛮也，五姓乌蛮也。又有初裹五姓，皆乌蛮也，居邛部、台登之间。妇人衣黑缯，其长曳地。又有东钦蛮二姓，皆白蛮也，居北谷。妇人衣白缯，长不过膝。又有粟蛮二姓、雷蛮三姓、梦蛮三姓，散处黎、巂、戎数州之鄙，皆隶勿邓。勿邓南七十里，有两林部落，有十低三姓、阿屯三姓、亏望三姓隶焉。其南有丰琶部落，阿诺二姓隶焉。两林地虽狭，而诸部推为长，号都大鬼主。

勿邓、丰琶、两林皆谓之东蛮，天宝中，皆受封爵。及南诏陷巂州，遂羁属吐蕃。贞元中，复通款，以勿邓大鬼主苴嵩兼邛部团练使，封长川郡公。及死，子苴骠离幼，以苴梦冲为大鬼主，数为吐蕃侵猎。两林都大鬼主苴那时遗韦皋书，乞兵攻吐蕃，皋遣将刘朝彩出铜山道，吴鸣鹤出清溪关道，邓英俊出定蕃栅道，进逼台登城。吐蕃退壁西贡川，据高为营。苴那时战甚力，分兵大破吐蕃青海、腊城二节度军于北谷，青海大兵马使乞藏遮遮、腊城兵马使悉多杨朱、节度论东柴、大将论结突梨等皆战死，执笼官四十五人，铠仗一万，牛马称是。进拔于葱栅。乞藏遮遮，尚结赞子也，以尸还。其下曩贡节度苏论百余人行哭，使一人立尸左，一人问之曰："疮痛乎？"曰"然。"即传药。曰"食乎？"曰"然。"即进膳。曰"衣乎？"曰"然。"即命袭。又问"归乎？"曰"然。"以马载尸而去。诏封苴郍时为顺政郡王，苴梦冲为怀化郡王，丰琶部落大鬼主骠傍为和义郡王，给印章、袍带。三王皆入朝，宴麟德殿，赏赉加等，岁给其部禄盐衣彩，黎、巂二州吏就赐之，以山阻多为盗侵，亡失所赐，皋令二州为筑馆，有赐，约酋长自至，授赐而遣之。然苴梦冲内附吐蕃，断南诏使路，皋遣巂州总管苏峞以兵三百召梦冲至琵琶川，声其罪斩之，披其族为六部，以样弃主之。及苴骠离长，乃命为大鬼主。骠傍年少骁敢，数出兵攻吐蕃,吐蕃间道焚其居室、部落,亡所赐印章,皋为请,复得印。

　　爨蛮西有昆明蛮,一曰昆弥,以西洱河为境,即叶榆河也。距京师九千里。土歊湿,宜粳稻。人辫首、左衽,与突厥同。随水草畜牧,夏处高山,冬入深谷。尚战死,恶病亡,胜兵数万。

　　武德中,巂州治中吉伟使南宁,因至其国,谕使使朝贡,求内属,发兵戍守,自是岁与牂柯使偕来。龙朔三年,矩州刺史谢法成招慰比楼等七千户内附。总章三年,置禄州、汤望州。咸亨三年,昆明十四姓率户二万内附,析其地为殷州、总州、敦州,以安辑之。殷州居戎州西北,总州居西南,敦州居南,远不过五百余里,近三百里。其后又置盘、麻等四十一州,皆以首领为刺史。

　　昆明东九百里,即牂柯国也。兵数出,侵地数千里。元和八年,上表请尽归牂柯故地。开成元年,鬼主阿珮内属。会昌中,封其别帅为罗殿王,世袭爵。其后又封别帅为滇王,皆牂柯蛮也。东距辰州二千四百里,其南千五百里即交州也。无城郭,土热多霖雨,稻粟再熟。无徭役,战乃屯聚。刻木为契,盗者倍三而偿,杀人者出牛马三十。俗与东谢同。首领亦姓谢氏,至龙羽有兵三万。武德三年,遣使者朝,以其地为牂州,拜龙羽刺史,封夜郎郡公。其北百五十里,有别部曰兖州蛮,胜兵二万,亦来朝贡,以地为兖州。

　　开元中,牂柯酋长元齐死,孙嘉艺袭官,封其后,乃以赵氏为酋长。二十五年,赵君道来朝。其裔有赵国珍,天宝中战有功。阁罗凤叛,宰相杨国忠兼剑南节度使,以国珍有方略,授黔中都督,屡败南诏,护五溪十余年,天下方乱,其部独宁。终工部尚书。贞元中,官其酋长赵主俗,亦以褒朝贡不绝。至十八年,五遣使朝。元和二年,诏黔南观察使常以本道将为押领牂柯、昆明等使,自是数遣使,或朝正月,讫开成不绝。故事,戎夷朝贡,将至都,中官驿劳于郊,既及馆,恩礼尤渥。

西爨之南，有东谢蛮，居黔州西三百里，南距守宫獠，西连夷子，地方千里。宜五谷，为畲田，岁一易之。众处山，巢居，汲流以饮。无赋税，刻木为契。见贵人执鞭而拜。赏有功者以牛马、铜鼓。犯小罪则杖，大事杀之，盗物者倍偿。昏姻以牛酒为聘。女归夫家，夫惭涩避之，旬日乃出。会聚，击铜鼓，吹角。俗椎髻，韬以绛，垂于后。坐必蹲踞，常带刀剑。男子服衫袄、大口裤，以带斜冯右肩，以螺壳、虎豹、猨狄、犬羊皮为饰。有谢氏，世为酋长，部落尊畏之。其族不育女，自以姓高不可以嫁人。贞观三年，其酋元深入朝，冠乌熊皮若注㡇，以金银络额，被毛帔，韦行縢，著履。中书侍郎颜师古因是上言：“昔周武王时，远国入朝，太史次为《王会篇》，今蛮夷入朝，如元深冠服不同，可写为《王会图》。”诏可。帝以地为应州，即拜元深刺史，隶黔州都督府。又有南谢首领谢强亦来朝，以其地为庄州，授强刺史。建中三年，大酋长检校蛮州长史、资阳郡公宋鼎与诸谢朝贺，德宗以其国小，不许，诉于黔中观察使王础，以州接牂柯。愿随牂柯朝贺，础奏：“牂、蛮二州，户繁力强，为邻蕃所惮，请许三年一朝。”诏从之。

元和中，辰、溆蛮酋张伯靖嫉本道督敛苛刻，聚众叛，侵播、费二州，黔中经略使崔能、荆南节度使严绶、湖南观察使柳公绰讨之，三岁不能定。伯靖上表请隶荆南，乃降。崔能内恨之，更请调荆南、湖南、桂管军为援，约西原十洞兵皆出，可以成功。公卿议者皆以为便，宰相李吉甫曰：“伯靖挟怨而叛，压以大兵而招之，可不战自定。”乃命能兵毋出，独诏严绶招伯靖率家属诣江陵降，授右威卫翊府中郎将。

东谢南有西赵蛮，东距夷子，西属昆明，南西洱河也。山穴阻深，莫知道里。南北十八日行，东西二十三日行，户万余，俗与东谢同，赵氏世为酋长。夷子渠帅姓季氏，与西赵皆南蛮别种，胜兵各万人。自古未尝通中国，黔州豪帅田康讽之，故贞观中皆遣使入朝。西赵首领赵酋摩率所部万余户内附，以其地为明州，授酋摩刺史。

松外蛮尚数十百部，大者五六百户，小者二三百。凡数十姓，赵、杨、李、董为贵族，皆擅山川，不能相君长。有城郭、文字，颇知阴阳历数。自夜郎、滇池以西，皆庄蹻之裔。有稻、麦、粟、豆、丝、麻、蕹、蒜、桃、李。以十二月为岁首。布幅广七寸。正月蚕生，二月熟。男子毡革为帔，女衣缣布裙衫，髻盘如髦。饭用竹筲抟而啖之，乌杯贮羹如鸡彝。徒跣，有舟无车。死则坎地，殡舍左，屋之，三年乃葬，以蠡蚌封棺。父母丧，斩衰布衣不澡者四五年，近者二三年。为人所杀者，子以麻括发，墨面，衣不缉。居丧，昏嫁不废，亦弗避同姓。婿不亲迎。富室娶妻，纳金银牛羊酒，女所赉亦如之。有罪者，树一长木，击鼓集众其下。强盗杀之，富者赀死，烧屋夺其田；盗者倍九而偿赃。奸淫，则强族输金银请和而弃其妻，处女、厘妇不坐。凡相杀必报，力不能则其部助攻之。祭祀，杀牛马，亲联毕会，助以牛酒，多至数百人。贞观中，巂州都督刘伯英上疏："松外诸蛮，率暂附亟叛，请击之，西洱河天竺道可通也。"居数岁，太宗以右武候将军梁建方发蜀十二州兵进讨，酋帅双舍拒战，败走，杀获十余万，群蛮震骇，走保山谷。建方谕降者七十余部，户十万九千，署首领蒙、和为县令，余众感悦。

西洱河蛮，亦曰河蛮，道繇郎州走三千里，建方遣奇兵自巂州道千五百里掩之，其帅杨盛大骇，欲遁去，使者好语约降，乃遣首领十人纳款军门，建方振旅还。二十二年，西洱河大首领杨同外、东洱河大首领杨敛、松外首领蒙羽皆入朝，授官袟。显庆元年，西洱河大首领杨栋附显、和蛮大首领王罗祁、郎昆梨盘四州大首领王伽冲率部落四千人归附，入朝贡方物。其后茂州西南筑安戎城，绝吐蕃通蛮之道，生羌为吐蕃乡导，攻拔之，增兵以守，西洱河诸蛮皆臣吐蕃。开元中，首领始入朝，授刺史。会南诏蒙归义拔大和城，乃北徙，更羁制于浪穹诏。浪穹诏已破，又徙云南柘城。

黎州，领羁縻奉上等州二十六。开元十七年，又领羁縻夏梁、卜贵等州三十一。南路有廓清道部落主三人,婆盐鬼主十人。又有阿逼蛮,分十四部落:一曰大龙池,二曰小龙池,三曰控,四曰苴质,五曰乌披,六曰苴赍,七曰觜箪水,八曰戎列,九曰婆狄,十曰石地,十一曰罗公,十二曰诜,十三曰离旻,十四曰里汉。

黎、邛二州之东,又有凌蛮。西有三王蛮,盖莋都夷白马氏之遗种。杨、刘、郝三姓世为长,袭封王,谓之“三王”部落。叠甓而居,号鸼舍。岁禀节度府帛三千匹,以诇南诏,而南诏亦密赂之,觇成都虚实。每节度使至,酋长来谒,节度使多奏威惠所怀,以罔天子也。前谒必请于都押衙,且听命,都押衙不令者,辄讽其叛,常倚三王部落求姑息,至唐末益甚。

雅州西有通吐蕃道三:曰夏阳、曰夒松、曰始阳,皆诸蛮错居。凡部落四十六:距州三百余里之外有百坡、当品、严城、中川、钳矣、昌逼、钳井七部落,四百余里之外有罗岩、当马、三井、束锋、名耶、钳恭、画重、罗林、笼羊、林波、林烧、龙逢、索古、敢川、惊川、祸眉、不炫十七部落,五百余里之外有诺祚、三恭、布岚、欠马、论川、让川、远南、卑卢、夒龙、曜川、金川、东嘉梁、西嘉梁十三部落,六百余里之外有椎梅、作重、祸林、金林、逻蓬五部落,皆羁縻州也。以首领袭刺史。

嶲州新安城傍有六姓蛮:一曰蒙蛮、二曰夷蛮、三曰讹蛮、四曰狼蛮,余勿邓及白蛮也。

戎州管内有驯、骋、浪三州大鬼主董嘉庆,累世内附,以忠谨称,封归义郡王。贞元中,狼蛮亦请内附,补首领浪沙为刺史,然卒不出,剑南西川节度使韦皋檄嘉庆兼押狼蛮。又有鲁望等部落,徙居戎州马鞍山,皋以其远边徼,户给米二斛、盐五斤。北又有浪稽蛮、罗哥谷蛮。东有婆秋蛮、乌皮蛮。南有离东蛮、锅铧蛮。西有磨些蛮,与南诏、越析相姻娅。自浪稽以下,古滇王、哀牢杂种,其地与吐蕃接。亦有姐羌,古白马氏之裔。

剑山当吐蕃大路，属石门、柳强三镇，置戍、守捉，以招讨使领五部落：一曰弥羌、二曰铄羌、三曰胡丛，其余东钦、磨些也。又有夷望、鼓路、西望、安乐、汤谷、佛蛮、亏野、阿醯、阿鹗、钏蛮、林井、阿异十二鬼主皆隶嶲州。又有奉国、苴伽十一部落，春秋受赏于嶲州，然挟吐蕃为轻重。每节度使至，诸部献马，酋长衣虎皮，余皆红幜束发，锦缬袄、半臂。既见，请匹锦、斗酒，折草招父祖魂以归乡里。及还，裹锦植马上而去。又有显养、东鲁诸蛮，永徽三年与胡丛皆叛。高宗以右骁卫将军曹继叔为嶲州道行军总管，战斜山，拔十余城，斩首七百，获马、犛牛万五千。

姚州境有永昌蛮，居古永昌郡地。咸亨五年叛，高宗以太子右卫副率梁积寿为姚州道行军总管讨平之。武后天授中，遣御史裴怀古招怀。至长寿时，大首领董期率部落二万内属。其西有扑子蛮，趫悍，以青娑罗为通身裤，善用竹弓，入林射飞鼠无不中。无食器，以蕉叶藉之。人多长大，负排持矟而斗。又有望蛮者，用木弓短箭，镞傅毒药，中者立死。妇人食乳酪，肥白，跣足；青布为衫裳，联贯珂贝珠络之；髻垂于后，有夫者分两髻。

群蛮种类，多不可记。有黑齿、金齿、银齿三种，见人以漆及镂金银饰齿，寝食则去之。直顶为髻，青布为通裤。有绣脚种，刻踝至腓为文。有绣面种，生逾月，涅黛于面。有雕题种，身面涅黛。有穿鼻种，以金镮径尺贯其鼻，下垂过颐。君长以丝系镮，人牵乃行。其次，以二花头金钉贯鼻下出。又有长鬃种、栋锋种，皆额前为长髻，下过脐，行以物举之，君长则二女在前共举其髻乃行。

安南有生蛮林睹符部落，大历中置德化州，户一万；又以潘归国部落置龙武州，户千五百，诏安南节度使绥定之。贞元七年，始以欢、峰二州为都督府。欢在安南，限重海，与文单、占婆接。峰统羁縻州十八，与蜀爨蛮接。

南平獠，东距智州，南属渝州，西接南州，北涪州，户四千余。多瘴疠。山有毒草、沙虱、蝮蛇,人楼居,梯而上,名为干栏。妇人横布二幅,穿中贯其首,号曰通裙。美发髻,垂于后。竹筒三寸,斜穿其耳,贵者饰以珠珰。俗女多男少,妇人任役。昏法,女先以货求男,无以嫁,则卖为婢。男子左袵,露发,徒跣。其王姓朱氏,号剑荔王。贞观三年,遣使内款,贫者,以其地隶渝州。有飞头獠者,头欲飞,周项有痕如缕,妻子共守之,及夜如病,头忽亡,比旦还。又有乌武獠,地多瘴毒,中者不能饮药,故自凿齿。

有宁氏,世为南平渠帅。陈末,以其帅猛力为宁越太守。陈亡,自以为与陈叔宝同日而生,当代为天子,乃不入朝。隋兵阻瘴,不能进。猛力死,子长真袭刺史。及讨林邑,长真出兵攻其后,又率部落数千从征辽东,炀帝召为鸿胪卿,授安抚大使,遣还。又以其族人宁宣为合浦太守。隋乱,皆以地附萧铣。长真,部越兵攻丘和于交阯者也,武德初,以宁越、郁林之地降,自是交、爱数州始通。高祖授长真钦州都督。宁宣亦遣使请降,未报而卒,以其子纯为廉州刺史,族人道明为南越州刺史。六年,长真献大珠,昆州刺史沈逊、融州刺史欧阳世普、象州刺史秦元览亦献筒布,高祖以道远劳人,皆不受。道明与高州首领冯暄、谈殿据南越州反,攻姜州,宁纯以兵援之。八年,长真陷封山县,昌州刺史庞孝恭掎击暄等走之。明年,道明为州人所杀。未几,长真死,子据袭刺史。冯暄、谈殿阻兵相掠,群臣请击之,太宗不许,遣员外散骑常侍韦叔谐、员外散骑侍郎李公淹持节宣谕,暄等与溪洞首领皆降,南方遂定。

大抵剑南诸獠,武德、贞观间数寇暴州县者不一。巴州山獠王多馨叛,梁州都督庞玉枭其首,又破余党符阳、白石二县獠。其后眉州獠反,益州行台郭行方大破之。未几,又破洪、雅二州獠,俘男女五千口。是岁,益州獠亦反,都督窦轨请击之,太宗报曰:"獠依山险,当拊以恩信,胁之以兵威,岂为人父母意耶?"贞观七年,东、西玉洞獠反,以右屯卫大将军张士贵为龚州道行军总管平之。十二年,巫州獠叛,夔州都督齐善行击破之,俘男女三千余口。钧州獠叛,桂州都督张宝德讨平之。明州山獠又叛,交州都督李道彦击走之。是岁，巴、洋、集、壁四州山獠叛，攻巴州，遣右武候将军上官怀仁破之于壁州，虏男女万余，明年遂平。十四年，罗、窦诸獠叛，以广州都督党仁弘为窦州行军总管击之，虏男女七千余人。太宗再伐高丽，为舡剑南，诸獠皆半役，雅、邛、眉三州獠不堪其扰，相率叛，诏发陇右、峡兵二万，以茂州都督张士贵为雅州道行军总管，与右卫将军梁建方平之。

高宗初，琰州獠叛，梓州都督谢万岁、兖州刺史谢法兴、黔州都督李孟尝讨之。万岁、法兴入洞招慰，遇害。显庆三年，罗、窦生獠酋领多胡桑率众内附。上元末，纳州獠叛，寇故茂、都掌二县，杀吏民，焚廨舍，诏黔州都督发兵击之。大历二年，桂州山獠叛，陷州，刺史李良遁去。贞元中，嘉州绥山县婆笼川生獠首领甫枳兄弟诱生蛮为乱，剽居人，西川节度使韦皋斩之，招其首领勇于等出降。或请增栅东凌界以守，皋不从，曰："无戎而城，害所生也。"獠亦自是不扰境。

戎、泸间有葛獠，居依山谷林菁，逾数百里。俗喜叛，州县抚视不至，必合党数千人，持排而战。奉酋帅为王，号曰"婆能"，出入前后植旗。大中末，昌、泸二州刺史贪沓，以弱缯及羊强獠市，米麦一斛，得直不及半，群獠诉曰："当为贼取死耳！"刺史召二小吏榜之曰："皆尔属为之，非吾过。"獠相视大笑，遂叛，立酋长始艾为王，逾梓、潼，所过焚剽。刺史刘成师诱降其党，斩首领七十余人。余众遁至东川，节度使柳仲郢谕降之。始艾稽首请罪，仲郢贳遣之。

成都西北二千余里有附国，盖汉西南夷也。其东部有嘉良夷，无姓氏。地纵八百里，横西四千五百里。无城栅，居川谷，叠石为巢，高十余丈，以高下为差，作狭户，自内以通上。王酋帅以金饰首，胸垂金花，径三寸。地高凉，多风少雨，宜小麦，多白雉。嘉良夷有水广三十步，附国水广五十步，皆南流，以韦为舡。附国南有薄缘夷，西接女国。

　　三濮者，在云南徼外千五百里。有文面濮，俗镂面，以青涅之。赤口濮，裸身而折齿，劓其唇使赤。黑僰濮，山居如人，以幅布为裙，贯头而系之。丈夫衣谷皮。多白蹄牛、虎魄。龙朔中，遣使与千支弗、磨腊同朝贡。

　　西原蛮，居广、容之南，邕、桂之西。有宁氏者，相承为豪。又有黄氏，居黄橙洞，其隶也。其地西接南诏。天宝初，黄氏强，与韦氏、周氏、侬氏相唇齿，为寇害，据十余州。韦氏、周氏耻不肯附，黄氏攻之，逐于海滨。

　　至德初，首领黄乾曜、真崇郁与陆州、武阳、朱兰洞蛮皆叛，推武承斐、韦敬简为帅，僭号中越王，廖殿为桂南王，莫淳为拓南王，相支为南越王，梁奉为镇南王，罗诚为戎成王，莫浔为南海王，合众二十万，绵地数千里，署置官吏，攻桂管十八州。所至焚庐舍，掠士女，更四岁不能平。乾元初，遣中使慰晓诸首领，赐诏书赦其罪，约降。于是西原、环、古等州首领方子弹、甘令晖、罗承韦、张九解、宋原五百余人请出兵讨承斐等，岁中战二百，斩黄乾曜、真郁崇、廖殿、莫淳、梁奉、罗诚、莫浔七人。承斐等以余众面缚诣桂州降，尽释其缚，差赐布帛纵之。其种落张侯、夏永与夷獠梁崇牵、覃问及西原酋长吴功曹复合兵内寇，陷道州，据城五十余日。桂管经略使邢济击平之，执吴功曹等。余众复围道州，刺史元结固守不能下，进攻永州，陷邵州，留数日而去。湖南团练使辛京杲遣将王国良戍武岗，嫉京杲贪暴，亦叛，有众千人，侵掠州县，发使招之，且服且叛。建中元年，城叙州以断西原，国良乃降。

　　贞元十年，黄洞首领黄少卿者，攻邕管，围经略使孙公器，请发岭南兵穷讨之，德宗不许，命中人招谕，不从，俄陷钦、横、浔、贵四州。少卿子昌沔趫勇，前后陷十三州，气益振。乃以唐州刺史阳旻为容管招讨经略使，引师掩贼，一日六七战，皆破之，侵地悉复。元和初，邕州擒其别帅黄承庆。明年少卿等归款，拜归顺州刺史。弟少高为有州刺史。未几复叛。

又有黄少度、黄昌瓘二部,陷宾、峦二州,据之。十一年,攻钦、横二州,邕管经略使韦悦破走之,取宾、峦二州。是岁,复屠岩州,桂管观察使裴行立轻其军弱,首请发兵尽诛叛者,徼幸有功,宪宗许之。行立兵出击,弥更二岁,妄奏斩获二万,罔天子为解。自是邕、容两道杀伤疾疫死者十八以上。调费斗亡,繇行立、阳旻二人,当时莫不咎之。及安南兵乱,杀都护李象古,擢唐州刺史桂仲武为都护,逗留不敢进,贬安州刺史,以行立代之。寻召还,卒。

长庆初,以容管经略使留后严公素为经略使,复上表请讨黄氏。兵部侍郎韩愈建言:“黄贼皆洞獠,无城郭,依山险各治生业,急则屯聚畏死。前日邕管经略使德不能绥怀,威不能临制,侵诈系缚,以致憾恨。夷性易动而难安,劫州县复私仇,贪小利不为大患。自行立、阳旻建征讨,生事诡赏,邕、容两管,日以凋弊,杀伤疾患,十室九空。百姓怨嗟,如出一口,人神共嫉,二将继死。今严公素非抚御之才,复寻往谬,诚恐岭南未有宁时。昨合邕、容为一道,邕与贼限一江,若经略使居之,兵镇所处,物力雄完,则敌人不敢轻犯,容州则隔阻已甚,以经略使居之,则邕州兵少情见,易启蛮心。请以经略使还邕州,容置刺史,便甚。又比发南兵,远乡羁旅,疾疫杀伤,续添续死,每发倍难。若募邕、容千人,以给行营,粮不增而兵便习,守则有威,攻则有利。自南讨损伤,岭南人希,贼之所处,洞壑荒僻。假如尽杀其人,得其地,在国计不为有益。容贷羁縻,比之禽兽,来则捍御,去则不追,未有亏损朝庭。愿因改元大庆,普赦其罪,遣郎官、御史以天子意丁宁宣谕,必能欢叫听命。为选材用威信者,委以经略,处理得方,宜无侵叛事。”不纳。

初,邕管既废,人不谓宜。监察御史杜周士使安南,过邕州,刺史李元宗白状,周士从事五管,积三十年矣,亦知其不便。严公素遣人盗其稿,周士愤死。公素劾元宗擅以罗阳县还黄少度,元宗惧,引兵一百持印章依少度。穆宗遣监察御史敬僚按之。僚尝为容州从事,与公素昵,傅致元宗罪,以母老,流欢州,众以为不直。

黄贼更攻邕州,陷左江镇;攻钦州,陷千金镇。刺史杨屿奔石南栅,邕州刺史崔结击破之。明年,又寇钦州,杀将吏。是岁,黄昌瓘遣其党陈少奇二十人归款请降,敬宗纳之。

黄氏、侬氏据州十八,经略使至,遣一人诣治所,稍不得意,辄侵掠诸州。横州当邕江官道,岭南节度使常以兵五百戍守,不能制。大和中,经略使董昌龄遣子兰讨平峒穴,夷其种党,诸蛮畏服。有违命者,必严罚之。十八州岁输贡赋,道路清平。其后侬洞最强,结南诏为助。懿宗与南诏约和,二洞数构败之。邕管节度使辛谠以从事徐云虔使南诏结和,赍美货啖二洞首领、太州刺史黄伯蕴、屯洞首领侬金意、员州首领侬金勒等,与之通欢。

员州又有首领侬金澄、侬仲武与金勒袭黄洞首领黄伯善,伯善伏兵瀼水,鸡鸣,候其半济,击杀金澄、仲武,唯金勒遁免。后欲兴兵报仇,辛谠遣人持牛酒音乐解和,并遗其母衣服。母,贤者也,让其子曰:"节度使持物与獠母,非结好也,以汝为吾子。前日兵败瀼水,士卒略尽,不自悔,复欲动众,兵忿者必败,吾将囚为官老婢矣。"金勒感寤,为罢兵。

赞曰:唐北禽颉利,西灭高昌、焉耆,东破高丽、百济,威制夷狄,方策所未有也。交州,汉之故封,其外濒海诸蛮,无广土坚城可以居守,故中国兵未尝至。及唐稍弱,西原、黄洞继为边害,垂百余年。及其亡也,以南诏。《诗》曰:"惠此中国,以绥四方。"不以夷狄先诸夏也。

唐书卷二二三上
列传第一四八上

奸臣上

许敬宗　李义府　傅游艺　李林甫
陈希烈

　　许敬宗字延族,杭州新城人。父善心,仕隋为给事中。敬宗幼善属文,大业中举秀才中第,调淮阳书佐,俄直谒者台,奏通事舍人事。善心为宇文化及所杀,敬宗哀请得不死,去依李密为记室。武德初,补涟州别驾。太宗闻其名,召署文学馆学士。贞观中,除著作郎,兼修国史,喜谓所亲曰:"仕宦不为著作,无以成门户。"俄改中书舍人。文德皇后丧,群臣衰服,率更令欧阳询貌丑异,敬宗侮笑自如,贬洪州司马。累转给事中,复修史,以劳封高阳县男,检校黄门侍郎。高宗在东宫,迁太子右庶子。高丽之役,太子监国定州,敬宗与高士廉典机剧。岑文本卒,帝驿召敬宗,以本官检校中书侍郎。驻跸山破贼,命草诏马前,帝爱其藻警,由是专掌诰令。

　　初,太子承乾废,官属张玄素、令狐德棻、赵弘智、裴宣机、萧钧皆除名为民,不复用。敬宗为言玄素等以直言被嫌忌,今一概被罪,疑洗宥有所未至。帝悟,多所甄复。高宗即位,迁礼部尚书。敬宗饕沓,遂以女嫁蛮酋冯盎子,多私所聘。有司劾举,下除郑州刺史,俄复官,为弘文馆学士。

　　帝将立武昭仪,大臣切谏,而敬宗阴揣帝私,即妄言曰:"田舍子胜获十斛麦,尚欲更故妇。天子富有四海,立一后,谓之不可,何哉?"帝意遂定。王后废,敬宗请削后家官爵,废太子忠而立代王,遂兼太子宾客。帝得所欲,故诏敬宗待诏武德殿西闼。顷拜侍中,监修国史,爵郡公。

帝尝幸故长安城,按跸裴回,视古区处,问侍臣:"秦、汉以来几君都此?"敬宗曰:"秦居咸阳,汉惠帝始城之。其后苻坚、姚苌、宇文周居之。"帝复问:"汉武开昆明池实何年?"对曰:"元狩三年,将伐昆明,实为此池以肄战。"帝乃诏与弘文学士讨古宫室故区,具条以闻。进中书令,仍守侍中。敬宗于立后有助力,知后钳扆,能固主以久己权,乃阴连后谋逐韩瑗、来济、褚遂良,杀梁王、长孙无忌、上官仪,朝廷重足事之,威宠炽灼,当时莫与比。改右相,辞疾,拜太子少师、同东西台三品。年老,不任趋步,特诏与司空李勣朝朔日,听乘小马至内省。

帝东封泰山,以敬宗领使。次濮阳,帝问窦德玄:"此谓帝丘,何也?"德玄不对。敬宗儳曰:"臣能知之。昔帝颛顼始居此地,以王天下。其后夏后相因之,为寒浞所灭。后缗方娠,逃出自窦,在此地也。后昆吾氏因之,而为夏伯。昆吾既衰,汤灭之。其颂曰:'韦、顾既伐,昆吾、夏桀'是也。至春秋时,卫成公自楚丘徙居之,《左氏》称'相夺予享',以旧地也。由颛顼所居,故曰帝丘。臣闻有德者启其国土,失道者则丧其疆宇,自古大都美国,居者不一姓,故有国家者不可不慎也。"帝曰:"《书》称'浮于济、漯',今济与漯断不相属,何故而然?"对曰:"夏禹道沇水东流为济,入于河。今自漯至温而入河,水自此洑地过河而南,出为荥,又洑而至曹、濮,散出于地,合而东,汶水自南入之,所谓'洑为荥,东出于陶丘北,又东会于汶'是也。古者五行皆有官,水官不失职,则能辨味与色。潜而出,合而更分,皆能识之。"帝曰:"天下洪流巨谷,不载祀典,济甚细而在四渎,何哉?"对曰:"渎之言独也。不因余水,独能赴海者也。且天有五星,运而为四时;地有五岳,流而为四渎;人有五事,用而为四支。五,阳数也,四,阴数也,有奇偶、阴阳焉。阳者光曜,阴者晦昧,故辰隐而难见。济潜流屡绝，状虽微细，独而尊也。"帝曰："善。"敬宗退，矜曰："大臣不可无学，向德玄不能对，吾耻之。"德玄闻之，不屑曰："人各有能，不强所不知，吾所能也。"李勣曰："敬宗多闻，美矣；窦之不强，不亦善乎？"

初，高祖、太宗《实录》，敬播所撰，信而详。及敬宗身为国史，窜改不平，专出己私。始虞世基与善心同遭贼害，封德彝常曰："昔吾见世基死，世南匍匐请代；善心死，敬宗蹈舞求生。"世为口实，敬宗衔愤。至立《德彝传》，盛诬以恶。敬宗子娶尉迟敬德女孙，而女嫁钱九陇子。九陇，本高祖隶奴也，为虚立门阀功状，至与刘文静等同传。太宗赐长孙无忌《威凤赋》，敬宗猥称赐敬德。蛮酋庞孝泰率兵从讨高丽，贼笑其懦，袭破之。敬宗受其金，乃称"屡破贼，唐将言骁勇者唯苏定方与孝泰，曹继叔、刘伯英出其下远甚"。然自贞观后，论次诸书，自晋尽隋，及《东殿新书》、《西域图志》、《姓氏录》、《新礼》等数十种皆敬宗总知之，赏赉不胜纪。

敬宗营第舍华僭，至造连楼，使诸妓走马其上，纵酒奏乐自娱。嬖其婢，因以继室，假姓虞。子昂烝之，敬宗怒黜虞，奏斥昂岭外，久乃表还。

咸亨初，以特进致仕，仍朝朔望，续其俸禄。卒，年八十一，帝为举哀，诏百官哭其第，册赠开府仪同三司、扬州大都督，陪葬昭陵。太常博士袁思古议："敬宗弃子荒徼，女嫁蛮落，谥曰缪。"其孙彦伯诉思古有嫌，诏更议。博士王福畤曰："何曾忠而孝，以食日万钱谥缪丑，况敬宗忠孝两弃，饮食男女之累过之。"执不改。有诏尚书省杂议，更谥曰恭。

彦伯，昂子也，颇有文。敬宗晚年不复下笔，凡大典册悉彦伯为之。尝戏昂曰："吾儿不及若儿。"答曰："渠父不如昂父。"后又纳婢潘，奏流彦伯岭表，遇赦还，累官太子舍人。既与思古有憾，欲邀击诸路，思古曰："吾为先子报仇耳。"彦伯惭而止。

垂拱中，诏敬宗配飨高宗庙廷。

李义府，瀛州饶阳人，其祖尝为射洪丞，因客永泰。贞观中，李大亮巡察剑南，表义府才，对策中第，补门下省典仪。刘洎、马周更荐之，太宗召见，转监察御史，诏侍晋王。王为太子，除舍人、崇贤馆直学士，与司议郎来济俱以文翰显，时称"来李"。献《承华箴》，末云："佞谀有类，邪巧多方。其萌不绝，其害必彰。"义府方谄事太子，而文致若谠直者，太子表之，优诏赐帛。

高宗立，迁中书舍人，兼修国史，进弘文馆学士。为长孙无忌所恶，奏斥壁州司马，诏未下，义府问计于舍人王德俭。德俭者，许敬宗甥，瘿而智，善揣事，因曰："武昭仪方有宠，上欲立为后，畏宰相议，未有以发之。君能建白，转祸于福也。"义府即代德俭直夜，叩阁上表，请废后立昭仪。帝悦，召见与语，赐珠一斗，停司马诏书，留复侍。武后已立，义府与敬宗、德俭及御史大夫崔义玄、中丞袁公瑜、大理正侯善业相推毂，济其奸，诛弃骨鲠大臣，故后得肆志攘取威柄，天子敛衽矣。

义府貌柔恭，与人言，嬉怡微笑，而阴贼褊忌著于心，凡忤意者，皆中伤之，时号义府"笑中刀"。又以柔而害物，号曰"人猫"。

永徽六年，拜中书侍郎、同中书门下三品，封广平县男，又兼太子右庶子，爵为侯。洛州女子淳于以奸系大理，义府闻其美，属丞毕正义出之，纳以为妾，卿段实玄以状闻。诏给事中刘仁轨、侍御史张伦鞫治，义府且穷，逼正义缢狱中以绝始谋。侍御史王义方廷劾，义府不引咎，三叱之，然后趋出。义方极陈其恶，帝阴德义府，故贷不问，为抑义方，逐之。未几进中书令，检校御史大夫，加太子宾客，更封河间郡公，诏造私第。诸子虽裸负皆补清官。

初，杜正伦为黄门侍郎，义府才典仪。及同辅政，正伦恃先进不相下，密与中书侍郎李友益图去义府，反为所诬，交讼帝前。帝两黜之，正伦为横州刺史，义府普州刺史，流友益峰州。明年，召为吏部尚书、同中书门下三品。母丧免，夺丧为司列太常伯、同东西台三品。更葬其先永康陵侧，役县人牛车输土筑坟，助役者凡七县，高陵令不胜劳而死。公卿争赠遗。葬日，诏御史节哭。送车从骑相衔，帷帟奠帐自灞桥属三原七十里不绝,辒辌刍偶,僭侈不法,人臣送葬之盛无与比者。殷王出阁,又兼府长史,稍迁右相。

义府已贵,乃言系出赵郡,与诸李叙昭穆,嗜进者往往尊为父兄行。给事中李崇德引与同谱,既谪普州,亟削去,义府衔之,及复当国,傅致其罪,使自杀于狱。贞观中,高士廉、韦挺、岑文本、令狐德棻修《氏族志》,凡升降,天下允其议,于是州藏副本以为长式。时许敬宗以不载武后本望,义府亦耻先世不见叙,更奏删正。委孔志约、杨仁卿、史玄道、吕才等定其书,以仕唐官至五品皆升士流。于是兵卒以军功进者悉入书限,更号《姓氏录》,搢绅共嗤靳之,号曰“勋格”。义府奏悉收前志烧绝之。自魏太和中定望族,七姓子孙迭为婚姻,后虽益衰,犹相夸尚。义府为子求婚不得,遂奏一切禁止。

既主选,无品鉴才,而谷壑之欲,惟贿是利,不复铨判,人人咨讪。又母、妻、诸子卖官市狱,门如沸汤。自永徽后,御史多制授,吏部虽有调注,至门下覆不留。义府乃自注御史、员外、通事舍人,有司不敢却。帝尝从容戒义府曰:“闻卿儿子女婿挠法多过失,朕为卿掩覆,可少劝之。”义府内倚后,揣群臣无敢白其罪者,不虞帝之知,乃勃然变色,徐曰:“谁为陛下道此?”帝曰:“何用问我所从得邪?”义府警然不谢,徐引去,帝由是不悦。

会术者杜元纪望义府第有狱气,曰:“发积钱二千万,可以厌胜。”义府信之,裒索殊急。居母丧,朔望给告,即羸服与元纪出野,冯高窥觇灾眚,众疑其有异谋。又遣子津召长孙延,谓曰:“吾为子得一官。”居五日,延拜司津监,索谢钱七十万。右金吾仓曹参军杨行颖白其赃,诏司刑太常伯刘祥道与三司杂讯,李勣监按,有状,诏除名,流嶲州,子率府长史洽、千牛备身洋及婿少府主簿柳元贞并流廷州,司议郎津流振州,朝野至相贺。三子及婿尤凶肆,既败,人以为诛“四凶”。或作《河间道元帅刘祥道破铜山大贼李义府露布》,榜于衢。乾封元年大赦,独流人不许还,义府愤恚死,年五十三。自其斥,天下忧且复用,比死,内外乃安。

上元初,赦妻子还洛阳。如意中,赠义府扬州大都督,崔义玄益州大都督,王德俭、袁公瑜魏、相二州刺史,各赐实封。睿宗立,诏停。少子湛,见《李多祚传》。

傅游艺,卫州汲人。载初初,由合宫主簿再迁左补阙。武后夺政,即上书诡说符瑞,劝后当革姓以明受命,后悦,擢给事中。阅三月,进同凤阁鸾台平章事,即拜鸾台侍郎。后乃黜唐称周,废唐宗庙,自称皇帝,赐游艺姓武氏,以兄神童为冬官尚书。游艺尝梦登湛露殿,既寤,以语所亲,有告其谋反者,下狱自杀,以五品礼葬之。

初,游艺探后旨,诬杀宗室,复请发六道使,后卒用其言。万国俊等既出,天下被其酷。游艺起一岁,赐袍自青及紫,人号“四时仕宦”。然岁中即败,前古少其比云。

李林甫,长平肃王叔良曾孙。初为千牛直长,舅姜皎爱之。开元初,迁太子中允。源乾曜执政,与皎为姻家,而乾曜子絜为林甫求司门郎中,乾曜素薄之,曰:“郎官应得才望,哥奴岂郎中材邪?”哥奴,林甫小字也。即授以谕德,累擢国子司业。宇文融为御史中丞,引与同列,稍历刑、吏部侍郎。初,吏部置长名榜,定留放。宁王私谒十人,林甫曰:“愿绌一人以示公。”遂榜其一,曰:“坐王所嘱,放冬集。”

时武惠妃宠倾后宫,子寿王、盛王尤爱。林甫因中人白妃,愿护寿王为万岁计,妃德之。侍中裴光廷夫人,武三思女,尝私林甫,而高力士本出三思家。及光廷卒,武请力士以林甫代为相。力士未敢发,而帝因萧嵩言,自用韩休,方具诏,武摘语林甫,使为休请。休既相,重德林甫,而与嵩有隙,乃荐林甫有宰相才,妃阴助之,即拜黄门侍郎。寻为礼部尚书、同中书门下三品,再进兵部尚书。

皇太子、鄂王、光王被谮,帝欲废之,张九龄切谏,帝不悦。林甫惘然,私语中人曰:“天子家事,外人何与邪?”二十四年,帝在东都,欲还长安。裴耀卿等建言:“农人场圃未毕,须冬可还。”林甫阳蹇,独在后,帝问故,对曰:“臣非疾也,愿奏事。二都本帝王东西宫,车

驾往幸,何所待时?假令妨农,独赦所过租赋可也。"帝大悦,即驾而
西。始九龄繇文学进,守正持重,而林甫特以便佞,故得大任,每嫉
九龄,阴害之。帝欲进朔方节度使牛仙客实封,九龄谓林甫:"封赏
待名臣大功,边将一上最,可遽议? 要与公固争。"林甫然许。及进
见,九龄极论,而林甫抑嘿,退又漏其言。仙客明日见帝,泣且辞。帝
滋欲赏仙客,九龄持不可,林甫为人言:"天子用人,何不可者?"帝
闻,善林甫不专也。由是益疏薄九龄,俄与耀卿俱罢政事,专任林
甫,相仙客矣。初,三宰相就位,二人磬折趋,而林甫在中,轩鹜无少
让,喜津津出眉宇间。观者窃言:"一雕挟两兔。"少选,诏书出,耀
卿、九龄以左右丞相罢,林甫嘻笑曰:"尚左右丞相邪?"目眙而送乃
止,公卿为战栗。于是林甫进兼中书令。帝卒用其言,杀三子,天下
冤之。大理卿徐峤妄言:"大理狱杀气盛,鸟雀不敢栖。今刑部断死,
岁才五十八,而乌鹊巢狱户,几至刑措。"群臣贺帝,而帝推功大臣,
封林甫晋国公,仙客豳国公。

　　及帝将立太子,林甫探帝意,数称道寿王,语秘不传,而帝意自
属忠王,寿王不得立。太子既定,林甫恨谋不行,且畏祸,乃阳善韦
坚。坚,太子妃兄也。使任要职,将覆其家,以摇东宫。乃构坚狱,
而太子绝妃自明,林甫计黜。杜良娣之父有邻与婿柳勣不相中,勣
浮险,欲助林甫,乃上有邻变事,捕送诏狱赐死。逮引裴敦复、李邕
等,皆林甫素忌恶者,株连杀之。太子亦出良娣为庶人。未几,擿济
阳别驾魏林,使诬河西节度使王忠嗣欲拥兵佐太子,帝不信,然忠
嗣犹斥去。林甫数曰:"太子宜知谋。"帝曰:"吾儿在内,安得与外人
相闻,此妄耳!"林甫数危太子,未得志,一日从容曰:"古者立储君
必先贤德,非有大勋力于宗稷,则莫若元子。"帝久之曰:"庆王往年
猎,为豽伤面甚。"答曰:"破面不愈于破国乎?"帝颇惑,曰:"朕徐思
之。"然太子自以谨孝闻,内外无訾言,故飞语不得入,帝无所发其
猜。

　　林甫善刺上意,时帝春秋高,听断稍怠,厌绳检,重接对大臣,
及得林甫,任之不疑。林甫善养君欲,自是帝深居燕适,沈蛊衽席,

主德衰矣。林甫每奏请，必先饷遗左右，审伺微旨，以固恩信，至饔夫御婢皆所款厚，故天子动静必具得之。性阴密，忍诛杀，不见喜怒。面柔令，初若可亲，既崖阱深阻，卒不可得也。公卿不由其门而进，必被罪徙；附离者，虽小人且为引重。同时相若九龄、李适之皆遭逐；至杨慎矜、张瑄、卢幼临、柳升等缘坐数百人，并相继诛。以王鉷、吉温、罗希奭为爪牙，数兴大狱，衣冠为累息。适之子霅尝盛具召宾客，畏林甫，乃终日无一人往者。林甫有堂如偃月，号月堂。每欲排构大臣，即居之，思所以中伤者。若喜而出，即其家碎矣。子岫为将作监，见权势熏灼，惕然惧，常从游后园，见辇重者，跪涕曰："大人居位久，枳棘满前，一旦祸至，欲比若人可得乎？"林甫不乐，曰："势已然，可奈何？"

时帝诏天下士有一艺者得诣阙就选，林甫恐士对诏或斥己，即建言："士皆草茅，未知禁忌，徒以狂言乱圣听，请悉委尚书省长官试问。"使御史中丞监总，而无一中程者。林甫因贺上，以为野无留才。俄兼陇右、河西节度使。改右相，罢节度，加累开府仪同三司，实封户三百。

咸宁太守赵奉璋得林甫隐恶二十条，将言之。林甫讽御史捕系奉璋，劾妖言，抵死，著作郎韦子春坐厚善贬。帝尝大陈乐勤政楼，既罢，兵部侍郎卢绚桉辔绝道去，帝爱其酝藉，称美之。明日林甫召绚子曰："尊府素望，上欲任以交、广，若惮行，且当请老。"绚惧，从之，因出为华州刺史，俄授太子员外詹事，绚繇是废。于时有以材誉闻者，林甫护前，皆能得于天子抑远之，故在位恩宠莫比。凡御府所贡远方珍鲜，使者传赐相望。帝食有所甘美，必赐之。尝诏百僚阅岁贡于尚书省，既而举贡物悉赐林甫，辇致其家。从幸华清宫，给御马、武士百人、女乐二部。薛王别墅胜丽甲京师，以赐林甫，它邸第、田园、水硙皆便好上腴。车马衣服侈靡，尤好声伎。侍姬盈房，男女五十人。故事，宰相皆元功盛德，不务权威，出入骑从简寡，士庶不甚引避。林甫自见结怨者众，忧刺客窃发，其出入，广驺骑，先驱百步，传呼何卫，金吾为清道，公卿辟易趋走。所居重关复壁，络版甃石，一夕再徙，家人亦莫知也。或帝不朝，群司要官悉走其门，台省为空。左相陈希烈虽坐府，卒无人入谒。

林甫无学术，发言陋鄙，闻者窃笑。善苑咸、郭慎微，使主书记。然练文法，其用人非谄附者一以格令持之，故小小纲目不甚乱，而人惮其威权。久之，又兼安西大都护、朔方节度使。俄兼单于副大都护，以朔方副使李献忠反，让还节度。

始厚王铁，为尽力，及铁败，诏宰相治状，林甫大惧，不敢面铁，狱具署名，亦无所申救。因以杨国忠代为御史大夫，林甫薄国忠材屡，无所畏，又以贵妃故善之。及是权益盛，贵震天下，始交恶若仇敌。然国忠方兼剑南节度使，而南蛮入寇，林甫因建遣之镇，欲离间之。国忠入辞，帝曰："处置且讫，亟还，指日待卿。"林甫闻之忧懑，是时已属疾，稍侵。会帝幸温汤，诏以马舆从，御医珍膳继至，诏旨存问，中官护起居。病剧，巫者视疾云："见天子当少间。"帝欲视之，左右谏止。乃诏林甫出廷中，帝登降圣阁，举绛巾招之，林甫不能兴，左右代拜。俄而国忠至自蜀，谒林甫床下，垂涕托后事，因不食卒。诸子护还京发丧，赠太尉、扬州大都督。

林甫居相位凡十九年，固宠市权，蔽欺天子耳目，谏官皆持禄养资，无敢正言者。补阙杜璡再上书言政事，斥为下邽令。因以语动其余曰："明主在上，群臣将顺不暇，亦何所论？君等独不见立仗马乎，终日无声，而饫三品刍豆；一鸣，则黜之矣。后虽欲不鸣，得乎？"由是谏争路绝。

贞观以来，任蕃将者如阿史那社尔、契苾何力皆以忠力奋，然犹不为上将，皆大臣总制之，故上有余权以制于下。先天、开元中，大臣若薛讷、郭元振、张嘉贞、王晙、张说、萧嵩、杜暹、李适之等，自节度使入相天子。林甫疾儒臣以方略积边劳，且大任，欲杜其本，以久己权，即说帝曰："以陛下雄材，国家富强，而夷狄未灭者，繇文吏为将，惮矢石，不身先。不如用蕃将，彼生而雄，养马上，长行阵，天性然也。若陛下感而用之，使必死，夷狄不足图也。"帝然之，因以安思顺代林甫领节度，而擢安禄山、高仙芝、哥舒翰等专为大将。林甫利其房也，无入相之资，故禄山得专三道劲兵，处十四年不徙，天子安林甫策，不疑也，卒称兵荡覆天下，王室遂微。

初，林甫梦人皙而髯，将逼己。寤而物色，得裴宽类所梦，曰："宽欲代我。"因李适之党逐之。其后杨国忠代林甫，貌类宽云。国忠素衔林甫，及未葬，阴讽禄山暴其短。禄山使阿布思降将入朝，告林甫与思约为父子，有异谋。事下有司，其婿杨齐宣惧，妄言林甫献祝上，国忠劾其奸。帝怒，诏林甫淫祀厌胜，结叛房，图危宗社，悉夺官爵，斫棺剔取含珠金紫，更以小椟，用庶人礼葬之；诸子司储郎中崿、太常少卿岵及岫等悉徙岭南、黔中，各给奴婢三人，籍其家；诸婿若张博济、郑平、杜位、元挀，属子复、道、光，皆贬官。

博济亦嵺薄自肆。为户部郎中，部有考堂，天下岁会计处，博济废为员外郎中听事，壮伟华敞，供拟丰侈至千品。别取都水监地为考堂。擅费诸州籍帐钱不赀，有司不敢言。

帝之幸蜀也，给事中裴士淹以辩学得幸。时肃宗在凤翔，每命宰相，辄启闻。及房琯为将，帝曰："此非破贼才也。若姚元崇在，贼不足灭。"至宋璟，曰："彼卖直以取名耳。"因历评十余人，皆当。至林甫，曰："是子妒贤疾能，举无比者。"士淹因曰："陛下诚知之，何任之久邪？"帝默不应。

至德中，两京平，大赦，唯禄山支党及林甫、杨国忠、王铣子孙不原。天宝时，尝镂玉为玄元皇帝及玄宗、肃宗像于太清宫，复琢林甫、陈希烈像列左右序。代宗时，或言："林甫阴险，尝不利先帝，宗庙几危，奈何留像至今？"有诏瘗宫中。广明初，卢携为太清宫使，发地得其像，辇送京兆毁之云。

陈希烈者，宋州人。博学，尤深黄老，工文章。开元中，帝储思经义，自褚无量、元行冲卒，而希烈与康子元、冯朝隐进讲禁中，其应答诏问，敷尽微隐，皆希烈为之章句。累迁中书舍人，十九年为集贤院学士，进工部侍郎，知院事。帝有所撰述，希烈必助成之，迁门下侍郎。

　　天宝元年，有神降丹凤门，以为老子告锡灵符，希烈因是上言：
"臣侍演《南华真经》至七篇，陛下顾曰：'此言养生，朕既悟其术，而
《德充符》讵无非常应哉？'臣稽首对：'陛下德充于内，符应于外，必
有绝瑞表之。'今灵符降锡，与帝意合，宜示史官，著显祥，摛照无
穷。"其谕佞类如此。俄兼崇玄馆大学士，封临颍侯。

　　林甫颛朝，苟用可专制者，引与共政。以希烈柔易，且帝眷之
厚，乃荐之。五载，进同中书门下平章事，迁左丞相兼兵部尚书，许
国公，又兼秘书省图书使，宠与林甫侔。林甫居位久，其阴诡虽足自
固，亦希烈左右焉。杨国忠执政，素忌之，希烈引避，国忠即荐韦见
素代相，罢为太子太师。希烈失职，内忽忽无所赖。及禄山盗京师，
遂与达奚珣等偕相贼。后论罪当斩，肃宗以上皇素所遇，赐死于家。

唐书卷二二三下
列传第一四八下

奸臣下

卢杞　　崔胤　　崔昭纬　　柳璨 蒋玄晖
张廷范　氏叔琮　朱友恭

　　卢杞，字子良。父弈，见《忠义传》。杞有口才，体陋甚，鬼貌蓝色，不耻恶衣菲食，人未悟其不情，咸谓有祖风节。藉荫为清道率府兵曹参军，仆固怀恩辟朔方府掌书记，病免。补鸿胪丞，出为忠州刺史。上谒节度府卫伯玉，伯玉不喜，乃谢归。稍迁吏部郎中，为虢州刺史。奏言虢有官豕三千为民患，德宗曰：“徙之沙苑。”杞曰：“同州亦陛下百姓，臣谓食之便。”帝曰：“守虢而忧它州，宰相材也。”诏以豕赐贫民，遂有意柄任矣。俄召为御史中丞，论奏无不合。逾年迁大夫，不阅旬，擢门下侍郎、同中书门下平章事。

　　既得志，阴贼寖露，贤者媢，能者忌，小忤己，不傅死地不止。将大树威，胁众市权为自固者。杨炎与杞俱辅政，炎鄙杞才下，不悦，未半岁，谮罢炎。时大理卿严郢与炎有隙，即擢郢御史大夫以自助，炎卒逐死。张镒材裕忠懿，帝所倚爱，未有以间。会陇右用兵，杞乃见帝，伪请行，帝不可，即荐镒守凤翔。既又恶郢。时幽州朱滔与泚有违言，诬其军司马蔡廷玉间阋，请杀之。俄而滔反，帝欲斥之以悦滔，下御史郑詹按状，贬柳州司户参军，敕吏护送。廷玉疑送滔所，因自沈于河。杞奏，恐泚疑为诏所杀，愿下詹三司杂治，并劾大夫郢。初,詹善张镒,每伺杞间,独诣镒,杞知之。它日伺詹来,即径至镒便坐,詹趋避,杞遽及机事,镒不得已,曰:"郑侍御在。"杞阳惊曰:"向所言,非外所得闻。"至是并按,有诏詹杖死,流郢费州。杜佑判度支,帝尤宠礼,杞短毁百绪,讫贬苏州刺史。李希烈反,杞素恶颜真卿挺正敢言,即令宣慰其军,卒为贼害。故宰相李揆有雅望,畏复用,遣为吐蕃会盟使,卒于行。李洧以徐州降,有所经略,使人误先白镒,杞怒,沮解之,不使有功。其狙害隐毒,天下无不痛愤,以杞得君,故不敢言。

是时兵屯河南、北,挐不解,财用日急。于是度支条军所仰给,月费缯百余万,而藏钱才支三月。杞乃以户部侍郎赵赞判度支,其党韦都宾等建言:"商贾储钱千万,听自业;过千万者,贷其赢以济军。军罢,约取偿于官。"帝许之。京兆暴责其期,校吏颈大搜廛里,疑占列不尽,则笞掠之,人不胜冤,自殒沟渎者相望,京师嚣然不阅日。然悉田宅奴婢之直,缯止八十万。又僦匮、质舍居、贸粟者,四贷其一,仅至二百万。而长安为闭肆,民皆邀宰相祈诉,杞无以谕,驱而去。帝知民愁怨,而所得不足给师,罢之。赞术穷,于是间架、除陌之暴纵矣。其法:屋二架为间,差税之,上者二千,中千,下五百,吏执筹入第室计之,隐不尽,率二架抵罪,告者以钱五万畀之。凡公私贸易,旧法率千钱筭二十,请加五十,主侩注所售,入其筭有司;其自相市,为私籍自言,隐不尽,率千钱没二万,告者以万钱畀之。由是主侩得操其私以为奸,公上所入常不得半,而恨诽之声满天下。及泾师乱,呼于市曰:"不夺而商人僦质矣,不税而间架、除陌矣!"其倡和造作以召怨挺乱,皆杞为之。

帝出奉天,杞与关播从。后数日,崔宁自贼中来,以播迁事指杞,杞即诬宁反,帝杀之。灵武杜希全率盐、夏二州士六千来赴,帝议所从道,杞请道漠谷。浑瑊曰:"不然,彼多险,且为贼乘,不如道乾陵北,逾鸡子堆而屯,与为掎角,贼可破矣。"帝从杞议,贼果拒隘,兵不得入,奔还邠州。

李怀光自河北还,数破贼,沮解去。或谓王翃、赵赞曰:"闻怀光尝斥宰相不能谋，度支赋敛重，而京兆刻损军赐，宜诛之以谢天下。
方怀光有功，上必听用其言，公等殆矣！"二人以白杞，杞惧，即谲帝
曰："怀光勋在宗社，贼惮之破胆，今因其威，可一举而定。若许来
朝，则犒赐留连，贼得裒整残余为完守计，图之实难，不如席胜使平
京师，破竹之势也。"帝然之。诏怀光无朝，进屯便桥。怀光自以千
里勤难，有大功，为奸臣沮间，不一见天子，内怏怏无所发，遂谋反，
因暴言杞等罪恶。士议哗沸，皆指目杞，帝始寤，贬为新州司马。

　　始，帝即位，以崔祐甫为相，专以道德导主意，故建中初纲纪张
设，赫然有贞观风。及杞相，乃讽帝以刑名绳天下，乱败踵及。其阴
害矫谲，虽国屯主辱，犹謷然肆为之。后虽斥，然帝念之不衰。及兴
元赦令，俄徙吉州长史。杞乃曰："上必复用我。"贞元元年，诏拜饶
州刺史。给事中袁高当行诏书，不肯草，白宰相曰："杞反易天常，使
万乘播迁，幸赦不诛，又委大州，失天下望。"宰相不悦，乃召它舍人
作制，高固执不得下。于是谏臣赵需、裴佶、宇文炫、卢景亮、张荐等
众对，极言杞罪四海共弃，今复用之，忠臣寒膺，良士痛骨，必且阶
祸。其言恳到。帝语宰相曰："授杞小州可乎？"李勉曰："陛下与大
州亦无难，如四方之谤何？"乃诏为澧州别驾。后散骑常侍李泌见，
帝曰："高等论杞事，朕可之矣！"泌顿首贺曰："比日外谓陛下汉之
桓、灵，今乃知尧、舜主也。"帝喜。杞遂死澧州。

　　初，尚父郭子仪病甚，百官造省，不屏姬侍。及杞至，则屏之，隐
几而待。家人怪问其故，子仪曰："彼外陋内险，左右见必笑，使后得
权，吾族无类矣！"

　　崔胤，字垂休，宰相慎由子也。擢进士第，累迁中书舍人、御史
中丞。喜阴计，附离权强，其外自处若简重，而中险谲可畏。崔昭纬
屡荐之，由户部侍郎同中书门下平章事。方王珙兄弟争河中，以胤
为节度使，不得赴，半岁，复以中书侍郎留辅政。及昭纬以罪诛，罢
为武安节度使。陆扆当国，时王室不竞，南、北司各树党结藩镇，内
相凌胁。胤素厚朱全忠，委心结之。全忠为言胤有功，不宜处外，故

还相而逐㫷。

光化初，昭宗至自华，务安反侧，而胤阴为全忠地，俾擅兵四讨。帝丑其行，罢为吏部尚书，复倚㫷以相。会清海无帅，因拜胤清海节度使。始，昭纬死，皆王抟等白发其奸，胤坐是赐罢，内衔憾。既与抟同宰相，胤议悉去中官，抟不助，请徐图之。及是不欲外除，即漏其语于全忠，令露劾抟交敕使共危国，罪当诛。胤次湖南，召还守司空、门下侍郎、平章事，兼领度支、盐铁、户部使，而赐抟死，并诛中尉宋道弼、景务修，繇是权震天下，虽宦官亦累息。至是，四拜宰相，世谓"崔四入"。

刘季述幽帝东内，奉德王监国，畏全忠强，虽深怨胤，不敢杀，止罢政事。胤趣全忠以师西，问所以幽帝状，全忠乃使张存敬攻河中，掠晋、绛。神策军大将孙德昭常忿阉尹废辱天子，胤令判官石戬与游，乘间伺察。德昭饮酣必泣，胤揣得其情，乃使戬说曰："自季述废天子，天下之人未尝忘，武夫义臣搏手愤惋。今谋反者特季述、仲先耳，它人劫于威，无与也。君能乘此诛二竖，复天子，取功名乎？即不早计，将有先之者。"德昭感寤，乃告以胤谋，德昭许诺，胤斩带为誓。俄而季述、仲先诛，以功进司徒，不就，复辅政，并还使领。帝德之，延见或不名，以字呼之，宠遇无比。

天复元年，全忠已取河中，进逼同、华。中尉韩全诲以胤与全忠善，恐导之翦除君侧，乃白罢政事，未及免，仓卒挟帝幸凤翔。胤怨帝见废，不肯从，召全忠以兵迎天子，令太子太师卢渥率群臣迎全忠。始，全忠至华，遣幕府裴铸奏事，帝不得已，听来朝。至是胤为之谋，乃以兵迫行在。帝下诏趣还镇，因诏遣渥等俱西。全忠上表具言："向书诏皆出宰相，乃今知非陛下意，为所违误。师业入关，请得与李茂贞约释憾以迎乘舆。"茂贞劾奏："胤畜死士，用度支使榷利，令亲信陈班与京兆府募兵保所居坊。天子出次，遣使者五辈往召，安卧不动，一奉表陈谢。"时帝见全忠表，亦大恚，因下诏显责之，以工部尚书罢知政事，胤出居华州。

初，天复后宦官尤屈事胤，事无不咨。每议政禁中，至继以烛，请尽诛中官，以宫人掌内司事。韩全诲等密知之，共于帝前求哀。乃诏胤后当密封，无口陈。中官益恐，滋欲得其谋，乃求知书美人宗柔等内左右以刺阴事，胤计稍露，宦者或相泣无憀，不自安，劫幸之谋固矣。

居华时，为全忠数画丑计。全忠引兵还屯河中，胤迎谒渭桥，奉觞为全忠寿，自歌以酹酒。会茂贞杀全诲等，与全忠约和。帝急召之，墨诏者四，朱札三，皆辞疾。及帝出凤翔，幸全忠军，乃迎谒于道，复拜平章事，进位司徒，兼判六军诸卫事，诏徙家舍右军，赐帷帐器用十车。胤遂奏："高祖、太宗无内侍典军。天宝后宦人寖盛，德宗分羽林卫为左右神策军，令宦者主之，以二千人为率。其后参掌机密，至内务百司悉归中人，共相弥缝不法，朝廷微弱，祸始于此。请罢左右神策、内诸司使、诸道监军。"于是中外宦官悉诛，天子传导诏命，只用宫人宠颜等。

帝之在凤翔，以卢光启、苏检为相，胤皆逐杀之，分斥从幸近臣陆扆等三十余人。惟裴贽孤立可制，留与偕秉政。帝动静一决于胤，无敢言者。胤议以皇子为元帅，全忠副之，示褒崇其功。全忠内利辉王冲幼，故胤藉以请。帝曰："濮王长，若何？"还禁中，召翰林学士韩偓以谋。偓阴佐胤，卒不能却。全忠还东，到长乐，群臣班辞，胤独至霸桥置酒，乙夜乃还。帝即召问："全忠安否？"与饮，命宫人为舞剑曲，戊夜乃出，赐二宫人，固让乃许。是时天子孤危，威令尽去，胤之劫持类如此。进侍中、魏国公。

自凤翔还，揣全忠将篡夺，顾已宰相，恐一日及祸，欲握兵自固，谬谓全忠曰："京师迫茂贞，不可无备，须募军以守。今左右龙武、羽林、神策，播幸之余，无见兵。请军置四步将，将二百五十人；一骑将，将百人。使番休递侍。"以京兆尹郑元规为六军诸卫副使，陈班为威远军使，募卒于市。全忠知其意，阳相然许。胤乃毁浮图，取铜铁为兵仗。全忠阴令汴人数百应募，以其子友伦入宿卫。会为球戏，坠马死，全忠疑胤阴计，大怒。时传胤将挟帝幸荆、襄，而全忠方谋胁乘舆都洛，惧其异议，密表胤专权乱国，请诛之。即罢为太子少傅。全忠令其子友谅以兵围开化坊第,杀胤,汴士皆突出,市人争投瓦砾击其尸,年五十一,元规、陈班等皆死,实天复四年正月。

胤罢凡三日死,死十日,全忠胁帝迁洛,发长安居人悉东,彻屋木自渭循河下,老幼系路,啼号不绝,皆大骂曰:"国贼崔胤导全忠卖社稷,使我及此!"先是,全忠虽据河南,顾强诸侯相持,未敢决移国。及胤间内隙,与相结,得梯其祸,取朝权以成强大,终亡天下,胤身屠宗灭。世言慎由晚无子,遇异浮屠,以术求,乃生胤,字缁郎。及为相,其季父安潜喟曰:"吾父兄刻若以持门户,终为缁郎坏之!"

崔昭纬,字蕴曜,其先清河人。及进士第。至昭宗时,仕寖显,以户部侍郎同中书门下平章事,居位凡八年,累进尚书右仆射。性险刻,密结中人,外连强诸侯,内制天子以固其权。令族人铤事王行瑜邠宁幕府。每它宰相建议,或诏令有不便于己,必使骤密告行瑜,使上书訾讦,己则阴阿助之。方是时,帝室微,人主孱然。始,帝委杜让能调兵食以讨凤翔,昭纬方倚李茂贞、行瑜为重,阴得其计,则走告之,激使称兵向阙,遂杀让能。后又导三镇兵杀韦昭度等。帝性刚明,不堪忍,会诛行瑜,乃罢昭纬为右仆射。复请朱全忠荐己,又厚赂诸王,为所奏,贬梧州司马,下诏条其五罪,赐死。行次江陵,使者至,斩之。铤亦诛。

柳璨,字炤之,公绰族孙也。为人鄙野,其家不以诸柳齿。少孤贫,好学,书采薪给费,夜然叶照书,强记,多所通涉。讥诃刘子玄《史通》,著《析微》,时或称之。颜荛判史馆,引为直学士,由是益知名。迁左拾遗。昭宗好文,待李磎最厚,磎死,内常求似磎者。或荐璨才高,试文,帝称善,擢翰林学士。

崔胤死,昭宗密许璨宰相,外无知者。日暮自禁中出,驺士传呼宰相,人皆大惊。明日,帝谓学士承旨张文蔚曰:"璨材可用,今擢为相,应授何官?"对曰:"用贤不计资。"帝曰:"谏议大夫可乎?"曰:"唯唯。"遂以谏议大夫同中书门下平章事。起布衣,至是不四岁,其暴贵近世所未有。裴枢、独孤损、崔远皆宿望旧臣,与同位颇轻之,璨内以为怨。朱全忠图篡杀,宿卫士皆汴人,璨一厚结之,与蒋玄晖、张廷范尤相得。既挟全忠,故朝权皆归之。进中书侍郎、判户部,封河东县男。

天祐二年,长星出太微、文昌间,占者曰:“君臣皆不利,宜多杀以塞天变。”玄晖、廷范乃与璨谋杀大臣宿有望者,璨手疏所仇娼若独孤损等三十余人,皆诛死,天下以为冤。全忠闻之,不善也。其后急于九锡,宣徽北院使王殷者构璨等,言其有贰,故礼不至。玄晖惧,自往辨解。全忠怒骂曰:“尔与柳璨辈沮我,不由九锡,作天子不得邪?”璨惧,即胁哀帝曰:“人望归元帅矣,陛下宜揖让以授终。”璨请自行,进拜司空,为册礼使,即日进道。及玄晖死,而全忠恚璨背己,贬登州刺史,俄除名为民,流崖州,寻斩之。临刑悔吒曰:“负国贼柳璨,死宜矣!”弟瑀、瑊皆榜死。

玄晖者,少贱,不得其系著。事朱全忠为腹心。昭宗东迁,玄晖为枢密使。帝驻陕州,术家言星纬不常,且有大变,宜须冬幸洛。帝度全忠必篡,命卫官高璟持帛诏赐王建,告以胁迁,且言:“全忠以兵二万治洛阳,将尽去我左右,君宜与茂贞、克用、行密同盟,传檄襄、魏、幽、镇,使各以军迎我还京师。”又诏全忠:“后方娠,须十月乃东。”全忠知帝有谋,遣寇彦卿趣迫,天子不得已,遂行。抵谷水,全忠尽杀左右黄门、内园小儿五百人,悉以汴兵为卫。初,全忠至凤翔,侵邠州,节度使杨崇本降,质其家。崇本妻美,全忠与乱,故崇本怒。至是遣使者会克用、茂贞,南告赵匡凝及建,同举兵问劫迁状,全忠大惧。

帝自出关,畏不测,常默坐流涕。玄晖与张廷范内诇,必以告全忠。全忠恨帝无传禅意,乃谋弑以绝人望,因令其属李振谕玄晖。玄晖与龙武统军朱友恭、氏叔琮夜选勇士百人叩行在,言有急奏,请见帝。宫门开,门留十士以守。至椒兰院中,夫人裴贞一启关,杀之,乃趋殿下。玄晖曰:“上安在?”昭仪季渐荣曰:“院使毋伤宅家,宁杀

我！"士持剑入，帝闻，遽单衣走，环柱，遂弑之。渐荣以身蔽帝，亦
死。复执后，后求哀。玄晖以全忠所弑者帝也，乃释后。明日，宰相
请对，日晏不出，玄晖矫遗诏，言帝夜与昭仪博，为贞一、渐荣所弑，
出二人首。全忠自河中来朝，振曰："晋文帝杀高贵乡公，归罪成济。
今宜诛友恭等，解天下谤。"全忠趋西内临，对嗣天子自言弑逆非本
谋，皆友恭等罪，因泣下，请讨罪人。是时洛城旱，米斗直钱六百，军
有掠籴者，都人怨，故因以悦众，执友恭、叔琮斩之。全忠邀九锡，玄
晖自持诏趋汴言之。还洛不淹日，全忠矫诏收付有司车裂之，贬为
凶逆百姓，焚尸都门外。

　　廷范者，以优人为全忠所爱，扈东迁为御营使，进金吾卫将军、
河南尹。全忠欲以为太常卿，宰相裴枢持不可，繇是枢罢去。柳璨
希旨下诏，责中外不得妄言流品清浊，卒用廷范太常卿。会天子将
郊，以为修乐县使，又与苏楷等驳昭宗谥。全忠恚九锡缓也，王殷潜
其与璨等祀天祁延唐祚。及玄晖死、璨诛，即贬廷范莱州司户参军，
辗于河南市。

　　叔琮亦汴州人，中和末隶感化军，以骑士奋，性沈壮有胆力。从
全忠击黄巢陈、许间，名右诸将，得为亲校。与时溥、朱宣战，以多累
表检校尚书右仆射，为宿州刺史。攻赵匡凝于襄阳，不克。又与李
克用战洇水，迁曹州刺史。天复初，拔泽、潞，击太原，授晋慈观察
使。全忠屯凤翔，克用袭绛州，攻临汾，叔琮以二壮士类沙陀者牧马
于原，与克用军偕行，伺隙各禽一虏还。克用大惊，疑有伏，遂退屯
蒲。会朱友宁以兵三万来援，叔琮曰："贼遁矣，无以立功。"乃潜师
夜猎游骑，杀数百，进破其垒，俘斩万级，收马三千，遂长驱取汾州，
转战薄太原而还。迁检校司空，再进为保大军节度使。
　　全忠欲迁帝于洛，表为右龙武统军，与弑帝，故全忠请贬白州
司户参军，斩之。叔琮将死，呼曰："朱温卖我以取容天下，神理谓
何？"

友恭者,本李彦威也。寿州人,客汴州。殖财任侠,全忠爱而子畜之,领长剑都,积功,表为检校尚书左仆射。乾宁中,授汝州刺史,检校司空。杨行密侵鄂州,友恭将兵万余援杜洪,至江州,还攻黄州,入之,获行密将,俘斩万计。又袭安州,杀守将。迁颍州刺史、感化军节度留后。帝东迁,为左龙武统军,贬崖州司户参军。临刑曰:"温杀我,当亦灭族!"又语张廷范曰:"公行及此"云。

赞曰:木将坏,虫实生之;国将亡,妖实产之。故三宰啸凶牝夺辰,林甫将蕃黄屋奔,鬼质败谋兴元蹙,崔、柳倒持李宗覆。呜呼,有国家者,可不戒哉!

唐书卷二二四上
列传第一四九上

叛臣上

仆固怀恩　周智光　梁崇义
李怀光　陈少游　李锜

仆固怀恩，铁勒部人。贞观二十年，铁勒九姓大首领率众降，分置瀚海、燕然、金微、幽陵等九都督府，别为蕃州，以仆骨歌滥拔延为右武卫大将军、金微都督，讹为仆固氏，生乙李啜，乙李啜生怀恩，世袭都督。

怀恩善战斗，晓识戎情，部分谨严。安禄山反，从朔方节度使郭子仪讨贼云中，破之；败薛忠义于背度山，杀七千骑，禽忠义子，下马邑。进会李光弼，战常山、赵郡、沙河、嘉山，走史思明。肃宗即位，与子仪赴灵武。时同罗部落叛，禄山北掠朔方，子仪率怀恩迎击，怀恩子玢战败降虏，已而自拔归，怀恩怒，叱斩之，将士股栗，皆殊死战，遂破其众，收马、橐它、器械甚众。帝又诏与敦煌王承宷使回纥请师，回纥听命。至德二载，从子仪下冯翊、河东，走贼将崔乾祐，袭潼关，破之。贼将安守忠、李归仁苦战二日，王师败绩。怀恩至渭水，无舟，抱马鬣以逸，收散卒还河东。子仪赴凤翔，归仁以劲兵邀战三原，子仪使怀恩与王升、陈回光、浑释之、李国贞五将军伏白渠下，贼至遇伏，败而走。又战清渠，不利，引还。

时回纥使叶护、帝得以四千骑济师，南蛮、大食等兵亦踵至。帝乃诏广平王为元帅,使怀恩统回纥兵,从王战香积寺北。贼以一军伏营左,怀恩驰掩之,鹹斩无遗者,贼气沮。既合战,以回纥夹攻贼,战酣,脱甲援矛直捣阵,杀十余人,众惊靡,亦会李嗣业鏖斗尤力,贼大崩败。会日暮,怀恩见王曰:"贼必弃城走,愿假壮骑二百,缚安守忠、李归仁等致麾下。"王曰:"将军战疲,且休矣,迨明,与将军图之。"对曰:"守忠等皆天下骁贼,骤胜而败,此天与我也,奈何纵之?使复得众,必为我患,虽悔无逮。"王不从,固请,通夕四五反。迨明,谍者至,守忠等果遁去。又从王破贼于新店。以复两京有殊功,诏加开府仪司三司、鸿胪卿,封丰国公,赐封二百户。

从郭子仪破安太清,下怀、卫二州,攻相州,战愁思冈,常为先锋,勇冠军中。乾元二年,拜朔方行营节度使,进封大宁郡王。

怀恩为人雄重寡言,应对舒缓,然刚决犯上,始居偏裨,意有不合,虽主将必折诉。其麾下皆蕃、汉劲卒,恃功多不法,子仪政宽,能优容之。及李光弼代子仪,怀恩仍为副。光弼守河阳,攻怀州,降安太清。又子玚,亦善斗,以仪同三司将兵,每深入多杀,贼惮其勇,号猛将。太清妻有色,玚劫致于幕,光弼命归之,不听,以卒环守。复驰骑趋之,射杀七人,夺妻还太清。怀恩怒曰:"公乃为贼杀官卒邪?"光弼持法严,少假贷。初,会军汜水,朔方将张用济后至,斩纛下。怀恩心惮光弼,自用济诛,常邑邑不乐。及光弼与史思明战邙山,不用令,以覆王师。帝思其功,召入为工部尚书,宠以殊礼。代宗立,拜陇右节度使,未行,改朔方行营节度,以副子仪。

初,肃宗以宁国公主下嫁毗伽阙可汗,又为少子请婚,故以怀恩女妻之。少子立,号登里可汗,而怀恩女为可敦。宝应元年,帝召兵于回纥,而登里可汗已为史朝义所诱,引众十万盗塞,关中大震。帝遣殿中监药子昂劳之,可汗因请见怀恩及其母,有诏报可。怀恩避嫌不往,帝赐铁券,手诏固遣,乃行。与可汗会太原,可汗大悦,遂请和,助讨朝义,即引兵屯陕州,待师期。

于是雍王以元帅为中军,拜怀恩同中书门下平章事为之副,乃与左杀为先锋。时诸节度皆以兵会,次黄水,贼坚壁自固。怀恩阵西原,多张旗旆,使突骑与回纥稍南出缭贼左,举旗为应,破贼壁,死者数万。朝义拥精骑十万来援,埋根决战,短兵接,杀获相当。鱼朝恩令射生五百攒矢注射,贼多死,而阵坚不可犯。马璘怒,单骑援旗直进,夺两盾,贼辟易,大军乘以入,众器不止,朝义败,斩首万六千级,禽四千余人,降者三万。转战石榴园、老子祠,贼再败,自相奔蹂死,填尚书谷几满,朝义轻骑走。怀恩进收东都、河阳,封府库,无所私。释贼所署许叔冀、王伷等,众皆按堵。留回纥屯河阳,使场及北廷兵马将高辅成以万骑逐北,怀恩常压贼而次。至郑州,再战再捷,贼帅张献诚以汴州降,下滑州。朝义至卫州,与其党田承嗣、李进超、李达卢合,有众四万,据河以战。场济师登岸薄之,贼党奔溃。进次昌乐,朝义逸,伪帅达卢降,薛嵩、李宝臣举相、卫、深、定等九州献款。朝义至贝州,得其党薛忠义,引众三万拒场于临清。贼气盛,场勒兵挫其锋,令高彦崇、浑日进、李光逸设三伏以待,贼半度,伏发,击之,朝义走。会回纥以轻骑至,场卷甲驰之,大战下博,贼背水阵,师奔击,贼大崩,积尸蔽流而下。朝义退守莫州。于是都知兵马使薛兼训郝廷玉、兖郓节度辛云京会师城下,朝义与田承嗣数挑战,不胜,临阵斩伪党敬荣。朝义惧,率残众奔幽州。王师追蹑,朝义走平州,自经死,河北平。怀恩与诸将皆罢兵,以功迁尚书左仆射兼中书令、河北副元帅、朔方节度使,加封户四百。

初,帝有诏但取朝义,其它一切赦之。故薛嵩、张忠志、李怀仙、田承嗣见怀恩皆叩头,愿效力行伍。怀恩自见功高,且贼平则势轻,不能固宠,乃悉请裂河北分大镇以授之,潜结其心以为助,嵩等卒据以为患云。

未几,加太子少师,增户五百,第一区,与一子五品官。诏护回纥归国,道太原。辛云京内忌怀恩,又以其与回纥亲,疑可汗见袭,闭关不敢犒军。怀恩既父子新立功,举河朔若拾遗,名出诸将远甚,而为云京所拒,大怒,表上其状。顿军汾州,使裨将李光逸以兵守祁,李怀光据晋州,张如岳据沁州,高晖等十余人自从。会监军骆奉先自云京所归,云京已厚结其欢,因言怀恩与可汗约反状明白。奉先过怀恩,升堂拜母,母让曰:"若与我儿约兄弟,今何自亲云京?然前事勿论,自今宜如初。"酒酣,怀恩舞,奉先厚纳以币。怀恩未及酬,奉先亟辞去,怀恩即遣左右匿其马,奉先疑图己,乘夜遁归,怀恩惊,追与其马。奉先还,具奏怀恩反状,怀恩亦请诛云京、奉先,诏两解之。怀恩之过潞,李抱玉赠以币马,怀恩答之。俄抱玉表怀恩私有所结。

广德初,进拜太保,与一子三品、一子四品官,增封户五百。瑒与一子五品官,封户百。仍赐铁券,以名藏太庙,画象凌烟阁。又以瑒检校兵部尚书、朔方行营节度使。然怀恩怏怏,又性强固,不肯为谗毁屈,无以自解,乃上书陈情曰:"臣世本夷人,少蒙上皇驱策。禄山之乱,臣以偏裨决死静难,杖天威神,克灭强胡。思明继逆,先帝委臣以兵,誓雪国仇,攻城野战,身先士卒,兄弟死于阵,子姓没于军,九族之内,十不一在,而存者创痍满身。陛下龙潜时,亲总师旅,臣事麾下,悉臣之愚。是时数以微功,已为李辅国谗间,几至毁家。陛下即位,知臣负谤,遂开独见之明,杜众多之口,拔臣于汧、陇,任臣以朔方,游魂反干,朽骨再肉。前日回纥入塞,士人未晓,京辅震惊,陛下诏臣至太原劳问,许臣一切处置,因得与可汗计议,分道用兵,收复东都,扫荡燕、蓟。时可汗在洛,为鱼朝恩猜阻,已失欢心。及臣护送回纥,云京闭城不出,潜使攘窃,蕃夷怨怒,弥缝百端,乃得返国。臣还汾州,休息士马,云京亦不使一介相闻,畏臣劲奏,故构为飞谤,以起异端。陛下不垂明察,欲使忠直之臣,陷谗邪之党,臣所为抚心泣血者也。然臣之罪有六,无所逃死:往者同罗背逆,以骚河曲,兵连不解,臣不顾老母,从先帝于行在,募兵讨贼,同罗奔珍,是臣不忠于国,罪一也;斩子玢以令士众,舍天性之爱,是臣不忠于国,罪二也;二女远嫁,为国和亲,合从珍灭,是臣不忠于国,罪三也;又与子瑒躬履行阵,志宁邦家,是臣不忠于国,罪四也;河北新附,诸镇皆握强兵,臣之抚绥,反侧时定,是臣不忠于国,罪五也;协和回纥,戡定中原,二陵复土,使陛下勤孝两全,是臣不忠于国,罪六也。"又言:"来瑱之诛,不暴其罪,天下为疑。四方奏请,陛下皆云与骠骑议之，可否不出宰相。"词言慢恨，帝一不为慊，且欲其悔过，故推心待之。诏宰相裴遵庆临谕诏旨，因察其去就。

遵庆至，怀恩抱其足，泣且诉。遵庆道帝所以不疑，即劝入朝，怀恩许诺。副将范志诚谏，以为"嫌隙成矣，奈何入不测之朝，独不见来瑱、李光弼乎？二臣功高不赏，瑱已及诛"。怀恩乃止。欲使一子入宿卫，志诚固止。御史大夫王翊使回纥还，怀恩虑泄其交通状，因留不遣。即使场攻云京，云京败，进攻榆次。

初，帝幸陕，颜真卿请奉诏召怀恩。至是，帝使往，辞曰："臣往请行，时也，今无及矣！"帝问故，对曰："顷陛下避狄于陕，臣见怀恩，责以《春秋》义，不奔问官守，故怀恩来朝，以助讨贼，则其辞顺。今陛下即宫京邑，怀恩进不勤王，退不释众，其辞曲，必不来矣！""然则奈何？"曰："今言怀恩反者，独辛云京、李抱玉、骆奉先、鱼朝恩四人耳，自余盛言其枉。然怀恩将士，皆郭子仪旧部曲，陛下若以子仪代之，喻以逆顺，必相率而归。"从之。

子仪至河中，场攻榆次，未拔，追兵于祁，责其缓，鞭之，众怒。是夕，偏将焦晖、白玉等斩其首，献阙下。怀恩闻，以告母，母曰："我戒汝勿反，国家酬汝不浅，今众变，祸且及我，奈何？"怀恩再拜出，母提刀逐之曰："吾为国杀此贼，取其心以谢军中。"怀恩走，乃与部曲三百北度河，走灵武，稍稍引亡命，军复振。帝念旧勋，不加罪，诏辇其母归京师，厚恤之，以寿终。又下诏拜怀恩太保兼中书令、大宁郡王，罢余官。

怀恩固恶不能改，遂诱吐蕃十万入塞，丰州守将战死。进掠泾、邠，祭来瑱墓。度泾水，邠宁节度使白孝德御之，覆其阵，怀恩泣曰："曩皆为我子，反为人致死于我。"入侵奉天，子仪拒退之。永泰元年，帝集天下兵防秋。怀恩诱合诸蕃号二十万入寇，吐蕃自北道逼醴泉，摇奉天；任敷、郑廷、郝德自东道寇奉先，以窥同州；羌、浑、奴刺自西道略盩厔，趣凤翔。京师震骇。诏子仪屯泾阳，浑日进、白元光屯奉天，李光进屯云阳，马璘、郝廷玉屯便桥，董秦屯东渭桥，骆奉先、李日越屯盩厔，李抱玉屯凤翔，周智光屯同州，杜冕屯坊州，帝御六军屯苑中,下诏亲征。怀恩至鸣沙,病甚,还死灵武,部曲焚其尸以葬。部将张韶、徐璜玉不能定其军,皆前死。范志诚统众寇泾阳。时诸屯坚壁,大雨,溪𡐦流溃,贼不得进。吐蕃既持久,又与回纥争长,更相疑,莫适先进,因焚庐舍,驱男女数万去。周智光邀战澄城,破之,收马牛军资万计。回纥乃诣子仪降,请击吐蕃自效。子仪分兵随之,破其众于泾州。任敷走,羌、浑诣李抱玉降。

始,怀恩立功,门内死王事者四十六人。及拒命,士不驰甲凡三年。帝隐忍,数下诏,未尝声其反。及死,为之恻然曰:"怀恩不反,为左右所误耳!"俄而从子名臣以千骑降。大历四年,册怀恩幼女为崇徽公主,嫁回纥云。

周智光,少贱,失其先系,以骑射从军,起行间为裨将。鱼朝恩镇陕州,与相昵款,数称荐之,累迁同、华二州节度使。

永泰元年,吐蕃、回纥、党项羌、浑、奴剌众十余万寇奉天,智光邀战澄城,破之,获驼马军赀万计,逐北至鄜州。素与杜冕仇嫌,时冕屯坊州,家在鄜,智光入杀刺史张麟,害冕宗属八十人,火民三千舍而去。朝廷召,惧不赴。更诏冕使梁州避仇,冀其来,偃然不听命,聚不逞数万,恣剽掠以甘其欲,结固之。杀陕州监军张志斌及前虢州刺史庞充。初,志斌自陕入奏,智光慢不为礼,志斌责之,怒曰:"仆固怀恩岂反者邪?皆鼠辈弄威福趣之祸也。我本不反,今为尔反!"遂叱斩志斌,飨帐下。时崔圆自淮南纳方物百万,盗颔其半;天下贡奉输漕,劫留之;士沿调当西者惧何诘,间道走同者,遣部将邀捕斩之。代宗未暴其罪,命中使余元仙持诏拜尚书左仆射。既受诏,恚语曰:"吾有大功,上不与平章事,且同、华地狭,不足申脚,若加陕、虢、商、鄜、坊五州,差可。"因言:"诸子皆弯弓二百斤,有万人敌,挟天子令诸侯,非智光尚谁可?"即历诋大臣,元仙震汗。徐遗百缣遣之。自立生祠,俾其下袷赛。

大历二年,帝诏郭子仪密图之。同、华路闭,诏书不能通,乃召子仪婿赵纵受口诏,书帛内蜜丸,遣家童走间道传诏。子仪得诏,声言讨之,未行,其众大携,部将李汉惠自同州降子仪。乃贬智光澧州刺史,听百人随身,贷将吏一切不问。寻为帐下斩其首,并斩子元耀、元干来献,诏枭首皇城南街。判官邵贲、别将蒋罗汉并伏诛。敕有司具仪告太清宫、太庙、七陵。

先是,淮西李忠臣入朝,次潼关,闻智光反,率兵讨之。会败,忠臣因入华大掠,自赤水至潼关畜产财物皆尽,官吏至衣纸自蔽、累日不食者。

梁崇义,京兆长安人。以概量业于市,力能舒钩。后为羽林射生,事来瑱。沈默寡言。瑱自襄阳朝京师,分诸将戍福昌、南阳。瑱诛,戍者溃,崇义自南阳勒众还襄州,与李昭、薛南阳相让为长,众曰:"非梁卿莫可。"遂总其军,杀昭及南阳,胁制众心,代宗因即拜节度使。举七州兵二万,与田承嗣、李正己、薛嵩、李宝臣相辅车,根牙槃结。然独以地褊兵少,法令最治,折节遇士以自振,襄、汉间人识教义。亲厚数讽入朝,答曰:"来公有大功,畏阉竖谗,逡巡辞召。至代宗立,不待驾而朝,即见族。吾衅盈矣,若何欲见上乎?"

建中元年,李希烈请讨之,崇义惧,整饬军旅。男子郭昔上变事,德宗欲示以信,流昔远方,诏金部员外郎李舟谕旨。初,刘文喜之难,舟奉诏入泾州,俄而帐下斩文喜以闻,四方传舟能覆军杀将,反侧者皆恶之。舟至,以入朝劝崇义,崇义不悦。明年,遣使尉抚诸道,舟复如崇义所,遂不肯内,请易它使。更命给事中卢翰往,崇义益不安,跋扈甚,谏者多死。朝廷以不疑示天下,乃加同中书门下平章事,妻及子悉封赏,赐铁券,擢其将蔺杲为邓州刺史,遣御史张著以手诏召崇义。崇义使卒持满,乃受命。杲奉诏不敢发,诣崇义自言。崇义对著号哭,遂拒诏。

帝命李希烈率诸道兵进讨。崇义先攻江陵,欲通黔、岭,败于四望而还。杀希烈临汉屯兵千余,希烈怒,引兵循汉而上。崇义使翟崇晖、杜少诚战蛮水,折北至涑口,大败,二将降,希烈宠之,使部降兵徇襄阳,约百姓按堵。崇义闭壁,守者斩关出,不可止,乃与妻赴井死,传首京师。希烈诛其亲族及军从临汉役者三千人。

崇义孙叔明,养于李纳,后从刘悟为昭义将。从谏死,遣进旌节,有诏诛之。

李怀光,渤海靺鞨人,本姓茹。父常,徙幽州,为朔方部将,以战多赐姓,更名嘉庆。

怀光在军,积劳至开府仪同三司,为都虞候。勇鸷敢诛杀,虽亲属犯法,无所回贷。节度使郭子仪仁厚,不亲事,以纪纲委怀光,军中畏之。会母丧,起兼邠、宁、庆都将。德宗罢子仪副元帅,以所部兵分诸将,故怀光检校刑部尚书,为宁、庆、晋、绛、慈、隰等州节度使。引众城长武,据原首,临泾水,以扼吐蕃空道,自是不敢南侵。建中初,杨炎欲城原州,使怀光兼帅泾原,遂其功。原州宿将史抗、温儒雅等,故子仪麾下,尝在怀光右,及处其下,意郁郁,怀光因罪诛之,由是泾军迎畏。刘文喜者,因众惧,遂叛。诏与朱泚讨平之,加检校太子少师。明年,徙朔方节度使,实封户四百,仍领邠宁。

时马燧、李抱真讨田悦,未克,诏怀光以朔方兵万五千并力。怀光至魏,未及营,与朱滔等战连箧山,为贼所败,悦因决水灌军。燧等退屯魏县。寻进同中书门下平章事,益户二百。与滔等相持,久不战。

帝狩奉天,怀光率所部奔命,方雨潦,奋厉军士倍道进,自蒲津绝河,败泚军于醴泉。将抵奉天,前遣裨将张韶以蜡韬表,随贼攻城,叩垒呼曰:“我朔方使也!”缒而上,比登,身被数十矢。时帝被围急,闻之喜,即持韶大号城上,人心乃安。又败贼于鲁店,泚解围去。进加副元帅、中书令。

怀光为人疏而愎,诵言:“宰相谋议乖剌,度支赋敛重,京兆尹刻薄军食,天下之乱皆由此。吾见上,且请诛之。”或以告王翃,翃等计:“怀光有大功,上且访以得失,使其言入,岂不殆哉!”遂告卢杞,杞即说帝曰:“怀光兵威已振,逆贼破胆,若席胜,可一举灭贼。今入朝,则必宴劳留连,贼得从容完备,卒难图也!”帝不得其情,因然之。乃敕怀光屯便桥，督诸将进讨。怀光自以径千里赴难，为奸臣根隔不得朝，颇恚怅，去屯咸阳。明日，李晟会陈涛斜，壁垒未具，贼大至。晟说怀光曰："贼保宫苑，攻之良难。今敢离窟穴，与公薄战，此天以贼赐公也。"怀光曰："吾马未秣，士未饭，可遽战哉？姑养吾勇以待之。"晟不得已，闭壁不出。怀光数暴杞等罪，帝为贬杞与赵赞、白志贞，又劾奏中人翟文秀，亦杀之以尉怀光。然益自疑，坚壁八旬不出战，屡诏使进军，以伺衅为解，阴连朱泚。

初，崔汉衡使吐蕃求助兵，尚结赞曰："吾法，进军以本兵大臣为信。今制书不署怀光，未敢前。"帝乃命翰林学士陆贽诣怀光议事，怀光陈三不可，且言："吐蕃舍人马重英陷长安，赞普责其不焚爇，今其来，必肆宿志，一不可。彼云引兵五万，既用其人，则同汉士，傥邀我厚赏，何以致之？二不可。虏人虽来，义不先用，勒兵自固，以观成败，王师胜则分功，败则图变，狡诈多端，不可信，三不可。"卒不肯署。又嫚骂贽曰："尔何能？"

兴元元年，诏加太尉，赐铁券，怀光赫然怒曰："凡疑人臣反，则赐券。今授怀光，是使反也！"抵于地。时部将韩游瓌将兵卫奉天，怀光约令为变，游瓌以闻。数日，又密书趣之，门者捕送。又遣将赵升鸾谍于奉天，升鸾告浑瑊曰："怀光遣达奚承俊火乾陵，使我为内应，以胁乘舆。"瑊白发其奸，请帝决幸梁州。帝令瑊戒严，未毕，帝自西门出，诏戴休颜守奉天。怀光遣将孟廷宝、惠静寿、孙福率轻骑趋南山，粮料使张增遇之。三人计曰："吾属以叛闻，不如缓军。彼怒，不过不吾将耳。"使增给众曰："由此东，吾有见粮可食也。"廷宝等引而东，纵卒大掠，而百官遂入骆谷。追帝不及，还白怀光，怀光怒，悉罢其兵。怀光乃夺李建徽、阳惠元等军，屯好畤，然其下稍稍携贰。泚始惮之，至是欲遂臣怀光。怀光怒，告绝，益不安，乃引兵掠泾阳、三原、富平，遂如河中，留张昕守咸阳。而孟涉、段威勇拥兵降李晟，韩游瓌杀昕，以邠州归。戴休颜自奉天令于军曰："怀光反。"乃城守。

有诏以怀光为太子太保，许其麾下择功高者一人统其兵，不奉诏。怀光至河中，取同、绛二州，按兵观望。京师平，命给事中孔巢父、中人啖守盈召之，皆为怀光帐下所害，于是缮兵严守。帝乃遣浑瑊讨之。度支欲罢其军岁中禀赐，帝曰："朔方军累有功，岂以怀光拒命而众不被恩邪？"诏所司别贮缣钱，须事定乃给。瑊破同州，屯军不得进，数为怀光所衄。帝以河东节度使马燧威名白著，乃拜副元帅，与瑊及镇国骆元光、邠宁韩游瓌、鄜坊唐朝臣会兵进讨。燧拔绛州，诸军遂围河中。

贞元元年八月，朔方部将牛名俊斩怀光，传首以献，年五十七。帝念其功，诏许一子嗣，赐庄、第各一区，听以礼葬，妻王徙澧州。初，怀光死，其子琟尽杀弟乃死，故怀光无后。五年，诏曰："怀旧念功，仁之大也；兴灭继绝，义之至也。昔蔡叔圮族，周封其子；韩信干纪，汉爵其孥；侯君集不率，太宗存其祀。考先王之道，烈祖之训，皆以刑佐德，俾人向方。曩者盗臣窃发，朕狩近郊，怀光夙驾千里，奔命行在，假雷霆之威，破虎狼之众。守节靡终，潜构祸胎，大戮所加，自贻伊戚，孤魂无归，怀之恍然。宜以外孙燕赐姓李，名曰承绪，以左卫率府胄曹参军继怀光后。"仍赐钱百万，置田墓侧，以备祭享；还妻王，使就养云。

陈少游，博州博平人。幼习老子、庄周书，为崇玄生，诸儒推为都讲。有媢者欲对广众切问以屈少游。及升坐，音吐清辩，据引淹该，问穷而对有余，大学士陈希烈高其能。既擢第，补南平令，治有声。累迁侍御史、回纥粮料使，加检校职方员外郎充使。检校郎官自少游始。仆固怀恩表署河北副元帅判官，迁晋、郑二州刺史。

少游长权变，所至一切干济，赂谢权幸，以是数迁。李抱玉表泽潞副使，为陈郑留后。永泰中，复奏为陇右行军司马，擢桂管观察使。少游不乐远去，规徙近镇。时宦官董秀有宠，掌枢近，少游乃宿其里，候归沐，入谒，因鄙语诣谓秀曰："七郎亲属几何？月费几何？"秀谢曰："族甚大，岁用常过百万。"少游曰："审如是，奉入不足为数日费，当数外营乃办耳。吾虽不才，请独取济，岁输钱五千万。今具其半,请先入之。"秀大喜,与厚相结。少游因泣曰:"岭南瘴疠,恐不得生还见颜色。"秀遽曰:"公美才,不当远出,请少待。"时少游已纳赂元载子仲武,于是内外更荐之,改宣歙池观察使。大历五年,徙浙东,封颍川县子,迁淮南节度使。

喜谲数,行小惠,群吏任职。三总藩,皆天下富饶处,以是敛求贸易无虚日,积财宝巨亿万。初结元载,赂金帛岁无虑十万缗;又事宦官骆奉先、刘清潭、吴承倩及秀,故能久其任。后载以过见疑,少游亦疏之。载子伯和谪扬州,少游阳善之,阴奏其罪,代宗以为忠。建中初,朝廷经费不充,始请本道税钱千增二百,盐斗加百钱,度支因请诸道并增焉。李纳拒命,少游出师收徐、海等州,俄弃之,退屯盱眙。累进检校尚书左仆射,赐封户三百,加同中书门下平章事。时宰相关播、卢杞与少游有雅故,故骤兼台司。

德宗幸奉天,度支汴东两税使包佶寓扬州,所储财赋八百万缗将输京师。少游意朱泚势盛,不遽平,欲胁取其财,使判官崔颍就佶索文簿,贷二百万缗,佶以非敕命,拒之。颍怒曰:"君善,得为刘长卿,不尔,为崔众矣!"长卿尝任租庸使,为吴仲孺所囚,崔众以倨李光弼被杀,故颍以为言。佶谒少游,欲谏止,不得语,即遣去,于是财用悉为少游所掠。佶奔白沙,少游遣幕中房孺复召之,佶惊走度江,伏妻子案牍中以免。佶有御遏兵三千,令高越、元甫将焉,少游夺之。能随佶者,至上元,复为韩滉所留。佶但诸史如江、鄂州,以表内蜡丸以闻。会少游使至,帝诘其事,辞以不知。时祸难熻结,帝未能制,乃曰:"少游,国守臣,取佶之财,防它盗耳,庸何伤!"远近闻之,咸称帝得其机云。少游闻之,果自安不疑。

李希烈陷汴,声言袭江淮,少游惧,遣参谋温述送款曰:"豪、寿、舒、庐,既韬刃卷铠,惟君命。"又使巡官赵诜如郓州,厚结李纳。希烈僭号,遣将杨丰赍伪赦令送少游。寿州刺史张建封逻得之,斩丰,以伪赦送行在。会佶入朝,具言少游胁财赋状。少游惭,上表言所取以赡军兴,请偿之。而州府残破,不能偿,乃与腹心吏设法重税,民皆苦之。刘洽取汴州,得希烈伪起居注,书"某月日,陈少游上表归顺。"少游闻,羞悸发病死,年六十一,赠太尉。

赞曰:怀恩与贼百战,阖宗死事至四十六人,遂汛扫燕、赵无余
埃,功高威重,不能防患,凶德根于心,弗得其所辄发,果于犯上,惜
哉! 其母拔刀逐贼,烈妇人也。怀光提万众,振天子于难,一为谗人
所沮,忿戾不自还,身首殊分,然谗人亦可疾矣,所谓"交乱四国"者
也。

李锜,淄川王孝同五世孙。以父国贞荫调凤翔府参军。贞元初,
迁至宗正少卿。尝与卿李干争议,锜以直不坐,德宗两置之。自雅
王傅出为杭、湖二州刺史。方李齐运用事,锜以赂结其欢,居三岁,
迁润州刺史、浙西观察、诸道盐铁转运使。多积奇宝,岁时奉献,德
宗昵之。锜因恃恩鸷横,天下榷酒漕运,锜得专之,故朝廷用事臣,
锜以利交,余皆干没于私,国计日耗。浙西布衣崔善贞上书阙下暴
其罪,帝械以赐锜,锜以豫浚大坎,至则并械瘗坎中,闻者切齿。

锜得志,无所惮,图久安计,乃益募兵,选善射者为一屯,号"挽
硬随身",以胡、奚杂类虬须者为一将,号"蕃落健儿",皆锜腹心,禀
给十倍,使号锜为假父,故乐为其用。帝于是复镇海军,以锜为节度
使,罢领盐铁转运。锜喜得节,而忘其权去,暴踞日甚,属吏死不以
过甚众,又逼污良家,寮佐力谏不能得,遂遁去。

宪宗即位,不假借方镇,故倔强者稍稍入朝。锜不自安,亦三请
觐。有诏拜尚书左仆射,以御史大夫李元素代之。中使驰驿劳问,
兼抚慰其军。锜署判官王澹为留后。锜无入朝意,称疾迁延不即行。
澹及中使数趣之,锜不悦,乘澹视事有所变更者,讽亲兵图澹。因给
冬服,锜坐幄中,以挽硬、蕃落自卫,澹与中使入谒,既出,众持刃嫚
骂,杀澹食之。监军使遣牙将赵琦慰谕,又食之。以兵注中使颈,锜
阳惊虔解,乃囚别馆。蕃落兵,薛颉主之;挽硬兵,李钧主之。又以
公孙珪、韩运分总余军。室五剑,授管内镇将,令杀五州刺史。属别
将庾伯良兵三千筑石头城,谋据江左。

常州刺史颜防用其客李云谋，矫诏称招讨锜使，杀镇将李深，传檄苏、杭、湖、睦四州同讨锜。湖州辛秘亦杀镇将赵惟忠，而苏州李素为镇将姚志安所执，钉舷上，献于锜，锜败而免。

宪宗以淮南节度使王锷为诸道行营兵马招讨处置使，中官薛尚衍为都监招讨宣慰使，发宣武、武宁、武昌、淮南、宣歙、江西、浙东兵，自宣、杭、信三州进讨。初，锜以宣州富饶，遣四院随身兵马使张子良、李奉仙、田少卿领兵三千分下宣、歙、池，锜甥裴行立虽预谋，而欲效顺，故相与约还兵执锜，行立应于内。子良等既行，其夕，谕军中曰："仆射反矣，精兵四面皆至，常、湖镇将干首通衢，势蹙且败，吾辈徒死，不如转祸希福。"部众大悦，遂回趣城。行立举火，内外合噪，行立攻牙门。锜大惊，左右曰："城外兵马至。"锜曰："何人邪？"曰："张中丞也。"锜怒甚，曰："门外兵何人也？"曰："裴侍御也。"锜拊膺曰："行立亦叛吾邪！"跣足逃于女楼下。李钧引兵三百趋出庭院格斗，行立兵贯出其中，斩钧，传首城下。锜闻之，举族恸哭。子良以监军命晓谕城中逆顺，且呼锜束身还朝，左右以幕缒而出之。锜以仆射召，数日而反状至，下诏削官爵，明日而败，送京师。神策兵自长乐驿护至阙下，帝御兴安门问罪，对曰："张子良教臣反，非臣意也。"帝曰："尔以宗臣为节度使，不能斩子良然后入朝邪？"锜不能对。以其日与子师回腰斩于城西南，年六十七。尸数日，帝出黄衣二袭，葬以庶人礼。

擢子良检校工部尚书、左金吾将军，封南阳郡王，赐名奉国；田少卿检校左散骑常侍、左羽林将军，代国公；李奉仙检校右常侍、右羽林将军，邠国公；裴行立泌州刺史。赠王澹给事中，赵琦和州刺史，崔善贞睦州司马。削锜属籍，从弟宋州刺史铦、通事舍人铣、从子师偃流岭南。

赞曰：语曰"出入之吝，谓之有司"，贱之也。德宗平朱泚，京师府藏耗竭，诸道始有进奉助经费，而诏书亦往往宣索于天下。以人主规规财利，下行有司之事，天下无事，赋取犹不息。剑南、江西有日月之进，杜亚、刘赞、王纬及锜岁时进奉，以固其宠，号称"赋外羡余"。又亦托中旨，以盗库物。然献才十二三，余皆私之。江、淮以南，物力大屈，人人憔然忘生。贞元以后，中官市物都下，谓之"宫市"，不持符牒，口含诏命，取滥缣恶布红紫之，倍其估，裂以偿直。市之良贾精货，皆逃去不出，列廛闬者，惟粗杂苦窳而已。又有强驱入禁中，罄所车辇。卖者不平，因共殴笞之。苍头女奴，名马工车，惴惴常畏捕取。而德宗蔽于左右前后，莫知也。故善贞因锜并论其事，卒不知锜颛盐铁之利，以养兵图叛，曾不及庸有司之吝远甚。

唐书卷二二四下
列传第一四九下

叛臣下

李忠臣　　乔琳　　高骈　　朱玫
王行瑜　　陈敬瑄　　李巨川

　　李忠臣,本董秦也,幽州蓟人。少籍军,以材力奋,事节度使薛楚玉、张守珪、安禄山等,甄劳至折冲郎将。平卢军先锋使刘正臣杀伪节度吕知晦,擢秦兵马使,攻长杨,战独山,袭榆关、北平,杀贼将申子贡、荣先钦,执周钊送京师。从正臣赴难,复败李归仁、李咸、白秀芝等。潼关失守,秦整军北还。奚王阿笃孤初引众与正臣合,已而始约皆攻范阳,至后城,夜乘间袭秦,秦接战,败之,追奔至温泉山,禽首领阿布离,斩以衅鼓。至德二载,节度使王玄志使秦率兵三千自雍奴桴苇绝海,击贼将石帝廷、乌承洽,转战累日,拔鲁城、河间、景城,收粮赀以实军。又与田神功下平原、乐安,禽伪刺史以献。于是防河招讨使李铣承制假秦德州刺史。

　　史思明自归,河南节度使张镐督秦军合诸将平河南州县,与裨将阳惠元破安庆绪将王福德于舒舍,肃宗下诏褒谕,令屯濮州,又徙韦城。从郭子仪围相州,军溃,秦至荥阳,破贼将敬釭,取粮艘二百艎以饷汴军。未几,授濮州刺史,屯杏园渡。许叔冀以汴下史思明,秦力屈,亦降。思明抚背曰:“始吾有左手,得公今完矣!”与俱寇河阳,秦夜挈五百人冒围归李光弼,诏加殿中监,封户二百,召至京师,赐今氏名,给良马、甲第。时陕西、神策两节度使郭英义、卫伯玉屯陕,故以忠臣为两军兵马使,战永宁、莎栅,与贼将李感义等数十遇,皆破之。淮西节度使王仲升为贼执,以忠臣为汝、仙、蔡六州节度使,兼安州。合诸军平东都,进御史大夫。

回纥可汗既归,留其下安恪、石帝廷居河阳守赀疮,因是招亡命为盗,道路畏涩。诏忠臣讨定之。吐蕃犯京师,天子追兵,秦方宴鞠场,使者至,即整师引道。诸将曰:"须良日。"忠臣怒曰:"君父在难,方择日救患乎?"时召兵无先忠臣至者。代宗嘉之,加本道观察使,赉与倍等。

周智光为帐下所杀,忠臣提兵入华州,所过大掠,自赤水距潼关二百里无居人。大历五年,加蔡州刺史。陕虢李国清为下所逐,掠府库,国清遍拜诸将乃免。会忠臣入朝,次陕,诏讯于众。众惧忠臣,不敢摇,即围棘,约士投所掠物围中,一日尽获。

讨李灵耀也,战西梁固,败之。复与马燧军合,败贼于汴州。田悦以援兵三万屯汴郛,忠臣勒裨将李重倩夜率百骑袭之,贯其营而还,杀数十百人。悦间道走,灵耀开城亡去,军遂溃。以忠臣为汴州刺史,加检校司空、同中书门下平章事,封西平郡王。

忠臣资娈沓嗜色,将士妇女逼与乱,所至人苦之。以女弟妻张惠光,用为牙将,恃势残克。或白忠臣,不之信。又以惠光子居牙下,愈横肆。十四年,大将李希烈因众怒,与少将丁暠、贾子华等共斩惠光父子,以兵胁逐忠臣。跳奔京师,帝素宠之,不责也。复授检校司空、同中书门下平章事,奉朝请。

德宗立,散骑常侍张涉以赃得罪,帝怒不赦。涉故侍读东宫者,忠臣曰:"陛下贵为天子,先生以乏财触法,非过也。"帝意解,免涉归田里。湖南观察使辛京杲私怒部曲,杀之,有司劾当死。忠臣曰:"京杲应死久矣!"帝问故,对曰:"京杲诸父战某所死,兄弟战某所死,渠从行独得存,以故知之。"帝凄然悟,释之,下除王傅。

忠臣戆直不通书,帝尝谓:"卿耳大,真贵兆。"对曰:"臣闻驴耳大,龙耳小。"帝喜其野而诚。然既失兵,悁郁不顾藉。朱泚反,伪署司空兼侍中,泚攻奉天,以忠臣居守。泚败,系有司,与其子俱斩。

乔琳,并州太原人。少孤苦志学,擢进士第,性诞荡无礼检。郭子仪表为朔方府掌书记,与联舍毕曜相掉讦,贬巴州司户参军。历果、绵、遂、怀四州刺史,治宽简,不亲事。尝谓录事参军任绍业曰:"子纲纪一州,能劾刺史乎?"绍业出条所失示之,惊曰:"能知吾失,御史材也。"

琳素善蒲人张涉。涉以国子博士侍太子读,太子即位,召访政事,不淹日,诏入翰林,迁散骑常侍,荐琳任宰相,乃拜御史大夫、同中书门下平章事,天下矍然骇之。琳年高且聩,每进对失次,所言不厌帝旨,在位阅八旬,以工部尚书罢。帝由是亦疏涉。

琳从幸奉天,再迁太子少师;进幸梁州,次盩屋,诡言马殆不进。帝素以旧老礼之,给乘舆马,辞病力,帝赐所执策曰:"勉为良图,与卿别矣!"不数日,祝髯发舍仙游佛庐。泚闻,遣数十骑取之,署吏部尚书,令姻家源休衣以朝服,食以肉,琳亦不辞。士有诉官非便者,琳曰:"子谓此选便乎?"及收京师,李晟悯其老,表贷死。帝曰:"琳,故宰相,失节背义,不可赦。"临刑叹曰:"我以七月七日生,以此日死,非命耶?"

时又有蒋镇者,洌子也,与兄镰俱以文辞显。擢贤良方正科,累转谏议大夫。大历中,淫雨坏河中盐池,味苦恶。韩滉判度支,虑减常赋,妄言池生瑞盐,王德之美祥。代宗疑不然,命镇驰驿按视。镇内欲结滉,故实其事,表置祠房,号池曰"宝应灵庆"云。再进工部侍郎。妹婿源溥者,休弟也,故镇与休交。泚叛,窜于鄠,伤足不能进。泚先得镰,而镇左右逃归,语所在,源休闻,白泚,以二百骑求得之。知不免,怀刃将自刺,镰止之。复谋出奔,懦不决。中朝臣遁伏者,休多所诛杀,赖镇救原十五。初,洌与弟涣在安史时皆污伪官,镰兄弟复屈节于贼云。

高骈,字千里,南平郡王崇文孙也。家世禁卫,幼颇修饬,折节为文学，与诸儒交，硁硁谭治道，两军中人更称誉之。事朱叔明为司马。有二雕并飞，骈曰："我且贵，当中之。"一发贯二雕焉，众人惊，号"落雕侍御"。后历右神策军都虞候。党项叛，率禁兵万人戍长武。是时诸将无功，唯骈数用奇，杀获甚多。懿宗嘉之，徙屯秦州，即拜刺史兼防御使。取河、渭二州，略定凤林关，降虏万余人。

咸通中，帝将复安南，拜骈为都护，召还京师，见灵台殿。于是容管经略使张茵不讨贼，更以茵兵授骈。骈过江，约监军李维周继进。维周拥众壁海门，骈次峰州，大破南诏蛮，收所获赡军，维周忌之，匿捷书不奏。朝廷不知骈问百余日，诏问状，维周劾骈玩敌不进，更命右武卫将军王晏权往代骈。俄而骈拔安南，斩蛮帅段酋迁，降附诸洞二万计。晏权方挟维周发海门，檄骈北归。而骈遣王惠赞传酋迁首京师，见矑舻甚盛，乃晏权等，惠赞惧夺其书，匿岛中，间关至京师。天子览书，御宣政殿，群臣皆贺，大赦天下。进骈检校刑部尚书，仍镇安南，以都护府为静海军，授骈节度，兼诸道行营招讨使。始筑安南城。由安南至广州，江漕梗险，多巨石，骈募工剗治，由是舟济安行，储饷毕给。又使者岁至，乃凿道五所，置兵护送。其径青石者，或传马援所不能治。既攻之，有震碎其石，乃得通，因名道曰"天威"云。加检校尚书右仆射。

骈之战，其从孙浔常先锋冒矢石以劝士，骈徙节天平，荐浔自代，诏拜交州节度使。僖宗立，即其军加同中书门下平章事。

南诏寇嶲州，掠成都，徙骈剑南西川节度，乘传诣军。及剑门，下令开城，纵民出入。左右谏："寇在近，脱大掠，不可悔。"骈曰："属吾在安南破贼三十万，骠信闻我至，尚敢邪！"当是时，蛮攻雅州，壁卢山，闻骈至，亟解去。骈即移檄骠信，勒兵从之。骠信大惧，送质子入朝，约不敢寇。

蜀有突将，分左右二厢，厢有虞候，诘火督盗贼，有兵马虞候，主调发。骈罢其一，各置一虞候。又以蜀兵屡衄，诏蛮新定，人未安业，罢突将月禀并餐钱，约曰："府库完，当如旧。"又团练兵战者，厚其衣禀；不团练者，但掌文书、仓库，衣禀减焉。骈曰："皆王卒，命均之。"战士大望。于时天平、昭义、义成戍军合蜀，兵凡六万。骈之自将出屯也，突将乱，乘门以入，骈匿于阘，求不得。天平军闻变，其校张桀以士五百格战，不胜。监军慰抚之，皆曰："州虽更蛮乱，户口尚完，府库方实，公削军稟以自养，不堪其虐，故乱。"监军惧，讲解之。取役夫数百，名叛卒，藉斩其首，乃定。骈徐出，以金帛厚赏士，开府库悉还其衣稟。然密籍所给姓名，夜遣牙将击杀之，夷其族，虽孕者不贳，投尸于江。有一妇方踞而乳子，将就刑，媪伤之，疑其畏死，谓曰："以子丐我，一诣曹司也。"妇蹶起曰："我知之，且饱吾子，不可使以饥就戮也。"见刑者拜曰："渠有节度使夺战士食，一日忿怒，淫刑以逞，国家法令何有也？我死当诉于天，使此贼阖门如今日冤也！"逮死，神色晏然。蜀人闻者为垂泣。骈复录突将戍还者，丸名贮器中，意不怿，则探之，或十或五，授将李敬全斩决。亲吏王殿说骈曰："突将在行者，初不知谋，公当赦之。"骈悦，投丸池中，人乃安。

蜀之土恶，成都城岁坏，骈易以砖甓，陴堞完新，负城丘陵悉垦平之，以便农桑。讫功，筮之得《大畜》。骈曰："畜者，养也。济以刚健笃实，辉光日新，吉孰大焉。文宜去下存上。"因名大玄城。进检校司徒，封燕国公，徙荆南节度。

梁缵者，本以昭义兵西戍，骈表隶麾下。王仙芝之败，残党过江，帝以骈治郓威化大行，且仙芝党皆郓人，故授骈镇海节度使。骈遣将张潾与缵分兵穷讨，降其骁帅毕师铎数十人，贼走岭表。帝美其功，加诸道行营都统、盐铁转运等使。又诏骈料官军义营乡团，归其老弱伤夷，裁制军食；刺史以下小罪辄罚，大罪以闻。贼更推黄巢南陷广州，骈建遣潾以兵五千屯郴扼贼西路，留后王重任以兵八千并海进援循、潮，自将万人繇大庾击贼广州，且请起荆南王铎兵三万壁桂、永，以邕管兵五千壁端州，则贼无遗类。帝纳其策，而骈卒不行。

俄徙淮南节度副大使。骈缮完城垒，募军及土客，得锐士七万，乃传檄召天下兵共讨贼，威震一时，天子倚以为重。广明初，潾破贼大云仓,诈降巢。巢不意其袭,遂大奔,引残党壁上饶,然众亡几。会疫疠起,人死亡,潾进击之,巢大惧,以金啖潾,腾书于骈,丐归命。骈信之,许为求节度。当此时,昭义、武宁、义武兵数万赴淮南,骈欲专己功,即奏贼已破,不须大兵。有诏班师。巢知兵罢,即绝骈请战,击杀潾,乘胜度江攻天长。

始,巢在广州,求天平节度,宰相卢携善骈,以有讨贼功,不肯赦巢,与郑畋争于朝,故巢怨不得节度。而骈闻议不一,亦不平,至是欲纵贼以耸朝廷,然后立功。毕师铎谏曰:"朝廷所恃,谁易于公?制贼要害,莫先淮南。今不据要津以灭贼,使得北度,必乱中原。"骈矍然,下令将出师。婺将吕用之畏师铎有功,谏曰:"公勋业极矣,贼未殄,朝廷且有口语。况贼平,挟震主之威,安所税驾?不如观衅求福,为不朽资也。"骈入其计,托疾未可以出屯,严兵保境。巢据滁、和,去广陵才数百里,乃求援陈许。

巢逼扬州,众十五万。骈将曹全晸以兵五千战不利,壁泗州以待援,骈兵终不出。贼北趋河洛,天子遣使者促骈讨贼,冠盖相望也。俄而两京陷,天子犹冀骈立功,眷寄未衰,诏刺史若诸将有功,自监察御史至常侍,许墨制除授。寻进检校太尉,东面都统,京西、京北神策军诸道兵马等使。会二雉雊署寝,占者曰:"军府将空。"骈恶之,悉兵出营东塘,舟二千艘,戈铠完锐,日讨金鼓以侈士志。与浙西节度使周宝檄,欲连和而西,宝大喜。有谓宝:"彼欲并江东为孙策三分计。"宝未之信。俄而骈请宝至军议事,宝怒,辞疾不出,衅隙遂构。骈屯东塘百日,托以宝及浙东刘汉宏将为不利,乃还,以应其变。

帝知骈无出兵意,天下益殆。乃以王铎代为都统,以崔安潜副之。诏韦昭度领诸道盐铁转运使,加骈侍中,增实户一百,封渤海郡王。骈失兵柄利权,攘袂大诟,即上书谩言不恭,诋铎乃败军将,而安潜狼贪,有如桡败,诒千古之悔。又引更始刮席、子婴轵道事以激帝。帝怒,下诏切责。当此时,王室微,不绝如带。骈都统三年,无尺寸功,幸国颠沛,大料兵,阴图割据,一旦失势,威望顿尽,故肆为丑悖，胁邀天子，冀复故权。而吴人顾云以文辞缘泽其奸，偬然无所忌畏。又请帝南幸江淮。会平贼，骈闻，缩气怅恨，部下多叛去，郁郁无聊，乃笃意求神仙，以军事属用之。

用之者，鄱阳人，世为商侩，往来广陵，得诸贾之欢。既孤，依舅家，盗私其室，亡命九华山，事方士牛弘徽，得役鬼术，卖药广陵市。始诣骈亲将俞公楚，验其术，因得见骈，署幕府，稍补右职。用之既少贱，具知闾里利病、吏得失，颇班班言政事，以将左道，骈愈器之。乃广树朋党，刺知骈动息，持金帛还结左右，日为诞妄以动骈。又荐狂人诸葛殷、张守一为长年，方并署牙将。初，殷将见，用之绐曰："上帝以公为人臣，虑机事廙废，使神人来备羽翼，且当以职廪之。"明日，殷以褐衣见，辩诈无穷，骈大惊，号"葛将军"。其阴狡过用之远甚。有大贾居第华壮，殷求之不得，谓骈曰："城中且有妖，当筑坛禳却之。"因指贾居。骈敕吏即日驱徙，殷入居之。

骈造迎仙等楼，皆度高八十尺，饬以金珠瑰玉，侍女衣羽衣，新声度曲，以拟钧天，薰斋其上，祈与仙接。用之自谓与仙真通，对骈叱咤风雨，或望空顾揖再拜，语言俚近，左右或窃议，辄杀之，后无敢出口者。萧胜纳贿用之，求盐城监，骈不肯，用之曰："仙人言盐城有宝剑，须真人取之，唯胜可往。"骈许诺。数月，胜献铜匕首，用之曰："此北帝所佩也，得之者兵不敢犯。"骈宝秘之，常持以坐起。用之惮其术穷且见诘，乃刻青石手板为龙蛇隐起，文曰："帝赐骈。"使人潜植机上，骈得之大喜。为寓鹄廷中，设机关，触人则飞动，骈衣羽服，乘之作仙去状。用之惧有擿其奸者，乃曰："仙人当下，但患学者真气亏沮耳。"骈始弃人间事，绝妾媵，虽将吏不得见。客至，先遣薰濯，诣方士袚除，谓之解秽，少选即引去。自是内外无敢言者，惟梁缵屡为骈言，骈不听。缵惧，解所领兵，骈还其军于昭义，缵不复事矣。

用之既自任，淫刑重赋，人人思乱。乃擢废卒百余，号"察子"，厚禀食，令居衢哄间，凡民私阅隐语莫不知，道路箝口。诛所恶者数百族。又募卒二万，为左、右"镇邪军"，与守一分总置官属如骈府。

用之每出入，驺御至千人，建大第，军胥营署皆备。建百尺楼，托云占星，实窥伺城中之有变者。左右姬侍百余，皆娟秀光丽，善歌舞，巾幗束带以侍。月二十宴，其费仰于民，不足，至苛留度支运物。诱人上变，则许入赀产赎罪。俞公楚数规戒其失，不听。姚归礼谋杀之，弗克。用之因潜二人于骈，使以骁雄兵三千督盗于外，密使兵袭之，举师歼焉。骈从子滈密疏用之罪，谏骈曰："不除之，高氏且无种。"骈怒，命左右扶出，以状授用之。用之诬滈赀贿不能满，故妄言。因出滈笔验之，骈敕吏禁滈出入。俄署舒州刺史，未几为下所逐，用之构之也。骈使人杀滈。

嗣襄王煴之乱，骈上书劝进，伪假骈中书令、诸道兵马都统、江淮盐铁转运使，以用之为岭南节度使。骈久觊望，至是大喜，贡赋不绝。用之始开府置官属，礼与骈均矣。以郑杞、董仅、吴迈为腹心，骈之亲信皆逼使附己，政事未尝关决骈。骈内悔，欲收其权，不能也。用之问计于杞、仅，谋请骈斋于其第，密缢之，绐为升天，事不克。

光启三年，蔡贼孙儒兵略定远，声言涉淮，寿州刺史张翱奔告骈，命毕师铎率骑三百戍高邮。师铎者，故仙芝党，以善骑射称。骈败巢于浙西，用其力，故宠待绝等。用之厚啖以利，欲其谐附，然不肯情。师铎有妾美，用之请见，不可，狙其出，观焉，怒而弃之；内忿惧，为子结婚于高邮将张神剑，阴倚为援。朱全忠方攻秦宗权，骈虑其奔突，使师铎率兵逾都梁山，不见贼还。师铎见骈府宿将多以逸死，忧甚。用之益加礼，师铎愈恐，谋于神剑。神剑不然其言，而猜嫌日结。用之亦虑其变，内欲除之，亟请罢屯。其母密擿师铎使去，曰："毋顾家室。"师铎忧，未知所出。而骈子怒用之专恣，觇师铎与诸将发其奸，遣使谓师铎曰："用之欲因此行图君，既授书神剑矣，君其备之！"师铎惊，军中稍稍传言。诸将介而见，请杀神剑，并其军，驱市人以济乱。师铎曰："不可，我若重扰百姓，复一用之也。郑汉璋素与我善，兵精士强，以用之用事，常不平。今若告之谋，彼必喜，则事济矣。"众然之。神剑未知，方椎牛酾酒，且将犒师。师铎潜师夜出，士皆绛缯抹首，且行且掠。汉璋闻，以麾下出迎，师铎诳以计，大喜。留其妻守淮口，帅兵及亡命数千至高邮，见神剑，诘其变，神剑辞不知。师铎语稍侵，神剑瞋目曰："大夫何晚计！彼一妖人，前假岭南节，不肯行，志图淮海，令君既夺魄，彼一日得志，吾能握刀头北面事之邪！吾前未量君意，故不出口，尚何疑？"汉璋喜，取酒割臂血而盟，推师铎为大丞相，作誓告神，乃移檄州县，以诛吕用之、张守一、诸葛殷为名。神剑以高邮兵诸校倪详逨并以天长子弟会，唐宏为先锋，骆玄真主骑，赵简主徒，王朗为殿，得胜兵三千。将发，神剑中悔，缪曰："公兵虽精，然城坚，旬日不下则粮乏，众心摇矣。神剑请按军高邮，为公声援而督粮道。"师铎曰："民禀尚多，何患资储？城中携离无斗志，何事声援？君意不行，孰敢违？"汉璋内忌神剑，恐不为己下，劝许其计，约城破玉帛子女共之。

其四月，兵傅城，营其下。城中骇乱，用之分兵守，且自督战。令曰："斩一级，赏金一饼。"士多山东人，坚悍颇用命。师铎惧，退舍自固。用之稍堙塞诸门。骈登延和阁，闻嚣甚，左右告之故，大惊，召用之问状，徐曰："师铎众思归，为门卫所轧，随已处置，不尔，烦玄女一符耳！"骈曰："吾觉尔之诞多矣，善自为之，勿使吾为周宝也！"时宝已为下所逐出奔云。用之惭，不复有言。师铎见城未下，颇惧，求救于宣州秦彦，约事平迎以代骈。

骈数责用之曰："始吾以心腹任君，君御下无方，卒误我。今百姓饥馑，不可虐用，当遣大将赍吾书谕之，使罢兵。"用之疑诸将不为用，以其党许戡奉书往。始师铎意骈令宿将劳军，因得口陈用之罪。及戡至，大怒曰："梁缵、韩问安在？若何庸来！"即斩之。乃系书射城内，用之不发，即火之。它日以甲士百人入谒，骈惊匿内寝，少选乃出，叱曰："得非反邪？"命左右驱出，用之至南门，举策曰："吾不复入是矣！"始与骈贰。

师铎壁扬子，发民庐舍治攻具。用之大索居人马及丁壮，骁将以长刀拥胁乘城，昼夜不得息。又疑为间，数易区处，家有馈饷，皆相失，至饥死者相枕藉。骈召大将古锷赍师铎母书及其子出谕，师铎遣子还曰:"不敢负恩,朝斩凶人,夕还屯,愿以妻子为质。"骈恐用之屠其家,乃收置署中。会秦彦遣秦稠率兵与师铎合,攻益急,守陴者夜焚南栅以应于外,师铎入,守将张全迺战死,用之距三桥,杀伤相当。骈从子杰率牙兵将执用之以畀师铎,左镇邪兵复断其后,用之惧,乃出奔。

骈召梁缵谢曰:"初不用子计以及此,庸何追?"授以兵,使保子城。迟明师铎纵火大掠,骈乃命彻备,改服须其入。师铎见延和阁,骈待之如宾,即署师铎节度副使,汉璋、神剑以次授署,秦稠封府库以待,师铎去丞相号。于时何卫未谨,骈爱将申及说骈曰:"逆人兵少弛,愿奉公夜出,发诸镇兵,还刷大耻,贼不足平也。若不决,则及将不得侍公。"因泣下,骈惬怯不能用其策,及乃匿去。

师铎诛用之支党数十,使孙约迎秦彦。彦者,徐州人,本名立,隶伍籍。乾符中,以盗系狱且死,梦呼曰:"秦彦,而从我去!"寤而视械破,因得亡命,即名彦。聚徒百人,杀下邳令,取其赀,入黄巢党中。既败,与许勍降骈,累表和州刺史。中和初,宣歙观察使窦浣病,彦袭而代之。师铎之召彦也,或计曰:"足下向诛妖人,故下乐从。今军府已安,宜还政高公。足下身典兵,权在掌握,四邻闻之,不失大义,诸将未敢谋也。若令彦为帅,兵非足下有也。且秦稠封府库,势已相疑。足下如厚德彦,宜以金玉子女报之,勿听度江。假足下能下彦,杨行密夕闻而朝必至。"师铎不决,以告汉璋。汉璋曰:"善。"

师铎出骈,囚南第。稠麾下求无厌,烧贡奉楼数十楹,取珍宝。始骈自乾符以来,贡献不入天子,赀货山积,私置郊祀、元会供帐什器,殚极功巧,至是为乱兵所剽略尽。师铎徙骈东第。擒诸葛殷,腰下得金数斤,百姓交唾,拔须发无遗,再缢乃绝,仇家睚其目云。市人投瓦砾击尸,俄而成冢。骈出金遗守者,师铎知之,加兵苛督,复入囚署中,子弟十余人同幽之。顾云入见,骈犹自若曰:"吾复居此,天时人事必有在。"意师铎复推立之。

用之既出,以兵攻淮口未下,郑汉璋击之,遂奔天长。初,用之诈为骈书,召兵于庐、寿,城陷,而杨行密兵万人次天长,用之自归。

张神剑求赂于师铎，辞以彦未至。神剑怒，与别将高霸将攻师铎。彦之来，召池州刺史赵锽守宣，自将入扬州，称节度使，以师铎为行军司马，居用之第，不得在牙中。师铎怏怏失志。行密与神剑等连和，自江北至槐家桥，栅垒相联。彦登城望之，色沮，乃授郑汉璋、唐宏等兵屯门，樵苏道绝，食且乏。稠及师铎以劲卒八千出战，大败，稠死之，士奔溺死者十八。彦大出金求救于张雄，雄引兵至东塘，得金，不战去。彦使师铎率兵二万阵城下，汉璋为前锋，宏次之，骆玄真、樊约又次之，师铎、王朗以骑为左右翼。既成列，久之，行密乃出，委辎重于壁，以羸兵守之，伏精卒数千其旁。行密先犯玄真，短兵接，伪北，师铎诸军奔其壁，争取金玉赏粮。伏噪而出，行密引轻兵蹑其尾，俘杀旁午，横尸十里，师铎等奔还，玄真战死。师铎雅倚玄真骁敢能拒敌，既失之，恇沮弥日，不复议出战矣。

骈久囚拘，供亿窘狭，群奴彻延和阁阑楯为薪，煮革带以食。骈召幕府卢渷曰："予粗立功，比求清净，非与此世争利害，今而及此，神道何望邪？"涕下不能已。师铎既败，虑骈内应。有女巫王奉仙谓师铎曰："扬州灾，有大人死，可以厌。"彦曰："非高公邪？"命左右陈赏等往杀之。侍者白有贼，骈曰："此必秦彦来。"正色须之。众入，骈骂曰："军事有监军及诸将在，何遽尔？"众辟易，有奋而击骈者，曳廷下数之曰："公负天子恩，陷人涂炭，罪多矣，尚何云？"骈未暇答，仰首如有所伺，即斩之。左右奴客遁归行密，行密举军缟素，大临而祭，独用之缞服哭三日。

彦屡败，军气摧丧，与师铎抱膝相视无它略，更问奉仙，赏罚轻重皆自出。彦遣汉璋击神剑，破之。神剑奔高邮，汉璋欲穷追，会大雨还。行密以城尚坚，师且老，议解去。用之神将晨伏兵西壕，伺守者休代，引而登，杀数十人于门，以招外兵。守军亦厌苦，皆委兵溃。师铎与其家及彦奔东塘，人争出，相腾藉死，壕堑几满，王朗踣而殒。行密既入，杀梁缵于牙门，以不死高氏难。韩问闻之，赴井死。居人癯惙奄奄，兵不忍加暴，反斥余粮救之。

彦、师铎与唐宏、倪详焚白砂，将度江，会秦宗权使孙儒引兵三万袭扬州，次天长，彦等与之合，还攻行密，取行密辎重牛羊数千计。儒以食乏，乃屠高邮，据之。张神剑奔还，行密授之馆，而高邮戍兵七百溃而来，行密疑有谋，悉击杀之，因杀神剑。用之始诈行密曰："庑下有瘗金五千斤，事平愿备一日乏。"行密掘地无埋金，但得铜人三尺，身桎梏，钉刺其口，刻骈名于背，盖用蛊猒骈也。行密责其罪，并张守一斩于三桥，妻子皆死，著其罪于路。

儒攻城未得志，虑彦、师铎有异谋，稍并其兵。唐宏度不免，即告儒曰："师铎密遣人至汴。"儒大恐。明日，召彦、师铎、汉璋会军中，彦、师铎先至，壮士捽之至儒所，儒质彦反骈罪，斩之。至师铎，呼曰："丈夫成则王，败则虏，君何多责为？吾尝将数万兵，不死常人手，得公之剑，瞑目矣！"儒骂曰："庸贼欲污我手邪！"趣斩之。汉璋至，奋臂击杀数人，乃死，身首糜散。儒使宏主骑兵，厚赐之。文德元年，儒谍知行密粮乏，自高邮袭之。行密拔其众还庐州，儒遂据扬州。

骈之死，裹以故毡，与子弟七人一坎而瘗。行密擢骈孙愈为副使，令主丧事，未克葬，愈暴死，至是故吏邝师虔收葬之。

扬州雄富冠天下，自师铎、行密、儒迭攻迭守，焚市落，剽民人，兵饥相仍，其地遂空。

朱玫，邠州人。少以材武为州戍将。黄巢盗长安，有王玫者为伪节度使，方调兵，玫阳事之，乘间斩王玫，以留后让李重古，约合兵讨巢。广明二年，玫袭贼，战开远门，枪洞咽，不死。以多擢晋州刺史，进邠宁节度使，合泾、原、岐、陇兵八万屯兴平，号定国砦。战渭上，败走邠，诏益灵、盐军，拜河南都统。引兵屯中桥，列五壁，进西北面都统。贼平，授同中书门下平章事，封吴兴侯。

田令孜议讨王重荣，以兵属玫，合鄜、延、灵、夏军三万保沙苑。重荣上疏乞诛玫、令孜。既战，玫辄北，因纵军还掠。僖宗苍黄幸凤翔避其锋。玫反与重荣、李克用连和，请诛令孜。宰相萧遘密召玫迎帝，玫趋凤翔，令孜劫乘舆走陈仓，遂至兴元。玫追不及，劫嗣襄王煴，奉为帝。玫自号大丞相，专决万机。

始与李昌符共谋挟煴，至是反为仇，昌符乃自归天子，人心寖离。及王行瑜败于大唐峰，惧归且见杀，又闻购能得玫者以邠宁节度畀之，行瑜谓其下曰："今败归必以无功死，若斩玫，与北军迎天子，取富贵，可乎？"众曰："诺。"即勒兵倍道趋长安。玫居孔纬第，方据几署事，闻兵入，趣召行瑜叱曰："公擅归，反邪？"行瑜厉声曰："我非反者，将得君首为邠宁节度耳！"玫遽起，左右斩之，杀其徒数百。诸军遂大乱，烧京师。时盛寒，吏民被剽夺，僵死尸相藉。即传首兴元，帝为受俘馘。宦者伪枢密使王能著等皆坐诛。

王行瑜，邠州人。少隶军，从朱玫为列校，讨黄巢数有功。煴即位，授行瑜天平节度使，令率兵守大散关，为李铤所破，即奉款行在，还取玫首以献，擢邠宁节度使。

景福元年，与李茂贞、韩建及弟同州节度使行实请讨杨守亮于山南，且言不敢仰度支费，止请假茂贞招讨一节。宦官难之，昭宗亦顾茂贞等得山南则益横，不许。行瑜等因擅兴军击取之。

后茂贞拒覃王，杀宰相，行瑜参有力，得赐铁券。稍凭兵跋扈，求为尚书令，宰相韦昭度执不可，但加号尚父，行瑜望甚。会河中王重荣丧，李克用请以其子珂嗣节度，而行瑜、建、茂贞请授王珙，因各以兵陈阙下，欲废天子，不克，即杀昭度、李磎，留弟行约宿卫。克用悉兵度河问行瑜等罪，行实弃同州趋长安，与行约谋劫乘舆，又不克，皆奔邠州。行瑜屯梨园，克用与战，破行实等军，执其母及行瑜子，俘大校。帝下诏削行瑜官爵。行瑜以锐卒五千营龙泉，茂贞壁其西。克用夜发精骑扰饷道，岐军走，行瑜归邠州，婴城守，厚赂克用求自归。克用军环其城，行瑜穷，登城哭语克用曰："我无罪，昨杀大臣，胁天子，岐人也。行实止宿卫，而有司妄以劫迁罪归之，今公讨乱者，当问茂贞，愿得束身归，听命天子。"克用曰："尚父何自卑，吾被命讨三贼，公其一也。如归国者，当从中决，老夫敢专之邪？"行瑜度不免，悉族奔庆州，为麾下斩于路，传首京师，帝御延喜门纳之，于是乾宁二年也。其属二百人，克用献于朝。

始，行瑜乱，宗正卿李涪盛陈其忠，必悔过。至是帝怒，放死岭南。

陈敬瑄，田令孜兄也。少贱，为饼师，得隶左神策军。令孜为护军中尉，敬瑄缘藉擢左金吾卫将军、检校尚书右仆射、西川节度使。性畏慎，善抚士。

黄巢乱，僖宗幸奉天，敬瑄夜召监军梁处厚，号恸奉表迎帝，缮治行宫，令孜亦倡西幸，敬瑄以兵三千护乘舆。冗从内苑小儿先至，敬瑄知素暴横，遣逻士伺之。诸儿连臂欢咋行宫中，士捕系之，呼曰："我事天子者！"敬瑄杀五十人，尸诸衢，由是道路不哗。帝次绵州，敬瑄谒于道，进酒，帝三举觞，进检校左仆射、同中书门下平章事。时云南叛，请遣使与和亲，乃听命。敬瑄奉行在百官诸吏无敢乏，帝欲命判度支，固让，再加检校司徒兼侍中，封梁国公。以弟敬珣为阆州刺史。讨定邛州首望阡能、涪州叛校韩秀升，再进兼中书令，封颍川郡王，实封四百户，赐一岁上输钱及上都田宅邸硙各十区，铁券恕十死。巢平，进颍川王，增实户二百。车驾东，敬瑄供亿丰余，又进检校太师。

俄而令孜得罪，敬瑄被流端州。会昭宗立，敬瑄拒诏，帝召为左龙武统军，以宰相韦昭度代领节度。使者至，敬瑄使百姓遮道劈耳诉己功，且言铁券恕死。使者驰还。令孜劝敬瑄募黄头军为自守计。

时王建盗据阆、利，故令孜召建。建至绵州，发兵拒之，激建攻诸州，以限朝廷。或言："建鸱视狼顾，惟利是赖，公何用之？"不听。建诒顾彦朗书曰："十军阿父召我，欲依太师丐一大州。"即寄孥梓州，身引兵入鹿头关。敬瑄不纳，汉州刺史张顼逆战，败，建入汉州。成都严守，建走城下遥谢令孜曰："父召我，及门而拒我，尚谁容？"与诸将断发再拜辞曰："今作贼矣！"因请兵于彦朗，攻成都，残掠州县。彦朗亦畏建，表请大臣代敬瑄。建自请讨敬瑄赎罪，诏立永平军，授建节度使，以昭度为行营招讨使，山南西道节度使杨守亮副之，彦朗为行军司马。有诏暴敬瑄杀孟昭图罪，削官爵。昭度使建屯学射山，敬瑄迎战不克，又战蚕厓，大败。

龙纪元年，昭度至军中，持节谕人，约开门。守陴者诟曰："铁券在，安得违先帝意！"令孜籍城中户一人乘城，夜循行，昼浚濠伐薪。敬瑄屯弥牟、德阳，树二壁拒建。使富人自占赀多少，布巨梃，搒不实者，不三日输钱如市。建、昭度傅城而垒，简州刺史张造攻笮桥，大败，死之。

大顺元年，建稍击降诸州。邛州刺史毛湘本令孜孔目官，谓其下曰："吾不忍负军容，以头见建可也。"乃沐浴以须，吏斩其首降。敬瑄战浣花，不胜。明日复战，将士皆为建俘。城中谋降者，令孜支解之以怖众。会大疫，死人相藉。

明年三月，诏还敬瑄官爵，召昭度还，谕建罢兵，建不奉诏。帝更以建为西川行营招讨制置使。建知敬瑄可禽，欲遂有蜀地，即胁说昭度曰："公以数万众讨贼，粮数不属，关东诸节度相吞噬，朝廷危若赘旒，与其劳师远方，不如先中国，公宜还为天子谋之。"昭度未决。会吏盗减诸军禀食，建怒其众曰："招讨吏之谋也。"纵士执之，醢食于军。昭度大骇，是日授建符节，跳驰出剑门。建绝栈梯，东道不通。因急击敬瑄，分亲骑为十团，所当辄披靡，烽堠相望几百里，纵谍入城，以摇众心。建好谓军中曰："成都号'花锦城'，玉帛子女，诸儿可自取。"谓票将韩武等："城破，吾与公递为节度使一日。"下闻之，战愈力。围凡三岁，城中粮尽，以筒容米，率寸鬻钱二百。敬瑄出家赀给民，募士出剽麦，收其半。民亦夜至建垒市盐，不可禁，吏请杀之。敬瑄曰："民饥无以恤，使求生可也。"人至相暴以相啖，敬瑄不能止，乃行斩、劈二法，亦不为戢。敬瑄自将出犀浦，列二营邀建，建军伪遁，遇伏，敬瑄败，建破斜桥、沓街二屯。明日战，又破一壁，降其将。建屯七里亭，敬瑄攻之。建将张武驰入城，战子城下，守陴皆噪，不能克。张勍破浣花营，敬瑄诸将或死或降且尽。凡五十战，敬瑄皆北，乃上表以病丐还京师。令孜素服至建军。建入自西门，以张勍为斩斫使，建徇于军曰："与而等累年斗死，今日如志。

若横恣有犯者,吾能全之;即为勋所斩,吾不得救也!"军中肃然。因敬瑄、令孜,建自称留后,表于朝。诏以建为西川节度副大使,知节度事。

建以敬瑄居新津,食其租赋,累表请诛,不报。景福二年,阴令左右告敬瑄、令孜养死士,约杨晟等反,于是斩敬瑄于家。初,敬瑄知不免,尝置药于带,至就刑,视带,药已亡矣。自是建尽有两川、黔中地。

李巨川,字下己,逢吉从曾孙。乾符中举进士。方天下崩骚,乃去京师,河中王重荣辟为掌书记。重荣讨黄巢,书檄奏请日纷杳,须报趣发,皆属巨川,神安思敏,言辄中理,邻藩皆惊。会贼走出关,收京师,人言巨川有助力。重荣死于乱,贬为兴元参军,节度使杨守亮喜曰:"天以生遗我邪!"复管记室。守亮为韩建所禽,巨川械以从,题木叶遗建祈哀,建动容,因释缚,置幕府。昭宗幸华,建患一州供亿不能济,使巨川传檄天下,督转饷。

初,帝在石门,数遣嗣延王、通王将亲军,大选安圣、奉宸、保宁、安化四军,又置殿后军,合士二万。建恶卫兵强,不利己,与巨川谋,即上飞变,告八王欲胁帝幸河中,因请囚十六宅,选严师傅督教,尽散麾下兵。书再上,帝不得已,诏可。又废殿后军,且言"无示天下不广"。诏留三十人为控鹤排马官,隶飞龙坊,自是天子爪牙尽矣。建初惧帝不听,以兵环宫,请诛定州行营将李筠。帝惧,斩筠,兵乃解。又言:"七国灾汉,八王乱晋,永王帅江左谋不轨,吐蕃、朱玫乱,首立宗支摇人望。今王室多故,渠可使诸王将命四方,惑征镇?"于是诏诸王奉使者,悉赴行在。巨川日夜导建不臣,乃请立德王为皇太子,文掩其恶。帝还京,拜谏议大夫。

光化初,朱全忠陷河中,将攻潼关,建惧,使巨川往诣军纳款,因言当世利害。全忠属官敬翔以文翰事左右,疑巨川用则全忠待己或衰,乃诡说曰:"巨川诚奇才,顾不利主人,若何?"是日,全忠杀之。

唐书卷二二五上
列传第一五〇上

逆臣上

安禄山 庆绪　高尚　孙孝哲
史思明 朝义

安禄山,营州柳城胡也,本姓康。母阿史德,为觋,居突厥中,祷子于轧荦山,虏所谓斗战神者,既而妊。及生,有光照穹庐,野兽尽鸣,望气者言其祥,范阳节度使张仁愿遣搜庐帐,欲尽杀之,匿而免。母以神所命,遂字轧荦山。少孤,随母嫁虏将安延偃。开元初,偃携以归国,与将军安道买亡子偕来,得依其家,故道买子安节厚德偃,约两家子为兄弟,乃冒姓安,更名禄山。及长,忮忍多智,善亿测人情,通六蕃语,为互市郎。

张守珪节度幽州,禄山盗羊而获,守珪将杀之,呼曰:“公不欲灭两蕃邪?何杀我?”守珪壮其语,又见伟而皙,释之,与史思明俱为捉生。知山川水泉处,尝以五骑擒契丹数十人,守珪异之,稍益其兵,有讨辄克,拔为偏将。守珪丑其肥,由是不敢饱,因养为子。后以平卢兵马使擢特进、幽州节度副使。

于是御史中丞张利贞采访河北,禄山百计谀媚,多出金谐结左右为私恩。利贞入朝,盛言禄山能,乃授营州都督、平卢军使、顺化州刺史。使者往来,阴以赂中其嗜,一口更誉,玄宗始才之。天宝元年,以平卢为节度,禄山为之使,兼柳城太守,押两蕃、渤海、黑水四府经略使。明年,入朝,奏对称旨,进骠骑大将军。又明年,代裴宽为范阳节度、河北采访使,仍领平卢军。禄山北还,诏中书门下尚书三省正员长官、御史中丞钱鸿胪亭。

四载,奚、契丹杀公主以叛。禄山幸邀功,肆其侵,于是两蕃贰。禄山起军击契丹,还奏:“梦李靖、李勣求食于臣,乃祠北郡,芝生于梁。”其诡诞敢言不疑如此。席豫为河北黜陟使,言禄山贤。时宰相李林甫嫌儒臣以战功进,尊宠间己,乃请颛用蕃将,故帝宠禄山益牢,群议不能轧,卒乱天下,林甫启之也。

禄山阳为愚不敏盖其奸,承间奏曰:“臣生蕃戎,宠荣过甚,无异材可用,愿以身为陛下死。”天子以为诚,怜之。令见皇太子,不拜,左右撝语之,禄山曰:“臣不识朝廷仪,皇太子何官也?”帝曰:“吾百岁后付以位。”谢曰:“臣愚,知陛下不知太子,罪万死。”乃再拜。时杨贵妃有宠,禄山请为妃养儿,帝许之。其拜,必先妃后帝,帝怪之,答曰:“蕃人先母后父。”帝大悦,命与杨铦及三夫人约为兄弟。繇是禄山有乱天下意,令麾下刘骆谷居京师,伺朝廷隙。

六载,进御史大夫,封妻段为夫人,有国。林甫以宰相贵甚,群臣无敢钧礼,惟禄山倚恩,入谒倨。林甫欲讽寤之,使与王铁偕,铁亦位大夫,林甫见铁,铁趋拜卑约,禄山惕然,不觉自馨折。林甫与语,揣其意,迎剖其端,禄山大骇,以为神,每见,虽盛寒必流汗。林甫稍厚之,引至中书,覆以己袍。禄山德林甫,呼十郎。骆谷每奏事还,先问:“十郎何如?”有好言辄喜;若谓“大夫好检校”,则反手据床曰:“我且死!”优人李龟年为帝学之,帝以为乐。

晚益肥,腹缓及膝,奋两肩若挽牵者乃能行,作《胡旋舞》帝前,乃疾如风。帝视其腹曰:“胡腹中何有而大?”答曰:“唯赤心耳!”每乘驿入朝,半道必易马,号“大夫换马台”,不尔,马辄仆,故马必能负五石驰者乃胜载。帝为禄山起第京师,以中人督役,戒曰:“善为部署,禄山眼孔大,毋令笑我。”为琐户交疏台观沼池华僭,帝幕率缇绣,金银为筹筐、爪篱,大抵服御,虽乘舆不能过。帝登勤政楼,幄坐之左张金鸡大障,前置特榻,诏禄山坐,褰其幄,以示尊宠。太子谏曰:"自古崛坐非人臣当得,陛下宠禄山过甚,必骄。"帝曰:"胡有异相,我欲厌之。"

时太平久,人忘战,帝春秋高,嬖艳钳固,李林甫、杨国忠更持权,纲纪大乱。禄山计天下可取,逆谋日炽,每过朝堂龙尾道,南北睥睨,久乃去。更筑垒范阳北,号雄武城,峙兵积谷。养同罗、降奚、契丹曳落河八千人为假子,教家奴善弓矢者数百,畜单于、护真大马三万,牛羊五万,引张通儒、李廷坚、平洌、李史鱼、独孤问俗署幕府,以高尚典书记,严庄掌簿最,阿史那承庆、安太清、安守忠、李归仁、孙孝哲、蔡希德、牛廷玠、向润客、高邈、李钦凑、李立节、崔乾祐、尹子奇、何千年、武令珣、能元皓、田承嗣、田乾真皆拔行伍,署大将。僭遣贾胡行诸道,岁输财百万。至大会,禄山踞重床,燎香,陈怪珍,胡人数百侍左右,引见诸贾,陈牺牲,女巫鼓舞于前以自神。阴令群贾市锦采朱紫服数万为叛资。月进牛、橐驼、鹰、狗、奇禽异物,以蛊帝心,而人不聊。自以无功而贵,见天子盛开边,乃绐契丹诸酋,大置酒,毒焉,既酣,悉斩其首,先后杀数千人,献馘阙下。帝不知,赐铁券,封柳城郡公。又赠延偃范阳大都督,进禄山东平郡王。

九载,兼河北道采访处置使,赐永宁园为邸。入朝,杨国忠兄弟姊弟廷之新丰,给玉食;至汤,将校皆赐浴。帝幸望春宫以待,献俘八千,诏赐永穆公主池观为游燕地。徙新第,请墨敕召宰相宴。是日,帝将击球,乃置会,命宰相皆赴。帝猎苑中,获鲜禽,必驰赐。诏上谷郡置五炉,许铸钱。又求兼河东,遂拜云中太守、河东节度使。既兼制三道,意益侈。男子凡十一,帝以庆宗为太仆卿,庆绪鸿胪卿,庆长秘书监。

十一载,率河东兵讨契丹,告奚曰:"彼背盟,我将讨之,尔助我乎?"奚为出徒兵二千乡导。至土护真河,禄山计曰:"道虽远,我疾趋贼,乘其不备,破之固矣。"乃敕人持一绳,欲尽缚契丹,昼夜行三百里,次天门岭,会雨甚,弓弛矢脱不可用,禄山督战急,大将何思德曰:"士方疲,宜少息,使使者盛陈利以胁贼,贼必降。"禄山怒,欲斩以令军，乃请战。思德貌类禄山，及战，虏丛矛注矢邀取之，传言禄山获矣。奚闻亦叛，夹攻禄山营，士略尽。禄山中流矢，引奚儿数十，弃众走山而坠，庆绪、孙孝哲掖出之，夜走平卢，部将史定方以兵鏖战，虏解围去。

禄山不得志，乃悉兵号二十万讨契丹以报。帝闻，诏朔方节度使阿布思以师会。布思者，九姓首领也，伟貌多权略，开元初，为默啜所困，内属，帝宠之。禄山雅忌其才，不相下，欲袭取之，故表请自助。布思惧而叛，转入漠北，禄山不进，辄班师。会布思为回纥所掠，奔葛逻禄，禄山厚募其部落降之。葛逻禄惧，执布思送北廷，献之京师。禄山已得布思众，则兵雄天下，愈偃肆。皇太子及宰相屡言禄山反，帝不信。是时国忠疑隙已深，建言追还朝，以验厥状。禄山揣得其谋，乃驰入谒，帝意遂安，凡国忠所陈，无入者。

十三载，来谒华清宫，对帝泣曰："臣蕃人，不识文字，陛下擢以不次，国忠必欲杀臣以甘心。"帝慰解之。拜尚书左仆射，赐实封千户，奴婢第产称是，诏还镇。又请为闲厩、陇右群牧等使，表吉温自副。其军中有功位将军者五百人，中郎将二千人。禄山之还，帝御望春亭以饯，斥御服赐之。禄山大惊，不自安，疾驱去，至渭门，轻舻循流下，万夫挽绁而助，日三百里。既总闲牧，因择良马内范阳，又夺张文俨马牧，反状明白。人告言者，帝必缚与之。

明年，国忠谋授禄山同中书门下平章事，召还朝。制未下，帝使中官辅璆琳赐大柑，因察非常。禄山厚赂之，还言无它，帝遂不召。未几事泄，帝托它罪杀之，自是始疑。然禄山亦惧朝廷图己，每使者至，称疾不出，严卫然后见。黜陟使裴士淹行部至范阳，再旬不见，既而使武士挟引，无复臣礼。士淹宣诏还，不敢言。帝赐庆宗娶宗室女，手诏禄山观礼，辞疾甚。献马三千匹，驲靮自倍，车三百乘，乘三士，因欲袭京师。河南尹达奚珣极言毋内驲兵，诏可。帝赐书曰："为卿别治一汤，可会十月，朕待卿华清宫。"使至，禄山踞床曰："天子安稳否？"乃送使者别馆。使还，言曰："臣几死！"

冬十一月，反范阳，诡言奉密诏讨杨国忠，腾榜郡县，以高尚、严庄为谋主,孙孝哲、高邈、张通儒、通晤为腹心,兵凡十五万,号二十万,师行日六十里。先三日,合大将置酒,观绘图,起燕至洛,山川险易攻守悉具,人人赐金帛,并授图,约曰:"违者斩!"至是,如所素。禄山从牙门部曲百余骑次城北,祭先冢而行。使贾循主留务,吕知诲守平卢,高秀岩守大同。燕老人叩马谏,禄山使严庄好谓曰:"吾忧国之危,非私也。"礼遣之。因下令:"有沮军者夷三族!"凡七日,反书闻,帝方在华清宫,中外失色。车驾还京师,斩庆宗,赐其妻康死,荣义郡主亦死。下诏切责禄山,许自归。禄山答书慢甚,叵可忍。贼遣高邈、臧均以射生骑二十驰入太原,劫取尹杨光翙杀之,以张献诚守定州。

禄山谋逆十余年,凡降蕃夷皆接以恩,有不服者,假兵胁制之,所得士,释缚给汤沐、衣服,或重译以达,故蕃夷情伪悉得之。禄山通夷语,躬自尉抚,皆释俘囚为战士,故其下乐输死,所战无前。邈最有谋,劝禄山取李光弼为左司马,不纳,既而悔之,忧见颜色,久而曰:"史思明可当之。"贼之未反,邈为谋,声进生口,直取洛阳,无杀光翙,天下当未有知者,贼不从。何千年亦劝贼令高秀岩以兵三万出振武,下朔方,诱诸蕃,取盐、夏、鄜、坊,使李归仁、张通儒以兵二万道云中,取太原,团弩士万五千入蒲关,以动关中;劝禄山自将兵五万梁河阳,取洛阳,使蔡希德、贾循以兵二万绝海收淄、青,以摇江淮;则天下无复事矣。禄山弗用。

时兵暴起,州县发官铠仗,皆穿朽钝折不可用,持梃斗,弗能亢,吏皆弃城匿,或自杀,不则就擒,日不绝。禁卫皆市井徒,既授甲,不能脱弓韣、剑繁,乃发左藏库缯帛大募兵。以封常清为范阳、平卢节度使,郭子仪为朔方节度、关内支度副大使,右羽林大将军王承业为太原尹,卫尉卿张介然为汴州刺史,金吾将军程千里为潞州长史,以荣王为元帅,高仙芝副之,驰驿讨贼。

禄山至巨鹿,欲止,惊曰:"鹿,吾名。"去之沙河,或言如汉高祖不宿柏人以佞贼。贼投草颣树于河,以长绳维舟集楼以结,冰一昔合,遂济河,陷灵昌郡。又三日,下陈留、荥阳。次罂子谷,将军荔非守瑜邀之，杀数百人，流矢及禄山舆，乃不敢前，更出谷南。守瑜矢尽，死于河。败封常清，取东都，常清奔陕。杀留守李憕、御史中丞卢弈。河南尹达奚珣臣于贼。时高仙芝屯陕，闻常清败，弃甲保潼关，太守窦廷芝奔河东。常山太守颜杲卿杀贼将李钦凑，擒高邈、何千年，于是赵郡、巨鹿、广平、清河、河间、景城六郡皆为国守，禄山所有才卢龙、密云、渔阳、汲、邺、陈留、荥阳、陕郡、临汝而已。

贼之据东京，见宫阙尊雄，锐情僭号，故兵久不西，而诸道兵得稍集。尹子奇屯陈留，欲东略，会济南太守李随、单父尉贾贲、濮阳人尚衡、东平太守嗣吴王祗、真源令张巡相继起兵，旬日众数万。子奇至襄邑而还。

明年正月，僭称雄武皇帝，国号燕，建元圣武，子庆绪王晋，庆和王郑，达奚珣为左相，张通儒为右相，严庄为御史大夫，署拜百官。复取常山，杀颜杲卿。安思义屯真定，会李光弼出土门救常山，思义降，博陵亦拔，唯槀城、九门二县为贼守。史思明、李立节、蔡希德围饶阳，不克，引军攻石邑，张奉璋固守。朔方节度使郭子仪自云中引兵与光弼合，败思明于九门，李立节死，希德奔巨鹿；思明奔赵郡，自鼓城袭博陵，复据之。光弼拔赵郡，还围博陵，军恒阳。希德请济师于贼，贼以二万骑涉滹沱入博陵，牛廷玠发妫、檀等兵万人来助，思明益强，与光弼战，败于嘉山。光弼收郡十三，河南诸郡皆严兵守，潼关不开。

禄山惧，欲还范阳，召严庄、高尚责曰："我起，而曹谓万全。今四方兵日盛，自关以西，不跬步进，尔谋何在，尚见我为？"遣尚等出。凡数日，田乾真自潼关来，劝禄山曰："自古兴王，战皆有胜负，乃成大业，无一举而得者。今四方兵虽多，非我敌也。有如事不成，吾拥数万众，尚可横行天下，为十年计。且高尚、严庄，佐命元勋也，陛下何遽绝之，使自为患邪？"禄山喜，道其小字曰："阿浩，非汝孰悟我！然则奈何？"乾真曰："召而尉安之。"乃内尚等，与饮宴，禄山自歌，君臣如初。即遣孙孝哲、安神威西攻长安。会高仙芝等死，哥舒翰守潼关，为乾祐所败，囚之。贼不谓天子能遽去，驻兵潼关，十日乃西。时行在已至扶风,于是汧、陇以东,皆没于贼。禄山以张通儒守东京,乾真为京兆尹,使安守忠屯苑中。

禄山未至长安,士人皆逃入山谷,东西骆驿二百里,宫嫔散匿行哭,将相第家委宝货不赍,群不逞争取之,累日不能尽。又剽左藏大盈库,百司帑藏竭,乃火其余。禄山至,怒,乃大索三日,民间财赀尽掠之,府县因株根牵连,句剥苛急,百姓愈骚。禄山怨庆宗死,乃取帝近属自霍国长公主、诸王妃妾、子孙姻婿等百余人害之,以祭庆宗。群臣从天子者,诛灭其宗。虏性得所欲则肆为残虐,人益不附。诸大将欲有咨决,皆因严庄以见。御下少恩,虽腹心雅故,皆为仇敌。郡县相与杀守将,迎王师,前后反覆十数,城邑墟矣。

肃宗治兵灵武,天下日跂首待,长安相传太子西来矣,人闻辄东走,阛里至空,都畿豪桀杀贼吏自归者无虚日,贼斩刈惩之不能止。又贼将类剽勇无远谋,日纵酒,嗜声色财利,车驾危得入蜀,终无进蹑之患。

帐下李猪儿者,本降竖,幼事禄山谨甚,使为阉人,愈亲信。禄山腹大垂膝,每易衣,左右共举之,猪儿为结带,虽华清赐浴,亦许自随。及老,愈肥,曲隐常疮。既叛,不能无患惧,至是目复盲;俄又得疽疾,尤卞躁,左右给侍,无罪辄死;或箠掠何辱,猪儿尤数;虽严庄亲倚,时时遭笞靳,故二人深怨禄山。初,庆绪善骑射,未冠为鸿胪卿。贼僭号,嬖段夫人,爱其子庆恩,欲立之。庆绪惧不立,庄亦疑难作不利己,私语庆绪曰:“君闻大义灭亲乎?自古固有不得已而为者。”庆绪阴晓曰:“唯唯。”又语猪儿曰:“汝事上罪可数乎? 不行大事,死无日!”遂与定谋。至德二载正月朔,禄山朝群臣,创甚,罢。是夜,庄、庆绪持兵扈门,猪儿入帐下,以大刀斫其腹。禄山盲,扪佩刀不得,振幄柱呼曰:“是家贼!”俄而肠溃于床,即死,年五十余,包以毡罽,埋床下。因传疾甚,伪诏立庆绪为皇太子,又矫称禄山传位庆绪,乃伪尊太上皇。

既袭伪位,改载初元年,即纵乐饮酒,委政于庄而兄事之,以张通儒、安守忠等屯长安,史思明领范阳,镇恒阳军,牛廷玠屯安阳,张志忠戍井陉,各募兵。

于是广平王率师东讨,李嗣业将前军,郭子仪将中军,王思礼将后军,回纥叶护以兵从。通儒等衷兵十万阵长安中,贼皆奚,素畏回纥,既合,惊且嚣。王分精兵与嗣业合击之,守忠等大败,引而东,通儒弃妻子奔陕郡。王师入长安,思礼清宫。仆固怀恩以回纥、南蛮、大食兵前驱,王悉师追贼,庄自将兵十万与通儒合,钲鼓震百余里。尹子奇已杀张巡,悉众十万来,并力营陕西,次曲沃。先是回纥傍南山设伏,按军北崦以待。庄大战新店,以骑挑战,六遇辄北,王师逐之,入贼垒,贼张两翼攻之,追兵没,王师乱,几不能军。嗣业驰,殊死斗,回纥自南山缭击其背,贼惊,遂乱,王师复振,合攻之,杀掠不胜筭,贼大败,追奔五十余里,尸髀藉藉满坑堑,铠仗狼扈,自陕属于洛。庄跳还,与庆绪、守忠、通儒等劫残军走邺郡。

王入洛阳,大陈兵天津桥,伪侍中陈希烈等三百人素服叩头待罪,王劳曰:"公等胁污,非反也,天子有诏赦罪,皆复而官。"众大喜,于是陈留杀贼将尹子奇以降。庄妻薛舍获嘉,绐言永王女,诣营,及见王,辞曰:"庄欲降,愿得一信。"王与子仪谋,庄若至者,余党可谕而下,乃约庄赐铁券。庄乃降,乘舆至京师,肃宗引见,释其死,授司农卿。阿史那承庆以其众三万奔恒、赵,或趋范阳,其从庆绪者,痍卒才千余。

会蔡希德自上党,田承嗣自颍川,武令珣自南阳,各以众来,邢、卫、洺、魏募兵稍稍集,众六万,贼复振。以相州为成安府,太守为尹,改元天和,以高尚、平洌为宰相,崔乾祐、孙孝哲、牛廷玠为将,以阿史那承庆为献城郡王,安守忠左威卫大将军,阿史那从礼左羽林大将军。然部党益携解,由是能元皓以伪淄青节度使、高秀岩以河东节度使并纳顺。德州刺史王暕、贝州刺史宇文宽皆背贼自归,河北诸军各婴城守。贼使蔡希德、安雄俊、安太清等以兵攻陷之,戮于市,脍其肉。

庆绪惧人之贰己,设坛加载书、柸血与群臣盟。然承庆等十余人送密款,有诏以承庆为太保、定襄郡王,守忠左羽林军大将军、归德郡王、从礼太傅、顺义郡王,蔡希德德州刺史,李廷训邢州刺史,符敬超洺州刺史,杨宗太子左谕德,任瑗明州刺史,独孤允陈州刺史,杨日休洋州刺史,薛荣光岐阳令;自裨校等,数数为国间贼。而庆绪治宫室、观榭、塘沼,泛楼舡为水嬉长夜饮。通儒等争权不能一,凡有建白,众共訾沮之。希德最有谋,刚狷,谋杀庆绪为内应,通儒以它事斩之,麾下数千皆亡去。希德素得士,举军恨叹。庆绪以乾祐为天下兵马使,权震中外,愎悍少恩,士不附。

乾元元年秋九月,帝诏郭子仪率九节度兵凡二十万讨庆绪,攻卫州,遂度河,师背水壁而侍。庆绪遣安太清拒战,闻卫州已围,则鼓而南,作三军:乾祐将上军,雄俊、王福德佐之;田承嗣将下军,荣敬佐之;庆绪自将中军,孙孝哲、薛嵩佐之。既战,王师伪却,庆绪逐之,遇伏而溃,庆绪走,获其弟庆和,斩于京师。子仪引军蹑贼,战愁思岗,贼复败,自是锐兵尽矣。因婴邺自固,使薛嵩以厚币求救于史思明。思明遣李归仁将兵万三千壁滏阳,未进,而王师围已固,筑城浚隍三周,决安阳水灌城。城中栈而处,粮尽,易口以食,米斗钱七万余,一鼠钱数千,屑松饲马,隳墙取麦秸,濯粪取刍,城中欲降不得。贼更以太清代乾祐将。

于是思明有众十三万,三分其军趋邺。明年三月,营安阳。庆绪急,乃遣太清奉皇帝玺绶让思明,思明以书示军中,咸呼万岁,乃约庆绪为兄弟,还其书,庆绪大悦。王师不利,九节度奔还,子仪断河阳桥,戍谷水。思明进屯邺南。庆绪收官军余饷,尚十余万石。召孝哲等谋拒思明,诸将皆曰:"今日安得复背史王乎?"通儒、尚、冽皆请自往谢思明,庆绪许诺。思明见,为流涕,厚礼遣还。三日,庆绪未出,思明请庆绪歃血盟,不得已,以五百骑诣思明军。先此,思明令军中擐甲待,庆绪至,再拜伏地谢曰:"臣不克负荷,弃两都,陷重围,不意大王以太上皇故,暴师远来,臣之罪,唯王图之。"思明恚曰:"兵利不利亦何事,而为人子,杀父求位,非大逆邪?吾乃为太上皇讨贼。"顾左右牵出斩之。庆绪数目周万志,万志进曰:"庆绪为君矣,宜赐死。"乃并四弟缢。又诛尚、孝哲、乾祐,殊而脯之。思明改葬禄山以王礼，伪谥燕剌王。禄山父子僭位凡三年而灭。

初，禄山陷东京，以张万顷为河南尹，士人宗室赖以免者众。肃宗嘉其仁，拜濮阳太守。帝以贼国仇，恶闻其姓，京师坊里有"安"字者，悉易之。

高尚者，雍奴人。母老，丐食自给，尚客河朔不肯归。与令狐潮相善，淫其婢，生一女，遂留居。然笃学善文辞，尝喟然谓汝南周铣曰："吾当作贼死，不能龁草根求活也。"李齐物为新平太守，荐诸朝，赆钱三万，介之见高力士，力士以为才，置门下，家事一咨之，讽近臣表其能，擢左领军仓曹参军。

力士语禄山，表为平卢掌书记，因出入卧内。禄山喜睡，尚尝执笔侍，通昔不寝，繇是亲爱。遂与严庄语图谶，导禄山反。陷东都，伪拜中书侍郎。大抵贼所下赦令，皆尚为之。严庄降后，尚独典政事，至伪侍中。

孙孝哲者，契丹部人。母冶色，禄山通之，故孝哲得狎近。长七尺，伉健有谋。禄山对侧门俟召，衣带绝，不知所为，孝哲箴缕素具，徐为纫纩，禄山大悦。尤能先事取情。禄山魁大，非孝哲缝衣不能胜。天宝末，官大将军。

贼僭位，伪拜殿中监、闲厩使，爵为王，与严庄争宠不平。裘马光侈，食辄珍滋。贼令监张通儒等守长安，人皆目之。杀妃、主、宗室子百余人，穷诛杨国忠、高力士党与及与贼忤者不胜计，剔首析肢，流离道衢。禄山死，庄夺其使以与邓季阳。庆绪之奔，庄惧为所图，因降。

有商胡康谦者，天宝中为安南都护，附杨国忠，官将军。上元中，出家赀佐山南驿禀，肃宗喜其济，许之，累试鸿胪卿。婿在贼中，有告其衅，坐诛。事连庄，系狱，贬难江尉。京兆尹刘晏发吏防其家，庄恨之。俄诏释罪，庄入见代宗，诬晏常矜功怨上，漏禁中事，晏遂贬云。

史思明，宁夷州突厥种，初名窣干，玄宗赐其名。姿癯露，鸢肩伛背，庳目侧鼻，寡须发，躁健谲狡。与安禄山共乡里，生先禄山一日，故长相善。少事特进乌知义，以轻骑觇贼，多所禽馘。通六蕃译，亦为互市郎。顷之，负官钱，无以偿，将走奚，未至，为逻骑所困，欲杀之，绐曰："我使人也，若闻杀天子使者，其国不祥。不如以我见王，王活我，功自汝得。"逻以为然，送至王所，不拜，曰："天子使见小国君不拜，礼也。"王怒，然疑真使者，卒授馆，待以礼。将还，令百人从入朝。奚有部将琐高者，名闻国中，思明欲禽以赎罪，诈王曰："从我者虽多，无足与见天子者，惟高材，可与至中国。"王悦，命高将帐下三百俱。既至平卢，遣谓戍主曰："奚兵数百，外称入朝，内实盗，请备之。"主潜师迎犒，杀其众，囚高以献。幽州节度使张守珪奇其功，表折冲，与禄山俱为捉生。

天宝初，累功至将军、知平卢军事。入奏，帝赐坐与语，奇之，问年，曰："四十矣。"抚其背曰："尔贵在晚，勉之！"迁大将军、北平太守。从禄山讨契丹，禄山败，单骑走师州，杀其下左贤哥解、鱼承仙自解。思明逃山中，再阅旬，裒散卒得七百，追见禄山平卢，禄山喜，握手曰："计而死矣，今故在，吾何忧！"思明语亲密曰："吾闻进退在时，向畣出，随哥解地下矣。"契丹取师州，守捉使刘客奴亡去，禄山使思明击走之，表平卢兵马使。

思明少贱，乡里易之。大豪辛氏有女，方求婿，窥思明，告其亲曰："必嫁我思明。"宗属不可，女固以归。思明亦负曰："自我得妇，官不休，生男子多，殆且贵乎！"

禄山反，使思明略定河北，会贾循死，留思明守范阳，而常山颜杲卿等传檄拒贼，禄山使向润客等代，遣思明攻常山，九日执杲卿。进薄饶阳，卢全诚拒守，河间、景城、平原、乐安、清河、博平六郡稍募兵自固。河间李奂以兵七千救饶阳，景城李暐持兵八千助河间，平原颜真卿以兵六千助清河，悉为思明所败，暐子杞死之，饶阳愈坚。会李光弼收常山，思明遽解围迎战，昼夜行二百里，相持久不决。郭子仪取赵郡，合兵攻贼。凡再战，皆大败，走入博陵。光弼追傅城，几拔。属潼关溃，肃宗召朔方、河东兵，光弼引还，使王俌守常山。贼尾追光弼于井陉，败归。攻平卢，刘正臣轻之，不设备，败保北平，兵赀二千乘皆没。思明得其锐卒，张甚，谋攻常山。俌欲降，诸将杀之，遣使至信都迎刺史乌承恩镇守，不听。思明攻土门，城中伏甲诡降，贼登城，伏起，贼歼，思明中戟，扶以免，复攻陷之，焚庐舍，种诛其人。取稾城，守将白嘉祐走赵郡，思明围之五日，入之，嘉祐奔太原，思明再陷常山。贼别帅尹子奇围河间，颜真卿遣和琳将兵万余往救之。于是北风号劲，鼓之，士不进。贼纵击，大败，执琳，引众攻城，禽李奂。又拔景城，李晊赴河死。招乐安，降之。遂攻平原，未至，真卿弃郡去。进破清河，执太守王怀忠，入博平，遂围信都。初，贼先获承恩母、妻及子，故承恩降，而兵尚五万，骑三千。击饶阳，李系自燔死。

思明兵所向，纵其下椎剽，淫夺人妻女，以是士最奋。是时，举河北悉入贼，生人赀产扫地，壮赍负，老婴则杀之，杀人以为戏。禄山伪署范阳节度使。始，麾下骑才二千，同罗步曳落河止三千，既数胜，兵最强，猖然有噬江、汉心。以精卒五万畀尹子奇，度河劫北海以震淮、徐。会回纥袭范阳，范阳闭不出，子奇乃还救，遂不克。至德二载，与蔡希德、高秀岩合兵十万攻太原。是时，李光弼使部将张奉璋以兵守故关，思明攻陷之，奉璋走乐平。思明取攻具山东，奉璋匿士广阳，改服绐为贼使者，责其后期，斩数人，引众得还太原。时光弼固守且十月，不能拔。而安庆绪袭位，赐姓安，名荣国，爵妫川郡王。

贼之陷两京，常以橐它载禁府珍宝贮范阳，如丘阜然。思明见富强，恫然骄，欲自取之。已而庆绪败走相州，残士三万北归，无所属，思明击杀数千人，降之。庆绪知其贰，使阿史那承庆、安守忠、李立节诣思明议事，且共图之。判官耿仁智欲以大谊动贼，请间曰："公贵且贤，无待下为之谋，然请一言而死。"思明曰："为我言之。"对曰："方禄山强，谁敢不服，大夫事之，固无罪。今天子聪明勇智，

有少康、宣王风,公诚发使输诚,无不纳,此转祸入福之秋也。"思明
曰:"善。"承庆等未知,以五千骑来,思明介而劳,前谓曰:"公等至,
士不胜喜,然边兵素惮使者威,不自安,请驰弓以入。"从之。思明从
承庆等饮,即拘之,收其兵,给赍以遣,斩守忠、立节以徇。

李光弼闻其绝庆绪,使人招之。前此乌承恩已归国,帝遣镌谕
之,思明使牙门金如意奉十三郡兵八万籍归于朝,于是高秀岩以河
东自归。有诏思明为归义郡王、范阳长史、河北节度使,诸子并列
卿,以秀岩为云中太守,亦官其诸子。遣承恩与中人李思敬尉抚,趣
讨残贼。思明乃遣张忠志守幽州,假薛萼以恒州刺史,招赵州刺史
陆济使降,授朝义兵五千守冀州,假令狐彰博州刺史,戍滑州。

然思明外顺命,内实通贼,益募兵。帝知之,以其常事承恩父知
义,冀其无嫌,即擢承恩为河北节度副大使,使图思明。承恩至范
阳,嬴服夜过诸将,阴谍以谋,诸将返以告思明,疑未有以验。会承
恩与思敬奏事还,思明留馆之。帟所寝床,伏二人焉。承恩子入见,
因留卧。夜半,语其子曰:"吾受命除此逆胡。"二人白思明,乃执承
恩,探衣囊得赐阿史那承庆铁券及光弼牒,又得薄纸书数番,皆当
诛将士姓名,贼大诟曰:"我何负于尔,至是邪!"故答曰:"此太尉光
弼谋,上不知也。"思明召官吏于廷,西向哭曰:"臣赤心不负国,何
至杀臣?"因搒杀承恩父子及支党二百余人,囚思敬以闻。帝遣使谕
曰:"事出承恩,非朕与光弼意。"又闻三司议陈希烈等死,思明惧
曰:"希烈等皆大臣,上皇弃而西。既复位,此等宜见劳,返杀之,况
我本从禄山反乎?"诸将皆劝贼表天子诛光弼,思明使耿仁智、张不
矜上疏请斩光弼,不然,且攻太原。疏入于函,仁智辄易去,左右密
白思明,执二人曰:"若负我邪!"命斩之。既又欲贷死,复召责曰:
"仁智事我三十年,今日我忘尔邪?"仁智怒曰:"人固有死,大夫纳
邪说,再图反,我虽生不如死!"思明怒,捶杀之。九节度围相州急,
庆绪间道求救,思明惧王师,未敢进。俄而萧华举魏州归天子,崔光
远代守,思明乃引兵击魏,拔之,杀数万人。

乾元二年正月朔,筑坛,僭称大圣周王,建元应天,以周贽为司

马;救相州,却王师,杀庆绪,并其众,欲遂西略,虞根本未固,即留朝义守相州,自引还。夏四月,更国号大燕,建元顺天,自称应天皇帝。妻辛为皇后,以朝义为怀王,周贽为相,李归仁为将;号范阳为燕京,洛阳周京,长安秦京。更以州为郡,铸"顺天得一"钱。欲郊及藉田,聘儒生讲制度,或上书言:"北有两蕃,西有二都,胜负未可知,而为太平事,难矣。"思明不悦,遂祠祀上帝。是日大风,不能郊。

留子朝清守幽州,使阿史那玉、向贡、张通儒、高如震、高久仁、王东武等辅之。兵四出寇河南,身出濮阳,使令狐彰绝黎阳,朝义出白高,周万志自胡良度河围汴州。于是节度使许叔冀,濮州刺史董秦,梁浦、田神功皆附贼,即命叔冀与李祥守汴州,徙秦等家属平卢,使浦、神功下江、淮,约曰:"得地,人取赀二舻。"思明乘胜鼓行,西陷洛阳,破汝、郑、滑三州,围李光弼河阳,不能拔。使安太清取怀州以守,光弼攻之,太清降。思明又遣田承嗣击申、光等州,王同芝击陈,许敬钉击衮、郓,薛粤击曹。上元二年二月,思明以计败光弼兵于北邙,王师弃河阳、怀州,京师震恐,益兵屯陕州。思明遂西,使朝义为先锋,身自宜阳继进。

朝义攻陕,败于姜子坂,退壁永宁。思明大怒,召朝义并骆悦、蔡文景、许季常,将诛而释之,诧曰:"朝义怯,不能成我事!"欲追朝清自副。又敕朝义筑三角城居粮,终日毕,未填而思明至,怒不如约,辞曰:"士疲少息耳。"思明曰:"汝惜士而违我令邪?"据鞍毕填乃去,顾曰:"朝下陕,夕斩是贼。"朝义惧。思明居传舍,令所爱曹将军击刁斗呵卫。骆悦等被让,即共说朝义曰:"向兵败,悦与王死无日,不如召曹将军同计大事。"朝义面不应,悦曰:"王诚不忍,吾等且归唐,不得事王矣。"朝义许之,令季常以言动曹将军。曹将军畏诸将,不敢拒。思明爱优诨,寝食常在侧,优者以其忍,恨之。是夜思明惊,据床叱咤,优问故,答曰:"我梦群鹿度水,鹿死而水干,云何?"俄如匽,优相谓曰:"胡命尽乎!"少选,悦以兵入,问思明所在,未对,辄杀数人,共指匽。思明知有乱,逾垣出,至厩下,将乘马走,悦麾下周子俊射其臂,坠,问难所起,曰:"怀王也。"思明曰:"旦日

失言,宜有此。然杀我太早,使我不得至长安。"大呼怀王三,曰:"囚
我可也,无取杀父名!"复骂曹将军曰:"胡误我!"左右反接缚之,送
柳泉传舍。悦还报,朝义曰:"惊圣人否? 损圣人否?"悦曰:"无有。"
时周贽、许叔冀以后军屯福昌,季常,叔冀子也,朝义令告之。贽闻,
惊仆地。贼领兵还,贽等出迎,悦恶其贰,乃杀贽。次柳泉,悦畏众
不厌,缢杀思明,以毡裹尸,橐它负还东京。朝义乃即位,建元显圣。

　　初,思明诸子无嫡庶分,以少者为尊。朝义,孽长子,宽厚,下多
附者。及难起,阴令向贡、阿史那玉图朝清。朝清喜田猎,戕虐似思
明,淫酗过之,养帐下三千人,皆剽贼轻死。贡绐计曰:"闻上欲以王
为太子,且车驾在远,王宜入侍。"朝清谓然,趣帐下出治装,贡使高
久仁、高如震率壮士入牙城。朝清问其故,或曰:"军叛矣。"乃摄甲
登楼,责贡等,士阵楼下,朝清自射杀数人,阿史那玉军伪北,朝清
下,被执,与母辛俱死。张通儒不知,引兵战城中,数日不克,亦死。
贡摄军事,未几,玉袭杀之,自为长史,治杀朝清罪,乃枭久仁,徇于
军。如震惧,拥兵拒守。五日,玉败走武清,朝义使人招之,至东都,
凡胡面者,无长少悉诛。以李怀仙为幽州节度使,斩如震,幽州乃
定。

　　朝义虚怀礼下,事皆决大臣,然无经略才。当此时,洛阳诸郡人
相食,城邑榛墟,又诸将皆禄山旧臣,与思明故辈行,耻为朝义屈,
召兵辄不至,欲还幽州。

　　会雍王以河东、朔方、回纥兵十余万讨贼,仆固怀恩与回纥左
杀为先锋,鱼朝恩、郭英乂殿,入自黾池,李抱玉薄河阳,李光弼径
陈留,合兵。始,代宗召南北军诸将问所以讨贼计,开府仪同三司管
崇嗣曰:"我得回纥,无不胜。"帝曰:"未也。"右金吾大将军薛景仙
曰:"我若不胜,请以勇士二万椎锋死贼。"帝曰:"壮矣!"右金吾大
将军长孙全绪曰:"贼若背城战,破之必矣;若闭城留死,未可取也。
且回纥短于攻城,持久势且沮。我若休士张势以缀贼,使光弼取陈
留,抱玉捣河北,先断其手足,然后纵间贼中,彼胁从者相疑,则灭
可待。"帝曰:"善。"命潼关、陕戒严。师次洛阳,驰兵下怀州,王师部

伍静严，贼有惧色。

　　朝义以师十万距横水，战大败，俘馘凡六万，委牛马器甲不可计。朝义烧明堂，东奔汴州，伪节度使张献诚不纳，自濮北趣幽州。东都再更乱，英义、朝恩等不能戢军，与回纥纵掠，延及郑、汝，间井至无烟。方沍寒，人皆连纸褫书为裳褕。贼走至下博，仆固场追及之，朝义复败。河东戍将李竭诚、成德李令崇皆背贼掎角战。至漳水，无舟，诸将劝降，朝义不悦。田承嗣请环车为营，内女子车中，以辎重次之，伏兵以待。既战而却，王师逐之，争赏宝，贼引奇兵绕出，又伏发，王师却数十里止。朝义遂走莫州，场追围之。阅四旬，贼八战八奔。明年正月，阅精兵，欲决死。承嗣谓朝义："不如身将骁锐还幽州，因怀仙悉兵五万还战，声势外张，胜可万全。臣请坚守，虽场之强，不遽下。"朝义然纳，以骑五千夜出，比行，握承嗣手，以存亡为托，承嗣顿首流涕。将行，复曰："阖门百口，母老子稚，今付公矣。"承嗣听命，少选，集诸将曰："吾与公等事燕，下河北百五十余城，发人冢墓，焚人室庐，掠人玉帛，壮者死锋刃，弱者填沟壑，公门华胄，为我厮隶，齐姜、宋子，为我扫除。今天降鉴，吾等安所归命？自古祸福亦不常，能改往修今，是转危即安矣。旦日且出降，公等谓何？"众咸曰："善。"邃明，使人号城上曰："朝义夜半走矣，胡不追贼？"场未信，承嗣将朝义母及妻孺诣场垒，于是诸军率轻兵追之。

　　朝义至范阳，怀仙部将李抱忠闭壁不受，曰："顷既受命天子，一年之中，且降且叛，二三孰甚焉！"朝义告饥，抱忠馈于野。朝义饭，军亦饭，饭已，军子弟稍稍辞去。朝义流涕骂承嗣曰："老奴误我！"去至梁乡，拜思明墓，东走广阳，不受。谋奔两蕃，怀仙招之，自渔阳回止幽州，缢死医巫闾祠下。怀仙斩其首传长安，召故将收其尸。怀仙改服出次哭之，士皆号恸。及葬，莫知其所。伪恒州刺史张忠志、赵州刺史卢俶、定州刺史程元胜、徐州刺史刘如佺、相州节度使薛嵩及怀仙、承嗣等皆举其地以归。思明父子僭号凡四年灭。朝义死，部送将士妻口百余于官，有司请隶司农，帝曰："是皆良家子，胁掠至此。"命禀食还其亲，无所归者，官为资遣。

赞曰：禄山、思明兴夷奴饿俘，假天子恩幸，遂乱天下。彼能以臣反君，而其子亦能贼杀其父，事之好还，天道固然。然生民厄会，必假手于人者，故二贼暴兴而亟灭。张谓讥刘裕："近希曹、马，远弃桓、文，祸徒及于两朝，福未盈于三载，八叶传其世嗣，六君不以寿终，天之报施，其明验乎！"杜牧谓："相工称隋文帝当为帝者，后篡窃果得之。周末，杨氏为八柱国，公侯相袭久矣，一旦以男子偷窃位号，不三二十年，壮老婴儿皆不得其死。彼知相法者，当曰此必为杨氏之祸，乃可为善相人。"张、杜确论，至今多称诵之。如禄山、思明，希刘裕、杨坚而不至者，是以著其论。

唐书卷二二五中
列传第一五〇中

逆臣中

李希烈　　朱泚

李希烈,燕州辽西人。少籍平卢军,从李忠臣浮海战河北有劳。及忠臣在淮西,因署偏裨,试光禄卿,军中藉藉高其才。会忠臣荒纵不事,得间众怒,逐忠臣听命。代宗诏忻王为节度副大使,使希烈专留后事,又诏滑亳节度使李勉兼领汴州。德宗立,加御史大夫,即拜节度使,名其军曰淮宁以宠之。梁崇义之反,敕诸道进讨,诏进希烈南平郡王、汉南北招讨处置使,又拜诸军都统。平崇义功多,拥兵欲有其地,会山南节度使李承至,不克,犹大掠而去,以功检校尚书右仆射、同中书门下平章事。

李纳叛,以检校司空兼淄青节度使讨之。希烈拥众三万次许州不进,遣李苣约纳为唇齿,阴计取汴州,即檄李勉假道。勉度所宜,出储陈留,治梁除道以须。希烈计得,因嫚骂勉,勉严备以守。纳遣游兵导希烈绝汴饷路,勉治蔡渠,引东南馈。希烈遣使者约河北朱滔、田悦等连和,凶焰炽然。俄而滔等自相王,遣使者来奉笺,希烈亦自号建兴王、天下都元帅,五贼株连半天下。

建中四年正月,诏诸节度以兵掎角攻讨,唐汉臣、高秉哲以兵万人屯汝州。未至,贼将乘雾进,王师还,贼取汝州,执李元平,兵西首。东都大震,士皆走河阳、崿、渑。留守郑叔则壁西苑,贼按兵不进。帝听卢杞计,诏太子太师颜真卿谕贼,已行,又遣左龙武大将军哥舒曜讨之。希烈见真卿,傲桀不臣,敕左右訾侮朝政,即北侵汴州,南略鄂州。有诏江西节度使嗣曹王皋击之,拔蕲、黄两州,击贼将李良、韩霜露于白岩,二将走。

初,希烈自襄阳还,留姚憺戍邓州,贼又得汝,则武关梗绝。帝使陕虢观察使姚明敫治上津道,置馆通南方贡货。希烈遣董待名、韩霜露、刘敬宗、陈质、翟崇晖分掠州县,官军数奔。曜复取汝州,希烈遣周曾、吕从贲、康琳拒曜,次襄城,与王玢、姚憺、韦清合谋袭希烈,不克,皆死,清奔刘洽。希烈惧,还蔡州,上疏归罪曾等。帝不赦,诏斩希烈者,四品以上得其官,五品以下户四百,民赐复三年。遣神策将刘德信将节度、观察、团练子弟兵屯阳翟并力;以李勉为淮西招讨使,曜副之;荆南节度使张伯仪为淮西应援招讨使,山南节度使贾耽与皋副之。德信去阳翟,入汝壁,贼取阳翟,覆伯仪军。曜战不利,屯襄城,希烈怙其壮,举众三万围曜。时帝西狩,师气炽不能抗,城遂陷,曜奔东都。希烈资惨害,临战阵杀人,血流于前,而饮食自若也,以故人畏服,为尽死。乘襄城之捷,进攻汴州,入之,运土木治道,怒不如程,驱人填堑,号“湿梢”。勉奔宋州。

希烈已据汴,僭即皇帝位,国号楚,建元武成;以张鸾子、李绶、李元平为宰相,郑贲为侍中,孙广为中书令;披其地建四节度,以汴州为大梁府治,安州为南关。染石作玺。又于上蔡、襄城获折车钏,奉以为瑞,惑其下。因窥江淮,盛兵攻襄邑,守将高翼死之。于是汴滑副都统刘洽,率曲环、李克信军十余万战白塔,不利,洽引还,卒柏少清揽辔曰:“公小不利遽北,奈何?”洽不听,夜入宋州。

贼骤胜,径薄宁陵,舟乘衔踵进,亘七十里。时洽将高彦昭、刘昌共婴垒以守,贼使妖人祈风,火战棚尽,坎堞欲登。彦昭按剑乘陴,士感奋,风亦反。昌计于众曰:“军法,倍不战。贼猥吾寡,不如退以骄贼,自宋出精锐,捣不意,功可成。”彦昭谢曰:“君少待,请尽力。”乃登城誓众曰:“中丞欲示弱,覆而取之,诚善。然我为守,得失在主人,今士创重者须供养,有如弃城去,则伤者死内,逃者死外,

吾众尽矣!"士皆泣,且拜曰:"公在是,谁敢去!"昌大惭。彦昭击家
牛犒军,士死战,斩首三千级。请援于洽,其属作书,言城且危,彦昭
视曰:"君轻我耶?"取纸自为书。洽得书,喜曰:"健将在西,吾何
忧?"选兵八百,夜艾而入,贼不知。诘旦傅城,士奋出,希烈大败,取
其旆,斩首万计,追北至襄邑,收贼赀粮而还。洽表其功,拜彦昭御
史大夫,实封百五十户。

希烈既沮却,而寿州刺史张建封亦屯固始,瞡其旁。希烈惧,还
汴州,遣崇晖以精兵袭陈,复为洽败,俘众三万,执崇晖,进拔汴州,
禽郑贲、刘敬宗、张伯元、吕子岩、李达干,希烈遁归蔡。贼戍将孙液
挈郑州降,帝即拜液为刺史。贞元二年,遣杜文朝寇襄州,为樊泽所
破,获文朝。会皋、建封、环及李澄四略其地,势日蹙,希烈缩气不敢
摇。啖牛肉而病,亲将陈仙奇阴令医毒之以死。

始,希烈入汴,闻户曹参军窦良女美,强取之,女顾曰:"慎无
戚,我能灭贼。"后有宠,与贼秘谋,能转移之。尝称仙奇忠勇可用,
而妻亦窦姓,愿如姒娣者,以固其夫,希烈许诺。乘间往谓仙奇妻
曰:"贼虽强,终必败,云何?"窦久而瘖。及希烈死,子不发丧,欲悉
诛诸将乃自立,未决。有献含桃者,窦请分遗仙奇妻,听之,因蜡帛
丸杂果中,出所谋。仙奇大惊,与薛育率兵噪而入。子出遍拜曰:
"请去帝号,如淄青故事。"语已,斩之,函希烈并妻子七首献天子,
尸希烈于市。帝以仙奇忠,即拜淮西节度使,百姓给复二年。俄为
吴少诚所杀,有诏赠太子太保。窦亦死。

朱泚,幽州昌平人。父怀珪,事安、史二贼,伪署柳城使。泚资
壮伟,腰腹十围,外宽和,中实很刻。少推父荫,籍军中,与弟滔并为
李怀仙部将。轻财好施,凡战所得,必分麾下士,以动其心,阴储凶
德。朱希彩为节度使,颇委信之。

大历七年,希彩为下所杀,众未有属,泚方外屯,而滔主牙兵、
尤狡谲,乃潜谕数十人大呼军门曰:"帅非朱公莫可!"众愕眙,因共
诣泚,推知留后,遣使至京师听命。有诏检校左散骑常侍,即拜卢龙

节度留后。俄迁节度使,封怀宁郡王,实封户二百。泚上书谢,遣滔将兵西防秋。代宗悦,手诏褒美。

居三年,求入朝。自幽州首为逆,怀仙以来,虽外臣顺,然不朝谒,而泚倡诸镇,以骑三千身入卫,有诏起第以待。既行,属疾,或劝还,泚曰:"舆吾尸,犹至京师。"将吏乃不敢言。时四方无事,天子觭日视朝。泚以偶日至,见内殿,赐乘舆马二、战马十、金彩甚厚,士校皆有赐,宴赉隆渥。泚之来,滔摄后务,稍稍翦落泚牙角。泚自知失权,为滔所卖,不得志,乃请留京师。帝因授滔节度留后,乃分防秋兵,使各有统:河阳、永平兵,郭子仪主之;决胜、杨猷兵,李抱玉主之;淮西、凤翔兵,马璘主之;汴宋、淄青兵,泚主之。进同中书门下平章事,出屯奉天,赐禁中兵以为宠。迁检校司空,代李抱玉为陇右节度副大使,仍知河西、泽潞行营兵马事。明年,徙王遂宁。德宗立,改镇凤翔,进封户三百。

建中初,以李怀光代段秀实兼节度泾原,徙屯原州。怀光前督作,泚与崔宁领兵继进。泾士素闻怀光暴,相恂惧,刘文喜因劫众以乱,请留秀实,又求属泚。诏泚代怀光。文喜合兵二万乘城,使裨将刘海宾入陈事。海宾请:"假文喜节,臣当斩其首。"帝曰:"尔诚忠,然我节不可得。"遣还,诏泚、怀光攻之,帝为减太官脯醢给军。文喜犹闭壁求救于吐蕃。吐蕃师兴,泚、怀光欲避之,别将韩游瑰曰:"戎若来,泾人必变,谁肯为反贼没身于虏者,少须之。"俄吐蕃游骑外高招泾人,众曰:"始吾属为文喜求节度,天子致讨则归罪,安能以赭蔑面为异俗乎!"海宾果与其徒杀文喜,入泚军,泚一无所戮,由是泾人德之。诏加中书令,还屯,进拜太尉。

滔合田悦叛,阴遣人与泚相闻,河东马燧获其书,帝召泚示之,泚惶惧请死。帝勉曰:"千里不同谋,卿何谢?"更以张镒节度凤翔,还泚京师,加实封千户,不朝请,中人监第。

李希烈围哥舒曜于襄城,诏泾原节度使姚令言督镇兵五千东救曜,过阙下。师次浐水,京兆尹王翃使吏供军,粝饭菜肴,众怒不肯食,群噪曰:"吾等弃父母妻子前死敌,而乃食此,庸能持身蹈白刃耶？今琼林、大盈库宝訾如山，尚何往？"乃尽甲反旗而鼓。帝闻，命中人持赐往，人二缣。士愈悖，射中人，中人返走。时令言尚论兵禁中，既上变，乃驰至长乐坂，遇兵还，引满向令言。令言大呼曰："引而东，富贵可取，何失计为灭族事？"众劫令言以西行。帝复遣使者开谕，贼已阵通化门，杀使者。帝遣普王与学士姜公辅载金彩慰抚。贼薄丹凤门，诏集六军，无至者。先是，关东、河北战不利，禁兵悉东，卫士内空，而神策军使白志贞籍市人隶兵，听其居肆，私取庸自入，故遽迫皆不至。

帝出苑北门，羽卫才数十，普王前导，皇太子、王韦二妃、唐安公主及中人百余骑以从，右龙武军使令狐建以数百人殿。夜至咸阳，饭数匕而去。贼已严何诸门，士人赢衣冒出，卢杞、关播、李竦皆逾垣走，与刘从一、赵赞、王翃、陆贽、吴通微等追及帝咸阳。郭曙与童奴数十猎苑中，闻跸，谒道左，帝劳之，恳乞从，许之。迟晓至奉天，吏惶惧谒于门。浑瑊以数十骑自夹城入北内，哀兵欲击贼，闻乘舆出，遂奔奉天。于是人未知帝所在，逾三日，诸王群臣稍稍自间道至。

初，令言阵五门，卫兵不出，遂突入含元殿，周呼曰："天子出矣，今日共可取富贵！"噪而进，掠宜春苑，入诸宫。奸人因乱窃入内府盗赀宝，终夜不绝。道路更剽掠，居人严兵自保。贼无属，畏不能久，以泚昔在泾有恩，且失权久，庸思乱，乃相谋曰："太尉方囚锢，若迎之，事可济。"令言率百余骑见泚，泚伪让不答，留使者饮，以观众心。夜数百骑复往，泚知不伪，乃拥徒向阙下，炬火竟街，观者以万计。舍前殿，总六军。明日下令曰："国家有事东方，泾人赴难，不习朝章，惊乘舆，百官三日并赴行在，留者守本司，违令诛。"逆徒居白华殿。或说泚迎天子，泚顾望愕然。光禄卿源休至，请间，教以不臣，诡称符命，泚悦。张光晟、李忠臣皆新失职怨望，亦劝成之。凤翔大将张廷芝、泾将段诚谏引溃兵三千自襄城来，泚自谓得人助，逆志坚决。因署休京兆尹、判度支，忠臣皇城使。又以段秀实失军，疑有怨，起之，委以谋。秀实与刘海宾愤，发挺击贼，忠臣护泚，才破面，得不死。

明日，大陈旗章金石于廷，传言立宗室王监国，士庶竞往观，泚僭即皇帝位于宣政殿，号大秦，建元应天。侍卫皆卒伍，诸臣在位者才十余，逼太常卿樊系为册，册成，仰药死。泚下诏称"幽囚之中，神器自至"，以示受命。即拜令言侍中、关内副元帅，忠臣司空兼侍中，休中书侍郎，蒋镇门下侍郎，并同中书门下平章事。以蒋链为御史中丞，敬钰御史大夫，许季常京兆尹，洪经纶太常少卿，彭偃中书舍人，裴揆、崔幼真给事中，廷芝、光晟、诚谏、崔宣、张宝、何望之、杜如江等并伪署节度使。以兄子遂为太子，以滔为冀王、太尉、尚书令，号皇太弟。

帝使高重杰屯梁山御贼，贼将李日月杀之，帝拊尸哭尽哀，结蒲为首以葬。泚得首，亦集群贼，哭曰："忠臣也！"亦用三品葬焉。泚既胜，则令都人曰："奉天残党不终日当平。"日月锐甚，自谓无前，乃烧陵庙，卤御物，帝患之。浑瑊伏兵漠谷，引数十骑跳攻长安，泚大惊，踣榻前。瑊引却，日月尾追，遇伏斗，射日月杀之。泚怅恨。其母不哭，骂曰："奚奴，天子负而何事？死且晚！"

泚自将逼奉天，窃乘舆物自侈。以令言为上将，光晟副之，忠臣留守，以蒋链、李子平为宰相。于是瑊率韩游瓌御泚，泚大败，死者万计，退三里而舍。修攻具，毁庐室为楼车百尺，下觇城中。会杜希全以兵败漠谷，贼益张。又刘德信、高秉哲自汝州取沙苑马五百壁昭应，战思子陵西，三败贼，次东渭桥，出游弈军以逼都城。忠臣兵数衄请救，泚乃急攻城，驱民填堑，造云梁，令壮士居上，将傅堞，守者震骇。浑瑊乃使侯仲庄、韩澄穴地道，梁陷，纵火焚之，城上挥膏流数百步，众乱而嚣，城中兵出，皇太子督战，贼大败。然贼负其众，遂长围，以百弇弩射城中，不及幄坐者三步。城益急，帝召群臣曰："朕负宗庙，宜固守。公等家在贼，可先降，以完亲族。"众泣下曰："臣等死无贰。"帝亦太息嘘欷。城围凡三旬有六日，而李怀光以兵五万至，败贼于鲁店，遂战城下，自辰止昏，贼溃。帝下观战，传诏曰："贼众亦朕赤子，勿多杀！"闻者感激。是夜，泚引去。初，帝至奉天，或言贼已立泚，必来攻，请治守具。宰相卢杞曰："泚，大臣，奈何疑其反？"及泚围城，帝卒不诘其言。

泚之归，令言方治攻具，忠臣坊坊团结，人皆厌苦。泚悉止之曰："攻守我自办。"贼尝令士驰入曰："奉天陷矣！"百姓相顾泣，市无留人，台省吏落落郎官一二而已。

李怀光壁九子泽，李晟自白马津来，营东渭桥，尚可孤以襄、邓兵五千次蓝田，骆元光守昭应，马燧使子汇以兵三千屯中渭桥。

始，奉天围久，食且尽，以芦秣帝马，太官粝米止二斛。围解，父老争上壶餐饼饵，剑南节度使张延赏献帛数十驮，诸方贡物踵来，因大赐军中，诏殿中侍御史万俟著治金、商道，权通转输。群臣家在城者，贼犹给俸，中人朱重曜为贼谋曰："执其家以招士大夫，不来者夷之。"孙知古谬曰："陛下以柔服人，若夷其妻子，是绝向化意。且义士杀身，何顾于家？"乃止。

兴元元年，泚以本封遂宁，汉地也，更号汉，改元天皇。或曰："王师欲潜坏京城四隅垣以入。"泚惧，诏金吾布士于衢，吏储五炬以防夜，城隅率百步建一楼，候望非常。凡祠房庙庐皆帷甲，戒曰："军来则四面击。"太仓粮竭，贼督吏索观寺余米万斛，鞭扑流离，士寖饥，而神策六军从行在及哥舒曜、李晟兵皆家禀不绝，或请停给，泚曰："士在外，而弱稚绝食则死，岂吾心哉！"即厚敛居人。许季常曰："一旦有急，请籍中人公侯三千族之，赀足矣。"或谓泚："陛下既受命，而存唐九庙诸陵，不宜。"泚曰："朕尝北面事唐，胡忍此！"又曰："官多缺，请择才授之，胁以兵，使不得辞。"泚曰："强授则人惧，但欲仕者与之，安能叩户拜官邪？"奉天所下赦令，凡受贼伪官者，破贼日悉贷不问，官军密榜诸道。泚方宿未央，泾原士相与谋杀泚，泚知之，辄徙它处，众谋亦止。

光晟与怀光对壁，李希倩请以精骑五百犯之，光晟不许，曰："西军方强，不可轻以取败。"日暮，两军退。希倩谒泚曰："光晟有他志，视西军不战，臣请击之。"不许，请斩光晟，又不许，曰："彼善将，所以不战，盖知未可乎！"希倩怒曰："臣尽心以事君，不见信，愿乞要领归淮西。"泚许诺,以马十匹、缯锦百,曰:"以此东归。"希倩惭,复入曰:"臣愚褊,罪当死,愿死军前。"泚又许之。光晟见泚曰:"臣不敢反。"因再拜,泚慰勉之。

官军坏龙首、香积二堨,以决其流,城中水绝,泚役数百人治之。东出灞水,与王师战,大奔还,阖都门,士皆甲以待,久乃罢。李子平请修攻具袭怀光,取苑中六街大木为冲车,程役苦甚,人不堪。又禁居人夜行,三人以上不得聚饮食,上下惴恐。贼所用唯卢龙、神策、团练兵,而泾原军骄不可制,但完守所获,不出战,故泚数北,忧甚,欲出走。术家争曰:"陛下当不出宫,虽西军入,且自有变。"泚据以自安。

会李怀光贰于帝,不欲泚平,按军观望。帝欲幸咸阳,趣诸将捕贼,怀光出丑言,乃诏戴休颜守奉天,尚可孤守灞上,骆元光守渭桥。进狩梁州,次渭阳,太息曰:"朕是行,将有永嘉事乎?"浑瑊曰:"临大难无畏者,圣人勇也。陛下何言之过?"怀光遂与泚连和。京师知帝益西,二叛胶固,谓乱且成,出受贼官者十八。始,泚多出金,兄事怀光,约平关中,割地为邻国,故怀光决反,因并阳惠元、李建徽军。泚知怀光反明白,即赐诏待以臣礼,督其兵入卫。怀光惭见欺,引其军东保河中。泚数遣人诱泾原冯河清,河清不从,又结其将田希鉴,遂害河清以应贼,泚即以代河清,使结吐蕃。

李晟等兵寖强,士益附,而浑瑊又击破贼将韩旻、宋归朝于武亭川,斩计万级,归朝奔怀光。晟率浑瑊、骆元光、尚可孤悉师攻贼,晟薄光泰门,败贼将张廷芝、李希倩,贼弃门哭保白华。晟引军还,居三日复战,大败之,乃分道入。泚将段诚伏莽中,为王佖所禽。姚令言、张廷芝与晟遇,十斗皆北,遂至白华。

始,张光晟以精兵壁九曲,距东渭桥十里,密约降于晟。晟之入,光晟劝泚等出奔,故泚挟令言、廷芝、休、子平、朱遂引残军西走,光晟卫出之,因诣晟降。

泚失道,问野人,答曰:"朱太尉邪?"休曰:"汉皇帝。"曰:"天网恢恢,走将安所?"泚怒,欲杀之,乃亡去。泚至泾州长武城,田希鉴拒之，泚曰："子之节吾所授，奈何拒我？"火其门，希鉴掷节焰中曰："归汝节！"泚举军哭，城中人望见其子弟，亦哭。宋膺曰："某妻哭，斩矣！"众止哭。泚更舍逆旅，遣梁廷芬入见希鉴曰："公杀一节度，唐天子必不容，何不纳朱公成大事？"希鉴阴可。廷芬出报，泚悦。廷芬请宰相不得，乃不复入。泚犹余范阳卒三千，北走驿马关，宁州刺史夏侯英开门阵而待，泚不敢入，因保彭原西城。廷芬与泚腹心朱惟孝夜射泚，坠窖中，韩旻、薛纶、高幽岩、武震、朱进卿、董希芝共斩泚，使宋膺传首以献。泚死年四十三。令言走泾州，休、子平走凤翔，皆斩首。泚婿金吾将军马悦走党项，得入幽州。朱重曜者，事泚最亲近，泚呼为兄。会穷冬大雨，泚欲禳变，鸩杀重曜，以王礼葬。贼平，出其尸膊之。李希倩等诸将皆以次夷灭。

　　初，源休为京兆尹，使回纥，将还，卢杞畏其辩，能结主恩，次太原，奏为光禄卿。休怨望，故导泚僭号，为调兵食，署拜百官，事一咨之。时订其逆甚于泚，胁辱大臣，多杀宗室子孙几于尽，每王师不利，喜见眉宇。与姚令言劝泚围奉天，昼夜为贼谋，二人争自比萧何，休顾令言曰："成秦之业，无辈我者。我视萧何，子当曹参可矣。"即收图籍，贮府库，效何者，人皆笑谓为"火迫酂侯"。本相州人。

　　令言者，河中人。始应募，隶泾原节度使马璘府。孟皞之为留后，表其谨肃任将帅，遂为节度使。既挟泚乱，颇尽力。

　　彭偃，锐于进，自谓为宰相所抑，郁郁不慊。泚乱，匿田家，既得用，辞令一出其手，故辞尤悖慢。

　　李晟爱张光晟才，表丐原死，置军中，骆元光怒曰："吾不能与反虏同坐。"拂衣去，晟乃杀之。李怀光以宋归朝献诸朝，斩之。唯李日月母得贷。泚未败，号其第为潜龙宫，徙珍宝实之，人谓"潜龙勿用"，亡兆也。

　　晟恶田希鉴之逆，欲因事诛之。会吐蕃寇泾州，晟方帅泾原，故希鉴请救，晟遣史万岁以骑兵三千往，请晟行边。希鉴来谒，其妻李，父事晟，晟屡入宴，将还师，好谓希鉴曰："吾久留此，诸将皆故人，吾欲置酒以别，可过营饮也。"希鉴等诣营，酒未行，晟曰："诸君

相过,宜自通姓名爵里。"诸将以次言,无罪者坐自如,有罪者晟质
责,一卒引出,斩而瘗之。希鉴坐晟下,未知当死,晟顾曰:"田郎不
得无罪。"左右执以下,晟曰:"天子蒙尘,乃杀节度使,受贼节,今日
何面目见我乎?"希鉴不能对。晟曰:"田郎老矣,坐于床置对。"乃缢
幕中,以李观代为节度使。

唐书卷二二五下
列传第一五〇下

逆臣下

黄巢　秦宗权　董昌

　　黄巢,曹州冤句人。世鬻盐,富于赀。善击剑骑射,稍通书记,辩给,喜养亡命。

　　咸通末,仍岁饥,盗兴河南。乾符二年,濮名贼王仙芝乱长垣,有众三千,残曹、濮二州,俘万人,势遂张。仙芝妄号大将军,檄诸道,言吏贪沓,赋重,赏罚不平。宰相耻之,僖宗不知也。其票帅尚君长、柴存、毕师铎、曹师雄、柳彦璋、刘汉宏、李重霸等十余辈,所在肆掠。而巢喜乱,即与群从八人,募众得数千人以应仙芝,转寇河南十五州,众遂数万。

　　帝使平卢节度使宋威与其副曹全晟数击贼,败之,拜诸道行营招讨使,给卫兵三千,骑五百,诏河南诸镇皆受节度,以左散骑常侍曾元裕副焉。仙芝略沂州,威败贼城下,仙芝亡去。威因奏大渠死,擅纵麾下兵还青州,群臣皆入贺。居三日,州县奏贼故在。时兵始休,有诏复遣,士皆忿,思乱。贼间之,趣郏城,不十日破八县。帝忧迫近东都,督诸道兵检遏,于是凤翔、邠宁、泾原兵守陕、潼关,元裕守东都,义成、昭义以兵卫宫;

　　仙芝去攻汝州,杀其将,刺史走,东都大震,百官脱身出奔。贼破阳武,围郑州,不克,蚁聚邓、汝间。关以东州县,大抵皆畏贼,婴城守，故贼放兵四略，残郢、复二州，所过焚剽，生人几尽。官军急追，则遗赀布路，士争取之，率逗桡不前。贼转入申、光，残隋州，执刺史，据安州自如，分奇兵围舒，击庐、寿、光等州。

时威老且暗，不任军，阴与元裕谋曰："昔庞勋灭，康承训即得罪。吾属虽成功，其免祸乎？不如留贼，不幸为天子，我不失作功臣。"故蹑贼一舍，完军顾望。帝亦知之，更以陈许节度使崔安潜为行营都统，以前鸿胪卿李琢代威，右威卫上将军张自勉代元裕。

贼出入蕲、黄，蕲州刺史裴渥为贼求官，约罢兵。仙芝与巢等诣渥饮。未几，诏拜仙芝左神策军押衙，遣中人慰抚。仙芝喜，巢恨赏不及己，询曰："君降，独得官，五千众且奈何？丐我兵，无留。"因击仙芝，伤首。仙芝惮众怒，即不受命，劫州兵，渥、中人亡去。贼分其众：尚君长入陈、蔡；巢北掠齐、鲁，众万人，入郓州，杀节度使薛崇，进陷沂州，遂至数万，繇颍、蔡保嵖岈山。

是时柳彦璋又取江州，执刺史陶祥。巢引兵复与仙芝合，围宋州。会自勉救兵至，斩贼二千级，仙芝解而南，度汉，攻荆南。于是节度使杨知温婴城守，贼纵火焚楼堞，知温不出，有诏以高骈代之。骈以蜀兵万五千赍精粮，期三十日至，而城已陷，知温走，贼不能守。于是诏左武卫将军刘秉仁为江州刺史，勒兵乘单舟入贼栅，贼大骇，相率迎降，遂斩彦璋。

巢攻和州，未克。仙芝自围洪州，取之，使徐唐莒守。进破朗、岳，遂围潭州，观察使崔瑾拒却之，乃向浙西，扰宣、润，不能得所欲，身留江西，趣别部还入河南。

帝诏崔安潜归忠武，复起宋威、曾元裕，以招讨使还之，而杨复光监军。复光遣其属吴彦宏以诏谕贼，仙芝乃遣蔡温球、楚彦威、尚君长来降，欲诣阙请罪，又遗威书求节度。威阳许之，上言"与君长战，禽之"。复光固言其降。命侍御史与中人驰驿即讯，不能明。卒斩君长等于狗脊岭。仙芝怒，还攻洪州，入其郛。威自将往救，败仙芝于黄梅，斩贼五万级，获仙芝，传首京师。

当此时，巢方围亳州未下，君长弟让率仙芝溃党归巢，推巢为王，号"冲天大将军"，署拜官属，驱河南、山南之民十余万掠淮南，建元王霸。

曾元裕败贼于申州，死者万人。帝以威杀尚君长非是，且讨贼无功，诏还青州，以元裕为招讨使，张自勉为副。巢破考城，取濮州，元裕军荆、襄，援兵阻，更拜自勉东北面行营招讨使，督诸军急捕。巢方掠襄邑、雍丘，诏滑州节度使李峄壁原武。巢寇叶、阳翟，欲窥东都。会左神武大将军刘景仁以兵五千援东都，河阳节度使郑延休兵三千壁河阴。巢兵在江西者，为镇海节度使高骈所破；寇新郑、郏、襄城、阳翟者，为崔安潜逐走；在浙西者，为节度使裴琚斩二长，死者甚众。巢大沮畏，乃诣天平军乞降，诏授巢右卫将军。巢度藩镇不一，未足制己，即叛去，转寇浙东，执观察使崔璆。于是高骈遣将张潾、梁缵攻贼，破之。贼收众逾江西，破虔、吉、饶、信等州，因刊山开道七百里，直趋建州。

初，军中谣曰："逢儒则肉，师必覆。"巢入闽，俘民绐称儒者，皆释，时六年三月也。儳路围福州，观察使韦岫战不胜，弃城遁，贼入之，焚室庐，杀人如薙。过崇文馆校书郎黄璞家，令曰："此儒者，灭炬弗焚。"又求处士周朴，得之，谓曰："能从我乎？"答曰："我尚不仕天子，安能从贼？"巢怒斩朴。是时闽地诸州皆没，有诏高骈为诸道行营都统以拒贼。

巢陷桂管，进寇广州，诒节度使李迢书，求表为天平节度，又胁崔璆言于朝，宰相郑畋欲许之，卢携、田令孜执不可。巢又丐安南都护、广州节度使，书闻，右仆射于琮议："南海市舶利不赀，贼得益富，而国用屈。"乃拜巢率府率。巢见诏大诟，急攻广州，执李迢，自号"义军都统"，露表告将入关，因诋宦竖柄朝，垢蠹纪纲，指诸臣与中人赂遗交构，状铨贡失才，禁刺史殖财产，县令犯赃者族，皆当时极敝。

天子既惩宋威失计，罢之，而宰相王铎请自行，乃拜铎荆南节度使、南面行营招讨都统，率诸道兵进讨。铎屯江陵，表泰宁节度使李系为招讨副使、湖南观察使，以先锋屯潭州，两屯烽驿相望。会贼

中大疫，众死什四，遂引北还。自桂编大桴，沿湘下衡、永，破潭州，
李系走朗州，兵十余万歼焉，投骴蔽江。进逼江陵，号五十万。铎兵
寡，即乘城。先此，刘汉宏已略地，焚庐庑，人皆窜山谷。俄而系败
问至，铎弃城走襄阳，官军乘乱纵掠，会雨雪，人多死沟壑。

其十月，巢据荆南，胁李迢草表报天子，迢曰："吾腕可断，表不
可为。"巢怒，杀之。欲进蹑铎，会江西招讨使曹全晸与山南东道节
度使刘巨容壁荆门，使沙陀以五百骑钉𫐠藻轓，望贼阵纵而遁，贼
以为怯。明日，诸将乘以战，而马识沙陀语，呼之辄奔还，莫能禁。官
兵伏于林，斗而北，贼急追，伏发，大败之，执贼渠十二辈。巢惧，度
江东走，师促之，俘什八，铎招汉宏降之。或劝巨容穷追，答曰："国
家多负人，危难不吝赏，事平则得罪，不如留贼冀后福。"止不追，故
巢得复整，攻鄂州，入之。全晸将度江，会有诏以段彦谟代其使，乃
止。

巢畏袭，转掠江西，再入饶、信、杭州，众至二十万。攻临安，戍
将董昌兵寡，不敢战，伏数十骑莽中，贼至，伏弩射杀贼将，下皆走。
昌进屯八百里，见舍媪曰："有追至，告以临安兵屯八百里矣。"贼骇
曰："向数骑能困我，况军八百里乎？"乃还，残宣、歙等十五州。

广明元年，淮南高骈遣将张潾度江败王重霸，降之。巢数却，乃
保饶州，众多疫，别部常宏以众数万降，所在戮死。诸军屡奏破贼，
皆不实，朝廷信之，稍自安。巢得计，破杀张潾，陷睦、婺二州，又取
宣州，而汉宏残众复奋，寇宋州，掠申、光，来与巢合，济采石，侵扬
州。高骈按兵不出。诏兖海节度使齐克让屯汝州，拜全晸天平节度
使兼东面副都统。贼方守滁、和，全晸以天平兵败于淮上。宰相豆
卢瑑计："救师未至，请假巢天平节度使，使无得西，以精兵戍宣武，
塞汝、郑路，贼首可致矣。"卢携执不可，请"召诸道兵壁泗上，以宣
武节度统之，则巢且还寇东南，徘徊山浙，救死而已"。诏可。前此
已诏天下兵屯溵水，禁贼北走。于是徐兵三千道许，其帅薛能馆徐
众城中，许人惊谓见袭，部将周岌自溵水还，杀能，自称留后。徐军
闻乱，列将时溥亦引归，囚其帅支详。兖海齐克让惧下叛，引军还兖

州，溵水屯皆散。

巢闻，悉众度淮，妄称"率土大将军"，整众不剽掠，所过惟取丁壮益兵。李罕之犯申、光、颍、宋、徐、兖等州，吏皆亡。巢自将攻汝州，欲薄东都。当是时，天子冲弱，怖而流泪，宰相更共建言，悉神策并关内诸节度兵十五万守潼关。田令孜请自将而东，然内震扰，前说帝以幸蜀事。帝自幸神策军，擢左军骑将张承范为先锋，右军步将王师会督粮道，以飞龙使杨复恭副令孜。于是募兵京师，得数千人。

当是时，巢已陷东都，留守刘允章以百官迎贼，巢入，劳问而已，里闾晏然。帝饯令孜章信门，赍遗丰优。然卫兵皆长安高赀，世籍两军，得禀赐，侈服怒马以诧权豪，初不知战，闻料选，皆哭于家，阴出赀雇贩区病坊以备行阵，不能持兵，观者寒毛以栗。承范以强弩三千防关，辞曰："禄山率兵五万陷东都，今贼众六十万，过禄山远甚，恐不足守。"帝不许。贼进取陕、虢，檄关戍曰："吾道淮南，逐高骈如鼠走穴，尔无拒我！"神策兵过华，裹三日粮，不能饱，无斗志。

十二月，巢攻关，齐克让以其军战关外，贼少却。俄而巢至，师大呼，川谷皆震。时士饥甚，潜烧克让营，克让走入关。承范出金谕军中曰："诸君勉报国，救且至。"士感泣，拒战。贼见师不继，急攻关，王师矢尽，飞石以射，巢驱民内堑，火关楼皆尽。始，关左有大谷，禁行人，号"禁谷"。贼至，令孜屯关，而忘谷之可入。尚让引众趋谷，承范惶遽，使师会以劲弩八百邀之，比至，而贼已入。明日，夹攻关，王师溃。师会欲自杀，承范曰："吾二人死，孰当辨者？不如见天子以实闻，死未晚。"乃羸服逃。始，博野、凤翔军过渭桥，见募军服鲜煥，怒曰："是等何功，邃然至是！"更为贼乡导，前贼归，焚西市。帝类郊祈哀。会承范至，具言不守状。帝黜宰相卢携。方朝，而传言贼至，百官奔，令孜以神策兵五百奉帝趋咸阳，惟福、穆、潭、寿四王与妃御一二从，中人西门匡范统右军以殿。

巢以尚让为平唐大将军，盖洪、费全古副之。贼众皆被发锦衣，

大抵辎重自东都抵京师，千里相属。金吾大将军张直方与群臣迎贼
灞上，巢乘黄金舆，卫者皆绣袍、华帻，其党乘铜舆以从，骑士凡数
十万先后之。陷京师，入自春明门，升太极殿，宫女数千迎拜，称黄
王。巢喜曰：“殆天意欤！”巢舍田令孜第。贼见穷民，抵金帛与之。
尚让即妄晓人曰：“黄王非如唐家不惜尔辈，各安毋恐。”甫数日，因
大掠，缚棰居人索财，号“淘物”。富家皆跣而驱，贼酋阅甲第以处，
争取人妻女乱之，捕得官吏悉斩之，火庐舍不可赀，宗室侯王屠之
无类矣。

　　巢斋太清宫，卜日舍含元殿，僭即位，号大齐。求衮冕不得，绘
弋绨为之；无金石乐，击大鼓数百，列长剑大刀为卫。大赦，建元为
金统。王官三品以上停，四品以下还之。因自陈符命，取“广明”字，
判其文曰“唐去丑口而著黄，明黄当代唐，又黄为土，金所生，盖天
启”云。其徒上巢号承天应运启圣睿文宣武皇帝，以妻曹为皇后，以
尚让、赵璋、崔璆、杨希古为宰相，郑汉璋御史中丞，李傅、黄谔、尚
儒为尚书，方特谏议大夫，皮日休、沈云翔、裴渥翰林学士，孟楷、盖
洪尚书左右仆射兼军容使，费传古枢密使，张直方检校左仆射，马
祥右散骑常侍，王璠京兆尹，许建、米实、刘珤、朱温、张全、彭攒、李
逵等为诸将军游弈使，其余以次封拜。取赳伟五百人号“功臣”。以
林言为之使，比控鹤府。下令军中禁妄杀人，悉输兵于官。然其下
本盗贼，皆不从。召王官，无有至者，乃大索里闾，豆卢瑑、崔沆等匿
永宁里张直方家。直方者，素豪杰，故士多依之。或告贼纳亡命者，
巢攻之，夷其家，瑑、沆及大臣刘邺、裴谂、赵濛、李溥、李汤死者百
余人。将作监郑綦、郎官郑系举族缢。

　　是时，乘舆次兴元，诏促诸道兵收京师，遂至成都。巢使朱温攻
邓州，陷之，以扰荆、襄。遣林言、尚让寇凤翔，为郑畋将宋文通所
破，不得前。畋乃传檄召天下兵，于是诏泾原节度使程宗楚为诸军
行营副都统，前朔方节度使唐弘夫为行营司马。数攻贼，斩万级。邠
将朱玫阳为贼将王玫衷兵，俄而杀玫，引军入于王师。弘夫进屯渭
北，河中王重荣营沙苑，易定王处存次渭桥，鄜延李孝昌、夏州拓拔

思恭壁武功。弘夫拔咸阳,筏渭水,破尚让军,乘胜入京师。巢窃出,至石井。宗楚入自延秋门,弘夫傅城舍,都人共噪曰:"王师至!"处存选锐卒五千以白帬自志,夜入杀贼,都人传言巢已走,邠、泾军争入京师,诸军亦解甲休,竞掠货财子女,市少年亦冒作帬,肆为剽。

巢伏野,使觇城中弛备,则遣孟楷率贼数百掩邠、泾军,都人犹谓王师,欢迎之。时军士得珍贿,不胜载,闻贼至,重负不能走,是以甚败。贼执弘夫害之,处存走营。始,王璠破奉天,引众数千随弘夫,及诸将败,独一军战尤力。巢复入京师,怒民迎王师,纵击杀八万人,血流于路可涉也,谓之"洗城"。诸军退保武功,于是中和二年二月也。

其五月,昭义高浔攻华州,王重荣与并力,克之。朱玫以泾、岐、麟、夏兵八万营兴平,巢亦遣王璠营黑水,玫战未能胜。郑畋将窦玫夜率士燔都门,杀逻卒,贼震惧。于时畿民栅山谷自保,不得耕,米斗钱三十千,屑树皮以食,有执栅民鬻贼以为粮,人获数十万钱。士人或卖饼自业,举奔河中。李孝昌、拓拔思恭徙壁东渭桥,收水北垒。

数月,贼帅朱温、尚让涉渭败孝昌等军。高浔击贼李详,不胜,贼复取华州,巢即授华州刺史,以温为同州刺史。贼又袭孝昌,二军引去。贼破陈敬瑄兵,走南山。齐克俭营兴平,为贼所围,决河灌之,不克。有题尚书省户讥贼且亡,尚让怒,杀吏,辄剔目悬之,诛郎官门阑卒凡数千人,百司逃,无在者。

天子更以王铎为诸道行营都统,崔安潜副之,周岌、王重荣为左右司马,诸葛爽、康实为左右先锋,平师儒为后军,时溥督漕赋,王处存、李孝章、拓拔思恭为京畿都统,处存直左,孝章在北,思恭直右。西门思恭为铎都监,杨复光监行营,中书舍人卢胤征为克复制置副使。于是铎以山南、剑南军营灵感祠,朱玫以岐、夏军营兴平,重荣、处存营渭北,复光以寿、沧、荆南军合岌营武功,孝章合拓拔思恭营渭桥,程宗楚营京右。

朱温以兵三千掠丹、延南鄙,趋同州,刺史米逢出奔,温据州以守。六月，尚让寇河中，使朱温攻西关，败诸葛爽，破重荣数千骑于河上，爽闭关不出，让遂拔郃阳，攻宜君垒，大雨雪盈尺，兵死什三。七月，贼攻凤翔，败节度李昌言于涝水，又遣强武攻武功、槐里，泾、邠兵却，独凤翔兵固壁。拓拔思恭以锐士万八千赴难，逗留不进。河中粮艘三十道夏阳，朱温使兵夺艘，重荣以甲士三万救之，温惧，凿沉其舟，兵遂围温。温数困，又度巢势蹙且败，而孟楷方专国，温丐师，楷沮不报，即斩贼大将马恭，降重荣。帝进拓拔思恭为京四面都统，敕朱玫军马嵬。温既降，重荣遇之厚，故李详亦献款，贼觉，斩之于赤水，更以黄思邺为刺史。

十月，铎浚壕于兴平，左抵马嵬，使将薛韬董之，由马嵬、武功入斜谷，以通盩厔，列屯十四，使将梁璲主之，置关于沮水、七盘、三溪、木皮领，以遮秦、陇。京左行营都统东方逵禽贼锐将李公迪，破堡三十。华卒逐黄思邺，巢以王遇为刺史，遇降河中。

明年正月，王铎使雁门节度使李克用破贼于渭南，承制拜东北行营都统。会铎与安潜皆罢，克用独引军自岚、石出夏阳，屯沙苑，破黄揆军，遂营乾坑。二月，合河中、易定、忠武等兵击巢。巢命王璠、林言军居左，赵璋、尚让军居右，众凡十万，与王师大战梁田陂。贼败，执俘数万，僵毙三十里，敛为京观。璠与黄揆袭华州，据之，遇亡去。克用掘堑环州，分骑屯渭北，命薛志勤、康君立夜袭京师，火焀聚，俘贼而还。

巢战数不利，军食竭，下不用命。阴有遁谋，即发兵三万扼蓝田道，使尚让援华州。克用率重荣迎战零口，破之，遂拔其城，揆引众出走。泾原节度使张钧说蕃、浑与盟，共讨贼。是时，诸镇兵四面至。四月，克用遣部将杨守宗率河中将白志迁、忠武将庞从等最先进，击贼渭桥，三战，贼三北。于是诸节度兵皆奋，无敢后，入自光泰门。克用身决战，呼声动天，贼崩溃，逐北至望春，入升阳殿闼。巢夜奔，众犹十五万，声趋徐州，出蓝田，入商山，委辎重珍赏于道，诸军争取之，不复追，故贼得整军去。

自禄山陷长安，宫阙完雄，吐蕃所燔，唯衢弄庐舍；朱泚乱定百余年,治缮神丽如开元时。至巢败,方镇兵互入虏掠,火大内,惟含元殿独存,火所不及者,止西内、南内及光启宫而已。杨复光献捷行在,帝诏陈许、延州、凤翔、博野军合东西神策二万人屯京师,命大明宫留守王徽卫诸门,抚定居人。诏尚书右仆射裴璩修复宫省,购辇辂、仗卫、旧章、秘籍。豫败巢者:神策将横冲军使杨守亮、蹑云都将高周彝、忠顺都将胡真、天德将顾彦朗七十人。

巢已东,使孟楷攻蔡州,节度使秦宗权迎战,大败,即臣贼,与连和。楷击陈州,败死,巢自围之,略邓、许、孟、洛,东入徐、兖数十州。人大饥,倚死墙堑,贼俘以食,日数千人,乃砑列百巨碓,糜骨皮于臼,并啖之。时朱全忠为宣武节度使,与周岌、时溥帅师救陈,赵犨亦乞兵太原。巢遣宗权攻许州,未克。于是粮竭,木皮草根皆尽。

四年二月,李克用率山西兵由陕济河而东,会关东诸镇壁汝州。全忠击贼瓦子堡,斩万余级,诸军破尚让于太康,亦万级,获械铠马羊万计,又败黄邺于西华,邺夜遁。巢大恐,居三日,军中相惊,弃壁走,巢退营故阳里。其五月,大雨震电,川溪皆暴溢,贼垒尽坏,众溃,巢解而去。全忠进戍尉氏,克用追巢,全忠还汴州。

巢取尉氏,攻中牟,兵度水半,克用击之,贼多溺死。巢引残众走封丘,克用追败之,还营郑州。巢涉汴北引,夜复大雨,贼惊溃,克用闻之,急击巢河濒。巢度河攻汴州,全忠拒守,克用悉救之,斩贼骁将李周、杨景彪等。巢夜走胙城,入冤句。克用军穷蹙,贼将李谠、杨能、霍存、葛从周、张归霸、张归厚往降全忠,而尚让以万人归时溥。巢愈猜忿,屡杀大将,引众奔兖州。克用追至曹,巢兄弟拒战,不胜,走兖、郓间,获男女牛马万余、乘舆器服等,禽巢爱子。克用军昼夜驰,粮尽不能得巢,乃还。巢众仅千人,走保太山。

六月,时溥遣将陈景瑜与尚让追战狼虎谷,巢计蹙,谓林言曰:“我欲讨国奸臣,洗涤朝廷,事成不退,亦误矣。若取吾首献天子,可得富贵,毋为佗人利。”言,巢甥也,不忍。巢乃自刭,不殊,言因斩之,及兄存、弟邺、揆、钦、秉、万通、思厚,并杀其妻子,悉函首,将诣溥。而太原博野军杀言,与巢首俱上溥,献于行在,诏以首献于庙。

徐州小史李师悦得巢伪符玺,上之,拜湖州刺史。

巢从子浩众七千,为盗江湖间,自号"浪荡军"。天复初,欲据湖南,陷浏阳,杀略甚众。湘阴强家邓进思率壮士伏山中,击杀浩。

赞曰:广明元年,巢始盗京师,自陈"唐去丑口而著黄,明黄且代唐也"。呜呼,其言妖欤!后巢死,秦宗权始张,株乱遍天下,朱温卒攘神器有之,大氐皆巢党也,宁天托诸人告亡于下乎!

秦宗权,蔡州上蔡人,为许牙将。巢涉淮,节度使薛能遣宗权搜兵淮西,而许军乱,杀能。宗权外示赴难,因逐刺史,据蔡以叛。周岌代能领节度,即授以州,有兵万人,乃遣将从诸军败贼于汝州。杨复光言之朝,擢防御使,宠其军曰奉国,即为本军节度使,进检校司空。

巢走出关,宗权与连和,遂围陈州,树壁相望,扰夺梁、宋间。巢死,宗权张甚,啸会逋残,有吞噬四海意。乃遣弟宗言寇荆南;秦诰出山南,攻襄州,陷之,进破东都,围陕州;使秦彦寇淮、肥;秦贤略江南;宗衡乱岳、鄂。贼渠率票惨,所至屠老孺,焚屋庐,城府穷为荆莱,自关中薄青、齐,南缭荆、郢,北亘卫、滑,皆麋骇雉伏,至千里无舍烟。惟赵犨保陈,朱全忠保汴,仅自完而已。然无霸王计,惟乱是恃,兵出,未始转粮,指乡聚曰:"啖其人,可饱吾众。"官军追蹑,获盐尸数十车。

僖宗假朱全忠都统节以讨贼。秦贤略宋及曹,全忠好书约和,贤遣张调请分地,自汴以南归之蔡,全忠阴许,而贤引兵济汴,肆燔劫无子余。全忠大怒,斩调而还,曰:"我出十将,必破此贼。"进与贼战,杀获甚众。宗权急攻许,节度使鹿晏弘乞师于全忠,师未及出,已破晏弘,进攻郑州,取之。击河桥,遂守河阳,放兵浸汴西鄙、北鄙。

全忠壁酸枣,战不克。宗权屯边村,使秦贤营双丘,侵板桥,卢瑭引兵进屯万胜,夹汴而栅,将梁以济师。全忠诡击杀瑭,宗权悉军十五万列三十六屯，逼汴。全忠惧，求救于兖、郓，而朱瑾、朱宣皆身自将同拒贼。五月，全忠闭城大会，鼓闻于郊无置声，阴启北门击贼垒，士哗，趋中营，兖、郓整兵合击，大败之。宗权忿，过郑，焚郛舍，驱民入淮西，全忠遂有郑、许、河阳、东都。

于是合诸镇兵会上蔡，分为五军入其地。宗权召孙儒，儒不应。宗权素壁上蔡以扼险要，全忠拔其壁，遂围蔡州，傅城而垒，以羸兵诱贼，贼出战，全忠尽斩之。宗权退守中州，未能下，全忠使大将胡元琮围之，身还汴。宗权间许无备，袭取其州，执守将元琮，引兵复收许。

宗权还，为爱将申丛所囚，折一足以待命。全忠署丛节度留后，丛中悔，夷其族。宗权至汴，全忠以礼迎劳，且曰："公昔陷许，能戢兵赐盟，戮力勤王，乌有今日乎？"宗权曰："英雄不两立，天亡仆以资公也。"警然无惧色。全忠以槛车上送京师，两神策兵縻护。昭宗御延喜楼受俘，京兆尹曳以组练，徇两市，引颈视车外，呼曰："宗权岂反者耶？顾输忠不效耳。"观者大笑，与妻赵俱斩独柳下。宗权以中和三年叛，居六年而诛。

董昌，杭州临安人。始籍土团军，以功擢累石镜镇将。中和三年，刺史路审中临州，昌率兵拒，不得入，即自领州事。镇海节度使周宝不能制，因表为刺史。昌已破刘汉宏，兵益强，进义胜军节度使、检校尚书右仆射。僖宗始还京师，昌取越民裴氏藏书献之，补秘书之亡，授兼诸道采访图籍使。

始，为治廉平，人颇安之。当是时，天下贡输不入，独昌赋外献常参倍，旬一遣，以五百人为率，人给一刀，后期即诛，朝廷赖其入，故累拜检校太尉、同中书门下平章事，爵陇西郡王。视诏书讫，字偿一缣，归当制官。而小人意足，寖自侈大，托神以诡众。始立生祠，刳香木为躯，内金玉纨素为肺府，冕而坐，妻媵侍别帐，百倡鼓吹于前，属兵列护门阢。属州为土马献祠下，列牲牢祈请，或绐言土马若嘶且汗，皆受赏。昌自言："有飨者，我必醉。"蝗集祠旁，使人捕沈镜湖,告曰:"不为灾。"客有言:"尝游吴隐之祠,止一偶人。"昌闻,怒曰:"我非吴隐之比!"支解客祠前。

始,罢榷盐以悦人,丰衣食,后稍峭法,笞至千百,或小过辄夷族,血流刑场,地为之赤。有五千余姓当族,昌曰:"能孝于我,贷而死。"皆曰:"诺。"昌厚养之,号"感恩都",刻其臂为誓,亲族至号泣相别者。凡民讼,不视狱,但与掷博齿,不胜者死。用人亦取胜者。

昌得郡王,咤曰:"朝廷负我,吾奉金帛不赀,何惜越王不吾与?吾当自取之!"下猒其虐,乃劝为帝。近县举狂噪呼请,昌令曰:"时至,我当应天顺人。"其属吴繇、秦昌裕、卢勤、朱瓒、董厔、李畅、薛辽与妖人应智、王温、巫韩媪皆赞之。昌益兵城四县自防。山阴老人伪献谣曰:"欲知天子名,日从日上生。"昌喜,赐百缣,免税征。命方士朱思远筑坛祠天,诡言天符夜降,碧楮朱文不可识。昌曰:"谶言'兔上金床',我生于卯,明年岁旅其次,二月朔之明日,皆卯也,我以其时当即位。"客倪德儒曰:"咸通末,《越中秘记》言:'有罗平鸟,主越祸福。'中和时,鸟见吴、越,四目而三足,其鸣曰'罗平天册',民祀以攘难。今大王署名,文与鸟类。"即图以示昌,昌大喜。

乾宁二年,即伪位,国号大越罗平,建元曰天册,自称"圣人"。铸银印方四寸,文曰"顺天治国之印"。又出细民所上铜铅石印十床及它鸟兽龟蛇陈于廷,指曰"天瑞"。其下制诏,皆自署名,或曰帝王无押诏,昌曰:"不亲署,何由知我为天子?"即榜南门曰天册楼。先是,州寝有赤光,长十余丈;虵长尺余,金色,见思道亭。昌署寝曰明光殿,亭曰黄龙殿,以自神。以次拜置百官,监军与官署皆西北向恸哭,乃北面臣昌。或请署近侍,昌曰:"吾假处此位,安得如宫禁?"不许。下书属州曰:"以某日权即位,然昌荷天子恩,死不敢负国。"

初,官属不徇昌旨者,节度副使黄碣、山阴令张逊皆诛死。镇海节度使钱镠书让昌曰:"开府领节度,终身富贵,不能守,闭城作天子,灭亲族,亦何赖?愿王改图。"昌不听,镠悉兵三万攻之,望城再拜曰:"大王位将相,乃不臣。能改过,请谕还诸军。"昌惧,献镠钱二百万缟犒军,执应智、王温、韩媪、吴繇、秦昌裕送于镠,且待罪。镠乃还，表于朝，以为昌不可赦，复讨之，傅城而垒。昌又执朱思远、王守真、卢勤送镠军求解。昭宗遣中人李重密劳师，除昌官爵，授镠浙东道招讨使。昌乃求援于淮南杨行密，行密遣将台濛围苏州，安仁义、田頵攻杭州，以救昌。镠将顾全武等数败昌军，昌将多降，遂进围越州。

　　候人言外师强，辄斩以徇；绐告镠兵老，皆赏。昌身阅兵五云门，出金帛倾镠众。全武等益奋，昌军大溃，遽还，去伪号，曰："越人劝我作天子，固无益，今复为节度使。"全武四面攻，未克，会台濛取苏州，镠召全武还，全武曰："贼根本在瓯、越，今失一州而缓贼，不可。"攻益急。城中以口率钱，虽簪珥皆输军。昌从子真得士心，昌信谗杀之，众始不用命。又减战粮欲犒外军，下愈怨，反攻昌，昌保子城。镠将骆团入见，绐言："奉诏迎公居临安。"昌信之，全武执昌还，及西江，斩之，投尸于江，传首京师，夷其族。于是斩伪大臣李邈、蒋瓌等百余人，发昌先墓，火之。昌败，犹积粮三百万斛，金币大抵五百余帑，而兵不及万人。镠遂为镇海、镇东两军节度云。

　　赞曰：唐亡，诸盗皆生于大中之朝。太宗之遗德余泽去民也久矣，而贤臣斥死，庸懦在位，厚赋深刑，天下愁苦。方是时也，天将去唐，诸盗并出，历五姓，兵未尝少解，至宋然后天下复安。汉之亡也，天下大乱，至晋然后稍定；晋之亡也，天下大乱，至唐然后复安。治少而乱多者，古今之势，盛王业业以求治，可少忽哉！